Verhandlungen

des

Zwanzigsten Deutschen Juristentages.

Herausgegeben

von

dem Schriftführer-Amt der ständigen Deputation.

Vierter Band.

Berlin.

Commissions-Verlag von J. Guttentag.

(D. Collin.)

1889.

Inhalts-Verzeichniß.

Statut
des
deutschen Juristentages.

---

§ 1.

Der Zweck des deutschen Juristentages ist: eine Vereinigung für den lebendigen Meinungsaustausch und den persönlichen Verkehr unter den deutschen Juristen zu bilden; auf den Gebieten des Privatrechts, des Processes und des Strafrechts den Forderungen nach einheitlicher Entwickelung immer größere Anerkennung zu verschaffen, die Hindernisse, welche dieser Entwickelung entgegenstehen, zu bezeichnen und sich über Vorschläge zu verständigen, welche geeignet sind, die Rechtseinheit zu fördern.

§ 2.

Der deutsche Juristentag tritt in der Regel alljährlich zusammen; doch ist die ständige Deputation ermächtigt, aus Gründen der Zweckmäßigkeit ausnahmsweise die Wiedereinberufung des Juristentages erst in dem auf dessen letzten Zusammentritt folgenden zweiten Kalenderjahre vorzunehmen.

§ 3.

Zur Mitgliedschaft berechtigt sind die deutschen Richter, Staatsanwälte, Advocaten und Notare, die Aspiranten des Richteramts, der Anwaltschaft und des Notariats, sowie jeder, der nach seinen Landesgesetzen zum Richteramte, zur Anwaltschaft oder zur Ausübung des Notariats für befähigt erkannt ist, ferner die Lehrer an den deutschen Hochschulen, die Mitglieder der gelehrten Academien, die Doctoren der Rechte und die rechtsgelehrten Mitglieder der Verwaltungsbehörden.

§ 4.

Die Mitgliedschaft beginnt mit dem Empfange der Mitgliedskarte. Sie berechtigt zur Theilnahme an den Verhandlungen und an der Abstimmung.

§ 5.

Der Beitrag der Gesellschaftsmitglieder beträgt Sechs Mark jährlich und ist innerhalb vier Wochen nach Beginn des neuen Jahres zu entrichten, widrigenfalls derselbe durch Postvorschuß eingezogen wird. Nimmt ein Mitglied den mit Postvorschuß beschwerten Brief nicht an, so wird dies einer ausdrücklichen Austrittserkärung gleich erachtet. — Für die am

Orte des Juristentages selbst zu lösende Anmeldungskarte sind Drei Mark zu entrichten.

§ 6.

Den Plenarverhandlungen des deutschen Juristentages gehen der Regel nach Abtheilungsberathungen voraus. Zu diesem Zwecke werden durch freiwillige Einzeichnungen der Mitglieder folgende vier Abtheilungen gebildet:

1) Abtheilung für Privatrecht, insbesondere Obligationen- und Pfandrecht, juristisches Studium und praktische Ausbildung.
2) Abtheilung für Handels-, Wechsel-, See- und internationales Recht.
3) Abtheilung für Strafrecht, Strafproceß und Gefängnißwesen.
4) Abtheilung für Gerichtsverfassung und Civilproceß.

Die Abtheilungen wählen ihre Vorsitzenden, Schriftführer, Berichterstatter und benachrichtigen den Vorsitzenden der Plenarversammlung (§ 7), sobald ihre Berathungen über einzelne Gegenstände geschlossen sind; ihre Anträge sind schriftlich zu fassen. In jeder Abtheilung stimmen nur Diejenigen mit, welche sich in die betreffende Abtheilung bereits eingezeichnet haben.

Sämmtliche Beschlüsse der Abtheilungen werden in der Plenarversammlung mitgetheilt. Es findet jedoch eine Erörterung und Entscheidung im Plenum nur dann statt, wenn dieselbe von der betreffenden Abtheilung vorgeschlagen, oder wenn sie von mindestens zehn Mitgliedern beantragt und von der Plenarversammlung beschlossen wird. Ueber die Vorfrage, ob dem von mindestens zehn Mitgliedern gestellten Antrage auf Plenarentscheidung stattzugeben, wird nur einem der Antragsteller und dem Berichterstatter das Wort ertheilt.

§ 7.

Die Verhandlungen der Plenarversammlung leitet ein Vorsitzender, welcher für die Dauer eines jeden Juristentages in der ersten Plenarversammlung durch Stimmzettel oder Acclamation gewählt wird. Derselbe benennt zwei bis vier Stellvertreter und vier Schriftführer. Er bestimmt die Tagesordnung und kann einzelne Gegenstände, ohne Vorberathung in den Abtheilungen (§ 6), unmittelbar zur Plenarberathung stellen. Auch ist er befugt, Nichtmitglieder als Zuhörer zuzulassen.

§ 8.

Bei allen Beschlüssen der Plenarversammlung und der Abtheilungen entscheidet einfache Majorität der anwesenden Mitglieder, bei allen Wahlen relative Majorität und im Falle der Stimmengleichheit das Loos.

§ 9.

Wird Schluß der Debatte beantragt, so wird über diesen Antrag sofort abgestimmt. In der Plenarversammlung sind alle Anträge mit Ausnahme des Antrages auf Schluß der Debatte schriftlich zu stellen.

§ 10.

Vor dem Schlusse eines jeden Juristentages wird von der Plenarversammlung durch Acclamation oder in einem einzigen Scrutinium durch

Stimmzettel eine aus neunzehn Mitgliedern und dem Präsidenten des letzten Juristentages als Ehrenpräsidenten bestehende ständige Deputation gewählt. Die Liste der zur Acclamation vorzuschlagenden Personen wird durch den Präsidenten der Plenarversammlung, seine Stellvertreter und je zehn von jeder Abtheilung gewählte Vertrauensmänner gemeinschaftlich festgestellt.

Die ständige Deputation hat folgende Befugnisse und Obliegenheiten:

1) sie sorgt für die Ausführung der von dem Juristentage gefaßten Beschlüsse, veranlaßt nach eigenem Ermessen den Druck der Protocolle und Vorlagen, bewirkt die Vertheilung der Drucksachen an die Mitglieder und verwahrt alle Acten und Schriftstücke des Juristentages;
2) sie bestimmt Zeit und Ort des nächsten Juristentages, trifft die für denselben nöthigen Vorbereitungen, erläßt die Einladungen, stellt die vorläufige Tagesordnung auf, wobei sie in der Regel nur die bis zum 31. Mai des laufenden Jahres eingegangenen Vorlagen zu berücksichtigen hat, und bereitet Abänderungsvorschläge in Betreff der Geschäftsordnung für die Plenarversammlung vor;
3) sie nimmt die Beitrittserklärungen neuer Mitglieder entgegen, fertigt die Mitgliedskarten aus, empfängt die Beiträge, bestreitet die Ausgaben und legt der folgenden Deputation Rechnung;
4) sie ergänzt sich selbst, falls eins oder mehrere Mitglieder während des Geschäftsjahres ausscheiden.

Die Deputation wählt aus ihrer Mitte einen Vorsitzenden, einen Schriftführer, welcher ein von der Deputation festzusetzendes Pauschquantum für baare Auslagen erhält, und einen Cassirer. Der Letztere ist verpflichtet, der ständigen Deputation bei ihrem jedesmaligen Zusammentritt einen Cassenabschluß vorzulegen. Die Deputation läßt durch eines oder mehrere ihrer Mitglieder die Rechnung prüfen und die Casse revidiren.

Die Deputation bestimmt Ort und Zeit ihrer Zusammenkunft. Zur Gültigkeit ihrer Beschlüsse ist die Einladung sämmtlicher Mitglieder, sowie die Mitwirkung von wenigstens fünf Mitgliedern erforderlich.

§ 11.

Abänderungen dieses Statuts können zwar von der Plenarversammlung durch einfache Stimmenmehrheit, jedoch nur auf schriftlichen Antrag, der vier Wochen vor dem Zusammentritt des Juristentages der ständigen Deputation (§ 10) überreicht worden, beschlossen werden.

Bekanntmachung.

Der

XX. Deutsche Juristentag

findet am

11., 12. und 13. September d. J. zu Straßburg i. E.

statt.

Vorläufige Tagesordnung:

I. Erste Plenarsitzung:

Mittwoch, den 11. September 1889, Vormittags 9 Uhr.

1. Wahl des Vorsitzenden und seiner Stellvertreter.
2. Vertheilung der Berathungsgegenstände an die Abtheilungen.
3. Bericht des Schriftführers Geh. Justizrath Professor Dr. Eck zu Berlin über die Rechtsentwickelung in Deutschland seit der letzten Juristentags=Versammlung.
4. Geschäftliche Mittheilungen.

II. Sitzungen der Abtheilungen:

Berathungsgegenstände:

1. Empfiehlt sich die Beibehaltung der Grundsätze des Entwurfs eines bürgerlichen Gesetzbuchs über Verschollenheit und Todeserklärung?

Gutachten: 1. des Prof. Dr. Hölder zu Erlangen, Bd. I. S. 258;
2. des Rechtsanwalt Dr. Heinsen zu Hamburg, Bd. I. S. 280.

Referenten: 1. Geh. Justizrath Prof. Dr. Brunner zu Berlin;
2. Oberlandesgerichtsrath Heinsheimer zu Karlsruhe.

2. Ist der Begriff der Anspruchsverjährung im Sinne des Entwurfs eines bürgerlichen Gesetzbuchs beizubehalten?

Gutachten: 1. des Reichsgerichtsrath Dr. Bähr zu Cassel, Bd. I. S. 285;
2. des Prof. Dr. Hanausek zu Wien, Bd. I. S. 306.

Referenten: 1. Professor Dr. Pfaff zu Wien;
2. Professor Dr. Fischer zu Greifswald.

3. Soll die Conventionalstrafe im künftigen deutschen Gesetzbuch lediglich der freien Vereinbarung unterliegen oder an gesetzliche oder richterliche Schranken gebunden werden?

Gutachten: 1. des Landrichter Dr. Koffka zu Berlin, Bd. II. S. 3;
2. des Rechtsanwalts Dr. Simon zu Berlin, Bd. II. S. 33.

Referenten: 1. Geh. Justizrath Prof. Dr. Gierke zu Berlin;
2. Justizrath Makower zu Berlin.

4. Empfiehlt sich die Beibehaltung der Vorschriften, welche der Entwurf des bürgerlichen Gesetzbuchs im Allgemeinen Theil (§§ 98—102) über den Irrthum bei Willenserklärungen aufstellt?

Gutachten: 1. des Oberlandesgerichtsrath Heinsheimer zu Karlsruhe, Bd. III. S. 3;
2. des Prof. Dr. R. Leonhard zu Marburg i. H., Bd. III. S. 23.

Referenten: 1. Professor Dr. Hölder zu Erlangen;
2. Professor Dr. Zitelmann zu Bonn.

5. Ist die im Entwurf des bürgerlichen Gesetzbuchs angenommene Behandlung der Pertinenzen zu billigen oder eine Abänderung derselben wünschenswerth und in welchem Sinne?

Gutachten: 1. des Rechtsanwalt Dr. Hachenburg zu Mannheim, Bd. III. S. 122;
2. des Prof. Dr. Kohler zu Berlin, Bd. III. S. 145.

Referenten: 1. Professor Dr. Hanausek zu Wien;
2. Landrichter Dove zu Frankfurt a. M.

6. Ist das durch § 574 des Entwurfs eines bürgerlichen Gesetzbuchs zugestandene Pfandrecht des Werkmeisters an beweglichen Sachen auch auf unbewegliche Sachen zu erweitern und in welcher Gestalt?

Gutachten: 1. des Kreisgerichtsrath Dr. Benno Hilse zu Berlin, Bd. I. S. 218;
2. des Rechtsanwalt Dr. Staub zu Berlin, Bd. I. S. 248.

Referent: Justizrath M. Levy zu Berlin.

7. Wie soll der Satz: „Kauf bricht nicht Miethe" im Falle der Subhastation modificirt werden?

Gutachten: 1. des Oberlandesgerichtsrath Jäckel zu Posen, Bd. II. S. 263;
2. des Prof. Dr. Fischer zu Greifswald, Bd. II. S. 312.

Referent: Reichsgerichts-Senatspräsident Dr. Drechsler zu Leipzig.

8. Ist das gesetzliche Pfandrecht des Vermiethers und Verpächters beizubehalten?

Gutachten: 1. des Oberlandesgerichtsrath Thomsen zu Stettin, Bd. III. S. 152;
2. des Gerichts-Assessor Lewinsohn zu Berlin, Bd. III. S. 207.

Referenten: 1. Amtsrichter F. Bunsen zu Rostock;
2. Landrichter Dr. Koffka zu Berlin.

9. Sind die im Entwurf des bürgerlichen Gesetzbuchs vorgesehenen Arten des Pfandrechts an Grundstücken, einschließlich der Grundschuld, beizubehalten?

Gutachten: des Justizrath M. Levy zu Berlin, Bd. III. S. 261.

Referenten: 1. Geh. Justizrath Prof. Dr. Dernburg zu Berlin;
2. Oberlandesgerichts-Senatspräsident Dr. v. Stößer zu Karlsruhe.

10. Die Aufnahme und Gestaltung des Privatpfändungsrechts im künftigen deutschen Gesetzbuch.

Gutachten: des Rechtsanwalt Mörschell zu Würzburg, Bd. III. S. 287.

Referent: Oberlandesgerichtsrath Thomsen zu Stettin.

11. Verdient die vom Entwurf des bürgerlichen Gesetzbuchs vorgeschlagene Abschaffung der wechselseitigen Testamente Zustimmung?

Gutachten: 1. des Geh. Justizrath Laué zu Berlin, Bd. I. S. 3.
2. Justizrath Wilke zu Berlin, Bd. I. S. 13.

Referent: Professor Dr. Enneccerus zu Marburg i. H.

12. Ueber die zweckmäßigste Regelung des Inventarrechts und die im Entwurf des bürgerlichen Gesetzbuchs versuchte Gestaltung desselben.

Gutachten: 1. des Landesgerichtsrath Munk zu Berlin, Bd. I. S. 30;
2. des Landrichter Dove zu Frankfurt a. M., Bd. I. S. 88.

Referenten: 1. Geh. Justizrath Professor Dr. Eck zu Berlin;
2. Professor Dr. R. Leonhard zu Marburg i. H.

13. Welche Grundsätze sind im künftigen deutschen bürgerlichen Gesetzbuch über das Verhältniß der Miterben und ihre Auseinandersetzung aufzustellen?

Gutachten: 1. des Kammergerichtsrath Strützki zu Berlin, Bd. I. S. 132;
2. des Professor Dr. Cosack zu Berlin, Bd. I. S. 199.

Referent: Rechtsanwalt Dr. Reatz in Gießen.

14. Empfiehlt es sich, im künftigen deutschen Gesetzbuch die Anfechtbarkeit der Schenkungen aus dem vom Entwurf aufgestellten Gesichtspunkt des außerordentlichen Pflichttheils oder aus dem des Uebermaßes festzusetzen?

Gutachten: 1. des Professor Dr. Fr. Endemann zu Königsberg, Bd. II. S. 46;
2. des Rechtsanwalt Dr. Reatz zu Gießen, Bd. II. S. 70.

Referenten: 1. Professor Dr. O. Mayer zu Straßburg;
2. Privatdocent Dr. von Tuhr zu Heidelberg.

15. Empfiehlt es sich, die Ehescheidungsgründe in der vom Entwurf des bürgerlichen Gesetzbuchs beabsichtigten Weise zu beschränken?

Gutachten: 1. des Rechtsanwalt und Professor Dr. O. Mayer zu Straßburg, Bd. II. S. 92;
2. des Rechtsanwalt und Privatdocent Dr. Jacobi zu Berlin, Bd. II. S. 110.

Referenten: 1. Oberlandesgerichts-Senatspräsident v. Köstlin zu Stuttgart;
2. Ministerialrath Förtsch zu Straßburg.

16. Ist es gerechtfertigt, an Stelle der Ehescheidungsstrafen in der Weise, wie der Entwurf des bürgerlichen Gesetzbuchs dies beabsichtigt, nur eine Verpflichtung des für den schuldigen Theil erklärten Ehegatten zur Gewährung des Unterhalts an den andern, der Unterstützung bedürftigen Ehegatten einzuführen?

Gutachten: des Professor Dr. Brie zu Breslau, Bd. II. S. 235.

Referenten: 1. Prof. Dr. Zorn zu Königsberg i. Pr.;
2. Geh. Justizrath Dr. von Wilmowski zu Berlin.

III. Zweite Plenarsitzung: am 13. September Vormittags 9 Uhr.

Berlin, den 9. Juli 1889.

Das Schriftführeramt des deutschen Juristentages.

Dr. Eck,
Geh. Justizrath, Professor.

Verzeichniß der Mitglieder

der

ständigen Deputation

für den **20. Juristentag 1889.**

Nr.	Name.	Stand.	Wohnort.
	Dr. v. Gneist	Wirkl. Geh. Ober-Justizrath u. Professor	Berlin. **(Vorsitzender).**
1	Anschütz	Justizrath	Leipzig.
2	Back	Bürgermeister und Unterstaatssekretär z. D.	Straßburg i. E.
3	Becker	Landgerichtspräsident	Oldenburg.
4	Dr. Brunner	Geh. Justiz-Rath, Prof.	Berlin.
5	Dr. Drechsler	Reichsger.-Senats-Präsident	Leipzig.
6	Dr. Eck	Geh. Justiz-Rath, Professor	Berlin. **(Schriftführer.)**
7	Dr. Enneccerus	Professor	Marburg.
8	Dr. Heinsen	Rechtsanwalt	Hamburg.
9	Dr. Jacques	Hof- u. Gerichts-Advokat	Wien.
10	Kleiner	Landgerichts-Präsident	Schweinfurt.
11	von Köstlin	Oberlandesgerichts-Senats-Präsident	Stuttgart.
12	M. Levy	Justizrath	Berlin.
13	Makower	Justizrath	Berlin **(Schatzmeister.)**
14	Dr. Merkel	Professor	Straßburg i. E.
15	Mörschell	Rechtsanwalt	Würzburg.
16	Dr. Pfaff	Professor	Wien.
17	Dr. von Stößer	Oberlandesgerichts-Senats-Präsident	Karlsruhe.
18	Thomsen	Oberlandesgerichtsrath	Stettin.
19	Dr. v. Wilmowski	Geh. Justizrath	Berlin.

Alphabetisches Verzeichniß

derjenigen

Mitglieder des deutschen Juristentages

welche

dem Verein im Jahre 1889 angehören.

Name.	Stand.	Wohnort.
Abel	Justizrath	Hannover.
Abesser	Amtsgerichtsrath	Kamburg a. d. Saale.
Abicht	Gerichtsassessor	Straßburg (Elsaß).
Abt, F.	Rechtsanwalt	Kolmar (Elsaß).
Ackermann, Max	Rechtsanwalt	Berlin.
Ackermann, Fr.	Geheimer Justizrath	Dessau.
Ackermann	Geheimer Hofrath	Dresden.
Adams	Geheimer Justizrath	Koblenz.
Ade	Rechtsanwalt	Schw. Hall.
Adickes	Amtsrichter	Neuhaus a. d. Oste.
Adler	Rechtsanwalt	Stuttgart.
Dr. Aegidi	Prof., Geh. Legationsrath z. D.	Berlin.
Mosig v. Aehrenfeld	Rechtsanwalt	Löbau (Sachsen).
Albert	Rechtsanwalt	Hagenau (Elsaß).
Dr. Albrecht	Wirkl. Geh. Oberjustizrath	Frankfurt a. Main.
Albrecht	Landgerichtsrath	Prenzlau.
Alexander, Mor.	Landgerichtsrath	Braunsberg (Ostpreußen).
Allonas	Notar	Straßburg (Elsaß).
Alster, G.	Justizrath	Cassel.
v. Alten	Landrichter	Straßburg (Elsaß).
Dr. Althoff, Friedr.	Geheim. Oberregierungsrath	Berlin.
Amann	Landgerichtspräsident	Offenburg (Baden).
Ammann	Gerichtsassessor	Straßburg (Elsaß).
Dr. André	Oberbürgermeister	Chemnitz (Sachsen).
Anschütz	Justizrath	Leipzig.

Name.	Stand.	Wohnort.
Anz	Justizrath	Essen a. d. Ruhr.
Dr. Apelt	Regierungsrath	Dresden.
Dr. Arndt, C.	Oberlandesgerichtsrath	Hamburg.
Arndts	Justizrath	Berlin.
Arndts	Justizrath	Leipzig.
Aron, Erich	Landrichter	Zabern (Elsaß).
Dr. Aronheim I	Rechtsanwalt	Braunschweig.
Dr. Asch	Rechtsanwalt	Posen.
Dr. Aschrott	Amtsrichter	Berlin.
Asemissen	Rechtsanwalt	Detmold.
v. Auer	Justizrath	München.
Aulig	Rechtsanwalt	Pyritz.
Bacher	Rechtsanwalt	Stuttgart.
Bachfeld	Assessor	Straßburg (Elsaß).
Back	Bürgermeister., Unterstaatssekretär z. D.	Straßburg (Elsaß).
Baehr	Reichsgerichtsrath a. D.	Cassel.
Baist	Amtsgerichtsrath	Rinteln.
Dr. v. Bar	Geh. Justizrath, Professor	Göttingen.
Bär	Notar	Brumath.
Dr. Baer, M.	Rechtsanwalt	Frankfurt a. Main.
Dr. Bardeleben	Oberlandesgerichtspräsident	Celle.
Dr. Bartels	Notar	Hamburg.
Bartolomaeus	Landgerichtsdirektor	Breslau.
Dr. Bartsch	Rechtsanwalt	Konstantinopel.
Bartsch	Geh. Justizrath	Dresden.
Bärwinkel	Justizrath	Arnstadt.
Bärwinkel, Emil	Justizrath	Leipzig.
Dr. de Bary, E.	Rechtsanwalt	Frankfurt a. M.
v. Basedow	Justizrath	Dessau.
Bäßler	Gerichtsassessor	Straßburg (Elsaß).
Bauer	Landgerichtsrath	Berlin.
Bauer	Rechtsanwalt	Höchst a. Main.
Baunacke, Rob.	Rechtsanwalt	Pegau (Sachsen).
Baustaedt	Konsistorialdirektor	Stade.
Freiherr v. Beaulieu-Markonnay	Oberlandesgerichtspräsident	Oldenburg (Großherzogth.).
Beck, Ferd.	Rechtsanwalt	Baden-Baden.
Beck, Hugo	Referendar	Leipzig.
Beck	Landgerichtsrath	Stuttgart.
Becker	Assessor	Straßburg (Elsaß).
Becker	Landgerichtspräsident	Oldenburg (Großherzogth.).

Name.	Stand.	Wohnort.
Dr. Beckh, Herm.	Rechtsanwalt	Nürnberg.
Dr. Behagel	Hofrath, Professor	Freiburg (Baden).
Behrnauer	Landgerichtsdirektor	Zwickau (Sachsen).
Beiersdorf	Rechtsanwalt	Lauban.
Beisert	Kreisgerichtsdirektor a. D.	Berlin.
Beleites	Landgerichtspräsident	Konitz (Westpreußen).
Belser	Oberamtsrichter	Leonberg (Württemberg).
Benfey I	Rechtsanwalt	Hannover.
Dr. Berend	Rechtsanwalt	Hannover.
Berentzen	Justizrath	Osnabrück.
Dr. Bergas	Rechtsanwalt	Wiesbaden.
Berger, Hermann	Justizrath	Greifswald.
Berger, Jul.	Justizrath	Leipzig.
Berghofer	Rechtsanwalt	München.
Bergold	Landgerichtsrath	Würzburg.
Bergsträßer, K.	Amtsrichter	Kaysersberg.
Bering	Regierungsrath	Hannover.
Berlein	Rechtsanwalt	Rotenburg a. d. Fulda.
Dr. Berlin, H.	Amtsrichter	Nürnberg.
Dr. Berlin, Max	Landgerichtsrath	Nürnberg.
Bernert	Bürgermeister	Ratibor.
Dr. Bernheim	Amtsrichter	Mülhausen (Elsaß).
Dr. Bernhöft	Professor	Rostock (Mecklbg.).
Bernstein, C.	Dr. jur.	Berlin.
Dr. Berolzheimer	Rechtsanwalt	Nürnberg.
Dr. Bertram	Appellationsgerichts-Vicepräsident a. D.	Wiesbaden.
Dr. Beschütz	Oberlandesgerichtssekretär	Hamburg.
Dr. Beseler	Landgerichtspräsident	Oppeln.
Beutler	Rechtsanwalt	Reichenbach (Voigtland).
Dr. Bever, Rud.	Assessor	Greifswald.
Dr. Bielenberg	Rechtsanwalt	Hamburg.
Dr. Bierling	Professor	Greifswald.
Bierwirth	Landgerichtsrath	Verden (Hannover).
Dr. v. Binder	Wirklicher Staatsrath	Stuttgart.
Dr. Bingner	Senatspräsident	Leipzig.
Birkenbihl	Amtsgerichtsrath	Wiesbaden.
Dr. Birkmeyer	Professor	Schwabing b. München.
Dr. Bischoff, H.	Notar	Kurzel.
Bloch, M.	Rechtsanwalt	Straßburg (Elsaß).
Blume	Staatsanwalt	Hildesheim (Hannover).
Dr. Blumenfeld	Rechtsanwalt	Hamburg.

A*

Name.	Stand.	Wohnort.
Blumenthal	Landgerichtsrath a. D.	Stettin.
Bock	Amtsgerichtsrath	Stettin.
Dr. Bockenheimer	Landgerichtsrath	Mainz.
Boecking	Erster Staatsanwalt	Saargemünd.
Bödcher	Oberbürgermeister	Halberstadt.
Böhmer	Rechtsanwalt	Verden (Hannover).
Böhr, R.	Amtsgerichtsrath	Erfurt.
Dr. Boisselier, Th.	Reichsgerichtsrath	Leipzig.
Bojunga	Rechtsanwalt	Hannover.
Bölte	Rechtsanwalt	Grevesmühlen (Mecklenbg.).
Bolza	Notar	Landau (Pfalz).
Bolza	Referendar	Landau (Pfalz).
v. Bomhard	Landgerichtsrath	Straßburg (Elsaß).
Bong-Schmidt	Geheimer Justizrath	Flensburg.
Bonhard	Landgerichtsdirektor	Darmstadt.
Bönner	Rechtsanwalt	Siegen.
Dr. v. Bönninghausen	Rechtsanwalt	Hamburg.
Dr. Borchardt, Oskar	Assessor	Berlin.
Borchers	Justizrath	Celle.
Dr. Bornhak	Privatdocent	Berlin.
Dr. de Boselli	Amtsgerichtsrath	Frankfurt a. M.
Bossert	Erster Staatsanwalt	Kaiserslautern.
Freiherr v. Bothmer	Landrichter	Greifswald.
Bötzow	Gerichtsassessor	Greifenhagen.
Bourwieg	Justizrath	Stettin.
Boyens	Rechtsanwalt	Stettin.
Boysen	Landgerichtsdirektor	Hanau.
Brachvogel	Landrichter	Zabern (Elsaß).
Dr. Brackenhöft	Rechtsanwalt	Hamburg.
Braikmann	Syndikus	Stade.
Bramigk	Justizrath	Köthen (Anhalt).
Brauer	Justizrath	Berlin.
Braun	Hofrath	Augsburg.
Braun	Oberconsistorialrath	Berlin.
Dr. Braun, Carl	Justizrath	Berlin.
Braunbehrens	Oberlandesgerichtsrath	Celle.
Breede	Rechtsanwalt	Wandsbeck.
Bregenzer	Landgerichtsrath	Tübingen.
Breithaupt	Rechtsanwalt	Göttingen.
Breitung	Rechtsanwalt	Schweinfurt.
Breyer	Oberamtsrichter	Eltmann a. M.
Broda, Gust.	Rechtsanwalt	Leipzig.

Name.	Stand.	Wohnort.
Dr. Bromberger	Rechtsanwalt	Hamburg.
Browe	Landgerichtsrath	Berlin.
Dr. Bruch	Rechtsanwalt	Mainz.
Bruch	Amtsgerichtsrath	Saaralben.
Dr. Brück	Justizrath	Wiesbaden.
Brückner	Referendar	Straßburg (Elsaß).
Dr. Brüger, Carl	Oberlandesgerichtspräsident	Jena.
Brümmer	Senator	Rostock (Mecklenbg.).
Brunnemann	Rechtsanwalt	Stettin.
Dr. Brunner	Geh. Justizrath, Professor	Berlin.
Brunner	Justizrath	Gudensberg.
Dr. Buchheister	Richter	Hamburg.
Buchholz	Landgerichtspräsident	Münster (Westf.).
Budde	Landgerichtsrath	Greifswald.
Buff	Reichsgerichtsrath	Leipzig.
Bülau, Ernst	Rechtsanwalt	Zwickau (Sachsen).
Bunsen, Friedr.	Amtsrichter	Rostock (Mecklenbg.).
Burchardi	Amtsgerichtsrath	Glückstadt.
Burg, E.	Referendar	Straßburg (Elsaß).
Busch, Ed.	Rechtsanwalt	M.-Gladbach.
Bussenius	Justizrath	Leipzig.
Buttel	Bürgermeister	Neustrelitz.
Buttmann	Landgerichtspräsident	Greifswald.
Büttner, Curt	Landgerichtsrath	Leipzig.
Dr. Cadenbach	Landgerichtsdirector	Waldshut (Baden).
Callomon, Hugo	Rechtsanwalt	Breslau.
Cappell	Landgerichtsdirector	Paderborn.
Carl	Ober-Regierungsrath	Straßburg (Elsaß).
Dr. Carlebach, Ed.	Notar	Remilly.
Cäsar	Justizrath	Frankfurt a. Main.
Cäsar	Regierungsrath	Wiesbaden.
Dr. Caspari, F.	Rechtsanwalt	Frankfurt a. Main.
Caspari, A.	Rechtsanwalt	Cassel.
Castagne, W.	Justizrath	Kiel.
Dr. v. Chelius	Landgerichtsrath	Karlsruhe (Baden).
Dr. Chormann, R.	Rechtsanwalt	Mülhausen (Elsaß).
Clemens	Landgerichtsrath	Ulm.
v. Cloßmann	Senatspräsident	Colmar (Elsaß).
Clüsener	Rechtsanwalt	Detmold.
Dr. Cnyrim	Rechtsanwalt	Frankfurt a. M.
Dr. Cohen, J.	Rechtsanwalt	Hamburg.

Name.	Stand.	Wohnort.
Dr. Cohen, M.	Rechtsanwalt	Hamburg.
Dr. Cohn, Ludw.	Rechtsanwalt	Breslau.
Dr. Cohn	Professor	Heidelberg.
Cohn	Rechtsanwalt	Neustrelitz.
v. Cöllen	Rechtsanwalt	Cöln a. Rhein.
Dr. Cosack	Professor	Gießen.
Coester, Carl	Amtsrichter	Cassel.
Courtin	Landgerichtsrath	Freiburg (Baden).
Creutzberger	Rechtsanwalt	Grünberg (Schlesien).
Cunow	Rechtsanwalt	Potsdam.
Cuny	Regierungsrath	Straßburg (Elsaß).
Daber	Amtsrichter	Bolchen.
Dalcke	Oberstaatsanwalt	Königsberg (Preußen).
Dall	com. Kreisdirector	Rappoltsweiler.
Daemling, Adalbert	Oberlandesgerichtsrath	Colmar (Elsaß).
Danielcik	Landrichter	Allenstein (Ostpreußen).
Dann, Rud.	Notar	Stuttgart.
Dr. Daude	Geheimer Regierungsrath	Berlin.
Daudistel	Justizrath	Mainz.
Dauenhauer	Oberamtsrichter	Kaiserslautern.
Daumer	Amtsrichter	Ellwangen.
Daus	Rechtsanwalt	Altona.
David, Cornelius	Rechtsanwalt	Frankenthal (Bayern).
Davidsohn	Rechtsanwalt	Offenbach a. Main.
v. d. Decken	Geheimer Oberjustizrath	Verden (Hannover).
Deeke	Landrichter	Holzminden.
Deegen	Kammergerichtsrath	Berlin.
Dr. v. Degenkolb	Professor	Tübingen.
Degner, Alfr.	Senatspräsident	Dresden.
Dr. Deiß	Rechtsanwalt	Leipzig.
Delbrück	Landrichter	Lüneburg.
Dr. Delbrück	Rechtsanwalt	Stettin.
Denso	Landgerichtsrath	Berlin.
Dr. Dernburg	Geh. Justizrath, Professor	Berlin.
Detmold	Landrichter	Göttingen.
Dettmar, H.	Justizrath	Hildesheim (Hannover).
Deumling	Amtsgerichtsrath	Paderborn.
Deuchler	Amtsrichter	Buchsweiler.
Dr. Dickel	Amtsrichter	Berlin.
Dr. Dieckhoff	Regierungsassessor	Straßburg (Elsaß).
Dr. Diehl, Th.	Rechtsanwalt	Frankfurt a. M.
Dierry	Rechtsanwalt	Gießen.

Name.	Stand.	Wohnort.
Dietrich	Rechtsanwalt	Prenzlau.
Dițe	Justizrath	Münster (Westf.)
Dr. Dittmar	Ministerialrath	Darmstadt.
Dohrn, Eug.	Rechtsanwalt	Itzehoe.
Dölitzsch, Arthur	Rechtsanwalt	Altenburg (Sachs.-Altenbg.).
Dr. Donnenberg	Rechtsanwalt	Hamburg.
Dr. Dorn	Geheimer Justizrath	Leipzig.
Dorner, Christ.	Amtsrichter	Donaueschingen.
Dorner	Ministerialrath	Karlsruhe (Baden).
Dose, Wolf	Rechtsanwalt	Neustadt (Holstein).
Dotter	Notar	Falkenberg (Lothringen).
Dove, Heinr.	Landrichter	Frankfurt a. Main.
Dr. Drabert	Gerichtsassessor	Berlin.
Dr. Drechsler	Senatspräsident	Leipzig.
Dr. Dreyer	Reichsgerichtsrath	Leipzig.
Dr. Drucker, M.	Rechtsanwalt	Leipzig.
Dubois	Amtsgerichtsrath	Straßburg (Elsaß).
Düesberg	Justizrath	Bochum.
Dümmler	Rechtsanwalt	Mülhausen (Elsaß).
Duncker	Amtsrichter	Brüssow.
Dürbig	Dritter Staatsanwalt	München.
Dürr	Justizrath	München.
v. Dursy	Ministerialrath	Straßburg (Elsaß).
Ebel, Ludw.	Oberamtsrichter	Wald-Michelbach (Odenwald).
Ebel	Rechtsanwalt	Wiesbaden.
Eberhard	Justizrath	Hanau.
Eberlein	Oberamtsrichter	Forchheim (Sachsen).
Dr. Ebner	Rechtsanwalt	Frankfurt a. Main.
Ebner	Rechtsanwalt	Ulm.
Dr. Eck	Geh. Justizrath, Professor	Berlin.
v. Eck	Geh. Justizrath	Wiesbaden.
Dr. Eckels	Stadtsyndikus	Einbeck.
Dr. Eckhard	Oberlandesgerichtsrath a. D.	Frankfurt a. Main.
Eckhard, Karl	Bankdirector	Mannheim.
Dr. Eddelbüttel	Rechtsanwalt	Hamburg.
Ehrhart, Jos.	Notar	Weyersheim.
Eisen	Landgerichtsrath	Freiburg (Baden).
Eißner	Rechtsanwalt	Pulsnitz (Sachsen).
Ekert	Geheimrath, Gefängnißdirector	Freiburg (Baden).
Dr. Elder	Oberamtsrichter	Lübeck.
Eller	Amtsrichter	Gartz a. d. Oder.

Name.	Stand.	Wohnort.
Elsperger	Oberlandesgerichtsrath	Nürnberg.
Elven	Justizrath	Cöln a. Rhein.
Elze	Rechtsanwalt	Halle a. d. Saale.
Dr. Emden, Ed.	Rechtsanwalt	Frankfurt a. Main.
Emmerling	Oberamtsrichter	Hilpoltstein.
Enderlein	Rechtsanwalt	Ansbach.
Engel, J.	Landgerichtsdirector	Hamburg.
Dr. Engel, Max	Assessor	Homburg v. d. Höhe.
Engelke	Rechtsanwalt	Stettin.
Engels	Justizrath	Potsdam.
Dr. Enneccerus	Professor	Marburg (Hessen).
Dr. Enzmann	Justizrath	Chemnitz (Sachsen).
Erler	Justizrath	Leipzig.
Erythropel	Rechtsanwalt	Leipzig.
Euler	Notar	Bitsch.
Evers	Geheimer Justizrath	Celle.
Eysoldt	Rechtsanwalt	Dresden.
Faas	Rechtsanwalt	Mannheim.
Faber	Amtsrichter	Drulingen.
Dr. v. Faber	Staatsminister	Stuttgart.
Dr. Falker	Rechtsanwalt	Mainz.
Faull	Rechtsanwalt	Ellwangen.
Fechner	Landgerichtsrath	Frankfurt a. Main.
Fechner	Justizrath	Hamm (Westfalen).
Dr. Antoine-Feill	Rechtsanwalt	Hamburg.
Feldmann	Rechtsanwalt	Kammin (Pommern).
Dr. Fels, Gustav	Justizrath	Leipzig.
Fendel	Amtsrichter	Schwelm.
Fenner	Justizrath	Leipzig.
Ferber	Rechtsanwalt	Danzig.
Dr. Fester, Adolf	Rechtsanwalt	Frankfurt a. Main.
Ficker	Rechtsanwalt	Leisnig.
Dr. Fiebiger	Rechtsanwalt	Leipzig.
Finger	Staatsminister	Darmstadt.
Fischer	Bürgermeister	Augsburg.
Dr. Fischer	Professor	Greifswald.
Fischer	Amtsrichter	Guttstadt (Ostpreußen).
Fischer, J. J.	Justizrath	Köln a. Rhein.
Dr. Fitzinger, L. Ph.	Notar	Hayingen (Lothringen).
Flechsig	Advokat	Zwickau (Sachsen).
Dr. Fleischauer	Senatspräsident	Leipzig.
Fleischer	Referendar	Straßburg (Elsaß).

Name.	Stand.	Wohnort.
v. Flembach	Oberappellationsgerichtspräsident	München.
Fließ	Rechtsanwalt	Stettin.
v. Föhr	Landgerichtsdirector	Ulm.
Forkel, Fr.	Geheimer Justizrath	Koburg.
Förster	Amtsgerichtsrath	Lyck (Ostpreußen).
Foertsch	Reichsgerichtsrath	Leipzig.
Dr. Fösser	Rechtsanwalt	Frankfurt a. M.
Francke	Amtsgerichtsrath	Alfeld (Hannover).
Francke	Amtsrichter	Berlin.
Dr. Francke	Appellationsgerichtspräsid.	Celle.
Frank	Kreisgerichtsrath	Frankfurt a. d. Oder.
Frank	Amtsgerichtsrath	Langfuhr b. Danzig.
Frankenburger	Rechtsanwalt	Nürnberg.
Freege	Erster Staatsanwalt	Schneidemühl.
Dr. Freese	Staatsanwalt	Stargard (Pommern).
Freiersleben	Rechtsanwalt	Heidenheim (Württemberg).
Frenckel	Rechtsanwalt	Kaiserslautern.
Frenkel	Justizrath	Leipzig.
Dr. Freudenthal	Rechtsanwalt	Würzburg.
Freund	Justizrath	Breslau.
Frey	Rechtsanwalt	Wiesbaden.
Freiherr v. Freyberg	Bezirks-Präsident	Straßburg (Elsaß).
Freydt	Notar	Weiler b. Schlettstadt.
Freytag, Otto Emil	Rechtsanwalt	Leipzig.
Dr. v. Friedberg	Staatsminister	Berlin.
Dr. Friedberg	Geh. Hofrath, Professor	Leipzig.
Dr. Friede, Hugo	Rechtsanwalt	Hamburg.
Dr. Friedenthal	Staatsminister	Berlin.
Friedländer, S.	Rechtsanwalt	Berlin.
Dr. Friedländer	Bankdirector	Berlin.
Dr. Friedleben, Fritz	Rechtsanwalt	Frankfurt a. M.
Dr. Friedmann, F.	Rechtsanwalt	Berlin.
Friedmann, Isidor	Rechtsanwalt	Glogau.
Frieß	Rechtsanwalt	Cassel.
Fritsch	Landgerichtsrath	Görlitz.
Fromherz	Rechtsanwalt	Freiburg (Baden).
Dr. Fuchs	Gerichtsassessor	Berlin.
Fuchs	Amtsrichter	Hochfelden.
Dr. Fuchs	Prof., Oberlandesgerichtsrath	Jena.
Dr. Fuld, L.	Justizrath	Frankfurt a. Main.
Dr. Fuld, L.	Rechtsanwalt	Mainz.

Name.	Stand.	Wohnort.
Funke	Richter	Bremen.
Funke, Rudolf	Referendar	Straßburg (Elsaß).
Fürst, Alex.	Rechtsanwalt	Heidelberg
Furius	Geheimer Justizrath	Straßburg (Elsaß).
Gabler	Justizrath	Altenburg (Sachs.-Altenbg.).
Dr. Gaedertz	Erster Oberbeamter des Stadt- nnd Landamtes	Lübeck.
Gaitzsch	Referendar	Chemnitz (Sachsen).
Gangloff	Referendar	Ingersheim.
Gättens	Amtsrichter	Hagenow (Mecklenbg.)
Dr. Gaupp	Landgerichtsrath	Tübingen.
Gebhard	Oberlandesgerichtsrath	Bamberg.
Dr. Gebhard	Ministerialrath	Berlin.
Dr. Geiger, B.	Rechtsanwalt	Frankfurt a. Main.
Geißmar, Joseph	Rechtsanwalt	Mannheim.
Dr. Gentzsch	Rechtsanwalt	Leipzig.
Dr. Georgii	Landgerichtsrath	Stuttgart.
Gerhard, Otto	Rechtsanwalt	Braunschweig.
Gerichten	Landgerichtssekretär	Landau (Pfalz).
Gervinus	Rechtsanwalt	Cassel.
Gesenius	Director des Pfandbriefamts	Berlin.
Geyler, Ernst	Oberamtsrichter	Reichenbach (Voigtland).
Dr. Gierke	Geh. Justizrath, Professor	Berlin.
Dr. Gieschen, Heinr.	Rechtsanwalt	Hamburg.
Dr. Gilmer	Landgerichtsrath	Gießen.
Glasewald	Amtsgerichtsrath	Naumburg a. d. Saale.
Dr. Glaß	Rechtsanwalt	Schneidemühl.
Dr. Glöckner	Rechtsanwalt	Frankfurt a. M.
Dr. v. Gneist, Rud.	Wirkl. Geh. Oberjustizrath	Berlin.
v. Goldammer	Amtsrichter	Hagenau (Elsaß).
Dr. Goldenring	Landgerichtsrath	Straßburg (Elsaß).
Dr. Goldfeld, Julius	Rechtsanwalt	Hamburg.
Dr. Goldschmidt	Geh. Justizrath, Professor	Berlin.
Dr. Goldschmidt, J.	Rechtsanwalt	Berlin.
Dr. Goldschmidt, Ludw.	Privatdocent	Göttingen.
Goldstein	Rechtsanwalt	Stargard (Pommern).
Göllnitz	Rechtsanwalt	Lengefeld (Erzgebirge).
Freiherr v. d. Goltz	Ministerialrath	Straßburg (Elsaß).
Dr. Gordan, F.	Erster Staatsanwalt	Duisburg.
Göring, Julius	Notar	Bischweiler.
Goering	Rechtsanwalt	Stolp (Pommern).
Dr. Gorius	Rechtsanwalt	Cöln a. Rhein.

Name.	Stand.	Wohnort.
Görlitz	Obergerichtsanwalt	Birkenfeld (Rhein-Oldenbg.).
Goerz	Oberlandesgerichtspräsident	Darmstadt.
Gotthard	Justizrath	Braunschweig.
Gotthelf	Rechtsanwalt	München.
Götting I, Carl	Justizrath	Hildesheim (Hannover).
Gottschalck, Ferdinand	Rechtsanwalt	Dresden.
Götz, Heinr.	Rechtsanwalt	Leipzig.
Gräfe	Senatspräsident	Berlin.
Gräff	Rechtsanwalt	Koblenz.
Gralow, Ferd.	Amtsgerichtsrath	Polzin.
Graßhoff	Landgerichtsrath	Göttingen.
Gräßner	Justizrath	Magdeburg.
Dr. Greiff	Geh. Oberregierungsrath	Straßburg (Elsaß).
Grim	Justizrath	Colmar (Elsaß).
Grimm	Rechtsanwalt	Glauchau (Sachsen).
Dr. Grimm	Justizrath	Marburg (Hessen).
Grobhoffer	Amtsgerichtsrath	Straßburg (Elsaß).
Groß	Rechtsanwalt	Mergentheim.
Freiherr Dr. v. Groß	Wirklicher Geheimrath	Weimar.
Frhr. Groß v. Trockau	Landgerichtsrath	Würzburg.
Groth	Rechtsanwalt	Schwerin (Mecklenbg.)
Gruber	Amtsgerichtsrath	Bischweiler.
Dr. Grueber, Erwin	Professor	Oxford.
Gruner	Justizrath	Weimar.
Gülde	Rechtsanwalt	Rochlitz.
Gülzow	Rechtsanwalt	Greifenhagen.
Gunzenhäuser	Rechtsanwalt	Fürth (Bayern).
Gunzert	Landgerichtsdirector	Straßburg (Elsaß).
Gunzert	Referendar	Straßburg (Elsaß).
Dr. Güterbock	Geh. Justizrath, Professor	Königsberg (Preußen).
Dr. Gutfleisch	Rechtsanwalt	Gießen.
Guttmann	Rechtsanwalt	Wiesbaden.
Haase	Assessor	Straßburg (Elsaß).
Dr. Häberlin	Rechtsanwalt	Frankfurt a. Main.
Dr. Hachenburg, Max	Rechtsanwalt	Mannheim.
Hack	Bürgermeister	Mülhausen (Elsaß).
Hackenthal	Referendar	Straßburg (Elsaß).
Häckermann	Rechtsanwalt	Greifswald.
Hagedorn	Assessor	Marienwerder (Westpreuß.).
Hagemann II.	Landgerichtsdirector	Hannover.
Hagenauer	Amtsgerichtsrath	Straßburg (Elsaß).
Haken	Staatsanwalt	Elbing.

Name.	Stand.	Wohnort.
v. Hallberger	Obertribunalsrath	Stuttgart.
Halley	Ministerialrath	Straßburg (Elsaß).
Hallwachs, L.	Geh. Staatsrath	Darmstadt.
Dr. Hambrook	Reichsgerichtsrath	Leipzig.
Hamburger, Karl	Rechtsanwalt	Berlin.
Dr. Hamburger	Justizrath	Frankfurt a. Main.
Hamm	Oberstaatsanwalt	Cöln a. Rhein.
Hamm, Hugo	Justizrath, Notar	Metz.
Hamm	Ministerialrath	Straßburg (Elsaß).
Hammacher	Dr. jur.	Berlin.
Hammann	Notar	Schiltigheim.
Hammer	Rechtsanwalt	Chemnitz (Sachsen).
Hänel, Arthur	Rechtsanwalt	Dresden.
Hänisch	Landgerichtsrath	Greifswald.
Hänle	Rechtsanwalt	Ansbach.
Hanssen	Regierungsrath	Altona.
Dr. Harburger	Privatdocent	München.
Harff	Ministerialrath	Straßburg (Elsaß).
v. Harlessem	Justizrath	Hannover.
Dr. Harmening	Rechtsanwalt	Jena.
Haroler	Assessor	Wiesbaden.
Harseim	Wirkl. Geh. Kriegsrath	Berlin.
Harth, Leop.	Gerichtsvollzieher	Würzburg.
Hartmann, Bernh.	Rechtsanwalt	Nürnberg.
Dr. Hartmann, K. A.	Oberstaatsanwalt	Plauen (Voigtland).
Hase, Otto	Justizrath	Altenburg (Sachs.-Altenbg.)
Dr. Hasselbach	Referendar	Wiesbaden.
Hattenbach	Oberlandesgerichtsrath	Oldenburg (Großherzogth.).
Hauck	Rechtsanwalt	Frankfurt a. Main.
Hausch	Director, vortr. Rath im Justizministerium	Stuttgart.
Häusler	Justizrath	Braunschweig.
Haußmann	Erster Staatsanwalt	Heilbronn.
Havenstein	Amtsrichter	Arnswalde.
v. Haxthausen	Amtsgerichtsrath	Lauenburg (Pommern).
Hebel, Wilh.	Bezirksamtmann	Scheinfeld.
Hecht, Max	Rechtsanwalt	Frankenthal (Bayern).
Dr. Hecht	Bankdirector	Mannheim.
Dr. Heck	Privatdocent	Berlin.
Hecker	Oberstaatsanwalt	Naumburg a. d. Saale.
Dr. Heilbluth	Rechtsanwalt	Hamburg.
Heilborn	Justizrath	Berlin.

Name.	Stand.	Wohnort.
Heilpern, S.	Rechtsanwalt	Leipzig.
Heim, Michael	Rechtsanwalt	Würzburg.
Dr. Heink, Paul Fr.	Advocat	Zürich.
Dr. Heinsen	Rechtsanwalt	Hamburg.
Heinsheimer	Oberlandesgerichtsrath	Karlsruhe (Baden).
Dr. Heinsheimer	Oberamtsrichter	Pforzheim.
Heintzmann	Landgerichtsrath a. D.	Dortmund.
Heinzemann	Erster Staatsanwalt	Limburg a. d. Lahn.
Heller	Amtsgerichtsrath	Wörth a. d. Sauer.
Hellmann	Landgerichtsrath	Aachen.
Dr. Hellmann, Friedr.	Rechtsanwalt	München.
Dr. Hellwig	Professor	Erlangen.
Dr. Hempel, C.	Rechtsanwalt	Zwickau (Sachsen).
Hemptenmacher	Justizrath	Wanzleben bei Magdeburg.
Hendrichs	Rechtsanwalt	Cöln a. Rhein.
Dr. Ritter v. Henle, S.	Hofrath	München.
Dr. Henning	Rechtsanwalt	Greiz.
Hensel	Landrichter	Stargard (Pommern).
Hentschel, Moritz	Rechtsanwalt	Leipzig.
Hentschel, Oscar	Amtsrichter	Marienberg (Sachsen).
Hermes	Bürgermeister	Röbel (Mecklenbg.).
Herr	Rechtsanwalt	Cöslin.
Hertle	Notariatscandidat	Weißenburg (Elsaß).
Hertz	Geh. Oberjustizrath	Berlin.
Dr. Hertz, G.	Senator	Hamburg.
Dr. Herz	Justizrath	Wiesbaden.
Herzfeld	Justizrath	Halle a. d. Saale.
Herzfeld II.	Rechtsanwalt	Halle a. d. Saale.
Herzog	Oberstaatsanwalt	Braunschweig.
Dr. Hesdörffer	Rechtsanwalt	Frankfurt a. Main.
Dr. Hesekiel	Landgerichtsrath	Berlin.
Heß, Jacob	Rechtsanwalt	Ulm a. d. Donau.
Hetzer	Landgerichtsdirector	Stettin.
Heuser	Rechtsanwalt	Bückeburg.
von der Heyde	Rechtsanwalt	Rüdesheim (Rhein).
Dr. Heyden, C.	Syndicus	Lindengut b. Essen a. d. Ruhr.
Heymann	Justizrath	Altona.
Dr. Heymann, S.	Rechtsanwalt	Hamburg.
Dr. Hick	Oberamtsrichter	Wiesloch (Baden).
Hildebrand	Ministerialrath	Straßburg (Elsaß).
Hilf	Justizrath	Limburg a. d. Lahn.

Name.	Stand.	Wohnort.
Hilpert	Rechtsanwalt	Nürnberg.
Dr. Hilse, Benno	Kreisgerichtsrath a. D. und Syndicus	Berlin.
Dr. Hilse, Carl	Syndicus u. Rechtslehrer	Berlin.
Dr. Hinschius	Geh. Justizrath, Professor	Berlin.
Dr. Hirl	Bezirksgerichtsrath a. D.	München.
Dr. Hirschfeld	Rechtsanwalt	Berlin.
Hirschhorn	Rechtsanwalt	Gießen.
Hirschmann	Rechtsanwalt	Schw. Hall.
Hochapfel	Referendar	Straßburg (Elsaß).
Hochstetter	Oberlandesgerichtsrath	Stuttgart.
Dr. Hoffmann, W.	Geh. Regierungsrath	Berlin.
Hoffmann, Konr.	Justizrath	Leipzig.
Hoffmann	Oberamtsrichter	Nürtingen.
Hoffmann, Th.	Landgerichtsrath	Regensburg.
Hofmann	Amtsrichter	Rennerod.
Fürst von Hohenlohe-Schillingsfürst	Statthalter in Elsaß-Lothringen	Straßburg (Elsaß).
Holbein	Rechtsanwalt	Apolda.
Dr. Hölder	Professor	Erlangen.
Dr. Holdheim	Rechtsanwalt	Frankfurt a. Main.
v. Holtzendorff, H.	Rechtsanwalt	Berlin.
Höniger	Justizrath	Inowrazlaw.
Hopman	Landgerichtspräsident	Wiesbaden.
Hoppe	Justizrath	Hannover.
Dr. Horch, Herm.	Rechtsanwalt	Mainz.
Dr. Horwitz	Justizrath	Berlin.
Dr. Horwitz	Rechtsanwalt	Hamburg.
Dr. Hoseus	Geh. Oberregierungsrath	Straßburg (Elsaß).
Dr. Hothorn, P.	Rechtsanwalt	Leipzig.
Dr. Hübler	Geh. Oberregierungsrath	Berlin.
Dr. Huch II.	Rechtsanwalt	Braunschweig.
Huck	Rechtsanwalt	Gleiwitz.
Humbert	Justizrath	Berlin.
Dr. Humser	Justizrath	Frankfurt a. Main.
Hünten	Amtsrichter	Oberehnheim.
Huschke, Bruno	Justizrath	Erfurt.
Jacob	Amtsrichter	Braunsberg (Ostpreußen).
Jacob	Regierungsrath	Straßburg (Elsaß).
Jacobi	Rechtsanwalt	Bergen a. Rügen.
Jacobsohn	Rechtsanwalt	Posen.
Dr. Jacoby, L.	Rechtsanwalt, Privatdocent	Berlin.

Name.	Stand.	Wohnort.
Dr. Jäger	Referendar	Straßburg (Elsaß).
Jäger	Amtsrichter	Tübingen.
Dr. Jahrsdörffer	Hofrath	München.
Dr. Ickelheimer	Rechtsanwalt	Frankfurt a. Main.
Dr. Jeidels	Notariats-Aspirant	Würzburg.
Jelito, Emil	Oberamtsrichter	Neustadt a. d. Hardt.
Jentzsch, C.	Amtsrichter	Wanzleben b. Magdeburg.
Jerusalem	Landgerichtsrath	Saarbrücken.
Dr. Illig	Notar	Roeschwoog (Unterelsaß).
Joachim	Rechtsanwalt	Berlin.
John	Oberlandesgerichtsrath	Colmar (Elsaß).
Dr. Jolly	Staatsminister	Karlsruhe (Baden).
Jonas, Paul	Rechtsanwalt	Berlin.
Jonas	Rechtsanwalt	Marienthal b. Wandsbeck.
Dr. Jordan	Rechtsanwalt	Mannheim.
Jordan	Regierungsrath	Stuttgart.
Jordan	Rechtsanwalt	Tilsit.
Dr. Josephson	Rechtsanwalt	Hamburg.
Josephthal, Gust.	Rechtsanwalt	Nürnberg.
Joesten	Oberlandesgerichtsrath	Posen.
Isemann	Landgerichtsrath	Straßburg (Elsaß).
Dr. Israel, John	Rechtsanwalt	Hamburg.
Dr. Israel, Simon	Rechtsanwalt	Hamburg.
Jübell	Rechtsanwalt	Hannover.
Jung	Geh. Justizrath	Freiburg (Baden).
Dr. Jung, G. W.	Amtsgerichtsrath	Frankfurt a. Main.
Dr. Jung, G. J.	Oberlandesgerichtsrath	Frankfurt a. Main.
Jung	Landgerichtsdirektor	Straßburg (Elsaß).
Junghans	Rechtsanwalt	Stettin.
Dr. Jungk	Landrichter	Berlin.
Graf Kageneck	Referendar	Straßburg (Elsaß).
Kahr	Justizrath	Kronach.
Dr. Kanzler	Staatsanwalt	Saargemünd.
Freiherr v. Kapherr	Referendar	Straßburg (Elsaß).
Kessel, Eduard	Rechtsanwalt, Notar	Schweidnitz.
Dr. Alexander-Katz	Rechtsanwalt	Berlin.
Dr. Katz, Edwin	Rechtsanwalt	Berlin.
Dr. Kauffmann	Notar	Sennheim (Elsaß).
Kaufmann, Felix	Rechtsanwalt	Berlin.
Kaufmann	Amtsrichter	Straßburg (Elsaß).
Kaulla	Rechtsanwalt	Stuttgart.
Kayser	Gerichtsassessor	Straßburg (Elsaß).

Name.	Stand.	Wohnort.
Kayser	Notar	Zabern.
Keber	Amtsrichter	Angermünde.
Keck	Gerichtsassessor	Koblenz.
Keetmann	Ministerialrath	Straßburg (Elsaß).
Keferstein	Stadtsyndicus	Lüneburg.
Keibel	Geheimer Oberjustizrath	Berlin.
Dr. Keil	Rechtsanwalt	Weimar.
Keim	Landgerichtsrath	Wiesbaden.
Dr. Keller, A.	Notar	Straßburg (Elsaß).
Keller	Bankdirector	Suttgart.
Kempner	Rechtsanwalt	Berlin.
Kerckhoff	Landgerichtspräsident	Aurich.
Kerckhoff	Notar	Diedenhofen.
Kern	Amtsgerichtsrath	Hameln a. d. Weser.
Kern	Landgerichtsrath	Waldshut.
Kerstein	Landgerichtsrath	Dortmund.
Keßler	Amtsgerichtsrath	Magdeburg.
Kewer	Justizrath	Rheinberg (Rheinlande).
Kiefer	Notar	Keysersberg.
Kiersko	Rechtsanwalt	Köslin.
Dr. Kierulff	Oberappellationsgerichts-Präsident a. D.	Lübeck.
Dr. Kiesselbach	Oberlandesgerichtsrath	Hamburg.
Dr. Kilzer, W.	Rechtsanwalt	Frankfurt a. M.
Dr. v. Kirchbach, W.	Landgerichtsrath	Berlin.
Dr. v. Kirchenheim	Professor	Heidelberg.
Kirchgeßner, Gottfr.	Landgerichtsrath	Würzburg.
Kistemaker	Justizrath	Osnabrück.
Klein, Max	Landgerichtsrath	Ansbach.
Kleinclaus	Justizrath, Notar	Hagenau (Elsaß).
Kleiner, Otto	Landgerichtspräsident	Schweinfurt.
Dr. Kleinfeller, G.	Privatdocent	München.
Kleinknecht	Rechtsanwalt	Göppingen.
Kleinschmidt	Hofrath	Tangerhütte.
Klemm	Oberlandesgerichtspräsident	Dresden.
Dr. Klemm	Rechtsanwalt	Leipzig.
Kletschke	Landgerichtsrath	Schweidnitz.
Klinger	Rechtsanwalt	Burgstädt.
Klöppel	Rechtsanwalt	Leipzig.
Klotz	Landgerichtsrath	Berlin.
Klotz, Ernst	Bürgermeister	Johann-Georgenstadt.
Klotz, Joseph	Rechtsanwalt	Nürnberg.

Name.	Stand.	Wohnort.
Klüpfel	Finanzassessor a. D.	Essen a. d. Ruhr.
Dr. Knackfuß	Referendar	Dresden.
Dr. Knapp	Professor	Straßburg (Elsaß).
Dr. Kniep	Professor	Jena.
Knittel	Referendar	Straßburg (Elsaß).
Kobbe	Amtsgerichtsrath	Siegen.
Koch	Justizrath	Buchholz (Sachsen).
Koch	Justizrath	Glatz.
Koch, F. H.	Rechtsanwalt	Leipzig.
Kochann	Amtsgerichtsrath	Berlin.
Dr. Koffka	Landrichter	Berlin.
Dr. Köhne, Paul	Assessor	Berlin.
v. Köller	Unterstaatssekretär	Straßburg (Elsaß).
Köppel	Rechtsanwalt	Belgard (Pommern).
Kormann, Ernst	Referendar	Straßburg (Elsaß).
Dr. Korn	Rechtsanwalt	Berlin.
Körner	Rechtsanwalt	Zwickau (Sachsen).
Kortum, H.	Justizrath	Halberstadt.
Kortum, Carl	Justizrath	Naumburg a. d. Saale.
Köster	Landgerichtsrath	Bonn.
v. Köstlin	Staatsrath	Stuttgart.
Köth, Joseph	Rechtsanwalt	Würzburg.
Kraft, Bernh.	Rechtsanwalt	Berlin.
Krampf, Joseph	Rechtsanwalt	Würzburg.
Krauß	Landgerichtsrath	Ravensburg.
Kraußold	Rechtsanwalt	München.
Kremer, L.	Landgerichtsrath	München.
Kreppel, Fr. Ludw.	Notar	Bamberg.
Dr. Freiherr v. Kreß	Rechtsanwalt	Nürnberg.
Kretschmann	Justizrath	Magdeburg.
Kretzschmar, A. F. J.	Stadtrath	Dresden.
Dr. Kretzschmar	Professor	Gießen.
Kreußel	Gerichtsassessor	St. Avold.
Krieg, Emil	Rechtsanwalt	Leipzig.
Krieger	Notar	Kolmar (Elsaß).
Krieger	Landgerichtsdirektor	Straßburg (Elsaß).
Krobitsch	Staatsanwalt	Berlin.
Dr. Kronecker	Landrichter	Berlin.
Kronecker, W.	Referendar	Berlin.
Dr. Kronfeld	Rechtsanwalt	Berlin.
Dr. Krüger	Amtsrichter	Dammerkirch.
Krüger	Justizrath	Halberstadt.

Name.	Stand.	Wohnort.
Küchendahl	Justizrath	Stettin.
Kugler	Rechtsanwalt	Freiberg (Sachsen).
Kühn	Rechtsanwalt	Trachenberg (Schlesien).
Kullmann, G.	Landgerichtsrath	Gießen.
v. Kunowski	Landgerichtspräsident	Bielefeld.
v. Kunowski	Wirkl. Geh. Oberjustizrath	Breslau.
Dr. Kuntze	Professor	Leipzig.
Dr. Kupfer	Landgerichtsrath	Freiburg (Baden).
Dr. Kurlbaum, C.	Oberlandesgerichtspräsident	Stettin.
Kusel	Rechtsanwalt	Karlsruhe (Baden).
Labroisse, L.	Rechtsanwalt	Gießen.
Lade	Justizrath, Divisionsauditeur	Straßburg (Elsaß).
Dr. Ladenburg	Rechtsanwalt	Mannheim.
Lahode, Max	Landgerichtsrath	Chemnitz (Sachsen).
Lähr	Amtsrichter	Belgard (Pommern).
Dr. Lahr	Amtsrichter	Zwingenberg b. Darmstadt.
Lambrecht	Amtsgerichtsrath a. D.	Naumburg a. d. Saale.
Dr. Lamey	Ministerialpräsident a. D.	Mannheim.
Lamm	Senatspräsident	Dresden.
Lammfromm	Oberjustizprocurator	Tübingen.
Dr. Lamprecht	Landrichter	Hamburg.
Dr. Landau	Rechtsanwalt	Berlin.
Dr. Lang	Rechtsanwalt	Frankfurt a. Main.
Dr. v. Lang, H.	Landgerichtsdirector	Rottweil.
Lang	Oberlandesgerichtsrath	Kolmar (Elsaß).
Dr. Langbein, Oscar	Rechtsanwalt	Leipzig.
Lange	Rechtsanwalt	Straßburg (Elsaß).
Langenbach	Rechtsanwalt	Darmstadt.
Lanzberg	Amtsgerichtsrath	Vic (Lothringen).
Laporte	Rechtsanwalt	Linden b. Hannover.
Dr. Lappenberg	Oberlandesgerichtsrath	Hamburg.
Lasker	Rechtsanwalt	Landsberg a. d. Warthe.
Laué	Geheimer Justizrath	Berlin.
Laué, Walter	Rechtsanwalt	Berlin.
Lauff	Justizrath	Köln a. Rhein.
Lauterbach	Notar	Straßburg (Elsaß).
Lautz	Landgerichtspräsident	Metz.
Laux	Landgerichtsrath	Ravensburg.
Lazarus	Rechtsanwalt	Berlin.
Lebenheim	Landrichter	Schneidemühl.
Dr. Lebin	Justizrath	Berlin.
Lebrecht	Rechtsanwalt	Stuttgart.

Name.	Stand.	Wohnort.
Ledderhose	Regiegungsassessor	Straßburg (Elsaß).
Freiherr v. Ledebuhr	Landgerichtspräsident	Stargard (Pommern).
Lehmann, Emil	Rechtsanwalt	Dresden.
Dr. Lehmann, Gustav	Rechtsanwalt	Dresden.
Dr. Lehmann, Eugen	Senator	Hamburg.
Lehmüller	Notar	Altkirch.
Lehnebach	Rechtsanwalt	Straßburg (Elsaß).
Leiber	Rechtsanwalt	Straßburg (Elsaß).
Leipheimer	Rechtsanwalt	Stuttgart.
Dr. Leisler jun.	Rechtsanwalt	Wiesbaden.
Lellbach	Landgerichtsdirector	Straßburg (Elsaß).
Dr. Lenel	Professor	Straßburg (Elsaß).
v. Lengrießer	Landgerichtsrath a. D.	München.
Dr. Lennig	Rechtsanwalt	Straßburg (Elsaß).
Dr. v. Lenz	Reichsgerichtsrath	Leipzig.
Dr. Leo	Rechtsanwalt	Magdeburg.
Dr. Leonhard	Professor	Marburg (Hessen).
Leoni	Regierungsrath	Straßburg (Elsaß).
Leske, O. Fr.	Senatspräsident	Breslau.
Lesse	Justizrath	Berlin.
Lesser	Reichsgerichtsrath a. D.	Berlin.
Lettgau	Senatspräsident	Berlin.
Leuchert	Amtsrichter	St. Avold.
Dr. Leuthold	Bergamtsdirector	Freiberg (Sachsen).
Leuthold	Rechtsanwalt	Schöneck (Sachsen).
Levi	Rechtsanwalt	Stuttgart.
Dr. Levita	Justizrath	Mainz.
Dr. Levy	Advocat	Amsterdam.
Levy M.	Justizrath	Berlin.
Lewald	Rechtsanwalt	Leipzig.
Lewin	Gerichtsassessor	Stettin.
Dr. Lewin	Rechtsanwalt	Stettin.
Dr. Lewinski	Rechtsanwalt	Posen.
Lewinsohn	Assessor	Berlin.
Leyser	Rechtsanwalt	Charlottenburg.
Lezius	Justizrath	Köthen (Anhalt).
Libawsky	Justizrath	Kreuzburg (Oberschlesien).
Liebster Arno	Rechtsanwalt	Leipzig.
Dr. v. Lilienthal	Professor	Marburg (Hessen).
Dr. Limann	Geh. Medicinalrath	Berlin.
Linckelmann I., Carl	Justizrath	Hannover.
Dr. Linckelmann II.	Rechtsanwalt	Hannover.

Name.	Stand.	Wohnort.
Lindemann	Landgerichtsdirector	Stettin.
Graf v. Linden	Hofmarschall	Stuttgart.
Lindenberg	Rechtsanwalt	Berlin.
Lindner	Justizrath	Danzig.
Dr. v. Lingen	Rechtsanwalt	Bremen.
Graf zur Lippe	Staatsminister a. D.	Berlin.
Graf u. Edler z. Lippe	Regierungsrath	Wiesbaden.
Dr. Lippmann, Julius	Rechtsanwalt	Hamburg.
Lippold	Justizrath	Altenburg (Sachs.-Altenbg.).
Dr. v. Liszt	Professor	Halle a. d. Saale.
Litthauer	Rechtsanwalt	Posen.
Loeb	Rechtsanwalt	Mannheim.
Loebell	Reichsgerichtsrath	Leipzig.
Dr. Lochte	Justizrath	Magdeburg.
Dr. Lohe	Bankdirector	Düsseldorf.
Löhmann, R.	Oberlandesgerichtsrath	Hamburg.
Dr. Lohse, G.	Hofrath	Leipzig.
Dr. Lorey	Rechtsanwalt	Frankfurt a. Main.
Löser	Regierungsassessor	Straßburg (Elsaß).
Dr. Lossen	Landgerichtsrath	Straßburg (Elsaß).
Löwe	Amtsrichter	Lippehne.
Dr. Löwenfeld, H.	Bankdirector	Berlin.
Löwenstein I., Leopold	Rechtsanwalt	Stuttgart.
Löwenstein II.	Rechtsanwalt	Stuttgart.
Löwenthal, F.	Rechtsanwalt	Schwerin (Mecklenburg).
Ludewig	Landgerichtsrath	Stettin.
Dr. Ludolph	Amtsrichter	Salzuflen.
Ludwig Königl. Hoheit	Prinz von Bayern	München.
Lurje	Rechtsanwalt	Stettin.
Dr. Lürmann	Bürgermeister	Bremen.
Lurz	Rechtsanwalt	Zabern (Elsaß).
Lustig	Rechtsanwalt	Gleiwitz.
Maas	Amtsrichter	Mannheim.
Maechling	Rechtsanwalt	Straßburg (Elsaß).
Dr. Magnus	Rechtsanwalt	Braunschweig.
Mahla	Rechtsanwalt	Landau (Pfalz).
Mahlstedt	Landgerichtsrath	Flensburg.
Mainhardt	Referendar	Freiburg (Baden).
Makower	Justizrath	Berlin.
Dr. v. Malblanc	Landgerichtsdirector	Ellwangen.
Mallebrein	Oberamtsrichter	Baden-Baden.

Name.	Stand.	Wohnort.
Mandel	Regierungsrath	Straßburg (Elsaß).
Dr. v. Mandry	Professor	Tübingen.
Mangold	Justizrath	Celle.
Mankiewitz	Rechtsanwalt	Mühlhausen i. Thüringen.
Dr. Mann	Rechtsanwalt	Stettin.
Mannsfeld	Oberamtsrichter	Leipzig.
Mansfeld	Landgerichtspräsident	Braunschweig.
Markert	Rechtsanwalt	Stettin.
Dr. Marquardsen	Professor	Erlangen.
v. Martens	Oberamtsrichter	Geislingen (Württemberg).
Dr. Martin R.	Oberlandesgerichtsrath	Hamburg.
Martini, Oscar	Rechtsanwalt	Meerane (Sachsen).
Martins	Oberbürgermeister	Glogau.
Martiny	Rechtsanwalt	Danzig.
Dr. Matsen	Advocat u. Bibliothekar	Hamburg.
Matter	Notar	Hochfelden.
Matthes	Geh. Justizrath, Obercorps-auditeur	Straßburg (Elsaß).
Maurer	Rechtsanwalt	Herbstein (Oberhessen).
Maurer	Landgerichtsrath	Mannheim.
Dr. May	Rechtsanwalt	Frankfurt a. Main.
Dr. May, Herm.	Rechtsanwalt	Hamburg.
May	Regierungsrath	Straßburg (Elsaß).
Mayer, F.	Erster Staatsanwalt	Eichstädt.
Dr. Mayer, C.	Amtsrichter	Gmünd (Württemberg).
Dr. Mayer, F. P.	Rechtsanwalt	Mainz.
Mayer Ph.	Landgerichtspräsident	Neuburg a. d. Donau.
Dr. Mayer, Otto	Professor	Straßburg (Elsaß).
Mecke	Justizrath	Leipzig.
Dr. Medicus	Divisions-Auditeur	Straßburg (Elsaß).
Dr. Mehnert, P.	Rechtsanwalt	Dresden.
Meibauer	Rechtsanwalt	Konitz (Westpreußen).
Dr. v. Meibom	Reichsgerichtsrath a. D.	Kassel.
Meier, Heinr.	Justizrath	Kiel.
Meischner	Rechtsanwalt	Penig.
Meisner	Rechtsanwalt	Bamberg.
Dr. Meisner	Oberlandesgerichtsrath	Posen.
Meister	Oberlandesgerichtsrath	Posen.
Meister	Rechtsanwalt	Stettin.
Melchers	Landgerichtsrath	Erfurt.
Melchior	Justizrath	Dortmund.
Dr. Melly, H.	Rechtsanwalt	Leipzig.

Name.	Stand.	Wohnort.
Dr. Meltzer, M.	Rechtsanwalt	Leipzig.
Memelsdorff	Rechtsanwalt	Limburg a. d. Lahn.
Menzel	Referendar	Straßburg (Elsaß).
Merckle	Rechtsanwalt	Frankenthal (Pfalz).
Dr. Merkel	Professor	Straßburg (Elsaß).
Mertens	Erster Staatsanwalt	Marienwerder (Westpreuß.).
Merz	Justizrath	Nürnberg.
Messerschmidt	Landgerichtsrath	Bromberg.
Metz	Rechtsanwalt	Gießen.
v. Metzsch, Hugo	Rechtsanwalt	Leipzig.
Meurer	Justizrath	Köln a. Rhein.
Dr. Meurer	Professor	Würzburg.
Meyen	Justizrath	Berlin.
Meyer, Alexander	Dr. jur.	Berlin.
Meyer, Sigmund	Justizrath	Berlin.
Dr. Meyer Fritz	Rechtsanwalt	Frankfurt a. Main.
Dr. Meyer, Aug.	Rentier	Hamburg.
Dr. Meyer	Professor	Jena.
Dr. Meyer	Regierungsrath	Köln a. Rhein.
Meyer, Georg	Reichsgerichtsrath	Leipzig.
Meyer, H.	Rechtsanwalt	Rabingen b. Melle.
Dr. Meyer, Julius	Rechtsanwalt	Wolkenstein.
Meyersburg	Justizrath	Celle.
Mezger	Oberamtsrichter	Blaubeuren.
Michaelis	Landrichter	Saargemünd.
Dr. v. Michels	Regierungsrath	Straßburg (Elsaß).
Milch	Rechtsanwalt	Breslau.
Milentz	Amtsgerichtsrath	Stettin.
Minsberg	Geh. Justizrath	Bunzlau.
Dr. Mirus	Rechtsanwalt	Leipzig.
v. Mittelstädt	Justizrath	Neuwied.
Dr. Mittelstraß, A.	Rechtsanwalt	Hamburg.
Mittermaier, Franz	Dr. jur.	Heidelberg.
Mohr, O.	Rechtsanwalt	Rudolstadt.
Dr. Mohrmann	Staatsbeamter	Hamburg.
Dr. Mohrmann	Reichsgerichtsrath	Leipzig.
Moll	Dr. jur.	Berlin.
Moll	Landrichter	Berlin.
Möller	Oberlandesgerichtsrath	Breslau.
Montigny	Amtsrichter	Rheydt (R.-B. Düsseldorf).
Moritz	Geh. Justizrath	Wiesbaden.
Mörschel, Carl	Rechtsanwalt	Würzburg.

Name.	Stand.	Wohnort.
Moßdorf, Henri	Rechtsanwalt	Erfurt.
Moßler	Notar	Straßburg (Elsaß).
Motty	Rechtsanwalt	Grätz (Posen).
Müermann	Landgerichtsrath	Bielefeld.
Mugdan	Amtsrichter	Berlin.
Mühlenberg	Referendar	Straßburg (Elsaß).
Dr. Mühlhäuser	Amtsrichter	Niederbronn.
Dr. Mühsam, Benno	Rechtsanwalt	Berlin.
Müller, L.	Rechtsanwalt	Arnstadt.
Müller	Rechtsanwalt	Demmin.
Müller	Rechtsanwalt	Hofgeismar.
Müller, Ed.	Amtsrichter	Karlsruhe (Baden).
Dr. Müller	Justizrath	Kassel.
Müller, Alb.	Rechtsanwalt	Köln a. Rhein.
Müller, Ottomar	Rechtsanwalt	Ludwigshafen.
Müller	Landgerichtsdirector	Mannheim.
Dr. Müller, Ernst	Rechtsanwalt	Metz.
Müller	Landgerichtspräsident	Paderborn.
Müller, C. H.	Rechtsanwalt	Rostock.
Müller	Notar	Rufach.
Müller	Referendar	Straßburg (Elsaß).
Dr. Mumm	Rechtsanwalt	Straßburg (Elsaß).
Münch	Justizrath	Gera (Reuß j. L.).
Munckel	Rechtsanwalt	Berlin.
Dr. Munck	Gerichtsassessor	Berlin.
Munk	Landgerichtsrath	Berlin.
Munzinger	Regierungsrath	Straßburg (Elsaß).
Nar	Regierungsrath	Straßburg (Elsaß).
Dr. Naumann	Justizrath	Celle.
Naumann	Rechtsanwalt	Lüneburg.
Dr. Neidhard	Referendar	Kolmar (Elsaß).
Neitzel	Rechtsanwalt	Zabern (Elsaß).
Nentwig	Staatsanwalt	Breslau.
Neubauer	Kammergerichtsrath	Berlin.
Dr. Neukirch	Rechtsanwalt	Frankfurt a. Main.
Neumann, Hugo	Dr. jur.	Berlin.
Neumann I., S.	Rechtsanwalt	Berlin.
Neumann, Ad.	Rechtsanwalt	Sorau (Niederlausitz).
Neumayer, Jos.	Hofrath	Kaiserslautern.
Neundörfer	Amtsrichter	Mainz.
Niemand	Landpfennigmeister	Heide (Holstein).
Dr. Nißen	Professor	Straßburg (Elsaß).

Name.	Stand.	Wohnort.
Nokk	Staatsminister	Karlsruhe (Baden).
Nokk, Rud.	Reichsgerichtsrath	Leipzig.
Nöldeke	Oberappelationsgerichtsrath	Celle.
North, Ed.	Amtsrichter	Illkirch (Elsaß).
Oberle	Oberlandesgerichtsrath	Kolmar (Elsaß).
Dr. Obermeyer	Rechtsanwalt	Nürnberg.
Dr. Offermann, W.	Regierungsrath	Straßburg (Elsaß).
v. Oehlschlaeger	Wirkl. Geheimrath, Staatssecretär	Berlin.
Oehme, O. F.	Justizrath	Leipzig.
Ohnsorge	Landgerichtsrath	Dresden.
Oldenburg, Heinr.	Dr. jur.	Hamburg.
Ollmann	Rechtsanwalt	Greifswald.
Dr. Olshausen	Kammergerichtsrath	Berlin.
Omeis	Notar	Nürnberg.
Dr. Oppe	Rechtsanwalt	Chemnitz (Sachsen).
Oppenheim	Obertribunalsrath a. D.	Berlin.
Dr. Oppenheim, Ludw.	Rechtsanwalt	Mainz.
Oppert	Landgerichtsrath	Berlin.
Oppler	Gerichtsassessor	Diedenhofen.
Orbolff, W.	Domänenkanzleidirector	Kastell (Bayern).
v. Oertzen	Landgerichtsrath	Zabern (Elsaß).
Oßwald	Oberbürgermeister	Altenburg (Sachs.-Altenbg.).
Dr. Oswalt	Rechtsanwalt	Frankfurt a. Main.
Dr. Oetker	Geh. Justizrath	Berlin.
Ott	Rechtsanwalt	Straßburg (Elsaß).
Dr. Otto, Victor	Justizrath	Dresden.
Otto	Dr. jur.	Heilbronn.
Dr. v. Oven	Senator	Frankfurt a. Main.
Patheigner	Gerichtsassessor	Straßburg (Elsaß).
Patzki, Fr.	Justizrath	Leipzig.
Pauli	Amtsrichter	Stepenitz.
Dr. Pauli	Landgerichts-Präsident	Straßburg (Elsaß).
Dr. Pechwell, Alfr.	Gouvernementsauditeur	Dresden.
Peez	Landgerichtsrath	Straßburg (Elsaß).
Dr. Peine	Amtsrichter	Hamburg.
Dr. Pels, Rich.	Rechtsanwalt	Hamburg.
Peltasohn, Leop.	Rechtsanwalt	Liegnitz.
Dr. Peppler	Referendar	Wiesbaden.
Dr. Pernice	Geh. Justizrath, Professor	Berlin.
Dr. Pescatore	Professor	Greifswald.
Dr. Peters	Justizrath	Braunschweig.

Name.	Stand.	Wohnort.
Dr. Peters, W.	Amtsgerichtsrath	Schwedt a. d. Oder.
Petersen, L.	Rechtsanwalt	Dresden.
Dr. Petersen, Julius	Reichsgerichtsrath	Leipzig.
Petersen	Rath a. oberst. Landesgericht	München.
Petiskus	Justizrath	Breslau.
Petiskus	Justizrath	Oels (Schlesien).
Petri	Erster Staatsanwalt	Bautzen.
Dr. Petri, Emil	Rechtsanwalt	Straßburg (Elsaß).
Petrich	Amtsrichter	Ohlau.
Pfaff	Landgerichtsdirector	Ulm.
Pfannenstiel	Rechtsanwalt	Kolmar (Elsaß).
Pfizer	Landgerichtsrath	Ulm.
Philipp	Justizrath	Altona.
Philler	Landgerichtspräsident	Dortmund.
Dr. Pilling	Rechtsanwalt	Dresden.
Pinckert	Justizrath	Erfurt.
Plagge	Amtsrichter	Schirmeck.
Dr. Planck	Geh. Justizrath, Professor	Göttingen.
Dr. v. Planck	Geheimrath, Professor	München.
Dr. Pleißner	Rechtsanwalt	Dresden.
Plitt	Justizrath	Borken (R.-B. Kassel).
Pohl	Justizrath	Frohburg (Sachsen).
Pohl	Gerichtsassessor	Ratibor.
Prälat	Referendar	Straßburg (Elsaß).
Preußer	Landgerichtsrath	Neuwied.
Priber	Rechtsanwalt	Frankenberg (Sachsen).
Promm	Notar	Sierck.
Protzen	Landgerichtsrath	Beuthen (Oberschlesien).
Pückel	Landgerichtsrath	Gießen.
Pürckhauer	Notar	München.
v. Puttkamer	Appellationsgerichtsrath a. D.	Deutsch-Carstenitz b. Hebron-Damnitz.
v. Puttkamer	Staatssecretär	Straßburg (Elsaß).
Rabe	Erster Staatsanwalt	Aachen.
Rabenhofer, Jos.	Amtsrichter	München.
Raht	Justizrath	Weilburg.
Dr. Ramm	Landrichter	Lyck (Ostpreußen).
Dr. Rau	Justizrath	München.
Rauschkolb	Landgerichtsrath	Straßburg (Elsaß).
Dr. Reatz	Rechtsanwalt	Gießen.
v. Reden	Oberlandesgerichtsrath	Celle.
Dr. Regelsberger	Geh. Justizrath, Professor	Göttingen.

Name.	Stand.	Wohnort.
Dr. Regensburger	Rechtsanwalt	Karlsruhe (Baden).
Rehm	Landgerichtsrath	Bayreuth.
Reich	Geheimer Justizrath	Magdeburg.
Reiche-Eisenstuck	Oberstaatsanwalt	Dresden.
Reimer	Regierungsrath	Straßburg (Elsaß).
Reimkasten	Rechtsanwalt	Schwerin (Mecklenbg.).
Dr. Reinach	Rechtsanwalt	Mainz.
Reinach	Rechtsanwalt	Mülhausen (Elsaß).
Reincke	Reichsgerichtsrath	Leipzig.
Reinecke	Geh. Regierungsrath a. D.	Hannover.
Reinholdt	Rechtsanwalt	Frankenberg (Sachsen).
Reis, C.	Referendar	Straßburg (Elsaß).
Dr. Reiß	Referendar	Epfig.
Reiß, Paul	Rechtsanwalt	Frankfurt a. Main.
Renz, Ad.	Landgerichtsrath	Schw. Hall.
Dr. Reuling	Justizrath	Leipzig.
Rheinwald	Oberlandesgerichtsrath	Stuttgart.
Richter	Justizrath	Leipzig.
Dr. Rieke, Gustav	Landrichter	Hamburg.
Rieß I.	Justizrath	Berlin.
Rieß	Justizrath	Kassel.
Dr. Rießer, J.	Bankdirector	Berlin.
Rieth	Rechtsanwalt	Köln a. Rhein.
Riff	Rechtsanwalt	Straßburg (Elsaß).
Riffart, J.	Rechtsanwalt	Köln a. Rhein.
Ring	Amtsrichter	Berlin.
Ritleng sen. Alf.,	Notar	Straßburg (Elsaß).
Ritschl	Rechtsanwalt	Stettin.
Ritter	Justizrath, Divisionsauditeur	Hannover.
Ritter	Referendar	Schirmeck.
Rittler, Eug.	Kgl. Hofrat, Gerichtsnotar	Stuttgart.
Robert	Justizrath	Berlin.
Dr. Rockinger, Ludw.	Reichsarchivdirector	München.
Dr. Rödler	Landgerichtsdirector	Metz.
Romberg	Justizrath	Leipzig.
Dr. Römer	Amtsgerichtsrath	Frankfurt a. Main.
Roos, Carl	Oberlandesgerichtsrath	Karlsruhe (Baden).
Roscher	Landgerichtspräsident	Göttingen.
Dr. Roscher, Th.	Rechtsanwalt	Hannover.
Rosenberg	Amtsrichter	Sennheim (Ober-Elsaß).
Dr. Rosenthal, Ed.	Professor	Jena.
Dr. Rosenthal, F.	Rechtsanwalt	München.

Name.	Stand.	Wohnort.
Rösler	Landgerichtsrath	Kassel.
Roßbach	Rechtsanwalt	Leipzig.
Roßtäuscher	Oberstaatsanwalt	Dresden.
Dr. v. Roth, P.	Professor	München.
Rottmann	Oberamtsrichter	Gerolzhofen.
Dr. Rubo	Professor, Amtsgerichtsrath	Berlin.
Dr. Ruhwandl, M. J.	Rechtsanwalt	München.
Dr. Rumpf	Oberlandesgerichtsrath	Frankfurt a. Main.
Saaßen, J. H.	Notar	Wittlich.
Sachs, Emil	Justizrath	Leipzig.
Sachs	Referendar	Straßburg (Elsaß).
Dr. Salomon, A.	Rechtsanwalt	Berlin.
Dr. Samter	Rechtsanwalt	Berlin.
Sander	Justizrath	Berlin.
Sänger	Rechtsanwalt	Ulm.
Dr. Schall, R.	Rechtsanwalt	Stuttgart.
Schall	Rechtsanwalt	Ulm.
v. Schamberger	Generaldirector	München.
Schanz, Rich.	Rechtsanwalt	Dresden.
Schaper	Reichsgerichtsrath	Leipzig.
Dr. Scharlach	Rechtsanwalt	Hamburg.
Scharmann	Justizrath	Darmstadt.
Schäzler	Notar	Erlangen.
Scheffer	Rechtsanwalt	Kassel.
Schenck	Anwalt	Berlin.
Schenke, Friedr.	Referendar	Erfurt.
Scherer	Rechtsanwalt	Aschaffenburg.
Dr. Scherer, M.	Rechtsanwalt	Leipzig.
Dr. Scherer	Rechtsanwalt	Mainz.
Dr. Scherlensky	Rechtsanwalt	Frankfurt a. Main.
Scheuffgen	Amtsrichter	Busendorf.
Scheuffgen	Gerichtsassessor	Mülhausen (Elsaß).
Scheuffler, Lebrecht	Rechtsanwalt	Leipzig.
Scheuffler	Rechtsanwalt	Meißen.
Scheurich	Justizrath	Krossen a. d. Oder.
Schiele	Staatsanwalt	Bernburg.
Schiller, Ed.	Referendar	Straßburg (Elsaß).
Schimper	Landgerichtsrath	Straßburg (Elsaß).
Schlegel I., Frz. Arthur	Rechtsanwalt	Dresden.
Dr. Schlesinger	Reichsgerichtsrath	Leipzig.
Schlick, Georg	Rechtsanwalt	Schleiz.
Schlieckmann, Alb.	Justizrath	Halle a. d. Saale.

Name.	Stand.	Wohnort.
Schloß	Rechtsanwalt	Heilbronn.
Schlüter	Senatspräsident	Hamm (Westfalen).
Schmedes	Senatspräsident	Hamm (Westfalen).
Dr. Schmid	Oberlandesgerichtspräsident	Braunschweig.
Schmidt	Rechtsanwalt	Belgard (Pommern).
Schmidt, Alex	Landgerichtsdirector	Berlin.
Schmidt	Amtsrichter	Boxberg (Baden).
Schmidt	Geh. Oberjustizrath, Präsid.	Celle.
Schmidt	Staatsanwalt	Darmstadt.
Schmidt, Fr. Chr.	Rechtsanwalt	Dresden.
Dr. Schmidt-Polex, K.	Rechtsanwalt	Frankfurt a. Main.
Dr. Schmidt	Rechtsanwalt	Fürth (Bayern).
Schmidt	Generalpostdirectionsrath a. D.	Kassel.
Dr. Schmidt, Carl	Oberlandesgerichtsrath	Kolmar (Elsaß).
Schmidt, C. Th.	Oberjustizrath	Leipzig.
Schmidt	Ministerialdirector	Schwerin (Mecklenbg.).
Dr. Schmidt-Ernsthausen	Referendar	Straßburg (Elsaß).
Dr. Schmidtmüller	Rechtsanwalt	Kolmar (Elsaß).
Schmolze	Notar	Epfig.
Dr. Schnapper	Rechtsanwalt	Frankfurt a. Main.
Schneegans	Justizrath	Straßburg (Elsaß).
Schneider, Julius	Landgerichtsrath	Kaiserslautern.
Dr. Schneider	Rath a. oberst. Landesgericht	München.
Dr. Scholz	Landgerichtsrath	Berlin.
Scholz	Justizrath	Wiesbaden.
Schondorff	Rechtsanwalt, Senator	Röbel (Mecklenbg.).
Schönstedt	Landgerichtspräsident	Kassel.
Schorcht	Rechtsanwalt	Hameln a. d. Weser.
Dr. Schott	Rechtsanwalt	Ulm.
Frh. v. Schottenstein	Rechtsanwalt	Straßburg (Elsaß).
Schramm, G.	Referendar	Dresden.
v. Schraut	Unterstaatssecretär	Straßburg (Elsaß).
Dr. Schreiner	Rechtsanwalt	Köln a. Rhein.
Schrey	Rechtsanwalt	Leipzig.
Schröder	Justizrath	Altona.
Schröder, W.	Kammergerichtsrath	Berlin.
Schröder	Amtsrichter	Diedenhofen.
Schröder	Justizrath	Eisleben.
Dr. Schröder	Geh. Hofrath, Professor	Heidelberg.
Schubarth	Rechtsanwalt	Markneukirchen.

Name.	Stand.	Wohnort.
Schuberth	Oberlandesgerichtsrath	München.
Dr. Schultz	Rechtsanwalt	Hagen (Westfalen).
Schultze	Referendar	Eltville.
Schultze, Gust.	Rechtsanwalt	Leipzig.
Dr. Schulz	Bibliothekar, Professor	Leipzig.
Schulz	Landgerichtspräsident	Osnabrück.
Schulz	Amtsgerichtsrath	Zeitz.
Schumann, Heinr.	Rechtsanwalt	Mosbach (Baden).
Schuster	Notar	Wörth a. Sauer.
Schüttel	Notar	Busendorf.
Dr. Schwalb	Referendar	Molsheim.
Schwartz	Landrichter	Tübingen.
Schwarz	Rechtsanwalt	Schw. Hall.
Schwarz	Reichsgerichtsrath	Leipzig.
Dr. v. Schwarze, Joh.	Amtsrichter	Dresden.
Schwauß	Polizeidirector	Dresden.
Dr. v. Seeger	Professor	Tübingen.
Seeger	Oberamtsrichter	Urach (Württemberg).
Dr. Seelemann	Rechtsanwalt	Hamburg.
Dr. Seelig	Rechtsanwalt	Leipzig.
Dr. Segalla	Rechtsanwalt	Hamburg.
Sehlmacher	Justizrath	Stettin.
Seibert	Amtsrichter	Darmstadt.
Dr. Seibert	Rechtsanwalt	Darmstadt.
Seiferling, Georg	Oberlandesgerichtsrath	Augsburg.
Dr. Seitz, Karl Joseph	Landgerichtsrath a. D.	München.
Seligmann	Justizrath	Koblenz.
Dr. Seligsohn	Rechtsanwalt	Berlin.
Seligsohn	Rechtsanwalt	Wiesbaden.
Senff	Rechtsanwalt	Berlin.
Sengler	Landgerichtssecretär	Freiburg (Baden).
Dr. Seuffert, H.	Geh. Justizrath, Professor	Breslau.
Seume	Rechtsanwalt	Zwickau (Sachsen).
Sevin	Notar	Karlsruhe (Baden).
Dr. v. Seydewitz	Landgerichtspräsident	Potsdam.
Seyfert, E. H.	Oberlandesgerichtsrath	Dresden.
Dr. v. Sicherer	Professor	München.
Dr. Siebert	Justizrath	Frankfurt a. M.
Siebert	Oberamtsrichter	Höchst (Odenwald).
Siebert	Rechtsanwalt	Wiesbaden.
Siegel	Rechtsanwalt	München.
Dr. Sieger	Rechtsanwalt	Frankfurt a. M.

Name.	Stand.	Wohnort.
Sieger	Justizrath	Köln a. Rhein.
Siegfried, Herm.	Geheimer Justizrath,	Köln a. Rhein.
Sieveking	Rechtsanwalt	Altona.
Dr. Sieveking	Referendar	Straßburg (Elsaß).
Dr. Simon, H. V.	Rechtsanwalt	Berlin.
Dr. Simon	Amtsrichter	Hannover.
Dr. Simonis	Bürgermeister	Rostock (Mecklenbg.).
Dr. Simson	Wirkl. Geheimrath, Präsident	Leipzig.
Sitz, Wilh.	Referendar	Straßburg (Elsaß).
Slavyk, Vincenz	Rechtsanwalt	Nordhausen.
Dr. Sobernheim	Rechtsanwalt	Berlin.
Sommer	Justizrath	Grottkau (R.-B. Oppeln).
Sommer	Kreisdirector	Mülhausen (Elsaß).
Sonnenkalb	Geheimrath	Altenburg (Sachs.-Altenbg.).
Dr. Spaltenstein	Rechtsanwalt	Straßburg (Elsaß).
Spangenberg	Rechtsanwalt	Hannover.
Spehler, R.	Notar	Bischweiler.
Stadler	Staatsanwalt	Straßburg (Elsaß).
Stangl, Franz	Amtsrichter	Bischofsheim (Bayern).
Stapff	Rechtsanwalt	Weimar.
Dr. Staub	Rechtsanwalt	Berlin.
Stebel	Rechtsanwalt	Freiburg (Baden).
Dr. Steidler, Georg	Hofrath, Bürgermeister	Würzburg.
Steinbach	Geheimer Justizrath	Magdeburg.
Steinhausen	Geheimer Justizrath	Berlin.
Stellmacher	Reichsgerichtsrath	Leipzig.
Stempel	Amtsrichter	Schlettstadt.
Dr. Frhr. v. Stengel	Professor	Breslau.
Stenglein	Reichsgerichtsrath	Leipzig.
Stentzler	Rechtsanwalt	Straßburg (Elsaß).
Stephan	Referendar	Straßburg (Elsaß).
Steubing	Amtsrichter	Limburg a. d. Lahn.
Dr. Stöckel	Landrichter	Gnesen.
v. Stockhausen	Landgerichtspräsident	Liegnitz.
Stoltz	Landgerichtsrath	Hannover.
Stöpel	Justizrath	Potsdam.
Storr	Oberlandesgerichtsrath	Stuttgart.
Dr. v. Stößer	Senatspräsident	Karlsruhe (Baden).
Dr. Strauß	Rechtsanwalt	M. Gladbach.
Strauß, C.	Rechtsanwalt	Heilbronn.
Ströbel	Justizrath	Dresden.
Struckmann	Oberlandesgerichtsrath	Berlin.

Name.	Stand.	Wohnort.
Dr. Struckmann	Oberlandesgerichtspräsident	Köln a. Rhein.
Strützki	Kammergerichtsrath	Berlin.
Stübel	Amtsgerichtsrath	Weißenburg (Elsaß).
Stüler, Ludw.	Amtsgerichtsrath	Heiligenstadt (R.-B. Erfurt).
Stumpff	Oberlandesgerichtsrath	Frankfurt a. Main.
Süpfle	Oberamtsrichter	Heidelberg.
Süpfle	Rechtsanwalt	Karlsruhe (Baden).
Sutro	Justizrath	Bochum.
Syffert	Amtsgerichtsrath	Diedenhofen.
Swiersen	Regierungsassessor	Metz.
Tafel, Herm.	Rechtsanwalt	Stuttgart.
Dr. Täschner, Ad.	Rechtsanwalt	Leipzig.
Teichen	Syndicus	Berlin.
Dr. Teichmann	Professor	Basel.
Dr. Teuscher	Rechtsanwalt	Sommerfeld.
Thalmann	Rechtsanwalt	Frankenthal (Bayern).
Theremin	Landgerichtsrath	Schweidnitz.
Thewalt	Amtsgerichtsrath	Königstein (R.-B. Wiesbaden).
Dr. Thöl	Landrichter	Lübeck.
Thomsen	Amtsgerichtsrath	Emden.
Dr. Thomsen	Rechtsanwalt	Leipzig.
Thomsen	Oberlandesgerichtsrath	Stettin.
Thomsen	Dr. jur.	Stettin.
Thönges	Justizrath	Wiesbaden.
Throner	Notar	Kissingen.
Dr. Thümmel	Wirkl. Geh. Oberjustizrath	Stettin.
Tiemann	Bürgermeister a. D.	Bielefeld.
Tietz	Rechtsanwalt	Greifenberg (Pommern).
Dr. Tiktin, G.	Rechtsanwalt	Berlin.
Timendorfer	Rechtsanwalt	Berlin.
Tonn	Rechtsanwalt	Tremessen.
Tornau	Rechtsanwalt	Bitterfeld.
Traub, Berth.	Landgerichtsrath	Mannheim.
Traut	Bürgermeister	Zabern (Elsaß).
Dr. Treis	Landrichter	Metz.
Treplin	Reichsanwalt	Leipzig.
Dr. Tröndlin	Bürgermeister, Justizrath	Leipzig.
Dr. v. Thur	Privatdocent	Heidelberg.
Dr. Türck	Amtsrichter	Battenberg.
Dr. Turban	Staatsminister	Karlsruhe (Baden).
Dr. Ullrich	Oberlandesgerichtsrath a. D.	Hamburg.
Dr. Ulrichs	Rechtsanwalt	Bremen.

Name.	Stand.	Wohnort.
Ungerer, H.	Notar	Altkirch.
Urban	Rechtsanwalt	Zwickau (Sachsen).
Velde	Justizrath	Diez a. d. Lahn.
Dr. Versmann	Senator	Hamburg.
Vette	Justizrath	Wittenberg (R.-B. Merseburg.).
Viebenz	Rechtsanwalt	Zabern.
Viëtor	Landgerichtsrath	Hildesheim (Hannover).
Vogt	Referendar	Kolmar (Elsaß).
Vogt, Franz	Staatsanwalt	Straßburg (Elsaß).
Dr. Vohsen, Julius	Rechtsanwalt	Saargemünd.
Volland	Kreisgerichtsrath a. D.	Suhl
Dr. Vollert	Geh. Staatsrath	Gera (Reuß j. L.).
Voltz	Amtsrichter	Finstingen.
Waaser	Rechtsanwalt	Schw. Hall.
Dr. Wach	Professor	Leipzig.
Wächter	Amtsgerichtsrath	Elze (Hannover).
Wagner	Notar	Niederbronn.
Waldorf	Landrichter	Kolmar (Elsaß).
Walter	Justizrath	Beuthen (Oberschlesien).
Walter	Notar	Hegenheim.
Walther	Landrichter	Frankfurt a. Main.
Wammerl	Landgerichtsrath	Ravensburg.
Dr. Warburg	Rechtsanwalt	Altona.
Warmuth	Landgerichtsrath	Augsburg.
Warnkönig	Hofrath	Donaueschingen.
Wassermeyer	Justizrath	Bonn.
Weber, Fr. R.	Notar	Château Salins.
Weber	Amtsgerichtsrath	Lauban.
Dr. Weber	Rechtsanwalt	Offenbach a. Main.
Weber	Amtsgerichtsrath	Schmölln.
Dr. Weber	Justizrath	Würzburg.
Wedekind	Rechtsanwalt	Altona.
Wedekind	Landgerichtsrath	Danzig.
Wegner	Justizrath	Berlin.
Wegner	Landgerichtsrath a. D.	Stolp (Pommern).
Weichsel	Oberlandesgerichtsrath	Naumburg a. d. Saale.
Weidig	Amtsrichter	Vilbel (Oberhessen).
Weidling	Dr. jur.	Berlin.
Weigert	Landgerichtsrath	Stettin.
Dr. Weill, F.	Rechtsanwalt	Karlsruhe (Baden).
Weinel	Regierungsassessor	Straßburg (Elsaß).
Weinmann	Regierungsrath	Straßburg (Elsaß).

Name.	Stand.	Wohnort.
Dr. v. Weinrich	Rechtsanwalt	Kolmar (Elsaß).
Weißleder	Amtsgerichtsrath	Posen.
Weizsäcker	Gerichtsassessor	Cöpenick b. Berlin.
Weizsäcker	Landgerichtsrath	Oehringen (Württemberg).
Wellmann	Landgerichtsrath	Stettin
Dr. Wendler sen., Emil	Rechtsanwalt, Domprobst	Leipzig.
Dr. Wendler, Eug.	Rechtsanwalt	Leipzig.
Wenning	Rechtsanwalt	Kassel.
Wenz	Landgerichtsrath	Straßburg (Elsaß).
Werner	Staatsanwalt	Celle.
Werner	Justizrath	Naumburg a. d. Saale.
Werner	Justizrath	Stettin.
Werren	Rechtsanwalt	Aschersleben.
Dr. Werthauer	Rechtsanwalt	Leipzig.
Dr. Wertheimer	Rechtsanwalt	Baden-Baden.
Dr. Westerkamp	Professor	Marburg (Hessen).
Wettke	Landgerichtspräsident	Meseritz.
Wex	Geh. Ober-Justizrath	Stettin.
Dr. Weyer	Landgerichtsrath	Straßburg (Elsaß).
Wielandt, Fr.	Ministerialrath	Karlsruhe (Baden).
Wielandt, K.	Reichsgerichtsrath	Leipzig.
Dr. Wiener	Reichsgerichtsrath	Leipzig.
Wiener	Amtsrichter	Stuhm.
Wiester	Justizrath	Hirschberg (Schlesien).
Wiethaus	Landgerichtsrath	Hagen (Westfalen).
Wiggers	Justizrath	Rendsburg.
Wilhelmi, Aug.	Obergerichtsprocurator a. D.	Hattenheim.
Wilhelmy	Landgerichtsrath	Wiesbaden.
Wilke	Justizrath	Berlin.
Dr. Wilkens, J.	Rechtsanwalt	Bremen.
Willert	Amtsrichter	Woldegk (Mecklenbg.).
Dr. v. Wilmowski	Geheimer Justizrath	Berlin.
Windscheid	Justizrath	Köln a. Rhein.
Dr. v. Windscheid	Geheimrath, Professor	Leipzig.
Winter	Rechtsanwalt	Neuburg a. d. Donau.
Wintterlin	Director	Stuttgart.
Witowski	Regierungsassessor	Stettin.
Witte	Landgerichtspräsident	Neiße.
Dr. Wittelshöfer	Rechtsanwalt	Fürth.
Wittmann	Amtsrichter	Brumath.
Wittmer	Rechtsanwalt	Mosbach (Baden).
Dr. Wolf I	Justizrath	Dresden.

Name.	Stand.	Wohnort.
Wölfel	Rechtsanwalt	Merseburg.
Wolfenstetter	Landgerichtsrath	Bamberg.
Wolff	Justizrath	Berlin.
Wolff, G. W.	Notar	St. Avold.
Dr. Wolffsohn, J.	Rechtsanwalt	Hamburg.
Dr. Wolfskehl	Rechtsanwalt	Mainz.
v. Wolleib	Landgerichtsdirector	Ulm.
Wörsch	Notar	Wöllstein (Rheinhessen).
Wronker	Rechtsanwalt	Berlin.
Wulfert	Reichsgerichtsrath	Leipzig.
Dr. Wulffing	Regierungsassessor	Straßburg (Elsaß).
Wunder	Notar	Bischheim.
Wündisch	Rechtsanwalt	Zabern (Elsaß).
Wüstenfeld	Reichsgerichtsrath	Leipzig.
Zacke	Amtsgerichtsrath	Halle a. d. Saale.
Graf v. Zech	Oberlandesgerichtsrath	München.
Dr. Zehme, F.	Rechtsanwalt	Leipzig.
Zeidler	Rechtsanwalt	Greifenhagen.
Dr. Zeller	Regierungsrath	Darmstadt.
Zelter	Gerichtsassessor	Stettin.
Dr. Zenker, Oskar	Rechtsanwalt	Leipzig.
Zentner	Geh. Justizrath	Kolmar (Elsaß).
Graf Zeppelin-Asch-hausen	Referendar	Straßburg (Elsaß).
Zerges	Oberlandesgerichtsrath	Kolmar (Elsaß).
Zickermann	Rechtsanwalt	Schwerin (Mecklenburg).
Ziegenhain, H.	Notar	Waldwiese.
Dr. Ziegler, A. Gottfr.	Privatier	Würzburg.
Ziehm	Amtsrichter	Angermünde.
Ziehm, H.	Syndicus	Friedland (Mecklenburg).
Ziemssen	Amtsrichter	Stralsund.
Ziese, C.	Referendar	Straßburg (Elsaß).
Zinkeisen, Alex	Rechtsanwalt	Leipzig.
Zirkler	Oberjustizrath	Tübingen.
Dr. Zirndorfer	Rechtsanwalt	Frankfurt a. Main.
Dr. Zitelmann	Professor	Bonn.
Dr. Zorn	Professor	Königsberg (Preußen).
Zschucke, Th.	Bürgermeister	Markneukirchen.
Zschweigert	Rechtsanwalt	Straßburg (Elsaß).
Zückler	Rechtsanwalt	Glauchau.
Zutt, Otto	Rechtsanwalt	Mosbach (Baden).

Mitglieder
der
Oesterreich-Ungarischen Monarchie.

Name.	Stand.	Wohnort.
Dr. Adensamer	Advocat	Wien.
Dr. Angerer	Advocat	Wien.
Dr. Anthofer	Oberlandesgerichtsrath	Wien.
Ritter v. Aull	Landesgerichtsrath	Jicin.
Bareuther	Doctor der Rechte	Wien.
Dr. Biach	Advocat	Wien.
Dr. v. Bozoki	Professor	Großwardein.
Dr. Brezina	Advocat	Wien.
Dr. Brezina	Notar	Wien.
Dr. Brichta	Advocat	Wien.
Dr. Bruck	Notar	Wien.
Dr. Burian	Advocat	Wien.
v. Csemeghi, Carl Excellenz	Wirkl. Geh. Rath, Senats-Präsident am obersten Gerichtshofe	Budapest.
Czuka, Eduard	Advocat	S. a. Ujhely (Com. Zemplin).
Dr. Ritter v. Demel	Advocat	Teschen.
Dr. Exner	Professor	Wien.
Dr. Fayer	Advocat und Privatdocent	Budapest.
Dr. Ritter v. Feistmantel, Carl	Advocat	Wien.
Feld	Advocat	Darda (Baranyer Comitat).
Dr. Ritter v. Mündel-Feldberg	Advocat	Wien.
Dr. Ritter v. Floch	Finanzrath und Advocat	Budapest.
Dr. Fochtmann	Notar	Buchau (Böhmen).
Dr. Foltanek	Notar	Wien.
Landgraf zu Fürstenberg, Excellenz	Wirkl. Geh. Rath, Senats-Präsident des obersten Gerichtshofes	Wien.
Fürth	Notar	Steyr.
Dr. Geller	Advocat	Wien.
Dr. Ritter v. Glanz	Advocat	Linz.
Dr. Freiherr v. Hye-Glunek, Excellenz	Wirkl. Geh. Räth	Wien.
Dr. Freiherr v. Hye-Glunek	Landesgerichtsrath	Wien.

Name.	Stand.	Wohnort.
Dr. Götz	Advocat	Nikolsburg.
Dr. Goldschmid	Advocat	Prag.
Dr. Groß	Advocat	Wien.
Dr. Edl. v. Gschmeidler	Advocat	Ober-Hollabrunn.
Dr. Guln	Advocat	Szabadtka (Maria-Theresiopel).
Dr. Ritter v. Haberler	Advocat	Wien.
Dr. Frhr. v. Haerdtl, Carl	Advocat	Wien.
Dr. Haele	Advocat	Ried.
Dr. Hanausek	Professor	Wien.
Dr. Ritter v. Harrasowsky	Hofrath	Wien.
Dr. Heil	Staatsanwalt-Substitut	Budapest.
Heinrich	Landesgerichtsrath	Prag.
Dr. Heller	Professor	Wien.
Dr. Ritter v. Hermann	Advocat	Wien.
Dr. Hiller	Professor	Czernowitz.
Dr. Hirsch	Advocat	Olmütz.
Dr. Hoffmann, Herm.	Advocat	Salzburg.
Dr. Horn, Ferd.	emer. Advocat	Wien.
Dr. Huber, Ludw. Josef	Advocat	Wien.
Dr. Hugelmann	Hofsecretär	Wien.
Dr. Jäger	Advocat	Salzburg.
Dr. Jaques	Advocat	Wien.
Dr. Kaiser	Advocat	Ungarisch-Hradisch.
Dr. Ritter v. Kaltenegger	Hofrath und Finanz-Procurator	Wien.
Dr. Kaufmann	Advocat	Znaim.
Dr. Ritter v. Keller	Senatspräsident	Wien.
Dr. Kern, Theodor	Advocat	Budapest.
Dr. Kerpal	Advocat	Wien.
Dr. Ritter v. Kindinger	Hofrath und Landesgerichts-Präsident.	Trient.
Dr. Kirchler	Advocat	Schwanenstadt (Ob.-Oesterr.)
Klissenbauer, Hans	Gerichts-Adjunct	Linz.
Dr. Klob	Advocat	Brünn.
Koch	Staatsanwalt	Ried (Innkreis).
Dr. Környei	Advocat	Budapest.
Dr. Kokoschinegg	Advocat	Graz.
Dr. Kolbe, Dominik	Advocat	Wien.
Dr. Kosjek	Advocat	Graz.

Name.	Stand.	Wohnort.
Dr. Kràsnopolski	Professor	Prag.
Dr. Kratky	emer. Advocat	Wien.
Dr. Kunwald	Advocat	Wien.
Dr. Libitzky	Advocat	Wien.
Dr. Lichtenstern, L.	Advocat	Wien.
Dr. Links	Advocat	Wien.
Dr. Löwy, M.	Advocat	Wien.
Dr. Machek	Advocat	Chrudim.
Dr. Markbreiter	Advocat	Wien.
Dr. Mayer	Professor	Wien.
Dr. v. Menger, Max	Advocat	Wien.
Dr. Millanich	Advocat	Wien.
Dr. Mitlacher	Advocat	Wien.
Dr. Ritter v. Mitscha	Regierungsrath	Wien.
Dr. Moosmann	Advocat	Ravelsbach.
Dr. v. Nagel	Advocat	Mattighofen (Ober-Oesterr.)
Dr. Neumann, Herm.	Advocat	Budapest.
Dr. Neußer	Advocat	Troppau.
Dr. Oberhuber	Advocat	Ried (Innkreis).
Dr. Pann, Arnold	Regierungsrath und Advocat	Wien.
Dr. Pfaff	Professor	Wien.
Dr. Pfaff, Ivo		Wien.
Dr. Pfob	Advocat	Wien.
Dr. Pisko	Advocat	Wien.
Dr. Plattner	Advocat	Steyr.
Dr. Pohl	Advocat	Eger.
Dr. Pokorny, Eduard	Advocat	Wien.
Prusik, Eduard	Stadtrath	Iglau.
Dr. Ritter v. Raimann	Oberlandesgerichtsrath	Wien.
Dr. v. Schrutka-Rechtenstamm	Professor	Wien.
Dr. Reif	Advocat	Wien.
Reindl	Notar	Urfahr-Linz.
Dr. Reiser	Notar	Marburg.
Dr. Reiser	Advocat	Wien.
Dr. Reissig	Advocat	Brünn.
Dr. Riehl	Advocat	Wiener-Neustadt.
Dr. Rosenbacher, Arn.	Advocat	Prag.
Dr. Rosian	Advocat	Salzburg.
Dr. Ritter v. Schmerling, Excellenz	Wirkl. Geh. Rath, Erster Präsident d. ob. Gerichtshofes	Wien.
Dr. Schmettan	Advocat	Freiwaldau (Schlesien).

Name.	Stand.	Wohnort.
Dr. Schmeykal	Advocat	Prag.
Dr. Schmidt	Advocat	Elbogen.
Dr. Schmitt	Adv. u. Vorst. d. Wiener Zweig-Bureaus d. Dtsch. Juristent.	Wien.
Dr. Schneider	Advocat	Mauerkirchen.
Dr. Schreiter, Franz	Advocat	Komotau.
Dr. Schüßler	Advocat	Wien.
Schustler	Notar	Mährisch-Weißkirchen.
Dr. Freiherr v. Sommaruga	Advocat	Wien.
Dr. Spitzer	emer. Advocat	Wien.
Ritter v. Stahl	Ministerialsecretär a. D.	Wien.
Dr. Steinwender, P.	Notar	Leonfelden.
Dr. Stern, Alfred	Advocat	Wien.
Dr. Strasser	Notar	Ried (Innkreis).
Dr. Strauß	Advocat	Wien.
Dr. Thanner	Professor	Innsbruck.
Dr. Theumer	Advocat	Aussig a. d. Elbe.
Theumer	Notar	Elbogen.
Theumer	Hofrath	Prag.
Dr. Tobisch	Advocat	Bilin.
Dr. Tremel	Advocat	Wien.
Dr. Ullmann	Regierungsrath u. Professor	Wien.
Dr. Unger, Excellenz	Wirkl. Geh. Rath, Präsident des Reichsgerichtes	Wien.
Dr. v. Vaszary	Advocat	Kaposvár.
Dr. Volkelt	Advocat	Prag.
Dr. Wahlberg	Hofrath und Professor	Wien.
Wallaschek	Notar	Brünn.
Weinert	Bezirksrichter	Eger.
Dr. Weißel, Edmund	Advocat	Wien.
Dr. Weitlof	Advocat	Wien.
Dr. Werner	Professor	Kaschau.
Dr. Widmann	Advocat	Salzburg.
Dr. Ritter v. Wiedenfeld	Advocat	Wien.
Dr. v. Wlassics	Staatsanwalt-Substitut	Budapest.
Dr. Zapletal	Advocaturs-Candidat	Klosterneuburg.
Dr. Zatecky	Advocat	Wien.
Dr. Zimmermann	Advocat	Wien.
Dr. Zoll	Regierungsrath u. Professor	Krakau.

Abschluß der Kasse des deutschen Juristentages.

Soll.

1889		M.	₰
1. Juli	An Saldo	1 837	
4. „	Zahlung an Herrn Bürgermeister Back zu Straßburg als Vorsitzenden des Ortsausschusses	6 000	
10. „	Verschiedene Zahlungen	2 137	
23. Septbr.	Zahlung an die Buchhandlung J. Guttentag	4 056	84
2. Oktober	Verschiedene Zahlungen	885	
2. November	Zahlung für Stenogramme an Herrn Ober-Regierungsrath Krieg in Dresden	1 801	
31. Dezember	Zinsenbilanz	49	55
	Porti und Spesen	12	87
	Saldo per 1. Januar 1890	363	45
	Summa	17 142	71

Haben.

1889		M.	₰
4. Juli	An Zinsscheinen von Pommerschen Pfandbriefen	614	25
10. „	Für verkaufte M. 9000 Pomm. $3^1/_2$proz. Pfandbriefe	9 180	55
3. „	An Zinsscheinen von Badischer Prämien-Anleihe	42	
30. Septbr.	Rückzahlung von Herrn Bürgermeister Back zu Straßburg	3 286	41
31. Dezember	Für verkaufte M. 3900 Pomm. Pfandbriefe	4 019	50
	Summa	17 142	71
1890			
1. Januar	Saldo	363	45

Berlin, 31. December 1889.

Bestand an Werthpapieren.

M. 1 800	Baierische Prämien-Anleihe	= M.	2 650,20
M. 2 100	Badische Prämien-Anleihe	= M.	3 022,25
M. 22 200	Pommersche $3^1/_2$proc. Pfandbriefe	= M.	22 921,50
		M.	28 593,95.

Stenographische Berichte.

Erste Plenarsitzung

des

Zwanzigsten deutschen Juristentages

in der

Aula der Universität zu Straßburg

am

Mittwoch, den 11. September 1889.

(Beginn: Vormittags nach 9 Uhr.)

Reichsgerichts-Senatspräsident Dr. **Drechsler** (Leipzig): M. H.! Im Auftrage der ständigen Deputation eröffne ich die Verhandlungen des XX. Deutschen Juristentages, welcher zu unserer Freude in Straßburg versammelt ist.

Nach § 7 unseres Statutes ist in der ersten Plenarversammlung ein Vorsitzender entweder durch Stimmzettel oder durch Acclamation zu wählen. Bisher ist es üblich gewesen, den letzteren Wahlmodus zu befolgen. Die ständige Deputation hat mich beauftragt, Ihnen vorzuschlagen, unseren langjährigen Präsidenten, Wirklichen Geheimen Ober-Justizrath Professor Dr. von Gneist, welcher zu unserer Freude an den diesjährigen Verhandlungen wieder theilnimmt, zum Vorsitzenden des Juristentages zu wählen. (Bravo!)

Ich frage Sie, ob Widerspruch erhoben wird?

(Zuruf: Nein!)

Wenn das nicht der Fall ist, ersuche ich den Herrn Wirklichen Geheimen Ober-Justizrath Professor Dr. von Gneist, den Präsidentenstuhl einzunehmen und die nöthigen geschäftlichen Functionen zu übernehmen.

(Dr. von Gneist übernimmt den Vorsitz.)

Präsident Dr. **von Gneist:** M. H., zu meiner Beschämung vertrauen Sie mir noch einmal den Vorsitz in diesen Versammlungen an.

Ich betrachte Ehrenämter, die von den Berufsgenossen ertheilt werden, als die höchsten Ehren, die uns zu Theil werden können, als den vollgültigsten Beweis dafür, daß man seine Schuldigkeit gethan hat. Ich nehme also die mir zugedachte Ehre mit dem herzlichsten Dank an, aber zugleich mit der Bitte, mir Ihre Nachsicht zu schenken, wenn Sie, wie wahrscheinlich, bemerken sollten, daß die Kräfte allmählich abnehmen, wie es bei unseren alten Gerichtspräsidenten manchmal auch der Fall ist. Ich hoffe, Sie sind ebenso rücksichtsvoll und freundlich gegen meine Schwächen, wie wir es in den Collegien gegen alte Präsidenten sind. (Heiterkeit!)

Ehe ich in die Verhandlungen unserer Versammlung eintrete, bitte ich Seine Durchlaucht den Herrn Fürsten-Statthalter, das Wort zu nehmen.

Kaiserlicher Statthalter **Fürst von Hohenlohe-Schillingsfürst, Prinz von Ratibor und Corvey,** Durchlaucht: Gestatten Sie mir, m. H., Sie im Namen des Reichslandes zu begrüßen und herzlich willkommen zu heißen. Ich freue mich, daß die Herren des Juristentages hier zusammengekommen sind, um ihre Arbeiten an dem neuen Civilgesetzbuche fortzusetzen, ich freue mich, daß Sie hierher gekommen sind, in dieses Land, das wir einst verloren und dann wiedergewonnen haben, das wir verloren haben, als wir uneins, zersplittert und schwach waren, und das wir wiedergewonnen haben, als das deutsche Reich aufstand in neuer Macht und Einigkeit. Weil nun diese Macht und Einigkeit des Reiches die Bedingung ist für den dauernden Besitz dieses Landes, so darf ich es als eine ganz besonders bedeutungsvolle Thatsache begrüßen, daß die Herren hier ihre Arbeit aufnehmen, die darin besteht, den festesten Kitt, der die Staaten zusammenhält, zu bereiten: die Einheit des bürgerlichen Rechtes. M. H., indem ich Ihnen den besten Erfolg für Ihre Berathungen wünsche, heiße ich Sie nochmals herzlich willkommen! (Bravo!)

Präsident: Ihre Durchlaucht haben in hochpatriotischem Sinne eine große Aufgabe übernommen, für die Ihnen unsere deutsche Nation dankbar ist, es ist die schwere Aufgabe, in unserem edlen alemannischen Volksstammme, einem der schönsten Zweige in unserem vielgestaltigen deutschen Leben, ich möchte sagen, die alte Naturanlage wieder zu versöhnen mit den Gewöhnungen zweier Menschenalter.

Wie weitere Kreise Eurer Durchlaucht dafür zu herzlichem Dank verpflichtet sind, so sind wir es insbesondere durch die hochgeneigte Förderung, durch das überaus gütige Entgegenkommen, welches wir gefunden haben, als wir den Wunsch aussprachen, unsere allgemeine Versammlung hier an der westlichsten Seite des Deutschen Reiches abzuhalten, und ich bitte Durchlaucht, uns zu gestatten, daß wir den Ausdruck unseres Dankes durch eine Bitte kundgeben, nämlich durch die Bitte, daß Sie geneigtest annehmen wollen die Stellung des Ehrenpräsidenten unserer Versammlung.

Ich bitte meine verehrten Collegen, welche diesen Antrag, den ich vorläufig ausspreche, unterstützen wollen, sich freundlichst von ihren Plätzen zu erheben.

(Die Anwesenden erheben sich. Bravo!)

Ich hoffe, daß Se. Durchlaucht unsere Bitte erfüllen wird.

Kaiserlicher Statthalter **Fürst von Hohenlohe-Schillingsfürst, Prinz von Ratibor und Corvey,** Durchlaucht: Ich danke dem Herrn Präsidenten für seinen freundlichen Vorschlag und danke der Versammlung für das ehrende Zeichen Ihrer freundlichen Zustimmung, das sie mir gegeben hat. Ich nehme die Wahl zum Ehrenpräsidenten dankbar an.

Präsident: Ehe wir in die Verhandlungen eintreten, bitte ich ferner Se. Magnificenz den Herrn Rector der Universität, den verehrten Hausherrn dieser schönen Räume, das Wort zu nehmen.

Rector Prof. Dr. **Merkel** (Straßburg): Im Auftrage des Senates der Kaiser=Wilhelms=Universität heiße ich den Deutschen Juristentag in der Heimstätte dieser Universität freundlichst willkommen und wünsche ich seinen Arbeiten ein fröhliches Gedeihen.

Dieses Haus ist durch Reich und Land in freundschaftlichem Zusammenwirken aufgerichtet worden, als ein Unterpfand für die künftige Gemeinsamkeit idealer Interessen, aller derjenigen Interessen, zu deren Pflege diese Hochschule neu gegründet worden ist. Als Kaiser Wilhelm sie zu neuem Leben erweckte, da geschah dies aus dem Geiste heraus, der Deutschland von dieser Stadt und diesem Lande wieder Besitz ergreifen ließ, und sie als edle Glieder dem neugeformten Körper unseres Volkes zu innigster Lebensgemeinschaft wieder einfügte, demselben Geiste, aus dem der Deutsche Juristentag und seine vieljährigen Arbeiten für die Vereinheitlichung unseres Rechtes hervorgegangen sind. Es galt und gilt, das Leben unserer wiedergeborenen, neu auferstandenen geeinten deutschen Nation anzuknüpfen an ihre große Vergangenheit, in deren Bahnen weiter zu schreiten, deren Ideale wiederaufzunehmen, sie fortzubilden, sie der Verwirklichung zuzuführen.

Einst ward Straßburg als die deutscheste unter den deutschen Städten gefeiert und zugleich als ein Herd, auf dem die Flamme geistigen Lebens nimmer erlösche. Möge diese Zeit sich erneuern! Möge Straßburg wieder werden ein Quellpunkt großer Anregungen und fruchtbarer Gedanken für das nationale Gesammtleben! Alle diejenigen aber, welche in ihrem Weichbilde, sei es dauernd, sei es vorübergehend, ihre Arbeitszelte aufschlagen, sind berufen, dazu mitzuwirken. Und so auch der Deutsche Juristentag.

Möchten seine Arbeiten durch das, was sie für das gemeinsame Rechtsleben Förderliches an dieser Stelle zu Tage bringen, von einer günstigen Vorbedeutung für die Erreichung dieses Zieles sein, und möchten Alle, die an diesen Arbeiten theilnehmen, demnächst mit einer freudigen Genugthuung auf sie zurückblicken können! (Lebhaftes Bravo!)

Präsident: Magnificenz! Wir können wohl sagen, ganz Deutschland hat es als einen der glücklichsten Gedanken angesehen, als vorgeschlagen wurde, unser schönes Reichsland an die Bruderstämme wieder anzuknüpfen zunächst auf dem Wege, der zu den stärksten Seiten des deutschen Wesens gehört, auf dem Wege der nationalen Bildung, der Entwickelung der höchsten Stufen der Wissenschaften. Es war ein überaus glücklicher Gedanke, den Ruhm der alten Straßburger Universität wiederzubeleben; und jede Hoffnung übertreffend, haben wir gesehen, daß die jetzige Universität, kaum in den Jahren der Majorennität angelangt, den Ruhm der alten Universität Straßburg schon überstrahlt.

Ich kann kaum die Gelegenheit vorübergehen lassen, um bei diesen erfreulichen Resultaten der unvergeßlichen Verdienste und Bemühungen unseres Freiherrn von Roggenbach zu gedenken.

Nun, m. H., wenn in irgend einem Zeitpunkte uns erwünscht und sympathisch ist das freundliche Entgegenkommen der Universität gegen unseren Juristenverein, so ist es in dem Augenblicke, wo wir vor der größten Aufgabe unserer Gesetzgebung stehen, bei der ja zwischen Praxis und Wissenschaft der Natur der Sache nach, und der Vielseitigkeit unseres deutschen Denkens entsprechend, die stärksten Gegensätze in Streit gerathen, und doch sich zusammenfinden müssen und zusammenfinden werden in dem Erstreben des einen gemeinsamen hohen Zieles. Darum sagen wir für die Gastfreundschaft, die uns in diesen schönen Räumen geboten wird, dem Hausherrn mit besonderer Wärme unseren Dank und hoffen, daß in unserm hiesigen Zusammenwirken zugleich die symbolische künftige Vereinigung von Wissenschaft und Praxis für das Zustandekommen unseres großen Gesetzgebungswerkes liegen wird.

Nunmehr, m. H., liegt es mir nach unseren Statuten ob, das Bureau des Juristentages zu constituiren. Es heißt in unseren Statuten, daß der erwählte Präsident zunächst zwei bis vier Vicepräsidenten zu benennen hat, und ich möchte das Ersuchen, diese Stellvertretung im Vorsitz, die namentlich bei der zweiten Plenarversammlung in Anspruch genommen werden dürfte, gütigst zu übernehmen, an folgende Herren richten:

Herrn Bürgermeister, Unterstaatssecretär z. D. Back,

Herrn Reichsgerichts-Senatspräsident Dr. Drechsler,

Herrn Universitätsrector, Professor Dr. Merkel, Magnificenz und

Herrn Landgerichtspräsident Lautz von Metz.

Ich möchte diese vier Herren, soweit sie anwesend sind, bitten, diese Stellung anzunehmen und in üblicher Weise, sobald es ihnen genehm ist, hier an diesem erhöhten Tische Platz zu nehmen. Ich hoffe, die Herrschaften werden diese Ernennung annehmen. — Qui tacet, consentire videtur.

Ich bitte sodann um Uebernahme des Amtes als Schriftführer für die Plenarversammlungen die Herren Justizrath Schneegans und Professor Dr. Mayer von hier. Ich darf wohl hoffen, daß die Herren anwesend sind, und die Güte haben, gleich das Schriftführeramt zu übernehmen.

Ehe wir, m. H., zu der weiteren Erledigung der Geschäfte übergehen, der Bildung der Abtheilungen, gestatten Sie mir zur Motivirung der ungewöhnlichen Gestalt der Tagesordnung für die Verhandlungen dieser Versammlung noch einige Worte.

In den ersten zwei Jahrzehnten hat der Deutsche Juristentag die schwere Arbeit der deutschen Gesetzgebung mit Eifer und mit Erfolg gefördert. Im Strafrecht, im Gerichtsverfassungsgesetz, in der Civil- und Strafproceßordnung haben bei weitem die meisten Vorschläge unseres Vereins die Billigung der späteren Gesetzgebung gefunden. Ja, wenn Sie den Bericht über unsere 25jährige Thätigkeit, den wir vor einigen Jahren erstattet haben, einsehen wollten, so sind die Ausnahmen von dieser Regel ganz überraschend geringe. Wir dürfen also annehmen, daß das gewohnheitsmäßige Zusammenwirken des Richteramtes, der Rechtsanwaltschaft und der Professur in unserem deutschen Juristenverein wohl geeignet ist, die deutsche Gesetzgebung in ihrer überaus schwierigen Aufgabe wirksam zu unterstützen.

Heute nun aber, m. H., steht die Gesetzgebung vor der größten Aufgabe, die sie wohl unternommen hat seit dem Bestehen eines deutschen Staates. Es sind die Schwierigkeiten, die unser vielgestaltiges Recht darbietet, in aufsteigender Richtung sichtbar geworden, weniger im Handelsgesetzbuche, dann aber in hohem Maße in den großen Streitfragen der Civil- und Strafproceßordnung. Wenn wir die Schwierigkeiten verfolgen in den widerstreitenden Auffassungen unseres deutschen Volkes über das, was sich zur einheitlichen Norm wirklich eignet, so haben sich dieselben bis zu dem Punkte gesteigert, daß heute gewichtige Stimmen schon einen Zweifel aussprechen, ob das gewaltige Werk überhaupt zustande zu bringen sei. Die Zweifel sind freilich verständlich. Das Vermögens- und Familienrecht ist gegenüber dem Handelsgesetzbuch gewissermaßen eine zehnfache Codification, und man muß erwägen, wie tief dieses neue Gesetzeswerk in das Familienrecht eingreift, in dem die Anhänglichkeit an das überkommene Sonderrecht am tiefsten wurzelt. Und wenn wir ferner erwägen, in wie gewaltigem Maße das ganze volkswirthschaftliche Leben Deutschlands mit seinen mannigfachen Gegensätzen der Interessen sich im Flusse befindet, dann muß man, nachdem man alle die Schwierigkeiten früherer Arbeiten schon empfunden hat, sagen: es hätte nur eine höhere Offenbarung uns einen Entwurf geben können, der bei seinem ersten Erscheinen die allgemeine Billigung gefunden hätte. (Sehr richtig!)

Was uns vorliegt gleicht den architektonischen Entwürfen, die unsere genialen Baumeister für unsere monumentalen Bauten zu liefern pflegen, in bewunderungswürdiger Einheit und Harmonie des Stiles, den der Kunstverständige ganz zu würdigen weiß, — aber jederzeit mit Mängeln behaftet, welche die praktische Wohnlichkeit des Gebäudes betreffen, — jederzeit mit erheblichen Lücken für die Bestimmung des Werkes im täglichen Gebrauch. Für diese wohnliche Einrichtung des Ganzen lassen es sich die Bewohner nie nehmen, ein gewichtiges Wort mitzusprechen, und von diesem Rechte werden wir in hohem Maße Gebrauch machen und den Architekten corrigiren trotz der Schönheit seines einheitlichen Werkes, mögen auch diese Correcturen dem Architekten nicht sympathisch sein.

Sodann, m. H., ist es unverkennbar, daß in der Systematik und Logik unseres Entwurfes mehr die römische Technik vorwaltet. Aber nach dem Gange, den unsere Rechtsbildung in Deutschland nun einmal genommen, und nach dem Bildungsgange der großen Mehrzahl unserer deutschen Juristen kann dies nicht anders sein. (Sehr wahr!) Denken wir daran, daß in den letzten Jahrhunderten des Mittelalters die gebieterische Forderung der Umgestaltung unseres jus civile in ein freieres jus gentium an uns herantrat durch die damalige Blüthe unseres Handels und unseres Gewerbes. Wenn wir diese Aufgabe nicht anders lösen konnten, als durch Reception eines fremden Rechtes (während andere Staaten sie durch königliche Ordonnanzen gelöst haben), dann ist uns nun einmal durch diese Weise der Umbildung die Technik und Logik des römischen Rechts eingeimpft, wie die classische Bildung überhaupt, und für unsere Kunst die griechischen Ideale. Das ist ein Element der

Cultur, das wir nicht ausstoßen können, so wenig wir die humanistische Bildung aus unserem deutschen Leben verbannen werden.

Nun, m. H., erkenne ich sehr wohl an, was wir den großen Leistungen der germanistischen Schule zu danken haben; aber ich frage, wäre es für unsere Rechtsentwickelung wirklich besser gewesen, wenn sie seit dem 15. Jahrhundert in der nationalen Abgeschlossenheit unseres jus civile sich entfaltet hätte? Ich kann nur sagen, die Gestalt des englischen Privatrechts spricht dagegen. Alle Fortschritte der germanistischen Schule verpflichten uns nur, ihr Heeresfolge zu leisten in den Fällen, in welchen ein Rechtsinstitut oder eine Rechtsform aus unserem nationalen Recht mit Unrecht durch eine romanistische Tendenz verkümmert oder verdrängt ist. Darüber hinaus ist es aber bisher den Germanisten nicht gelungen, eine andere Art der juristischen Systematik, Logik und Technik zu schaffen, die wir als die nationale gegenüberstellen könnten der auf dem Boden des classischen Rechtes erwachsenen. Alle Genialität und schöpferische Kraft dieser Schule hat es zu einem einheitlich geschlossenen Rechtssystem so wenig gebracht, wie uns irgend eine teutonische Venus die Venus von Milo ersetzen könnte. Dieses Hinderniß liegt nicht in einem Mangel schöpferischer Kraft der neuen Schule, die uns die Leitmotive im höchsten Maße bringt, sondern liegt in der Natur des Stoffes. Weil einmal im 15. Jahrhundert unsere nationale Rechtsentwickelung durchbrochen ist, fehlt dem germanistischen Rechtselement die universelle Continuität, welche die Römer in den Stand setzte, die strenge Systematik ihres jus civile dem freieren jus gentium aufzuprägen.

Das Entscheidende wird für uns sein, genau im Auge zu behalten, zu ermitteln und festzuhalten die lebensfähigen Elemente unseres nationalen Rechtes, wo sie ohne genügenden Grund unterdrückt sind, besonders im Familienrecht, und eben damit ist unsere Thätigkeit auf die Erörterung der für das praktische Leben wichtigsten Einzelfragen verwiesen. Wir dürfen wohl deshalb auf Ihre Billigung hoffen, wenn die ständige Deputation die diesjährigen Verhandlungen einzig und allein auf unsere große nationale Aufgabe, auf den Entwurf für das bürgerliche Gesetzbuch concentrirt hat. Je reicher das Material der Kritik wächst — und keinem früheren Entwurf ist ein so reiches Material zu Theil geworden — um so mehr nehmen damit die Aussichten auf ein Gelingen nicht ab, sondern zu. Gerade in dem Reichthum der Kritik werden wir dieselbe Erfahrung machen, wie in früheren Discussionen. In erheblichen Fragen wird der Widerspruch sich entschieden behaupten, und eine Art communis opinio wird auch aus unseren Kreisen dem Entwurfe gegenübertreten. Aber in anderen Fragen wird aus dem Für und Wider denn doch die Berechtigung des Standpunktes des Entwurfs unter den widerstreitenden Auffassungen sich zur Geltung bringen. Auf diesem Wege werden wir weiter kommen. Mir schwebt von dem künftigen Gesetzbuch ein Bild vor, das wie die meisten Bilder eine bedingte Berechtigung haben mag. Ich denke mir das Gesetzbuch wie ein kunstvolles Gewebe, in dem von einer kunstgeübten, geschickten Hand später allerlei Figuren eingewoben sind, die aber doch die Einheit und Tüchtigkeit des ursprünglichen Gewebes als Grundlage nicht aufheben. Im Grunde genommen ist dies das Bild aller Codificationen, indem wohl niemals ein einheitlicher, harmonischer Entwurf zur Geltung gekommen ist, sondern ein Entwurf mit zahlreichen eingezeichneten Figuren, die auf dem Unterbau ihre sichere Grundlage fanden. Und diesen Dienst, glaube ich, wird auch unser Entwurf leisten können trotz zahlreicher Amendements. Unsere Gesetzgebung hat auf die früheren Gutachten des Juristentages besonderen Werth gelegt. Daher dürfen wir hoffen, daß wir auch hier Brauchbares leisten in dem contradictorischen Verfahren von Richterthum, Advocatur und Wissenschaft. Es ist gerade die schöne Seite unseres Berufes, daß bei uns die täglichen Erfahrungen des Lebens mit seiner unendlichen Mannigfaltigkeit sich ständig durchdringen mit den Auffassungen unserer Aufgaben sub specie aeterni.

Unsere Aufgabe an dem großen Werke mitzuarbeiten müssen wir mit aller Kraft, aller Ausdauer und aller gegenseitigen Toleranz erfüllen. Dieses Werk wird fester als alle politischen Schöpfungen unsere jetzt zur vollen Einheit gelangte Nation zusammenhalten, — ein Werk, welches ebenso wie der Code civil (dessen vortreffliche Seiten auch bei dieser Arbeit hervortreten), unter mannigfachem Wechsel das dauerndste und unzerstörbarste Denkmal einer tüchtigen Leistung der gesammten Nation sein und bleiben wird. Umgekehrt würde ein Fehlschlagen dieses mit so edlen Kräften zu Stande gebrachten Werkes der größte Mißerfolg sein, den die Gesetzgebung unseres Deutschen Reiches erfahren könnte. Eine nicht wieder aufzuhebende Entmuthigung würde Platz greifen. Ich meine daher, wir sollten beim bürgerlichen Gesetzbuche uns die Reservation auferlegen, die wir empfunden haben, als wir an der Strafproceßordnung mitzuwirken hatten, indem wir daran denken: trotz aller Unvollkommenheit wird die gemeinschaftliche Weiterarbeit doch dem Vaterlande Besseres bringen als ein unmotivirter Particularismus. Von diesem Standpunkte müssen wir das Gute nehmen, vorbehaltlich des Besseren in dem Bewußtsein: jetzt oder nie! Das sind die Gesichtspunkte, aus denen es sich wohl rechtfertigt, wenn wir heute unsere Thätigkeit beschränken auf die Hauptaufgabe der heutigen Gesetzgebung nach den Worten Goethe's: Wer Großes will, der muß sich zu beschränken wissen.

Mit dem so vorliegenden Material unserer Gutachten ist nun aber die statutarische Bildung von vier Abtheilungen unvereinbar. Alle unsere Themata gehören der 1. Abtheilung an.

Wenn wir sie zusammenließen, würden wir lauter Plenarberathungen haben, für die weder die Zeit reicht, noch die Form der Plenarversammlung geeignet ist. Wir werden daher genöthigt sein, Vorschläge zu machen wegen der Theilung in zwei oder drei Abtheilungen. Die einfachste Theilung wäre so eine Art Kaiserschnitt, d. h. wir nehmen die ersten zehn Themata, das Vermögensrecht betreffend, in die erste Abtheilung, und das Familien- und Erbrecht in die andere. Dabei werden Sie aber bald bemerken, daß die erste Abtheilung schwerlich in der Lage sein wird, ihrer Aufgabe gerecht zu werden, so daß es doch wieder dringend rathsam ist, diese erste Partie zu trennen, und darum schlage ich vor, drei Abtheilungen zu bilden, die sich gleich anschließen an die Themata, wie sie im Festbuche verzeichnet sind. Ich schlage demgemäß vor, die Themata 1 bis 5 in die 1. Abtheilung, die Themata 6 bis 10 in die 2. Abtheilung, und die Themata 11 bis 16 in die 3. Abtheilung zu verweisen.

Die 3. Abtheilung hat ein verhältnißmäßig kleines Zimmer, und es kann leicht geschehen, daß dasselbe bei einem Thema nicht ausreicht. Ich glaube deshalb hervorheben zu müssen, daß die 3. Abtheilung, nöthigenfalls für den weiteren Gang ihrer Verhandlungen diesen Raum der Plenarversammlungen zur Verfügung haben wird.

Unser Vorschlag geht also dahin: Thema 1 bis 5, 1. Abtheilung. Das sind nach der Anordnung unseres Festbuches die Themata von der Todeserklärung, von der Anspruchsverjährung, von der Conventionalstrafe, vom Irrthum bei Willenserklärungen und von der Gestaltung der Pertinenzen. In die 2. Abtheilung gehören die 5 Themata: das Pfandrecht des Werkmeisters an beweglichen Sachen, die Modificationen des Satzes: „Kauf bricht nicht Miethe" im Falle der Subhastation, das Pfandrecht des Vermiethers und Verpächters; die verschiedenen Arten des Pfandrechtes und das Privat-Pfändungsrecht. Und dann die 3. Abtheilung wird zu verhandeln haben die Themata betreffend die wechselseitigen Testamente, die Regelung des Inventarrechtes, das Verhältniß der Miterben, die Anfechtbarkeit von Schenkungen, die Ehescheidungsgründe und die Ehescheidungsstrafen.

Ich glaube, m. H., daß zur Einleitung unserer Geschäfte dies das Wesentliche sein wird.

Ich erlaube mir nur noch hier die Bitte an die künftigen Vorsitzenden der drei Abtheilungen, daß diese Herren schon heute in der Abtheilungssitzung eine vorläufige Rücksprache nehmen über die Wahl der Vertrauensmänner für die nächstjährige ständige Deputation. Zu diesem Zweck hat jede Abtheilung 9 Mitglieder in Vorschlag zu bringen, zu denen dann der Präsident der Abtheilung herkömmlich als zehntes Mitglied hinzutritt. Das würden 30 Mitglieder sein, zu denen dann die 4 Vicepräsidenten des Plenum hinzukommen.

Nachdem die einleitenden Geschäfte erledigt sind, bitte ich nun unseren verehrten Schriftführer, Herrn Geh. Justizrath Prof. Dr. Eck, uns in üblicher Weise den **Generalbericht über die Entwickelung der Gesetzgebung im letzten Jahre** erstatten zu wollen.

Referent Schriftführer der ständigen Deputation Geh. Justizrath Prof. Dr. **Eck** (Berlin): M. H., unter den Gesetzen des **Deutschen Reiches**, welche seit Abschluß des dem vorjährigen Juristentage erstatteten Berichtes ergangen sind, ragen zwei vor allen anderen weit hervor: das Gesetz betr. die Erwerbs- und Wirthschaftsgenossenschaften vom 1. Mai 1889 (R. G. Bl. S. 55) und dasjenige über die Invaliditäts- und Altersversicherung vom 22. Juni 1889 (R. G. Bl. S. 97).

Das erstere Gesetz ist nicht eine bloße Novelle, sondern tritt an Stelle des Reichsgesetzes vom 4. Juli 1868. Bekanntlich war die Reform dieses auf Anregung von Schulze-Delitzsch ergangenen Gesetzes schon seit mehr als einem Jahrzehnt immer dringender und einmüthiger gefordert, und dieser Forderung ist nun insbesondere in drei Hauptpunkten entsprochen worden.

Die erste Reformforderung richtete sich auf die Zulassung von Genossenschaften ohne die bisher ausschließlich geltende unmittelbare und unbeschränkte Haftung der Genossen gegenüber den Gläubigern der Genossenschaft. Solche Genossenschaften mit beschränkter Haftung der Genossen waren in anderen europäischen Ländern bereits anerkannt. So sind denn nunmehr auch bei uns neben der bisherigen Form zwei neue zugelassen, nämlich:

a) Genossenschaften, deren Mitglieder für die Genossenschaftsschulden zwar noch unbeschränkt, mit ihrem ganzen Vermögen haften, aber nicht mehr den Gläubigern der Genossenschaft unmittelbar, sondern nur noch der Genossenschaft selbst auf Leistung von Nachschüssen zur Befriedigung der Gläubiger (sogenamte Genossenschaften mit unbeschränkter Nachschußpflicht); und

b) Genossenschaften, für deren Mitglieder die Haftung im Voraus auf eine bestimmte Summe beschränkt ist, und zwar sowohl der Genossenschaft als auch unmittelbar den Gläubigern gegenüber (sogenannte Genossenschaften mit beschränkter Haftpflicht).

Mit dieser Neuschöpfung hängt sofort auch die zweite Reform zusammen, welche den sogenannten Einzelangriff betrifft.

Dieser fand nach dem bisherigen Rechte im Concurse der Genossenschaft neben dem sogenannten Umlageverfahren statt und war den Gläubigern der Genossenschaft wegen ihres ganzen Ausfalles im Concurse gegen jeden einzelnen Genossen gewährt, ohne irgend eine Rechtswohlthat der Theilung. Natürlich wurde er stets gegen den zahlungsfähigsten Genossen gerichtet, und gerade die Besorgniß vor diesem Einzelangriff hielt bemittelte Personen vom Eintritt in die Genossenschaft fern und lähmte deren Gedeihen. Bekanntlich drehte sich nun um diesen Einzelangriff der heftigste Kampf bei der Berathung des Gesetzes. Der Regierungsentwurf wollte den Einzelangriff grundsätzlich beibehalten und nur etwas hinausschieben. Es sollte im Concurse der Genossenschaft zwar zunächst nur ein Umlageverfahren stattfinden behufs Einziehung des voraussichtlichen Fehlbetrages von sämmtlichen einzelnen Genossen, aber sobald dies Verfahren nicht zu vollständiger Befriedigung der Gläubiger geführt hätte, sollten dieselben berechtigt bleiben, sofort den ganzen noch ungetilgten Betrag von jedem einzelnen Genossen solidarisch einzuklagen und dem Verurtheilten dann nur der Rückgriff gegen die übrigen nach Verhältniß ihrer Antheile in einem Nachschußverfahren überlassen sein. Diesen Vorschlag des Entwurfes vertrat insbesondere auch der Anwalt der Genossenschaften Dr. Schenk. Dawider aber richtete sich eine dem Reichstage eingereichte Petition zahlreicher Genossenschaften, welche den Einzelangriff bei der einen Art der Genossenschaften, derjenigen mit bloßer Nachschußpflicht, ganz abgeschafft, aber auch bei den anderen Arten (mit Haftpflicht) wenigstens noch weit mehr als nach dem Entwurf beschränkt wissen wollte.

Diese Richtung, welcher sich schon Schulze-Delitzsch zuletzt zugeneigt hatte, welche aber besonders durch Goldschmidt auch in einer, als Beilage jener Petition ausgegebenen Schrift vertreten war, ist dann bei der Feststellung des Gesetzes im Wesentlichen durchgedrungen. Danach hat der Concursverwalter sofort nach Einreichung der Bilanz eine Vorschußberechnung aufzustellen, welche den sich aus der Bilanz ergebenden Fehlbetrag auf die Genossen vertheilt. Nöthigenfalls folgt noch eine Zusatzberechnung und nach Beginn der Schlußvertheilung eine Nachschußberechnung. Alle diese Berechnungen werden vom Concursgericht für vollstreckbar erklärt, und auf Grund derselben die Beiträge durch den Concursverwalter eingezogen. Auf diese Weise wird fast in allen Fällen die Befriedigung der Gläubiger, und zwar bei Genossenschaften mit unbeschränkter Haft- oder Nachschußpflicht voll, bei Genossenschaften mit beschränkter Haftpflicht aber wenigstens in den Grenzen der Haftsumme erzielt werden. Ein Einzelangriff dagegen findet bei Genossenschaften mit bloßer Nachschußpflicht überhaupt nicht mehr statt, bei Genossenschaften mit Haftpflicht aber nur noch in dem äußersten Falle, daß die Gläubiger bei der Schlußvertheilung dadurch einen Ausfall erleiden, daß sich nachträglich noch das Unvermögen eines in die Nachschußberechnung mit aufgenommenen Genossen herausstellt.

Ausgeschiedene Genossen haften in der Art weiter, daß, wenn die Genossenschaft binnen 6 Monaten seit dem Ausscheiden aufgelöst wird, dies letztere als nicht erfolgt gilt, also gewissermaßen resolutiv bedingt ist durch eine vor Ablauf eines Halbjahres eintretende Auflösung der Genossenschaft.

Die dritte Hauptreform besteht in der Vorschrift einer periodischen Revision, welcher mindestens in jedem zweiten Jahre die Geschäftsführung der Genossenschaft unterworfen werden soll.

Diese Vorschrift läuft den im Actiengesetz zum Schutz der Actionäre und der Gläubiger verordneten Maßregeln parallel.

Ernannt wird der Revisor, wenn die Genossenschaft einem Verbande, der gewisse Normativbedingungen erfüllt, angehört, von diesem Verbande, andernfalls vom Gericht.

Der Regierungsentwurf wollte auch für den ersteren Fall nur eine Befugniß der Verwaltungsbehörden, die Ernennung des Revisors dem Verbande zu übertragen, anerkennen; im Reichstage ist dies jedoch in ein festes Recht des Verbandes, den Revisor zu bestellen, umgewandelt worden.

Zur Ausführung des Gesetzes hat denn auch bereits der Bundesrath unterm 11. Juli 1889 besondere Bestimmungen über die Führung des Genossenschafts-Registers erlassen, welches fortan nicht einen Theil des Handelsregisters bilden, sondern von dem für letzteres zuständigen Gericht als ein selbständiges Register geführt werden soll. (R. G. Bl. S. 130 ff.)

Noch viel wichtiger als das Gesetz über die Erwerbs- und Wirthschaftsgenossenschaften ist das über die Invaliditäts- und Altersversicherung, eine hoch bedeutende, ja bisher einzigartige Schöpfung und der kühnste und gewaltigste Fortschritt auf der durch die Kaiserliche Botschaft vom 17. Novbr. 1881 eröffneten socialpolitischen Bahn.

Das Gesetz bezweckt zweierlei:

1. Invaliditätsversicherung, d. h. Fürsorge für die Arbeiter, welche erwerbsunfähig geworden sind, gleichviel ob durch hohes Alter oder andere Ursachen, und welche nicht schon durch die reichsgesetzliche Unfallsversicherung gedeckt sind, und
2. Altersversicherung d. h. Fürsorge für solche Arbeiter, welche das Lebensalter von 70 Jahren erreicht haben, ohne erwerbsunfähig geworden zu sein.

Gegenstand der Versicherung ist in beiden Fällen eine Rente, und zwar ist die Altersrente verhältnißmäßig geringer, weil sie ja nur eine Zulage zu einem noch möglichen Arbeitsverdienst darstellt; darum kann aber auch der Empfänger der Altersrente, sobald er erwerbsunfähig wird, statt derselben die höhere Invalidenrente beanspruchen.

Die Betheiligung an der Versicherung ist obligatorisch (wie bei der Kranken- und Unfallsversicherung), denn nur durch den Versicherungszwang ist es erreichbar, daß die durch sozialpolitische Rücksichten erforderte Fürsorge auch wirklich allen, die ihrer bedürfen, zu gute kommt.

Der Kreis der Versicherten ist viel weiter gezogen, als bei den bisherigen socialpolitischen Versicherungsgesetzen. Er beschränkt sich nicht auf die Arbeiter gewisser Kategorien, etwa die Bau- und Industriearbeiter, sondern umfaßt alle Klassen der gegen Lohn beschäftigten Personen des Arbeiterstandes mit Einschluß der Gehilfen, Gesellen, Lehrlinge und Dienstboten, ferner die untergeordneten (den Arbeitern etwa gleichstehenden) Betriebsbeamten mit einem Jahresarbeitsverdienst bis zu 2000 Mark, endlich die Personen der Schiffsbesatzung deutscher Fahrzeuge der See- und Binnenschifffahrt. Auch weibliche Personen sind eingeschlossen; dagegen ausgeschlossen jugendliche Personen bis zum sechszehnten Lebensjahre (§ 1), Reichs- und Staatsbeamte, pensionsberechtigte Beamte von Communalverbänden und Personen des Soldatenstandes (§ 4).

Im Ganzen umfaßt hiernach die Versicherung 11—12 Millionen Menschen, etwa 7—8 Millionen männliche und 3—4 Millionen weibliche Personen!

Die Mittel für diese weitgreifende Versicherung werden aufgebracht theils vom Reich, theils von den Arbeitgebern, theils von den Versicherten selbst. Das Reich gewährt Mittel in Form eines Zuschusses von 50 Mark., den es zu jeder thatsächlich zu zahlenden Rente jährlich an die Versicherungsanstalten leistet (§ 26).

Die Arbeitgeber und die Versicherten dagegen leisten Beiträge an die Versicherungsanstalt, und zwar beide zu gleichen Theilen und für jede Kalenderwoche, in der das Arbeits- oder Dienstverhältniß bestanden hat.

Außerdem leisten Reichs- und Staatsbehörden, einen großen Theil der Verwaltungsgeschäfte umsonst, so namentlich die Post die Auszahlung sämmtlicher Renten (§ 91).

Die Hauptorgane für die Vermittelung der Versicherung sind staatliche Versicherungsanstalten, welche von den Landesregierungen für weitere Communalverbände ihres Gebietes — in Preußen also für Kreise — oder für das ganze Gebiet eines Bundesstaats oder für mehrere solche Verbände bez. Gebiete gemeinsam mit Genehmigung des Bundesrathes errichtet werden. Es ist also weder eine Reichsanstalt, noch eine Selbstverwaltungsbehörde beliebt worden, die erstere nicht, weil solche Centralisirung im Reichstag auf starke Abneigung stieß, die letztere nicht, weil die Geschäfte der Versicherungsanstalt zu umfassend sein werden, um sich für Neben- oder Ehrenämter zu eignen. Jede Versicherungsanstalt hat die Selbständigkeit juristischer Personen (§ 44).

Doch haftet für ihre Verbindlichkeiten subsidiarisch auch der weitere Communalverband bez. Bundesstaat, für den sie errichtet ist. Bei jeder Versicherungsanstalt sind alle in ihrem Bezirke beschäftigten Personen versichert. Verwaltet wird sie nach Maßgabe eines Statuts durch einen Vorstand, der eine öffentliche Behörde ist.

Derselbe besteht aus einem oder mehreren Beamten, die der weitere Communalverband oder Bundesstaat, für den die Versicherungsanstalt errichtet ist, bestellt, deren Bezüge aber von der Versicherungsanstalt zu vergüten sind.

Neben dem Vorstand besteht ein Ausschuß, der aus mindestens je fünf Vertretern der Arbeitgeber und der Versicherten zusammengesetzt ist und von den Vorständen der Kranken-Knappschafts- und Seemannskassen auf fünf Jahre gewählt wird. Daneben kann noch ein Aufsichtsrath bestellt werden.

Außerdem wird für den Bezirk jeder Versicherungsanstalt von der Landesregierung ein Staatscommissar ernannt und ein Schiedsgericht errichtet; das letztere besteht aus einem ständigen Vorsitzenden und aus mindestens vier Beisitzern, je zweien aus der Klasse der Arbeitgeber und der Versicherten, und es entscheidet über den Anspruch auf eine Rente, wenn dieser von der unteren Verwaltungsbehörde abgelehnt ist. Ueber diesem gesammten Organismus steht als Aufsichtsbehörde noch das Reichsversicherungsamt (§ 131. 87), beziehungsweise an Stelle desselben für gewisse Zuständigkeiten das Landesversicherungsamt, das für den Bezirk eines einzelnen Bundesstaates errichtet ist.

Endlich ist behufs Bemessung der Beiträge und der Renten die ganze Masse der Versicherungspflichtigen nach Maßgabe ihres Jahresarbeitsverdienstes in vier Lohnklassen eingetheilt, welche im Reichstage an Stelle der von der Regierung vorgeschlagenen Ortsklassen gesetzt worden sind. Klasse I reicht bis 350 Mk. Jahresverdienst, Klasse II bis 550, Klasse III bis 850, Klasse IV bis 2000 Mk. Die Beiträge, die in jeder Lohnklasse aufkommen, müssen die Belastung decken, welche der Versicherungsanstalt durch die in dieser Klasse entstehenden Rentenansprüche voraussichtlich erwächst. Daher können denn die Beiträge immer nur für gewisse Zeiträume im Voraus festgesetzt werden, erstmalig sind sie im Gesetze selbst für 10 Jahre vom Inkrafttreten desselben ab bestimmt, und zwar

für	Lohnklasse	I	auf	wöchentlich	14	Pf.
"	"	II	"	"	20	"
"	"	III	"	"	24	"
"	"	IV	"	"	30	"

Natürlich werden diese Beiträge mit der Zeit in Folge Vermehrung der Rentenempfänger einigermaßen steigen, bis in 80 Jahren der sogenannte Beharrungszustand erreicht sein wird; die neuen Festsetzungen hat von 5 zu 5 Jahren der Ausschuß jeder Versicherungsanstalt zu beschließen.

Die Beiträge fallen zwar zur Hälfte dem Arbeitgeber, zur Hälfte dem Versicherten zur Last. Sie werden aber für beide zusammen vom Arbeitgeber wöchentlich entrichtet, welcher dann die Hälfte dem Arbeiter bei der Lohnzahlung in Abzug bringt. Die Entrichtung erfolgt in der Art, daß der Arbeitgeber Marken, die von jeder Versicherungsanstalt ausgegeben werden, in eine auf den Namen des Versicherten lautende Quittungskarte einklebt; diese liefert dann den Beweis der geschehenen Beitragszahlungen (§§ 99—111). Doch müssen die letzteren, um den Rentenanspruch zu begründen, eine sogenannte Wartezeit hindurch fortgesetzt worden sein, und zwar bei der Invalidenrente 5 Jahre, bei der Altersrente 30 Jahre lang (§ 16). Das Beitragsjahr ist aber mit Rücksicht auf Arbeiter, die nicht regelmäßig voll beschäftigt sind, nur auf 47 Wochen bemessen, und Zeiträume, in denen Versicherte wegen bescheinigter Krankheit oder Erfüllung der Wehrpflicht ihr Arbeitsverhältniß fortzusetzen verhindert gewesen sind, werden ihnen als Beitragszeiten zu gute gerechnet.

Die Höhe der Rente ist in der Art berechnet, daß außer dem Reichszuschuß von 50 Mk. a) bei der Invalidenrente ein Betrag von 60 Mk. zu Grunde gelegt ist, welcher mit jeder vollendeten Beitragswoche steigt, und zwar:

in Lohnklasse I um 2 Pf.
„ „ II „ 6 „
„ „ III „ 9 „
„ „ IV „ 13 „

Darnach beträgt die Invalidenrente in den 4 Lohnklassen nach der kürzesten Frist von 5 Jahren Beitragszahlung

Mk. 114,70; 124,10: 131,15; 140,25;

nach 50 Beitragsjahren aber:

Mk. 157,00; 251,00; 321,50; 415,50.

Diese letztere Rente kann also jeder, der mit 16 Jahren eintrat, sich im Lebensalter von 61—62 Jahren gesichert haben.

b) Bei der Altersrente treten zu dem Reichszuschuß von 50 Mk. für jede Woche:

in Lohnklasse I 4 Pf.
„ „ II 6 „
„ „ III 8 „
„ „ IV 10 „

Daher beträgt sie im Ganzen nach der Wartezeit von 30 Jahren = 1410 Beitragswochen:

in Lohnklasse I Mk. 106,40
„ „ II „ 134,60
„ „ III „ 162,80
„ „ IV „ 191,00.

Alle diese Renten gewähren freilich dem Einzelnen für sich allein kaum ein Existenz-Minimum. Aber sie werden ihm den Eintritt in einen Familienhaushalt erleichtern, für den die Rente einen werthvollen Zuschuß bildet. Während jetzt der alte und invalide Arbeiter von den Seinigen schlecht behandelt zu werden pflegt, weil er im Hausstand mehr verzehrt, als er leistet, wird er als Rentenempfänger ein geschätztes und nicht von der Mildthätigkeit, sondern von verdientem Gelde lebendes Mitglied der Familie sein.

Man rechnet, daß auf 100 Versicherte etwa 11 Invaliden- und 1 Altersrentner kommen, und daß insbesondere jährlich rund 115 000 Arbeiter invalide werden, welche 14 Millionen Rente beanspruchen werden. Darnach wird die Zahl der Invalidenrentner allmählich bis zum Beharrungszustand auf 1 251 000 steigen, und für diese eine Rentenzahlung von 250 200 000 Mk. erforderlich sein. Von dieser Last trägt das Reich allein im ersten Jahre 6,4 Millionen, dann steigend mehr bis zur Höhe von 69 Millionen Mark und daneben einen großen Theil der Verwaltungskosten; gleichzeitig übernimmt die Industrie, d. h. die Gesammtheit der Arbeitgeber, die volle Hälfte der Beiträge, aus denen die Renten gedeckt werden, während alle Vortheile ausschließlich den versicherten Arbeitern zufließen!

Nach alledem ist das Gesetz eine That beispielloser Uneigennützigkeit der besitzenden Klassen. Die günstigen Erfolge desselben können sich freilich nicht sofort fühlbar machen. Aber mit jedem neuen Jahre wird es in weitere Kreise Segen tragen und dadurch je länger je mehr nicht bloß den Arbeitern, sondern unserem gesammten Vaterlande zum Heil gereichen.

Von den sonstigen Reichsgesetzen sind nur noch kurz zu erwähnen:

Dasjenige vom 12. Juni 1889, welches die deutsche Sprache auch für Elsaß-Lothringen zur Geschäftssprache der gerichtlichen Behörden und der Notare erhebt, während bisher durch § 12 des Einführungsgesetzes zum Ger.-Verf.-Gesetz bestimmt war, daß die in Elsaß-Lothringen geltenden Bestimmungen über die Gerichtssprache durch die C. P. O. § 186 nicht berührt werden sollten. Jetzt ist diese Suspension des § 186 beseitigt. Nur für den Fall, daß vor einem Notar unter Betheiligung von Personen verhandelt wird, die des Deutschen nicht mächtig sind, daß aber alle mitwirkenden Personen der fremden Sprache mächtig sind, ist gestattet, von der Zuziehung eines Dolmetschers abzusehen.

Sodann ist durch den Allerhöchsten Erlaß vom 30. März 1889 das Oberkommando der Marine von der Verwaltung derselben getrennt worden. Ersteres wird von einem commandirenden Admiral geführt, letztere vom Staatssecretär des Reichs-Marineamts mit den Befugnissen einer obersten Reichsbehörde.

Auf die deutschen Schutzgebiete beziehen sich:

a) die Verordnung vom 13. Juli 1888 betr. die Rechtsverhältnisse im Schutzgebiete der Neu-Guinea-Compagnie;

b) das Gesetz vom 2. Februar 1889 betr. die Bekämpfung des Sclavenhandels und den Schutz der deutschen Interessen in Ostafrika, für welche Zwecke 2 Millionen Mark zur Verfügung gestellt, und die erforderlichen Maßregeln einem Reichscommissar übertragen sind;

c) die Verordnung vom 15. Februar 1889 betr. die Ausübung der Prisengerichtsbarkeit aus Anlaß der ostafrikanischen Blocade durch ein Prisengericht in Zanzibar und ein Oberprisengericht in Berlin;

d) die Verordnung vom 22. Juni 1889 betr. den Eigenthumserwerb und die dingliche Belastung der Grundstücke im Schutzgebiete der Marschall-Inseln, für welche im Allgemeinen die Vorschriften des preußischen Rechts, insbesondere des Eigenthums-Erwerbsgesetzes vom 5. Mai 1872 übernommen sind.

Unter den Gesetzen für das **Reichsland Elsaß-Lothringen** sind folgende hervorzuheben:

1. Das Feldpolizeistrafgesetz vom 9. Juli 1888. (Ges.-Bl. S. 73 bis 88.) Dasselbe enthält in drei Titeln a) Strafbestimmungen, b) Vorschriften über das Strafverfahren und die Pfändung, c) polizeiliche Verordnungen.

2. Die Verordnung betr. das Verfahren vor den Bezirksräthen und dem Kaiserlichen Rath vom 23. März 1889. (Ges.-Bl. S. 35 ff.) Der erste Abschnitt enthält allgemeine Bestimmungen über den Vorsitz, die von den Parteien einzureichenden Schriftstücke, Zustellungen, Fristberechnungen, Abstimmungen, endlich über Verkündigung und Vollstreckung von Entscheidungen. Diese Bestimmungen sind nach Möglichkeit denen der C.P.O. nachgebildet. — Der zweite Abschnitt betrifft das Verfahren vor den Bezirksräthen. Die gegen die Entscheidungen von Verwaltungsbehörden gerichteten Klaganträge sind innerhalb eines Monats bei dem Bezirksrath einzureichen. Ein Berichterstatter hat die Sache bis zur mündlichen Schlußverhandlung zu leiten und in dieser eine Darstellung der Sache vorzutragen. Danach werden die Parteien, die persönlich oder durch einen bevollmächtigten Vertreter zu erscheinen haben, gehört, und fällt der Bezirksrath die Entscheidung nach seiner freien Ueberzeugung. Ein Recurs findet gegen Endentscheidungen an den Kaiserlichen Rath statt. — Im dritten Abschnitt ist das Verfahren vor dem Kaiserlichen Rath in Recurssachen ähnlich wie das vor dem Bezirksrath geregelt.

3. Das Gesetz betr. die Erbschaftssteuer vom 12. Juni 1889. (Ges.-Bl. S. 57—68.) Dasselbe schließt sich vielfach eng an das preuß. Gesetz über denselben Gegenstand vom 30. Mai 1873 an, übertrifft dieses jedoch an Kürze und Bestimmtheit der Fassung und enthält auch sachlich beachtenswerthe Abweichungen. Der Betrag der Steuer ist höher bemessen, als nach preuß. Recht, indem auch Verwandte in gerader Linie und Ehegatten nicht befreit, sondern die ersteren mit 1 %, die letzteren mit 3 % besteuert sind; außerdem steigt die Steuer nicht bloß bis 8, sondern sogar bis 9 %. Die Veranlagungsgrundsätze sind im wesentlichen dieselben wie in Preußen. Die Steuer ist nur vom Betrage der Bereicherung zu entrichten, und nur der gemeine Werth der steuerpflichtigen Masse für die Berechnung maßgebend. Bei Liegenschaften entscheidet für oder gegen ihre Steuerpflichtigkeit die Lage innerhalb oder außerhalb Elsaß-Lothringens. Dagegen wird bei beweglichem Vermögen zwischen dem unkörperlichen und körperlichen zweckmäßig unterschieden.

Das erstere unterliegt der Erbschaftssteuer, wenn der Erblasser seinen Wohnsitz in Elsaß-Lothringen hatte, sonst nicht. Für das letztere aber erfährt diese Regel eine doppelte Modification; denn auch wenn der Erblasser seinen Wohnsitz in Elsaß-Lothringen hatte, wird für das in einem anderen Lande befindliche Vermögen die dort zu entrichtende Erbschaftsabgabe zu Gunsten des Steuerpflichtigen in Abzug gebracht, und auch wenn der Erblasser seinen Wohnsitz nicht in Elsaß-Lothringen hatte, tritt für das im Inland befindliche Vermögen die Steuerfreiheit nur insoweit ein, als in dem Heimathsstaat des Erblassers gleiche Grundsätze bei der Besteuerung maßgebend sind. Die Haftbarkeit für die von allen den Nachlaß betreffenden Anfällen zu entrichtende Steuer trifft, wie nach preußischem Recht, Erben und Miterben, sowie Erb- und Erbtheils-Vermächtnißnehmer persönlich und sammtverbindlich, jedoch nur bis zum Betrage des Empfangenen; auch Vertreter haften aushülfsweise, wenn sie vorzeitig Erbschaftsstücke aushändigen. Die Festsetzung und Erhebung der Steuer ist nicht einem eigenen Erbschaftssteueramt, sondern den Enregistrements-Einnehmereien übertragen. Binnen sechs Monaten haben die steuerpflichtigen Erwerber eine Erklärung über alle, die Feststellung der Steuer bedingenden Verhältnisse abzugeben, ein Verzeichniß der Masse beizufügen und die Steuer zu entrichten. Die Steuerbehörde kann die Beibringung von Beweismitteln, Aufschlüsse über Thatsachen und Gestattung der Einsichtnahme von Schriftstücken verlangen; ingleichen auch eine eidesstattliche Versicherung über die Vollständigkeit des Verzeichnisses, jedoch letzteres — was eine sehr angemessene Neuerung ist — nur durch Vermittelung des Amtsgerichts, welches, nöthigen Falls nach mündlicher Verhandlung, über die Pflicht zur Abgabe der Versicherung entscheidet und die letztere abnimmt. In Bezug auf Streitigkeiten über die Richtigkeit der Schätzungen, auf die Einziehung der Steuer, die Zulässigkeit und Form des Rechtsweges für Einwendungen gegen dieselbe sind die Vorschriften über die Enregistrementsgebühren analog herangezogen. Die Strafen derjenigen, welche die ihnen durch das Gesetz auferlegten Pflichten nicht erfüllen, bestehen je nach Verschiedenheit der Fälle im halben, einfachen oder doppelten Betrage der Erbschaftssteuer, sind aber im Ganzen niedriger bemessen, als nach dem preußischen Gesetz.

4. Das Gesetz betr. Grundeigenthum und Hypothekenwesen, sowie die Notariatsgebühren vom 24. Juli 1889 (Ges.-Bl. S. 69—80), welches jedoch nur einzelne Punkte aus den in seinem Titel genannten Materien ordnet. Es bestimmt zunächst, daß die Uebertragung oder Zutheilung des Eigenthums an einem Grundstück durch Rechtsgeschäft unter Lebenden nur in einer vor einem elsaß-lothringischen Notar errichteten Urkunde er-

folgen kann, daß aber der nicht auf diese Weise abgeschlossene Vertrag die Verpflichtung begründet, das Rechtsgeschäft in der bezeichneten Form beurkunden zu lassen. Dagegen erfordert die Bevollmächtigung zum Abschluß eines Vertrages über die Uebertragung oder Zutheilung von Grundstücken und zur hypothekarischen Belastung oder zur Bewilligung der Löschung einer Eintragung nur eine gerichtlich oder notariell beglaubigte Urkunde. Ist eine Urkunde über die Uebertragung des Eigenthums an einem Grundstücke vor einem Notar errichtet, so ist der letztere auch verpflichtet, die Ueberschreibung derselben herbeizuführen. — Ueber Vorzugsrechte und Hypotheken ist bestimmt, daß dieselben Wirksamkeit und Rang erst vom Tage der Einschreibung erlangen und nur für einen bestimmten, nöthigen Falls zu veranschlagenden Betrag an Haupt- und Nebenforderungen und nur auf einzelne bestimmt zu verzeichnende Grundstücke eingeschrieben werden können. Es folgen dann Vorschriften über die Einschreibung der gesetzlichen Hypotheken des Mündels, des Geisteskranken und der Ehefrau, sowie der gerichtlichen Hypothek, die aus vollstreckbaren Entscheidungen über Geldforderungen auf einen in gesetzlicher Währung bestimmten Betrag entsteht. Auch die Vollziehung des Arrestes in unbewegliches Vermögen erfolgt durch Einschreibung einer Hypothek, und eine einstweilige Verfügung, durch welche die Veräußerung oder Belastung unbeweglichen Vermögens untersagt wird, gilt gegen Dritte nur alsdann, wenn die Anordnung im Hypothekenamt überschrieben war. Ein weiterer Abschnitt betrifft die Stempel-Enregistrements- und Notariatsgebühren, und ein letzter enthält Uebergangs- und Schlußbestimmungen.

II.

Für **Preußen** sind nicht so zahlreiche und wichtige Gesetze ergangen, wie für das Reich.

1. Durch Gesetz vom 20. Februar 1889 ist die Krondotation erhöht worden, indem zu der bisherigen Jahresrente von 12 200 000 Mark noch $3^1/_2$ Millionen hinzugefügt sind,

2. Durch Allerhöchsten Erlaß vom 21. November 1888 betr. die Rangverhältnisse der richterlichen Beamten ist bestimmt, daß fortan die Hälfte der Gesammtzahl der Landrichter und Amtsrichter durch Ernennung zum Landgerichtsrath oder Amtsgerichtsrath den Rang der Räthe vierter Klasse erhalten kann.

3. Durch Gesetz vom 19. Mai 1889 sind das Gesetz über die allgemeine Landesverwaltung vom 30. Juli 1883 und das über die Zuständigkeit der Verwaltungs- und Verwaltungsgerichtsbehörden vom

1. August 1883, das sog. Zuständigkeitsgesetz (ausgenommen dessen Titel 2 und 3) auch für die Provinz Posen mit gewissen Maßgaben in Kraft gesetzt worden. Beide Gesetze waren zwar von vornherein für den gesammten Umfang der preußischen Monarchie erlassen, aber ihre Geltung für gewisse Provinzen, so insbesondere für die Provinz Posen, noch bis zur Neuordnung der Kreis- und Provinzialverfassung in denselben suspendirt. Nachdem inzwischen diese Neuordnung erfolgt ist, sind beide Gesetze, wie schon früher für die andern Provinzen außer Schleswig-Holstein, so nun auch für Posen in Geltung getreten. Damit sind denn die Provinzial-, Bezirks- und Kreisbehörden, das Verfahren vor denselben, insbesondere das Verwaltungsstreit- und das Beschlußverfahren, das Polizeiverordnungsrecht und die Zwangsbefugnisse der Behörden und die Rechtsmittel gegen Polizeiverfügungen beinahe in allen Provinzen gleichmäßig gestaltet, und es ist damit die schwierige Aufgabe der Reorganisation der Verwaltung fast vollständig gelöst.

4. Durch Gesetz vom 19. Mai 1889 ist eine Reihe von Abänderungen der Stempelgesetze eingeführt, insbesondere ist die Stempelabgabe bei Pacht- und Miethverträgen von 1/3 % auf 1/10 % ermäßigt und auch in anderen Beziehungen erleichtert worden, z. B. bei Uebernahme von Pachtungen durch nahe Verwandte des Pächters wegen Todes desselben oder sonstiger unvermeidlichen Ursachen.

5. Besondere Gesetze sind auch zur Erleichterung der von Wasserschäden heimgesuchten Landestheile ergangen, so

a) dasjenige vom 15. April 1889, welches den Finanzminister ermächtigt, Liegenschaften, die durch Ueberschwemmung beschädigt sind, von der Grundsteuer zeitweise zu befreien, beziehungsweise in eine geringere Klasse des Tarifs zu versetzen;

b) ein anderes vom 8. Mai 1889, welches das vorjährige aus Anlaß der Hochwasser des Frühjahrs 1888 ergangene Hülfsgesetz vom 13. Mai 1888 auf die im Sommer 1888 angerichteten Verheerungen durch Hochwasser ausdehnt.

c) Endlich ist durch Gesetz vom 15. Juli 1889 und ein damit zugleich verkündetes Kirchengesetz von demselben Tage die Fürsorge für die Wittwen und Waisen der Geistlichen der evangelischen Landeskirche in den neun älteren Provinzen neu geregelt worden. Ein eigener Pfarrwittwen- und Waisenfonds ist ins Leben gerufen, welcher von Seiten des Staates eine dauernde Jahresrente von 800 000 Mark erhält und alle Verpflichtungen und Rechte übernimmt, die bisher der Allgemeinen Wittwenverpflegungsanstalt gegenüber den Geistlichen jener Landeskirche bezw. den Wittwen von solchen zugestanden haben. An diesen Fonds haben die Geistlichen Beiträge von 3 % ihres Diensteinkommens zu zahlen; soweit die Wittwen- und Waisengelder durch die vorhandenen Mittel nicht gedeckt werden, sind sie durch Umlage von den Kirchengemeinden der Landeskirche aufzubringen, und diese Umlage ist zunächst auf 1 % der Staatsklassen- und Einkommensteuer festgesetzt.

III.

In **Baiern** ist, da der Landtag im verflossenen Winter nicht versammelt war, nur eine Verordnung vom 4. Januar 1889 (G. u. V. Bl. S. 5) ergangen, welche die Sachverständigen bestimmt, von welchen die Militärstrafgerichte im Falle des Bedarfs Gutachten einzuholen haben.

IV.

Auch aus der Rechtsentwickelung des **Königreichs Sachsen** sind nur einige Verordnungen zu nennen, welche allgemeineren, mit der Gesetzgebung des Deutschen Reiches zusammenhängenden Inhalt haben:

so die Verordnung vom 9. August 1888 über die Inkraftsetzung des Reichsgesetzes vom 5. Mai 1886 betreffend die Unfall- und Krankenversicherung der in land- und forstwirthschaftlichen Betrieben beschäftigten Arbeiter;

die Verordnungen vom 11. und 15. desselben Monats betreffend die Ergänzung der Verordnung vom 3. November 1879 über den Verkehr mit Sprengstoffen und deren Versendung,

und drei Verordnungen vom 15., 24. und 27. December 1888 betreffend die Ausführung des Reichsmilitärgesetzes, die deutsche Wehrordnung und die Festsetzung der Vergütung für die Naturalverpflegung der Truppen im Jahre 1889.

V.

Württemberg hat unterm 20. December 1888 ein neues Gesetz über die Zwangsenteignung von Grundstücken und von Rechten an solchen erhalten.

Bisher hatte nach § 30 der Verf.-Urkunde vom 25. September 1819 über die Nothwendigkeit einer Zwangsenteignung der Geheime Rath zu entscheiden, der aus den sechs Staatsministern und einer Anzahl vom König ernannter Räthe besteht, und über die Summe der Entschädigung stand dem Expropriaten dann noch der Rechtsweg offen. Das neue Gesetz schließt sich namentlich in Bezug auf das Verfahren an das preußische Gesetz vom 11. Juni 1874 und das großherzoglich hessische vom 26. Juli 1884 an. Die Entscheidung über die Zwangsenteignung erfolgt nunmehr durch die nach Anhörung des Staatsministeriums ergehende Entschließung des Königs. Die Normen für Bemessung der Entschädigung sind neu und genau bestimmt. Das Enteignungsverfahren aber ist von einer für jeden Fall durch die Königl. Entschließung zu bestimmenden Enteignungsbehörde zu leiten, und zwar bei Unternehmungen für allgemeine Staatszwecke von einer höheren Verwaltungsbehörde, bei Enteignungen für Corporationszwecke von einer Kreisregierung. Der erste Theil des Verfahrens betrifft die Feststellung des Planes (Art. 16—26), mittelst mündlicher Verhandlung durch eine Commission und Entscheidung der Enteignungsbehörde, gegen welche eine Beschwerde an den Verwaltungsgerichtshof stattfindet; der zweite Theil bezieht sich auf die Entschädigungssumme (Art. 27—37), worüber wiederum mündlich vor einem Commissar im Beisein des Ortsvorstandes und eines Gemeinderathes unter Zuziehung von Sachverständigen verhandelt wird, und dann die Enteignungsbehörde entscheidet. Nach Bezahlung der Summe erläßt dieselbe Behörde die Enteignungsverfügung, deren Zustellung den Uebergang des enteigneten Rechtes an den Unternehmer bewirkt (Art. 39). Jedoch bleibt dem Expropriaten binnen sechs Monaten gerichtliche Klage auf Feststellung der Entschädigungssumme vorbehalten.

Zugleich mit diesem Gesetz ist zu § 30 der Verf.-Urkunde ein Zusatz ergangen, welcher bezüglich des Rechtes auf Zwangsenteignung den politischen Gemeinden die Kirchengemeinden gleichstellt.

VI.

Aus dem Großherzogthum **Hessen** ist ein gesetzgeberischer Act von Bedeutung nicht zu verzeichnen.

VII.

Für das Großherzogthum **Baden** hat zunächst ein neues Beamtengesetz vom 24. Juli 1888 nebst einer Gehaltsordnung nach dem Vorbild des Reichsbeamtengesetzes das gesammte Staatsdienerverhältniß geordnet. Dabei ist für die Richter ihre Unversetzbarkeit, ihr Anspruch auf Gehalt und regelmäßiges Vorrücken in demselben, sowie das Recht der Zurruhesetzung und Disciplinarverfolgung in § 130 ausdrücklich gewahrt.

Sodann hat das Gesetz vom 20. Juli 1888 betreffend die Abänderung des Rechtspolizeigesetzes von 1879 das Verfahren in der freiwilligen Gerichtsbarkeit im Wesentlichen den Vorschriften der C.P.O. §§ 338—379 und des Ger.-Verf.-Ges. §§ 177—185 unterworfen und die bisher bei jedem Landgericht vorhandenen Notarskammern auf eine zu Karlsruhe herabgemindert, über deren Bildung und Geschäftsführung die landesherrliche Verordnung vom 30. August 1888 (G. u. V. O. Bl. S. 561) Näheres bestimmt. Auch über den Gerichtsschreiberdienst und den Kanzleidienst bei den Justizstellen ist eine landesherrliche Verordnung vom 8. Juni 1889 (G. u. V. O. Bl. S. 93) ergangen.

Zu dem schon im vorjährigen Berichte unter II, 2 genannten Gesetze vom 23. Mai 1888 die geschlossenen Hofgüter betreffend ist nun eine Verordnung vom 23. Juli 1888 (G. u. V. O. Bl. S. 352) erschienen, welche die Aufstellung der Verzeichnisse der Hofgüter und ihrer Bestandtheile und das dabei zu beobachtende Verfahren regelt. — Die Dienstweisung für Gerichtsvollzieher ist durch Verordnung vom 28. Februar 1889 (G. u. V. O. Bl. S. 43) geändert und ergänzt worden. — Endlich ist zum Vollzug des Reichsgesetzes vom 22. März 1888 betreffend den Schutz von Vögeln die Verordnung vom 13. Juli 1888 ergangen (G. u. V. O. Bl. S. 346); dieselbe erstreckt die im Reichsgesetz § 3 bezeichnete Schutzzeit vom 1. Januar bis zum 1. März und vom 15. September bis zum 31. December zu Gunsten einer größeren Anzahl von Vogelarten und regelt die im Reichsgesetz § 5 der Landesregierung vorbehaltenen Punkte.

VIII.

In den **Thüringischen Staaten** sind nur folgende erwähnenswerthe Gesetze ergangen:

a) im Großherzogthum Sachsen-Weimar ein Gesetz vom 4. December 1888 betreffend die Aufhebung der Abgaben, die für Benutzung öffentlicher Wege und Brücken von anderen Berechtigten, als der Großherzogl. Staatskasse erhoben wurden;

b) im Herzogthum Sachsen-Meiningen das Gesetz vom 20. März 1889 betreffend die Form der Diensteide;

c) im Herzogthum Sachsen-Altenburg ein Gesetz vom 22. December 1888 über die Communalbesteuerung der Eisenbahnen, eins vom 12. Februar 1889 betreffend das Volksschulwesen und eine Notariatsordnung vom 1. März 1889;

d) im Herzogthum Coburg-Gotha ein Gesetz vom 15. Juni 1889 betreffend die theilweise Uebernahme der Wittwensocietätsbeiträge der Staatsbeamten auf die Staatskasse;

e) im Fürstenthum Schwarzburg-Rudolstadt eine Verordnung vom 16. Mai 1889 betreffend die Ausführung der Gesetze über die gerichtliche Uebereignung unbeweglicher Sachen und die Verbesserung des Hypothekenwesens.

IX.

Von den **Hansestädten** haben **Hamburg** und **Bremen** besonders mit Rücksicht auf ihren Eintritt in den Zollverein neue Gesetze erlassen, so namentlich jede der beiden Städte ein Gesetz betreffend das Strafverfahren in Zoll- und Reichssteuersachen im Verwaltungswege vom 29. Juni bezw. 12. August 1888 und ein Gesetz betreffend die Declarationen für Handelsstatistik vom 12. October bezw. 14. October 1888. Außerdem ist in Hamburg ergangen ein Gesetz vom 12. December 1888 betreffend den Austritt aus einer staatlich anerkannten religiösen Gemeinschaft, dessen Erklärung innerhalb einer Frist von 4—6 Wochen persönlich vor der Aufsichtsbehörde für die Standesämter zu wiederholen ist, und in Bremen eine Landgemeindeordnung vom 26. Juli 1888 und ein Gesetz betr. das Landschulwesen vom 2. März 1889.

Aus **Lübeck** ist zu erwähnen ein Gesetz betreffend die Fürsorge für Beamte und deren Hinterbliebene bei Betriebsunfällen vom 16. Juli 1888, welches dem verunglückten Beamten eine Rente bis zu $66^2/_3$ % seines Diensteinkommens, und seiner Wittwe, seinen Kindern bis zum 18. Jahre und seinen Ascendenten, deren Ernährer er war, entsprechend geringere Bezüge zusichert; ferner ein Gesetz über politische und socialistische Vereine und Versammlungen vom 18. September 1888, und ein Gesetz über die Einkommensteuer vom 14. Juni 1889, welches ähnlich wie das Hamburger Gesetz auf Selbstschätzung beruht.

X.

In **Oesterreich** ist zunächst durch die beiden Gesetze über die Unfallversicherung der Arbeiter vom 28. December 1887 und über die Krankenversicherung der Arbeiter vom 30. März 1888 eine große Zahl von Ausführungsverordnungen veranlaßt worden. Musterstatuten sind für die Bezirkskrankenkassen und für die Unfallversicherungsanstalten durch Kundmachung vom 20. October 1888 und vom 24. Januar 1889 publicirt worden. Eine Kundmachung vom 22. Januar 1889 ordnet die Errichtung von 7 Unfallversicherungsanstalten an und bestimmt deren Sitze und Bezirke.

Eine Verordnung vom 10. April 1889 trifft Festsetzungen über die Schiedsgerichte dieser Anstalten, endlich zwei Verordnungen vom 22. Mai 1889 stellen die Eintheilung der unfallversicherungspflichtigen Betriebe in zwölf Gefahrenklassen fest, sowie die Procentsätze der letzteren und den Tarif der den Anstalten zu leistenden Versicherungsbeiträge für das erste Betriebsjahr.

Sodann ist in Bezug auf das Creditrecht hervorzuheben das Gesetz vom 14. Juni 1888 (R. G. Bl. S. 279). Dasselbe gestattet die Convertirung von Hypothekenforderungen der zur Ausgabe von Pfandbriefen berechtigten Anstalten durch neue Pfandbriefe, welche behufs Herabsetzung des Zinsfußes an Stelle der alten ausgegeben werden und dabei das für die letzteren bestehende Pfandrecht erhalten sollen, sofern nur der Betrag der Hypothekenforderung an Capital und Nebenverbindlichkeiten nicht erhöht wird. Und es gestattet ferner, daß bei Löschung einer Hypothek einer unter öffentlicher Aufsicht stehenden, statutenmäßig Creditgeschäfte treibenden Anstalt der Hypothekenschuldner gleichzeitig für eine andere Anstalt der bezeichneten Art ein Pfandrecht mit dem Range des zur Löschung gelangenden zur Deckung einer neuen Forderung eintragen lasse. — Im Einzelnen ist dann diese interessante Anwendung der successio hypothecaria noch genauer geregelt.

Ferner ist durch ein Gesetz vom 28. März 1889 (R. G. Bl. S. 73) die Verkehrsfähigkeit auswärtiger Lotterieloose außerordentlich beschränkt worden. Darnach dürfen Schuldverschreibungen mit Prämien, bei denen die zu prämiirende Verschreibung oder die Höhe der Prämie durch Ausloosung oder einen anderen Zufall bestimmt werden soll, fortan nur auf Grund besonderen Gesetzes und nur zu Zwecken des Staates ausgegeben werden. Sonstige Prämienschuldverschreibungen sind kein Gegenstand des rechtlichen Verkehrs, Verträge über solche grundsätzlich ungültig, und empfindliche Geldstrafe trifft jeden, der solche Papiere besitzt oder zum Gegenstand eines Vertrages macht, sowie überhaupt den, welcher verbotene Loose oder Prämienschuldverschreibungen öffentlich ankündigt, anempfiehlt oder zur Feststellung eines Courswerthes notirt. Ausnahmen für gewisse Papiere werden durch Abstempelung vermittelt.

Noch wichtiger ist das Gesetz vom 1. April 1889 (R. G. B. S. 197), welches für landwirthschaftliche, mit einem Wohnhause versehene Besitzungen (Höfe) mittlerer Größe besondere Erbtheilungsvorschriften aufstellt oder kurz ausgesprochen die Individualerbfolge in Bauergüter wiederherstellt. Doch beschränkt sich das Reichsgesetz auf eine Anzahl von Sätzen, und es soll in den einzelnen Ländern erst gleichzeitig mit den von der Landesgesetzgebung über diesen Gegenstand zu erlassenden Anordnungen in Kraft treten. Dabei läßt es aber der Landesgesetzgebung sogar die Befugniß, für solche Höfe Beschränkungen der freien Theilbarkeit einzuführen oder die Vereinigung zweier Höfe in einer Hand auszuschließen oder an Voraussetzungen zu binden.

Die Bestimmungen des Reichsgesetzes selbst treffen nur die gesetzliche Erbfolge unbedingt, die gewillkürte bloß für den Fall, daß der Erblasser eine unter die gesetzlichen Erben aufgenommene Person zum Uebernehmer bestimmt hat. Der Hauptgrundsatz des Gesetzes ist, daß wenn das Nachlaßvermögen des Hofeigenthümers an mehrere Personen übergeht, der Hof nebst Zubehör nur einer Person, dem Uebernehmer oder Anerben zufallen kann.

Wer unter mehreren neben einander berufenen Intestaterben der Anerbe sei, bestimmt für den Fall, daß keine Einigung stattfindet, die Landesgesetzgebung; doch kann sie den überlebenden Ehegatten unmittelbar nach den Nachkommen des Erblassers berufen. Bei der Erbtheilung wird der Uebernehmer bis zur Höhe des lastenfreien Werthes des Hofes Schuldner der Verlassenschaft. Doch wird der Hof durch das Gericht nach billigem Ermessen so geschätzt, daß der Uebernehmer dabei wohl bestehen kann; die Landesgesetzgebung kann sogar anordnen, daß der Uebernahmepreis um einen Betrag gekürzt werde, der bis zu einem Drittel des lastenfreien Werthes des Hofes steigen darf. Die Auszahlung der den Miterben zufallenden Beträge kann vom Gericht bis zur Dauer von 3 Jahren befristet werden. Das Pflichttheilsrecht wird durch die Erbtheilungsvorschriften nicht berührt. Doch wird der Pflichttheilsberechnung der wie angegeben bestimmte Hofwerth zu Grunde gelegt, und für die Dauer der Minderjährigkeit des Uebernehmers oder seiner Miterben stehen dem Erblasser gewisse Anordnungen frei, die nicht als Verletzung des Pflichttheiles gelten sollen.

Endlich sei noch erwähnt das Gesetz vom 28. April 1889 (R. G. Bl. S. 213) über die Errichtung und den Betrieb öffentlicher Lagerhäuser und die von denselben ausgestellten Lagerscheine. Die Geschäfte solcher Lagerhäuser sind für Handelsgeschäfte, die Lagerhausunternehmungen für Kaufleute erklärt; die letzteren dürfen bei Concessionsverlust nicht mit Waaren, die nach ihrer Gattung zur Aufnahme in Lagerhäuser geeignet wären, für eigene oder fremde Rechnung Handel treiben. Die Unternehmung hat die Sorgfalt eines ordentlichen Kaufmannes aufzuwenden und haftet für ihre Leute. Sie muß für Versicherung der eingelagerten Waaren gegen Feuersgefahr sorgen und im Falle eines Feuerschadens tritt die Versicherungssumme an Stelle der Waare. Ganz eigenthümlich ist der Lagerschein gestaltet. Er besteht aus zwei zusammenhängenden, jedoch von einander trennbaren Theilen: 1) dem Lager-Besitzscheine (oder Recepisse) und 2) dem Lager-Pfandscheine (oder Warrant). Beide müssen an Order lauten und können zusammen oder getrennt durch Indossament übertragen werden.

Die Uebergabe des indossirten Besitzscheines wirkt wie die Uebergabe der Waare selbst. Außerdem aber kann durch abgesonderte Uebertragung des indossirten Warrants ein Faustpfandrecht an der eingelagerten Waare bestellt werden. Dazu muß das Indossament des Warrants den Namen des Indossatars und den Betrag und Verfalltag seiner Pfandforderung enthalten; es muß auch auf dem Besitzscheine ersichtlich gemacht und in das Lagerbuch der Unternehmung eingetragen werden. Wird der Warrant nicht rechtzeitig eingelöst, so kann dessen Eigenthümer ihn dem Lagerhausunternehmer oder dem sonstigen Domiziliaten präsentiren und Protest aufnehmen lassen, eventuell auch den Verkauf der Waare bewirken. Andererseits steht der Lagerhaus-Unternehmung an der eingelagerten Waare ein gesetzliches Pfandrecht zu, welches allen übrigen Pfandrechten vorgeht. — Die weiteren Einzelbestimmungen müssen hier übergangen werden.

In jedem Falle wird dies österreichische Gesetz bei dem auch für Deutschland bevorstehenden Gesetz über Lagerhäuser und Warrants ein werthvolles Vorbild abgeben. Ueberhaupt aber darf man sagen, daß die Gleichartigkeit so vieler wichtigen, im Deutschen Reich, in Oesterreich und in den einzelnen deutschen Staaten behandelten Gesetzesmaterien einen hoch erfreulichen Beweis liefert von dem engen Zusammenhang der geistigen Strömungen, welche alle diese Länder erfüllen, und von der Bedeutung, welche eben darum die Rechtsentwickelung des einen für jedes andere Glied dieser Gemeinschaft beanspruchen kann. (Bravo!)

Präsident: Nun, m. H., sind die sachlichen Geschäfte der 1. Plenarversammlung beendet.

Sollten weitere Mittheilungen zu machen sein, so bitte ich, sie jetzt anzubringen. Da dies nicht der Fall ist, so schlage ich vor, eine einstündige Pause eintreten zu lassen, sich dann aber wieder zu versammeln um ½12 Uhr. Wir müssen mit der Zeit ökonomisch umgehen, weil diese für die morgige Nachmittagssitzung sehr geschmälert ist. Also bitte ich, daß um ½12 Uhr die Abtheilungen 1, 2 und 3 in den Zimmern, welche durch Anschläge erkennbar sind, zusammentreten und ihre Berathungen dort möglichst lange fortsetzen.

Schluß der Plenarsitzung 10 Uhr 35 Min.

Erste Sitzung der ersten Abtheilung
am 11. September 1889,
Vormittags 11½ Uhr.

Auf Vorschlag des Justizraths Makower, Beauftragten der ständigen Deputation, wird der Landgerichts-Präsident Becker zu Oldenburg zum Vorsitzenden und der Geh. Justizrath Prof. Dr. Gierke zu Berlin zu dessen Stellvertreter durch Acclamation gewählt.

Zu Schriftführern ernennt die Abtheilung auf Vorschlag des Präsidenten durch Acclamation: Landgerichtsrath Aron zu Zabern, Rechtsanwalt Dr. Mumm und Staatsanwalt Vogt, beide zu Straßburg.

Von den der Abtheilung überwiesenen fünf Fragen wird zunächst Frage 2 zur Berathung gestellt:

> Ist der Begriff der Anspruchsverjährung im Sinne des Entwurfs eines bürgerlichen Gesetzbuches beizubehalten?

Nachdem der Präsident noch um Einreichung von Vorschlägen für die Wahl von 10 Vertrauensmännern für die ständige Deputation gebeten hat, erhält zu Frage 2 das Wort

Referent Prof. Dr. **Pfaff** (Wien): Meine hochverehrten Herren! Ueber die Frage 2 haben Gutachten erstattet die Herren Reichsgerichtsrath Dr. Bähr in Cassel und Prof. Dr. Hanausek in Wien. In dem letzteren Gutachten ist auch die reiche Literatur angezogen, und ist derselben nur die gleichzeitig erschienene tiefgehende Untersuchung meines verehrten Mitreferenten, Prof. O. Fischer, über Recht und Rechtsschutz im 6. Hefte der Beiträge von Bekker und Fischer anzureihen.

Ich erachte die Frage, der sorgsame Prüfung zugewendet worden ist, für spruchreif. Schwierig bleibt nur, sich bei ihrer Erörterung so kurz zu fassen, als hier geboten ist. Fragen des allgemeinen Theils betreffen ja ihrer Natur nach meist einen weitverzweigten Stoff, und speciell unsere Frage hat nach vielen Seiten hin so engen Zusammenhang mit anderen, selbst einer eingehenden Untersuchung bedürftigen Fragen, daß es weder den Gutachtern, noch den Referenten möglich erschien, sich in ihren Anträgen auf eine einfache Bejahung oder Verneinung der Frage zu beschränken.

Lassen wir nun bei Seite, was hier nicht unerläßlich untersucht werden muß, so muß freilich unsererseits manches unbeachtet bleiben, was an sich sehr beachtenswerth ist. Ich hebe diesfalls namentlich hervor den Vorschlag Bährs, den Entwurf durch Aufnahme einer Bestimmung zu ergänzen, die der römischen exceptio doli generalis entspräche, und diesem Schutzmittel, dem, wie es scheint, der Entwurf mit Windscheid nur historischen Werth zuerkennen will, sogar Unverjährbarkeit zu gewähren. Ich getröste mich jedoch, daß eine Anregung von dieser Wichtigkeit unverloren bleiben wird, auch wenn der Deutsche Juristentag es unterlassen muß, dieselbe anläßlich der Untersuchung einer ganz anderen Frage zum Gegenstand seiner Beschlußfassung zu machen.

Die Ergebnisse, zu denen Gutachter und Referenten gelangt sind, stimmen im Wesentlichen überein. Insbesondere war es den beiden Referenten möglich, sich zu vollkommen übereinstimmenden Anträgen zu einigen, die Ihnen vorliegen.*) Sie finden an deren Spitze den Antrag, die Anspruchsverjährung im Sinne des Entwurfs sei nicht beizubehalten. Von den Gutachtern ist Hanausek unzweifelhaft mit diesem Antrage einverstanden. Er hat nämlich gefunden, es entspräche dem Zweck des Ver-

---

*) Anträge der beiden Referenten zur Frage 2:

„Ist der Begriff der Anspruchsverjährung im Sinne des Entwurfs eines bürgerlichen Gesetzbuches beizuhalten?"

I. Die Anspruchsverjährung im Sinne des Entwurfs eines bürgerlichen Gesetzbuches ist nicht beizubehalten.

II. Es empfiehlt sich eine Regelung der Wirkung der erlöschenden Verjährung nach folgenden Grundsätzen:

1. Von den der Verjährung unterworfenen Rechten und Rechtsverhältnissen (Eigenthum, Schuldforderungen, Mängelhaftung u. s. w.) darf nach Ablauf der Verjährungszeit ein rechtlich wirksamer Rest (dominium sine re, obligatio sine actione) nicht zurückbleiben.
2. Es muß also auch die Geltendmachung im Wege der Feststellungsklage oder Einrede ausgeschlossen sein.
3. Gleichwohl ist die Aufrechnung mit verjährten Forderungen zu gewähren, wenn zur Zeit des Eintritts der Möglichkeit der Aufrechnung die Verjährung noch nicht vollendet war.
4. Ein Pfandrecht braucht durch die bloße Schuldverjährung nicht zum Untergang gebracht zu werden.
5. Es muß rechtlich möglich bleiben, auf die verjährte Schuld Leistungen zu machen, deren Rückforderung ausgeschlossen ist.

S. Pfaff. O. Fischer.

jährungsinstituts wie den eigenen Bestimmungen des Entwurfs, die Verjährung als Klagenverjährung zu bezeichnen und zu construiren. Auch Bähr kann nicht gegen unseren Antrag sein. Er spricht aus, daß die Anspruchsverjährung des Entwurfs im Grunde nichts anderes sei, als die alte Klagenverjährung. Er hält es für an sich gleichgültig, ob sie den einen oder den anderen Namen führe, wünscht aber entschieden eine Aenderung des Entwurfs, soweit in seinem Texte unzuträgliche Konsequenzen aus dem Worte „Anspruchsverjährung" abgeleitet werden; ja, wenn ich ihn nicht mißverstehe, wünscht er sogar den Begriff des Anspruchs als einen technischen aus dem Entwurf geradezu beseitigt zu sehen.

Unser Antrag findet nun seine Rechtfertigung vor Allem in einer Untersuchung des Anspruchsbegriffs selbst, wie sie schon von Vielen vorgenommen worden ist. Bähr führt diesfalls aus, daß das Wort „Anspruch" der Rechtssprache von jeher geläufig gewesen sei, jedoch nicht in einem technischen, sondern in einem allgemein menschlichen Sinne, während als technische Rechtsbegriffe „Recht" und „Klage" verwendet wurden. Erst Windscheid habe den Anspruch als einen technischen Begriff in die Rechtswissenschaft eingeführt und als einen Mittelbegriff zwischen Recht und Klage gestellt. Darauf hätten Andere den Anspruchsbegriff zwar acceptirt, ohne daß jedoch zur Zeit ein volles Einverständnis erreicht sei. In der That sei man früher auch ohne diesen technischen Begriff leidlich fertig geworden.

Hanausek erblickt ein bleibendes Verdienst der Windscheid'schen Anspruchstheorie darin, daß sie uns gelehrt habe, das subjective Privatrecht in seiner Reinheit, losgelöst von jeder processualen Zuthat, zu betrachten. Er billigt es daher, daß der Entwurf den Begriff „Anspruch" im Windscheid'schen Sinne aufgenommen hat, da er in manchen Fällen ganz unentbehrlich sei und in unserer Rechtssprache feste Wurzeln geschlagen habe. Er läßt sich auch durch Ihering's neueste Bedenken nicht irre machen. Ihering hat bekanntlich ausgeführt, daß eine Klage möglicher Weise mehrere Punkte umfassen könne, und daß wir in solchen Fällen zur Bezeichnung eines einzelnen Punktes keinen anderen bezeichnenden Ausdruck als eben den des Anspruchs hätten, während, wenn wir die Summe aller Punkte zur Einheit zusammenfassen wollen, dazu eben der Begriff der Klage der geeignetste sei. — Noch viel tiefer aber hat sich Fischer in die Untersuchung des Verhältnisses von actio, Klage und Anspruch eingelassen. Ich kann aus seinen höchst beachtenswerthen Ausführungen nur so viel hervorheben, daß auch er das Verdienst Windscheid's vollauf anerkennt, die actio der Rechtsgeschichte zugewiesen und den Anspruchsbegriff eingeführt zu haben, nur daß er findet, Windscheid's „Anspruch" stehe noch immer der actio viel zu nahe.

Wesentlich den Windscheid'schen Anspruchsbegriff hat nun auch der Entwurf übernommen. Dagegen erhebt sich vor Allem das gewichtige Bedenken, daß bereits die R.C.P.O. sich des Terminus „Anspruch“ bemächtigt hat und zwar in einem erheblich weiteren Sinne, als der Entwurf. Da nämlich durchaus nicht jede Klage auf eine Leistung gerichtet ist, so macht auch nicht jede Klage einen Anspruch im Sinne des Entwurfs geltend; allerdings aber wird mit jeder Klage ein Anspruch im Sinne der C.P.O. erhoben; und während der Anspruch im Sinne des Entwurfs das Recht ist, von einem anderen eine Leistung zu erlangen, ist er im Sinne der C.P.O. durchaus nicht wesentlich ein subjectives Recht, sondern eine bloße Rechtsbehauptung, ein bloßes Begehren, über dessen Rechtfertigung und Begründung erst der Ausgang des Prozesses entscheiden kann. Kein Zweifel nun, daß die deutsche Sprache den Ausdruck wirklich in beiden Bedeutungen verwendet. Wenn wir sagen: ich habe einen Anspruch, so meinen wir: ich verlange mit Recht. Sagen wir dagegen: ich erhebe einen Anspruch, dann bleibt die Frage nach dem Recht noch immer offen. Und noch in einem anderen Sinne glaube ich behaupten zu müssen, daß der Sprachgebrauch nicht jedem Anspruch ein Recht entsprechen läßt. Wir drücken uns ganz correct aus, wenn wir sagen: ich habe einen gerechten Anspruch, von Niemand betrogen zu werden; allein diesem Anspruch entspricht kein Recht. Und selbst relative Rechte fallen nicht immer zusammen mit dem Anspruch. Bei bedingten, bei betagten Forderungen ist vorläufig ein präsentes Recht noch nicht da, wohl aber ist schon jetzt da ein Anspruch gegen den künftigen Schuldner, alles zu vermeiden, was das künftige Wirksamwerden der Forderung zu vereiteln vermöchte.

Bei dieser Vieldeutigkeit des Sprachgebrauchs ist es wohl recht mißlich, wenn dieselbe Gesetzgebung einen schon an sich mehrdeutigen Begriff in zwei technischen Bedeutungen verwendet. So wenig erwartet werden kann, daß jemals eine große Gesetzgebung im Stande sein werde, einen alle Zweideutigkeit ausschließenden Sprachgebrauch durchzuführen, so sollte sie sich doch in die Undeutlichkeit und Unklarheit nicht geradezu hineinstürzen.

Auch damit aber noch nicht genug. Fischer wie Hanausek führen aus, daß auch die Definition des Anspruchs im Entwurfe selbst verfehlt sei, und daß weder der Entwurf noch seine Motive an ihrer eigenen Definition des Anspruchs consequent festhalten. Es kommt nicht selten vor, daß der Entwurf den Begriff „Anspruch“ nicht in seinem, sondern im Sinne der C.P.O. gebraucht; es ist ferner nicht selten von Ansprüchen die Rede in Fällen, in denen eine Leistung überhaupt nicht in Frage steht. So spricht der Entwurf non einem Anspruch auf Aufhebung einer Gemeinschaft, von einem Grenzscheidungsanspruch, von einem Anspruch auf Ertheilung der Einwilligung zur Ehe, auf Aufhebung eines Schiedsspruchs, auf Ehescheidung, auf Wandlung und Minderung selbst in jenen Fällen, da der Käufer den Preis noch nicht bezahlt hat, und in verschiedenen anderen Fällen. Und wenn gesagt ist, der Auslobende habe im Zweifel keinen Anspruch auf das Eigenthum des gelieferten Werkes, so kann ich Fischer nur zustimmen, wenn er erklärt, es sei damit wohl nur gesagt, der Auslobende werde nicht Eigenthümer. Es ist also auch hier wieder das Wort „Anspruch“ in einem ganz besonderen Sinne gebraucht.

Doch genug hiervon, da ja unsere Frage gewiß keine bloß terminologische ist.

Ich wende mich zu der Gestalt, welche die Anspruchsverjährung im Entwurfe empfangen hat.

Unzweifelhaft geht der Entwurf von dem Gedanken aus, es seien eben die Ansprüche das, was da verjährt, und zwar alle Ansprüche, soweit nicht das Gesetz für einzelne ein anderes bestimmt hat. Die unausgesprochene Kehrseite des nämlichen Gedankens liegt dann aber in der Aufstellung, daß es nur Ansprüche seien, die der Verjährung unterliegen. Daß nun der letztere Gedanke nicht streng durchgeführt ist, erhellt schon aus dem vorhin Gesagten. Der Entwurf redet zwar von einem Anspruch auf Wandlung oder Minderung, es ist aber keineswegs überall, wo Aufhebung des Vertrages oder Preisminderung durchgesetzt werden kann, ein Anspruch im Sinne des Entwurfs vorhanden, wohl aber in allen Fällen sicher genug, daß das Recht auf Aufhebung des Vertrags, daß das Recht auf Herabsetzung des Preises, mag es nun als Anspruch oder nicht als Anspruch erscheinen, der Verjährung unterliegen solle; es muß also im letzteren Falle offenbar dieses Recht, nicht der Anspruch den Gegenstand der Verjährung bilden. Ist ferner die Befriedigung eines Anspruchs von der Kündigung des Berechtigten abhängig; und von der Kündigung an noch eine Frist für die Befriedigung bestimmt, (also etwa der einfache Fall einer Vereinbarung, es solle ein Darlehn zurückgezahlt werden 6 Monate nach der Kündigung,) so beginnt die Verjährung mit dem Zeitpunkte, in welchem ein dieser Frist gleichkommender Zeitraum von dem Zeitpunkt an gerechnet abgelaufen ist, in welchem die Kündigung erfolgen konnte. In unserem Beispiel beginnt also die Verjährung 6 Monate nach der Zuzählung des Darlehns, obwohl offenbar, wenn die Kündigung nicht wirklich sofort erfolgt war, im Momente des Beginns der Verjährung ein Anspruch noch nicht vorliegt, offenbar also auch hier etwas anderes als der Anspruch den Gegenstand der Verjährung bilden muß.

Der Entwurf hat nun unter Ablehnung der Termini Rechtsverjährung, Schuldverjährung und Klagenverjährung den Ausdruck „Anspruchsverjährung" gewählt, um durch ihn auszudrücken, daß die Verjährung sich nicht gegen die processuale Zuständigkeit der gerichtlichen Verfolgung, sondern gegen die Berechtigung selber richte. Nach dieser Erklärung der Motive sollte man meinen, es könne auch ein dingliches Recht durch Verjährung erlöschen. In der That aber ist eine der bedeutsamsten Consequenzen des von dem Entwurfe eingenommenen Standpunkts die, daß nur die Ansprüche aus Eigenthum und dinglichen Rechten, nicht aber diese Rechte selber erlöschen sollen. Eine zweite Consequenz deduciren die Motive in der Aufstellung, daß zwar mit dem Anspruch auch die Einrede verjähre, mit welcher dieser nämliche Anspruch hätte geltend gemacht werden können, daß aber Einreden nicht selbständige Gegenstände der Verjährung sein können. Und endlich sollen Feststellungsklagen darum unverjährbar sein, weil es bei ihnen an einem Anspruch gänzlich fehlt.

Daß die in solcher Allgemeinheit hingestellte Lehre von der Unverjährbarkeit der Feststellungsklagen nur in den Motiven lebt, darüber sind beide Gutachter einig. Warum sollte auch in der That, nachdem der Anspruch auf Erfüllung längst verjährt ist, noch immer eine Feststellungsklage rücksichtlich dieses verflossenen Anspruchs zulässig sein? Das würde nicht nur verstoßen gegen den Zweck der Verjährung, es würde auch zu praktisch recht unbefriedigenden Ergebnissen führen. Ohne Zweifel wird — wie Hanausek bemerkt — ein feinfühliger Mann ein den Bestand eines ihm gegenüber begründeten Anspruchs feststellendes Urtheil unter Umständen ebenso schwer empfinden wie ein Erkenntniß, das ihn zur Erfüllung des Anspruchs verurtheilt; und ein für seinen geschäftlichen Ruf besorgter Kaufmann wird die richterliche Feststellung der Mangelhaftigkeit der von ihm gelieferten Waaren keineswegs gleichgültig aufnehmen können. Die Klarstellung dieses Punktes ist nun aber gewiß nicht ohne Interesse, da ja niemand wissen kann, wie weit die Praxis geneigt sein wird, den Motiven zu folgen, und so mag wohl dieser Punkt hauptsächlich es gewesen sein, der Bähr zu dem Antrag bestimmte, es mögen bei Erlaß des Gesetzentwurfs die Motive überhaupt als wissenschaftliche Quelle officiell abgelehnt werden.

Zu den unklarsten und bestrittensten Fragen gehört heute die von den Einreden im materiellrechtlichen Sinne; ob sie noch so zu nennen seien, wie ihr Begriff zu fassen sei, ob an ihnen festzuhalten sei, und wodurch sie, wenn man diese Frage verneint, zu ersetzen seien, all das ist bestritten, und was der Entwurf in dieser Lehre geleistet hat, erweckt von vornherein wenig Hoffnung auf künftige Klärung. Insbesondere ist auch die Frage der Verjährbarkeit der Einreden streitig. Auch unsere Gutachter gehen hier insofern scheinbar weit auseinander, als Hanausek die in den Entwurf übergegangene Lehre Windscheid's acceptirt, die da unterscheidet zwischen unselbständigen Einreden, d. h. solchen, die der Geltendmachung eines Anspruchs dienen, und selbständigen Einreden, solchen nämlich, die lediglich der Abwehr eines klägerischen Anspruchs zu dienen bestimmt sind — während Bähr diese Unterscheidung für „ganz nichtssagend" erklärt. Dementsprechend sind für Hanausek selbständige Einreden vom Standpunkte einer Gesetzgebung, welche die Ansprüche der Verjährung unterwirft, unverjährbar, wofern nicht insbesondere ein anderes bestimmt sein sollte; Bähr dagegen erklärt, daß die Frage, inwieweit Einreden verjähren, nicht mit theoretischen Sätzen, sondern nur vom praktischen Standpunkte aus gelöst werden könne.

So verschieden hiernach die Ausgangspunkte der Gutachter sein mögen, ihre Ergebnisse weichen nicht allzuweit von einander ab. Auch für Bähr entsteht ein Zweifel rücksichtlich der Verjährbarkeit nur in jenen Fällen, da der die Einrede Vorschützende auch zur Klageerhebung berechtigt gewesen wäre, d. h. auch er hält die sog. selbständigen Einreden für unverjährbar; und wenn Hanausek untersucht, ob eine Einrede eine selbständige oder eine unselbständige sei, so steht er wohl auch auf keinem anderen als dem von Bähr postulirten praktischen Standpunkt. Sein Ergebniß gipfelt in dem Wunsche, der Entwurf möge als Regel aussprechen, daß unselbständige Einreden von der Verjährung der Klage mitbetroffen werden; eine Ausnahme aber soll gelten bei der Einrede des nicht erfüllten Vertrages und der des obligatorischen Rententionsrechtes. Dafür wird vorgebracht, daß der Entwurf die wechselseitige Abhängigkeit von Leistung und Gegenleistung zu einer außerordentlich engen gestaltet hat. Fehlt es nun aber auch der Lehre von der exceptio non adimpleti contractus trotz der überreichen Bearbeitung, die sie seit vielen Decennien gefunden hat, noch immer an einem wohlgefügten theoretischen Ausbau, — das unbefangene Rechtsgefühl dürfte sich überwiegend der Annahme anschließen, daß der Verkäufer, der die Waare nicht geliefert, den Kaufpreis auch dann nicht zu fordern berechtigt sei, wenn zwar die Klage des Käufers verjährt, die Klage des Verkäufers aber noch nicht verjährt ist. Und zwar einfach aus dem Grunde, weil der Verkäufer ohne Lieferung der Waare eine voll wirksame Forderung auf den Preis überhaupt nicht erworben hat. So auch Bähr. Nur geht er insofern weiter, als er für eine Reihe von Fällen im Anschluß an das Muster der querela non numeratae pecuniae und des H.G.B. eine Perpetuirung der Einrede durch bloße Anzeige an den Gegner in kurzer Frist zulassen will. Der Bauherr beispielsweise, der solche Mängel an dem gebauten Hause findet, die ihn zu einer Abminderung der Accordsumme berechtigten, soll durch die Besorgniß, es könnte sein Anspruch verjähren, nicht genöthigt werden, klagend gegen den Baumeister aufzutreten; es soll vollständig genügen, wenn er binnen kurzer Frist den Baumeister aufmerksam macht, er habe diese Mängel gefunden, und dann soll es Sache des Baumeisters sein, seinerseits klagend gegen den Bauherrn aufzutreten.

Worauf es aber in diesem Zusammenhang ankommt, das scheint mir nur das eine zu sein: die Frage der Verjährbarkeit oder Unverjährbarkeit der Einreden wird vom Standpunkte der Anspruchsverjährung durchaus nicht einfacher und durchsichtiger, als sie es vom Standpunkte der Klagenverjährung war.

Darf schon hiernach gesagt werden, daß die Beibehaltung des Begriffs der Anspruchsverjährung wenig zu empfehlen sei, so haben sich die Referenten doch eines Antrags in der Richtung, wie die erlöschende Verjährung zu benennen sein möge, enthalten zu sollen geglaubt und beschränken sich darauf, einige Rechtssätze über die Wirkung der erlöschenden Verjährung zu empfehlen, die mit denen des Entwurfs theils übereinstimmen, theils von denselben abweichen; — das ist, wie oben bemerkt wurde, auch Bähr's Standpunkt — während Hanausek sich für die Beibehaltung des Namens Klagenverjährung ausspricht, weil die Bestimmungen des Entwurfs selber besser zu dieser passen als zu der Anspruchsverjährung. Auch dieser Gutachter aber ist einverstanden mit dem von Bähr und Anderen ausgesprochenen Wunsche nach einer Aenderung der Bestimmungen des Entwurfs betreffend die Wirkung der Verjährung.

Die Referenten, dem zustimmend und in dem Hauptpunkte auch in Uebereinstimmung mit dem Theilentwurf des Redactors, beantragen, die Wirkung der erlöschenden Verjährung grundsätzlich dahin zu regeln, daß von den der Verjährung unterworfenen Rechten und Rechtsverhältnissen nach Ablauf der Verjährungszeit ein rechtlich wirksamer Rest nicht zurückbleiben darf, woraus von selbst folgt, daß auch eine Geltendmachung des verjährten Rechtes durch Einrede und Feststellungsklage nicht mehr stattfinden dürfe.

Da der Entwurf die Verjährung als Anspruchsverjährung denkt, so will er persönliche Rechte, als welche mit dem Anspruch zusammenfallen sollen, durch die Verjährung allerdings erlöschen lassen, das dingliche Recht aber soll trotz der Verjährung des Anspruchs gegen diesen Gegner fortbestehen und daher gegen einen Dritten, der nicht Rechtsnachfolger dieses Gegners ist, auch geltend gemacht werden können. Daß diese fast immer nur ein Scheinrecht, ein dingliches Recht ohne dinglichen Anspruch übriglassende Ordnung der Dinge ihr Mißliches habe, verhehlen sich wohl auch die Motive nicht; sie meinen aber, die mit einem Eingriff in die Verjährungsgrundsätze verbundene Beseitigung des fraglichen Uebelstandes wäre das größere Uebel. Die schneidige Kritik, die Bähr und Fischer an den Motiven geübt haben, läßt keinen Zweifel bestehen, daß die Behandlung unserer Frage im Entwurf keinem praktischen Bedürfnis entspricht, sondern wesentlich auf Doctrinarismus beruht. Selbst die von den Motiven befürchteten Unzuträglichkeiten sind ganz und gar unerfindlich. Die Bedenken, die man dagegen erheben kann, daß durch die Verjährung das dingliche Recht selbst erlösche, scheinen mir gar nicht schwerwiegend zu sein. Man könnte nämlich meinen, es entfalle, wenn durch Verjährung das Eigenthumsrecht erlösche, damit der Unterschied zwischen Verjährung und Ersitzung so sehr, daß es keinen Sinn mehr habe, für die Ersitzung an dem Erforderniß der bona fides noch festzuhalten. Sei nämlich einmal das Eigenthum durch Verjährung erloschen, so sei damit die Sache herrenlos geworden, und dann könne jeder Besitzer sie als Occupant ruhig für sich behalten von Rechtswegen, gleichviel wie es um seine fides stehe. Allein in der That bleibt ein recht greifbarer Unterschied zwischen Verjährung und Ersitzung schon durch die große Verschiedenheit der Zeiträume aufrecht, an die sie gebunden sind, und ein weiterer müßte sich noch daraus ergeben, daß der Beginn der Verjährung dinglicher Rechte besonderen Regeln unterworfen werden müßte, die ihn nur ganz ausnahmsweise mit dem Beginn der Ersitzung zusammenfallen lassen würden.

Wendet man aber weiter ein, daß die vorgeschlagene Ordnung der Dinge auch dem Dieb und dem Räuber und jenen, die wissentlich von dem Dieb oder Räuber erworben haben, erlauben würde, die herrenlos gewordene Sache zu behalten, so ist dagegen mit Bähr zu sagen, daß allerdings ein solcher dem Rechtsgefühl hohnsprechender Erfolg durch ausdrücklichen Rechtssatz ausgeschlossen werden müßte.

Wohl aber könnte man insofern versucht sein, sich bei der Regelung des Entwurfs zu beruhigen, als ohne Frage zugegeben werden muß, daß nur äußerst selten die Regelung des Entwurfs zu praktisch bedenklichen Consequenzen führen kann. Nur äußerst selten wird derjenige, gegen den die Verjährung vollendet worden ist, in die Lage kommen, seinen Eigenthumsanspruch gegen einen Dritten geltend zu machen. Denn die Ausschließung der Verjährung des Eigenthumsanspruchs eingetragener Grundstücke, der Schutz des redlichen Erwerbers und die accessio temporis.

die dem Rechtsnachfolger des Verjährenden zu statten kommen, bringen es unzweifelhaft mit sich, daß der alte Eigenthümer kaum je dazu wird gelangen können, einen Eigenthumsanspruch gegen den Dritten erfolgreich durchzuführen. Eine andere Gefahr bliebe aber immerhin bestehen. Wenn der durch Vollendung der Verjährung gegen den Eigenthumsanspruch bereits Geschützte die Sache verkaufte, so müßte der alte Eigenthümer doch nach § 880 den Kaufpreis von ihm ansprechen dürfen, wie das Bähr hervorgehoben hat, und das wäre sicherlich ein ganz unbefriedigendes Ergebniß.

Daß ein verjährtes Recht auch nicht im Wege der Feststellungsklage und auch nicht im Wege der Einrede geltend gemacht werden kann, geltend gemacht werden soll, wurde schon oben hervorgehoben. Ich betone diesfalls nur Eines, das sich ja aus dem Grundgedanken der Verjährung von selbst ergiebt, wie ihn die Motive selbst ganz treffend formuliren: Es soll durch die Verjährung im Interesse des Rechtsfriedens und der Rechtssicherheit ein thatsächlicher Zustand, der lange unangefochten bestanden hat, als „zu Recht bestehend" zur Geltung kommen. In der That, das ist ja wirklich der Grundgedanke der Verjährung. Was bisher nur thatsächlicher Zustand war, soll durch die Dauer zum rechtlichen Zustand vertieft werden, Veraltetes, durch den Zeitablauf Verdunkeltes, dessen erste Gestalt wahrscheinlich gar nicht mehr klargestellt werden kann, soll nicht mehr zur Sprache kommen. Diesem Grundgedanken wird man nur dann gerecht, wenn auch die einredeweise Geltendmachung des verjährten Rechtes nicht mehr zulässig ist.

Aehnliche Erwägungen führen aber auch dahin, es als wünschenswerth zu bezeichnen, daß die vollendete Verjährung nicht nur eine Einrede begründe, oder genauer, daß es nicht einmal einer Berufung dessen, zu Gunsten dessen die Verjährung abgelaufen ist, auf den Ablauf derselben bedürfen solle, der Richter vielmehr den Ablauf der Verjährung schon dann zu berücksichtigen habe, wenn derselbe nur aus den Allegaten des Klägers sich ergiebt.

Ist die Verjährung ein Institut, welches in erster Linie das öffentliche Interesse wahrt, so muß es unabhängig gestellt werden von dem Willen der Partei. Beides sprechen auch die Motive aus, allein sie machen mit dieser Unabhängigkeit nicht den gehörigen Ernst. Muß die Verjährung erst eingewendet werden, so erreicht das Institut die in ihm gelegene wohlthätige Absicht sehr häufig gerade da nicht, wo es besonders wünschenswerth ist, daß sie erreicht werde. Denn schon der Umstand, daß die Verjährungseinrede als eine minus honesta exceptio angesehen wird, kann einen feinfühligen Mann abhalten, sich derselben zu bedienen, selbst wo im einzelnen Falle ihr Vorschützen moralisch vollkommen gerechtfertigt wäre. Und wie mittelst der Einrede der Verjährung und der Einrede der Rechtskraft eine Schraube ohne Ende hergestellt werden kann, darüber verweise ich nur auf Fischer's Ausführungen.

Wie aber steht es mit der Aufrechnung? Hat eine verjährte Forderung Compensationskraft? Die Frage ist mit dem durchaus nicht erledigt, was über die Unzulässigkeit der Geltendmachung eines verjährten Rechtes durch Einreden gesagt wurde, denn der Entwurf kennt bekanntlich keine Einrede der Aufrechnung. Auch wird man weder rundweg jeder verjährten Forderung Compensationskraft zugestehen dürfen, da das praktisch auf regelmäßige Ermöglichung ihrer Eintreibung hinausliefe, noch wird man jeder verjährten Forderung die Compensationskraft versagen dürfen. Wohl wird diese Kraft jenen Forderungen im Allgemeinen zu versagen sein, die schon verjährt waren, als die jetzt geltend gemachte Forderung zur Entstehung gelangte. Inwiefern für gewisse Forderungen mit kurzen Verjährungsfristen aus Billigkeitsrücksichten etwa eine Ausnahme zu machen sein möchte, das kann ich hier nicht untersuchen. Anders aber steht es grundsätzlich mit Forderungen, deren Verjährung erst ablief, nachdem sie der Gegenforderung compensabel gegenübergestanden haben. Mag immerhin durch die Verjährung das Forderungsrecht erloschen sein, die Verjährung kann ja doch nicht bewirken, daß das Recht auch für die Vergangenheit, also nach rückwärts als nicht dagewesen erscheint. Ist das richtig und bewirkt, wie § 283 des Entwurfs sagt, die Aufrechnung, daß die beiderseitigen Forderungen in dem sich deckenden Betrage mit dem Zeitpunkt als erloschen gelten, in welchem sie als zur Aufrechnung geeignet sich gegenübergetreten sind, so fordert schon die Consequenz, daß Forderungen der bezeichneten Art auch nach Ablauf der Verjährungsfrist ihre Compensationskraft behalten. Die Verfasser des österreichischen B.G.B. hielten diese Lösung der Frage für so selbstverständlich, daß sie erklären, es sei ganz überflüssig, einen Rechtssatz dieses Inhalts in dem Gesetzbuch auch nur auszusprechen. Und es ist das m. E. um so bedeutsamer, als die Compensation in Oesterreich vor dem B.G.B. nicht einmal im Wege der Einrede, sondern nur im Wege der Widerklage geltend gemacht werden konnte. Da nun aber das B.G.B. diesen letzteren Rechtssatz aufgab, so ergab sich die Compensationskraft der so verjährten Forderung schon daraus, daß nach § 1438 des B.G.B. schon das Zusammentreffen der compensablen Forderungen für sich die gegenseitige Zahlung bewirkt, d. h. aus dem nämlichen Satz, den, wenngleich in ganz anderer Formulirung, der § 283 des Entwurfs enthält.

Dazu kommt, daß — wie Bähr an einigen Beispielen treffend ausführt — die entgegengesetzte Lehre des Entwurfs nur zur Ausbeutung der minder gewitzigten Theile des Volkes durch die schlaueren führen würde, und daß man, da doch auch das H.G.B. die richtige Lehre hat, an das gewöhnliche bürgerliche Leben nicht strengere Anforderungen stellen kann als an den Handelsverkehr.

Die nämliche Erwägung, daß das verjährte Recht nicht nach rückwärts als aufgehoben erscheint, dürfte wenigstens mit herangezogen werden zur Begründung zweier Sätze des Entwurfs, an denen m. E. unbedenklich festzuhalten sein möchte. Zum ersten: Das Pfandrecht braucht wegen der Verjährung der pfandrechtlich gedeckten Forderung keineswegs unterzugehen. Die Motive erklären diese Aufrechterhaltung des Befriedigungsrechts des Gläubigers aus dem Werthe des in seiner Hand befindlichen Pfandes damit, daß dieses Recht kein Anspruch sei; darum, weil es kein Anspruch sei, unterliege es keiner Verjährung. Allein der Entwurf selbst nennt dieses Recht einen Anspruch, und jedenfalls findet sich der fragliche Rechtssatz in mehreren Gesetzgebungen, die keineswegs von einer Anspruchsverjährung ausgehen und weit älter sind als der technische Begriff des Anspruchs, wie z. B. in der österreichischen Gesetzgebung. Es kommt eben zu erwägen, daß ein solcher Pfandgläubiger sein ordnungsmäßig entstandenes Pfandrecht fortwährend ausgeübt hat, daß man dem Gläubiger, der sich durch sein Pfand gedeckt weiß, den Vorwurf der Nachlässigkeit nicht machen kann, wenn er sich auch um den persönlichen Schuldner nicht kümmert, und daß es praktisch nicht nur unangemessen, sondern geradezu unerträglich wäre, wollte man die Accessorietät des Pfandrechtes bis zur äußersten Consequenz durchführen. Am wenigsten wird das eine Gesetzgebung wollen, die den Begriff der Grundschuld kennt.

Zum andern aber: mag immerhin das Recht durch die Verjährung im Ganzen erloschen sein, es muß doch rechtlich möglich bleiben, auf die verjährte Schuld Leistungen zu machen, deren Rückforderung ausgeschlossen bleibt, beziehungsweise, wie Bähr hinzufügt, es muß eine unanfechtbare Schuldanerkennung oder ein Schuldversprechen bezüglich der verjährten Schuld möglich bleiben.

Auch hier handelt es sich wieder um zwei Fälle, die nicht ganz auf gleicher Linie stehen. Zahlt nämlich derjenige, zu dessen Gunsten die Verjährung abgelaufen ist, dieses wissend, gleichwohl die verjährte Schuld, so wird wohl niemand zweifeln, daß er das Bezahlte zurückzufordern nicht berechtigt sein kann. Zwar hatte er nicht die Absicht zu schenken, wohl aber erachtete er sich im Gewissen gebunden, sich nicht auf Kosten eines Anderen zu bereichern. Jedenfalls hat er wissentlich ein indebitum bezahlt, und schon dies reicht aus, die Ausschließung der condictio indebiti zu rechtfertigen. Wenn dagegen der die verjährte Schuld Bezahlende den Ablauf der Verjährung nicht kannte, dann läge es allerdings nahe genug, die Ausschließung der condictio indebiti aus dem Fortbestand eines rechtlich wirksamen Restes der verjährten Schuld zu erklären, d. h. anzunehmen, die Verjährung lasse doch noch immer einen rechtlich wirksamen Rest, sie lasse noch immer eine natürliche Verbindlichkeit zurück.

Ich will die Möglichkeit dieser Auffassung nicht bestreiten, wohl aber ihre Nothwendigkeit. Schon das österreichische Gesetzbuch hat diese Auffassung entschieden nicht. Es schließt die condictio indebiti in demselben Paragraphen aus bei Zahlungen einer verjährten Schuld oder einer solchen, welche nur aus mangelnder Förmlichkeit ungültig war, und endlich einer solchen, zu deren Eintreibung das Gesetz nur das Klagerecht versagt, d. h. eben einer natürlichen Verbindlichkeit. Diese Nebeneinanderstellung der verjährten Schuld und der natürlichen Verbindlichkeit zeigt ganz unzweideutig, daß das Gesetz diese Fälle nicht als auf einer Linie betrachtet, d. h. daß es in einer verjährten Schuld nicht eine naturalis obligatio erblickt. Und ich glaube, mit Recht. Man kann höchstens sagen, es werde eine nicht mehr bestehende Forderung in einer einzelnen Richtung behandelt, als ob sie noch bestünde, gerade wie es auch bei der Compensation und bei der Aufrechthaltung des Pfandrechtes der Fall ist. Schenken wollte zwar der Leistende hier noch weniger als im vorigen Falle; gewiß wollte auch der Empfänger kein Geschenk entgegennehmen, vielmehr wird seinem Gefühl und überhaupt dem natürlichen Rechtsgefühl auch die verjährte Schuld noch immer als eine Art Schuld erscheinen, aber für die juristische Betrachtung möchte doch wohl entscheidend sein und nur dies das Entscheidende sein, daß es wenig anständig ist, wenn der Zahlende das unter solchen Umständen Geleistete zurückfordert. Mit anderen Worten: es macht sich auch hier der Gesichtspunkt geltend, den ich schon oben einmal betont, daß die Einwendung der Verjährung als eine minus honesta exceptio betrachtet wird. Und damit glaube ich die Anträge der Referenten gerechtfertigt zu haben.

Präsident: Die Anträge lauten, wie ich hiermit feststelle, folgendermaßen:

I. Die Anspruchsverjährung im Sinne des Entwurfes eines bürgerlichen Gesetzbuches ist nicht beizubehalten.

II. Es empfiehlt sich eine Regelung der Wirkung der erlöschenden Verjährung nach folgenden Grundsätzen:

1. Von den der Verjährung unterworfenen Rechten und Rechtsverhältnissen (Eigenthum, Schuldforderungen, Mängelhaftung u. s. w.) darf nach Ablauf der Verzährungszeit ein rechtlich wirksamer Rest (dominium sine re, obligatio sine actione) nicht zurückbleiben.
2. Es muß also auch die Geltendmachung im Wege der Feststellungsklage oder Einrede ausgeschlossen sein.
3. Gleichwohl ist die Aufrechnung mit verjährten Forderungen zu gewähren, wenn zur Zeit des Eintrittes der Möglichkeit der Aufrechnung die Verjährung noch nicht vollendet war.
4. Ein Pfandrecht braucht durch die bloße Schuldverjährung nicht zum Untergang gebracht zn werden.
5. Es muß rechtlich möglich bleiben, auf die verjährte Schuld Leistungen zu machen, deren Rückforderung ausgeschlossen ist.

Ich bitte ferner zu beachten, daß die in den Gutachten gestellten Anträge als solche, wenn sie nicht hier aufgenommen werden, nicht zur Abstimmung kommen, sondern nur die von den Referenten gestellten und die in der Versammlung eingebrachten Anträge.

Der Herr Correferent!

Correferent Prof. Dr. **Fischer** (Greifswald): Meine verehrten Herren: Ich bin als Correferent in einer sehr angenehmen Lage. Ich bin mit den Anträgen durchaus einverstanden — wir hatten uns darüber geeinigt —, ebenso mit allen wesentlichen Ergebnissen des sehr erschöpfenden Vortrages des Herrn Referenten, der ja auch meine schriftlichen Ausführungen in liebenswürdiger Weise eingehend berücksichtigt hat. Ich will deshalb nur einige vereinzelte Bemerkungen mir gestatten.

Zunächst eine allgemeine Bemerkung über die Bedeutung der gestellten Frage.

Die Fassung der gestellten Frage könnte zu der Annahme Veranlassung geben, als wenn wir auch hier den falschen Weg betreten wollten, zunächst Begriffe, Grundsätze, Constructionen hinzustellen und dann den Inhalt des Gesetzes danach zuzustutzen, wobei man dann die bloße Billigkeit — wie die Motive des B. G. B. sich auszudrücken pflegen — nur nebenher beachten würde. In Wirklichkeit hat es der Juristentag nicht mit der juristischen Construction zu thun, das ist Sache der theoretischen Stubenarbeit. Er hat es auch nicht zu thun mit der Formulirung der Gesetzesnormen.

Die Einzelheiten der Gesetzestechnik sind hier nicht zu debattiren. Es handelt sich lediglich um den Inhalt der Rechtsnormen, es soll die gemeine Meinung der deutschen Juristen über das, was sie für billig und recht halten in diesem Punkte, erforscht werden, und dabei muß sich m. E. herausstellen, daß die Jurisprudenz immer noch die ars boni et aequi ist und keineswegs eine bloße Maschine zum Rechnen mit Begriffen. Und von diesem Standpunkte aus handelt es sich, wie Hanausek in seinem Gutachten mit Recht betont, hier in erster Linie nicht um den Gegenstand der Verjährung, sondern um die Wirkungen der Verjährung, und von diesem Gesichtspunkte aus sind die positiven Vorschläge gemacht, welche wir Ihnen unterbreitet haben.

Zu den Einzelheiten nur weniges.

Allgemein verurtheilt ist das von dem Entwurf beliebte dominium sine re, eine wahre Ironie auf das Eigenthum, ein Eigenthümer, der weder besitzt noch die Herausgabe seines Eigenthums von Dritten fordern kann. Niemand hat hier den Entwurf vertheidigt. Auch in dem Gutachten von Lehmann, der ja die Anspruchsverjährung des Entwurfes im Allgemeinen vorzüglich findet, wird gesagt, das dominium sine re gehöre in das theoretische Gebiet des Rechtes. Das möchte ich nun auch nicht acceptiren, sondern ich möchte lieber sagen: es gehört in ein juristisches Raritätencabinet.

Der zweitwichtigste Punkt, der ja auch zu einem gewissen Streit Veranlassung gegeben hat, ist die Frage nach der Aufrechnung mit der verjährten Forderung. Hier ist auch m. E. der Entwurf mit der Auffassung des Lebens in Widerspruch getreten. Die Gesetzgebung mag die Compensation normiren, wie sie will, die Theorie mag sie construiren, wie sie will, im praktischen Leben, im Volke hält man compensable Forderungen in Folge des Eintrittes der Compensationsmöglichkeit für abgethan.

Daran, daß man sie hätte klagend geltend machen sollen, denkt man schon deshalb nicht, weil man mit einer solchen Klage nur erreichen würde, daß man auf Grund des Compensationseinwandes des Gegners kostenpflichtig abgewiesen werden würde. Ich will in dieser Beziehung nur noch bemerken, daß Bähr den Vorschlag gemacht hat, den § 284 des Entwurfes dahin zu ändern, daß eine besondere Bestimmung gegeben werde, für den Fall, daß auf der einen oder der anderen Seite mehrere Forderungen vorhanden sind, mit denen compensirt werden kann. Ich kann mich dem Bährschen Vorschlag nur anschließen. Wir haben ihn in unsere Anträge nur deshalb nicht aufgenommen, um nicht zu sehr ins Detail einzugehen.

Dann ist von dem Herrn Referenten auch die Einredenverjährung gestreift worden. Dabei handelt es sich allerdings nicht um die Wirkungen der Verjährung, sondern um den Gegenstand. Wenn wir — wie ich am liebsten möchte — die Einreden ganz aus dem Privatrechte verbannen und dahin verweisen, wohin sie m. E. gehören, nämlich in den Proceß, so ist die Frage der Einredenverjährung formell jedenfalls beseitigt. Materiell ist daran festzuhalten, daß als Gegenstände der Verjährung nicht nur Forderungen und andere relative und auch absolute Rechte in Betracht kommen, sondern unter Umständen auch Rechtsverhältnisse im Ganzen, welche dann die Gesetzgebung im Einzelnen zu benennen hat.

Das ist m. E. die einfache und klare Wahrheit, welche durch den Begriff der Einredenverjährung nur verschleiert wird. Ich möchte auch hier bemerken, daß ich dem Bährschen Vorschlag, zur Erhaltung der Rechte aus der Mängelhaftung eine Anzeige innerhalb der Verjährungsfrist obligatorisch zu machen, ebenfalls durchaus sympathisch gegenüberstehe, und daß wir auch das nur, um nicht zu sehr in das Detail zu gehen, nicht mit in die Anträge aufgenommen haben.

Aus der Annahme unserer positiven Anträge ergiebt sich dann zugleich der an die Spitze gestellte negative Satz. Denn da Rechte und Rechtsverhältnisse im Ganzen, nicht bloß die daraus hervorgehenden Ansprüche verjähren sollen, so können die Gegenstände der erlöschenden Verjährung nicht mehr unter dem Worte „Anspruch“ zusammengefaßt werden.

Von vielen Seiten ist nun statt dessen der Ausdruck „Klagenverjährung“ empfohlen, den ich meinerseits bereits entschieden bekämpft habe. Materiell kommt auf die Differenz nicht viel an. Das geht am besten daraus hervor, daß Gierke, welcher die Klagenverjährung empfiehlt, inhaltlich mit sämmtlichen von uns gestellten Anträgen sich einverstanden gezeigt hat. Ich wünschte aber dennoch den Ausdruck vermieden, ich halte ihn sachlich für nicht ganz zutreffend, da die Verjährungswirkung eine weitere ist als es nach diesem Namen scheinen könnte. Ich wünschte ihn auch vermieden, weil wir sonst von der römischen praescriptio actionum nicht loskommen. Ich wünschte ihn endlich vermieden, weil es im Interesse der besseren Abscheidung von Privatrecht und Proceß nöthig ist, daß die Ausdrücke Klage wie Einrede dem Proceßrecht verbleiben. M. E. ist überhaupt darauf zu verzichten, die Rechte und Rechtsverhältnisse, welche der erlöschenden Verjährung unterliegen sollen, mit einem einzigen Namen erschöpfend zu bezeichnen. Ich glaube, es ist das nach Lage der Sache unmöglich, da es sich um zu verschiedenartige Dinge handelt, welche nicht unter einem Namen zusammengefaßt werden können. Darum haben wir davon abgesehen, in dieser Richtung positive Vorschläge zu machen, und so kann auch ich mich nun der Bitte um Annahme unserer Anträge anschließen.

Professor Dr. **Hölder** (Erlangen): Ich bin im Allgemeinen mit den Anträgen der Referenten durchaus einverstanden, habe auch nicht einen positiven Antrag anzumelden. Dagegen möchte ich allerdings einen Punkt erwähnen, der mir doch Bedenken bei der Sache gemacht hat.

Der Herr Correferent hat mit besonderer Schärfe gedacht der Möglichkeit eines nach vollendeter Verjährung übrig bleibenden dominium sine re, also eines trotz der Verjährung der Eigenthumsklage übrig bleibenden Eigenthums. Er hat diesem Eigenthum gegenüber den Ausdruck gebraucht, das gehöre in ein juristisches Raritätencabinet. Ich glaube, daß dieser Ausdruck einmal jedenfalls etwas zu weit geht, denn, wenn das der Fall ist, dann gehört immerhin ein nicht unwesentliches Stück des römischen Rechtes in das juristische Raritätencabinet, und das scheint mir nicht ganz unbedenklich zu sein. Es scheint mir dies nicht ganz unbedenklich zu sein aus Gründen, welche theilweise von dem Herrn Prof. Pfaff hervorgehoben sind. Ich verkenne durchaus nicht die Uebelstände, die es hat, wenn das Eigenthum gegen einen Besitzer und seine Rechtsnachfolger nicht mehr durch Abforderung der Sache soll geltend gemacht werden können und doch nicht schlechthin soll erloschen sein; allein die Sache hat auch noch eine andere Seite, und das hat der Herr Prof. Pfaff erwähnt, ist aber doch ein bißchen kurz darüber weggegangen. Nämlich die Seite, daß ich glaube, es ist rein unmöglich, aus solchen Gründen wie die Verjährung einen Untergang des Eigenthums zu statuiren, ohne zugleich den Uebergang des Eigenthums auf eine andere Person zu statuiren.

Wir können also dann, wenn wir bei dem Eigenthum eine bloße Verjährung der Klage oder der Abforderung der Sache nicht statuiren wollen, eine rein erlöschende Verjährung des Eigenthums überhaupt nicht statuiren, sondern müssen die Erlöschung des Eigenthums einfach identificiren mit der Ersitzung, was dann die weitere Folge hat, daß wir eine Verjährung ohne bona fides nicht statuiren können. Ich möchte die Nothwendigkeit, entweder bei dem Eigenthum doch eine beschränkte Verjährung zuzulassen oder dann eine rein erlöschende Verjährung des Eigenthums gänzlich auszuschließen, an einem ganz einfachen Beispiel illustriren. Nehmen wir den Fall, es ist mir eine Sache gestohlen worden, sie hat sich während der ganzen Verjährungszeit im Besitze des Diebes befunden. Nun wird sie nach vollendeter Verjährung diesem Diebe wieder gestohlen durch einen Dritten. Wer kann nun dem Dritten die Sache abfordern? Nach römischem Rechte der Eigenthümer, dessen

Möglichkeit, dem Diebe und dem Nachfolger des Diebes die Sache abzufordern, erloschen war, dessen Möglichkeit aber, einem Dritten, der nicht Rechtsnachfolger ist, die Sache abzufordern, nicht erloschen ist. Und daß hier der Eigenthümer diesem Dieb die Sache soll abfordern können, ist doch wahrlich eine viel zweckmäßigere Regelung der Sache, als wenn wir eine Verjährung des Eigenthums annehmen. Hier ist die Folge die: der erste Dieb ist nicht Eigenthümer geworden, der Erstbestohlene hat aber aufgehört Eigenthümer zu sein, also behält die Sache einfach der zweite Dieb.

Landgerichtsrath **Pfizer** (Ulm): Ich erlaube mir folgenden Antrag zu unterbreiten:

> Es ist wünschenswerth, daß die Bestimmungen über die Verjährung für die verschiedenen Arten der Rechtsverhältnisse selbständig, je dem Wesen der betreffenden Verhältnisse gemäß, getroffen werden.

Der Sinn meines Antrags ist der, daß im allgemeinen Theil des Gesetzbuches überhaupt über die Verjährung keine Bestimmungen getroffen werden, sondern nur im Obligationenrecht, in den dinglichen Rechten und im Familien- und Erbrecht. Im Familien- und Erbrecht, m. H., spielt die Verjährung eine so geringe Rolle, daß ich diese beiden Gebiete ganz bei Seite lasse. Wenn ich empfehle, die Bestimmungen über die Verjährung selbständig je für das Obligationenrecht und die dinglichen Rechte zu ordnen, so hat das darin seinen Grund, daß ich der Ansicht bin, es handle sich hier um zwei ganz und gar verschiedene Dinge.

Ich gehe zurück auf den Rechtsgedanken, der der Verjährung überhaupt zu Grunde liegt. Die römischen Juristen haben es sich bequem gemacht, sie haben gesagt: die Verjährung beruht auf einem odium creditoris, der Gläubiger wird dafür gestraft, daß er so nachlässig war in der Beitreibung seiner Forderung. Ich glaube, daß dieser Gedanke doch kaum haltbar ist. Qui jure suo utitur neminem laedit ist ein ganz unanfechtbarer Grundsatz. Nun glaube ich aber, daß derjenige, der von seinem Rechte keinen Gebrauch macht, noch viel weniger irgend jemand verletzt, es ist also auch durchaus kein Grund vorhanden, ihn zu bestrafen. Der Grund der Verjährung bei Forderungen liegt, glaube ich, in etwas ganz anderem. Wenn wir von einer Forderung gar nichts wissen, als daß sie vor sehr langer Zeit entstanden ist, sagen wir vor 50 oder 30 Jahren, oder, je nachdem die Forderung ist, z. B. die Forderung eines Kaufmanns für gelieferte Waaren, auch nur vor 5, vor 3 Jahren, so ist die menschliche Vermuthung begründet, daß in dieser langen Zeit die Forderung wohl ihre Bestimmung, nämlich die Bestimmung, befriedigt zu werden, die

Schuld ihre Bestimmung, getilgt zu werden, erreicht habe. Mit dieser praesumptio hominis ist nun aber im Rechte nichts anzufangen, und deshalb, glaube ich, hat das Recht an Stelle dieser einfachen praesumptio hominis die praesumptio juris gesetzt, daß wirklich im Laufe dieser langen Zeit die Forderung getilgt sei.

Wenn wir von diesem Gedanken ausgehen, dann ist zunächst die Frage von selbst erledigt, ob nur die Klage oder ob das Recht selbst erloschen sei. Offenbar ist dann das Recht selbst erloschen, wofern nicht etwa der Gegenbeweis erbracht werden kann, daß die Forderung doch wirklich noch bestehe. Mehr als eine solche praesumptio juris möchte ich nicht aufstellen, namentlich keine praesumptio juris et de jure, keine Fiction, es sei nun wirklich zweifellos das Recht erloschen. Mit der praesumptio hominis, mit der einfachen Beweisvermuthung kommen wir, glaube ich, vollständig aus, und so haben wir noch das weitere Gute: die Frage, wie es sich mit der Zurückforderung einer sogenannten verjährten Forderung verhält, ist damit auch von selbst entschieden. Es wird nun vermuthet, daß die Forderung bezahlt sei; wird sie dennoch nachher bezahlt, irrthümlich oder ohne Irrthum über die Verjährung, so hat der Schuldner die Vermuthung außer Kraft gesetzt, er hat gezahlt, er hat anerkannt, schuldig zu sein, und dieses Anerkenntniß kann er schlechterdings nicht mehr anfechten. Auch die Frage der Compensation mit sogenannten verjährten Forderungen wäre damit in Uebereinstimmung mit der Ansicht Bährs und der beiden Herren Referenten gleichfalls erledigt zu Gunsten des Gläubigers, der seine Forderungen hat verjähren lassen.

So viel über die Verjährung der Schulden.

Bei den dinglichen Rechten verhält sich die Sache anders. Hier suche ich vergebens nach einem allgemeinen Grunde, der die Verjährung rechtfertigen soll. Eine Sache, die ich vor sehr langer Zeit erworben habe, die ich gekauft habe, bleibt mein, auch wenn noch so viele Jahre vergehen, und es spricht namentlich keinerlei Vermuthung dafür, daß ich auf mein Recht verzichtet habe. Ich würde also unbedenklich die Verjährung dinglicher Rechte im Allgemeinen, insbesondere die Verjährung des Eigenthums ausschließen. Ich glaube, daß das Institut der Ersitzung vollständig genügt. Eine große Rolle kann die Verjährung ja unter keinen Umständen spielen angesichts der Bestimmungen des Gesetzbuchs über die Wahrung der Rechte, die im Grundbuch eingetragen sind, und andererseits angesichts des vom Gesetzbuch angenommenen Grundsatzes: Hand muß Hand wahren u. s. w. Es handelt sich in der Hauptsache um die Fälle von gestohlenen oder geraubten Sachen, und hier stimme ich Hölder vollkommen bei, wenn er sagt: hier ist es nur in der Ordnung, daß der

Eigenthümer dem bösgläubigen Besitzer oder Erwerber die gestohlene Sache abfordern kann, mögen 30 oder noch mehr Jahre verflossen sein. Gewisse Ausnahmen wird man allerdings bei den dinglichen Rechten zulassen müssen. Die eine Ausnahme betrifft die Grunddienstbarkeiten. Der Entwurf geht davon aus, daß der Erwerb und das Bestehen der Grunddienstbarkeit nicht von dem Eintrag im Grundbuch abhängen soll. Wenn man diesen Grundsatz festhält, dann wird man die Verjährung dieser Rechte nicht entbehren können. Und hier wiederum bin ich mit den beiden Gutachtern ganz einverstanden, hier kann es sich auch nur darum handeln, daß nicht bloß die Klage, nicht bloß der Anspruch, sondern die Dienstbarkeit selbst erlischt.

Eine andere Ausnahme will ich statuiren bei der Rückforderung verlorener Sachen. Auch hier bin ich wieder mit Herrn Hölder einverstanden in dem Punkte, daß man nicht so schlechtweg das dominium sine re verwerfen darf. Bei den Fundsachen gestaltet sich die Sache insofern eigenthümlich: der Eigenthümer hat den Besitz verloren, derjenige, der die Sache in Händen hat, der Inhaber — um in der Sprache des Entwurfes zu reden — hat sie, aber er ist schlechterdings immer in mala fide, ersitzen kann er sie nie; als redlicher Mann wird er auch sehr Bedenken tragen, sie zu verkaufen. Hier wäre meiner Ansicht nach eine Bestimmung empfehlenswerth, daß der Anspruch auf Rückgabe einer verlorenen Sache in kurzer Zeit — die Fristen interessiren uns hier ja nicht — verloren geht. Damit ist das Eigenthum, das Recht des Eigenthümers noch nicht erloschen. Wenn er vielleicht nach 30 Jahren erfährt, daß die Sache verloren gegangen ist und sich in den Händen eines Dritten befindet, so kann er sich immer noch an den Dritten wenden, und der Dritte als redlicher Mann wird sagen: ich habe die Sache bisher aufbewahrt, dein Klagerecht ist zwar erloschen, aber du bist Eigenthümer, ohne Weiteres gebe ich die Sache zurück.

Endlich käme noch in Betracht das Pfandrecht. Hier würden gleichfalls Bestimmungen nothwendig sein und zwar entweder in der Richtung, daß man sagt: der Untergang der Forderung hat auch den Untergang des Pfandrechtes zur Folge, oder umgekehrt: die Fortdauer des Pfandrechtes hat auch die Fortdauer der Forderung zur Folge.

Justizrath **Wilke** (Berlin): M. H.! Mit den Anträgen der Herren Referenten werde ich mich im Wesentlichen wohl einverstanden erklären können, nicht einverstanden aber bin ich mit dem Sinne, den die Herren Referenten selber in die Anträge zum Theil hineingelegt haben.

Es ist ausgeführt worden, die verjährten Ansprüche lassen keinen Rest von irgend einer rechtlichen Verbindlichkeit übrig, und doch wird nachher gesagt, daß die condictio indebiti ausgeschlossen wäre, wenn auf verjährte Forderungen gezahlt würde. Hierin liegt ein gewisser Widerspruch, den auch der erste Herr Referent angedeutet hat. Er hat gesagt: es bleibt keine natürliche Verbindlichkeit, aber es bleibt eine besondere Forderung übrig, die bezahlt werden kann, ohne daß man das Geleistete zurückfordern darf. Das würde doch dahin führen, daß wir erst eine Civilobligation haben, dann eine natürliche Obligation und drittens eine Art von Forderung, welche sich in ihrer Wirkung bloß zeigen kann, wenn es sich darum handelt, ob eine auf sie geleistete Zahlung revocirt werden kann. Das, m. H., ist nicht richtig, und ich sehe keinen rechten Grund ein, warum wir abweichen sollen von dem, was bisher immer Rechtens gewesen ist. Eine verjährte Forderung bleibt in gewisser Beziehung immer noch eine Forderung, — das hat auch der geehrte Herr Referent anerkannt — wenn etwas übrig bleibt, eine Verpflichtung jemandes, die er tilgen muß, wenn er nicht ein unehrenhafter Mann sein will, dann existirt noch etwas von der Forderung, das kann man nicht wegleugnen. Es fällt ein Makel auf mich, wenn die Forderung nur verjährt ist, und ich mache davon Gebrauch und sage: ich bin nichts schuldig. Die natürliche Obligation ist nicht eine Erfindung von Juristen, sondern sie existirt in der That in allen solchen und ähnlichen Fällen, sie muß also ihre rechtlichen Wirkungen äußern. Ich sehe auch keinen Grund ein, warum sie diese Wirkung nicht äußern soll; es ist wünschenswerth, daß sie diese Wirkung äußere.

Und so komme ich zu dem zweiten Punkt, der auch erwähnt ist, aber aus den Anträgen selbst nicht hervorgeht, nämlich daß die Verjährung immer eo ipso dergestalt wirkt, daß sie gar nicht eingewendet zu werden braucht, sondern, daß der Richter sie von Amtswegen berücksichtigen muß, wenn aus den Thatsachen hervorgeht, daß die Forderung verjährt ist und keine Replik vorgebracht ist, welche die Verjährung beseitigt. Das halte ich auch für ungerecht, und gerade die Motivirung des Herrn Referenten bestimmt mich dafür, zu verlangen, daß die Verjährung excipirt werden muß, um Berücksichtigung zu finden. Er sagt, es ruht ein gewisser Makel darauf, wenn man gegen eine Forderung die Einrede der Verjährung geltend macht, das thut ein ehrenhafter Mann nicht, deswegen müsse sie ex officio eingeführt werden. Das ist ja aber gerade ein Glück, daß ein ehrenhafter Mann den Einwand: die Forderung sei verjährt, wenn er weiß, sie ist nicht bezahlt, nicht macht. Das ist in jeder Beziehung zu unterstützen, daß jemand den Rechtsschutz, der im allgemeinen Interesse angeordnet wird, nicht benutzt zu Zwecken, zu denen er nicht gegeben ist, nämlich dazu, sich seinen Verbindlichkeiten zu entziehen. Praktisch wird die Frage von Bedeutung auch nach anderer Richtung sein, beispielsweise ob das constitutum debiti proprii auch ausgeschlossen sein soll. Das ist doch nichts, was gegen die öffentliche Rechtsordnung ist. Wenn mein Gläubiger abgewiesen ist gegen mich wegen der Verjährung, ich habe sie gar nicht eingewendet, er ist abgewiesen gegen meinen Willen, dann soll ich nicht einmal dem Gläubiger gegenüber einen Schuldschein ausstellen können mit der Verbindlichkeit zu zahlen? Warum nicht? Wer hat ein Interesse dagegen. Es ist das auch keine Schenkung. Wenn ich eine Schuld, die nicht bezahlt ist und die verjährt ist, bezahle, oder zu bezahlen verspreche, so ist das in jeder Beziehung zu loben, und es ist überhaupt wünschenswerth, daß alles, was nicht honett ist, nicht vom Recht begünstigt wird. (Bravo!)

Rechtsanwalt Dr. **Kloeppel** (Leipzig): Mit der praktischen Tragweite der von den Herren Referenten aufgestellten Anträge kann ich mich auch vollkommen einverstanden erklären, aber gegen die Fassung habe ich Bedenken gleich den Herren Vorrednern, und ihre Vorträge machen mir es leicht, mich überaus kurz zu fassen. In der Beschlußfassung würde ich mich am liebsten dem Antrag des zweiten Herrn Redners anschließen, indem ich allerdings glaube, daß der Grundfehler des Entwurfes darin besteht, daß er hier den allgemeinen Begriff der Anspruchsverjährung hat aussprechen wollen, während, wenn der Entwurf seiner Bestimmung gemäß nur Rechtssätze von praktischer Wirkung aufstellen will, er diese Rechtssätze genau dahin construiren muß, daß sie die Wirkung erreichen können, die sie erreichen sollen. Diese Wirkung muß nothwendig eine andere sein bei dinglichen Rechten als bei obligatorischen Verhältnissen, und deshalb halte ich eine allgemeine Anspruchsverjährung als gleichmäßige für dingliche Rechte und Obligationen für undurchführbar. Das zeigt sich auch in dem Antrag II, 1 der Herren Referenten, wenn sie nebeneinanderstellen dominium sine re, obligatio sine actione. Bei den Obligationen ist mir das selbstverständlich. Die actio im allgemeinsten Sinne der gerichtlichen Geltendmachung ist für mich die eigentliche Grenze, wo das Recht anfängt, und die bloße sittliche Verpflichtung aufhört. Wenn also eine obligatio keine actio im weitesten Sinne mehr hat, dann kann überhaupt von einem Rechte nicht mehr die Rede sein; es kann immer noch die Rede sein von einer sittlichen Verpflichtung, der in gewissen Beziehungen indirecte rechtliche Wirkungen zukommen, die an sich nicht ein Recht sind, die aber durch das Hinzutreten anderer Voraussetzungen rechtliche Bedeutung erlangen. Das betrifft namentlich die von dem Herrn Collegen Wilke vorhin berührten Fälle.

Dagegen liegt die Sache ganz anders bei dinglichen Rechten. Dem wenn man sagt: das dingliche Recht ist ein absolutes Recht, insofern es gegen jeden gilt, so wird es dadurch auch wieder zu einem relativen, indem es sich jedem Dritten gegenüber anders gestalten kann. Habe ich die Klage verloren gegen einen bestimmten Gegner, so folgt daraus nicht, daß ich die Klage verloren habe gegen irgend einen Anderen, der sich morgen im Besitz der Sache befindet. Und wenn man die Möglichkeit zulassen will, daß eine bloße Anspruchsverjährung die Eigenthumsklage entzieht, ohne daß doch zugleich dem betreffenden Gegner das Eigenthum als durch Ersitzung erworben zuerkannt wird, so ist für mich allerdings nicht abzusehen, warum das eine Sache für den Raritätenkasten wäre, daß dieses Eigenthum Anderen gegenüber doch immer eine Wirkung, einen Werth behält. Der Fehler liegt darin, daß man eine bloße Eigenthumsverjährung wirken lassen will, ohne gleichzeitige Ersitzung, und daraus folgere ich, daß die Sache nicht gleichmäßig für Forderungen und dingliche Rechte unter den Begriff der Anspruchsverjährung gebracht werden kann, sondern daß bei dinglichen Rechten der Verjährung des Eigenthums auf der anderen Seite der Erwerb des Eigenthums nothwendig entsprechen muß. Jede andere Ordnung würde ich für eine praktisch durchaus verkehrte und innerlich nicht zu begründende ansehen.

Eine Bemerkung in ähnlicher Richtung muß ich noch bei dem 4. Punkt von II machen. Wenn ein Pfandrecht noch aufrecht erhalten wird, während man dagegen die Forderung als erloschen ansieht, so ist das ja ein Widerspruch in sich, es liegt darin eigentlich das Zugeständniß, daß die Forderung nicht verjährt ist, daß die Verjährung abgewendet wird durch den Fortbestand des Pfandrechtes, und das soll man mit der Fortdauer der Klage unmittelbar zum Ausdruck bringen. Wenn jemand ein Pfand für eine Forderung hat, so hat er keinen Anlaß zu klagen, die Forderung kann darum auch nicht verjähren, man soll aber nicht sagen: die Forderung ist erloschen, das Pfandrecht dagegen besteht fort.

Ich möchte also wiederholt betonen, daß ich den Antrag des Herrn Landgerichtsraths Pfizer für den zweckmäßigsten halte, daß jede Ordnung der Verjährung selbständig für die concreten Rechtsverhältnisse je nach deren Natur geschehen sollte.

Rechtsanwalt Dr. **Mumm** (Straßburg): M. H.! Ich habe auch bezüglich des Punktes 4 zu Nr. II der Anträge ein Bedenken auszusprechen, das aber gerade das entgegengesetzte von dem ist, welches der geehrte Herr Vorredner vorgetragen hat. Soviel ich aus dem klaren Vortrag des Herrn Referenten Prof. Pfaff geschlossen habe, soll die Möglichkeit bestehen, und nach den überzeugenden Ausführungen dieses Herrn Referenten ist sogar als theoretisch erwiesen anzunehmen, daß, im

Falle eine Schuld an sich verjährt ist, diese Schuld, wenn sie durch Pfand gesichert ist, doch immerhin in Bezug auf das Pfandrecht bestehen bleiben kann. Dies würde ein schwerwiegendes Moment für die negativen Wirkungen der Schuldverjährung bilden, welche ich im Gegensatz zu dem Herrn Vorredner in den Anträgen betont wissen möchte. Ich möchte daher bitten, daß dies ganz klar und deutlich unter Nr. 4 ausgesprochen würde; daß man nämlich nicht sagt: „ein Pfandrecht braucht durch die bloße Schuldverjährung nicht zum Untergang gebracht zu werden", sondern ganz kurz: „das Pfandrecht geht durch die Schuldverjährung nicht unter".

Präsident bittet, sich nicht zu sehr auf die Motive einzulassen und macht darauf aufmerksam, daß er nur formulirte und schriftlich eingereichte Anträge berücksichtigen könne.

Professor Dr. **Hölder** (Erlangen): Ich habe vorhin gegen einen Theil der Ausführungen der Referenten Bedenken erhoben, ich möchte anderen Stimmen gegenüber in einem anderen Punkte für die Ausführungen der Referenten noch ausdrücklich eintreten, in einem Punkte, der allerdings in den Anträgen der Referenten nicht ausdrücklich steht, der aber eine sehr wesentliche Wichtigkeit hat. Das ist nämlich der Punkt, daß der Richter die Verjährung dann, wenn sie aus den von dem Kläger vorgetragenen Thatsachen sich ergiebt, von Amtswegen zu berücksichtigen habe. Es ist dies allerdings eine Annahme, von der man wohl sagen kann, daß sie der herrschenden Annahme widerspricht, dieser herrschenden Annahme, welche wesentlich aufgehängt wird an dem Nagel der sogenannten materiellrechtlichen Einrede, welche nicht solle berücksichtigt werden, ohne daß sie vorgebracht worden ist. Ich halte diesen Punkt für einen durchaus wesentlichen und zwar gerade im Sinne der Referenten. Wenn wir uns fragen, warum ist die Verjährung eingeführt worden? — wovon schon die Rede war, — so will ich darauf jetzt nicht näher eingehen, aber darauf möchte ich doch aufmerksam machen, daß die Verjährung keineswegs bloß im Interesse des Beklagten liegt, sondern daß die Verjährung sehr wesentlich auch im Interesse des Gerichtes ist, daß das Gericht nicht soll behelligt werden mit Untersuchungen über längst vergangene Dinge, über Dinge, die so weit zurückliegen, daß man ihnen gegenüber nicht mehr klar sehen kann. Nehmen wir den Fall: jemand macht eine Forderung geltend, sie ist vielleicht vor 60 Jahren entstanden. Der Beklagte sagt etwa: die Forderung ist verjährt, ich bin aber viel zu anständig, diese Verjährung geltend zu machen, von dieser Verjährung will ich gar nichts wissen, ich habe aber schon vor 40 Jahren bezahlt, und er ist bereit, zu dem sehr complicirten Beweise dafür, daß er vor 40 Jahren gezahlt habe, sich zu erbieten. Ich glaube, m. H., daß der Richter nicht dazu da ist, sich hierauf einzulassen, zu untersuchen, ob eine Forderung vielleicht vor 40 Jahren bezahlt ist, wenn sie ohnedies wegen Ablauf von 60 Jahren schon verjährt ist.

Ich möchte zugleich darauf aufmerksam machen: wenn z. B. ein Schuldschein vorgebracht ist, der vielleicht schon 60 Jahre alt ist, und der Beklagte bleibt einfach weg, weil er sich sagt: dieser alte Wisch hat nach so langer Zeit überhaupt keine Bedeutung mehr — möchten Sie den Muth haben, hier den Beklagten auf Grund dieses alten Wisches in contumaciam zu verurtheilen?

(Gewiß! Heiterkeit.)

Ich möchte dann noch das eine beifügen. Herr Justizrath Wilke sagt: ja, ein anständiger Mensch beruft sich überhaupt nicht auf die Verjährung. Ja, ob wir das so allgemein hinstellen können, das ist noch sehr die Frage.

Ich erinnere mich z. B. eines Exempels, bei dem die Herren durchaus nicht mit dem Gegensatz von Theorie und Praxis werden kommen können, ganz abgesehen davon, daß ich glaube, überhaupt im Moment nicht einen theoretischen Gedanken vertreten zu haben, sondern umgekehrt die Vertretung unberechtigter theoretischer Gedanken zu bekämpfen — ich erinnere mich eines Falles, wo mein eigener Vater von einem Handwerker, der ihm Arbeiten geliefert hatte, immer die Rechnungen nicht bekommen konnte. Die Verjährung stand bevor. Mein Vater sagte: „bis da und dahin muß ich die Rechnung haben, nachher ist die Sache verjährt, dann zahle ich nicht mehr.“ Der Handwerker erwiderte einfach: „Ja, wissen Sie, für solche Herren giebt es keine Verjährung.“ Ja, ist nun der Mann, weil es für anständige Leute keine Verjährung gebe, berechtigt, mich mit der Rechnung noch x Jahre hinauszuziehen und dann noch die Forderung geltend zu machen? Gewiß nicht! Gerade der Umstand, daß allerdings in den meisten Fällen ein anständiger Mensch Bedenken tragen wird, sich auf die Verjährung zu berufen, kann unter Umständen sehr wohl als ein Grund dafür geltend gemacht werden, daß der Richter alle Ursache hat, diese Verjährung, wenn die entsprechenden Thatsachen ihm vorliegen, von Amtswegen zu berücksichtigen und es abzulehnen, auf andere von dem Beklagten geltend gemachte Befreiungsthatsachen, deren Untersuchung ihn vielleicht, ich weiß nicht wie lange hinhalten würde, einzugehen.

Justizrath **Wilke** (Berlin): Ich möchte nur ein paar Worte erwidern.

Ich glaube, der eine Grund wird gewiß keine Billigung finden bei dem deutschen Richter, daß das für die Frage des Rechtes irgendwie von

Einfluß sein sollte oder nicht, ob der Richter Umstände hat, den Thatbestand zu ermitteln. Außerdem kommen dieselben Umstände, die der Herr Vorredner vermieden haben will, auch vor, wenn es sich handelt um die condictio indebiti; es ist gezahlt auf eine verjährte Forderung oder auf eine bezahlte Forderung. Das Beispiel von seinem Herrn Vater ist wohl nicht vollständig berichtet. Derselbe hat schließlich gewiß gezahlt, und nicht den Einwand der Verjährung erhoben!

Dieser eine Grund hat mich nur bestimmt, das Wort zu ergreifen, weil hierin der Vorredner insofern mit dem B. G. B. gewissermaßen auf einem Boden sich befindet. Es ist das einer der Vorwürfe, die man gegen den Entwurf des B. G. B. erhebt, daß viele Bestimmungen davon ausgehen, viel weniger das bürgerliche Recht zu schaffen als es einfach darzustellen und die Judicatur zu erleichtern. Viele Bestimmungen beruhen darauf, nur deswegen ist manchen Streitfragen aus dem Wege gegangen, um die Gerichte nicht unnützer Weise mit Ballast zu beschweren. Das ist ein unrichtiger Gang, den die Gesetzgebung nimmt, und dagegen müssen wir ankämpfen, daß bei der Bildung des Rechtes irgendwie in Betracht kommen könne, ob die Handhabung des Rechtes mehr Mühe und namentlich mehr Beweise, mehr Arbeit dem Richter auflegt oder nicht.

Oberlandesgerichtsrath **Heinsheimer** (Karlsruhe): Nur vom Standpunkt des Richters aus möchte ich gegen die Auslassung des Herrn Hölder wegen der Eigenthumsverjährung eine Verwahrung einlegen. Der Gesichtspunkt der Bequemlichkeit für den Richter scheint m. E. zur Lehre von der Verjährung nicht herbeigezogen werden zu können.

Ich denke, das sind gerade die interessantesten Fälle, wenn es sich um ganz alte Verhältnisse handelt (Heiterkeit. Bravo!), um alte Beweisurkunden. Ich glaube, daß die Rücksicht auf uns und unsere Zeit und unsere Thätigkeit nicht in die Wagschale gelegt werden sollte; es ist lediglich der Schutz des Beklagten, der allerdings, sobald er die Einrede der Verjährung gebraucht, meist ein gewisses unangenehmes Parfum entfaltet.

Correferent Prof. Dr. **Fischer** (Greifswald. Zum Schluß): Meine verehrten Herren! Bezüglich unseres ersten negativen Antrages ist gar kein Widerspruch erhoben. Ich darf annehmen, daß derselbe von Ihnen allen angenommen werden wird. Dagegen haben unsere positiven Anträge hier und da Widerspruch erfahren. Dieser Widerspruch richtet sich allerdings zum Theil nicht gegen die Sätze selbst, sondern gegen manches, was wir zur Begründung ausgeführt haben. Und in der Beziehung möchte ich bemerken: wir haben bei Auswahl der Sätze ganz besonders darauf geachtet, Constructionsfragen und solche Fragen, welche zu lebhaften Meinungsverschiedenheiten Veranlassung geben, die aber nicht nothwendig erörtert zu werden brauchen, auszuscheiden. Dagegen habe ich mir namentlich erlaubt, in meinen mündlichen Ausführungen mich auf einen mehr subjectiven Standpunkt zu stellen und meiner persönlichen Meinung unverhohlen Ausdruck zu geben. Ich möchte also zur Klarstellung ausdrücklich bemerken, daß durch die Annahme der Anträge nur das angenommen wird, was dort formulirt ist, und selbstverständlich nicht die Ausführungen im Einzelnen angenommen sein können, die seitens der beiden Referenten gemacht worden sind.

Was dann die Einzelheiten anbetrifft, so hat sich hier zuletzt ein sehr lebhafter Streit über die Wirkung der Verjährung erhoben. Dem gegenüber möchte ich nun fragen: sollen wir da nicht auch zunächst darüber uns in Erörterungen einlassen, ob überhaupt eine Verjährung nothwendig ist? Eine Verjährung wird immer in die Privatinteressen erheblich eingreifen, sie wird im einzelnen Falle mit Nothwendigkeit unser Rechtsgefühl verletzen müssen, aber wir halten sie trotzdem für nothwendig, nicht im Interesse der Bequemlichkeit des einzelnen Richters, — davon ist nicht die Rede — aber im Interesse der Freihaltung des Geschäftsbetriebes der Gerichte von veralteten Dingen, und diesem Standpunkt entspricht es m. E. allein, wenn man die Verjährung von Amtswegen berücksichtigt. Ich weiß aber, daß über diesen Punkt sehr lebhafte Meinungsverschiedenheiten bestehen, ein einstimmiges Votum werden wir in dieser Beziehung unter keinen Umständen erzielen, und deshalb ist die Frage in unseren Anträgen durchaus in den Hintergrund getreten. Persönlich mache ich gar keinen Hehl daraus, daß, wenn man diese starke Wirkung der Verjährung nicht will, ich mich am liebsten auf den Standpunkt stellen würde, den Herr L. G. R. Pfizer eingenommen hat, daß ich nämlich als Wirkung der Verjährung nur eine einfache Zahlungspräsumtion annehme. Damit komme ich dann am einfachsten durch.

Es ist dann von mehreren Herren für das dominium sine re eine Lanze gebrochen worden. Ich will nur darauf aufmerksam machen, daß wir ja damit, daß gestohlene und geraubte Sachen nicht dem Dieb und dessen Helfershelfern zu gute kommen dürfen, vollständig einverstanden sind; es erscheint uns nur nicht angebracht, das Institut des dominium sine re zu diesem Zwecke zu verwerthen. Auch die Frage, ob wir überhaupt eine erlöschende Verjährung des Eigenthums nothwendig haben, oder ob wir mit der bloßen Ersitzung durchkommen, bleibt hier eine vollständig offene.

Gegen den zweiten Satz sind Einwendungen eigentlich nicht erhoben, ebensowenig gegen den dritten. Auch Nr. 4 und 5 sind materiell nicht angefochten, es ist bloß gesagt worden, hier zeige sich, daß doch ein wirksamer Rest von dem verjährten Rechte übrigbleibe. M. H.! Das ist m. E. eine bloße Constructionsfrage, auf die wir hier nicht eingehen können.

Wollen Sie die Sätze Nr. 3—5 als Ausnahmen von dem Satz 1 auffassen, so bleibt Ihnen das ja vollständig unbenommen. Es kommt m. E. hier nur darauf an, daß wir materiell uns mit diesen Sätzen einverstanden erklären. Und von diesem Gesichtspunkte aus möchte ich auch um die Ablehnung des Antrages des Herrn L. G. R. Pfizer bitten, den man gemissermaßen als eine motivirte Tagesordnung bezeichnen könnte, denn durch die Annahme dieses Antrages allein würde ja die positive Antwort auf die gestellte Frage wegfallen. Eine solche positive Antwort zu geben, sind wir aber m. E. berufen.

Referent Prof. Dr. **Pfaff** (Wien) verzichtet auf das Schlußwort.

Präsident: Dem Antrag der Referenten sub I steht nichts gegenüber: ich werde ihn separat zur Abstimmung bringen.

Den Anträgen zu II, 1—5 stehen zwei Anträge gegenüber. Der erste, von Herrn L. G. R. Pfizer, will überhaupt den ganzen Grundsatz II, eine Regelung der Wirkung der erlöschenden Verjährung zu bestimmen, nicht und stellt dem gegenüber den Satz:

> Es ist wünschenswerth, daß die Bestimmungen über die Verjährung für die verschiedenen Arten der Rechtsverhältnisse selbständig, je dem Wesen der betreffenden Verhältnisse gemäß, getroffen werden,

ohne freilich anzugeben, wie. M. E. kommt dieser Antrag allen fünf gegenüber als negirend zur Abstimmung. Wird er angenommen, sind alle fünf beseitigt. Ehe man weiß, was ihm gegenübertritt, müssen die fünf unter sich bereinigt werden. 1, 2, 3 und 5 sind nach keiner Seite angegriffen.

Statt Nr. 4 ist beantragt worden von Herrn Rechtsanwalt Mumm, zu setzen:

> Das Pfandrecht geht durch die bloße Schuldverjährung nicht unter.

Dieser der Nr. 4 entgegengesetzte Antrag würde zu allererst zur Abstimmung kommen. Dann wissen wir, wie 1—5 lauten, und dann fragt es sich: soll der Antrag Pfizer angenommen werden oder die Anträge 1—5? Sollte einer der Herren aus der Versammlung wünschen, daß ich die Anträge 1—5 nicht in ihrer Gesammtheit, sondern im Einzelnen zur Abstimmung bringe, so würde ich auch dagegen nichts zu erinnern haben.

Correferent Professor Dr. **Fischer** (Greifswald): Ich habe zwar eben gesagt, daß mir der Antrag des Herrn L. G. R. Pfizer gewissermaßen als eine motivirte Tagesordnung erscheint, aber ich bin an sich doch nicht der Ansicht, daß mit der Annahme dieses Antrages unsere Anträge nothwendig gefallen sind. Ich würde es für möglich halten, daß beides zusammen angenommen würde.

Präsident: Das verstehe ich freilich nicht.

Correferent Professor Dr. **Fischer:** Ich halte es für möglich, daß man sagt: die Verjährung muß sich den einzelnen Rechtsverhältnissen anschließen, und daß dennoch diese Grundsätze, die wir aufgestellt haben, acceptirt werden.

Präsident: Ein Theil trifft Einzelnes, ein anderer ist wieder ganz generell.

Correferent Prof. Dr. **Fischer:** Ich will nur noch bemerken, daß auch Herr L. G. R. Pfizer meiner Ansicht ist, daß beides nebeneinander gehen würde.

Bei der Abstimmung wird Nr. I der Anträge der Referenten:

I. Die Anspruchsverjährung im Sinne des Entwurfes eines bürgerlichen Gesetzbuches ist nicht beizubehalten

fast einstimmig angenommen.

Der Antrag des L. G. R. Pfizer:

> Es ist ist wünschenswerth, daß die Bestimmungen über die Verjährung für die verschiedenen Arten der Rechtsverhältnisse selbständig, je dem Wesen der betreffenden Verhältnisse gemäß, getroffen werden,

wird mit Majorität abgelehnt.

Nachdem der Antrag des Rechtsanwalts Mumm zu II, 4 der Anträge der Referenten, dahin gehend:

> Das Pfandrecht geht durch die bloße Schuldverjährung nicht unter,

gleichfalls in der Minderheit geblieben, wird von den Anträgen der Referenten II:

1. Von den der Verjährung unterworfenen Rechten und Rechtsverhältnissen (Eigenthum, Schuldforderungen, Mängelhaftung u. s. w.) darf nach Ablauf der Verjährungszeit ein rechtlich wirksamer Rest (dominium sine re, obligatio sine actione) nicht zurückbleiben

abgelehnt;

2. Es muß also auch die Geltendmachung im Wege der Feststellungsklage oder Einrede ausgeschlossen sein

salva redactione mit großer Mehrheit angenommen, Satz 3 in folgender Fassung:

3. Die Aufrechnung mit verjährten Forderungen ist zu gewähren, wenn zur Zeit des Eintrittes der Möglichkeit der Aufrechnung die Verjährung noch nicht vollendet war

fast einstimmig angenommen, Satz 4 und 5 in getrennter Abstimmung unverändert wie folgt:

4. Ein Pfandrecht braucht durch die bloße Schuldverjährung nicht zum Untergang gebracht zu werden.

5. Es muß rechtlich möglich bleiben, auf die verjährte Schuld Leistungen zu machen, deren Rückforderung ausgeschlossen ist,

mit großer Mehrheit angenommen.

Präsident: Angenommen sind also unter Ablehnung aller übrigen Anträge die sämmtlichen Anträge der Referenten bis auf II, 1.

Wenn kein Widerspruch erfolgt, nehme ich an, daß dieser Beschluß dem Plenum nicht zur Beschlußfassung, sondern nur zur Kenntnißnahme durch den Herrn Referenten Prof. Pfaff mitgetheilt wird.

Die Versammlung ist damit einverstanden.

Wir kommen zum zweiten Gegenstand der Tagesordnung, der Frage 3:

Soll die Conventionalstrafe im künftigen deutschen Gesetzbuch lediglich der freien Vereinbarung unterliegen oder an gesetzliche oder richterliche Schranken gebunden werden?

Referent ist Herr Geh. Justizrath Prof. Dr. Gierke.

Referent Geh. Justizrath Professor Dr. **Gierke** (Berlin): M. H.! In der Frage, die uns jetzt beschäftigen soll, sind wir beiden Referenten in der eigenthümlichen Lage, gegen zwei Mächte ankämpfen zu müssen. Einmal gegen den Entwurf und dann gegen die beiden Herren Gutachter, die Herren Koffka und Simon. Der Entwurf will die bisherigen Beschränkungen der Conventionalstrafe völlig beseitigen, neue aber nicht einführen, und die beiden Herren Gutachter stimmen unbedingt zu, sie wollen das Princip der Vertragsfrist ohne jede Einschränkung hier durchgeführt wissen.

Sehen wir uns die Argumente der beiden Herren Gutachter, die mit denen der Motive im Wesentlichen übereinstimmen, an, so machen sie zunächst geltend, daß die Freiheit des Strafgedinges geltendes gemeines Recht sei (im Zweifel hat man sich ja eben immer an das geltende Pandektenrecht angeschlossen); nur irrthümlich sei die Beschränkung der Conventionalstrafe auf das Doppelte des Interesses durch die gemeinrechtliche Praxis vielfach durchgeführt worden, in den römischen Quellen sei diese

Ansicht nicht begründet. Anders freilich sei es nach den meisten anderen Gesetzbüchern. Das P.L.R. hat die Beschränkung der Conventionalstrafe auf das Doppelte des Interesses durchgeführt; auch das französische Recht hat in zwei Richtungen Beschränkungen, und neuerdings hat das schweizerische Obligationenrecht zwar die Conventionalstrafe der Höhe nach freigegeben, aber ein richterliches Ermäßigungsrecht dabei statuirt. Allein — wird weiter argumentirt — auch diese modernen Gesetzbücher seien in Deutschland durch die seitherige Entwickelung durchbrochen, sie seien durchbrochen einmal durch die Aufhebung der Zinsbeschränkungen bei Darlehen, indem hiernach bei Darlehen und verwandten Creditgeschäften auch die Vereinbarung der Vergütung in Form einer Conventionalstrafe keinem Maximum mehr unterliege. Sie seien aber vor Allem durchbrochen durch die bekannte Bestimmung des H.G.B., welches ja bei Handelsgesellschaften alle Beschränkungen der Höhe der Conventionalstrafe beseitigt habe.

Handle es sich nun aber um das künftige gemeine Recht, so müsse generell die als jetziges gemeines Recht erklärte Regel durchgeführt werden. Vor Allem sei dies aus volkswirthschaftlichen Gründen erforderlich, indem unserer Zeit und Cultur die möglichste Beseitigung aller alten Fesseln entspreche, indem die fortschreitende Bildung derartige Beschränkungen nicht vertrage, indem auch hier das Gesetz von Angebot und Nachfrage walten müsse. In den Gutachten ist die Rede von den Velleitäten einer bevormundenden Privatrechtsordnung, die abgestreift werden müssen, und es wird gesagt, gleichwie jeder jetzt die volle politische Verantwortlichkeit zu tragen habe, so sei auch jeder als civilrechtlich mündig anzusehen, müsse unbedingt, was er versprochen habe, auch halten; das deutsche Wort: ein Mann, ein Wort! verpflichte ihn dazu. Als ein Beispiel wird der Fall angeführt, daß eine Bank einen Bankbeamten, an dessen Kenntnissen und Fähigkeiten ihr viel liege, verpflichtet habe, eine bestimmte Zeit, zehn Jahre, bei ihr auszuharren bei einer Conventionalstrafe von 100000 Mark, und hier sei nun schlechthin kein Grund vorhanden, diesen Mann, wenn er dennoch wortbrüchig werde, mit einer geringeren Strafe davonkommen zu lassen.

Es sprechen aber ferner — sagt man — juristische Gründe für die unbedingte Vertragsfreiheit, Gründe der Reinheit des Systems, Gründe dann vor Allem, die in der Leichtigkeit der Umgehung aller derartigen beschränkenden Bestimmungen lägen, wie sich das ja bei den früheren Zinsbeschränkungen u. s. f. gezeigt habe. Und vor Allem sei die Dissonanz zwischen dem Civilrecht und dem Handelsrecht möglichst zu vermeiden. Es sei aber, auch wenn man einen Unterschied zwischen bürgerlichem und Handelsrecht statuiren wolle, diese Grenze eine sehr willkürliche, da ja nach dem H.G.B. unendlich viele Geschäfte als Handelsgeschäfte zu beurtheilen seien, die mit dem Handel sehr wenig zu thun haben, und es somit oft als Zufall erscheine, ob ein Geschäft der Beschränkung der Conventionalstrafe unterliege oder ob dies nicht der Fall sei.

Schließlich giebt der eine der Herren Gutachter zu, daß ethische Gründe möglicher Weise unter Umständen eine Herabsetzung einer Conventionalstrafe fordern können; allein der Herr meint, daß, abgesehen von dem generellen Verbote unsittlicher Verträge, hier eben das Wuchergesetz ausreicht. Der Entwurf will ja das Wuchergesetz bestehen lassen. Dies billigt der Herr Gutachter und meint, dasselbe treffe ja auch die als Conventionalstrafe angestrebten übermäßigen Creditvergütungen.

Allen diesen Argumenten gegenüber, m. H., ist nun mein Standpunkt der gerade entgegengesetzte. Ich muß dabei vorausschicken, daß ich diese Frage nicht bloß als eine isolirte einzelne Frage betrachte, sondern als Theilfrage einer großen Principienfrage. Diese Frage lautet: Ist überhaupt die schrankenlose Vertragsfreiheit als oberster Grundsatz des Obligationenrechtes aufzustellen? Der Entwurf sagt: ja. Durchweg geht er aus von einem großen Gegensatze zwischen Obligationenrecht und Sachenrecht. Im Sachenrecht schnürt er die Gestaltungsfreiheit der Parteien aufs Engste ein, meiner Ansicht nach im Widerspruch mit unserem deutschen Rechtsgedanken und unseren jetzigen Bedürfnissen. Dagegen im Obligationenrecht führt er das Princip der unbedingten Gestaltungsfreiheit der Parteien durch. Alle Beschränkungen, die er noch bestehen läßt, verweist er in Sondergesetze, damit wenigstens das reine Obligationenrecht des Civilrechtes nicht dadurch getrübt werde. Das künftige gemeine Recht soll so gut wie gar keine Schranke der Vertragsfreiheit mehr kennen. Die lex Anastasiana, die Anfechtung wegen laesio enormis, selbst das nach dem jetzigen Zinsgesetz noch bestehende halbjährige Kündigungsrecht bei Darlehen über 6 %, das Verbot der Intercession der Frauen u. s. w. — mit diesem allem wird reiner Tisch gemacht. Ich meine nun aber, daß die heutige Rechtsordnung, die Rechtsordnung, welche wir für die Zukunft zugleich begründen wollen, keineswegs jene Principienfrage bejahen wird, daß sie vielmehr auch hier ein Nein! rufen muß. In einer Zeit so großer socialer Gefahren, in einer Zeit solcher Gährung der verschiedenen gesellschaftlichen Klassen, da darf die Rechtsordnung auch das Obligationenrecht nicht bloß dem freien Spiel der Kräfte überlassen, sie muß auch hier den Schwachen gegen den Starken schützen, sie darf nicht den Starken noch stärker machen und dem Schwachen dafür eine stumpfe Waffe in die Hand geben. Eine stumpfe Waffe aber in der That ist für den wirthschaftlich Schwachen jene unbedingte Vertragsfreiheit, die der wirthschaftlich Starke als ein furchtbares Mittel der Unterjochung schwingt. So wenig im Obligationenrecht wie irgendwo kann es eben nach unserer Auffassung eine Freiheit geben, die nicht zugleich sittliche Gebundenheit wäre. Eine schrankenlose Freiheit ist auch hier Willkür, und auch im Obligationenrecht, im täglichen Verkehr treten sich die Menschen nicht bloß als Individuen gegenüber, sondern als sociale Wesen, als Glieder einer allumschlingenden Gemeinschaft, die ein brüderliches Band eint. Und darum heißt es auch hier: Freiheit, aber Freiheit innerhalb sittlicher Schranken, Freiheit zum vernunftgemäßen und gesellschaftsfreundlichen Gebrauch; aber nimmermehr Freiheit zu culturwidrigem und gesellschaftsfeindlichem Mißbrauch. Und das ist der tiefere wohlbegründete Sinn jener Beschränkungen der älteren Gesetzbücher, die ich angeführt habe. Das ist aber auch der Grund, aus dem die gemeinrechtliche Praxis eine Beschränkung der Conventionalstrafe durchführte, wobei es für uns sehr gleichgültig ist, ob ein Mißverständniß der Quellen dabei zu Grunde liegt oder nicht.

Aber freilich, m. H., die alten Formen dieser Beschränkung der Vertragsfreiheit, die haben sich überlebt. Wir haben es erlebt, daß die festen Zinsmaxima sich als unhaltbar erwiesen haben, und nicht anders liegt es mit jenen formalen Beschränkungen, die wir bei der Anfechtung wegen laesio enormis, die wir bei der lex Anastasiana u. s. w. haben. Und so glaube ich, daß in der That jene feste formalistische Schranke der Höhe der Conventionalstrafe, die in der Beschränkung auf das Doppelte des Interesses liegt, für die Zukunft nicht haltbar ist. Diese Beschränkung wirkt häufig unrichtig und durchaus ungleichmäßig; sie ist eine Einengung, die in dem einen Falle sich als zu weit und dann wieder als nicht weit genug erweisen wird. Es kommt aber hinzu, daß das Strafgedinge nicht bloß eine Schätzung des Interesses bezweckt, sondern daß das Strafgedinge in sehr vielen Fällen eben den Charakter einer wirklichen Privatstrafe trägt, weshalb denn die Anknüpfung an das Interesse überhaupt fehlerhaft ist. Meines Erachtens ist es ein durchaus berechtigter Gedanke des Instituts der Conventionalstrafe, daß in gewissen Fällen für den Vertragsbruch, für den Wortbruch eine echte Strafe, d. h. also eine Summe, die Genugthuung gewähren soll, dem Verletzten bedungen werden kann. Seitdem die gesetzlichen Privatstrafen großentheils fortgefallen sind, ist m. E. die Conventionalstrafe nun um so berechtigter. In vielen Fällen soll eine Conventionalstrafe eine Genugthuung schaffen, wo bloß ideale Interessen verletzt sind, oft soll die Conventionalstrafe ein in Geld schätzbares Interesse erst hervorrufen. Hier versagt ja dann der Maßstab des Interesses und somit auch des Doppelten des Interesses vollständig. Wenn jemand z. B. bei einer Strafe verspricht, Familienpapiere, die er in der Hand hat, und an denen ein Urheberrecht ihm zusteht, nicht zu veröffentlichen, wenn er verspricht, in einem bestimmten Zimmer nicht die Violine zu spielen, dann ist möglicher Weise ein pecuniäres Interesse überhaupt gar nicht erweislich, und da der Entwurf — was ich freilich beklage — im Allgemeinen einen Ersatz des immateriellen Schadens überhaupt nicht kennt, so ist in seinem System die Conventionalstrafe erst recht dazu bestimmt, auch solche Fälle zu decken, in denen eben eine Genugthuung, ein Ersatz in Geld nicht schätzbarer Nachtheile für den Fall des Vertragsbruches bezweckt wird.

So also soll unser künftiges Gesetzbuch keineswegs zurückkommen hier wie in anderen Fällen auf die alten, starren, überlebten Schranken mit ihrer rein formalen mechanischen Wirkungsweise, aber es bedarf eines Ersatzes, und einen solchen Ersatz haben wir ja gefunden für die Aufhebung der Zinsmaxima in dem Wuchergesetz. Nun reicht das Wuchergesetz keineswegs aus, es bezieht sich ja nur auf Gelddarlehen, und nicht einmal deckt es den Wucher bei allen Creditgeschäften; man braucht nur zu denken an die Mobilienleihgeschäfte, an die Abzahlungsgeschäfte, an das Cessionsunwesen, an den Wohnungswucher, an den Grundstückswucher, an die Arbeiterausbeutung u. s. w., um zu sehen, wie nur ein ganz bestimmtes Gebiet des Wuchers herausgegriffen ist von dem Wuchergesetz und von ihm getroffen wird. Es bedarf nun aber — darauf ist hier nicht näher einzugehen — einer Verallgemeinerung des Wuchergesetzes, einer Ausdehnung des demselben zu Grunde liegenden Gedankens auf eine Reihe anderer Geschäfte und dann zugleich wieder specieller Bestimmungen für einzelne solcher Geschäfte. Und zu diesen speciellen Bestimmungen, die gerade hinsichtlich der Conventionalstrafe erforderlich sind, rechne ich nun die, daß es hier eines richterlichen Ermäßigungsrechtes bedarf. In dieser Weise ist das schweizerische Obligationenrecht vorgegangen. Es hat die Vereinbarung der Conventionalstrafe dem freien Arbitrium der Parteien anheimgegeben, aber in allen Fällen der übermäßig hohen Conventionalstrafe dem Richter dieses Ermäßigungsrecht gegeben. Und ein solches richterliches Ermäßigungsrecht ist unbedingt nöthig, auch wenn das Wuchergesetz gilt, auch wenn selbst das Wuchergesetz noch verallgemeinert wird. Es giebt zahlreiche Geschäfte, bei denen der Richter ohne innere Empörung seinen Namen nicht leihen kann, um auf eine hohe Vertragsstrafe zu erkennen, während er doch im Wuchergesetz keine Mittel besitzt, sich hier zu helfen. Mir ist beispielsweise mitgetheilt, daß in der preußischen Praxis die landrechtliche Bestimmung, nach welcher die Conventionalstrafe das Doppelte des Interesses nicht überschreiten darf, sehr vielfach jetzt angewendet wird, um einigermaßen die Gefahr der Abzahlungsgeschäfte abzustumpfen. Hier wird bekanntlich oft ziemlich werthlose Waare angeblich zunächst geliehen, sie soll in das Eigenthum übergehen nach Zahlung des Kaufpreises in bestimmten Raten. Bleibt aber eine Ratenzahlung aus, so geht die Sache zurück an den Leihgeber, und es soll verfallen sein alles bisher auf die Sache Gezahlte. Hier sagt nun die preußische Praxis: in Wahrheit ist das nur ein verschleierter Kauf, und die Verfallklausel ist eine Strafklausel, Conventionalstrafe, und so ist wenigstens die Ermäßigung auf das Doppelte des Interesses stets in der Praxis durchgeführt worden. Aber auch in unendlich vielen anderen Fällen, bei Lieferungsgeschäften, bei Arbeitsverträgen, bei denen jemand durch Leichtsinn oder durch Noth oder aus irgend einem anderen Grunde sich hat verleiten lassen, eine übermäßig hohe Strafe zu versprechen, wird der Richter sich schwer entschließen, auf eine solche übermäßige Strafe zu erkennen, er wird eher zu allen möglichen anderen Argumenten greifen, als eine etwa ganz unsinnig hohe Strafe zuzudictiren. Einer der Herren Gutachter, Herr Simon, freilich warnt in solchen Fällen den Richter vor krankhafter Sentimentalität. Ich aber meine, es ist vielmehr nur sein gesundes Rechtsgefühl, welches ihn dann lieber Umwege suchen läßt, als hier dem Gesetzesbuchstaben gehorchen.

Richtig ist nun freilich eins, daß, wenn wir ein solches richterliches Ermäßigungsrecht der Conventionalstrafe einführen, wir damit dem Richter eine große, eine gefährliche Macht einräumen; allein das ist in unseren Tagen überhaupt nicht zu vermeiden. Der Richter, dem wir mit der freien Beweistheorie die größte denkbare Macht, die überhaupt zu construiren ist, über das Leben gegeben haben, der wird auch diese Macht sicherlich im Ganzen richtig gebrauchen. Wir müssen eben für einen dazu befähigten Richterstand sorgen. Und bei dem Wuchergesetze ist ja dem Richter doch auch ein nicht minder discretionäres Ermessen eingeräumt worden.

Wenn ich noch auf den Fall zurückkomme, der mit ganz besonderem Nachdruck von dem einen Herrn Gutachter angeführt ist, den Fall mit dem Bankbeamten, der bei 100 000 Mark Strafe versprochen hat, zehn Jahre zu dienen, so möchte ich gerade hier umgekehrt diesen Fall als geeignet zur Begründung unseres Antrages hinstellen. Denn wenn das möglich ist, daß jemand in dieser Weise sein Leben verkauft bei einer Strafe, die er unter Umständen niemals erlegen kann, und die weit über seine Vermögensverhältnisse geht, so heißt das eigentlich nur, die Ergebung in die Sclaverei gestatten, denn das kann vollständig zu einer Sclaverei werden, wenn jemand unter keinen Umständen mehr die Mittel hat, aus einem solchen ihm unerträglich gewordenen Verhältniß sich zu lösen.

Schließlich würde noch das Verhältniß zu dem H.G.B. nach der Ansicht der Herren Gutachter Schwierigkeiten machen. Und es ist ja wahr, daß eine Verschiedenheit zwischen dem Handelsrecht und dem bürgerlichen Rechte hier nicht wünschenswerth ist. Aber zunächst paßt ja doch für den bürgerlichen Verkehr nicht alles, was für den Handel paßt; viel zu weit ist ferner die Ausdehnung der Handelsgeschäfte in unserem H.G.B. getrieben. Das alles wird bei der Revision des H.G.B. zu erwägen sein. Ich meine aber, daß schon jetzt, so gut wie das Wuchergesetz zugleich auf Handelsgeschäfte ausgedehnt ist, auch die Einführung des richterlichen Ermäßigungsrechtes der Conventionalstrafe auf alle Handelsgeschäfte, auf alle Rechtsgeschäfte überhaupt erstreckt werden muß. In Uebereinstimmung mit meinem Herren Correferenten ist deshalb auch die Fassung in dem Ihnen unterbreiteten Antrag gewählt, daß ein richterliches Mäßigungsrecht eingeführt werden möge bei „allen" Conventionalstrafen.

Präsident: Ich muß dem Correferenten Herrn Justizrath Makower das Wort vorbehalten, da er noch nicht hier ist, und zunächst den Herren das Wort geben, die sich melden.

Andere Anträge sind bis jetzt nicht eingebracht, auch nicht der Antrag der beiden Gutachter, der im Wesentlichen dahin geht, es bis auf die Bestimmungen des Wuchergesetzes bei dem Entwurf zu lassen.

Das Wort hat jetzt Herr Justizrath Wilke.

Justizrath **Wilke** (Berlin): M. H.! Dem Vortrage und dem Antrage des Herrn Berichterstatters muß man m. E. durchweg beitreten, insbesondere auch mit dem Wunsche, daß das Beschränkungsrecht des Richters in Betreff der Conventionalstrafe nicht bloß nicht eingeschränkt, sondern daß es gegenüber dem bestehenden Zustande rweitert und ausgedehnt wird auf Handelsgeschäfte, weil in der That jetzt fast alles, was geschieht, in Handelsgeschäfte hineingepreßt wird.

Die beiden Herren Gutachter stützen sich ebenso wie das B. G. B., was bereits hervorgehoben ist, hauptsächlich auf die Ueberschätzung des logischen Elementes, indem sie davon ausgehen, daß eben ein Mann ein Wort ist, oder wenn ich es nicht in der Sprache, so doch in den Gedanken des Gesetzbuchs aussprechen soll: pacta sunt servanda. Sie folgern aus diesem Grundsatz zweierlei: erstens, daß jeder über sein Vermögen, über welches er verfügen kann, abmachen darf, was er will; und zweitens, daß der Leichtsinnige, der Verpflichtungen eingeht, diese Verpflichtungen auch dann halten muß, wenn der Andere gar nicht geschädigt ist, sondern bloß bereichert wird, und auch dann, wenn der Schuldner selbst dadurch, daß er gezwungen wird, das unbedachte Wort zu halten, vollständig ruinirt wird; mit anderen Worten, es wird die Consequenz gezogen aus dem Grundsatz summum jus, summa injuria, ein Grundsatz, der immer angeführt wird gegen die Juristen und gegen die Rechtsgelehrten, daß die etwas anderes zum Recht machen wollen, als was in der That wirklich Recht ist. Andererseits fällt es ja aber doch dem Entwurf so wenig ein, wie wahrscheinlich den Herren Gutachtern selber es einfallen wird, die Consequenzen einer vollen Vertragsfreiheit überall zu ziehen, und ich wollte da auf einen Fall hinweisen, in dem das B. G. B. zum Vertragsbruch geradezu herausfordert. Bekanntlich wird in dem Entwurf den Verlöbnißverträgen jede Wirkung versagt. Wenn also unredlicher Weise jemand dem Wesen, das für ihn das theuerste sein muß, sein Wort nicht hält, dann ist er nicht bloß nicht verpflichtet, dieses Wort zu halten, was man ja gelten lassen kann, soweit es sich um die Vollziehung der Ehe handelt, sondern die Verlobte hat, auch wenn sie pecuniär dadurch geschädigt wird, wenn sie ruinirt wird, wenn ihr die Möglichkeit einer anderen Heirath in Folge dessen verscherzt wird, keine Entschädigung zu verlangen. Wenn dagegen ein leichtsinniger Mensch für den Fall, daß er sein Versprechen nicht hält, eine angemessene Conventionalstrafe verspricht und dann vielleicht durch die Verhältnisse gezwungen sein Wort nicht halten kann, so muß er zahlen. Wo ist da die Consequenz? Ist das Rechtsgefühl mehr auf Seiten dessen, der den Schuldner ausbeutet, oder mehr auf Seiten der verlassenen und betrogenen Braut? Wenn also in dem einen Punkte die Consequenzen nicht gezogen werden, so sieht man doch, daß es kein Unglück ist, wenn manchmal solche Consequenzen nicht gezogen werden; es schadet gar nicht, wenn man nicht alles ganz consequent und ganz logisch scharf macht, wenn nur dasjenige gefunden wird, was für das Leben, für das Rechtsleben das Nützlichste ist.

Ich glaube nun aber auch, daß man sogar mit den Rechtsprincipien, welche der Entwurf zum B. G. B. hat, und die ja auch die allgemein üblichen sind, ganz gut auskommen und dennoch in den Folgen dahin kommen kann, die Conventionalstrafe nicht unbeschränkt zuzulassen. Es ist ein bekannter Grundsatz des Vertragsrechtes, daß Verträge nicht zulässig sind, welche gegen die gute Sitte laufen, und m. E. ist es gegen die gute Sitte, wenn jemand eine übermäßige Conventionalstrafe sich zubilligen läßt, sich versprechen läßt. Das ist von vornherein gegen die gute Sitte. Ich gehe aber noch weiter. Es ist, selbst wenn er vielleicht vernünftiger Weise unter den gegebenen Verhältnissen die Conventionalstrafe sich hat zusichern lassen dürfen, auch gegen die gute Sitte, wenn er dieses Versprechen auch *ausbeutet* in einem Falle, wo er gar keinen Schaden, gar kein Interesse dabei gehabt hat. Da ist es gegen die gute Sitte, wenn er die Gelegenheit ausbeutet, die ihm ein unbedachtes Wort gegeben hat, ohne daß er irgend welchen Schaden gehabt hat. Jeder Richter und jeder Anwalt, der in Sachen zu thun gehabt hat, in welchen Conventionalstrafen eingeklagt werden, hat dabei etwas Erfreuliches bemerkt und etwas Unerfreuliches. Das Erfreuliche besteht darin, daß die Conventionalstrafe in den seltensten Fällen eingeklagt wird, weil man sie eben meist sich nur versprechen läßt, um den Anderen zum Halten des Vertrages besser zu zwingen: denke daran, die Sache ist gefährlich, wenn du dein Versprechen nicht hältst, oder nicht pünktlich hältst. Ist aber das Versprechen doch nicht gehalten, und der andere Theil hat keinen erheblichen Schaden gehabt, dann fällt es in den meisten Fällen dem Gläubiger nicht ein, daß er die Conventionalstrafe geltend macht. Für diese Fälle wäre ja gleichgültig, was das Gesetzbuch bestimmt, ob es Conventionalstrafen zuläßt oder nicht. Aber es kommen auch die unerfreulichen Fälle vor, die unerfreulichen Fälle, wo das ausgenutzt wird, wo der Gläubiger, dem vielleicht recht damit gedient ist, daß der Vertrag nicht erfüllt wird, oder wo es sich um eine kurze Verzögerung handelt, die Gelegenheit mißbraucht, die ihm durch den Leichtsinn des anderen Theiles gegeben ist. Und in diesem Falle ist es für den Anwalt, der einen solchen Gläubiger vertreten muß, sehr unangenehm und für denjenigen Anwalt, der einen solchen Schuldner vertreten muß, auch unangenehm, und noch unangenehmer ist es für den Richter, der in einem solchen Falle eine seinem Rechtsgefühle nach unberechtigte Forderung dem Kläger zusprechen muß. Daraus erklärt sich, was der Herr Referent gesagt hat: meist findet man immer noch einen Grund, wie man herauskommt, und alle Welt freut sich darüber, wenn ein solcher Gläubiger seine Conventionalstrafe nicht bekommt; alle Welt freut sich darüber, bloß er nicht, und ihm ist das ganz gesund. (Heiterkeit.) M. E. ist es im Allgemeinen gegen die gute Sitte, daß ein solcher Vertrag geschlossen wird. Wenn aber das B. G. B. es in voller Consequenz zuläßt, so erklärt es damit: es ist nicht gegen gute Sitte, solche Verträge zu schließen; doch ist wenigstens die schrankenlose Ausbeutung solcher Verträge gegen gute Sitte, deshalb muß man solche Schranken in das Gesetz bringen, wie der Herr Berichterstatter vorgeschlagen hat.

Es ist in dem Gutachten viel exemplificirt auf das Wuchergesetz, man käme damit aus. Die Exemplification lasse ich mir gefallen, aber den Schluß nicht. Man kommt nicht damit aus, wie der Herr Referent eben sehr überzeugend dargethan hat. Schon aus dem einen Grunde nicht, weil das Wuchergesetz sich nur mit dem Gelddarlehn beschäftigt. Aber ich lasse mir die Exemplification gefallen, weil dieselbe ratio, aus der das Wuchergesetz hervorgegangen ist, dahin führen muß, der ungemessenen Ausbeutung der Conventionalstrafen entgegenzutreten. Das eine steht auf demselben Brett wie das andere, und deswegen muß auch hier durch irgend ein Mittel geholfen werden. Die Aehnlichkeit der ungemessenen Conventionalstrafe mit dem Wucher bestätigt die Richtigkeit dessen, daß die Beschränkung der Conventionalstrafe dem Rechtsbewußtsein des ganzen Volkes entspricht, d. h. mit anderen Worten, daß es das geltende Volksrecht ist, welches die Verfasser des Gesetzbuches finden sollen, und welches sie nicht machen sollen. Dasselbe Princip ist in allen bestehenden Gesetzgebungen des Deutschen Reiches zu finden, hat auch gemeinrechtlich, obwohl es nicht römisches Recht sein soll, sich Bahn gebrochen, weil man sich gesagt hat: das ist das wirkliche Recht, wenn es sich auch aus den römischen Quellen nicht nachweisen läßt. Diese Grundsätze soll man nun verlassen bloß einer unberechtigten Consequenzmacherei wegen! Irgend ein Correctiv gegen die ungemessenen, die ungerechtfertigt hohen Conventionalstrafen muß man haben. Mit dem duplum des Interesses kommt man nicht aus, weil es sich meistens handelt um unschätzbare Interessen. Der einzig mögliche Ausweg ist schon gefunden in manchen Gesetzgebungen, und dieser wird auch von dem Herrn Referenten vorgeschlagen, und das ist der, der allein zu einer gerechten Entscheidung führen kann, daß man nämlich dem richterlichen Ermessen frei lassen muß, zu gestatten, daß die Conventionalstrafe herabgesetzt werde unter Berücksichtigung aller obwaltenden Umstände, es kann ihm hier keine Schranke gezogen werden. Ich bin kein Freund vom richterlichen Ermessen, ich übersetze richterliches Ermessen mit richterlicher Willkür. Ich habe nicht die Ueberzeugung, daß die Richter immer das Richtigste finden werden, denn sie sind ebensogut Menschen, wie Andere; aber sie können doch nun die Conventionalstrafe herabsetzen, sie können es in keinem Falle schlimmer machen, als wenn es bei der Conventionalstrafe bleibt. Also auch wer in dieser Beziehung kein so großes Vertrauen zu dem Richter haben sollte, kann sich den Vorschlag gefallen lassen. M. E. ist dieser Vorschlag in der That der Vorschlag, dem hoffentlich der Juristentag mit großer Majorität zustimmen wird.

Correferent Justizrath **Makower** (Berlin): Ich bitte um Entschuldigung, daß ich zu spät komme, ich war aber in der anderen Abtheilung an der Debatte betheiligt. Deswegen habe ich auch nicht gehört, was die früheren Redner gesprochen haben, und vielleicht gestatten Sie deshalb um so mehr, daß ich das Referat, das ich bereits schriftlich gefertigt habe, vorlese, obwohl es möglich ist, daß Wiederholungen vorkommen.

M. H.! Der Entwurf des bürgerlichen Gesetzbuches geht nach den Motiven davon aus, daß eine Beschränkung der Conventionalstrafe in

Ansehung der Größe, sei es durch ein absolutes Verbot, sei es durch Bestimmung eines richterlichen Ermäßigungsrechts, nicht angezeigt sei, daß die Festsetzung ihrer Höhe vielmehr für alle Fälle, vorbehaltlich der Bestimmungen über den Wucher, der freien Vereinbarung der Parteien zu unterliegen habe.

Der Ausschuß des Juristentages hat zwei Gutachten darüber erfordert:

ob es bei diesem Principe bewenden soll.

Der eine Gutachter, Herr Landrichter Dr. Koffka zu Berlin, gelangt zu einer Bejahung der Frage auf folgendem Wege:

Er führt im Großen und Ganzen aus, daß weder das römische, noch das germanische Recht eine Beschränkung der Strafgedinge gekannt habe, daß das gemeine Recht einen Mißbrauch dieser Abreden zur Umgehung der Wucherbestimmungen für verspätete Leistungen vertretbarer Sachen nicht gestattet, aber auch dann, wenn eine Leistung nicht ganz erfüllt worden, den Verfall der ganzen Conventionalstrafe angenommen habe, daß das französische Recht für diesen Fall und seit dem Jahre 1807 auch bei Ueberschreitung der Zinstaxen ein richterliches Ermäßigungsrecht anerkannt habe. Im Preußischen Landrecht, welches in der Conventionalstrafe wesentlich nur das fixirte Interesse für die Nicht- oder nicht rechtzeitige Erfüllung sehe, sei bei Darlehen auch die Conventionalstrafe einschließlich des Zinses dem Maximum von 6 % resp. 8 % unterworfen, bei anderen Verträgen aber dem Richter ein Ermäßigungsrecht bis auf das duplum des Interesses eingeräumt, wenn das Interesse einer Schätzung fähig sei. In Deutschland sei zunächst durch das H.G.B., dann durch das Bundesgesetz vom 14. November 1867, welches die Zinsabrede in gewissen Grenzen freigegeben habe, endlich durch das Reichsgesetz vom 24. Mai 1880 über den Wucher folgender Rechtszustand eingetreten:

> Das Versprechen der Conventionalstrafe sei bei Darlehen oder der Stundung einer Geldforderung ungültig, wenn die Voraussetzungen des Wuchergesetzes vorliegen (Uebermaß und Ausbeutung des Leichtsinns, der Nothlage oder der Unerfahrenheit). Wenn dies nicht der Fall, sei die Conventionalstrafe unbeschränkt zulässig, soweit die Bestimmungen des H.G.B. zur Anwendung kommen, im Uebrigen nur unter den Beschränkungen des Bundesgesetzes vom 14. November 1867, wenn es sich um Darlehen oder gestundete Forderungen handelt, und wenn dies nicht der Fall, könne der Richter im Gebiete des Landrechts die Strafe auf das duplum des Interesses ermäßigen, falls dieses schätzbar sei, und im Gebiete des

französischen Rechts, wenn die Verbindlichkeit nur theilweise unerfüllbar geblieben sei.

Herr Koffka erachtet die einheitliche Regelung der Materie durch den Entwurf als gerechtfertigt, wonach die Abreden von Conventionalstrafen in allen Fällen gültig sein sollen, wenn sie nur nicht gegen das Wuchergesetz verstoßen. Die Beschränkungen des Bundesgesetzes vom 14. November 1867 auf Darlehen und creditirte Forderungen und des Kündigungsrechts des Schuldners erachtet er als mit Recht beseitigt. Seine Gründe sind folgende:

Die für die praktische Anwendung schwierige Unterscheidung des Landrechts, ob das Interesse schätzbar sei oder nicht, habe keine innere Berechtigung; in dem einen wie in dem anderen Falle könne die Bedrückung gleich groß sein. Die Conventionalstrafe sei aber nicht bloß geschätztes Interesse, könne auch für Fälle bestimmt sein, in welchen es sich um Erfüllung gar nicht handle; sie sei Verstärkungsmittel der Verträge, Zwangsmittel gegen den Schuldner. Die Vertragsfreiheit sei nur so weit einzuschränken, als das öffentliche Interesse dies erfordere, und dies geschehe hinsichtlich jener Privatstrafen ausreichend durch das Wuchergesetz. Wirthschaftlich spräche gegen eine weitere Beschränkung alles, was zur Aufhebung der Zinstaxen geführt habe; trotz deren Beseitigung sei der Zinsfuß dauernd gefallen. Juristisch sei es bedenklich, Gesetze zu geben, welche sich leicht umgehen lassen; ein Ermäßigungsrecht des Richters sei abzulehnen, weil er weder das abstract, noch das concret Angemessene genügend zu arbitriren im Stande sei; er habe Recht anzuwenden, nicht zu schaffen, und wenn auch die Erfahrung lehre, daß die Richter sich gegen die Verurtheilung zu unmäßigen Conventionalstrafen sträuben, so müßten sie sich dem Gesetze fügen und bedenken, daß sie doch nicht alle Seiten der Sache übersehen und daß der Schuldner doch im Verzuge sei, also ein Verschulden ihn treffe. Unsittlich endlich sei eine hohe Conventionalstrafe so wenig als ein hoher Zinssatz; wie dieser werde sie es erst, wenn die Voraussetzungen des Wuchergesetzes vorlägen.

Endlich könne wegen der nahen Berührungen nicht ein Unterschied zwischen Handelsgeschäften und anderen hinsichtlich der Conventionalstrafe gemacht werden, an eine Beschränkung der letzteren auch bei Handelsgeschäften denke aber niemand.

Außer der Schranke der Wuchergesetze müsse es als selbstverständlich bei dem landrechtlichen Satze verbleiben, daß niemand sich zu körperlichen, die Freiheit oder die Ehre verletzenden Strafen verpflichten könne; auch der Entwurf des bürgerlichen Gesetzes erkläre solche Rechtsgeschäfte für nichtig, deren Inhalt gegen die guten Sitten und die öffentliche Ordnung verstößt.

Der zweite Gutachter, Herr Rechtsanwalt Dr. Simon zu Berlin, giebt gleichfalls eine Uebersicht der Gesetzgebungen betreffend die zur Erörterung stehende Frage und die Gründe, aus welchen die verschiedenen Bestimmungen getroffen worden sind; er findet, daß sich die Ansichten über die vorliegende Frage weder überhaupt, noch örtlich oder zeitlich geklärt haben, und sich die Gründe für und wider annähernd die Wage halten, wenn man die Frage isolirt betrachtet. Ordnet man sie aber dem allgemein für Verträge bestimmten Rechte unter, wonach die Gesetzgebung sich jeder Bevormundung selbständiger contrahirender Personen enthalten und ihnen die Verantwortlichkeit für ihre Verträge überlassen soll, ohne Aussicht, derselben durch eine Hinterthür zu entschlüpfen, so komme man zu dem Grundsatze des Entwurfs: ein Mann, ein Wort! Das richterliche Mäßigungsrecht sei in Frankreich aufgegeben worden und werde in Oesterreich, wo es noch bestehe, angefochten. Es fehle jeder Maßstab für die gesetzliche Herabsetzung oder das richterliche Mäßigungsrecht. Eine verabredete Conventionalstrafe sei nicht bloß vereinbartes Interesse, sondern Festsetzung eines Minimums derselben und Präventivmittel zur Abwendung der Nichterfüllung des Vertrages durch Furcht vor der Strafe. Das bloße Interesse ließe sich allenfalls insoweit schätzen, ob nicht ein Uebermaß in der Abrede liege, und danach könnte eine Mäßigung arbitrirt werden. Unmöglich aber könne der Richter ermessen, wie hoch das wirkliche Interesse sei und wie hoch billiger Weise die Strafe sein dürfe, welche auf den Vertragsbruch gesetzt werde.

Obwohl die beiden Gutachten gedruckt Ihnen vorliegen, habe ich doch geglaubt, alles Wichtigere aus denselben Ihnen in Kürze recapituliren zu müssen, um Sie in die Lage zu setzen, Alles zu würdigen, was zur Unterstützung des Entwurfs angeführt worden ist. Dies schien mir um so mehr als ein Gebot der Gerechtigkeit gegenüber den Herrn Gutachtern, als ich mich deren Meinung nicht anschließen kann, vielmehr eine Aenderung des Entwurfs für nothwendig erachte.

Ich erkenne an, daß es überwiegender Gründe bedarf, um die Vertragsfreiheit selbständiger Personen einzuschränken, glaube aber, daß die Frage, inwieweit und wann eine Einschränkung stattfinden soll, mehr eine Lösung durch gesetzgeberischen Tact auf Grund der Erfahrung, als nach bloßen streng logischen Sätzen finden muß. Das Wuchergesetz, dessen Fassung vielfachen Bedenken unterliegt, wird jetzt doch wohl allgemein als auf einem richtigen Gedanken ruhend betrachtet. Die Erfahrung muß lehren, ob jener Eingriff genügt oder ob ein Bedürfniß zu noch weiterer Einschränkung erforderlich ist, und zwar mit civilrechtlichen Hülfen, welche ich den strafrechtlichen bei Weitem vorziehe. Gerade deshalb ist es wünschenswerth, aus der Mitte des Juristentags Stimmen zu hören, ob sich ein überwiegendes Bedürfniß thatsächlich gezeigt hat. Was mich betrifft, so bejahe ich nach einer 30jährigen Thätigkeit als Anwalt die Frage, bemerke aber sogleich, daß ich die Aufhebung der Zinsbeschränkungen immer befürwortet habe und gegen jede Wiedereinführung mich aussprechen würde. Daraus schon ergiebt sich, daß die Anschauung der Herren Gutachter, es müsse von der Conventionalstrafe genau dasselbe, wie von den Zinsbeschränkungen gelten, wenigstens von mir nicht anerkannt wird. Der Unterschied beruht darin, daß der Zinsfuß für zahlreiche gleichartige Geschäfte durchschnittlich und für mäßige Zeiträume ein gegebener ist, also den Contrahenten einen allgemein bekannten Anhalt für Beredungen bietet, die Conventionalstrafe aber bloße individuelle Willkür in jedem einzelnen Falle und für die mannigfachsten Geschäfte ist. Wer wirthschaftlich stärker ist, unterwirft den Anderen rettungslos seinem Willen. Nun tröstet man sich allerdings, das Wuchergesetz werde helfen, indeß die schreienden Fälle, von denen ich einige benennen werde, betreffen zum großen Theil nicht Darlehen oder gestundete Geldforderungen, anderntheils liegt die Voraussetzung nicht immer vor, daß die Nothlage, der Leichtsinn oder die Unerfahrenheit ausgebeutet ist, und doch bäumt sich das richterliche Gewissen dagegen auf, ganz unverhältnißmäßige Privatstrafen zuzuerkennen. Es nützt nichts, dem Richter zu sagen: Fiat justitia, pereat mundus; im gegebenen Falle sucht der Richter einen Ausweg, um horrenden Consequenzen auszuweichen, auch wenn ein Contrahent sich denselben im Voraus wissentlich unterworfen hat.

Ein Fall, wie er täglich vorkommt, ist etwa folgender, und ich führe ihn aus dem Grunde an, weil er beweist, daß auch für das Gebiet des Handelsrechts eine Einschränkung nothwendig ist, was Herr Landrichter Koffka nicht einmal als fraglich erachtet. Ein Commis, ein Buchhalter ist ohne Stelle; seine Mittel sind aufgezehrt. Er findet endlich eine solche mit gutem Gehalt, muß sich aber einer Conventionalstrafe unterwerfen, wenn er nach Beendigung des Dienstverhältnisses eine gleichartige Stellung übernehmen sollte. Mir ist nicht erinnerlich, daß ich sie jemals geringer als 5000 Mark normirt fand. Die Zahl ist so hübsch rund, und deshalb beliebt. Man darf annehmen, daß genügende Limitationen nach Zeit und Ort getroffen sind, um den Vertrag nicht wegen Einschränkung der Gewerbefreiheit als ungültig zu erachten. Das Dienstverhältniß endet, und der Commis muß, da er keine andere Stelle findet und doch leben will, eine gleichartige annehmen. Die Strafe ist verwirkt; sie hat zur Folge, daß er sein ganzes Leben in Schuldknechtschaft verbleibt, denn so viel kann er nicht erübrigen. Die Anhänger der Vertragsfreiheit sagen: weshalb hat er sich derselben unterworfen? Es ist ganz gerecht, daß er auch bei der angestrengtesten Thätigkeit nie wieder auf einen grünen Zweig kommen kann. Und doch, wenn er sich statt dessen zu einer Privatstrafe dahin unterworfen hätte, daß er einen Tag seines Lebens nicht ausgehen darf, dann wäre dies eine zweifellos gegen die persönliche Freiheit verstoßende, daher unwirksame Bestimmung; aber gegen diese verstößt es nicht, daß er sein ganzes Leben für einen Anderen arbeiten muß, nichts erwerben oder für sich oder die Seinigen fortlegen darf. Fragen Sie den Commis, welche von beiden Strafen er vorziehen würde. Die Antwort ist wohl nicht zweifelhaft.

Worin liegt denn nun aber die Härte? Meines Erachtens darin, daß in zahlreichen Fällen zwar der Wille frei ist, ob man einen Vertrag eingeht, nicht aber, wie man ihn eingeht. Muß man daher nach den Umständen überhaupt einen Vertrag solcher Art eingehen, so ist das wie keineswegs mehr frei. Sie können die Eisenbahn benutzen oder einen Wagen nehmen, aber wenn Sie zu dem einen oder anderen sich entschließen, dann sind Sie nicht mehr Herr der Bedingungen. Hier hört die Freiheit des Willens in vielen Fällen auf. Der eine Contrahent schreibt vor, und der andere muß genehmigen.

Auch ich finde in der Conventionalstrafe überwiegend das Moment der Strafe. Ist es denn aber zulässig, daß ein Privatmann über den anderen überhaupt auch mit dessen Willen so ohne alle Limitationen eine ruinöse Strafe soll verhängen können? Im öffentlichen Recht ist die Verhängung der Strafen durch vielfache Voraussetzungen limitirt; nicht einmal dem uninteressirten Richter giebt ein civilisirter Staat ein arbiträres Strafrecht auf Geld, und doch soll jeder Privatmann Geldstrafen ohne alle Grenze sich ausbedingen können. Nur der Curiosität wegen erwähne ich einen Vertrag der gedachten Art, worin ein mit 90 Mark monatlich engagirter Commis sich zu einer Conventionalstrafe von einer Million Mark verpflichtete. Ich zweifle nicht, daß kein Richter sie zugesprochen hätte, aber er hätte dies doch nur durch Umwege beseitigen können, z. B. weil die Abrede nicht ernstlich gemeint war oder dergleichen. Der wahre Grund ist aber der, daß die Strafe unsinnig hoch normirt war, und ich halte es für besser, den Richter in die Lage zu versetzen, den wahren Grund anzugeben, als ihn zu nöthigen, auf Umwegen zu demselben Resultat zu kommen. Gesetzt aber, in dergleichen Fällen stände vollständig fest, daß weder Nothlage, noch Leichtsinn, noch Unerfahrenheit, sondern freier Entschluß und klares Bewußtsein der Tragweite der Stipulation bei dem Vertragsschlusse vorlag, ist es nicht auch dann gerechtfertigt, das Unmaß zu reduciren? Auch dies bejahe ich. Die Gesetzgebung, ich betone des Handelsrechts, hat auch in einem solchen Falle eingegriffen. Societäten, auf Lebenszeit eingegangen, werden auf ein Jahr reducirt, auch wenn weder Nothlage, noch Leichtsinn, noch Unerfahrenheit erwiesen sind oder vorliegen. Dagegen soll das Gesetz machtlos sein, wenn man ohne alle Gegenleistung, ohne daß dem Gegen-Contrahenten vielleicht auch nur der geringste Schaden erwächst, zu Leistungen sich verpflichtet hat, welche man durch die Arbeit des ganzen Lebens nicht erfüllen kann? wenn, um es juristisch auszudrücken, gar keine causa vorliegt außer der verpflichtenden Erklärung? Ist doch ein in allen schützenden Formen gegebenes Schenkungsversprechen widerruflich oder wegen Uebermaßes anfechtbar.

Herr Dr. Simon ist consequent; er findet es zulässig, daß eine Bank im Interesse des Festhaltens ihrer Beamten einen mit 10 000 Mark jährlich engagirten Herrn zu einer Conventionalstrafe von 100 000 Mark für den Fall des Vertragsbruchs engagire, auch wenn deren Zahlung den wirthschaftlichen Ruin des Mannes zur Folge hat. Ich gestehe, daß ich weichherziger bin. Niemand hat das Recht, in seinem Interesse — und in dem gegebenen Falle ist es nicht einmal ein überwiegendes — den Anderen total zu ruiniren. Dies kann Gesetz sein, aber Recht ist es darum doch nicht.

Wenn jedoch nur in den von mir angegebenen Fällen bei Abschluß von Dienstverträgen jene Bedenken sich zeigten, so wäre vielleicht eine besondere Remedur möglich. Aber Herr Dr. Simon erwähnt selbst eine — nach meiner Auffassung geradezu scandalöse — Ausbeutung der Vertragsfreiheit gegenüber weiten Schichten der Bevölkerung. Er sagt wörtlich, „daß gewisse Versicherungsgesellschaften auf Gegenseitigkeit durch billige Tarife das kleine Publikum, namentlich die kleineren Fabrikanten zunächst an sich ziehen, dann große — drei- bis vierfache Nachschüsse ausschreiben und in ihren — leider zum Theil behördlich genehmigten — Statuten die Bestimmung haben, daß die nicht pünktliche Zahlung einer Nachschußrate die Verpflichtung zur Zahlung einer Conventionalstrafe in Höhe des ganzen Nachschusses zur Folge hat.

Aus eigener Erfahrung kann ich diesen schweren Uebelstand bestätigen. Ich übernahm so lange Mandate von Nachschußpflichtigen, als ich irgend glaubte, eine Minderung der Strafe herbeiführen zu können, und gab dies erst auf, als alle Versuche fruchtlos waren. Die Gerichte nahmen an, es sei ein unschätzbares Interesse der Versicherungsgesellschaften, die Nachschüsse zu erhalten, um ihre Gläubiger zu befriedigen, und deshalb nach Landrecht eine Herabsetzung auf das doppelte Interesse unzulässig.

Dergleichen Processe einer einzigen Gesellschaft haben zu Hunderten bei dem Landgericht I zu Berlin geschwebt.

Beachten Sie gefälligst ein Beispiel, das ich willkürlich wähle: Prämie 20 Mark, Nachschuß 80 Mark, in vier gleichen Raten also je 20 Mark; wird eine Rate nicht pünktlich bezahlt, Conventionalstrafe 80 Mark, d. h. wenn 20 Mark an einem bestimmten Tage nicht bezahlt werden, so sind am folgenden Tage zu zahlen die 20 Mark und 80 Mark Strafe, d. h. für 100 Mark — 400 Mark, also 400% Strafe. Ich frage, was sind dagegen alle Wucherer der Welt? Lohnt es sich noch für diese kleinen Sünder ein Gesetz zu machen, welche doch schwerlich bis annähernd 400% für einen Tag Säumniß nehmen, und welche doch baares Geld in irgend einem Maße hergeben und dies in der Regel riskiren. Jene Gesellschaften geben gar nichts, riskiren daher gar nichts, ihre Statuten werden in der That behördlich genehmigt, an einer unauffälligen Stelle des Statuts, das der Versichernde schwerlich so genau liest, steht unter zahlreichen anderen Bestimmungen jene Pön, und die Vertheidiger der absoluten Vertragsfreiheit finden, daß diese öffentliche Calamität ertragen werden müsse. Dieselben Herren würden aber, wenn 400% Verzögerungszinsen auch nur für 1 Jahr gefordert würden, sicherlich sich abwenden. Dem Zahlenden ist es aber gleichgültig, ob er 400% als Strafe oder als Zinsen zahlt.

Aber noch ein drittes großes Gebiet, in welchem die Conventionalstrafen Anwendung finden, möchte ich berühren, denn es kommt darauf an, zu wissen, welchen Umfang das Uebel thatsächlich hat. Mögen daher Andere ihre anderen Erfahrungen geltend machen, damit sich übersehen läßt, wie und wieweit das Gesetz reagiren soll. Es giebt keinen Berliner, der nicht die Berliner Miethsverträge kennt. Hier zeigt sich recht, welche Freiheit man hat, die Bedingungen von Verträgen zu stipuliren. Von seltenen Ausnahmen abgesehen, giebt es keine Wohnung, wenn man den Bedingungen der gedruckten Formulare sich nicht unterwirft. Entstanden aus dem von mir vollständig anerkannten dringenden Bedürfnisse, die Ordnung in sogenannten Miethskasernen aufrecht zu erhalten und den Eingang der Miethszinsen zur Bezahlung der Hypothekenzinsen zu sichern, also hervorgegangen aus loyalen und wohl zu berücksichtigenden Bedürfnissen, haben die Conventionalstrafen eine unerträgliche Ausdehnung erlangt, und hier — wie überall, wo ganz Unbilliges gefordert wird — die Richter zu allerlei Künsteleien genöthigt, um nur nicht das Schreiendste bloß, weil einmal zugesagt, gutzuheißen. Kein vernünftiger Mensch wird bezweifeln, daß die Sicherung der Miethszahlung und der Hausordnung sowohl durch schnelle Urtheile und Vollstreckung, als auch durch Gestattung des Rücktritts vom Vertrage muß herbeigeführt werden können. Ich bestreite nur, daß es zulässig ist, Strafen auszumachen, zumal solche, welche in gar keinem vernünftigen Verhältniß zu dem Verstoße gegen den Vertrag stehen. Ein Fabrikbesitzer übersieht die Miethszahlung am Fälligkeitstage, und wie ich für diesen Fall annehmen will, ohne daß ihm irgend eine Entschuldigung zur Seite steht. Soll er dann wirklich mit seinen Hunderten Arbeitern sofort exmittirt werden, allen seinen Verpflichtungen nicht nachkommen können und dadurch rettungslos ruinirt werden? Oder soll der Privatmann, der etwas säumig mit der Zahlung war, mit Kind und Kegel auf die Straße geworfen werden, ohne zu wissen, wo er bleibt, und unter plötzlicher Störung aller Beziehungen, in welchen er und seine Familie steht? Ich will nicht näher darauf eingehen, daß dies Unglück ihn in Folge von viel geringeren Verstößen treffen kann, wenn z. B. ein Mannshemd in der Küche gewaschen, ein Blumentopf an das Fenster gestellt, das Dienstmädchen mit Holzschuhen auf der Treppe gegangen ist, oder mit dem Liebsten vor der Thür geplaudert hat. Beachten Sie gefälligst, daß, wenn jemand exmittirt wird, der Wirth seinerseits den Vertrag nicht weiter erfüllen will, und daß er doch nach den üblichen Miethsverträgen befugt ist, die Miethe für die ganze Vertragsdauer zu verlangen. Der hinausgeworfene Miether muß für die Wohnung, die ihm nicht gewährt wird, bezahlen. Er hat einmal, wie Alle es thun, unterschrieben.

Doch der Entwurf des bürgerlichen Gesetzbuchs — wie die früheren Gesetze — wollen dem Miether helfen. Nimmt der Vermiether die Miethe nachträglich ohne Vorbehalt an, dann kann er die Strafe nicht mehr fordern. Dieser Rechtssatz wäre vortrefflich, wenn verhindert werden könnte, daß irgend ein Vermiether ihn zu lesen bekäme und er doch gälte. Es giebt in Berlin aber schwerlich viele so harmlose Vermiether, welche auf die vom Gesetzgeber ihnen gestellte Falle hineinfallen. Beachtenswerth ist aber, daß der Gesetzgeber durch jene Bestimmung seiner Mißgunst gegen die Conventionalstrafen diesen m. E. wirkungslosen Ausdruck gegeben hat. Gerechtfertigt ist derselbe keineswegs, wenn man mit dem Princip der Vertragsfreiheit operirt. Verzichte auf Rechte werden nicht vermuthet; weshalb hier die gesetzliche unwiderlegbare Vermuthung, daß, wenn der Vermiether die verspätete Miethszahlung ohne Vorbehalt annimmt, welche ihm doch unter allen Umständen gebührt, er die Strafleistung habe erlassen wollen? Thatsächlich trifft sie doch nur in den allerseltensten Fällen zu. Advokaten und Richter haben bei uns noch mehrere andere concludente Handlungen erfunden, aus denen ein Verzicht gefolgert wird. Die Noth zwingt zu solchen Erfindungen, aber gerade daraus folgere ich, daß es besser ist, durch das Gesetz Milderungen zu schaffen, als im Interesse der Gerechtigkeit zu einer Ueberlistung des Gesetzes zu nöthigen.

Gegen ein gesetzlich dem Richter einzuräumendes Ermäßigungsrecht wird der Einwand erhoben, der Richter habe Recht zu sprechen, nicht Recht zu schaffen; es werde seiner Willkür zu viel überlassen; es fehle ihm ein Anhalt für sein Ermessen bei der Minderung.

Diese Bedenken sind m. E. nicht entscheidend. Durch die ganze neuere Gesetzgebung, namentlich das Handels-Gesetzbuch und die Civil-Proceßordnung, geht erkennbar der Zug, dem Richter etwas von prätorischen Befugnissen zu geben, soweit das Eingreifen eines unbefangenen Mannes in Privatverhältnisse sich als nothwendig erweist. Aus wichtigen Gründen löst der Richter Dienstverhältnisse, bestellt Liquidatoren, schließt Socien aus, ordnet Verkäufe von Waaren und dergl. an, Thätigkeiten, welche mit der eigentlichen Rechtsprechung nichts zu thun haben. In der Civil-Proceßordnung ist ihm die Befugniß, einstweilige Verfügungen zu erlassen, Zwangsvollstreckungen zuzulassen, zu versagen, einzustellen, namentlich aber das Recht übertragen — welches hier interessirt — nach freiem Ermessen zu bestimmen, ob ein Schaden entstanden ist und in welcher Höhe.

Nun klagt Herr Dr. Simon, daß die Richter von dieser Befugniß, die nur unrichtig Willkür genannt wird, zu wenig Gebrauch machen, nicht aber, daß sie zu viel sie benutzen. Nach meinen Erfahrungen hat Herr Dr. Simon ganz recht, aber hieraus ergiebt sich, wie wenig begründet die Furcht ist, daß der Richter von einem ihm verliehenen Milderungsrecht bei Conventionalstrafen gar zu sehr Gebrauch machen wird. Fürs erste liegt der Vertrag vor, und die Strafe ist verwirkt. Mag derjenige, welcher das Uebermaß behauptet, genügende Grundlagen zu einer Minderung geben, wenn dieselben nicht ohne dies erhellen. Allerdings wird der Richter zu beachten haben, daß die Conventionalstrafe Schadensersatz und vereinbarte Strafe sein soll, also nicht der erstere allein zu veranschlagen ist. Andererseits wird das bloße Bestehen des Milderungsrechts schon verhindern, daß so unsinnig hohe Strafen vereinbart werden, und bewirken, daß, wo in einem Falle sehr viel von der Erfüllung eines Vertrages abhängt, die Contrahenten schon im Vertrage die Momente angeben, welche für die Höhe der verabredeten Strafe bestimmend waren. Ich glaube daher, daß die gesetzliche Zulassung der Mäßigung durch den

Richter schon dahin wirken wird, daß in der Regel nur entsprechende Strafen stipulirt werden. Natürlich will auch ich, daß Verträge gehalten werden, aber wenn der Richter auch einmal zu weit in der Herabsetzung gehen sollte, immerhin empfängt der Berechtigte etwas, das er ex lege nicht erhalten haben würde. Und dies nöthigt mich allerdings, meinen letzten Hintergedanken offen auszusprechen. Ich halte Conventionalstrafen überhaupt für unzulässig und erkenne keinem Privatmann das Recht zu, seinen Nebenmenschen in eine Geld- oder andere Strafe zu nehmen. Strafen verhängt nur der Staat, aber niemand wirksam über sich selbst oder den Anderen, und deshalb ist auch der Consens zweier Contrahenten über eine Strafe wirkungslos. Vielleicht — diese Conjectur gebe ich der Prüfung gelehrterer Herren anheim, als ich bin — sind diese Strafgedinge nur entstanden, weil es nach den jeweiligen Proceßgesetzen unmöglich war, zu einem Ersatze von Schaden überhaupt oder in genügendem Maße zu gelangen, und weil die Gesetze und die Richter nur den greifbaren öconomischen Schaden veranschlagten, nicht aber jeden anderen, insbesondere die verletzten ethischen Interessen und alle Störungen, welche die Vertragsverletzung unter Umständen herbeiführt. Da nun Gesetz und Richter die Parteien in dieser Richtung des Ersatzes von Schaden in weiterem Sinne hülflos ließen, griffen die Parteien selbst zu dieser Schätzung im Voraus, ins Blinde hinein. Ueberall, wo das Gesetz und die richterliche Praxis sich als machtlos erweisen, dem Rechte zu seinem Siege zu verhelfen, entstehen solche Afterbildungen, um es doch durchzusetzen. Zu diesen, die mangelhafte Rechtsordnung ausfüllenden Lückenbüßern zähle ich die Privatstrafen. Wenn dieser Gedanke richtig ist, dann müßten dieselben für unwirksam erklärt und die Befugniß des Richters gesetzlich festgestellt werden, jene ideellen Güter in seine Taxe des zu ersetzenden Schadens miteinzuschließen. Die poena conventa wäre dann nichts, als ein Anhalt, ein bloßer Fingerzeig, ein Vorschlag für den Richter.

Ich bescheide mich indeß, daß zur Zeit ein solcher Bruch mit einer in den mannigfachsten Schattirungen seit vielen Jahrhunderten bestehenden Institution kaum genügende Beistimmung finden wird, um schon jetzt durchzudringen, gebe aber die Hoffnung nicht auf, daß mit der wachsenden Cultur und Civilisation die Zulässigkeit vertraglicher Strafen überhaupt verneint werden wird. Die Unbequemlichkeit des Richters bei der Veranschlagung des vollen Interesses erachte ich für gleichgültig. Mit der Gewohnheit wächst der Muth und der Tact, ungefähr das Richtige zu treffen. Und wenn auch einige Fehlgriffe vorkommen werden, so werden sie doch nicht so fehlerhaft sein, als die Willkür des übermächtigen Contrahenten, der nur sein Interesse sieht, die Folgen für den Gegencontrahenten aber außer Acht läßt.

Für jetzt befürworte ich daher nur einen mäßigeren Eingriff in das bestehende Recht, ein überall zuzulassendes Mäßigungsrecht des Richters.

Conventionalstrafen kommen thatsächlich bei vielen Arten von Verträgen vor, z. B. zur Sicherung pünktlicher Lieferung von Materialien, Waaren, von individuellen Sachen, Maschinen und dergl., zur Sicherung der prompten Herstellung von Anlagen, Bauten u. s. w.; sie können fast jedem Vertrage beigefügt werden. Es scheint mir deshalb für den Juristentag nicht zweckmäßig, schon in formulirter Weise nach Art eines Gesetzesvorschlages seiner Stellung zur angeregten Frage Ausdruck zu geben, vielmehr besser nur über das Princip zu beschließen.

Die Ansicht der Herren Gutachter würde etwa dahin gehen, zu beschließen:

> Es empfiehlt sich, die Conventionalstrafen lediglich der freien Vereinbarung zu unterwerfen,

während nach meiner Meinung für jetzt zu beschließen wäre:

> Es empfiehlt sich gegenüber allen Conventionalstrafen ein richterliches Mäßigungsrecht einzuführen. (Bravo!)

Oberlandesgerichtsrath **Heinsheimer** (Karlsruhe): Nicht, um gegen den Antrag der beiden Herren Referenten mich zu erklären, sondern um denselben in der lebhaftesten Weise zu befürworten, ergreife ich das Wort. Ich habe häufig im Berathungszimmer des Gerichtshofes die Ansicht vertreten, ein Wuchergesetz wäre überhaupt gar nicht nöthig gewesen, wenn wenigstens in den deutschen Ländern französischen Rechtes die Richter von ihrem Rechte Gebrauch gemacht hätten, die Artikel 1131. 1133 des code civil anzuwenden und Stipulationen wucherischer Art als auf unsittlicher Grundlage beruhend für unwirksam zu erklären. Was nöthigte die Richter, einem Gläubiger, der sich für 100 Fl. Darlehen 5% und auf Martini ein Malter Korn oder Weizen versprechen ließ, das zuzuerkennen? Sie hätten sich an den Fingern ausrechnen können, daß das ein unsittliches Gedinge ist, daß vernünftiger Weise bei redlichem Verkehr das Bäuerlein nicht neben den landläufigen Zinsen noch einmal ein Malter Korn für jede 100 Fl. schaffen kann.

Ich glaube, daß die Richter zu wenig von der in jenen Vorschriften enthaltenen Befugniß Gebrauch gemacht haben. Das hat auch, soweit ich mich entsinne, der eine Herr Gutachter besonders hervorgehoben, und er hat gemeint, man solle dem Richter die Befugniß nicht geben, die Conventionalstrafe zu ermäßigen, weil sie von ihrer Befugniß, soweit sie bereits bestand, so wenig Gebrauch gemacht haben. Der Code civil sieht in Art. 1231 die Ermäßigung der Strafe vor, wenn die Hauptverbindlichkeit zum Theil erfüllt ist.

Daneben konnten aber Art. 1131, 1133 in der Richtung berücksichtigt werden, daß der Richter nicht genöthigt ist, etwas Unsittliches zuzuerkennen, deshalb nicht genöthigt sein soll, einen solchen Vertrag zu respectiren.

Bezüglich der Conventionalstrafen möchte ich dem reichen Material des Herrn Collegen Makower noch einiges beifügen. Ich habe nicht bloß die Fälle im Auge, in denen durch die Conventionalstrafe der mittellose Commis oder Werkmeister u. s. w. geknechtet, wirthschaftlich zum Sclaven gegenüber dem betreffenden Brotherrn gemacht wird, sondern mir sind aus meiner Praxis viel ärgere Fälle bekannt. Es ist eine ganz neue europäische Sclaverei eingetreten, namentlich bezüglich der Techniker, der Chemiker u. s. w., die sich unter einer Conventionalstrafe, die selbst ihre zuweilen sehr großen Gehalte ganz unverhältnißmäßig übersteigt, verpflichten, nicht in ein anderes Geschäft ähnlicher Art in der und der Zeit, an dem und dem Orte einzutreten. Sie werden wirthschaftlich nicht ruinirt, denn bei Abschluß des Vertrages dachte niemand daran, daß der Commis oder Werkmeister die Strafe aus seiner Tasche leisten solle; es entspinnt sich vielmehr ein Schacherhandel der großen Concurrenten, wer den Kerl am ersten erkauft; der Einzelne, der Chemiker, wird nicht ruinirt, er unterschreibt das leichten Herzens; kommt es zum Proceß, er muß nicht bezahlen. Die Actiengesellschaft A. hat ihn engagirt, die Actiengesellschaft B. und die Actiengesellschaft C. überbieten sich; wer am unsinnigsten hinaufgeht, der bekommt die Kraft. Es ist das ein unsittliches Geschäft.

Soll da der Richter nicht einschreiten, und, wenn es einmal zum Proceß kommt, trotz der gerühmten Vertragsfreiheit sagen können: „Auf die Conventionalstrafe von 100 000 Mark gegenüber einem untergeordneten Chemiker, der 2000 Mark Gehalt hat, der gar keinen Theil an dem Gewinn der Gesellschaft hat, der kaum das sauere Brot gehabt hat, auf die 100 000 Mark erkenne ich nicht; das ist und bleibt eine unsaubere Geschichte, die zwischen den verschiedenen Brotherren, die ihn hätten gewinnen können, sich abgespielt hat, ich ermäßige diese Conventionalstrafe auf das Verhältniß, welches den Einkommensverhältnissen, dem Interesse des Bediensteten entspricht“? Ich glaube, daß das nach allen Richtungen hin den Erfordernissen des redlichen Verkehrs entspricht, und ich glaube, daß, wenn die Mäßigung der Conventionalstrafe durch die Richter zum Grundsatz des Gesetzes gemacht wird, davon gewiß nur die Sittlichkeit des Rechtsverkehrs profitiren kann. Der deutsche Richterstand, denke ich, wird sich der Aufgabe, in dieser Richtung zu sorgen, unter dem neuen Gesetzbuch besser unterziehen, als es nach meinen Erfahrungen unter der Herrschaft der bisherigen Gesetzgebung zum Theil deshalb der Fall war, weil die Beschränkungen der Beweistheorie noch lange Zeit bestanden, und weil bisher die freie Beweiswürdigung noch nicht so in succum et sanguinem der Gerichte übergegangen ist, wie es längst der Fall sein sollte.

Empfehlen wir für das neue B.G.B das richterliche Mäßigungsrecht der Conventionalstrafe!

Die Debatte wird geschlossen. Referent und Correferent verzichten auf das Schlußwort.

Der Antrag des Referenten:

> Es empfiehlt sich, gegenüber allen Conventionalstrafen ein richterliches Mäßigungsrecht einzuführen,

wird fast einstimmig angenommen.

Der Beschluß soll dem Plenum durch den Referenten Prof. Dr. Gierke zur Kenntnißnahme mitgetheilt werden.

(Schluß der Sitzung nach $2^1/_2$ Uhr.)

Zweite Sitzung der ersten Abtheilung
am 12. September 1889.

Landgerichtspräsident **Becker** (Oldenburg) eröffnet als Vorsitzender die Sitzung um 9 Uhr.

Die von dem Bureau zusammengestellte Liste der Vertrauensmänner für die Wahl der ständigen Deputation wird durch Acclamation genehmigt.

Nachdem der Präsident noch mitgetheilt, daß über den Beschluß der Abtheilung die Anspruchsverjährung betreffend wegen Verhinderung des Referenten Prof. Pfaff der Correferent Prof. Fischer dem Plenum referiren wird, erhält das Wort zu Frage 4:

> Empfiehlt sich die Beibehaltung der Vorschriften, welche der Entwurf des bürgerlichen Gesetzbuches im Allgemeinen Theil (§§ 98—102) über den Irrthum bei Willenserklärungen aufstellt?

Referent Professor Dr. **Hölder** (Erlangen): M. H.! Ich werde mich möglichst kurz fassen. Erstens ist der Gegenstand, um den es sich handelt, an sich so weitschichtig, daß, wenn wir ihn in seiner ganzen Tiefe und Weite verfolgen wollten, dann die uns zu Gebote stehende stehende Zeit kaum zureichen würde. Ich habe aber auch noch einen zweiten, einen besonderen Grund mich kurz zu fassen. Sie wissen, daß die zwei Referenten in dieser Angelegenheit Herr Professor Zitelmann und ich sind. Es sind also diesmal, jedenfalls ohne unsere Schuld und ohne unser Zuthun, beide Referenten Professoren. Ich wünschte aber nicht, daß die Meinung entstünde, als ob in dieser Frage gerade die Theorie der Praxis gegenüber so ganz besonders zum Worte zu kommen gedächte, sondern ich will meinerseits den Herren Praktikern, welche für diese Frage sich interessiren, möglichst viel Zeit lassen, sich darüber zu äußern. Ich will dies um so mehr thun, da mein Antrag vorliegt, wie

Sie ihn vor sich haben,*) dagegen noch nicht vorliegt der anders lautende Antrag meines Herrn Collegen Zitelmann; schon dadurch nun, daß jeder der Referenten einen eigenen Antrag gestellt hat, wird wahrscheinlich der Vortrag des Herrn Correferenten länger ausfallen, als sonst zu erwarten wäre, so daß ich meinerseits mich beschränken muß.

Wenn ich nun diese schwierige Frage in das Auge fasse, so glaube ich, daß wir bei ihr wie bei allen anderen derartigen legislativen Fragen an sich ganz wohl thäten, vor allem uns zu fragen, ob es nicht einfach bei dem bestehenden Rechte bleiben könne. Wenn wir uns nun hier fragen: welches ist denn aber das bestehende Recht? so ergiebt sich insbesondere in Beziehung auf das gemeine Recht das Resultat, daß wir in diesem Gebiete eine bestimmte positive, schlechthin bindende Satzung überhaupt nicht haben, sondern wir haben bekanntlich im corpus juris eine Reihe von Aussprüchen, die man so und so interpretirt hat, eine Reihe von Aussprüchen, aus welchen man diese und jene Theorien abgeleitet hat; und die gemeinrechtliche Praxis, wenn ihr dieses Gebiet in praktischen Fällen vorkommt, handhabt dann diese Theorien im großen Ganzen so, wie sie durch die wissenschaftliche Tradition überliefert sind. Solche Theorien sind ja aber keine Gesetze, und solche Theorien haben das Gute, daß, wenn im einzelnen Falle die Anwendung der Theorie sich als eine besonders unzweckmäßige ergeben würde, dann natürlich derjenige, welcher zur Anwendung berufen ist, in diesem einzelnen Falle eben über die Sätze der Theorie sich wegsetzt und frei diejenige Entscheidung findet, welche dem besonderen Wesen des Falles am meisten gerecht wird.

Hier aber bei den Paragraphen, die wir vor uns haben, soll es sich handeln um ein bestimmtes positives Gesetz. Wenn wir also auch annehmen wollten, daß diese Paragraphen nichts anderes thun, als die hergebrachte Theorie — vorausgesetzt, daß es in dieser Beziehung eine herrschende oder wenigstens vorwiegende Theorie giebt — wiedergeben und zwar in der denkbar vollendetsten Form wiedergeben, selbst dann werden wir uns sehr besinnen müssen, ob wir diese Paragraphen annehmen sollen, weil natürlich die gleichen Sätze, wenn sie einmal zu Sätzen eines positiven Gesetzes geworden sind, eine ganz andere Bedeutung haben, als wenn sie nur Gegenstand der wissenschaftlichen Tra-

*) Antrag des Referenten zur Frage 4.

Die §§ 98—102 des Entwurfes zu streichen und dadurch die Frage offen zu lassen, inwieweit der Irrthum die Existenz einer Willenserklärung ausschließt, dagegen allgemein eine Ersatzpflicht desjenigen auszusprechen, welcher durch die Kundgebung eines nicht existirenden Willens einen Anderen geschädigt hat.

Hölder.

dition und damit der Anwendung durch die Praxis in dubio sind. Wenn wir diese Sätze zu Sätzen des Gesetzes erhoben haben, dann wird es dem Richter nicht mehr möglich sein, von dem durch die Auslegung gefundenen Sinne dieser Sätze abzuweichen auch in solchen Fällen, in welchen ihre Anwendung ein eclatant unzweckmäßiges Resultat ergeben würde; während bisher die Stellung namentlich des gemeinrechtlichen Richters den Aussprüchen des corpus juris und den Lehren der gemeinrechtlichen Theoretiker gegenüber in dieser Sache eine andere war.

Es erhebt sich nun aber die Frage, ob wir diese Frage überhaupt zum Gegenstand einer positiven Satzung machen müssen oder nicht. Es giebt ja viele Dinge, welche durch positive Satzung ganz einfach geregelt sein müssen. Auch unter diesen Dingen giebt es sehr viele, in welchen eine Satzung sich nicht leicht finden läßt, von welcher wir behaupten könnten, sie wäre die beste, vielleicht auch keine sich finden läßt, von welcher wir behaupten könnten, sie wäre entschieden eine gute, sondern nur eine solche, von der wir sagen können: sie ist wenigstens eine leidliche, wenigstens eine erträgliche. Und in solchen Materien, die unbedingt der positiven Regelung bedürfen, müssen wir uns mit einer nur leidlichen, erträglichen dann begnügen, wenn wir eben eine bessere Regelung nicht zu finden vermögen. Hier aber fragt es sich vor allem: bedürfen wir überhaupt schlechthin der legislativen Regelung, welche wir, wie gesagt, insbesondere im Gebiete des gemeinen Rechtes nicht besitzen, oder sollten wir es einfach lassen bei dem alten Zustand? Wenn wir diese Frage aufwerfen, so ist natürlich die wichtigste Frage für die Entscheidung derselben die, ob nicht durch diese Weglassung positiver Bestimmungen über dieses Gebiet eine Lücke entstünde, welche zu empfindlich wäre, durch deren Offenlassen der Gesetzgeber seiner Aufgabe nicht genügen würde. Es fragt sich dabei: Inwieweit können wir eine Berücksichtigung des Irrthums in der fraglichen Richtung auch dann statuiren, wenn wir eine ausdrückliche Anweisung zu solcher Berücksichtigung durch das Gesetz nicht haben?

Daran ist gar kein Zweifel, daß es Fälle giebt, in welchen über den Inhalt einer vollzogenen Willenserklärung ein Irrthum unter solchen Umständen stattgefunden hat, daß wir sagen müssen: dieser Irrthum muß die Berücksichtigung finden, daß die Willenserklärung der rechtlichen Geltung entbehrt, daß die Willenserklärung als eine wirklich rechtsgültige Willenserklärung nicht zu behandeln ist. Und es fragt sich also, inwieweit wir dies zu thun in der Lage sind, dann wenn wir irgend einer bestimmten positivrechtlichen Anweisung in dieser Richtung entbehren. Entbehren wir derselben, so können wir natürlich zunächst nur operiren mit dem Begriffe der Willenserklärung. Gerade diese Bezeichnung ist ja eine solche, welche insbesondere von unserem Entwurfe durchaus als eine technische gebraucht wird, so daß wir durchaus sagen dürfen: dasjenige was aus dem Begriffe der Willenserklärung in Beziehung auf die Berücksichtigung des Irrthums sich mit logischer Nothwendigkeit ergiebt, das wäre auch ohne positive Satzung durch unseren Entwurf schon insoweit durch ihn anerkannt, daß er beständig mit diesem Begriffe der Willenserklärung operirt.

Nun hat man ja die Frage schon aufgeworfen, ob es überhaupt irgend einen Irrthum giebt, welcher die Existenz einer Willenserklärung ausschließt, und man hat diese Frage schon verneint. Man ist aber darin m. E. viel zu weit gegangen; auch ich selbst habe in dieser Beziehung mich einer Mitschuld zu bekennen.

Die frühere Theorie war durchaus unbefangen davon ausgegangen, daß, wenn ich eine Erklärung abgebe, deren Inhalt ich mir als einen ganz anderen vorstelle, dann derjenige Erklärungsinhalt, den ich mir vorgestellt habe, ein solcher ist, dessen Erklärung in Wirklichkeit nicht vollzogen wurde, daß aber hingegen die Kundgebung, die wirklich vollzogen ist, einen Inhalt kungegeben hat, welcher wirklicher Inhalt meines Willens nicht gewesen, daß also eine wirkliche Willenserklärung deswegen nicht vorliegt. Daß auch die römischen Juristen auf diesem Standpunkt stehen, daran kann kein Zweifel sein, weil in denjenigen Fällen, in welchen sie wegen Irrthums die Nichtigkeit oder Nichtexistenz eines Rechtsgeschäftes annehmen, sie in keiner Weise operiren auf Grund der Anweisung irgend eines positiven Gesetzes, sondern einfach operiren mit allgemeinen Argumenten, welche eben das nothwendig voraussetzen, daß der Irrthum ein solcher sein kann, welcher die Existenz einer wirklichen Willenserklärung ausschließt. Ein Irrthum ist ja ein Zustand meines Bewußtseins. Dieser Zustand meines Bewußtseins vermag nicht unmittelbar auf die Außenwelt zu wirken, er vermag auf die Außenwelt zu wirken nur dadurch, daß er meinen Willen bestimmt. Daß also alles dasjenige, was ich aus Irrthum gethan habe, wirklich eine Handlung, eine Willensäußerung meinerseits ist, daran kann nicht der mindeste Zweifel sein. Allein es folgt daraus natürlich noch lange nicht, daß hier vorliege eine Willenserklärung in dem Sinne, welchen das Recht, welchen insbesondere jetzt unser Entwurf eines B.G.B. mit dem Begriffe der Willenserklärung verbindet.

Wir können auf diese Frage natürlich nicht eingehen, ohne uns ganz kurz die Frage vorzulegen: was verstehen wir denn unter einer Willenserklärung? Und dabei ergiebt sich wieder eine doppelte Frage. Einmal wenn wir von Willen sprechen, so sprechen wir ja von Willen in sehr verschiedenem Sinne, und es fragt sich zunächst: was ist es eigentlich für ein Willensinhalt, um dessen Kundgebung es sich hier handelt? Ohne hier irgendwie auf das Nähere einzugehen, glaube ich nicht auf Widerspruch zu stoßen, wenn ich sage: der Wille, von dem wir reden, wenn wir von einer Willenserklärung reden, das ist immer ein normirender Wille, es ist immer die Statuirung irgend eines Sollens oder Dürfens, eines Nichtsollens oder Nichtdürfens, um welche es hier sich handelt. Ganz ebenso wie das Gesetz eine abstracte Norm statuirt, statuirt in der rechtsgültigen Willenserklärung der private Wille irgend eine concrete Norm, er statuirt diese Norm eben durch die Kundgebung. Vor der Erklärung existirt der erklärte Wille überhaupt nicht als eine Norm, denn zur Existenz der Norm ist ganz unumgänglich, daß diese Norm irgendwie vollzogen, daß diese Norm irgendwie kundgegeben sei. Wir können also sagen: dieser Wille ist ein normirender Wille, welcher zu derjenigen Existenz, welche das Recht fordert, damit er Geltung habe, eben durch seine Erklärung, durch seine Kundgebung gelangt; er existirt nicht ohne die Kundgebung. Die Kundgebung aber oder die Erklärung existirt auch nicht ohne ihn, d. h. es ist nicht möglich, daß eine wirkliche bewußte Kundgebung eines bestimmten Willensinhaltes erfolgt sei, ohne daß damit auch dieser Wille zu derjenigen Existenz gelangt sei, welche das Recht allein verlangt, damit der Wille gelte. Ich berühre damit eine Frage, welche das B.G.B. auch beschäftigt hat, aber beschäftigt hat in einem Paragraphen, der allerdings hier nicht zum Gegenstande der Tagesordnung erhoben ist, nämlich in dem § 95. Das ist die Frage der Mentalreservation. Nun, was diese Mentalreservation betrifft, so können wir darüber nicht den mindesten Zweifel haben, daß wir der Mentalreservation irgend welche rechtliche Bedeutung nicht zuerkennen dürfen. Wenn einer z. B. ein bindendes Versprechen abgelegt hat, so hat er das Versprechen abgelegt ohne alle Rücksicht darauf, ob er nun mit dieser Ablegung des Versprechens den Vorsatz verbindet, sein Versprechen nicht zu halten, oder ob er diesen unredlichen Vorsatz damit nicht verbindet. Es ist dies etwas, was für jeden redlichen Menschen sich ganz von selbst versteht, was insoweit gar keiner Erörterung bedürfte, wenn nicht gerade die Juristen in diesem Falle eine wesentliche Schwierigkeit gefunden hätten, nämlich die Schwierigkeit, daß sie sagen: die Willenserklärung ist es, welcher die rechtliche Geltung zukommt. Die Willenserklärung setzt voraus die Wirklichkeit des erklärten Willens, und diese Wirklichkeit des erklärten Willens ist ja doch nicht vorhanden in dem Falle der Mentalreservation, so daß also daraus zu folgen schiene, daß principiell einer Mentalreservation eine rechtliche Bedeutung beizulegen wäre und ihr dieselbe nur versagt würde aus Gründen der Zweckmäßigkeit oder aus Gründen der Sittlichkeit im Widerspruch mit der Consequenz des Rechtes. Ich glaube nicht, daß diese Auffassung richtig ist. Ich habe bereits erklärt, nach meiner Meinung ist der erklärte Wille nicht ohne die Erklärung, ist aber auch eine wirkliche Willenserklärung nie ohne wirkliche Existenz des erklärten Willens in demjenigen Sinne, in dem das Recht diese Existenz allein verlangt. Wenn ich erkläre: ich werde dir an dem und dem Tage eine bestimmte Summe zahlen, ich verbinde aber damit zugleich den Vorsatz, diese Summe Geldes nicht zu zahlen, so ist ja allerdings ein Widerspruch insofern vorhanden, als ich sage: ich werde dies thun, während ich entschlossen bin, es nicht zu thun; allein wenn ich auch meine Erklärung in die Form gekleidet habe: ich werde dies thun, so ist der Sinn dieser Erklärung doch nicht der einer Aussage über meine zukünftige Handlung, sondern der Sinn dieser Erklärung ist der, daß ich zu dieser Handlung mich verpflichte, d. h. ich erkläre: in Folge dieser von mir abgegebenen Erklärung kann ich diese Handlung nicht unterlassen, ohne gegen dich ein Unrecht zu begehen. Dadurch, daß ich diesen Willen bewußt kundgebe, ist dieser Wille in mir auch zu derjenigen Existenz, deren er allein bedarf, gelangt. Wenn ich damit die Absicht verbinde, meine Verpflichtung nicht zu erfüllen, so habe ich nicht kundgegeben einen Verpflichtungswillen, während der Wille, mich zu verpflichten, mir fehlt, sondern ich habe mich bewußt absichtlich verpflichtet; den Willen, die Verpflichtung zu übernehmen, hatte ich, ich verband nur mit diesem Willen den Willen der Pflichtverletzung, welcher letztere Wille natürlich ein rechtlich unerheblicher ist, da nach einmal begründeter Verpflichtung sie zu erfüllen ist vermöge ihrer Uebernahme, unabhängig davon, ob dies meiner Neigung entspricht oder nicht. Ich nehme also die Möglichkeit einer bewußten Nichtübereinstimmung zwischen Wille und Erklärung, wie sie in § 95 supponirt wird, überhaupt nicht an.

Aber eine andere Frage ist es — und damit kommen wir auf unser Gebiet —: wie steht es dann, wenn ich einen Willen erkläre, ohne daß ich des erklärten Willensinhaltes mir bewußt bin? Es ist hier eine doppelte Möglichkeit vorhanden. Es ist vorhanden die Möglichkeit, daß ich über diesen Inhalt mir eine bestimmte Vorstellung überhaupt nicht bilde, und es ist die andere Möglichkeit vorhanden, daß ich zwar eine bestimmte Vorstellung über diesen Inhalt mir bilde, daß aber die Vorstellung, welche ich mir bilde, eine falsche, eine unzutreffende ist. Man könnte nun versucht sein, von vornherein zu sagen: die Annahme der Erklärung eines Willens, dessen Inhaltes ich mir nicht bewußt bin, ist ein absoluter Widerspruch, so daß also in jedem solchen Falle, in welchem ich über den Inhalt, den ich als Inhalt meines Willens erklärt habe, keine Vorstellung mir gebildet habe, eine wirkliche Willenserklärung nicht vorläge und consequenter Weise also hier eine rechtsgültige Handlung überhaupt nicht anzunehmen wäre. Das ist nun aber ganz sicher unrichtig; denn man kann sehr wohl einen bestimmten Willensinhalt sich aneignen, ohne daß man diesen Willensinhalt kennt. Man kann einen Willensinhalt unbesehen in einer solchen Weise sich aneignen, daß man eben denjenigen Inhalt, welcher in der betreffenden Erklärung enthalten ist, als Inhalt seines Willens erklärt, auch dann, wenn man dieses Inhaltes sich nicht bewußt ist. Nehmen Sie z. B. folgenden Fall. Es sagt einer: ich will dir ein Geschenk machen zu deinem Geburtstag und zwar in der Form: ich will dir einen Schuldschein ausstellen und habe das Vertrauen zu dir, daß du nicht allzu viel verlangst, du sollst den Schuldschein ausfertigen wie du willst, auf eine so hohe Summe als du willst; ich werde unterschreiben. Wenn ich einen Schuldschein unterschreibe, wissend, daß hier eine Verpflichtung auf eine Summe Geldes übernommen wird, während ich principiell darum, eine wie hohe Summe Geldes hier versprochen wird, mich nicht bekümmere, so habe ich ohne allen Zweifel durch die Unterschrift des Schuldscheines diejenige Verpflichtung übernommen, welche wirklich in diesem Schuldscheine niedergelegt ist, sollte auch der Inhalt dieser Verpflichtung meine Vorstellung weit übersteigen, sollte ich auch gedacht haben, daß im höchsten Falle vielleicht der zehnte Theil der hier versprochenen Summe in dem Scheine versprochen sei.

Jedenfalls ergiebt sich aus diesem Beispiel, daß es nicht unmöglich ist, eine Willenserklärung mit rechtlicher Geltung abzugeben, ohne daß man den Inhalt dieser Willenserklärung kennt, es ist dies überall der Fall, wo man diesen Inhalt sich unbesehen aneignet. Es ist natürlich eine ganz andere Frage, ob das Recht in allen Fällen eine derartige Willenserklärung gelten läßt, ob es nicht in manchen Fällen eine besondere Ueberlegung fordert und daher Willenserklärungen dieser Art nicht gelten läßt. Allein daß solche Willenserklärungen in Ermangelung einer besonderen positiven Bestimmung ungültig wären, das kann man nicht sagen, weil ich unbesehen den betreffenden Inhalt mir angeeignet habe.

Variiren wir unser Beispiel etwas. Ich kann mir über den Inhalt der Willenserklärung, die ich vollziehe, gar keine Vorstellung bilden, ich kann mir auch über den Inhalt der Willenserklärung zwar eine Vorstellung bilden, aber eine falsche. Und da fragt es sich: steht der eine Fall dem anderen gleich oder steht er ihm nicht gleich? Wir werden hier unterscheiden müssen. Es kommt ganz darauf an, ob ich diese falsche Vorstellung mir bilde leichtsinniger und unüberlegter Weise. Dieser Fall liegt immer vor, wenn ich mir gar keine Vorstellung bilde, denn derjenige, der eine Willenserklärung vollzieht, ohne sich den Inhalt derselben näher anzusehen, der handelt immer ohne Ueberlegung, der handelt immer leichtsinnig. Derjenige, der über den Inhalt der von ihm vollzogenen Willenserklärung sich eine falsche Vorstellung bildet, handelt entweder, weil er in dem gleichen Leichtsinn befangen ist wie derjenige, der unbesehen die Willenserklärung vollzieht, oder deshalb, weil er Gründe zu haben glaubt, um sich über den Inhalt der vollzogenen Willenserklärung diese Vorstellung zu bilden. Wir werden sagen müssen, die falsche Vorstellung über den Inhalt der von mir vollzogenen Willenserklärung steht dem Falle, daß ich mir gar keine Vorstellung darüber gebildet habe, vollständig gleich dann, wenn eben diese falsche Vorstellung eine leichtsinnig, eine ohne Ueberlegung gefaßte ist. Und damit kommen wir zu einem Satze, den unser Entwurf auch aufstellt, den der Entwurf aber aufstellt als eine Ausnahme von dem allgemeinen Princip, nämlich zu dem Satze, daß der Irrthum nie Berücksichtigung findet, wenn er ein unverzeihlicher, wenn er ein unentschuldbarer ist. Der Entwurf hat in § 98 bestimmt, unter welchen Voraussetzungen wegen Mangels der Uebereinstimmung des wirklichen Willens mit dem erklärten Willen die Erklärung nichtig sein soll. Er hat dann in § 99 bestimmt:

> Die nach den Vorschriften des § 98 für nichtig zu erachtende Willenserklärung ist gültig, wenn dem Urheber derselben grobe Fahrlässigkeit zur Last fällt.

Ich bin nun damit durchaus einverstanden, daß wir sagen: überall da, wo der Irrthum ein unentschuldbarer ist — denn das ist gemeint im Sinne der bisherigen Terminologie — wird er überhaupt nicht berücksichtigt; ich möchte aber jedenfalls nicht diese Nichtberücksichtigung des unentschuldbaren Irrthums in der Weise, wie es hier geschehen ist, als eine Ausnahme von dem vorangeschickten Princip formulirt wissen, deswegen weil ich eben davon ausgehe, daß es aus dem Begriffe der Willenserklärung d. h. daß es eben daraus, daß ich durch die Vollziehung einer Erklärung bestimmten Inhaltes diesen Inhalt mir aneigene, folgt, wenn ich an diesen Inhalt gebunden bin, obgleich ich leichtsinniger Weise über diesen Inhalt mir keine oder eine falsche Vorstellung gebildet habe.

Eine andere Frage ist es dann: wie steht es, wenn ich über diesen Inhalt mir eine falsche Vorstellung entschuldbarer Weise gebildet habe? Hier nimmt bekanntlich die herrschende Theorie an, daß eine wirkliche

Willenserklärung nicht vorliege, wenn eben die Differenz desjenigen Inhaltes, welchen die vollzogene Erklärung ergiebt, und die Differenz desjenigen Inhaltes, welchen der Erklärende sich vorstellte, eine wesentliche ist. Und dabei fragt es sich dann natürlich wieder: wann ist diese Differenz eine wesentliche? Es tritt hier wieder eine doppelte Möglichkeit ein.

Die Differenz kann sich beziehen auf den ganzen Inhalt der Willenserklärung, die Differenz kann sich aber auch beziehen auf einen bloßen Theil des Inhalts. Bezieht sich die Differenz nur auf einen Theil des Inhaltes, so ist ja an sich nur für diesen Theil des Inhaltes dadurch die Frage gegeben, ob nicht dieser Inhalt als ein solcher anzusehen ist, welcher nicht Gegenstand einer wirklichen Willenserklärung ist. Aber es fragt sich dann natürlich weiter, ob nicht dieser Theil des erklärten Willensinhaltes mit den übrigen Theilen desselben in einer solchen Weise zusammenhängt, daß die übrigen Theile des Willensinhaltes nicht als ohne jenen Theil gewollt erscheinen, so daß, wenn der eine Theil des Willensinhaltes wegen des Irrthums als nicht gewollt anzusehen ist, dann die Folge die ist, daß die Willenserklärung ganz dahinfällt. In dieser Beziehung hat bekanntlich der Entwurf eine Präsumption aufgestellt, was Verträge betrifft, indem er sagt:

> § 100. Fehlt bei der Schließung eines Vertrages in Ansehung eines Theiles des Vertrages die Uebereinstimmung des Willens der Vertragschließenden, so ist der ganze Vertrag nichtig, sofern nicht erhellt, daß der Vertrag auch ohne eine Bestimmung über jenen Theil geschlossen sein würde.

Er hat also die Präsumption aufgestellt, daß in dubio immer der einzelne Theil wesentlich ist. Ob es richtig war, diese Präsumption aufzustellen, ist mir sehr zweifelhaft. Ich möchte darin alles dem Ermessen des Richters überlassen, und namentlich möchte ich nicht eine Präsumption aufstellen, welche in dubio eher die Ungültigkeit der Verträge ergiebt, während, wenn eine Präsumption überhaupt aufgestellt werden sollte, ich es für richtiger hielte, eine solche Präsumption aufzustellen, welche in dubio die Gültigkeit des Vertrages ergiebt, welche also die Annahme einer Nichtexistenz eines solchen wegen Irrthums oder wegen dissensus möglichst einschränkt.

So viel über § 99 und § 100.

Die Hauptfrage, wann der Irrthum ein in einem solchen Grade wesentlicher sei, daß wegen dieses Irrthums eine gültige Willenserklärung nicht vorliege, diese Frage beantwortet der § 98 in der Weise, daß er zunächst ein allgemeines Princip aufstellt, und daß er dann gewisse Fälle angiebt, in welchen im Zweifel anzunehmen sei, daß der Irrthum ein wesentlicher ist.

Es heißt hier zunächst:

> Beruht der Mangel der Uebereinstimmung des wirklichen Willens mit dem erklärten Willen auf einem Irrthum des Urhebers, so ist die Willenserklärung nichtig, wenn anzunehmen ist, daß der Urheber bei Kenntniß der Sachlage die Willenserklärung nicht abgegeben haben würde; im entgegengesetzten Falle ist die Willenserklärung gültig.

Ich bemerke zunächst, das Princip, welches der Entwurf hier aufstellt, ist der gemeinrechtlichen Tradition fremd, es ist dies das durchaus subjective Princip. Es wird einfach gesagt: wenn es irgendwie an der vollen Uebereinstimmung des wirklichen Willens mit dem erklärten Willen fehlt, dann sollen wir uns fragen: ist anzunehmen, daß der Urheber bei Kenntniß der Sachlage die Willenserklärung nicht abgegeben haben würde? Es bleibt also hier jedem Urheber einer Willenserklärung, welcher Lust hat, nachher diese Willenserklärung wegen Irrthums anzufechten — sei es ein wirklicher Irrthum oder sei es ein Irrthum, der in Wirklichkeit nicht passirt ist, indem er nur die Bestimmungen über den Irrthum benutzt, um sich von einem ihm nachher unbequem werdenden Vertrage loszusagen — ich sage, es bleibt jedem unbenommen, den Beweis anzutreten, daß er den Vertrag nicht geschlossen hätte bei Kenntniß der Sachlage, auch dann, wenn es sich hier um Umstände handelt, welche lediglich auf seinen individuellen Verhältnissen beruhen. Ich würde das für etwas außerordentlich Gefährliches halten. Wir müssen in dieser Beziehung durchaus einen allgemeineren, einen abstracteren Maßstab anlegen, wir können überhaupt bei Beurtheilung der Rechtsgeschäfte speciell des Vermögensrechtes — und um die handelt es sich hier immer in erster Linie — nicht in dieser Weise auf die individuellen Verhältnisse der einzelnen Personen sehen, sondern wenn wir uns die Frage aufwerfen: ist anzunehmen, daß der Urheber bei Kenntniß der Sachlage die Willenserklärung nicht abgegeben hätte? so dürfen wir diese Frage nur aufwerfen unter Abstraction von den individuellen Verhältnissen und Neigungen des Urhebers, so daß wir nur dann die Differenz für eine wesentliche erachten dürfen, wenn sie eine so große Tragweite hat, daß nach der Natur des betreffenden Geschäftes, daß nach der Natur derjenigen Gattung von Geschäften, um welche es sich hier handelt, anzunehmen wäre, die Erklärung wäre nicht erfolgt, wenn ihr Urheber die Sachlage nicht gekannt hätte.

Nun ist aber diesem allgemeinen subjectiven Princip, welches der

§ 98 aufstellt, noch ein Zusatz beigefügt, in welchem für eine Reihe von Fällen gesagt ist, es soll hier im Zweifel die Wesentlichkeit des Irrthums angenommen werden. Es heißt hier:

> Im Zweifel ist anzunehmen, die Willenserklärung würde nicht abgegeben sein, wenn ein Rechtsgeschäft anderer Art, die Beziehung des Rechtsgeschäftes auf einen anderen Gegenstand oder die Wirksamkeit des Rechtsgeschäftes unter anderen Personen beabsichtigt wurde.

Ich bemerke dabei, diese Hervorhebung der Kategorien von der anderen Art, dem anderen Object und der anderen Person findet sich auch schon in der gemeinrechtlichen Tradition, aber in der gemeinrechtlichen Lehre in einer ganz anderen Weise, indem man versucht hat, durch Bildung solcher festen Kategorien diejenigen Fälle, in welchen der Irrthum in dem Sinne, daß er die Existenz einer Willenserklärung ausschließt, ein wesentlicher ist, dadurch abzugrenzen, einzuschränken, daß man gesagt hat, es muß ein error in persona oder in corpore oder es muß dieses oder jenes sein. Im Zusammenhang des § 98 haben diese Bestimmungen einen ganz anderen Sinn, insofern sie durchaus nicht eine Abgrenzung liefern, durchaus nicht irgend einen objectiven Maßstab zu fixiren trachten im Gegensatz zu dem principiellen subjectiven Maßstab, sondern der subjective Maßstab ist für maßgebend erklärt, und es ist nur derjenige, welcher behaupten will, er hätte das Rechtsgeschäft ohne den Irrthum nicht abgeschlossen, des Beweises dieser Wesentlichkeit des Irrthums für ihn überhoben in denjenigen Fällen, in welchen ein Rechtsgeschäft anderer Art, die Beziehung des Rechtsgeschäftes auf einen anderen Gegenstand oder die Wirksamkeit des Rechtsgeschäftes unter anderen Personen beabsichtigt wurde. Kein Zweifel, daß unter dieser Bestimmung des Gesetzbuches die Berücksichtigung des Irrthums in dem Sinne, daß die Gültigkeit einer Willenserklärung wegen Irrthums angefochten werden kann, außerordentlich ausgedehnt ist über das hinaus, was insbesondere das gemeine Recht bestimmt hat; zugleich kein Zweifel, daß diese Bestimmungen für zweckmäßige nicht erachtet werden können.

Ich lenke Ihre Aufmerksamkeit hier hauptsächlich auf die Beziehung des Rechtsgeschäftes auf einen anderen Gegenstand und auf die Wirksamkeit des Rechtsgeschäftes unter anderen Personen. In Bezug auf diese Beziehung des Rechtsgeschäftes auf einen anderen Gegenstand und auf die Wirksamkeit unter anderen Personen soll die Differenz ohne Weiteres eine wesentliche sein. Woraus wollen wir das schließen? Ist das richtig? Nehmen wir nun von allen vermögensrechtlichen Geschäften das wichtigste und häufigste, den Kauf.

Nehmen wir den Fall eines Kaufmannes, der gegen baare Bezahlung eine Sache an Herrn X verkauft, den er für den Herrn Y hält. Der Kaufmann, der gegen baare Bezahlung verkauft, liegt dem überhaupt irgendwie daran, an wen er verkauft? Gewiß nicht! Es liegt ihm nur daran, daß er für seine Waare sein Geld bekommt. Bekommt er sein Geld, so ist ihm die Person des Käufers gänzlich gleichgültig. Es kann mir ja natürlich im einzelnen Falle bei dem Verkauf einer Sache die Person des Käufers wesentlich sein, aber nach der Natur des Kaufvertrages ist die Person des Käufers durchaus nicht wesentlich, sondern diejenigen Motive, die bei jedem Kaufe vorkommen. Wenn wir von den bei einzelnen Käufen vorkommenden absehen, sind es nur die, daß der Kaufmann seine Waare möglichst preiswürdig anbringen, daß er sein Geld von dem Käufer bekommen will, ob dieser Käufer der Herr X oder Y ist, der Irrthum über die Person ist hier vollständig gleichgültig. Der Kaufmann wird in unserem Falle einen solchen Irrthum über die Person nicht leicht geltend machen, weil auch im concreten Falle der Irrthum ihm gleichgültig sein wird. Nehmen wir aber einen anderen Fall, den Irrthum des Käufers. Auch von dem Standpunkte des Käufers aus müssen wir sagen, nach der Natur des Kaufgeschäftes handelt es sich für den Käufer nur darum, daß er eine möglichst gute Waare möglichst billig bekommt, und die Waare sich anzusehen und zu prüfen, ob die Waare preiswürdig ist, ist seine Sache; es ist ebenso seine Sache, sich diejenige Person auszusuchen, bei der er die Waare kaufen will. Hier wird dem Käufer die Person sehr oft wesentlich sein, auch abgesehen von dem besonderen concreten Verhältniß, deswegen weil der Käufer die betreffende Gattung von Waaren nicht näher kennt, weil er weiß, es giebt vertrauenswürdige Geschäfte, es giebt weniger vertrauenswürdige Geschäfte, weil er sich sagt, ich bin sicherer, eine preiswürdige Waare zu bekommen, wenn ich bei X einkaufe, als wenn ich bei Y einkaufe. Es hat einer irgend ein Bedürfniß, er will eine bestimmte Gattung von Waaren sich anschaffen und er erkundigt sich: bei wem kaufe ich diese Waare am besten? Es wird ihm gesagt: bei X auf dem Holzmarkt. Er begiebt sich auf den Holzmarkt, geht da in den Laden, kauft die betreffende Gattung von Gegenständen ein, und wie er den Laden verläßt und wieder draußen ist und ihm das Ladenschild in die Augen fällt, da sieht er, daß er aus Versehen nicht zu X gegangen ist, sondern in den anstoßenden Laden des Y, welcher die gleiche Gattung von Waaren führt. Er kann hier in dem gegebenen Falle gewiß vollständig beweisen, daß er bei niemand anders als bei X kaufen wollte, er kann beweisen, daß er sich ausdrücklich erkundigt, bei wem er diese Waare am besten kaufe, daß er bei X kaufen wollte, weil ihm X speciell empfohlen war. Soll er aber in den Laden des Y gehen und die gekaufte Waare zurückgeben können und sagen: „Ja, mein lieber Herr, ich habe eben gesehen, ich habe mich geirrt, ich habe geglaubt, es sei der Laden von X, während es der Laden von Y war; bitte, geben Sie mir das Geld zurück, der Kauf ist nichtig wegen wesentlichen Irrthums"? Ich glaube nicht, daß irgend jemand Lust haben würde, in solchem Falle den Irrthum für wesentlich zu erachten, d. h. für einen die Gültigkeit der vollzogenen Willenserklärung ausschließenden zu erachten, obgleich er nach § 98 des Entwurfes ein wesentlicher ist aus mehr als einem Grunde. Er ist nach § 98 ein wesentlicher schon im Zweifel ganz abgesehen davon, was der betreffende Käufer hier dachte, weil es ein Irrthum in Bezug auf die Person ist und zwar in Bezug auf die Identität der Person. Und selbst dann, wenn dieser Zusatz des § 98 nicht wäre, würde es in einem solchen Falle sehr wohl möglich sein, daß der Käufer den positiven Beweis liefern könnte, daß er ohne diesen Irrthum die Waare nicht gegekauft hätte. Er kann hier sagen: ich habe gekauft von Y, ich habe kaufen wollen von X, ich hätte nicht gekauft, wenn ich gewußt hätte, daß dies der Laden von Y ist, ich behaupte, daß der Kaufvertrag nichtig ist.

Das wären die gewiß nicht acceptablen Consequenzen des § 98, was die Wirksamkeit unter anderen Personen betrifft.

Auch was den Gegenstand betrifft, ist es ein bloßes Vorurtheil, um nicht zu sagen ein Aberglaube, als ob es immer auf die Identität des Gegenstandes ankäme. Einmal ist ganz klar, daß es bei vertretbaren Sachen auf die Identität des Gegenstandes überhaupt nicht ankommt, weil es da nur auf quantitative Unterschiede ankommt und quantitative Unterschiede unter den Sachen nicht bestehen. Allein auch wenn es sich nicht um eine vertretbare Sache handelt, lassen sich Fälle genug denken, in welchen die Verschiedenheit des Gegenstandes vollständig gleichgültig ist. Sie ist überall da gleichgültig, wo die Verschiedenheit desjenigen Gegenstandes, den der Irrende meinte, und desjenigen Gegenstandes, in Bezug auf den er wirklich handelte, nicht eine so große ist, daß es einen wesentlichen Unterschied für ihn ausmachen muß, den einen Gegenstand zu haben anstatt des anderen. Nehmen Sie z. B. den Fall, ich bin im Begriff nach einer entfernten Stadt, in welcher ich früher auch schon gelebt habe, zu ziehen. Ich lese in der Zeitung, daß in dieser Stadt ein Zimmermeister sein Haus zum Kaufe anbietet, in der Alleenstraße Nr. 8. Ich erinnere mich nun des Hauses dieses Zimmermeisters von früherer Zeit her ganz gut, schreibe an ihn, um wie viel ihm das Haus feil ist, und es wird, ohne daß ich hinreise und mir das Haus ansehe, in Bezug auf dieses Haus des betreffenden Zimmermeisters, Alleenstraße Nr. 8, ein Kaufvertrag geschlossen, ich kaufe das Haus um so und so viel 1000 Mark. Nachher zerschlägt sich vielleicht mein Plan, nach dieser Stadt zu ziehen, aus irgend welchen damals nicht vorauszusehenden Gründen, und ich möchte natürlich das Haus gern wieder los sein. Wie ich in die Stadt komme, sehe ich, daß das gar nicht das Haus war, was ich meinte, indem nämlich das Haus, was ich meinte und was ich von früher kannte, das Haus Alleenstraße Nr. 6 war; der betreffende Zimmermeister hatte aber neben diesem Hause noch einen Bauplatz, und er hatte auf diesem Bauplatze ein zweites Haus erbaut und zwar genau nach dem Muster dieses ersten Hauses, und dieses zweite Haus war das Haus Alleenstraße Nr. 8 gewesen, das ich ihm abgekauft hatte. Das Haus ist also ein anderes, obgleich das Haus genau so errichtet ist, aus demselben Material, nach demselben Bauplan, ebenso eingerichtet, ebenso viel werth u. s. w. Daß in diesem Falle der Irrthum über die Identität des Gegenstandes irgend einen Einfluß nicht haben kann, das scheint sicher zu sein. Es ist gesagt „auf einen anderen Gegenstand", und es ist damit der Irrthum über die Identität des Gegenstandes als ein im Zweifel wesentlicher erklärt, während damit als ein im Zweifel nicht wesentlicher, sondern als ein solcher, dessen Wesentlichkeit im einzelnen Falle nachzuweisen wäre, erklärt ist der Irrthum über eine sonstige Beschaffenheit des Gegenstandes. Nun ist das eine bekanntlich in der gemeinrechtlichen Theorie gerade auch auf Grund der Aussprüche des corpus juris bestrittene Frage, inwieweit überhaupt eine Willenserklärung als nichtig anzusehen sei, wegen eines Irrthums über die Beschaffenheit des Gegenstandes. Es ist gar kein Zweifel, daß in dieser Beziehung die Grenze außerordentlich schwer zu ziehen ist, allein am allerwenigsten ist mir ein Zweifel daran, daß wir nicht in der Weise unterscheiden dürfen, wie hier unterschieden ist, daß wir nicht unterscheiden dürfen zwischen der Identität und der sonstigen Beschaffenheit, deswegen weil die Identität ganz gleichgültig sein kann und die sonstige Beschaffenheit ganz außerordentlich wesentlich sein kann. Es kann dies sein bei Sachen, es kann dies ganz ebenso sein bei Personen. Nehmen Sie z. B. den Fall, es engagirt einer einen Ingenieur Max Müller; es hat vielleicht auch noch einen Ingenieur Moritz Müller gegeben, den er auch hätte engagiren können, und er hat eine Verwechselung der Personen sich zu Schulden kommen lassen. Nehmen wir an, Max Müller war vielleicht der Sohn des Herrn Hans Müller von da und da, geboren an dem und dem Tage, an dem und dem Orte. Dagegen Moritz war der Sohn des Herrn Jakob Müller, geboren zu einer anderen Zeit und an einem anderen Orte u. s. w. Wenn etwa derjenige, der sich diesen Ingenieur engagirt hat, die Personen miteinander verwechselt, wenn er meint, der von ihm Engagirte sei der 30jährige Sohn des Hans Müller in A., während er vielleicht der 36jährige Sohn des Jakob Müller in Y. ist, so hat er gewiß einen Irrthum begangen in Ansehung der Identität der Person; vielleicht hat er aber doch keinen Irrthum begangen in Ansehung derjenigen Eigenschaften, auf die es ihm ankam. Von den beiden Ingenieuren hatte der eine wesentliche Leistungen aufzuweisen, auf Grund deren es dem Betreffenden ein Bedürfniß erschienen ist, ihn zu engagiren; er hat geglaubt, derjenige, der diese Leistungen aufzuweisen hat, sei Max Müller, während derjenige, der die Leistungen aufzuweisen hat, der Moritz Müller ist. Er hat sich also geirrt hinsichtlich der Identität der Person, er hat sich aber nicht geirrt hinsichtlich der Beschaffenheit. Man kann also sagen: der Irrthum hinsichtlich der Identität ist hier vollständig gleichgültig.

Ich glaube gezeigt zu haben, daß die Bestimmungen des § 98 gefährlich sind. Es wäre nun die Frage, ob die Bestimmungen durch andere ersetzt werden sollen. Ich habe den Versuch, sie durch andere zu ersetzen, unterlassen, und zwar weil ich glaube, daß bei dem gegenwärtigen Stande dieser Frage, welcher ein noch sehr unbefriedigender ist, ein solcher Versuch mit Aussicht auf Gelingen nicht gemacht werden kann. Deswegen aber glaube ich, daß es richtiger wäre, diese ganze Frage meinem Antrage entsprechend einfach offen zu lassen. Ein praktisches Bedenken hat diese Offenlassung der Frage deshalb sicher nicht, weil dadurch jedenfalls in keiner Richtung ein bedenklicherer Zustand geschaffen wird, als der gegenwärtige Zustand, denn, wie gesagt, insbesondere nach dem gemeinen Recht ist diese Frage bis zum heutigen Tage eine offene, und wenn wir die Frage offen lassen, geben wir der Theorie Zeit, ihre Formulirungen zu verbessern, und geben vor allem der Praxis die Möglichkeit, an die Formulirungen der Theorie, soweit sie ihr plausibel sind, sich zwar im großen Ganzen zu halten, aber diese Formulirungen nicht als positiv bindend zu nehmen in allen den Fällen, in welchen ihre Anwendung eine entschieden ungerechte oder unzweckmäßige wäre, während, wenn wir positive Bestimmungen formuliren, wir die Praxis unter Umständen nöthigen zu zweifellos ungerechten und zweifellos unzweckmäßigen Entscheidungen. Mein Antrag ist nun der:

> Die §§ 98—102 zu streichen und dadurch die Frage offen zu lassen, inwieweit der Irrthum die Existenz einer Willenserklärung ausschließt;

es ist aber noch beigefügt:

dagegen allgemein eine Ersatzpflicht desjenigen auszusprechen, welcher durch die Kundgebung eines nicht existirenden Willens einen Anderen geschädigt hat.

Was nun dies betrifft, so ist das ja eine zweite Frage, inwiefern auch in Fällen eines entschuldbaren Irrthums, den ich allein berücksichtigt wissen will, wie das der von den Quellen und heutzutage von gemeinrechtlichen Gerichten anerkannte Standpunkt ist — es ist eine zweite Frage, wie weit in solchen Fällen, in welchen die Gültigkeit der Willenserklärung oder eine wirkliche Willenserklärung nicht vorliegt, doch der Irrende verantwortlich gemacht werden kann, wenn er dem Anderen dadurch Schaden zugefügt hat, diesen Schaden zu ersetzen, und diese Ersatzpflicht glaube ich allerdings ganz allgemein statuiren zu sollen, ohne in dieser Beziehung einen Unterschied zu machen, ob der Irrthum beruht auf Fahrlässigkeit, oder ob der Irrthum nicht auf Fahrlässigkeit beruht. Die Sache ist die: wenn ich im Irrthum eine solche Erklärung abgegeben habe, und ich habe durch diese meine Erklärung den Anderen veranlaßt, Dispositionen zu treffen, die er dann nutzlos getroffen hat, und Kosten aufzuwenden, die er nutzlos aufgewendet hat, dann habe ich wenigstens zu diesen Kosten durch meine Handlung den Anstoß gegeben, und daß diese Kosten ich trage, ist unter allen Umständen gerechter, als daß der Andere sie trägt, ganz unabhängig davon, ob wir eine eigentliche Verschuldung annehmen, oder nicht. Ich stelle mich dabei im Allgemeinen nicht auf den Standpunkt des Entwurfes, der davon ausgeht, daß jede Schadensersatzpflicht eine Verschuldung voraussetze; ich glaube, daß dieser Standpunkt ein viel zu enger ist. Wenn ich diesen Standpunkt einnehme, so vereinfacht sich auch sehr wesentlich die Lehre vom Irrthum. Die römischen Quellen unterscheiden bekanntlich den Irrthum, ob er ein error probabilis ist, oder ob er nicht ein error probabilis ist. Den entschuldbaren Irrthum berücksichtigen sie immer ausschließlich und allein, und ich halte diesen Standpunkt für einen ganz richtigen in dem Sinne, daß zu Gunsten des Irrenden überhaupt immer nur berücksichtigt werden kann der entschuldbare Irrthum. Dieser entschuldbare Irrthum darf aber nicht so gefaßt werden, wie er gefaßt wird vom Gesetzentwurfe im § 146. Es ist überhaupt meines Erachtens ein Fehler des Entwurfes, daß die Paragraphen, welche vom Willensmangel bei Irrthum handeln, mit den sonstigen Paragraphen über den Irrthum in gar keinem Zusammenhange stehen. In § 146 ist gesagt, entschuldbar sei der „nicht auf Fahrlässigkeit beruhende" Irrthum. Das ist eine viel zu enge Abgrenzung des entschuldbaren Irrthums. Das zeigt schon der Name. Was nicht auf Fahrlässigkeit beruht, bedarf gar keiner Entschuldigung; dagegen was entschuldbar ist, das ist der Entschuldigung bedürftig. Andererseits besteht ein Gegensatz zu dem unentschuldbaren Irrthum. Der unentschuldbare Irrthum der Quellen, das ist derjenige Irrthum, welchen § 99 nennt, wenn er davon spricht, daß im Falle desselben dem Urheber grobe Fahrlässigkeit zur Last fällt. Das ist unentschuldbarer Irrthum; fällt dem Urheber keine grobe Fahrlässigkeit zur Last, so ist der Irrthum entschuldbar. Einen weiteren Unterschied, glaube ich, dürfen wir nicht machen; wir compliciren die Sache dadurch zu sehr. Nach § 99 giebt es in Wirklichkeit dreierlei Irrthum: es giebt den Irrthum, der auf grober Fahrlässigkeit beruht, den Irrthum, der auf leichter Fahrlässigkeit beruht, und den Irrthum, der auf gar keiner Fahrlässigkeit beruht. Ich möchte aber sagen: es giebt zweierlei Irrthum, den unentschuldbaren und den entschuldbaren, und der entschuldbare allein ist derjenige, der berücksichtigt werden kann als Grund der Ausschließung der Gültigkeit, während jeder Irrthum ohne Unterschied, ob er entschuldbar ist oder nicht, zum Schadensersatz verpflichtet. Ich füge hinzu: wenn ich sage: „welcher durch die Kundgebung eines nicht existirenden Willens einen Anderen geschädigt hat", so könnte man denken, diese Formulirung wäre eine zu weit gefaßte; allein ich gehe davon aus, daß diese Formulirung wie jede Formulirung eben logisch interpretirt sein will. Bloße Buchstaben-Jurisprudenz können wir nicht treiben dem Buchstaben des Entwurfes gegenüber ebensowenig, als sonst, und es ist doch ganz klar, daß immer der erforderliche Causalzusammenhang vorausgesetzt ist, daß immer vorausgesetzt ist diejenige Persönlichkeit, welcher gegenüber ich als Urheber einer Willenserklärung aufgetreten bin, und für welche ich einen Schaden, den sie zu liquidiren hat, herbeigeführt habe. Man hat auch gesagt: wenn man in solchen Fällen eine Schadensersatzpflicht statuirt, so ist das nicht wesentlich anders, als wenn man die Rechtshandlung für gültig erklärt, und man complicirt nur die Sache dadurch, daß man dem Anderen den Beweis des Schadens auflegt. Das ist m. E. nicht richtig; es wird Fälle genug geben, in welchen gar kein Schaden vorliegt, und es wird andererseits Fälle geben, in welchen ein Schaden vorliegt, wo aber der Schaden durchaus nicht zu vergleichen ist mit dem Schaden, welcher dem Irrenden zugefügt würde, wenn trotz der Entschuldbarkeit und Wesentlichkeit seines Irrthums er an die im Irrthum vollzogene Willenserklärung gebunden wäre.

Ich habe mich ausgesprochen über den § 100, warum ich auch diesen § 100 nicht als einen zweckmäßigen erachte. Was den § 101 betrifft, so glaube ich, daß er nicht einmal durchweg ganz klar ist; jedenfalls aber berührt er ein Gebiet, welches eine nähere Beleuchtung gar nicht erfahren kann durch Besprechung der Lehre von dem Irrthum, sondern der § 101 würde nur im Zusammenhange mit der Frage der Gehilfen, mit der Frage, wie weit man zur Uebermittelung einer Willenserklärung anderer Personen sich bedienen kann und was diesen anderen Personen gegenüber für Rechtsverhältnisse bestehen — nur mit dieser Frage zusammenhängend könnte der § 101 entsprechend behandelt werden. Es heißt dann noch in § 102:

„Ein Irrthum in den Beweggründen ist, sofern nicht das Gesetz ein Anderes bestimmt, auf die Gültigkeit eines Rechtsgeschäfts ohne Einfluß.“

Besonders schädlich ist der Paragraph nicht, aber jedenfalls ist er überflüssig, denn derjenige Irrthum, dessen Bedeutung nicht durch das Recht statuirt ist, hat natürlich keine Bedeutung. Aber der ganze Gegensatz, der hier vorausgesetzt ist zwischen einem anderen Irrthum und dem Irrthum in den Beweggründen, ist ein fließender und ein solcher, den man nicht festhalten kann, schon deswegen, weil der wichtigste Beweggrund für mich zu der Abschließung eines Vertrages z. B. die Vorstellung ist, welche ich über den Inhalt des Vertrages und den Erfolg des Vertrages mir bilde. Es würde bei diesem Paragraphen im einzelnen Falle zweifelhaft sein, ob durch diesen § 102 der § 98 eingeschränkt werden, oder ob der Irrthum in den Beweggründen so verstanden werden soll, daß damit nur gemeint ist derjenige Irrthum, der nicht schon durch den § 98 getroffen ist. Auch hierbei würde ich nicht jeden Zweifel für ausgeschlossen erachten, und jedenfalls würde ich, wenn überhaupt eine positive Ordnung beschlossen würde, den § 102 in keiner Weise für nothwendig halten.

Ich glaube mit dem Vorgetragenen die Geduld der Anwesenden hinlänglich in Anspruch genommen und meinen Antrag hinlänglich begründet zu haben.

Vorsitzender: Ich möchte mir eine Frage an den Herrn Referenten erlauben zur Klarstellung seines Antrags. Nämlich wenn die Frage offen bleiben soll, inwieweit der Irrthum die Existenz einer Willenserklärung ausschließt, so wird es nicht die Absicht des Herrn Referenten sein, daß der bisherige Zustand, wonach verschiedene Bestimmungen des corpus juris, des Allgemeinen Landrechts und des code in diese Frage eingreifen, bestehen bleiben soll.

Referent Professor Dr. **Hölder:** Das wäre allerdings nicht meine Meinung, da doch die Ersetzung des Landrechts und des gemeinen Rechts durch den Entwurf als selbstverständlich vorausgesetzt wird.

Vorsitzender: Ich nehme als Gegensatz an, daß es dann bleibt bei dem § 1 des Entwurfs, wonach alle Landrechte aufgehoben sind, und nur anderweite, für rechtsähnliche Verhältnisse gegebene Bestimmungen dieses Gesetzentwurfs zur Auslegung dienen sollen. Das ist Ihre Meinung?

(Wird bejaht.)

Jetzt hat das Wort der Correferent, Herr Professor Dr. Zitelmann.

Correferent Professor Dr. **Zitelmann** (Bonn): Meine verehrten Herren! Ich glaube den Intentionen des Auftrags, der mir geworden ist, am besten zu entsprechen, wenn ich ebenfalls so kurz, wie es bei der Verwickeltheit des Gegenstandes irgend möglich ist, Ihnen die Anschauungen mittheile, welche ich mir selbst über die zur Verhandlung stehende Gesetzgebungsfrage gebildet habe. Freilich hat gerade die Kürze ihr Mißliches. Denn vielfach sind die Sätze, welche wir über die Lehre vom Irrthum aufstellen, erst dann voll verständlich und in ihrer praktischen Wirkung übersehbar, wenn wir sie ins Detail hinein verfolgen. Welche Anschauung man auch in Sachen des Irrthums vertritt, aus einem kurzen Vortrage wird sie nicht vollständig klar werden können. Wer daher nur das in Betracht zieht, was der Vortragende spricht, wird ihm und seiner Anschauung nicht vollständig gerecht werden, eben weil sich der Vortrag auf die Grundfragen beschränken muß. Ich habe also in dieser Beziehung um nachsichtige Beurtheilung zu bitten. Auch nach anderer Seite hin werde ich die Bemerkungen, die ich zu machen habe, einschränken. Vor allem werde ich einzig und allein de lege ferenda sprechen. Ich betone das ausdrücklich, um nicht zu falschen Schlüssen Anlaß zu geben; denn ich lege gern an dieser Stelle das Bekenntniß ab, daß ich bezüglich der lex lata, des vorhandenen gemeinen Rechts an der herrschenden Theorie festhalte; auch heute noch erscheint mir diese trotz allem, was gegen sie vorgebracht ist, unerschüttert richtig. Für die Gesetzgebungsfrage nehme ich einen anderen Standpunkt ein. Wir stehen hier vor einer freien That, und keine Bedenklichkeit irgend welcher Art, kein Dogma, keine Doctrin wird mich abhalten, dasjenige vorzuschlagen, was ich für zweckmäßig halte. Ebenso werde ich psychologische Erörterungen jeder Art über den Irrthum hier bei Seite lassen. Die psychologische Untersuchung hat einzig und allein den Werth, dem Juristen die Thatbestände, an welche er Rechtsfolgen knüpfen will, bekannt zu machen, ihm insbesondere die Unterschiede der Thatbestände klarzulegen; in Folge dessen wird eine psychologische Klarstellung der einzelnen Thatbestände für die Gesetzgebungsarbeit allerdings von Werth sein. An dieser Stelle aber kann auf diese Fragen trotzdem nicht eingegangen werden. Ich lasse die sämmtlichen Erörterungen über die Natur der Willenserklärung, welche der verehrte Herr Vorredner angestellt hat, außer Betracht und werde mich lediglich auf die Erörterung der praktischen Gesichtspunkte beschränken.

Mein Antrag liegt Ihnen gedruckt vor; er geht dahin:

§§ 98 — 102 des Entwurfs sind nach folgenden Grundsätzen zu ändern:

> §§ 98, 99. Wer in dem Ausdruck seines Willens fehlgriff, oder wer eine Verwechselung beging, kann die Willenserklärung anfechten, wenn ihm der Fehlgriff oder die Verwechselung wesentlich war.
>
> Er muß jedoch demjenigen, der auf die Gültigkeit der Willenserklärung vertraute, den dadurch erlittenen Schaden ersetzen. Auch nicht vermögensrechtlicher Schaden kommt in Betracht. § 222 findet Anwendung.
>
> § 101. Dem Fehlgriff im Ausdruck steht es gleich, wenn die Willenserklärung durch die Personen oder Anstalten, welche der Erklärende zur Uebermittelung seiner Erklärung gewählt hat, entstellt übermittelt wird, höhere Gewalt ausgenommen.
>
> § 100 und 102 sind fortzulassen.

In dem Gutachten des Herrn Professor Dr. Leonhard ist die Anschauung vertreten, daß man überhaupt eine Lücke in dem Gesetzbuch lassen müsse. Diesen Standpunkt halte ich für geradezu verderblich, und ich würde, wenn ein Antrag solchen Inhalts gestellt würde, nicht unterlassen, mit der stärksten Energie, deren ich fähig bin, von dieser Stelle aus darauf hinzuwirken, daß wir diese Lücke nicht lassen.

(Bravo!)

Den Antrag meines Herrn Vorredners habe ich erst aus der heutigen Verhandlung kennen gelernt. Gerüchtweise hatte ich gehört, auch er gehe dahin, es solle eine Lücke im Gesetzbuch bleiben. Aber ich glaube, das ist durchaus nicht sein Inhalt, er enthält vielmehr einen Vorschlag von vollständig materiellrechtlichem Charakter, bei dem nur ein psychologischer Ausdruck verwendet wird, nämlich: „der Irrthum schließt die Existenz einer Willenserklärung aus." Im Uebrigen werden zwei feste Rechtssätze gegeben. Erster Rechtssatz: jede Willenserklärung setzt normaler Weise Uebereinstimmung zwischen Willen und Erklärung voraus, und zweitens: wenn diese Uebereinstimmung zwischen Willen und Erklärung fehlt, so soll Schadensersatzpflicht eintreten. Das sind zwei materielle, ganz positive Rechtssätze; von einer vollständigen Lücke könnte darum nicht die Rede sein. Meine Einwendungen gegen den Vorschlag meines Herrn Vorredners werden sich aus dem ergeben, was ich im Weiteren über und gegen den Entwurf sagen werde.

Auch die Bestimmungen des Entwurfs erscheinen mir, von einem einzigen Punkte abgesehen, nicht annehmbar, und ich werde nun in Kürze die Bedenken, die ich gegen dieselben habe, geltend machen.

Mein erstes Hauptbedenken ist, daß der Entwurf die von ihm gemachten Thatbestandsunterscheidungen in den §§ 98 und 102 mit Worten bezeichnet, welche psychologische Begriffe decken, die nicht vollständig klar sind. Er spricht in § 98 von Nichtübereinstimmung des wirklichen mit dem erklärten Willen, in § 102 von Irrthum in den Beweggründen. Das muß meines Erachtens geändert werden. Ich will hier beispielsweise einen einzigen Fall berühren. Was ist Identitätsirrthum? Die alte Lehre würde ihn — und wir sehen dies auch in den Motiven gebilligt — unter § 98 stellen, sie würde sagen: bei Irrthum über die Identität einer Person oder Sache liegt Nichtübereinstimmung des wirklichen mit dem erklärten Willen vor. Ich hingegen habe die Meinung vertreten, daß der Identitätsirrthum unter allen Umständen ein Irrthum in den Beweggründen sei, und wer dieser Meinung ist, würde den § 102 anwenden müssen. Es scheint mir nun doch unmöglich, daß man den Richter in die Lage setzt, psychologische Studien anstellen und sich klar machen zu müssen, ob in dem ihm unterbreiteten Falle eine Nichtübereinstimmung zwischen dem wirklichen und dem erklärten Willen oder bloß ein motivirender Irrthum vorliegt. Gerade wo eine Frage so zweifelhaft ist wie die über den Identitätsirrthum, hat der Gesetzgeber die Pflicht, durch eine nicht mehr mißverständliche Formulirung den Streit abzuschneiden. In meinem Antrage, der ja übrigens nicht die genaue letzte Formulirung, sondern nur die Grundsätze giebt, nach denen zu formuliren ist, habe ich durch das Wort „Verwechselung" ausdrücken wollen, daß auch der Identitätsirrthum von den §§ 98, 99 mitbetroffen werde.

Das soeben dargelegte Bedenken würde für mich auch genügen, um gegen den Antrag des Herrn Referenten zu stimmen. Auch er stellt einen wesentlich psychologischen Begriff in die Mitte, denn er spricht von der „Kundgebung eines nicht existirenden Willens". Hiergegen läßt sich dasselbe sagen, was ich soeben gegen den Entwurf eingewendet habe.

Meine weiteren Bedenken richten sich gegen die Rechtsfolgen, welche der Entwurf an die verschiedenen Thatbestände geknüpft hat. Ich betrachte zunächst zusammen die Fälle, wo sich jemand versprochen, verschrieben hat und dergl. (Fälle der Irrung), und die anderen Fälle, in denen jemand zum Ausdruck seines Willens Erklärungsmittel gewählt hat, welche nach dem allgemeinen Durchschnittsmaßstab seinen Willen nicht richtig wiedergegeben haben: er hat möglicher Weise auf der Adresse den Namen unrichtig angegeben, er hat eine Sache nach unrichtigen

Merkmalen bezeichnet, er hat ein technisches Wort falsch gebraucht, er hat ein Wort einer fremden Sprache unrichtig verwendet und dergl. An der alten Lehre, daß in diesen Fällen die Willenserklärung schlechthin nichtig bleibe, und keine Folge irgend welcher Art zu Gunsten des schuldlos getäuschten Gegners eintrete, wird heutzutage in Deutschland niemand mehr festhalten wollen. Ich habe bereits vor elf Jahren mit der größten Deutlichkeit gesagt, daß diese Theorie zu geradezu unerträglichen Consequenzen führe; ich bin heute natürlich derselben Meinung, diese Meinung hat sich nur noch verschärft.

Ich glaube, es werden sich hier zwei Fragen unterscheiden lassen, und Sie wollen mir erlauben, daß ich nach diesen meine weiteren Bemerkungen eintheile.

Es wird sich einmal darum handeln zu bestimmen: in welchen Fällen soll eine Remedur zu Gunsten des auf die Gültigkeit der Erklärung vertrauenden Gegners eintreten, d. h. in welchen Fällen soll, trotzdem eine Irrung oder ein Irrthum in den Erklärungszeichen vorliegt, eine Haftung des Erklärenden irgend einer Art eintreten? Die zweite Frage lautet: wenn eine Haftung eintreten soll, welcher Art soll diese Haftung sein? Ich bemerke, daß diese zwei Fragen unabhängig von einander sind; wenn man also auf die erste Frage antwortet, der Erklärende solle nur bei Schuld, oder wenn man sagt: er solle immer haften, so bleibt bei jeder dieser Antworten die Frage übrig, wie er haften solle? ob auf Schadensersatz oder auf den Sinn der Erklärung.

Ich werde zuerst die erstere Frage besprechen: in welchen Fällen soll eine Remedur geschaffen werden? Jhering hat bekanntlich in seiner Arbeit über die culpa in contrahendo seinem großen Mißbehagen über die praktische Trostlosigkeit der herrschenden Lehre den lebendigsten Ausdruck gegeben. Zuerst hat er eine wirkliche Schuld des Erklärenden für seine Haftung erfordert. Später hat er das fallen gelassen, auch Andere sind weiter gegangen; und ich glaube allerdings, es giebt Fälle, in welchen sowohl auf Seiten des Erklärenden als auf Seiten des Gegners vollständige Schuldlosigkeit vorliegt, und trotzdem eine Haftung gerecht erscheint. Aber in der That ist der Unterschied, ob man nur wegen Schuld, oder ob man schlechthin in allen Fällen der Irrung und des Verlautbarungsirrthums haften lassen will, nicht so groß, daß es vieler Declamationen über diese Frage bedurft hätte. Ich glaube, die große Aufregung, mit der man das Schulderforderniß bekämpft hat, ist im Ganzen unnöthig gewesen. Fahrlässigkeit ist ein Begriff, dessen Inhalt sich je nach dem Gebiete bestimmt, auf welchem er angewendet wird, und ich glaube, daß die strengere Geschäftsmäßigkeit unseres Verkehrs uns wohl erlaubt, derartige Irrungen und Irrthümer bei Willenserklärungen, daß man sich z. B. verspricht, daß man sich verschreibt, daß man ein technisches Wort falsch gebraucht, für Fahrlässigkeit zu erklären. Ich will hierauf nicht weiter eingehen; denn ich glaube allerdings: es kommen — aber nicht so oft, wie man gewöhnlich meint — Fälle vor, wo weder auf Seiten des Erklärenden noch auf Seiten des Gegners irgend eine Schuld vorliegt. Hier ist nun eine neuere und mit außerordentlicher Energie, Wärme und sehr viel Glück vertheidigte Lehre im Vorschreiten begriffen, welche in diesen Fällen unter allen Umständen den Erklärenden haften lassen will. Ich muß einen Augenblick ins Detail eingehen. Es scheint mir, daß man eins übersehen hat. Wenn man sagt, der Erklärende soll immer haften, wenn der Gegner ihn schuldlos mißverstanden hat, so ist doch klar, daß bei dem Verkehr von Persou zu Person der Grund, welcher ein Mißverstehen, ein unrichtiges Vertrauen des Erklärungsempfängers hervorruft, nicht bloß auf Seiten des Erklärenden liegen kann, sondern auch auf Seiten des Gegners. Nicht nur kann der Erklärende ein technisches Wort, z. B. Kaffee-Expedition vom November, falsch gebrauchen, sondern es kann auch der Gegner den Ausdruck falsch verstehen. Es scheint mir gerecht, wenn wir auf die beiden Seiten der Waage gleiche Gewichte legen, diesen Zufall theilen und den mittleren Sinn feststellen, den jede Willenserklärung nach Durchschnittsmaßstab hat, und daß wir dann sagen: jeder Erklärende hat dafür einzustehen, daß seine Erklärung den Sinn hat, den sie nach dem mittleren Durchschnittsmaßstab haben soll. Wenn die Zufälle auf seiner Seite liegen, so haftet er; liegen die Zufälle auf der Seite des Gegners, so haftet jener nicht. Ich komme zu dieser Anschauung, weil ich es für gerecht finde, beide Parteien gleich zu behandeln. Wenn der Gegner sagt: ich habe Deine Erklärung schuldlos falsch verstanden, dann wird man einen derartigen Einwand nicht zulassen wollen; wenn man ihn aber nicht zuläßt, so wird es auch gerecht sein, daß man den Einwand des Erklärenden: ich habe mich schuldlos falsch ausgedrückt, auch nicht zuläßt.

Nun ist aber noch eine zweite Voraussetzung da, von der wir in diesen Fällen die Gültigkeit der Willenserklärung abhängig machen, und das ist der Punkt, über den auch ich bedenklich bin, und über den mich die Auseinandersetzungen des Herrn Vorredners noch bedenklicher gemacht haben. Das ist der Punkt der W e s e n t l i c h k e i t des Irrthums. Zunächst möchte ich gegen einige der Beispiele des Herrn Vorredners doch einwenden, daß nach der Fassung des § 98 nicht darauf gesehen wird, ob der Partei der Irrthum j e t z t wesentlich ist, sondern ob er ihr damals wesentlich war, als sie die Willenserklärung abgegeben hat; denn § 98 des Entwurfes stellt darauf ab, ob der Erklärende „bei Kenntniß der Sachlage die Willenserklärung nicht abgegeben haben würde". Der Ausdruck ist zunächst einer Ergänzung bedürftig. Was heißt das, wenn man sagt, daß die Partei bei Kenntniß der Sachlage die Willenserklärung nicht abgegeben haben würde? Ich glaube, man kann das nur so interpretiren: der Gesetzgeber denkt sich den Erklärenden vor die Wahl gestellt: willst du im Augenblick der Erklärung diese fehlerhafte Erklärung abgeben, oder willst Du das Rechtsgeschäft jetzt und für die Zukunft unterlassen? und wenn der Erklärende dann antworten würde: „lieber diese fehlerhafte Willenserklärung als gar nichts!" dann sagt das Gesetz: gut, so bleibt die Willenserklärung vollständig gültig; nur wenn er antworten würde; „lieber gar nichts, als diese fehlerhafte Willenserklärung!", dann will das Gesetz dem Erklärenden helfen. Das ist der ganz zweifellose Sinn des Satzes: „wenn anzunehmen ist, daß der Urheber bei Kenntniß der Sachlage die Willenserklärung nicht abgegeben haben würde"; wörtlich kann dieser Satz nicht genommen werden, denn wenn der Erklärende die Sachlage gekannt hätte, so würde er ja sicher nicht diese Willenserklärung, sondern eben eine verbesserte abgegeben haben. Indem ich nun den geschilderten Begriffsinhalt mit dem Wort „subjective Wesentlichkeit" bezeichne, komme ich allerdings, so schwer mir dieser Entschluß auch wird, dazu zu sagen: für die Gesetzgebung ist der einzig mögliche Standpunkt in der Wesentlichkeitsfrage der subjective. Ich glaube, daß bisher alle Versuche, die man in unserer Frage gemacht hat, die Geschäftsbestandtheile objectiv in wesentliche und unwesentliche zu sondern, mißlungen sind. Die alten scholastischen Aufzählungen von error in persona, error in re u. s. w. haben sich vollständig überlebt, mit denen kann man gar nichts anfangen.

Es wird wohl heute einem Zweifel nicht mehr unterliegen, daß Irrthum über die Erfüllungszeit, über den Erfüllungsort, über die Bedingung so absolut wesentlich sein kann, daß, wenn man denn überhaupt Abhülfe gewähren will, man sie auch in diesen Fällen gewähren muß. Gewiß wäre es ja wünschenswerth, daß man die Möglichkeit abschnitte, diese Vorschrift zu Chicanen zu gebrauchen, daß man dem Erklärenden unmöglich machte, wegen irgend eines beliebigen Punktes nachher zu behaupten: ja, ich habe mich damals geirrt, das ist mir subjectiv wesentlich gewesen, ich will den Vertrag darum nicht gültig sein lassen. Aber da muß ich doch meinen, daß gewiß schon die Beweispflicht eine ziemlich genügende Hülfe gegen etwaige Chicanen ist. Es ist der Erklärende, der diesen Beweis führen muß, und leicht wird der Beweis bei einem an sich untergeordneten Punkte eines Rechtsgeschäftes nicht sein. Faute de mieux bin ich dahin gekommen, in diesem Punkte den subjectiven Standpunkt des Entwurfes beizubehalten. Ich habe gesagt: „wenn ihm der Fehlgriff oder die Verwechselung wesentlich war." Ich habe damit ausdrücken wollen: subjectiv ihm wesentlich. Eine andere Formulirung, das hier Nothwendige zu sagen, habe ich nicht gefunden. Die Formulirung des § 98 im Entwurf ist meines Erachtens so fehlerhaft, daß sie nicht beibehalten werden kann; ich würde mich sehr freuen, eine andere kurze Formulirung in der Debatte zu hören, und ich würde sie sofort meinerseits annehmen.

Ich komme nunmehr zu der zweiten Frage: Worauf soll gehaftet werden, wenn der objective Sinn der Erklärung abweicht von dem gemeinten? Da sagt die ältere strenge Erklärungstheorie: immer auf den Sinn der Erklärung; eine andere Theorie sagt: immer auf Schadensersatz. Unser Entwurf hat sich Schlägen von beiden Seiten ausgesetzt, er sagt: je nachdem die Fahrlässigkeit eine grobe oder eine leichte war, soll bald auf Gültigkeit der Erklärung, bald nur auf Schadensersatz gehaftet werden. Ich bin nicht im Zweifel, daß nur die wenigsten von dieser Theilung befriedigt sein werden. Man stellt dem Richter mit dieser Unterscheidung eine Aufgabe, die außerordentlich schwierig und lästig ist. Wird jemand, der einen Contract, ich will sagen, auf zehn Jahre hinaus geschlossen hat, sich dabei aber mit grober Fahrlässigkeit z. B. versprochen oder in der Bezeichnung geirrt hat, an diesem Vertrage festgehalten, so kann ihn das vollständig ruiniren. Der Richter steht vor der Frage: soll er den Mann ruiniren dadurch, daß er annimmt, die Fahrlässigkeit sei eine grobe gewesen, oder soll er bloß Schadensersatz zubilligen, weil sie eine leichte gewesen sei? Ich glaube auch nicht, daß sich durch die Uebung des Verkehrs ein genügender Maßstab herausgestellt hat, um die grobe Fahrlässigkeit von der leichten mit einiger Sicherheit sondern zu können. Ich würde deshalb für unbedingt nothwendig erachten, daß bei jeder Art der Fahrlässigkeit dieselbe Rechtsfolge einzutreten hat, und da bin ich nicht im mindesten zweifelhaft, daß diese Rechtsfolge nicht sein kann das Haften auf den Sinn der Erklärung, — ich glaube, daß das eine Unbilligkeit sein würde, schlimmer als der jetzige Zustand der Theorie des gemeinen Rechts sie enthält, — sondern ich glaube, daß das äußerste, was man verlangen darf, sein kann, daß der schuldlos Getäuschte keinen Schaden von der Sache habe, daß ihm der Schade ersetzt werde, allerdings nicht nur der vermögensrechtliche, sondern auch der nicht vermögensrechtliche Schade. Daß ihm der vermögensrechtliche Schade ersetzt werde, soweit er nachweisbar ist, das ist selbstverständlich; in hundert Fällen wird aber ein solcher nicht nachweisbar oder nicht vorhanden sein. Der Kauf wird rückgängig gemacht; der Verkäufer hätte die Sache vielleicht noch einmal verkaufen können, er kann es aber nicht nachweisen. M. H., das ist richtig; ich glaube aber, daß hier schon die Vorschriften der Civilproceßordnung über die Frage der Zubilligung des Schadensersatzes eine genügende Hülfe darbieten. Die französische Praxis hat sich wenigstens in allen Schadensersatzfragen daran gewöhnt, nicht nachweisbaren Vermögensschaden und auch nicht vermögensrechtlichen Schaden bequem festzustellen. Indem ich ausdrücklich ausgesprochen habe: „auch nicht vermögensrechtlicher Schade kommt in Betracht“, bin ich davon ausgegangen, — das klingt vielleicht einen Augenblick auffällig, — daß ein gewisses Enttäuschungsgeld, ein Abstandsgeld gezahlt werden könne. Ich glaube, daß davon das Publikum in häufigen Fällen Gebrauch macht, wenn aus Irrthum ein Vertrag eingegangen war: ich gebe dir so und so viel, dann läßt du mich wieder los. In diesem Abstandsgelde liegt eine Art Satisfaction für erlittene Täuschung. Vielleicht empfiehlt es sich, diesen Inhalt des Schadensersatzanspruchs in der Formulirung des Gesetzes noch deutlicher auszudrücken, als mein Antrag es gethan hat.

Hier schließt sich eine dritte Frage an: wie soll die Rechtsfolge eingerichtet werden? Zwei Anschauungen stehen sich hier gegenüber. Der Entwurf sagt: „Nichtigkeit“; ich glaube, es wäre richtiger, „Anfechtbarkeit“ zu setzen, wie ich es in meinem Vorschlag gethan habe, und zwar Anfechtbarkeit, welche davon abhängig ist, daß der Irrthum, die Verwechselung oder die Irrung in kurzer Frist dem Gegner angezeigt wird; schon in einer Schrift des Herrn Correferenten ist mit vollem Rechte erwähnt worden, daß man bei aller Berücksichtigung des Irrthums doch eine solche Anzeige in kurzer Frist verlangen sollte. Mir scheint die Anfechtbarkeit große Vorzüge vor der Nichtigkeit zu haben; einmal ist diese Möglichkeit einer kurzen Fristbestimmung erwünscht, — nach einiger Zeit muß das Geschäft endlich einmal in Ordnung, fest und unerschütterlich sein, — sodann liegt kein Grund vor, dem Gegner zu gestatten, daß er sich auf einen Mangel bei der Willenserklärung beruft; es genügt, daß der Erklärende selbst sich darauf berufen kann.

Ich verlasse hiermit die Fälle der Irrung und des Irrthums im Ausdruck. Andere Fälle bleiben übrig und erfordern noch eine kurze Erörterung. Zunächst der in § 101 behandelte Fall der Erklärung durch Telegraphen oder Boten. Ich glaube, daß sich gerade bei ihm am stärksten zeigt, wie wenig es möglich ist, mit einer Lücke im Gesetzbuch auszukommen. Man nehme den bekannten Fall Oppenheim-Weiller; der Eine telegraphirt: „Kaufen Sie 1000 Stück österreichische Creditactien“; die Depesche kommt verstümmelt an: „Verkaufen Sie ꝛc.“ Der Empfänger verkauft, der Streit ist da. Nun wird im Gesetzbuch nichts bestimmt — was soll der Richter jetzt thun? Seinem Rechtsgefühl folgen? Ja, m. H., wenn es in dieser Hinsicht ein lebendiges, sicheres und klares Rechtsgefühl gäbe, dann würden wir nicht über die Behandlung dieses Falles so außerordentlich in Streit gerathen sein! Gerade das ist ein Fall, der gebieterisch seine Entscheidung im Gesetz verlangt; versagt man diese, so versagt man dem Publikum jenes höchste Gut, das ein Gesetzbuch geben soll: die Sicherheit des Rechts. Mir scheint es wichtig zu sein, daß das Gesetzbuch auch die Möglichkeit einer Prophylaxis gegen künftige Processe giebt; man muß das Publikum in den Stand setzen, mit Hülfe eines Rechtsgelehrten auch ohne Proceß ersehen zu können, was Rechtens ist.

Was nun die Entscheidung der genannten Fälle angeht, so scheint mir auch hier wiederum eine Haftung des Erklärenden angemessen, aber aus anderen Gründen, als die sind, welche ich in den vorigen Fällen geltend machte. Das verwickelt scheinbar meine Darlegung; ich kann aber nicht umhin, dies zu betonen. Ich glaube, daß hier durchaus nicht eine Abweichung des objectiven Sinns von dem subjectiv gemeinten vorliegt; vielmehr handelt es sich bei Verstümmelungen einer Botschaft oder eines Telegramms darum, daß der objective Sinn der factisch abgegebenen Erklärung differirt von dem objectiven Sinne der angekommenen Erklärung. Soll nun doch der Absender für die also entstellte Botschaft haften, so rechtfertigt sich das meines Erachtens aus einem Princip, das auf einem ganz anderen Boden erwachsen ist, das im römischen Rechte bereits im Keime vorhanden ist und sich im modernen Rechte von Jahr zu Jahr mehr durchsetzt. Dies Princip geht dahin, daß derjenige, welcher sich bei seiner Thätigkeit einer Veranstaltung oder fremder Personenhülfe bedient, auch für das Ergebniß, höhere Gewalt ausgenommen, haften muß. Wir haben dies Princip schon bei dem receptum der Gastwirthe, wir kennen es bei den Frachtführern und in anderen Fällen. Leider hat der Entwurf es nicht in dem Maße aufgenommen, wie er es hätte thun können, aber er hat es doch wenigstens in der einen Anwendung anerkannt, daß man für den Gehülfen bei Obligationserfüllung haftet.

Aus diesem Gesichtspunkt geht nun mein Vorschlag hervor. Ich will mich beschränken, auf die Einzelheiten nur aufmerksam zu machen. In § 101 schlage ich vor: der Erklärende haftet, wenn er es ist, der den Weg der Botschaft, der Depesche gewählt hat. Das scheint mir die unmittelbar nothwendige Consequenz des Princips zu sein. Ich habe weiter ausdrücklich gesagt: „höhere Gewalt ausgenommen.“ Das entspricht der Begrenzung, welche das Princip in anderen Fällen seiner Anwendung aufweist.

Es bleibt der Identitätsirrthum. Wäre Zeit dazu da, so könnte man mit sehr geringer Mühe Fälle neben Fälle so aufbauen, daß man von dem Falle der Irrung, des Sich-Versprechens, bis zu den gleichgültigsten Fällen des motivirenden Irrthums eine beinahe ununterbrochene Scala von Fällen aufstellte; ich muß also zugeben, daß es für den Gesetzgeber ganz außerordentlich schwierig ist, in dieser Scala von Fällen die richtige rechtliche Cäsur zu treffen, d. h. zu bestimmen, wo der Irrthum noch eine Wirkung haben soll, wo nicht mehr. Man sehe nur die Lehre von Windscheid in der neuesten Auflage seiner Pandekten; wie außerordentlich fein und schwierig sind die Distinctionen, mit denen er sich in dem Nothstande, den beachtlichen Irrthum über die Identität richtig von dem unbeachtlichen Irrthum über Eigenschaften abzugrenzen, zu helfen sucht. Dem Gesetzgeber hat in diesem Nothstande die Psychologie überhaupt gar kein Wort mehr zu sagen, hier kommt es rein auf die praktische Wichtigkeit der Fälle an. Bei der Nothwendigkeit nun, überhaupt eine Regelung zu treffen, habe ich geglaubt, daß es richtig sei, die Cäsur da zu machen, wo auch das Publikum die Verwechselung der Person oder des Gegenstandes von dem bloßen Irrthum über eine Eigenschaft unterscheidet. Ich glaube, der Identitätsirrthum verdient praktisch gleichgestellt zu werden den Fällen der Irrung und des Verlautbarungsirrthums, von denen er sich in manchen Fällen auch nur mit großer Mühe wird unterscheiden lassen. Die Unterscheidung ist theoretisch überall möglich, aber praktisch so schwierig, daß sie nicht überall durchzuführen ist. Schon deshalb empfiehlt sich die Gleichstellung.

Nun bleibt § 102, die Beweggründe. Schon weil ich im Gesetz keine psychologischen Begriffe haben will, welche dem Juristen ein Blankett ausstellen, das er durch Studium anderer Art ausfüllen müßte, möchte ich den Ausdruck: „Irrthum in den Beweggründen" vollständig ausschließen. Es wird genügen, wenn wir einerseits bei Betrug und Drohung (§ 103) bestimmte Rechtsfolgen festsetzen und andererseits das Recht der Voraussetzung etwas anders gestalten. Sie erlauben vielleicht, daß ich auch auf diese Frage noch mit einigen Schlußworten eingehe. Die nothwendige Ergänzung der ganzen von mir vorgeschlagenen Regelung des Irrthumsgebietes ist die, daß wir dem Irrenden unter Umständen die Möglichkeit geben, wegen irriger Voraussetzung mit einer gewöhnlichen condictio sine causa, mit einer Bereicherungsklage vorzugehen, aber nicht, wie es im Sinne der Windscheid'schen Lehre läge, schon dann, wenn dem Gegner die Voraussetzung kenntlich war, vielmehr müßte noch ein Zweites hinzukommen. Als ich im Jahre 1879 ein Buch über den Irrthum geschrieben hatte, schickte mir ein sehr freundwilliger Bekannter eine

Postkarte, es werde mich sehr interessiren, zu erfahren, daß soeben wieder ein neues Werk über den Irrthum im Auslande dort und dort, von dem und dem erschienen sei. Ich ging zu einem Buchhändler und sagte ihm: „Ich muß die juristische Litteratur über den Irrthum natürlich haben; — wollen Sie mir dies Buch nicht verschaffen?" Ich bestellte es also in der dem Buchhändler kenntlichen Voraussetzung, daß das Buch den juristischen Irrthum betreffe. Als es ankam, — es steht noch in meiner Bibliothek, — fand ich, daß es den Irrthum als nothwendigen Bestandtheil der göttlichen Weltordnung behandelte. Daß hier ein Irrthum in der Voraussetzung vorlag, war ganz zweifellos, und trotzdem wäre die Rückgängigmachung des Vertrages in der einen oder anderen Form ungerecht gewesen. Ich würde nun nicht ganz das vorschlagen, was College Leonhard hier festsetzen will, der gern von stillschweigenden Bedingungen in dieser Beziehung spricht, sondern ich sage — vielleicht formulire ich damit dasselbe Resultat, nur anders, als er: — wenn in der Willenserklärung eine Voraussetzung kenntlich für den Gegner hervorgetreten ist, und wenn anzunehmen war, daß die Parteien, aufmerksam gemacht auf den Fall des Nichtzutreffens der Voraussetzung, das Geschäft unter eine auflösende Bedingung gestellt haben würden, — beide Parteien, nicht bloß eine Partei! — dann, glaube ich, ist eine Hülfe wegen irriger Voraussetzung am Platze. In dem Falle mit dem Buche würde der Buchhändler zweifellos gesagt haben: „ja, wenn Sie nicht sicher sind, so orientiren Sie sich erst; aufs Gerathewohl kann ich das Buch nicht kommen lassen." In anderen Fällen würde ebenso sicher sein, daß der Gegner darauf eingegangen sein würde, unter einer auflösenden Bedingung den Vertrag abzuschließen. Diese Ergänzung bitte ich, zu meinen, in dem Antrag enthaltenen Vorschlägen hinzuzudenken, und so glaube ich, daß, soviel an der Formulirung im Einzelnen auch auszusetzen sein mag, es sich doch empfiehlt, meinen Antrag anzunehmen, und ich bitte Sie darum.

Vorsitzender: Es ist ein Antrag zu dem Antrage des Herrn Correferenten eingebracht worden von Herrn Professor Dr. Leonhard:

> Vor den Worten: „wesentlich war" in den neu vorgeschlagenen §§ 98, 99 die Worte einzuschalten:
>
> „nach den allgemeinen Auslegungsgrundsätzen",

so daß es nunmehr heißt:

> „Wer in dem Ausdruck seines Willens fehl griff, oder wer eine Verwechselung beging, kann die Willenserklärung anfechten, wenn ihm der Fehlgriff oder die Verwechselung nach den allgemeinen Auslegungsgrundsätzen wesentlich war."

Außerdem ist ein Antrag eingebracht von Herrn Landgerichtsrath Pfizer. Er lautet dahin:

„Es empfiehlt sich, daß die Bestimmungen über den Irrthum — soweit sie überhaupt erforderlich sind — für die verschiedenen Arten der Rechtsverhältnisse selbständig, je dem Wesen der betreffenden Rechtsverhältnisse gemäß getroffen werden."

Diesem Antrage sind noch folgende eventuelle Einzelvorschläge, die also für den Fall der Annahme des Hauptantrages noch besonders zur Abstimmung gebracht werden müßten, hinzugefügt:

1. Wer mündlich oder schriftlich, in Person oder durch Vermittelung eines Anderen sich zu einer Leistung verpflichtet, ist zur Anfechtung der Verbindlichkeit berechtigt, wenn er (oder sein Vertreter) unabsichtlich etwas Anderes gesagt, als gewollt (gedacht) hat; er muß jedoch die redliche Gegenpartei schadlos halten.
2. Wer mit einem Anderen im Irrthum über dessen persönliche Verhältnisse einen Vertrag schließt, ist zu dessen Anfechtung berechtigt, wenn die Leistung des einen oder des anderen Theiles in Folge der wirklichen Verhältnisse eine wesentlich andere wird, als sie es bei den unterstellten Verhältnissen gewesen wäre; er muß jedoch die redliche Gegenpartei schadlos halten.
3. Die Erfüllung eines Vertrages kann nicht gefordert werden, wenn das Verlangen der Erfüllung gegen Treue und Glauben verstößt.
4. (Eigenthum an einer beweglichen Sache wird dadurch erworben, daß der Veräußerer dem Erwerber die Sache übergiebt.) Trotz der Uebergabe geht das Eigenthum nicht über, wenn der Veräußerer die Sache einer anderen Person, als dem Empfänger, oder wenn er dem Empfänger eine andere, als die weggegebene Sache zu übergeben glaubt.

Dann wird mir hier übergeben noch ein neuer Antrag von Herrn Assessor Lewinsohn:

Der Juristentag wolle beschließen:

In das bürgerliche Gesetzbuch ist folgender Grundsatz aufzunehmen:

„Ist der Abschluß eines Vertrages durch einen wesentlichen unverschuldeten Irrthum herbeigeführt, so kann der Irrende binnen vier Wochen, nachdem er von dem Irrthum Kenntniß erhalten, den Vertrag anfechten, ist aber zum Ersatz des durch die Aufhebung des Vertrages entstandenen Schadens verpflichtet."

Ferner ein Antrag des Herrn Oberlandesgerichtsrath **Heinsheimer**:

„Ich wiederhole meinen Antrag Band III, S. 21. 22 der Verhandlungen."

Der Antrag geht dahin, daß die Beibehaltung der Vorschriften, welche der Entwurf des bürgerlichen Gesetzbuches im allgemeinen Theil (§§ 98—102) über den Irrthum bei Willenserklärungen aufstellt, sich empfiehlt, jedoch mit folgenden Modificationen:

1. § 98 Satz 1 sollte im Eingange dahin lauten:

„Ist der Urheber einer Willenserklärung sich des Mangels der Uebereinstimmung des wirklichen Willens mit dem als gewollt Erklärten nicht bewußt (Irrthum), so ist die Willenserklärung nichtig. . . . . ."

2. § 99 Abs. 1 wäre dahin zu fassen:

„Vorstehende Bestimmung (§ 98) findet keine Anwendung, wenn dem Urheber der Willenserklärung grobe Fahrlässigkeit zur Last fällt",

oder dahin:

„Eine Willenserklärung, welche nach den Vorschriften des § 98 an sich nichtig wäre, ist gültig, wenn ihrem Urheber grobe Fahrlässigkeit zur Last fällt."

3. § 101 wäre dahin zu fassen:

„Hat der Urheber der Willenserklärung zur Uebermittelung derselben an den Empfänger sich einer Mittelsperson bedient, durch welche der Wille unrichtig mitgetheilt ist, so finden die Vorschriften der §§ 98—100 mit der Maßgabe entsprechende Anwendung, daß der Urheber der Willenserklärung auch die Fahrlässigkeit der Mittelsperson zu vertreten hat."

4. Daneben bleibt die redactionelle Frage offen, ob die vom Entwurfe vorgesehene Nichtigkeit die Ausgestaltung als bloß relative Nichtigkeit erfahren solle.

Ferner wird ein Antrag gestellt von Herrn Professor **Enneccerus**, in dem Antrage des Herrn Referenten Professor **Zitelmann** nach dem Worte „anfechten" in §§ 98, 99 den Schlußsatz: „wenn ihm der Fehlgriff oder die Verwechselung wesentlich war" folgendermaßen zu fassen:

„sofern der Fehlgriff oder die Verwechselung die Person, zu deren Gunsten die Erklärung abgegeben wird, den Hauptgegenstand des Geschäftes oder die wesentlichen Bestandtheile des Rechtsgeschäftes betrifft, und zugleich anzunehmen ist, daß der Urheber die Willenserklärung ohne den Irrthum nicht abgegeben hätte."

M. H., es ist mir der Wunsch zu erkennen gegeben worden, die einzelnen Redner — von den Berichterstattern nehme ich an, daß sie das überhaupt nicht treffen kann — in der Redezeit zu beschränken, etwa auf zehn Minuten. Ich halte das bei einem Gegenstande wie dieser für absolut unmöglich. Man braucht beinahe zehn Minuten, um jeden einzelnen Antrag zu erwähnen, man kann kaum mit Ja oder Nein darauf antworten, wenn man alle berühren will. Ich glaube, das einzige Mittel, die Debatte zeitig zum Schluß zu bringen, ist, jeden Redner zu bitten, sich möglichst kurz zu fassen, namentlich die beiden Herren Gutachter, die Kenntniß ihrer Gutachten vorauszusetzen, im Uebrigen aber der Debatte freien Lauf zu lassen, vorbehältlich des Rechts jedes Einzelnen aus der Versammlung, wenn ihm die Sache zum Abschluß reif scheint, einen Schlußantrag einzubringen. Ich ertheile das Wort zunächst Herrn Professor Dr. Leonhard.

Professor Dr. **Leonhard** (Marburg i. H.): M. H.! De lege lata ist, wie Herr College Zitelmann hervorhob, die Sache sehr zweifelhaft, und ich lasse diesen Punkt ganz dahingestellt, ebenso wie die Herren Vorredner. De lege ferenda sind wir beide principiell verschiedener Meinung; aber ich glaube doch, durch den kleinen Zusatz, den ich in seinen Antrag einschieben will, den Unterschied, der zwischen unseren Ansichten besteht, zum Ausdruck zu bringen und zugleich die Möglichkeit zu eröffnen, meiner Ansicht die Zustimmung des hohen Juristentags zu erstreiten. Ich muß zugleich bemerken, daß auch der Antrag Enneccerus in gleicher Richtung sich bewegt, da auch er im Wesentlichen sich von dem Antrage des Herrn Referenten Collegen Zitelmann gerade in dem Punkte unterscheidet, in dem ich, soweit es mir möglich ist, dem letzteren Antrage Widerstand leisten muß. Ich will mich ganz kurz fassen. Ein Wort scheint mir hier alles zu entscheiden; ein Wort spricht gegen die unveränderte Annahme des Antrags Zitelmann, es heißt: „Verkehrssitte". Die Verkehrssitte muß in Betracht kommen, um die Wesentlichkeit der Irrthümer bei Geschäftsabschlüssen zu bestimmen, nicht der Einzelwille. Ich recurrire auf das Beispiel, welches Herr College Hölder angeführt hat: Ich gehe zum Kaufmann X., ich wollte aber zu Y. gehen, oder umgekehrt: ich gehe zu Y. statt zu X. Ich kann dann das demnächst abgeschlossene Geschäft nicht anfechten, wenn der Kaufmann nicht merkte, daß ich zu einem anderen wollte als zu ihm. M. H., es wäre unerhört, wenn wir das anfechten lassen wollten. Wenn wir so etwas beschließen, dann setzen wir uns in Widerspruch mit der älteren Praxis von ganz Deutschland, ich kann weitergehen, mit der Praxis aller civilisirten Nationen, mit den Grundbedingungen des Verkehrs. Auch ethische Gesichtspunkte kommen hier in Frage, denn ich meine: mit dem bloßen Enttäuschungsgeld wird die Enttäuschung nicht ausgeglichen. Das Wort muß heilig sein. Sollte das römische Recht andere Grundsätze haben, dann müßten wir es beseitigen, ich glaube es aber nicht, daß es sie hat. M. H., wenn Sie die Worte: „nach den allgemeinen Auslegungsgrundsätzen" in den Zitelmann'schen Antrag hineinschieben, so geben Sie dem Richter die Möglichkeit, die Verkehrssitte zu berücksichtigen. Entweder ist die Wesentlichkeit eines etwaigen Irrthums von dem Irrenden ausdrücklich ausbedungen worden, d. h. es sagt jemand: „Für den Fall des Irrthums über diesen oder jenen Punkt will ich nicht gebunden sein." Das kommt zwar sehr selten vor; wenn es aber vorkommt, dann ist der Irrthum zweifellos wesentlich. Oder es ist das nicht ausdrücklich gesagt, aber doch stillschweigend erklärt worden. Warum nun nehmen wir das letztere an? Nicht weil der Betreffende es gewollt und erklärt hat, sondern weil die Verkehrssitte für ihn denkt. Ich kaufe eine Uhr als eine goldene; es stellt sich heraus, daß sie nur vergoldet ist. Ich habe nicht erklärt: „Sollte die Uhr nur vergoldet sein, dann soll der Kauf nichtig sein." Die Verkehrssitte aber entscheidet so. Nach den allgemeinen Verkehrsanschauungen fällt hier eine stillschweigend gesetzte Bedingung der Gültigkeit aus, wenn die Uhr nicht golden ist, und folglich ist das Geschäft nichtig. Das ist mein Standpunkt, den muß ich festhalten, und ich suchte mich kurz zu fassen, um Ihre Geduld nicht länger in Anspruch zu nehmen.

Oberlandesgerichtsrath **Heinsheimer** (Karlsruhe): M. H.! Dem Beispiele des Herrn Professor Leonhard folgend, werde ich Ihre Aufmerksamkeit nur kurze Zeit beanspruchen. Ich habe meinen gedruckt Ihnen vorliegenden Antrag wiederholt. Ich stehe zunächst der Auffassung des Herrn Referenten Professor Hölder, daß man wegen der noch nicht erfolgten Ausreifung der Lehre in der Theorie die Frage offen und im Gesetzbuche eine Lücke lassen soll, direct entgegen. Ich möchte nicht hier einen Gegensatz zwischen den Praktikern und Theoretikern betonen, ich möchte Sie auf den neuesten Ausspruch eines französischen Professors des Rechts, Mr. Saleilles, verweisen, der in der Gesellschaft für vergleichendes Recht anläßlich seines Vortrags über das Recht der Schuldverhältnisse nach dem Entwurfe des bürgerlichen Gesetzbuchs damit geschlossen hat: la législation n'est pas objet de théorie. Er bemerkt dazu, daß die Gesetzgebung sein solle der möglichst präcise und compacte Ausdruck der bestehenden Rechtsanschauungen und Gewohnheiten. Eine Lücke lassen! Wir haben in den verschiedenen Abtheilungen mehrere solche Anträge auf Nichtaussprechen über gewisse Fragen. Es ist gestern zu meinem Bedauern der Begriff der Anspruchsverjährung gewissermaßen weggewischt worden, ohne daß man etwas anderes an die Stelle gesetzt hat; ich will auf die Frage nicht zurückgreifen. Aber eine Lücke lassen, das geht nicht an. Es müßte positiv etwas vorgeschlagen werden. Ich hoffe nicht, der Citirwuth beschuldigt zu werden, wenn ich in der Beziehung auf ein sehr classisches Beispiel verweise. Im Jahre 1862 hat der preußische Landtag die Vorlage über die Umbildung des preußischen Heeres abgelehnt, und in der darauf folgenden ersten Sitzung der Budgetcommission hat der neuernannte Staatsminister v. Bismarck-Schönhausen gesagt: „Wir sind vielleicht zu gebildet, um eine Verfassung zu ertragen, wir sind zu kritisch"; mit einer kleinen Aenderung könnte man „Verfassung" durch „bürgerliches Gesetzbuch" ersetzen; ich meine aber, wir sollten dem Entwurfe gegenüber nicht zu kritisch sein. Zu kritisch scheint es mir nun — ich will dabei niemand verletzen — wenn in unseren Verhandlungen über die einzelnen Ausdrücke des Gesetzes debattirt wird. Für mich ist z. B die Fassung des § 98 gerade so deutlich wie der Vorschlag des Herrn Professor Zitelmann; es scheint mir für unsere Verhandlungen das unerheblich.

Was den Antrag Enneccerus betrifft, so meine ich, dieser stimme mit dem Entwurf so ziemlich überein; Sie fassen das nur anders. Sie haben zu meiner Freude doch auch gegenüber den Vorrednern wieder den Irrthum über die Person und über die Sache und über die wesentlichen Eigenschaften hervorgehoben, und ich möchte dem Herrn Professor Hölder gegen sein, mir etwas unpraktisch scheinendes Beispiel ein anderes Beispiel vorführen, das bisher nicht angeführt wurde. Es ist ja jetzt das rauchlose Pulver erfunden worden, das von so großer Bedeutung ist. Der Offizier X. will von dem rauchlosen Pulver haben und schickt seinen Burschen zu dem Pulverhändler Y. auf dem und dem Platze: hole mir von dem neuen Pulver. Nun stehen aber zwei Läden nebeneinander, in dem einen giebt es rauchloses Pulver, und in dem anderen ein anderes neues feinkörniges Pulver. Der Bursche geht in den letzteren Laden, verlangt von dem neuen Pulver und kommt zu seinem Herrn zurück, dem es gar nicht einfällt, von dem feinkörnigen Pulver haben zu wollen; er will das interessante rauchlose Pulver. Aber der Inhaber des Ladens kann das nicht wissen, was der Offizier will. Der Bursche kauft, kommt nach Hause, und der Herr sagt: „Ach, Esel, ich habe etwas ganz anderes gewollt." Nun wird immer von der Heiligkeit der Willenserklärung gesprochen; ich glaube aber, daß der Irrthumsmärtyrer doch mit einiger Vorsicht behandelt werden sollte. Wir haben gestern bei der Anspruchsverjährung von der Unanständigkeit des Schuldners gesprochen, der sich auf die Verjährung beruft. Dürfte man nicht bis zu einem gewissen

Grade dasselbe sagen, wenn nachdem der Offizierbursche zurückgeschickt ist zu dem Kaufmann, um das Pulver, das er gar nicht kaufen wollte, zurückzugeben, der Kaufmann sagt: ja, was geht mich das an? du hast bezahlt, behalte es! Ich sage nach meiner subjectiven Anschauung: das ist unanständig von dem Kaufmann; der Offizier hat nicht nachträglich diesen Irrthum construirt — wir sprechen von einem mit der Entstehung der Willenserklärung parallel laufenden Irrthum — der Offizier will nicht nachträglich das Pulver zurückgeben; ist es da nicht gegen die Verkehrssitte gehandelt, wenn der Kaufmann den Irrthum des Burschen benutzt? Ich sollte doch denken, daß man mit einem solchen Beispiele eher durchdringt, als mit dem einfachen, daß der Bursche zu dem Kaufmann X. statt zu dem Kaufmann Y. gegangen wäre. Das steht aber m. E. mit Ausnahme der kleinen Abänderungen, die ich mir zu beantragen erlaubt habe, deutlich in dem Entwurf; es wird kein Unglück sein, wenn es in der Weise dem deutschen Volke vorgelegt wird. Und was den Irrthum in den Beweggründen betrifft, warum wollen Sie dem Richter nicht überlassen, zu prüfen und zu würdigen, ob der Irrthum wesentlich ist? Wir haben im französischen Rechte und in dessen Anwendung bei dieser Lehre weniger Anstand gefunden; warum sollen wir nicht dem Richter das Ermessen überlassen, ob der Irrthum — ich rede immer von dem unverschuldeten, nicht von einem nachträglich auftauchenden Versuch, sich von einem ohne Vorbehalt abgeschlossenen Geschäft zurückzuziehen, — ob der Irrthum, sage ich, ein wesentlicher war, sei es in Bezug auf die Person, oder auf den Gegenstand, oder seine Eigenschaften. Das sollte man dem Richter überlassen in der Weise, wie es der Entwurf will. Auf die Einzelheiten, welche ich abzuändern beantragt habe, möchte ich nicht eingehen, mit Rücksicht auf die Kürze der Zeit. Ich empfehle Ihnen meinen Antrag.

Professor Dr. **Enneccerus** (Marburg i. H.): M. H.! Ich möchte mich zunächst ebenfalls dafür aussprechen, daß wir, wenn irgend möglich, es vermeiden, eine Lücke für das Gesetzbuch zu empfehlen. Wenn mein verehrter College Hölder meinte, daß durch eine solche Lücke jedenfalls keine Verschlechterung des geltenden Rechtszustandes eintrete, so muß ich dem doch widersprechen, denn in dem Momente, wo das bürgerliche Gesetzbuch in Kraft tritt, wird der bisherige Kreis von Rechtsquellen dem Richter unter den Füßen weggezogen, und das Reichsgericht, welches dann die Sache entscheiden soll, ist lediglich auf dieses Gesetzbuch, auf die allgemeinen, aus den sonstigen Bestimmungen zu ziehenden, höchst unsicheren Consequenzen hingewiesen. Ich halte es aber für bedenklich, in einer so hochwichtigen Frage eine Lücke zu lassen, zu deren Ausfüllung später Gott weiß welche Bestimmungen des Gesetzbuches herangezogen werden müßten.

Sodann möchte ich, und zwar lediglich, um nicht in der weiteren Deduction darauf zurückkommen zu müssen, gleich zu dem zuletztgestellten Antrage meines verehrten Collegen Leonhard übergehen. Ich möchte glauben, daß wir durch die Einschiebung der Worte: „nach den allgemeinen Auslegungsregeln" den Richter vor eine kaum zu lösende Frage stellen. Der Irrthum soll zur Anfechtung genügen, wenn dem Urheber der Willenserklärung — „ihm" steht da — nach den allgemeinen Auslegungsregeln der Fehlgriff wesentlich war —

Professor Dr. **Leonhard:** Das „ihm" will ich streichen.

Professor Dr. **Ennercerus:** Schön, also Sie wollen das Wort „ihm" streichen?

(Wird bejaht.)

Dann fällt der Einwand, den ich geltend machen wollte, fort; aber es entsteht ein anderer. Was heißt denn: der Irrthum oder der Fehlgriff ist nach den allgemeinen Auslegungsregeln wesentlich? Was soll denn ausgelegt werden? Mein Wille

(Zuruf: Die Erklärung!)

oder die Erklärung? Offenbar die Erklärung soll ausgelegt werden. Wenn die Erklärung unzweideutig ist, so soll also das Geschäft stets gültig sein, wenn ich die Meinung des Amendements richtig verstehe. Nun nehmen Sie z. B. an: Ich habe jemandem, der sein Haus verkaufen wollte, gesagt: „ich kaufe dein Haus", weil ich glaubte, das von ihm bewohnte Haus gehöre ihm, während er in Wahrheit zur Miethe wohnt und sein viel weniger werthes Haus, das ich nie gesehen habe, verkaufen will. Nach den Auslegungsregeln ist an dem Sinn dieser Worte gar nicht zu zweifeln. Ich habe ja gesagt: „Dein Haus" und nicht „das von dir bewohnte Haus". Nun ist das Haus, das er verkaufen wollte, 50 000 Mark werth. Ich habe, an das ganz andere Haus denkend, gekauft für 150 000. Er handelt offenbar unanständig, wenn er an dem Geschäft festhalten wollte, und ich würde mein ganzes Vermögen ruinirt sehen. Und dennoch soll ich bei dem Geschäfte festgehalten werden? Ist das Billigkeit? Ich glaube, es ist die höchste Unbilligkeit. Eine Auslegung, die sich nur auf die Worte einerseits und allgemeine, das heißt also von der subjectiven Besonderheit des Falles absehende Auslegungsregeln andererseits stützen soll, können wir nicht brauchen. Das Wort soll heilig sein! Jawohl, das will ich auch, wer will es nicht? Aber nur das mit wirklicher Erkenntniß seines Sinnes gesprochene Wort ist dabei gemeint. Daß jemand wegen eines ihm kaum zuzurechnenden Versehens, ja wegen eines Umstandes, den er gar nicht voraussehen kann, wegen eines entstellten Telegramms u. s. w. an seinem

Worte festgehalten werden soll und zwar zu einem ganz ungerechtfertigten Vortheile des Gegners, einem Vortheile, den ein anständiger Mann gar nicht einmal anzunehmen im Stande sein würde, das ist die höchste Unbilligkeit. Also gegen dieses Amendement muß ich mich erklären. Ich freue mich aber, daß mein verehrter Herr College die Sache eigentlich nicht so schlimm gemeint zu haben scheint, daß er, wie er erklärte, meinem Antrage damit sich nähern wollte, und so hoffe ich immer noch, daß er bei einer anderen Formulirung — darüber ließe sich ja reden — mir schließlich zustimmen wird.

Nun, m. H., wir fragen: Welcher Irrthum soll wesentlich sein? Dafür ist zunächst das sogenannte objective Princip aufgestellt worden. Man sagt: wenn der Irrthum diese oder jene Bestandtheile des Geschäfts betrifft, dann ist er wesentlich, dann soll das Geschäft anfechtbar sein. Ich will zugestehen, daß, streng genommen, dieser objective Standpunkt nicht ausreicht. Ich erkenne an, daß namentlich bei dem error in persona Fälle vorkommen, wo ich mich in der Person des Mitcontrahenten täusche, wo mir das aber wirklich entweder sehr gleichgültig ist oder wenigstens, wenn ich ein normaler Mensch wäre, gleichgültig sein müßte. In die letztere Kategorie gehört das Beispiel von dem Antisemiten, aber auch manche andere Fälle. Ein normaler tüchtiger Mann, der in einen Laden tritt, kauft nicht nur deshalb, weil ihm jemand das Geschäft als gut empfohlen hat, sondern er sieht sich die Waare an, er sieht sich die Preise an, und darauf entschließt er sich. Es ist nicht richtig, daß in einem solchen Falle es ihm wesentlich wäre, gerade bei dem zu kaufen, der ihm empfohlen wurde, und zu dem er vielleicht die Absicht hatte zu gehen. Es ist also anzuerkennen, daß ein Irrthum über die Person, der, ganz abstract betrachtet, einen wesentlichen Punkt betrifft, in Wahrheit nach der Natur der bei dem fraglichen Geschäft in Betracht kommenden Verkehrsinteressen als unwesentlich erscheinen kann. Noch weniger reicht das rein objective Princip allein aus in den Fällen, wo es sich um Eigenschaften der Sache handelt, welche das Wesen der Sache verändern. Man kann ja die wirkliche Eigenschaft der Sache unter Umständen derjenigen weit vorziehen, welche man irrthümlich zu erwerben vermeinte. In allen solchen Fällen wird denn auch schon vom bisherigen Recht das subjective Princip mit hereingezogen, und so wird auch das Gesetzbuch verfahren müssen. Nun gehe ich aber nicht so weit, daß ich mit dem Herrn Correferenten Collegen Zitelmann sage: das subjective Princip soll allein entscheiden, es soll der Betreffende also schon dann stets anfechten können, wenn ihm der betreffende Punkt wesentlich war. Ich glaube, eine solche Formulirung würde zu Consequenzen führen, die in der That von Keinem von uns beabsichtigt werden. Denken Sie z. B. an den Irrthum über Eigenschaften des Vertragsgegenstandes. Ich habe eine Wohnung gemiethet und dabei meiner Frau und meinen Bekannten gesagt, daß ich sie nur gemiethet habe wegen der schönen Rosen, die im Garten stehen. In dem Moment, wo ich einziehen soll, zieht der Vermiether aus und nimmt die sämmtlichen von ihm gepflanzten Rosenstöcke mit. Eine ganze Reihe von Personen können bezeugen, daß ich, zwischen mehreren mir angebotenen Wohnungen schwankend, schließlich um der Rosen willen mich für diese entschieden habe; soll ich nun wegen der Rosen zurücktreten können? Wie der Mensch einmal ist, läßt sich nicht leugnen, daß unter Umständen bei hochbedeutenden Enschlüssen und Geschäften ein ganz kleiner Punkt für das Zünglein der Wage den Ausschlag giebt, und wenn ich beweisen kann, daß dieser kleine Punkt es ist, der mich schließlich bei dem Zweifel zur Entscheidung gebracht hat, dann soll ich das Geschäft anfechten können? Ich glaube, mit dem subjectiven Princip kommen wir ganz und gar nicht aus. Richtig scheint mir zu sein, zu sagen: erstens der Irrthum oder Fehlgriff muß einen nach den allgemeinen Verkehrsansichten wesentlichen Punkt betreffen, und dieser Punkt muß zweitens auch für den, der die Erklärung abgiebt, wesentlich sein. Denn das ist auch wahr, was Herr College Hölder entwickelte, daß unter Umständen ein nach den allgemeinen Anschauungen wesentlicher Punkt für den Urheber der Erklärung unwesentlich sein kann. So kommen Sie zu einer Formulirung, die, wenn ich sie zunächst einmal in ganz kurzer Fassung ausspreche, einfach sagt, daß die Anfechtung gestattet ist, wenn der Fehlgriff einen wesentlichen Punkt betrifft und anzunehmen ist, daß der Urheber der Willenserklärung dieselbe in Kenntniß des wahren Thatbestandes nicht abgegeben hätte.

Ich möchte nun fragen: Was ist denn wesentlich? Es scheint mir nicht absolut nothwendig zu sein, daß wir das hier aussprechen; wir können das der Gesetzgebungscommission überlassen, möglicher Weise kann es auch der Praxis überlassen bleiben; ich will das dahingestellt sein lassen. Wenn wir es aber ausdrücken wollen, so würde ich die Fassung vorschlagen, die vorhin der Herr Präsident Ihnen bereits verlesen hat. Ich glaube, wesentlich ist erstens der Irrthum in der Person, abgesehen von den Fällen, wo dem Einzelnen einmal die Person gleichgültig ist — darüber habe ich schon gesprochen. Zweitens ist objectiv wesentlich ein Irrthum im Hauptgegenstande des Geschäfts. Es giebt wenig ganz absolut sichere Quellenentscheidungen über die Irrthumsfrage im corpus juris; aber die Quellenentscheidung ist ganz sicher, daß, wenn die Parteien sich nicht über den Hauptgegenstand, sondern nur über eine Accession geirrt haben, das Geschäft gültig ist, und ich glaube, daß der römische Jurist hier mit sicherem Tact das Richtige getroffen hat. Drittens ist wesentlich ein Irrthum über die wesentlichen Bestandtheile des Geschäfts. Es ist gesprochen worden von der Bedingung. Die Bedingung gehört zu den wesentlichen Bestandtheilen. Es ist jetzt fast allgemein anerkannt — ich glaube, es giebt kaum noch einen Dissentienten — daß die bedingte Willenserklärung eine wesentlich andere ist als die unbedingte, was bei der Frage der Beweislast beim sogenannten qualificirten Geständniß wesentlich in Betracht kommt. Ebenso ist, wenn nicht ganz allgemein, doch vorwiegend anerkannt, daß die Befristung, der Zeittermin in den meisten Fällen ein wesentlicher Bestandtheil des Geschäfts ist, und Gleiches ist von der Ortsbestimmung zu sagen. Ich glaube also, daß wir mit einer solchen Fassung vollkommen das Bedürfniß decken würden, daß kein Fall übrig bliebe, in denen die Anfechtung zu gestatten wäre, der nicht unter eine dieser Kategorien zu subsumiren wäre.

Ob nun, wenn ein solcher Irrthum vorliegt, das Geschäft für nichtig erklärt werden soll oder für anfechtbar, steht für mich, offen gesagt, in zweiter Linie. Ich halte zwar die Nichtigkeit für besser, aber aus Gründen, die hier zu weit führen. Ich will also nicht näher darauf eingehen. Auch bei der Nichtigkeitserklärung ist es übrigens möglich, eine Zeitbestimmung für die Geltendmachung zu setzen, wenn es auch vielleicht nicht ganz so elegant wäre.

Nun, m. H., möchte ich mich noch ebenso wie Herr College Zitelmann dafür aussprechen, daß auch in dem Falle der lata culpa bei wesentlichem Irrthum der Urheber der Willenserklärung nicht bei seinem Worte verhaftet wird, sondern nur schadensersatzpflichtig ist. Herr College Hölder sagte zwar: wenn ich in lata culpa eine Verwechselung vornehme oder mich im Ausdruck vergreife, so steht das vollkommen gleich dem Falle, wo ich eine Erklärung abgebe, ohne den Inhalt zu kennen. Allein das ist meines Erachtens ganz gewiß nicht zutreffend. Es liegt vielmehr zwischen beiden Fällen ein entscheidender Unterschied vor. Wenn ich Sie frage: wollen Sie für das Pferd so viel geben, als ich hier in meinem Portemonnaie habe? und Sie diese Frage ernstlich bejahen, so haben Sie gekauft zu dem Preise, den ich im Portemonnaie habe, mit dem vollen Bewußtsein, gerade diesen Preis, welcher es auch sei, zu geben. Wenn ich aber eine bestimmte Summe geben will oder, ich will lieber das Beispiel verändern, wenn ich ein bestimmtes Object, zum Beispiel ein Haus, kaufen will, dieses im Auge habe, mir vorstelle nach allen Richtungen — es liegt da und da, es ist für mich brauchbar, es hat so und so viel Zimmer, es soll so und so viel kosten, es ist preiswürdig u. s. w. — so fasse ich den Entschluß bei mir, das vorgestellte Haus zu kaufen, und wenn ich in dem

Irrthum war, dieses Haus liege Alleestraße Nr. 9, und sage: ich will das Haus Alleestraße Nr. 9 kaufen — so habe ich nicht den Willen, das in Wirklichkeit in der Alleestraße als Nr. 9 belegene Haus zu kaufen, das ich mir gar nicht vorstelle, sondern ich glaube nur mit den Worten „Alleestraße Nr. 9" das Haus zu bezeichnen, welches ich im Sinne habe. Ich will also nicht das Haus Alleestraße 9 kaufen, sondern ich will lediglich kaufen das Haus, das ich mir vorstelle. Ich bezeichne dieses nur falsch. Für die Frage, was ich in diesem Falle gewollt habe, ist es offenbar ganz gleichgültig, ob ich zu dieser falschen Bezeichung durch einen entschuldbaren oder unentschuldbaren Irrthum, ob ich dazu durch lata culpa, levis culpa oder ganz ohne culpa gekommen bin. In allen diesen Fällen bleibt wahr und ist wahr: ich wollte nicht Alleestraße 9, sondern das vorgestellte Haus kaufen.

Ebenso wenig aber läßt sich die Gültigkeit des Geschäftes bei durch lata culpa veranlaßtem Fehlgriff oder Irrthum aus Billigkeitsgründen empfehlen. Wenn ich „das Haus Alleestraße 9" gesagt und gekauft habe zu dem dreifachen Preise des wirklichen Werthes, soll ich, wenn auch lata culpa vorliegt, wegen dieser Verwechselung mein ganzes Vermögen verlieren, obgleich wenige Minuten nachher und ohne daß den Verkäufer irgend welcher Schaden träfe, der Irrthum aufgeklärt wird? Würde nicht der Verkäufer gegen jeden Anstand verstoßen, wenn er mich beim Worte halten würde? und kann das Recht ihm die Geltendmachung einer solchen gegen den Verkehrsanstand verstoßenden Forderung gestatten? Die wirkliche Aufrechterhaltung des Geschäftes im Falle der lata culpa ließe sich lediglich unter den Gesichtspunkt der Strafe bringen. Welches Verhältniß aber bestände hier, wo es sich vielleicht um das gesammte Vermögen des Käufers handelt, wo zudem der Verkäufer einen materiell durch nichts gerechtfertigten Vortheil erlangen würde, zwischen dem Vergehen und der Strafe? Zudem passen Strafen zwischen Privatpersonen überhaupt nicht. Strafen unter Privatpersonen soll das Gesetz nicht anordnen, sondern nur Schadensersatz. Ist gar kein Schaden entstanden, so enthält der Verkäufer überhaupt nichts, wenn der Käufer beweisen kann, daß er nicht das Haus Alleestraße 9 kaufen wollte, sondern ein ganz anderes. Dieser Beweis liegt ihm natürlich ob, und mit diesem Beweise hat es der Richter streng zu nehmen.

Im Uebrigen und namentlich, was die Schadensersatzpflicht auch ohne eigenes Verschulden betrifft, möchte ich mich den Ausführungen des Herrn Correferenten Zitelmann anschließen. In einem Punkte hätte ich noch den Wunsch, einen Zusatz zu machen, aber ich will denselben nicht ausdrücklich beantragen, weil ich sehe, daß Herr College Zitelmann im

Grunde von der gleichen Anschauung ausgeht. Ich hätte gewünscht, — aber wir machen ja das Gesetz hier nicht fertig, — daß eine ausdrückliche Bestimmung in das Gesetz aufgenommen würde, welche ausspricht, daß in den Fällen, wo ein Schaden möglich, vielleicht auch anzunehmen ist, aber ein Beweis dieses Schadens nicht erbracht werden kann, ein Abstandsgeld, von dem Herr College Zitelmann ja selber gesprochen hat, von dem Richter nach freiem Ermessen zugebilligt werden kann. Ich denke besonders an die Fälle, wo jemand dadurch, daß der irrende Contrahent mit ihm einen Vertrag abgeschlossen hat, die Gelegenheit versäumt hat, anderweitig ein ähnliches Geschäft abzuschließen. In unserem Beispiele hat der Eigenthümer des Hauses Alleestraße 9 in Folge seiner berechtigten Annahme, er habe das Haus gültig verkauft, andere Kauflustige abgewiesen. Ob einer von diesen es wirklich gekauft hätte, ist natürlich nicht zu beweisen, geschweige denn zu welchem Preise. Hier soll der Richter nach freiem Ermessen sagen können: es kann dem Verkäufer ein Schaden von so und so viel erwachsen sein, und diesen Schaden hat der Gegner zu ersetzen.

Ich möchte zum Schluß den Antrag, den ich gestellt habe, noch einmal verlesen mit ein paar erläuternden Worten. Ich sage also, daß die Anfechtung möglich sein soll:

> sofern der Fehlgriff oder die Verwechselung die Person, zu deren Gunsten die Erklärung abgegeben wird, den Hauptgegenstand des Geschäftes oder die wesentlichen Bestandtheile des Rechtsgeschäftes betrifft u. s. w.

Da ferner gesagt ist, daß der Irrthum auch demjenigen wesentlich sein muß, welcher die Erklärung abgegeben hat, so sind die Fälle eines für den Verkehr gleichgültigen Irrthums ausgeschlossen, auch wenn derselbe die Person des Gegners oder den Hauptgegenstand des Geschäftes betreffen sollte. Durch das Wort „Hauptgegenstand“ ist namentlich der Irrthum über Accessionen, Fristen ꝛc. in Uebereinstimmung mit dem gemeinen Recht als für alle Fälle unwesentlich erklärt. Unter die wesentlichen Bestandtheile des Geschäftes fällt auch, wie schon ausgeführt, stets die Bedingung, meistens auch Zeit- und Ortsbestimmung. Zu erwägen dürfte übrigens sein, und diese Frage empfehle ich der geneigten Aufmerksamkeit der Versammlung, ob nicht darüber, was ein wesentlicher Punkt sei, überhaupt einfach auf die im Verkehr herrschenden Ansichten verwiesen werden könnte.

Landgerichtsrath **Pfizer** (Ulm): M. H.! Auch ich bin entschieden dagegen, daß man im Gesetze eine Lücke läßt; dagegen geht mein Hauptantrag dahin, die Bestimmungen aus dem Allgemeinen Theile wegzulassen und sie in die anderen Theile, das Obligationenrecht, Sachenrecht u. s. w. zu verweisen. Die Begründung liegt, um das in zwei Worten zu sagen, darin, daß ich glaube, man kann einen Irrthum im Reden und einen Irrthum im Handeln, einen Irrthum im Wort und einen Irrthum in der That nicht gleichmäßig behandeln. Sie erlauben mir, das an einigen Beispielen, die ich dem Leben entnehme, zu zeigen. Es war kurz nach der Einführung der neuen Maß- und Gewichtsordnung, als ein Kaufmann in Ulm auf die Productenbörse kam und dort einem anderen Kaufmann die Offerte machte, eine Partie — Reis, glaube ich, war es — ihm zu verkaufen. Der Andere sagte: „Jawohl, zu einem guten Preise nehme ich ihn." Der Verkäufer sagte: „Ich verkaufe Ihnen das Kilo für 20 Pfennige." Dieser Preis war außerordentlich niedrig, so niedrig, daß der andere Contrahent erwiderte: „Können Sie wirklich um diesen so niedrigen Preis verkaufen?" Die Antwort können Sie sich denken: „Ob ich theuer oder wohlfeil verkaufen will, ist meine Sache; wenn Sie ihn nicht kaufen wollen, dann lassen Sie es bleiben." Natürlich sagt der Käufer: „Mit Vergnügen kaufe ich ihn." Wie es an die Erfüllung geht, merkt der Kaufmann, daß er um die Hälfte zu wenig gefordert hat; das Pfund wollte er für 20 Pfennige verkaufen, und er hatte das Kilo für diesen Preis verkauft. Es entstand ein Proceß, der in zwei Instanzen verschieden entschieden wurde. Auch hier würde es sich fragen: liegt ein wesentlicher Irrthum vor? Allein auf diese Frage gehe ich nicht ein. Auch kommt es nicht auf die grobe Fahrlässigkeit an, sondern lediglich auf die Redlichkeit des anderen Theils. Der Ulmer Kaufmann hat gedacht, er verkauft das Pfund um 20 Pfennige, gesagt hat er „Kilo", und was er gesagt hat, das hat er auch gewollt. Das Gehirn hat der Zunge gewissermaßen telegraphirt: sprich das, und so hat die Zunge gesprochen; gesprochen hat er „Kilogramm". Ich sage nun: das ist nicht sein wirklicher Wille, das ist nicht sein Gedanke, und weil er etwas anderes gesagt als gedacht hat, sage ich, soll der Kaufmann berechtigt sein, diesen Vertrag anzufechten, aber nicht ohne Weiteres. Der andere Theil darf sich wenigstens in einem gewissen Grade auf das Wort verlassen, nämlich dann, wenn er redlich war; in unserem Falle ergiebt sich die Unredlichkeit aus dem ganzen Vorgange, denn der andere Theil war, wie seine Rede zu erkennen gab, sich ganz wohl bewußt, daß der Andere sich versprochen hatte. Anders in einem anderen Falle. Denken wir, es schreibt ein Kaufmann einem Bekannten, er soll die Waare für 18 Pfennige das Kilo verkaufen; der Empfänger des Briefes liest in dem undeutlich geschriebenen Briefe statt 18 vielmehr 15. Auch hier ist ein Consens über den Preis zwar äußerlich, aber nicht in Wirklichkeit vorhanden, und darum auch hier die Anfechtung zu gestatten; die Kleinheit der Differenz beweist hier die Redlichkeit des Käufers, und darum wird der Käufer, der zu 15 von dem Beauftragten gekauft hat, berechtigt sein, Schadloshaltung zu fordern, Schadloshaltung, d. h. in integrum restitutio; er darf nichts gewinnen, aber ebenso wenig darf er einen Schaden nehmen.

Ich komme zum Irrthum in der Person, wiederum bei Verträgen, Auch ein Beispiel aus dem Leben! Ein Bekannter von mir reiste einmal in der Schweiz; er hatte ein Reisehandbuch nicht mitgenommen, und so wußte er nicht, in welchen Gasthöfen er einkehren solle. Er fragt, als er nach Glarus reisen will, einen Schweizer, welchen Gasthof er empfehlen könne; der Schweizer sagt: ich empfehle Ihnen den Gasthof zum Raben. Da schreibt er eine Karte oder telegraphirt an den Herrn Gasthofsbesitzer zum Rappen in Glarus: ich bestelle ein Zimmer zum so und so vielten. Einige Tage später kommt er in Glarus an, geht durch die Straßen und findet auch endlich ein Wirthshaus, wo ein schwarzes Roß heraushängt; es ist aber außerordentlich unansehnlich, es ist eine Fuhrmannskneipe, und er hatte geglaubt, in einen Gasthof zu kommen. Allein er hatte einmal telegraphirt, er geht hinein, und der Wirth erklärt ihm: Mein Herr, Sie werden sich wohl geirrt haben, Sie werden haben wollen in den Raben gehen, das ist ein ganz guter Gasthof! Nun gab es da keinen Proceß; unter Umständen hätte aber der Wirth sagen können: ein Zimmer haben Sie bestellt, ich habe es hergerichtet, also Sie müssen zahlen, und ich glaube auch, es hätte der Besteller kaum etwas Wesentliches einwenden können. Es kommt natürlich immer auf die Lage des einzelnen Falles an. Wenn zwei gute Gasthöfe verwechselt werden, so ist es ganz unwesentlich, ob ich in den einen oder den anderen gehe; aber eine Fuhrmannskneipe und ein Gasthof sind zweierlei — und der Besitzer eines Gasthofs und der Besitzer einer Fuhrmannskneipe sind wiederum zweierlei. Also derjenige, der sich geirrt hat, der falsch gehört hat, ist in diesem Falle zur Anfechtung berechtigt, hat aber den redlichen anderen Theil schadlos zu halten.

So viel über den Irrthum in Worten. Ganz anders ist es bei dem Irrthum in der That. Nehmen wir das allereinfachste dingliche Rechtsgeschäft, die Schenkung. Hier hat sich folgender Fall zugetragen. Ein junger Mann von bescheidenem Einkommen ist in eine Familie eingeladen . . .

Vorsitzender: Sollte es nicht möglich sein, zur Abkürzung der Debatte von der Anführung der vielen Beispiele abzusehen, um anderen Rednern mehr Raum zu lassen?

Landgerichtsrath **Pfizer:** Der Fall ist ganz kurz. Ein Mann von bescheidenem Einkommen ist in einer Familie eingeladen; er will eine Mark als Trinkgeld geben, greift in die Tasche und bekommt ein Zwanzigmarkstück in die Hand, das er, ohne es zu erkennen, hingiebt. Hier, glaube ich, geht das Eigenthum nicht über. Die Tradition ist erfolgt, aber ohne Eigenthumsübergang. Auch in einem anderen Falle, in einer anderen Familie, will jemand ein Trinkgeld in der Küche geben . . .

Vorsitzender: Ich muß nochmals bitten, die Anführung einzelner Fälle zu unterlassen. Es geht nicht mehr; auch andere Redner müssen zum Worte kommen.

Landgerichtsrath **Pfizer:** Dann will ich diesen Fall weglassen und sage nur: wenn ich eine Sache dem A gebe, während ich sie dem B geben will, so schließt der Irrthum die an sich gewollte Wirkung des Eigenthumsübergangs aus. Mein weiterer eventueller Antrag geht dahin:

> Die Erfüllung eines Vertrages kann nicht gefordert werden, wenn das Verlangen der Erfüllung gegen Treu und Glauben verstößt.

Mit diesem Satze glaube ich die Fälle des Irrthums in der Substanz namentlich zu treffen, wenn jemand z. B. meint, er kaufe ein goldenes Geschirr, während es von Silber ist und nur vergoldet. Ich glaube damit schließen zu können.

Vorsitzender: Die Aenderung des Antrags des Herrn Professor Dr. Leonhard ist aus dem Gespräche schon kund geworden; sie geht dahin:

1. das Wort „ihm" in dem zu verbessernden Satze zu streichen,
2. hinter „Auslegungsgrundsätzen" einzuschieben:
   „also im Zweifel nach der Verkehrssitte."

Es sind aber noch zwei große, umfassende Anträge eingegangen außer den bereits mitgetheilten, der erste von Herrn Rechtsanwalt Dr. Kloeppel:

Der Juristentag wolle beschließen:

> Es empfiehlt sich, die §§ 98—100 des Entwurfs durch folgende Bestimmungen zu ersetzen:
>
> § 98. Jede Willenserklärung bindet den Erklärenden in demjenigen Sinne, in welchem sie nach der Verkehrssitte oder den Umständen zu verstehen ist.
>
> § 99. Rechtsgeschäfte können aus dem Grunde eines wesentlichen und entschuldbaren Irrthums des Erklärenden über den Inhalt einer von ihm abgegebenen Willenserklärung angefochten werden.
>
> § 100. Wird aus diesem Grunde das Rechtsgeschäft für ungültig erklärt, so ist dem anderen Theile der Schaden zu ersetzen,

den er im Vertrauen auf die Gültigkeit des Rechtsgeschäfts erlitten hat, es sei denn, daß ihm der Irrthum des Erklärenden bekannt war.

(Professor Dr. Enneccerus bittet ums Wort zur Geschäftsordnung.)

Der andere Antrag ist gestellt von Herrn Landrichter Michaelis und geht dahin:

§ 98 des Entwurfs beizubehalten mit der Aenderung, daß an Stelle der Worte: „so ist die Willenserklärung nichtig" die Worte treten: „so kann der Erklärende die Willenserklärung anfechten" und die Worte: „im entgegengesetzten Falle — gültig" wegfallen.

§ 99 so zu fassen:

„Der Erklärende muß demjenigen, der auf die Gültigkeit der Willenserklärung vertraute, den dadurch erlittenen Schaden ersetzen."

§ 101 im Eingange so zu fassen:

„§ 99 findet Anwendung."

§ 100 so zu fassen:

„Fehlt (u. s. w. bis „Vertragschließenden" wie im Entwurfe), so finden die Bestimmungen des § 98 gleichfalls Anwendung."

§ 102 zu streichen.

Zur Geschäftsordnung hat das Wort Herr Professor Dr. Enneccerus.

Professor Dr. **Enneccerus:** Der zweitletzte Antrag — ich habe leider überhört, von wem er gestellt war —

(Zuruf: Von Kloeppel!)

enthält in nuce die gesammten Interpretationsregeln. Diese stehen heute nicht auf der Tagesordnung. Das würde an sich kein Grund sein, darauf nicht einzugehen; aber wenn wir darauf eingehen, so werden wir heute und morgen auch nicht fertig. Deshalb bitte ich, diesen Antrag nicht mit zur Discussion zu stellen. Der Herr Antragsteller möge mir das nicht übel nehmen; ich möchte aber den Herrn Präsidenten bitten, den Antrag von der Discussion auszuschließen.

Vorsitzender (zum Rechtsanwalt Dr. Kloeppel): Sind Sie damit einverstanden, daß dieser Antrag nicht mit zur Discussion gestellt wird?

(Rechtsanwalt Dr. Kloeppel schickt sich zur Abgabe einer Erklärung an.)

Ja oder Nein? Eine Discussion kann ich nicht zulassen.

Rechtsanwalt Dr. **Kloeppel** (Leipzig): Wenn ich nur Ja oder Nein sagen darf, so kann ich nur Nein sagen.

Vorsitzender: Den soeben geltend gemachten Gründen kann ja jeder Einzelne selbst Rechnung tragen, indem er den Antrag ablehnt. Wir müssen aber doch noch die Begründung der gestellten Anträge abwarten. Zunächst hat das Wort Herr Assessor Lewinsohn.

Assessor **Lewinsohn** (Berlin): M. H., ich werde Sie nur wenige Minuten in Anspruch nehmen. Daß eine Lücke im Gesetzbuche zu den größten Verkehrsstörungen führen würde, dafür berufe ich mich auf das, was die Herren Vorredner gesagt haben.

Der praktische Sinn unserer heutigen Erörterungen scheint mir darin zu liegen: wenn ein Vertrag aus Irrthum geschlossen ist, wer soll den Schaden tragen, der Irrende den Schaden aus dem irrthümlichen Vertragsschluß, oder der andere Contrahent den aus der Aufhebung des Vertrages entstehenden Schaden? Nun, m. H., in der ganzen Welt und bei jeder Gelegenheit ist es so, daß, wenn jemand irrt; und davon Schaden entsteht, er ihn tragen muß. Ich kann nicht einsehen, warum es bei Vertragsschließungen anders sein soll. Wenn jemand geirrt hat, und Schaden entstanden ist, so muß er ihn tragen; das ist das Princip, das wir zum Ausdruck bringen müssen. Wenn man dagegen ausführt vom Standpunkt der Willenstheorie: ein Wille liegt nicht vor, es ist also ein Vertrag nicht zu Stande gekommen, so wird diese Theorie vom Entwurf selbst geschlagen, indem er bei verschuldetem Irrthum den Vertrag aufrecht erhält. Der verschuldete Irrthum ist ein Irrthum so gut wie der unverschuldete; es müßte also nach jener Theorie der Vertrag bei verschuldetem Irrthum ebenso gut nichtig sein wie bei unverschuldetem.

Die Billigkeit aber erfordert, glaube ich, wenn wir das Princip, das ich eben ausgesprochen habe, daß auch der durch Irrthum geschlossene Vertrag besteht, aufrecht erhalten, daß, wenn der Irrthum ein unverschuldeter ist, dem Irrenden ein Anfechtungsrecht zusteht, daß er aber den anderen Contrahenten schadlos halten muß. In diesem Sinne habe ich meinen Antrag gestellt, der lautet:

> Ist der Abschluß eines Vertrages durch einen wesentlichen unverschuldeten Irrthum herbeigeführt —

ich sage: „wesentlichen" und glaube, daß ich auf die Casuistik und auf die einzelnen Gründe und Deductionen nicht einzugehen brauche. Ich glaube, in den Beispielen, die vorgebracht sind, wird jeder Richter ermessen können, ob der Irrthum wesentlich war oder nicht, und ich halte es für verfehlt und bedenklich, Distinctionen, wie sie der Entwurf enthält und wie sie auch hier vorgeschlagen sind, vorzubringen. Und noch eins will ich bemerken. In dieser Fassung werden alle die schwierigen und feinen Distinctionen und das Eingehen auf psychologische Momente vermieden; auch die Unterscheidung von Irrthum in der Sache und Irrthum in den Beweggründen, die so fließend und unsicher ist, kommt nicht zum Ausdruck; der Richter wird ermessen müssen, ob der Irrthum ein solcher war, der zum Vertragsabschluß geführt hat. Also:

Ist der Abschluß eines Vertrages durch einen wesentlichen unverschuldeten Irrthum herbeigeführt, so kann der Irrende binnen vier Wochen, nachdem er von dem Irrthum Kenntniß erhalten, den Vertrag anfechten, ist aber zum Ersatz des durch die Aufhebung des Vertrages entstandenen Schadens verpflichtet.

Diesen Antrag empfehle ich Ihrer Annahme. Ich möchte mir nur noch erlauben zu bemerken, daß ich nichts dagegen habe, wenn Sie bei dem unverschuldeten Irrthum noch hinzusetzen:

„oder durch mäßiges Versehen verschuldeten".

Vorsitzender: Ihr Antrag bezweckt, an die Stelle der §§ 98, 99 zu treten?

Assessor **Lewinsohn:** An Stelle der gesammten Paragraphen 98 bis 102.

Rechtsanwalt Dr. **Kloeppel** (Leipzig): Eine Lücke im Gesetze zu lassen, würde für mich unbedenklich sein, wenn ich mit dem Entwurfe davon ausginge, daß die Uebereinstimmung des geäußerten Willens mit dem sogenannten wirklichen Willen zu den wesentlichen Bedingungen eines Rechtsgeschäftes gehöre. Da ich aber gerade die entgegengesetzte Ansicht vertrete, so halte ich allerdings für nöthig, daß im Gesetze zum Ausdruck gebracht werde, ob es von der einen oder anderen Voraussetzung ausgeht. Ich habe mit dem ersten Paragraphen meines Antrages, der so viel Bedenken erregt hat, weiter nichts bezweckt, als die von Bähr und Leonhard vertretene Ansicht zu einem kurzen Ausdruck zu bringen. Die weiteren Paragraphen verhalten sich nur als veränderte Fassung zu dem Antrage Lewinsohn und dem Antrage des zweiten Herrn Referenten, und ich hätte kein Bedenken, meinen Antrag zu Gunsten des einen oder anderen zurückzuziehen, da hier überhaupt keine festen Gesetzesparagraphen aufgestellt, sondern nur Vorschläge über die Richtung des Gesetzes gemacht werden können. Aber darauf lege ich den größten Werth, daß wir davon ausgehen: das Rechtsleben ist das rechtlich geordnete Verkehrsleben, und das besteht nicht in Meinungen, die einer für sich behält, sondern in gegenseitigen Mittheilungen. Also das erste, worauf es ankommt, ist: was ist mitgetheilt worden? und nur in zweiter Reihe läßt sich, wenn jemand in entschuldbarer Weise geirrt hat bei Abgabe seiner Mittheilung, Abhülfe gewähren. Die weitere Auslegung der Ausdrücke „entschuldbar" und „wesentlich" kann ich ruhig dem Richter überlassen, und ich kann also über die Casuistik hinweggehen, die hier vorgetragen worden ist. Ich glaube, jeder verständige Richter wird, was als wesentlich zu erachten ist, herausfinden; aber den richtigen Ausgangspunkt muß der Entwurf feststellen, und ich kann als solchen nur ansehen, daß es auf das Mitgetheilte ankommt, wie es nach der Verkehrssitte zu verstehen war, wie es verstanden werden mußte. Dann kann ich Abhülfe wegen Irrthums zulassen, aber nur, wenn der Irrthum entschuldbar war, und auch dann wird bei Ungültigkeit des Rechtsgeschäfts dem anderen der Schaden zu ersetzen sein, den er im Vertrauen auf die Mittheilung erlitten hat. Weiterer Ausführungen glaube ich mich mit Rücksicht auf die vorgeschrittene Zeit enthalten zu sollen.

Landrichter **Michaelis** (Saargemünd): M. H., ich will mich auf wenige Worte zur Begründung meines Antrages beschränken. Ich habe denselben nur darum eingebracht, weil ich es für praktisch halte, ebenso wie Herr Oberlandesgerichtsrath Heinsheimer, wenn wir uns, soweit keine wirklichen Differenzen mit dem Entwurf vorliegen, möglichst an den Entwurf anschließen, dessen Formulirung so weit annehmen, als nicht sachliche Differenzen vorhanden sind. Das scheint aber bezüglich des § 98 im Wesentlichen nicht der Fall zu sein. Es scheinen die Anschauungen der Herren Zitelmann und Enneccerus im Wesentlichen mit den Bestimmungen des § 98 übereinzustimmen und nur eine andere Formulirung dieses Paragraphen darzustellen. Deshalb habe ich vorgeschlagen, den § 98 beizubehalten und nur an Stelle der Nichtigkeit eine Anfechtung eintreten zu lassen. Er würde also lauten:

> Beruht der Mangel der Uebereinstimmung des wirklichen Willens mit dem erklärten Willen auf einem Irrthum des Urhebers, so kann der Erklärende die Willenserklärung anfechten, wenn anzunehmen ist, daß der Urheber bei Kenntniß der Sachlage die Willenserklärung nicht abgegeben haben würde.

Die Worte: „im entgegengesetzten Falle — gültig“ würden natürlich wegfallen.

> Im Zweifel ist anzunehmen, die Willenserklärung würde nicht abgegeben sein, wenn ein Rechtsgeschäft anderer Art, die Beziehung des Rechtsgeschäfts auf einen anderen Gegenstand oder die Wirksamkeit des Rechtsgeschäfts unter anderen Personen beabsichtigt wurde.

Ich halte auch diese Aufzählung, die im Wesentlichen mit der Aufzählung des Herrn Professor Enneccerus übereinstimmt, für ungefährlich, und das erwidere ich den Ausführungen des Herrn Referenten, weil es heißt: „im Zweifel“. Die Fälle, welche der Herr Referent vorgetragen hat, liegen so, daß, wenn diese besonderen Umstände nachgewiesen werden, der Zweifel ausgeschlossen ist, und das Gegentheil dieser Präsumtion, die dieser Absatz aufstellt, nachzuweisen ist. — Was den § 99 betrifft, so glaube ich, ist in der Debatte die Anschauung hervorgetreten und mit Recht hervorgetreten, daß es nicht genügt, daß im Falle des Verschuldens der Erklärer haftet, sondern daß er in jedem Falle haften muß, wenn ihm die Erklärung zuzurechnen ist, und aus diesen Gründen folge ich den Anträgen des Herrn Professor Zitelmann und sage:

> Der Erklärende muß demjenigen, der auf die Gültigkeit der Willenserklärung vertraute, den dadurch erlittenen Schaden ersetzen.

Den Satz: „Auch nicht vermögensrechtlicher Schaden kommt in Betracht", halte ich für überflüssig und gefährlich. Bei der freien Beweiswürdigung, die unsere Civilprozeßordnung bezüglich der Schädenwürdigung zuläßt, halte ich es nicht für nöthig, daß wir dem Richter eine ausdrückliche Anweisung geben. Die Bezugnahme auf § 222 würde ich weglassen, und zwar weil § 222 nur von verschuldetem Schaden spricht, während es sich hier um Schaden handelt, der von dem Erklärer nicht verschuldet ist, und auch hier die Haftung des Erklärenden eintreten soll. Die Berufung auf § 222 könnte meiner Ansicht nach zu Irrthümern führen. — Im § 100 handelt es sich um den Fall, wo bei der Schließung eines Vertrages in Ansehung eines Theiles des Vertrages die Uebereinstimmung des Willens der Vertragschließenden nicht vorhanden ist. Da genügt meiner Ansicht nach die Bezugnahme auf den gleichen Fall des § 98, den Fall, daß die Uebereinstimmung überhaupt nicht vorhanden ist, und deshalb würde ich den Paragraphen so fassen:

> Fehlt bei der Schließung eines Vertrages in Ansehung eines Theiles des Vertrages die Uebereinstimmung des Willens der Vertragschließenden, so finden die Bestimmungen des § 98 gleichfalls Anwendung.

§ 101 — das ist der Fall der Uebermittelung der Willenserklärung durch eine Mittelsperson; da müssen nach meiner Auffassung einfach die Vorschriften des § 99 Anwendung finden; also es muß derjenige, der die Erklärung abgiebt, auch wenn ihn in der Wahl der Mittelsperson nicht ein Verschulden trifft, haften. Den § 102, betreffend den Irrthum in den Beweggründen, würde ich gleichfalls streichen, weil bei richtiger Auffassung des Eingangs des § 98:

> „Beruht der Mangel der Uebereinstimmung des wirklichen Willens mit dem erklärten Willen auf einem Irrthum des Urhebers"

der Irrthum in den Beweggründen meiner Ansicht nach schon ausgeschlossen ist.

Professor Dr. **Leonhard:** M. H.! Nur ganz kurze Zeit will ich Ihre Geduld in Anspruch nehmen. Ich wende mich gleichzeitig gegen die beiden Herren, welche an dem Entwurfe festhalten wollen, den Herrn Vorredner und Herrn Oberlandesgerichtsrath Heinsheimer. Zunächst lege ich Widerspruch dagegen ein, daß ich mit dem Entwurfe im Wesentlichen einverstanden wäre. Die Herren, welche mir die Ehre erwiesen haben, mein Gutachten zu lesen, werden nicht glauben, daß ich mit ihm einverstanden bin. Nun, m. H., wenn der Entwurf in dieser Weise ergänzt und verbessert wird, wie vorgeschlagen ist, so geräth er geradezu in einen juristischen Rokokostil; mit Gedankenschnörkeln wird dann seine Grundidee überladen, und man weiß schließlich gar nicht mehr, was er bedeuten soll; so vielerlei ist in den vorgeschlagenen Verbesserungen des Entwurfes zusammengeworfen, so zweifelhaft ist in ihnen jedes Wort. Ich würde jeden Antrag eher annehmen, als einen solchen, der sich an den Entwurf anlehnt. Wir müssen Klarheit schaffen, wir müssen einen einfachen Beschluß fassen. Ob dieser aber die Verkehrssitte bei der Bestimmung der Wesentlichkeit eines Irrthums für entscheidend hält, oder den Einzelwillen, das scheint mir sehr wichtig. Die Verkehrssitte entscheidet nach meiner Meinung. Was Herrn Collegen Enneccerus anlangt, so würde ich sogar seinen Antrag nicht ungern annehmen. Wenn dieser nämlich Gesetz würde, so würde bei der Anwendung einer solchen Vorschrift schließlich doch auf die Verkehrssitte zurückgegangen werden müssen; denn, was ein nach der Natur eines Geschäftes wesentlicher Bestandtheil ist, kann nur die Verkehrssitte bestimmen. Die alte Scala vom error in persona, re, negotio u. s. w. ist ja nichts, als ein mangelhaftes Porträt der Verkehrssitte, ein Porträt, das nicht exact gearbeitet ist. Jeder der Herren, die es anerkennen, macht Ausnahmen und Vorbehalte. Ich will nicht auf die vielen angeführten Beispiele, auf den Unglücksraben und ähnliche Fälle zurückgehen (Heiterkeit); denn mit Beispielen ist hier nichts zu beweisen; wir müssen einen großen Hauptgesichtspunkt festhalten. Ich würde übrigens auch gern dem Antrage Kloeppel zustimmen, welcher ungefähr und im Wesentlichen das enthält, was ich durch meinen Zusatzantrag zu dem Antrage Zitelmann habe ausdrücken wollen.

Landrichter **Michaelis:** Ich habe natürlich Herrn Professor Zitelmann gemeint, nicht Herrn Professor Leonhard. (Schluß der Debatte.)

Correferent Professor Dr. **Zitelmann:** Nur ein Wort, m. H.! Es scheint mir von vielen Herren, die gesprochen haben, übersehen worden zu sein, daß mein Vorschlag keine endgültige Formulirung giebt, sondern nur Grundsätze aufstellt. Wir haben nach der Aufgabe des Juristentages überhaupt keine Formulirungen zu machen; darum möchte ich auf das Allerenergischste bitten, alle Anträge, welche uns auf eine bestimmte Formulirung festnageln wollen, einfach abzulehnen. (Bravo!)

Zu meiner großen Freude sind die meisten Herren, die gesprochen haben, mit mir in der Hauptsache einverstanden. Erstens: Haftung des Erklärenden zu Gunsten des getäuschten Gegners bei jeder Differenz zwischen objectivem Sinn der Erklärung und subjectiv Gemeintem; ich bemerke dabei nur: über die Begriffsbestimmung des objectiven Sinnes bin ich mit dem einen Herrn Vorredner, der eine solche vorgeschlagen hat, durchaus einverstanden, habe sie aber absichtlich in meinen formulirten Vorschlag als nicht hierher gehörig nicht mit aufgenommen. Sodann: immer nur Haftung auf Schadensersatz! Der Ersatz des nicht vermögensrechtlichen Schadens muß, wie ich dem letzten Redner, Herrn Landrichter Michaelis bemerken will, besonders angeordnet werden. Denn § 221 sagt ausdrücklich: nicht vermögensrechtlicher Schaden darf nur ersetzt werden, wo das Gesetz es ausdrücklich bestimmt; also darf jener Satz meines Vorschlages nicht fehlen. Ein Punkt, der unausgeglichen bleibt, ist der von der Wesentlichkeit. Hierüber noch ein paar Sätze, denn das ist in der That ein sehr wesentlicher Punkt. Der Fall, den Herr College Enneccerus als Beispiel anführte, paßt nicht völlig. M. E. handelt es sich in demselben um Irrthum bezüglich der Eigenschaften. Ich hatte gesagt, daß diese ganze Frage nach der Wesentlichkeit nur aufzuwerfen ist, wenn eine Irrung oder ein Irrthum in der Verlautbarung des Willens oder ein Identitätsirrthum vorliegt; alle anderen Irrthümer habe ich aus den §§ 98, 99 herausgeworfen und von ihnen gesagt: sie kommen, abgesehen von Betrug, höchstens in Betracht, wenn der Irrthum zur Voraussetzung erhoben ist, dann aber ist von Wichtigkeit, ob die Voraussetzung dem Gegner kenntlich war und eventuell als auflösende Bedingung gebilligt worden wäre. — Ich glaube nun, daß für die erstgenannten Fälle die praktische Wichtigkeit der Differenz in der Wesentlichkeitsfrage nicht so sehr groß sein wird. Daß nach allgemeinen Auslegungsgrundsätzen ausgelegt werden muß, dafür bin ich natürlich auch, und wenn gefragt wird: was hättest du damals gewollt, so muß das zunächst ermittelt werden durch Anwendung allgemeiner Erfahrungsgrundsätze, nur daß ich weiter noch gestatten möchte, auch die besonderen Umstände auf Seiten des Erklärenden, welche dieser zu beweisen hat, in Betracht zu ziehen. Der Unterschied ist lange nicht so groß, wie er aussieht. Wenn ich aber in der That einmal in einem Fall, wo nach der Verkehrssitte die Person des Contrahenten gleichgültig zu sein pflegt, doch beweisen kann, daß sie mir nicht gleichgültig war, so ist es, wenn man überhaupt dem Irrenden helfen will, gerecht, ihm gerade in diesem Falle zu helfen. Ich bitte also, meinen Antrag anzunehmen, nicht im Sinne einer abschließenden Formulirung, sondern in dem Sinne, daß er die materiellen Grundsätze angiebt. Es könnte sich höchstens fragen, ob wir dies noch ganz besonders aussprechen.

Vorsitzender: Das liegt schon in den Worten: „nach folgenden Grundsätzen".

Referent Professor Dr. **Hölder:** M. H., ich hole noch etwas nach, was ich schon vorhin hätte erwähnen sollen. Es ist nämlich in dem Gutachten des Herrn Professor Dr. Leonhard auch Bezug genommen auf die mit der seinigen wesentlich übereinstimmende Ansicht des Herrn Reichsgerichtsrath Bähr, und es ist in Bezug auf die Ansicht des Herrn Bähr ausgeführt, derselbe habe früher eine radicalere Ansicht vertreten, dahingehend, daß unter Umständen auch Haftung wegen einer Erklärung anzunehmen sei dann, wenn der Erklärende überhaupt sich gar nicht bewußt war, eine Erklärung abzugeben. Herr Reichsgerichtsrath Bähr wünscht — und ich spreche in seinem ausdrücklichen Auftrage — hier öffentlich zu constatiren, daß ihm die Aufstellung einer solchen radicalen Ansicht stets ferngelegen, und er stets eine und dieselbe Meinung vertreten habe. So viel zur Erledigung meines Auftrages. Im Uebrigen wende ich mich zunächst gegen den Antrag, den der Correferent Herr College Zitelmann aufgestellt hat. Ich möchte sagen: dieser Antrag ist für mich aus denselben Gründen unannehmbar, aus welchen der Entwurf für mich unannehmbar ist, nämlich wegen der Einnahme des subjectiven Standpunktes. Es heißt: er kann anfechten, wenn ihm der Fehlgriff oder die Verwechselung wesentlich war. Gerade das halte ich für das Bedenkliche, wenn man eine solche Wesentlichkeit nach individuellen Verhältnissen will gelten lassen. Ich finde das Bedenken auch nicht beseitigt durch die Hinweisung des Herrn Collegen Zitelmann darauf, daß ja demjenigen, der eine solche Wesentlichkeit behauptet, der Beweis obliege, und daß dieser Beweis nicht gleich gelingen werde, wenn nicht nach allgemeinen Grundsätzen eine solche Wesentlichkeit anzunehmen sei. Ich glaube nicht, daß dem so ist, und zwar aus dem Grunde, weil sehr oft diese Wesentlichkeit zum Ausdruck gelangt sein wird, zwar nicht in den Verhandlungen mit dem anderen Theile, wohl aber in Gesprächen mit dritten Personen, durch deren Vernehmung als Zeugen sehr wohl bewiesen werden könnte, daß dem Betreffenden individuell das wesentlich war, während der Gegner daran, daß der Punkt wesentlich ist, gar nicht hatte denken köunen.

Wenn ich die übrigen Anträge, die gestellt sind, mustere, so kann ich nur sagen: eine Einigkeit zeigt sich jedenfalls unter uns nicht, höchstens darin, daß die unveränderte Annahme des Entwurfs niemand befürwortet hat. Allerdings könnte ich noch einen negativen Punkt der Einigkeit hervorheben: vielleicht zeigt sich die Einigkeit darin, daß die ganze Versammlung dermaßen von dem horror vacui beherrscht wird, daß die Gesetzeslücke, von der immer die Rede ist, für unter allen Umständen inacceptabel erklärt wird. Ob der Ausdruck „Gesetzeslücke" berechtigt oder unberechtigt ist, darauf will ich nicht eingehen. Ich glaube nicht recht an die Berechtigung dieses Ausdrucks; aber darauf möchte ich allerdings noch einmal hinweisen, daß für das gemeine Recht an dem bestehenden Zustande durch die Weglassung aller Bestimmungen nichts geändert wird. Wenn es heißt: bisher hatten wir unseren Quellenkreis, und in Zukunft, wenn wir keinen Gesetzesparagraphen haben, sind wir lediglich auf Deductionen aus allgemeinen Principien angewiesen — ja, m. H., wer das gesagt hat, das ist ein Professor gewesen; der Professor weiß aber sehr gut, wie es sich mit dem Quellenkreise verhält; er weiß sehr gut, daß diese ganze gemeinrechtliche Theorie lediglich auf Deductionen aus allgemeinen Principien beruht, indem mit dem Quellenkreise in der That nichts anzufangen ist. Im corpus juris steht nämlich: jeder Vertrag erfordert den Consens; wenn also der Consens fehlt, wenn ein error da ist, welcher den Consens ausschließt, so ist kein Vertrag vorhanden. In Zukunft kommen wir auch ohne corpus juris so weit, wie wir bisher gekommen sind. Außerdem sind im corpus juris eine Reihe einzelner Beispiele enthalten, aber die Sätze, die aus den Beispielen abzuleiten wären, sind durchaus schwankend und unsicher. Also von einer neuen Unsicherheit wäre für das Gebiet des gemeinen Rechts nicht die Rede.

Ich wende mich noch gegen einige Bemerkungen des Herrn Oberlandesgerichtsrath Heinsheimer. Er hat mir entgegengehalten: la législation n'est pas objet de la théorie. Wann mache ich die Gesetzgebung zum Gegenstande der Theorie? Im Gegentheil, ich will das eben nicht. Die Gesetzgebung mache ich dann zum Gegenstande der Theorie, wenn Sätze, die bloße Dogmen sind, als Gesetzessätze formulirt werden; wenn aber im Gesetze nichts bestimmt wird, und der Wissenschaft und Praxis überlassen wird, dasjenige anzunehmen, was sie glaubt aus allgemeinen Grundsätzen folgern zu können, dann ist in keiner Weise die Legislation zum Gegenstande der Theorie gemacht.

Dann möchte ich mich wenden gegen das Beispiel von Herrn Oberlandesgerichtsrath Heinsheimer in Bezug auf den Identitätsirrthum. Er hat das Beispiel aufgestellt von dem Burschen, der statt zum Kaufmann X. zu Y. geht. Er hat selbst gesagt, auf die Verwechselung zwischen

X. und Y. wäre es nicht angekommen, sondern es sei angekommen auf das rauchlose Pulver; er sollte neues Pulver bringen, und er hat ein anderes neues Pulver, d. h. von anderer Beschaffenheit gebracht. Ein individueller Gegenstand war nicht Gegenstand des Kaufes, also von einer Verwechselung des Gegenstandes war nicht die Rede; nur daß er rauchloses Pulver nicht bekommen hat, beruht auf einer Verwechselung der Person. Die Verwechselung der Person wäre ganz genau dieselbe, wenn der Lieutenant sagte: hole diesen oder jenen Gegenstand bei dem Kaufmann X. und ja nicht bei dem Kaufmann Y., der hat sich unartig gegen mich benommen, und ich will nicht bei ihm gekauft haben; der Bursche aus Versehen geht zum Kaufmann Y. Hier ist ein Irrthum in der Identität der Person vorhanden, und hier ist dieser Umstand für den Lieutenant nach den Umständen wesentlich gewesen. Soll nun, weil er die Waare bei einem falschen Kaufmann geholt hat, das Geschäft nicht gelten? Ich glaube nicht, daß das angenommen werden kann; daher beharre ich bei meinem Antrage.

Rechtsanwalt Dr. **Kloeppel:** Nach den Erklärungen des Referenten, Herrn Professor Dr. Zitelmann ziehe ich meinen Antrag zurück, da es mir, wie gesagt, heute auch nicht um die Formulirung von Gesetzesparagraphen zu thun ist.

Landrichter **Michaelis:** Ich ziehe ebenfalls meinen Antrag zurück zu Gunsten des Antrages des Herrn Professor Zitelmann.

Vorsitzender: Außerdem hat Herr Professor Enneccerus noch den Wunsch ausgesprochen, seinen Zusatzantrag zu dem Antrage Zitelmann mit einfacheren Worten ausdrücken zu dürfen, nämlich statt der Worte:

> „sofern der Fehlgriff oder die Verwechselung die Person, zu deren Gunsten die Erklärung abgegeben wird, den Hauptgegenstand des Geschäftes oder die wesentlichen Bestandtheile des Rechtsgeschäftes betrifft, und zugleich anzunehmen ist, daß der Urheber die Willenserklärung ohne den Irrthum nicht abgegeben hätte"

einfach die Worte zu setzen:

> „wenn der Fehlgriff oder die Verwechselung einen nach der allgemeinen Verkehrssitte wesentlichen Punkt betraf."

Vorausgesetzt ist, daß diese Vertauschung die Zustimmung der Versammlung findet. (Zustimmung.)

Professor Dr. **Leonhard:** Dann ziehe ich meinen Antrag zu Gunsten des Antrages Enneccerus zurück.

Professor Dr. **Enneccerus:** Zur Erläuterung möchte ich bloß noch bemerken, daß es sich hier um den Unterschied von objectiv und subjectiv handelt: der Antrag Zitelmann ist subjectiv, der meinige objectiv.

Vorsitzender: Die Debatte ist geschlossen.

Oberlandesgerichtsrath **Heinsheimer:** Als Antragsteller darf ich wohl noch erklären, daß ich zu Gunsten des Antrages Enneccerus meinen Antrag zurückziehe.

Vorsitzender: M. H.! Jetzt wäre die Abstimmung geschäftsordnungsmäßig vielleicht am richtigsten so zu gestalten, daß wir mit den von dem Antrage des Herrn Referenten am meisten abweichenden Anträgen beginnen und festzustellen suchen, was am Entwurfe geändert werden soll, also beginnen mit den zu den §§ 98 ff. gestellten Anträgen. Es will mir aber praktisch richtiger erscheinen, wenn wir in diesem Falle den umgekehrten Weg einschlagen und zunächst den alle anderen Anträge beseitigenden Antrag des Herrn Landgerichtsrath Pfizer zur Abstimmung bringen:

> Es empfiehlt sich, daß die Bestimmungen über den Irrthum — soweit solche überhaupt erforderlich sind — für die verschiedenen Arten der Rechtsverhältnisse selbständig, je dem Wesen der betreffenden Rechtsverhältnisse gemäß getroffen werden.

Wird der Antrag angenommen, so sind alle übrigen erledigt; wird er nicht angenommen, so kommen diejenigen Anträge zur Abstimmung, welche die ganzen §§ 98 ff. beseitigen und an deren Stelle andere setzen wollen, und zwar m. E. in folgender Reihenfolge am zweckmäßigsten — es läßt sich darüber streiten —: zuerst der Antrag Lewinsohn, der dahin geht, folgenden Satz aufzunehmen:

> Ist der Abschluß eines Vertrages durch einen wesentlichen unverschuldeten Irrthum herbeigeführt, so kann der Irrende binnen vier Wochen, nachdem er von dem Irrthum Kenntnis erhalten, den Vertrag anfechten, ist aber zum Ersatz des durch die Aufhebung des Vertrages entstandenen Schadens verpflichtet.

Mit dessen Annahme ist wiederum der Gegenstand erledigt; wird er abgelehnt, so kommt der Antrag des Herrn Referenten Prof. Hölder zur Abstimmung, für den ganz dasselbe gilt. Wird auch dieser abgelehnt, so kommt der die §§ 98 und 99 zusammenfassende Antrag des Correferenten Herrn Prof. Zitelmann zur Abstimmung, zu welchem, nachdem alle übrigen Anträge zurückgezogen worden sind, nur ein einziger Abänderungsantrag noch vorliegt von Herrn Prof. Enneccerus, der dahin geht,

> in den §§ 98, 99 hinter „kann die Willenserklärung anfechten"

statt der jetzt folgenden Worte: „wenn ihm der Fehlgriff oder die Verwechselung wesentlich war“ die Worte zu setzen:
„wenn der Fehlgriff oder die Verwechselung einen nach der allgemeinen Verkehrssittte wesentlichen Punkt betraf.“

Bei der Abstimmung wird zunächst der Abänderungsantrag Enneccerus zu dem Antrage Zitelmann für den Fall der Annahme des Letzteren mit großer Mehrheit angenommen, alsdann werden die Anträge Pfizer, Lewinsohn und Hölder abgelehnt und endlich der Antrag Zitelmann mit dem Abänderungsantrage Enneccerus, also in folgender Fassung:

§§ 98—102 sind nach folgenden Grundsätzen zu ändern:

§§ 98. 99. Wer in dem Ausdruck seines Willens fehl griff, oder wer eine Verwechselung beging, kann die Willenserklärung anfechten, wenn der Fehlgriff oder die Verwechselung einen nach der allgemeinen Verkehrssitte wesentlichen Punkt betraf.

Es muß jedoch demjenigen, der auf die Gültigkeit der Willenserklärung vertraute, den dadurch erlittenen Schaden ersetzen. Auch nicht vermögensrechtlicher Schaden kommt in Betracht. § 222 findet Anwendung.

§ 101. Dem Fehlgriff im Ausdruck steht es gleich, wenn die Willenserklärung durch die Personen oder Anstalten, welche der Erklärende zur Uebermittelung seiner Erklärung gewählt hat, entstellt übermittelt wird, höhere Gewalt ausgenommen.

§ 100 und 102 sind fortzulassen;

fast einstimmig angenommen. Die Abtheilung beschließt weiter, diesen Beschluß durch Professor Dr. Zitelmann zur Kenntniß des Plenums zu bringen.

Nach einer viertelstündigen Erholungspause schreitet man zur Berathung der Frage 5:

Ist die im Entwurf des bürgerlichen Gesetzbuches angenommene Behandlung der Pertinenzen zu billigen, oder eine Abänderung derselben wünschenswerth und in welchem Sinne?

Zur Einleitung der Berathung erhält das Wort

Referent Professor Dr. **Hanausek** aus Wien:

M. H.! Zu der Frage, über welche ich Ihnen Bericht zu erstatten beauftragt bin, liegen dem Juristentage zwei Gutachten vor, eins von Herrn Rechtsanwalt Dr. Hachenburg zu Mannheim, das andere von Herrn Prof. Dr. Kohler zu Berlin. Herrn Professor Kohler verdanken wir zudem eine bekannte Abhandlung im XXVI. Bande der dogmatischen Jahrbücher, welche für die Lehre vom Zubehör von grundlegender Bedeutung ist. Ich bespreche zunächst die Rechtswirkungen des Zubehörverhältnisses, dann die Definition des Zubehörbegriffs, dann füge ich einige Worte hinzu über den Zubehörkatalog des Entwurfs und schließlich spreche ich über die Pertinenzen im Hypothekenrecht.

Was die Rechtswirkungen des Zubehörverhältnisses betrifft, so erschöpft sich nach Pandektenrecht bekanntlich die Bedeutung des Pertinenzverhältnisses darin, daß Rechtsgeschäfte, insbesondere Verkäufe, Vermächtnisse, Verpfändungen über die Hauptsache in Ermangelung abweichender Parteierklärungen auch auf das Zubehör sich erstrecken.

Hierdurch wird man aber der Bedeutung des Pertinenzverhältnisses nicht gerecht, und es ist ein unzweifelhaftes Verdienst Kohler's, dargelegt zu haben, daß das Zubehörverhältniß als ein Verhältniß sachenrechtlichen Connexes zwischen Hauptsache und Zubehör zu gestalten ist. Der Entwurf sagt im § 790:

> „Das eine Sache betreffende Rechtsgeschäft unter Lebenden erstreckt sich im Zweifel auch auf diejenigen Sachen, welche zur Zeit des Abschlusses des Rechtsgeschäftes Zubehör jener Sache sind."

Anwendungen des Princips, welches diese Norm ausdrückt, enthalten § 478 in der Lehre vom Wiederkauf und § 1859 in der Lehre vom Vermächtniß. Eine sachenrechtliche Junctur zwischen Hauptsache und Pertinenz anerkennt der Entwurf nur im § 1067, also in seinen hypothekenrechtlichen Bestimmungen. Es ist nun von Cosack, Gierke und Anderen und vor allem in den beiden Gutachten mit Recht als unangemessen bezeichnet worden, daß der Entwurf bloß die Regel des § 790, von welcher ich früher sprach, als die für das Pertinenzverhältniß fundamentale bezeichnet. Hachenburg schlägt statt dessen vor zu sagen:

> „Rechtlich erhebliche Vorgänge, welche die Hauptsache unmittelbar betreffen, gelten auch als für die Zubehör eingetreten, mit Ausnahme der Zubehörstücke, welche nicht Eigenthum des Eigenthümers der Hauptsache sind."

Materiell will indeß Hachenburg die Bestimmung des § 790 des Entwurfs nicht ganz aufgeben, sondern bringt dieselbe im Wesentlichen in einem anderen Zusammenhange, nämlich als § 359a unter. Kohler will die Regel des § 790 des Entwurfes ganz aufgeben; er schlägt folgende Fassung vor:

> „Rechtsschicksale, welche die Sache betreffen, betreffen im Zweifel auch die Pertinenzen."

Der Prüfung dieser Vorschläge will ich nur noch die Bemerkung vorausschicken, daß ich ein gänzliches Aufgeben der Regel des § 790 des Entwurfes nicht für zweckmäßig erachte. Ich würde diese Bestimmung des Entwurfes im Wesentlichen unverändert und an ihrer Stelle belassen. Daß ein über die Hauptsache abgeschlossenes Veräußerungsgeschäft sich auch auf das Zubehör erstreckt, soll meines Erachtens auch in Zukunft gelten. Die Trennung von Zubehör und Hauptsache ist wirthschaftswidrig, wirkt in der Regel werthmindernd. Es ist daher zweckmäßig, wenn das Gesetz diesem Gedanken Rechnung trägt, und dies ist eben im § 790 des Entwurfes geschehen.

Wenn eine der in den beiden Gutachten vorgeschlagenen Fassungen des Paragraphen angenommen würde, nämlich entweder die von Hachenburg vorgeschlagene Formulirung oder die Fassung Kohler's, so wäre damit der heutige § 790 des Entwurfes nicht ersetzt, denn das obligatorische Veräußerungsgeschäft ist weder ein die Hauptsache unmittelbar betreffender Vorgang, noch ein das juristische Schicksal desselben unmittelbar berührender Act. Ich würde also die Bestimmung des § 790 beibehalten und zwar an ihrer Stelle, um damit die Meinung abzulehnen, als ob es sich etwa um eine contractrechtliche Besonderheit handelte und nicht um eine dem Wesen des Pertinenzverhältnisses entspringende Norm. Ich sage, ich will durch diese Stellung des § 790 die Meinung ablehnen, es handle sich um eine contractrechtliche Besonderheit, denn nach Hachenburgs Vorschlag würde eine adäquate Bestimmung im Contractrecht aufgenommen. Ich glaube, daß der Entwurf in diesem Punkte aus dem angegebenen Grunde vorzuziehen ist. Im § 790 will ich nur den Worten „im Zweifel" die Worte: „mangels abweichender Parteierklärungen" substituiren nach dem Vorgange von Dernburg's Pandekten. Es handelt sich ja m. E. in dieser Regel nicht um eine Präsumtion, sondern um dispositives Recht, und das soll m. E. durch die Wahl der von mir vorgeschlagenen Worte: „mangels abweichender Parteierklärungen" ausgedrückt werden. Die §§ 478 und 1859, welche Details der Lehre behandeln, würde ich ebenfalls mit dem Entwurfe beibehalten.

Was nun die Fassungen des § 790 betrifft, wie sie die beiden Gutachten vorschlagen, so will ich zunächst erwähnen, daß Kohler seiner Hauptbestimmung einen Satz beifügt, welcher lautet:

> „Pertinenzen können nur zugleich mit der Hauptsache Gegenstand der Vollstreckung sein."

Ich halte es für ein großes Verdienst des Gutachtens Kohler's uns diesen Satz empfohlen zu haben; ich empfehle auch dessen Annahme der geehrten Versammlung auf das Dringendste, denn die Bestimmung des § 715 Ziffer 5 der Civilproceßordnung, durch welche gewisse landwirthschaftliche Pertinenzen aus einem ganz anderen Gesichtspunkte und in sehr beschränktem Umfange der Pfändung entzogen sind, reicht nicht aus, um die Kohler'sche Bestimmung zu ersetzen, welche dazu dienen soll und m. E. dienen wird, dem Schutz des landwirthschaftlichen und gewerblichen Betriebes und des Immobiliarcredits förderlich zu sein. Ich würde jedoch zwei Ausnahmen befürworten, nämlich folgende.

Einmal würde ich sagen:

> „Hat ein Gläubiger vor der Entstehung des Zubehörverhältnisses an einem Zubehörstücke ein Pfandrecht erworben, so soll ihm dessen Geltendmachung nicht verwehrt sein",

und ferner würde ich die getrennte Vollstreckung in ein Zubehörstück dann zulassen, wenn dasselbe nicht Eigenthum des Eigenthümers der Hauptsache, sondern Eigenthum eines Dritten und zwar des Schuldners ist. Das sind indeß Details; entscheidend scheint mir zu sein, daß wir die Bestimmung empfehlen: „Pertinenzen können grundsätzlich nur mit der Hauptsache in Execution gezogen werden."

Ich komme nun zu dem Hauptpunkte, nämlich zu dem Vorschlag Kohler's, zu sagen: „Rechtsschicksale, welche die Hauptsache betreffen, betreffen im Zweifel auch die Pertinenzen." Ich vermag diesem Vorschlage nicht beizustimmen und auch nicht dem ähnlichen Hachenburg's, von dem ich eben sprach. Gegen beide Formulirungen habe ich zunächst folgendes Bedenken. Nimmt man eine sachenrechtliche Verbindung zwischen Hauptsache und Zubehörstücken an, so liegt die Frage nahe, ob der Besitzer der Hauptsache zugleich auch schon Besitzer der Pertinenzen sei. Im Sinne des Entwurfes ist die Frage zu verneinen. Kohler bejaht die Frage für Pertinenzen eines Grundstückes. Ich glaube auch, daß die Frage für die Pertinenzen eines Grundstückes zu bejahen ist. Die Ansicht, daß dem Besitzer der Hauptsache als solchem auch das jus possessionis bezüglich des Zubehörs zukomme, ist aber durch die Formulirungen Hachenburg's und Kohler's keineswegs gedeckt, denn Hachenburg läßt rechtlich relevante Vorgänge bezüglich der Hauptsache für die Pertinenzen dann nicht wirksam werden, wenn die Pertinenz nicht im Eigenthum des Eigenthümers der Hauptsache steht; Kohler aber erklärt, wie wir noch später hören werden, daß nur solche Zubehörstücke Pertinenzen sind, welche von einem Eigenthümer der Hauptsache oder für denselben mit jener Hauptsache verbunden wurden. Wer also kraft des Besitzes der Hauptsache Besitzer der Zubehörsache zu sein behauptet, müßte sich auf Grund der Formulirung Hachenburg's die Einwendung gefallen lassen, das Pertinenzstück sei nicht Eigenthum des Eigenthümers der Hauptsache, und im Sinne der Formulirung Kohler's wäre dem Besitzprätendenten gegenüber der Beweis zulässig, daß das betreffende Zubehörstück nicht von einem Eigenthümer der Hauptsache oder für denselben mit der Hauptsache verbunden worden sei. Eine derartige Regelung der Besitzfrage ist aber offenbar unmöglich, und das scheint mir ein entscheidendes Argument gegen die Fassungen der beiden Gutachten zu sein. Gegen die Formulirung Kohler's habe ich aber auch noch folgendes Bedenken. Ein fremdes Zubehörstück wird dadurch, daß es von dem Eigenthümer der Hauptsache oder für denselben mit der Hauptsache verbunden wird, noch keineswegs sein Eigenthum, und es ist daher unmöglich, zu sagen, es theile das Zubehörstück nothwendig jedes Rechtsschicksal der Hauptsache, denn gleich dieses Rechtsschicksal, nämlich das Schicksal, demselben Herrn zu gehören, theilt ja das Zubehörstück keineswegs immer mit der Hauptsache. Also diese allgemeine Formulirung ist meines Erachtens nicht zu billigen. Ich würde es vorziehen, dem Princip sachenrechtlicher Junctur zwischen Hauptsache und Pertinenz, welches ich für sehr richtig und lebensfähig halte, in einer Reihe von Einzelsätzen Ausdruck zu geben. Wie man diese Einzelsätze formulirt, ist dann nicht von entscheidender Bedeutung, oder vielleicht richtiger, wie viele von diesen Einzelsätzen man aufnimmt, ist nicht, wenigstens für uns nicht von entscheidender Bedeutung. Ich würde also z. B. sagen: „Mit dem Besitz eines Grundstücks wird der Besitz der auf demselben befindlichen Pertinenzen erworben; dingliche Lasten ergreifen auch das Zubehör mit Ausnahme jener Zubehörstücke, welche nicht Eigenthum des Eigenthümers der Hauptsache sind; der Eigenthümer der Hauptsache wird auch Eigenthümer der im Eigenthum des Rechtsvorgängers stehenden Pertinenzstücke; die Zwangsversteigerung in die Hauptsache erstreckt sich auch auf die Pertinenzstücke, vorbehaltlich des Rechtes eines dritten Eigenthümers, deren Ausscheidung im Sinne des § 690 der Civilproceßordnung zu begehren." Es liegt mir natürlich ferne, den Herren zuzumuthen, diese Bestimmungen, wie ich sie eben angeführt habe, anzunehmen; woran mir liegt, ist nur, daß die allgemeine Formulirung der beiden Gutachten nicht acceptirt, sondern vielmehr der Grundsatz anerkannt werde, es sei das Postulat sachenrechtlicher Verbindung zwischen Hauptsache und Zubehör in einer Reihe von Detailvorschriften anzuerkennen, wie es der Entwurf in m. E. ausgezeichneter Weise in § 1067 in einem einzelnen Falle ohnedies bereits gethan hat. Das wäre meine Auffassung über die Wirkung des Zubehörverhältnisses.

Was die Definition des Zubehörbegriffes betrifft, so sagt § 789 des Entwurfes:

„Zubehör einer Sache sind diejenigen beweglichen Sachen,

welche, ohne Bestandtheile der Hauptsache zu sein, derselben bleibend zu dienen bestimmt und in ein dieser Bestimmung entsprechendes äußeres Verhältniß zur Hauptsache gebracht sind, es sei denn, daß nach der Verkehrssitte eine solche Sache nicht als Zubehör angesehen wird."

Ich möchte nun zunächst bemerken, daß es mir wünschenswerth erscheint, eine Definition des Zubehörbegriffs aufzustellen.

Der Pertinenzbegriff ist nicht so zweifelsfrei, daß wir auf dessen Definition verzichten könnten. Dazu kommt, daß es sich auf keinen Fall vermeiden ließe, eine Norm, welche die Entstehung der Pertinenzqualität regelt, in das Gesetz aufzunehmen; eine Norm, welche aber über die Entstehung der Pertinenzqualität etwas sagen will, muß die Elemente des Pertinenzbegriffes enthalten. Also ich glaube, wir haben eine Definition des Zubehörbegriffes aufzunehmen, und weiche darin von Kohler ab, welcher meint, es wäre überhaupt die Definition des Pertinenzbegriffs der Wissenschaft zu überlassen. Hachenburg schlägt vor, zu sagen:

> „Eine bewegliche Sache wird Zubehör einer anderen Sache (Hauptsache), wenn sie in Uebereinstimmung mit der Verkehrssitte entweder zur Ausübung eines landwirthschaftlichen oder gewerblichen Betriebes auf ein Grundstück eingebracht oder einer Sache mit der Bestimmung, der Erfüllung ihres Zweckes zu dienen, beigefügt ist";

Kohler aber schlägt subsidiär vor, zu sagen:

> „Pertinenz ist eine bewegliche Sache, welche zu einer Immobilie, ohne ihr Bestandtheil zu werden, in eine derartige Beziehung gesetzt wird, daß das Ganze eine wirthschaftliche Einheit bildet; vorausgesetzt, daß diese Verbindung durch den Eigenthümer der Immobilie oder für denselben erfolgt ist.
>
> Auch eine Mobilie kann Pertinenzen haben, sofern sie in der wirthschaftlichen Zweckerfüllung eine ausschlaggebende Bedeutung hat."

Die beiden Gutachten stimmen mit dem Entwurfe darin überein, daß nur Mobilien Pertinenzen sein können. Abzulehnen ist dagegen, daß im Entwurfe davon die Rede ist, das Zubehör müsse der Hauptsache „bleibend" dienen. Ferner ist es überhaupt unrichtig zu sagen, daß die Pertinenz der Hauptsache „diene"; die beiden Gutachten heben das mit Recht hervor. Pertinenz und Hauptsache dienen vielmehr zusammen einem gemeinsamen Zweck. Was die Verkehrssitte betrifft, welche im Sinne des Entwurfes in negativer Fassung berücksichtigt wird, so würde ich die Erwähnung derselben, und zwar in positiver Formulirung empfehlen, also sagen „nach der Verkehrsauffassung", wie es in der Definition, welche ich in meinen Anträgen formulirt habe, heißt.

Der Entwurf normirt nicht, daß die Pertinenzirung nur durch den Eigenthümer der Hauptsache oder für denselben erfolgen könne, sondern spricht davon, wie die Pertinenzqualität zu begründen sei, überhaupt gar nicht. Daraus folgt, daß es im Sinne des Entwurfes für die Pertinenzqualität gleichgültig ist, wer das relevante äußere Verhältniß zwischen der Hauptsache und dem Zubehörstücke hergestellt hat. Diese Fassung des Entwurfes ist nun lebhaft getadelt worden, namentlich von Kohler, dessen Definition Sie bereits gehört haben. Hachenburg vertheidigt die Fassung des Entwurfs, und ich bin derselben Meinung. Die Regeln der §§ 790, 1859, 478, die Bestimmung, daß die Zwangsversteigerung in die Hauptsache auch die Pertinenzen erfaßt, die Bestimmung, daß der Besitzerwerb eines Grundstücks zugleich Besitzerwerb der auf demselben befindlichen Pertinenzen sei, haben m. E. ganz unabhängig davon zu gelten, wer das Pertinenzverhältniß hergestellt hat. Würde Kohler's Begriffsbestimmung acceptirt, so wäre die letzterwähnte Bestimmung — über den Besitzerwerb an Pertinenzen — ganz unmöglich, und auch sonst wären die Consequenzen dieser Formulirung nicht zu billigen. So soll z. B. die Zwangsvollstreckung in die Hauptsache auch deren Zubehör ergreifen; das will Kohler, das will auch ich. Sagt man aber, daß die Pertinenzqualität nur durch eine vom Eigenthümer oder für denselben vorgenommene Handlung begründet werden könne, so könnte eine Sache, welche äußerlich Pertinenzstück ist, der impetrirten Zwangsvollstreckung dadurch entzogen werden, daß der Execut darthut, sie sei nicht vom Eigenthümer der Hauptsache oder für denselben mit dieser verbunden worden. Gewiß wird diese Consequenz niemand wollen, und weil diese Consequenz unrichtig ist, darf man die Kohler'sche Definition nicht acceptiren. Jedermann wird sagen: in diesem Falle genügt es vollkommen, wenn dem dritten Eigenthümer des betreffenden Zubehörstücks das Recht gewahrt wird, im Sinne des § 690 der Civilprozeßordnung die Sache der Zwangsvollstreckung zu entziehen. Das wäre ein Hauptpunkt, in welchem ich der Formulirung des Entwurfes im Gegensatze zu der Kohler's beistimme. Ferner ist zu erwähnen, daß die Anwendbarkeit der Regeln der §§ 790, 478 und 1859 des Entwurfs unmöglich davon abhängig gemacht werden kann, wer ursprünglich einmal das Zubehörverhältniß zwischen Hauptsache und Nebensache begründet hat. Wenn das Vermächtniß einer Hauptsache sich auch auf deren Zubehör erstreckt, so kann gar nicht der Sinn der gesetzlichen Norm der sein: nur jene Zubehörstücke sind vom Legate erfaßt, welche irgend ein Eigenthümer der

Sache einmal mit ihr in Verbindung gebracht hat. Will man also überhaupt die Bestimmungen der §§ 790, 478 und 1859 beibehalten, was ich befürworte, so kann man die Kohler'sche Definition nicht annehmen.

Schließlich noch eine terminologische Bemerkung. Kohler unterscheidet Zubehör im factischen und im rechtlichen Sinne. Zubehörsachen im letzteren, technischen Sinne nennt Kohler Pertinenzen; daneben spricht er von Zubehör in der factischen Bedeutung des Wortes. Ich halte das nicht für zweckmäßig. M. E. empfiehlt es sich vielmehr, nur mit einem Zubehörbegriff zu operiren, und ob man für denselben den Ausdruck „Zubehör" beibehält oder statt dessen „Pertinenzen" sagt, ist nach meinem Dafürhalten kaum von Belang. Ich für meine Person würde „Zubehör" vorziehen. Wenn bezüglich eines einzelnen Rechtssatzes besondere, concretere Voraussetzungen nothwendig oder zweckmäßig sind, so soll man sie für diesen Rechtssatz speciell normiren; der gesetzliche Zubehörbegriff soll aber als ein einheitlicher gedacht und gestaltet sein.

Was den Zubehörkatalog des Entwurfes betrifft, so will ich bezüglich desselben nur bemerken, daß ich im Anschluß an Kohler im § 791 einige kleine Modificationen beantragen möchte. Auf Details kann ich nicht eingehen, weil mich das zu weit führen würde. Nur einen Punkt möchte ich hervorheben. Ich hielte es für zweckmäßig, ohne einen formellen Antrag in dieser Beziehung zu stellen, daß die Fahrbetriebsmittel einer Eisenbahn im Gesetze als Pertinenzen erklärt werden. Ich erinnere an die Bestimmung des Reichsgesetzes vom 3. Mai 1886: „die Fahrbetriebsmittel einer Eisenbahn, welche Personen oder Güter im öffentlichen Verkehr befördern, sind von der ersten Einstellung in den Betrieb bis zur endgültigen Ausscheidung aus den Beständen der Pfändung nicht unterworfen"; diese Bestimmung würde, wenn man die Fahrbetriebsmittel der Eisenbahnen als Pertinenzen erklärte, den Charakter einer sonderrechtlichen Norm verlieren. Ich halte auch bezüglich der Frage des Pfandrechtes an der Eisenbahn es für zweckmäßig, schon im Pertinenzkatalog des Gesetzes die Fahrbetriebsmittel der Eisenbahn als Zubehör zu erklären. Das ist indeß ein Detail, über welches man sehr getheilter Meinung sein kann.

Was die Behandlung der Pertinenzen im Hypothekenrecht betrifft, so sagt der § 1067 des Entwurfes:

„Kraft der Hypothek haften dem Gläubiger ...

3. das Zubehör des Grundstückes mit Ausnahme der Zubehörstücke, welche nicht in das Eigenthum des Eigenthümers des Grundstückes gelangt sind."

Hachenburg ist materiell mit dieser Bestimmung einverstanden, erklärt sie aber für überflüssig, mit Rücksicht auf die von ihm vorgeschlagene

Fassung des § 790. Ich würde die Bestimmung beibehalten, vor allem schon deshalb, weil im Anschluß an dieselbe eine Reihe besonderer Bestimmungen, welche das Verhältniß des Hypothekenrechtes zum Zubehör regeln, zweckmäßig eingereiht werden können. Kohler schlägt folgende Fassung vor; er sagt:

„Die Hypothek ergreift 3. die Pertinenzen des Grundstückes, die gegenwärtigen wie die zukünftigen, auch diejenigen, welche nur noch factisch mit dem Grundstück in wirthschaftlicher Verbindung stehen."

Kohler läßt also die Worte: „mit Ausnahme der Zubehörstücke, welche nicht in das Eigenthum des Eigenthümers des Grundstückes gelangt sind", weg. Hält man aber an der Definition des Entwurfes fest, so ist es klar, daß diese Worte unentbehrlich sind. Die von Kohler vorgeschlagenen Worte: „auch diejenigen, welche nur noch factisch mit dem Grundstück in wirthschaftlicher Verbindung stehen", würde ich mit Rücksicht auf die Fassung des § 1067 Ziffer 3 des Entwurfes und im Hinblick auf den § 1068 für überflüssig halten. Ich würde also § 1067 Z. 3 des Entwurfes, wie er ist, aufrecht erhalten. Der § 1068 des Entwurfes lautet in dem uns hier interessirenden Theile:

„Werden Zubehörstücke von dem Grundstücke entfernt, bevor sie zu Gunsten des Hypothekengläubigers in Beschlag genommen worden sind, so erlischt ihre Haftung mit der Entfernung. Wird eine solche Sache vor ihrer Entfernung veräußert oder verpfändet, so finden die Vorschriften der §§ 878 und 1152 gegenüber dem Hypothekengläubiger keine Anwendung."

Kohler empfiehlt eine andere Fassung des § 1068; ich halte aber an der Fassung des Entwurfes fest und glaube, daß auch diese Bestimmungen des Entwurfes durchaus zweckmäßig und empfehlenswerth sind.

Was nun die Anträge betrifft, welche ich zu stellen habe, so habe ich dieselben gedruckt den Herren vorlegen lassen.*) Die Anträge sind

---

*) Dieselben lauten:

a. Die **in das Gesetz aufzunehmende Definition des Zubehörs** hätte zu lauten:
„Zubehör einer Sache sind diejenigen beweglichen Sachen, welche, ohne Bestandtheil der Hauptsache zu sein, **nach der Verkehrsauffassung mit derselben einem gemeinsamen wirthschaftlichen Zwecke zu dienen bestimmt** und in ein dieser Bestimmung entsprechendes äußeres Verhältniß zur Hauptsache gebracht sind. Vorübergehende Trennung von der Hauptsache hebt die Zubehöreigenschaft nicht auf."

b. Unverändert beizubehalten wären die auf das Zubehör sich beziehenden Bestimmungen der §§ 478, 1859, 1067 Z. 3 und 1068 des Entwurfes.

c. In der im Übrigen unverändert und an ihrer Stelle zu belassenden Bestimmung des § 790 des Entwurfes wären statt der Worte „im Zweifel" die Worte „mangels abweichender Parteierklärungen" aufzunehmen.

sehr weit gefaßt; ich verkenne gar nicht, daß sie zu weit gefaßt sind. Mit Rücksicht auf die kurze uns gegebene Zeit will ich mir daher erlauben, statt der ausführlichen Anträge, die eine längere Berathungszeit, als die uns gegönnte voraussetzten, folgende Anträge zu formuliren:

1. Es ist im Gesetze nicht auszusprechen, daß das die Zubehöreigenschaft begründende äußere Verhältniß zwischen Hauptsache und Hilfssache nur durch bestimmte Personen hergestellt werden könne.

Durch diesen Antrag will ich die Formulirung des Zubehörbegriffs im Entwurfe im Gegensatze zu derjenigen **Kohlers** in ihrem wesentlichsten Punkte vertheidigen.

2. Dem Grundsatze sachenrechtlicher Verbindung zwischen Hauptsache und Zubehör wäre in einer Reihe von Einzelbestimmungen Rechnung zu tragen. Daneben wären die Bestimmungen des Entwurfes über die Wirkung des Zubehörverhältnisses im Wesentlichen beizubehalten.
3. Das Zubehör einer Sache kann grundsätzlich nur mit derselben Gegenstand der Zwangsvollstreckung sein.

Diese drei Anträge empfehle ich Ihrer Annahme und glaube nun am Schlusse meiner Ausführungen zu sein.

Correferent Landrichter **Dove** (Frankfurt a. M.): M. H.! Nach der erschöpfenden Darstellung seitens des ersten Herrn Referenten kann ich mit der üblichen captatio benevolentiae beginnen, daß ich mich kurz fassen werde. Es kommt meines Erachtens lediglich auf einen Punkt an. Wenn es richtig wäre, was gestern ausgesprochen worden ist, daß der Juristentag sich nicht mit Constructionsfragen zu beschäftigen hätte, so wäre eigent-

---

d. **Dem Grundsatze sachenrechtlicher Verbindung zwischen Hauptsache und Zubehör wäre in einer Reihe von an § 790 anzuschließenden Einzelbestimmungen Ausdruck zu geben.**

e. Zu empfehlen wäre die Aufnahme folgender Bestimmung:

„Das Zubehör einer Sache kann nur mit derselben Gegenstand der Zwangsvollstreckung sein. Ein Zubehörstück ist jedoch Gegenstand getrennter Zwangsvollstreckung, wenn der Gläubiger ein vor der Entstehung des Zubehörverhältnisses an demselben begründetes Pfandrecht geltend macht. Ebenso kann ein nicht im Eigenthume des Eigenthümers der Hauptsache stehendes Zubehörstück Gegenstand getrennter Zwangsvollstreckung sein."

f. Im § 791 wären in Ziffer 1 die Worte „einer Badeanstalt, eines Theaters" einzufügen. Ferner wären folgende Sätze hinzuzusetzen:

3. Zu dem Zubehör eines Wohnhauses Ausrüstungen und Zierstücke, sofern das Haus und die Sache einander speciell angepaßt sind.
4. Zu dem Zubehör einer Eisenbahn die Fahrbetriebsmittel.

lich meinen Ausführungen überhaupt der Lebensfaden abgeschnitten, denn die Frage nach der Regelung des Pertinenzverhältnisses ist im Wesentlichen eine Constructionsfrage. Bei der Regelung dieses Pertinenzverhältnisses bietet sich der Gesetzgebung insofern eine Schwierigkeit dar, als wir es im Wesentlichen mit einem modernen Begriffe zu thun haben; denn wenn auch die Wurzeln des Instituts sich im römischen Rechte finden, so hat es doch seine genauere Begrenzung und Durchbildung erst in der neueren Zeit gefunden, und bis in unsere Tage hat es nicht an Stimmen gefehlt, die wie Göppert die ganze Lehre von der Pertinenz als unbegründet bekämpfen. Indessen der Begriff ist doch unentbehrlich und fordert seine gesetzliche Regelung. Das Moment, welches auf die Entwickelung dieses Begriffs vor Allem von Einfluß gewesen ist, ist der Umschwung, der sich in unserer Productionsmethode, verglichen mit der Productionsmethode früherer Tage, vollzogen hat durch die stetige Entwickelung der rasch vorwärts schreitenden Technik. Der Apparat, mit dem wir arbeiten, ist sehr viel complicirter geworden. Das Gesetz der Arbeitstheilung beherrscht nicht nur die menschliche Arbeit allein, sondern es weist auch den einzelnen Sachen ihre Stelle in der Gütererzeugung zu und ordnet sie zur Erfüllung ihrer Aufgaben höheren Organismen unter. Es muß daher auch eine rechtliche Form hierfür gefunden werden. Wenn die Verbindung freilich so weit geht, daß dabei die Sache ihre Selbständigkeit aufgiebt, so bedarf es eigentlich einer besonderen gesetzlichen Regelung nicht, denn es kann sich dann nur darum handeln, ob und welche Rechte der Eigenthümer der untergegangenen Sache an der verbundenen gesammten Sache oder gegen deren Eigenthümer haben soll; das Schicksal der untergegangenen Sache selbst aber interessirt nicht mehr; dann haben wir es mit Bestandtheilen zu thun und nicht mit Pertinenzen, und es muß gerade nach dieser Richtung hin die Grenze scharf gezogen werden, weil dies im römischen Recht nicht geschehen ist, und weil auch in der späteren Zeit sich der Gegensatz nur mühsam durchgearbeitet hat. Bei der Pertinenz ist es ein anderes Moment, welches die Verbindung herstellt; es ist der gemeinsame wirthschaftliche Zweck, dem beide Sachen dienen. Durch die Verbindung wird ein wirthschaftlicher Werth geschaffen, durch die Aufhebung der Verbindung wird eine Werthverminderung, ja eine Werthvernichtung herbeigeführt. Für den wirthschaftlichen Werth der Sache ist daher ihre örtliche Lage und ihre Verbindung mit anderen Sachen nicht gleichgültig. Das Fabrikgebäude ohne Maschinen mag einem anderen wirthschaftlichen Zweck, sei es der Wohnung oder der Aufbewahrung oder der Lagerung dienen, niemals aber dem Productionszwecke, zu dem es ursprünglich bestimmt ist, und andererseits wird die

Maschine, herausgerissen aus der Fabrik, meist nur den Materialwerth darstellen. Und doch zeigen diese Beispiele, wie mühsam sich der Begriff hat durcharbeiten müssen, denn in der gemeinrechtlichen Praxis ist es bis in die neueste Zeit bestritten gewesen, ob den Maschinen im Verhältniß zur Fabrik die Pertinenzeigenschaft zukomme, bis neuerdings das Reichsgericht wenigstens die Möglichkeit der Annahme des Zubehörs festgestellt hat. Nun kommt es meines Erachtens hier weniger darauf an, Kritik an der Definition zu üben — omnis definitio periculosa, und die des § 789 ist gewiß nicht einwandsfrei; indessen hier, wo danach gefragt ist, ob die Regelung des Instituts im Entwurfe zu billigen ist, kommt es meines Erachtens auf die Definition nur insoweit an, als das Gesetz, indem es definirt, gleichzeitig disponirt, nämlich die Voraussetzung seiner Anwendung aufstellt. Bei der Definition — darin stimme ich mit dem Herrn Referenten durchaus überein — ist Rücksicht zu nehmen auf die Verkehrssitte, denn es läßt sich ein für alle Zeiten gültiges objectives Moment, aus dem auf das Vorhandensein der Pertinenz zu schließen wäre, nicht aufstellen, sondern es wechselt der Kreis der Gegenstände, die als Pertinenzen anzusehen sind, mit den verschiedenen Phasen des wirthschaftlichen Lebens und mit der verschiedenen Art der Production und Consumtion. Es kann also keine Aufzählung vollständig sein, und die im § 791 gegebene erhebt auch gar nicht Anspruch auf absolute Vollständigkeit, und wenn die beiden Herren Gutachter Hachenburg und Kohler einzelne Zusätze machen wollen, wie Schlüssel, Oefen, die Winterfenster und Löschgeräthschaften, wenn sie weiter die zum Betriebe einer Badeanstalt, eines Theaters nöthigen Instrumente und Geräthschaften hinzufügen wollen, so habe ich gegen die Hinzufügung nichts einzuwenden, halte sie aber für ziemlich gleichgültig. Der erste Referent hat ja die Kohler'schen beiden Beispiele, die Badeanstalten und Theater, auch mit aufgenommen. Es sind das Beispiele von Gegenständen, deren Hinzufügung insofern wünschenswerth erscheint, als Zweifel auftauchen könnten, im Uebrigen aber sind das wirthschaftliche Werthe, deren Erhaltung meines Erachtens nicht so wichtig ist. Wenn ein Theater so weit ist, daß ihm die Coulissen abgepfändet werden, dann pflegt in der Regel nicht viel daran zu liegen, und es schadet nichts, wenn auch die Execution nicht ausgeschlossen ist. Die wichtigste Frage bei der Regelung des Pertinenzverhältnisses ist aber die Bestimmung des § 790, wonach ein Rechtsgeschäft unter Lebenden — § 1859 giebt für das Vermächtniß eine analoge Regel — im Zweifel auch auf diejenigen Gegenstände sich beziehen soll, die zur Zeit des Abschlusses des Rechtsgeschäftes Pertinenzstücke waren. Ich stimme in der Beurtheilung dieser Regel mit dem Herrn

Referenten nicht überein. Wenn es wahr ist, daß dasjenige Moment, welches die Verbindung beider Sachen herstellt, der gemeinschaftliche wirthschaftliche Zweck ist, so entspricht diesem objectiven Momente der Verbindung nicht die Aufstellung einer reinen Auslegungsregel, nicht die rein obligatorische Regelung. Ich kann mich in dieser Beziehung, da unsere Zeit gedrängt ist, zunächst beziehen auf die übereinstimmenden Ausführungen der beiden Herren Gutachter; ich mache ferner auf die Ausführungen Kohler's aufmerksam in seiner grundlegenden Arbeit im XXVI. Bande von Ihering's Jahrbuch; ich kann aber auch hinweisen auf das Beispiel der neueren Gesetzgebung, insbesondere des preußischen Landrechts, welches sagt, daß Pertinenzen, solange sie bei der Hauptsache sind, an allen Rechten derselben theilnehmen, ferner auf das sächsische bürgerliche Gesetzbuch, welches bestimmt, daß rechtliche Verfügungen ohne Weiteres auch die Pertinenz ergreifen; ja, ich kann den Entwurf selbst als Zeugen für diese Auffassung anführen, denn gerade an der allerwichtigsten Stelle durchbricht er sein Princip, nämlich bei der Hypothek. Das kann gar keine Frage sein: die Hypothek ist der allerwichtigste Fall. Die Frage nach der Regelung des Pertinenzverhältnisses ist im Wesentlichen eine Frage des Credits, und wer die Rechtsprechung aller Völker über die Pertinenzen einsieht, aus der Kohler mit gewohnter Freigebigkeit in seinem Aufsatze eine reiche Fülle mittheilt, der wird sich überzeugen, daß gerade in dieser Beziehung immer die Streitpunkte entstanden sind. Da bestimmt der Entwurf im § 1167, daß für die Hypothek auch haften die Zubehörstücke des Grundstücks mit Ausnahme derjenigen, die nicht in das Eigenthum des Eigenthümers des Grundstückes übergegangen sind. Die Motive meinen, das sei keine Consequenz des Pertinenzbegriffes, sondern eine Eigenthümlichkeit der Hypothek. Ich kann mich dem nicht anschließen; ich weiß nicht, welche geheimnißvolle Eigenschaft der Hypothek hier eigentlich wirksam werden soll; mit dem Grundbuchsystem hängt es gewiß nicht zusammen, denn die Pertinenzen werden nicht eingetragen. Dann weiß ich aber nicht, welche besondere Kraft sonst der Hypothek in Bezug auf die Pertinenz beiwohnen soll, z. B. die später hinzutretende Pertinenz zu ergreifen. Will man so weit gehen, so kommt man mit der Auslegungsregel nicht durch, denn gewiß hat dem Bewußtsein der Contrahenten bei der Verpfändung die später hinzutretende Pertinenz nicht vorgeschwebt. Nun kann man ja sagen: das ist schließlich eine reine Constructionsfrage, und darum wollen wir uns nicht streiten; ich bin auch gern bereit, mich mit dem ersten Herrn Referenten über den Entwurf zu vergleichen, nur glaube ich, daß es doch ein Vorzug ist, wenn das Princip, wie ich annehme, richtiger erkannt und aufgestellt wird, weil dann die Masse von Sondervorschriften vermieden wird. Auch z. B. die für die Hypothek gegebene Vorschrift ergiebt sich dann ohne Weiteres aus dem Grundsatze, daß das Verhältniß zwischen der Hauptsache und der Pertinenz, um diese Bezeichnung beizubehalten, ein sachenrechtliches, ein objectives Verhältniß ist. Es kommen aber auch andere Fälle vor. So erwähnen die Motive selbst den Fall, daß das Eigenthum von einem Grundstück übergegangen ist durch Auflassung oder Eintragung, während die Pertinenzen, die nach § 789 immer beweglicher Natur sein müssen, nicht übergeben sind. Soll in der Zwischenzeit ein dritter Vindicant auftreten können und sagen: her mit der Pertinenz! oder soll eine Pfändung in die Zubehörstücke ausgebracht werden können? Letzteres will auch der erste Herr Referent ausschließen, und auch darin sind wir durchaus einer Meinung. Es darf eben eine besondere Pfändung nicht stattfinden. Eine Schädigung des Credits liegt darin nicht, wie man annehmen könnte, denn es bleibt dem Gläubiger unbenommen, die Zwangsvollstreckung in das Grundstück mit Pertinenzen auszubringen; nur tritt er den voreingetragenen Hypothekaren nach, was ja ganz angemessen ist, denn diese haben an diesem Vermögensstücke bereits dingliche Rechte erworben und müssen späteren Gläubigern vorgehen. Will man das nicht, will man die Zwangsvollstreckung oder Vindication zulassen, so tritt doch schließlich die Zerreißung ein, die vermieden werden soll, die Werthverminderung. Es hat meines Erachtens auch absolut kein Bedenken, den Grundsatz dinglicher Regelung aufzustellen, wenn man — und da muß ich auf die Definition zurückkommen — das weitere Moment hinzufügt, daß der Eigenthümer oder ein anderer für ihn es ist, der das Pertinenzverhältniß herstellen und aufheben kann. Natürlich darf man die Verbindung nicht derartig fest machen, daß sie gar nicht zu lösen ist, denn es muß dem Eigenthümer möglich sein, abgenutzte Inventarstücke durch bessere zu ersetzen; es muß ihm ferner möglich sein, eine alte Maschine herauszubringen. Da taucht nun gleich wieder das Bedenken auf: wie ist dem Gläubiger zu helfen? und da giebt der Entwurf genügende Rechtsbehelfe in den §§ 1068—1074, indem die Verschlechterung der Pertinenz und insbesondere die Fortschaffung der Pertinenz als eine Verschlechterung des Grundstücks anzusehen ist, und der Gläubiger berechtigt ist, wenn sie bevorsteht, eine Sicherheitsmaßregel vom Gericht zu verlangen und, wenn sie bereits vollzogen ist, eine Frist setzen zu lassen, binnen deren das Grundstück wieder in den alten Zustand zu versetzen, oder anderweite Sicherheit für die Hypothek zu stellen ist. Was die Frage des Besitzes betrifft, so bin ich allerdings der Ansicht, daß der Besitz an der Pertinenz gleichzeitig mit dem Besitz an der Hauptsache erworben und erhalten wird.

Daraus ergiebt sich allerdings auch als Consequenz, daß auch Ersitzung nur stattfinden kann mit der Ersitzung der Hauptsache; indessen hat das keine praktischen Nachtheile, weil ja nach dem von mir empfohlenen System sowohl die Pfändung als die Vindication der Pertinenz, während sie bei der Hauptsache ist, ausgeschlossen ist. Schließlich möchte ich noch einen Fall erwähnen, weil derselbe weder von den Herren Gutachtern noch von dem ersten Herrn Referenten erwähnt worden ist; das ist der Fall der Enteignung. Hier allerdings bin ich der Meinung, braucht man nicht so weit zu gehen, daß die Verbindung unter allen Umständen aufrecht zu erhalten ist. Denn hier ist das Wesentliche, was die Sachen zusammenhält, der gemeinschaftliche wirthschaftliche Zweck, ohnehin zurückgetreten hinter dem wichtigeren öffentlichen Zweck, um dessen willen die Enteignung ins Werk gesetzt wird. Es empfiehlt sich also nicht, auszusprechen, daß bei der Enteignung das Eigenthum an den Pertinenzen mit dem Eigenthume an der Hauptsache übergeht.

M. H., ich habe mir erlaubt, einen Antrag schriftlich zu fixiren dahin:

„Bei der Regelung des Pertinenzverhältnisses ist eine Aenderung des Entwurfes insofern wünschenswerth, als nicht nur eine Auslegungsregel, wie § 790 sie giebt, sondern eine Vorschrift des Inhalts aufzustellen ist, daß die Rechtsschicksale der Hauptsache ohne Weiteres die Pertinenzen ergreifen."

Daß unter diesen Rechtsschicksalen nicht auch der Übergang fremden, nicht dem Uebertragenden zustehenden Eigenthums auf den Erwerber der Hauptsache zu verstehen ist, liegt auf der Hand; ich brauche also eine diesbezügliche Einschränkung nicht weiter zu machen. Ich gebe schließlich zu, daß unsere beiderseitigen Formulirungen in dem praktischen Resultat ziemlich auf dasselbe hinauskommen. Wenn ich trotzdem den von mir aufgestellten Satz empfehle, so geschieht das hauptsächlich von dem Gesichtspunkte aus, daß damit die vielfachen Sondervorschriften vermieden werden. Einen Vorzug hat der Entwurf m. E., der ihm ganz unbestritten gelassen werden muß: das ist sein Format, und je mehr wir darauf dringen, daß überall die richtigen Grundsätze herausgehoben und fest hingestellt werden, desto mehr werden wir vermeiden, daß er dem Vorwurfe unterliegt, den Friedrich der Große einst gegen das Landrecht erhob, als er darauf schrieb: „es ist aber sehr dick!" und von diesem Standpunkte möchte ich auch empfehlen, den Grundsatz, wie er von den Herren Gutachtern empfohlen wird, und wie er von meinem Antrage vertreten wird, anzunehmen.

Eine Debatte wird nicht beliebt; es erhält daher sofort das Schlußwort

Referent Professor Dr. **Hanausek:** Nur ein paar Worte! Der Herr Correferent ist davon ausgegangen, daß die Regel des § 790 wegzulassen ist. Ich glaube, daß diese Regel nicht ersetzt wird durch die von ihm vorgeschlagene Formulirung; ich glaube, daß diese Regel nothwendig ist. Wenn eine Sache verkauft wird, so handelt es sich eben darum: hat der Verkäufer die Pertinenzstücke dem Käufer mit zu übergeben? und wenn die Parteien das nicht ausdrücklich ausgeschlossen haben, so soll der Verkäufer die Pertinenzstücke übergeben. Das ist nun durch die Formulirung des Herrn Correferenten keineswegs gedeckt und ebensowenig durch die Formulirung Kohler's. Ich glaube, daß es richtig ist, den Entwurf anzunehmen und daneben eine Reihe von Einzelbestimmungen, in welchen die sachenrechtliche Verbindung zwischen Hauptsache und Zubehör, welche Kohler und der Herr Correferent empfehlen, anerkannt wird. Der Herr Correferent hat gesagt, daß der Entwurf sein Princip durchbreche, indem er für die Hypothek etwas anderes bestimmt. Das meine ich nicht. Der Entwurf stellt eine besondere Bestimmung für ein besonderes Gebiet auf. Man kann darum von einem Bruch des Princips gar nicht sprechen, um so weniger sprechen, wenn meiner Anschauung beigepflichtet würde, daß in § 790 neben der Auslegungsregel, die derselbe bisher enthält, noch eine Reihe anderer Bestimmungen aufgenommen würden. Schließlich hat der Herr Correferent von der Ersitzung gesprochen. Ich glaube, gerade an diesem Beispiele zeigen zu können, daß derartige allgemeine Formulirungen, wie sie Kohler und Hachenburg empfehlen, unzweckmäßig sind; denn aus den Formulirungen Kohler's und Hachenburg's würde ja auch folgen, daß ein Pertinenzstück nur ersessen werden kann in der Zeit, in der die unbewegliche Hauptsache ersessen werden kann. Das kann das Gesetz nicht wollen, und weil das Gesetz das nicht wollen kann, muß man allgemeine Formulirungen, die zu solchen Irrthümern Veranlassung geben können, vermeiden. Ich glaube daher, daß wir dem praktischen Bedürfniß vollständig genügen, wenn wir die Bestimmungen des Entwurfes im Wesentlichen lassen, wie sie sind, und dem § 790 nur eine Reihe von Detailbestimmungen, welche das Zubehör gewissen Rechtsschicksalen der Hauptsache unterwerfen, anschließen. Die wenigen Zeilen, um welche der Entwurf dadurch vergrößert wird, werden nicht soviel Raum in Anspruch nehmen, um deshalb allein diese Bestimmungen weglassen zu müssen.

Bei der Abstimmung wird der Antrag des Correferenten mit Mehrheit abgelehnt, die vereinfachten Anträge des Referenten:

1. Es ist im Gesetze nicht auszusprechen, daß das die Zubehöreigenschaft begründende äußere Verhältniß zwischen Hauptsache

und Hilfssache nur durch bestimmte Personen hergestellt werden könne.

2. Dem Grundsatze sachenrechtlicher Verbindung zwischen Hauptsache und Zubehör wäre in einer Reihe von Einzelbestimmungen Rechnung zu tragen. Daneben wären die Bestimmungen des Entwurfes über die Wirkung des Zubehörverhältnisses im Wesentlichen beizubehalten.

3. Das Zubehör einer Sache kann grundsätzlich nur mit derselben Gegenstand der Zwangsvollstreckung sein;

werden angenommen, und der Referent Professor Dr. Hanausek beauftragt, dem Plenum von diesem Beschlusse Kenntniß zu geben.

(Schluß der Sitzung 1½ Uhr Nachmittags.)

Erste Sitzung der zweiten Abtheilung

am 11. September 1889,

Vormittags 11½ Uhr.

Oberlandesgerichtsrath **Thomsen** (Stettin): M. H., im Auftrage der ständigen Deputation habe ich die Ehre, Ihnen den Präsidenten für unsere Abtheilung vorzuschlagen. Ich brauche wohl nur den Namen zu nennen: es ist unser allverehrter Herr Reichsgerichts-Senatspräsident Dr. Drechsler. (Bravo!)

Reichsgerichts-Senatspräsident Dr. **Drechsler** (Leipzig): M. H., ich nehme die Wahl an. Ich habe ja immer die Freude gehabt, einer Abtheilung vorzusitzen, und ich thue es auch auf diesem Juristentage; aber ich bedarf einer Unterstützung, indem ich selbst ein Referat zu erstatten habe, und an meiner Stelle dann Einer eintreten muß als stellvertretender Präsident. Ich möchte Herrn Präsidenten von Stößer ersuchen, mich zu vertreten, wenn es nöthig ist. Dann ersuche ich, das Protokoll zu führen, den Herrn Regierungsassessor Löser. Was nun die Reihenfolge der Berathungsgegenstände betrifft, so ist ja durch Beschluß der Plenarversammlung der 2. Abtheilung zugewiesen worden die Berathung der Nummern 6—10, und so wird es sich empfehlen, um Collisionen mit den Gutachtern zu vermeiden, die gern an der Berathung der Anträge, die sie gestellt, theilnehmen möchten, zuerst Nummer 8 zu berathen:

> „Ist das gesetzliche Pfandrecht des Vermiethers und Verpächters beizubehalten?" —

und demnächst wahrscheinlich Nummer 7 — ich sage aber: wahrscheinlich; denn es wird davon abhängen, ob Herr Professor Fischer, der auch in einer anderen Abtheilung beschäftigt ist, dann theilzunehmen nicht behindert ist.

Nr. 7 lautet:

> „Wie soll der Satz „Kauf bricht nicht Miethe" im Falle der Subhastation modificirt werden?"

Dann wird die Berathung von Nummer 9 folgen:

„Sind die im Entwurf des bürgerlichen Gesetzbuches vorgesehenen Arten des Pfandrechts an Grundstücken, einschließlich der Grundschuld, beizubehalten?“

Dann Nummer 6:

„Ist das durch § 574 des Entwurfes eines bürgerlichen Gesetzbuches zugestandene Pfandrecht des Werkmeisters an beweglichen Sachen auch auf unbewegliche zu erweitern und in welcher Gestalt?“

Und endlich Nummer 10:

„Die Aufnahme und Gestaltung des Privatpfändungsrechts im künftigen deutschen Gesetzbuch.“

Es wird kein Bedenken haben, daß die Herren diese Reihenfolge, welche die ständige Deputation mit Bezug auf die übrigen Gegenstände, die zur Verhandlung stehen, erwogen hat, beibehalten. Wenn kein Widerspruch erfolgt, ersuche ich die Herren Referenten über die Frage 8 das Wort zu nehmen. Als Referenten sind bezeichnet: Amtsrichter Bunsen zu Rostock und Landrichter Dr. Koffka zu Berlin.

Referent Amtsrichter **Bunsen** (Rostock): M. H., über die Frage, ob das gesetzliche Pfandrecht des Vermiethers und Verpächters beizubehalten, liegen zwei Gutachten vor.

Das erste Gutachten ist von Herrn Oberlandesgerichtsrath Thomsen in Stettin erstattet. Dasselbe kennzeichnet sich sofort durch das ihm vorangestellte Motto: „Es erben sich rc. . . .“ Es verneint die Frage mit Entschiedenheit und in ausführlicher Darlegung der für die Verneinung sprechenden Gründe und versucht es, die Gegengründe zu widerlegen. Das zweite Gutachten ist von Herrn Gerichtsassessor Lewinsohn in Berlin erstattet. Dieses Gutachten bejaht die Frage, stellt jedoch gewisse Modalitäten und Beschränkungen auf. M. H., der Herr Correferent und ich stehen wesentlich auf dem Standpunkte des zweiten Herrn Gutachters, und wir haben uns erlaubt, Ihnen dementsprechend gemeinschaftlich einen Antrag zu unterbreiten. Der augenblickliche Rechtszustand in Deutschland erkennt dem Verpächter und Vermiether ein Pfandrecht oder doch ein Vorzugsrecht an gewissen Vermögensgegenständen zu; ich kann in dieser Beziehung nur auf die Ausführungen in beiden Gutachten verweisen. Sie entnehmen daraus, daß nur in einem verhältnißmäßig geringen Gebiete von Deutschland dieses Vorrecht nicht besteht. Bezüglich des geltenden Rechtes haben wir zu unterscheiden zwischen dem Rechte des Vermiethers und Verpächters im Concurse des Miethers und Pächters und abgesehen vom Concurse. Im Concurse ist das Verhältniß reichsgesetzlich durch Gewährung eines Absonderungsrechtes an bestimmten Gegenständen geregelt. Ich nehme an, daß die uns gestellte Frage auf dieses Absonderungsrecht sich gleichfalls beziehen soll. Zu dieser Annahme berechtigt mich die allgemeine Fassung der Frage. Der Fragesteller vermeidet die Bezugnahme auf den Entwurf des bürgerlichen Gesetzbuches. In der That gewinnt die Frage auch gegenüber dem geltenden Reichsrechte (der Concursordnung) eine gleiche Bedeutung wie gegenüber dem Landesrechte. Die Frage vom Standpunkte des Concursrechtes todtschweigen, ist ebenso unzulässig wie eine ungleiche Beantwortung für diesen und für jenen Fall. Will man das Vorrecht beseitigen, so kann es auch für den Fall des Concurses als Absonderungsrecht nicht fortbestehen. Es ist mir aus dem ersten Gutachten nicht klar geworden, ob der Herr Gutachter auch das Absonderungsrecht des Verpächters und Vermiethers im Falle des Concurses des Pächters und Miethers beseitigt wissen will.

M. H., bei der Vorführung derjenigen Gründe, welche vom rechtspolitischen Standpunkte aus für die Beibehaltung des bisherigen Rechtszustandes sprechen, folge ich dem ersten Herrn Gutachter, welcher die Frage von seinem entgegengesetzten Standpunkte aus in historischer, rechtlicher und moralischer, sowie in socialpolitischer Beziehung beleuchtet.

Was zunächst die historische Tradition betrifft, so ist diese allein schon für die Verfasser des Entwurfes des bürgerlichen Gesetzbuches das entscheidende Moment gewesen. Auch der erste Herr Gutachter kann nicht verkennen, daß der Zustand des seit Jahrhunderten geltenden Rechtes ein erhebliches Moment für die Beibehaltung dieses Rechtes giebt, wir wollen ihm jedoch ohne Weiteres zugeben, daß dieses Moment allein nicht ausschlaggebend ist. Andererseits wird man aber in die geltende Rechtsanschauung einen so radicalen Schnitt nur wagen dürfen, wenn man zu der vollen Ueberzeugung der Schädlichkeit dieses Institutes gekommen ist, und *soweit* man dazu gekommen ist. — Betrachten wir nun von diesem Ausgangspunkte zunächst die Deductionen des ersten Herrn Gutachters. Derselbe sucht zunächst darzuthun, daß das gesetzliche Pfandrecht des Verpächters und Vermiethers in Rom vermöge einer in besonderen historischen Verhältnissen wurzelnden Begünstigung des übermächtigen Capitals eingeführt ist. Das Pfandrecht des Verpächters läßt der Herr Gutachter seinen Ausgangspunkt vom interdictum Salvianum nehmen. Dieses hält er für eine Nachbildung resp. analoge Anwendung des dem Aerar zustehenden und auf die publicani übertragenen Rechts der pignoris capio. Aus dieser m. E. unbewiesen gebliebenen Hypothese wird der Charakter des Interdictes als eines ungerechtfertigten Privilegs der capitalistischen Verpächterklasse geschildert. Nicht viel besser kommen die Vermiether im alten Rom davon. Der Speculationsgeist der in Rom herrschenden Großcapitalisten der „Geldoligarchie" habe sich nicht bloß auf die Landwirthschaft, sondern mit der schnell wachsenden Größe der Stadt auch auf den Gewinn durch Bauen und Vermiethen von Häusern geworfen. Es habe sich „ein gewerbsmäßiges Hauseigenthümer- und Wohnungsvermietherthum" gebildet. Die Großcapitalisten bauten Miethscasernen und vermietheten sie entweder im Ganzen an Miethsunternehmer, die wieder aftervermietheten, oder in Einzelwohnungen an leine Leute. Die Monopolwirthschaft des gewerbsmäßigen Vermietherthums habe zu einer Art Feudalismus geführt, so daß Hausherrn und Miether nicht mehr im Verhältniß von Verkäufern und Käufern einer Waare, sondern von Herrn und Hörigen zu einander standen.

M. H., mag man nun von der Richtigkeit der historischen Darstellung von Thomsen überzeugt sein, oder mag man es, wie ich, nicht sein, in allen Fällen wird damit die Frage nicht erledigt; denn für die Abschaffung dieses Rechtes darf man nicht die wirthschaftlichen Verhältnisse Roms zur Zeit der Herrschaft des geldgierigen Prätorenstandes (Thomsen, Gutachten S. 168), sondern muß man die heutigen socialen Verhältnisse berücksichtigen. Und, warum hat denn weiland Kaiser Justinian dieses vorgebliche Residenzprivilegium auf das ganze römische Reich ausgedehnt? Ich glaube, man wird der Justinianischen Gesetzgebung kaum den Vorwurf machen können, daß sie eine Dienerin der Plutokratie war. Für dieses Vorzugsrecht sprechen denn doch ganz andere Gründe, welche den Gegengrund der sittlichen Entrüstung über die Veranlassung der ersten Einführung überwiegen.

Der Herr Gutachter bekennt denn auch selbst, daß das System der schonungslosen Ausbeutung der Armen durch die Reichen in unserer Jetztzeit dank dem Christenthum, der modernen Gesittung und der staatlichen Fürsorge nicht mehr existirt. Die modernen Interessengruppen, die heutigen Gegensätze zwischen mobilem und immobilem Capital, Ackerbau und Industrie, Land und Stadt, Producenten und Consumenten verfolgen andere Ziele. Von einem Wohnungswucher wird in Deutschland wenig die Rede sein, vereinzelt mögen allerdings solche Erscheinungen auftreten. Der Verein der Berliner Wohnungsmiether hat in einer im August d. J. in Berlin stattgehabten Versammlung Fälle constatirt, nach welchen den Eigenthümern ein wucherischer Zins herausgerechnet ist. Die betreffenden Mittheilungen, welche durch die hauptstädtische Presse gingen, lassen sich auf ihre Richtigkeit nicht controliren. Es mag immerhin zugegeben werden, daß in Berlin zu Zeiten von Wohnungsmangel erhebliche, nicht entsprechende Miethssteigerungen vorkommen. Für solche außerordentliche Fälle kann man aber keine Gesetze für das ganze Deutsche Reich geben.

Was von der Miethe gilt, gilt in dieser Beziehung noch mehr von der Pacht; man wird hier noch weniger von einer wucherischen Ausbeutung der Pächter reden können. Entfällt also dieser der Entstehungsgeschichte entnommene Gegengrund des Herrn Gutachters nach seinem eigenen Zugeständnisse vollständig, so wende ich mich jetzt zu der rechtlichen und moralischen Seite dieser Frage. Was die rechtliche Seite der Frage anbetrifft, so fordert der erste Herr Gutachter mit Energie Rechtsgleichheit für Vermiether und Miether. Es wird ausgeführt, daß der Gesetzgeber den Vermiether und Miether gleichmäßig zu behandeln habe, seinerseits Wind und Sonne gleichmäßig zu vertheilen habe. Im vollen Gegensatze zu dieser Anforderung stelle der Gesetzgeber sich hier auf die Seite des Vermiethers und gebe einerseits diesem nicht nur eine günstigere Position als dem Miether, sondern auch andererseits dem Miether eine ungünstigere Position als jedem anderen Schuldner, welcher eben nur auf gewöhnlichem gerichtlichen Wege exequirt werden könne. Das gesetzliche Privilegium sei gleichsam eine Privatsteuer, noch dazu auf ein nothwendiges Lebensbedürfniß gelegt. Miethen müsse der Nichteigenthümer vielleicht unter Umständen — je nach Vorhandensein von Angebot und Nachfrage — unter den härtesten Bedingungen, nun komme noch der Gesetzgeber mit seinem gesetzlichen Pfandrechte und unterwerfe mit unerbittlicher Strenge den Miether ohne Weiteres einer Bedingung, die für den zahlungsunfähigen Miether „eine geradezu unmoralische Härte", für den zahlungsfähigen jedenfalls die Gefahr großer Belästigung in sich birgt. Durch solche Vorschrift werde unmittelbar der Miether in das Verhältniß drückender Abhängigkeit vom Vermiether gesetzt, welches je nach concreten Umständen mehr oder weniger schroff hervortrete.

Dies die Argumentation des Herrn Gutachters. — Ja, m. H., mit solchen Argumenten will ich Ihnen den ganzen staatlichen Executionszwang als einen unmoralischen, welchen abzuschaffen es höchste Zeit ist, darstellen. Diese Argumente schießen weit über das Ziel hinaus, sie beweisen zu viel und damit nichts. Natürlich kommt der Schuldner, und nicht bloß der Miether in eine gewisse Abhängigkeit vom Gläubiger, und je abhängiger er ist, desto mehr moralischen Trieb wird er in sich fühlen, sich davon zu befreien. Aber das Befreiungsmittel sucht der Herr Gutachter beim Gesetzgeber, statt den Schuldner auf den Weg der Zahlung zu verweisen.

M. H., das Gesetz weist keinen anderen Gläubiger an, dem Schuldner Credit zu geben. Schneider und Schuhmacher, Fleischer und Bäcker brauchen für keinen Pfennig Waare anders als gegen Zahlung des Pfennigs zu verabfolgen. Wer dem Schuldner in irgend einer erheblichen

Weise ein Darlehn gewährt, pflegt sich erst nach genügender Sicherheit — handhabende Pfänder — umzusehen. Der Vermiether aber räumt seine Wohnung dem Miether ein, dieser setzt sich recht gemüthlich darin fest und wohnt seine Miethsperiode ab. Nach Ablauf derselben zieht er ab, mit einem höflichen Achselzucken bedauert er, die Miethe nicht zahlen zu können, denn seine anderen Gläubiger müßten auch etwas haben. M. H., das gesetzliche Pfandrecht des Vermiethers ist nur ein einfaches Correlat für die gesetzliche und übliche Postnumerirung des Miethszinses. Und ist dem Miether dieses Pfandrecht lästig, so kann er auf die einfachste Weise davon loskommen, er zahle seinen Miethszins praenumerando. Alle vermeintlichen, grausamen Härten des Gesetzes verschwinden wie mit einem Schlage. Sie haben ja, m. H., außerdem auf dem vorigjährigen Juristentage durch die Aufstellung des Grundsatzes „Kauf bricht Miethe nicht" in so liebenswürdiger Weise für die Erstarkung des obligatorischen Rechtes zu einem dinglichen gesorgt — Sie haben dem Miether gegenüber dem Vermiether eine so gesicherte Position verschafft, daß der Miether solche Pränumerirung wohl gefahrlos vornehmen kann. M. H., Sie werden mir vielleicht entgegnen, daß man gesetzlich die Pränumerirung der Miethe einführen könne. Ja, da wird der Gesetzgeber etwas bestimmen, dessen Durchführung nicht bloß an der Macht der Gewohnheit, sondern auch an den thatsächlichen Verhältnissen scheitern wird. So lange also das Vorauszahlen der Miethe sich nicht thatsächlich eingebürgert hat, so lange werden Sie das gesetzliche Pfandrecht des Verpächters und Vermiethers nicht entbehren können; denn gerade dadurch gleichen Sie die ungleiche Stellung, welche der Vermiether gegenüber anderen Gläubigern einnimmt, wieder aus. Die Gerechtigkeit, welche gleichmäßig Sonne und Wind vertheilt, erfordert diese Ausgleichung, erfordert also die Beibehaltung, nicht die Abschaffung dieses Rechtes.

Auf wesentlich gleichen Gesichtspunkten beruhen auch die handelsrechtlichen Pfand- und Retentionsrechte des Kommissionärs, des Spediteurs und Frachtführers, des Verfrachters im Seehandel und Anderer. Bei allen macht sich der Gesichtspunkt geltend, daß der Natur der Sache nach in diesen Verhältnissen die Leistung des Gläubigers vorhergeht, und der Gesetzgeber ihm nicht das leere Nachsehen überlassen will. Ich frage den Herrn Gutachter, ob derselbe auch mit diesen Vorrechten wegen Immoralität tabula rasa machen will?

Glauben wir aber, m. H., nicht der social-politischen Seite der Frage! Es ist ja richtig, daß die Wohnungsfrage einen Theil der großen socialen Frage bildet, deren Lösung anzustreben heutzutage als Aufgabe des Staates und zwar als eine seiner hauptsächlichsten und wichtigsten

Aufgaben betrachtet wird. Die Frage ist jedoch dabei auf das richtige Maß zurückzuführen. Das Privatrecht ist bei allen socialpolitischen Fragen verhältnißmäßig wenig interessirt. Das Privatrecht selbst ist mehr egoistischer Natur, es handelt sich hier nur um die Interessen von Mein und Dein, und diese Interessen haben mit den allgemeinen Gesellschaftsinteressen nicht viel gemein. Man mag den Satz des Herrn Gutachters, daß der Staat mit seiner privatrechtlichen Gesetzgebung nicht durch ein anomales Rechtsinstitut sich auf die Seite einer der kämpfenden Interessentengruppen stellen, sondern bei der Verkettung von Besitzspeculantenthum, Pfandgläubigerwesen, Hausherrnthum, Miethsunterthanenwesen, und Miethsnebenbuhlerthum unparteiisch die privatrechtliche Gleichheit schützen soll, unterschreiben. Durch dergleichen allgemeine Sätze kommt man der Sache jedoch nicht näher. In socialpolitischer Beziehung hat die Sache für alle diejenigen Fälle, wo der Miether im Stande ist, seine Miethe zu bezahlen, gar keine Bedeutung. In dieser Beziehung interessirt lediglich der kleine Mann, nicht der Wohlhabende. In socialpolitischer Beziehung ist es vollständig gleichgültig, mit welchen Rechten der Vermiether gegenüber dem wohlhabenden Miether ausgestattet wird, die erschreckenden Beispiele der „brutalen Selbsthülfe" lassen mich ebenso kalt als der Jammer des Schuldners, welchem vom Gerichtsvollzieher sein überflüssiges Mobiliär abgepfändet wird. Solche Bilder gehören nicht in die Motive eines Gesetzbuches. In socialpolitischer Beziehung ist es dagegen nicht gleichgültig, ob die Strenge des Rechtes sich bis zur vollständigen vermögensrechtlichen Vernichtung des Schuldners geltend macht. Der kleine Mann, welcher gerade so viel verdient, als er zur Bezahlung von Wohnung, Kleidung und Unterhalt gebraucht, kann durch einen Krankheitsfall unverschuldet in die Unmöglichkeit kommen, die Miethe zahlen zu können, die Familie des Arbeiters kann durch den Leichtsinn des Familienvaters um das Nothwendigste an Hausgeräth u. s. w. kommen. Hier muß der Gesetzgeber dem Gläubiger den Zügel der Enthaltsamkeit anlegen, hier ist die streitige Grenze zwischen den egoistischen Bestrebungen des Privatrechtes und den socialistischen Tendenzen des öffentlichen Rechtes. Und überall, wo beide mit einander in Conflict kommen, muß das Privatrecht weichen; denn die allgemeinen Interessen der Gesellschaft gehen dem Rechte des Einzelnen vor. Dieser Gesichtspunkt fordert also unbedingt eine Beschränkung des Vorrechts auf die pfändbaren Sachen des Schuldners.

Diese Beschränkung rechtfertigt sich aber auch noch aus einem anderen Gesichtspunkte.

Worin steckt denn überhaupt die ökonomische Bedeutung des Pfandrechts? Das Pfandrecht gewährt dem Gläubiger Sicherstellung wegen Befriedigung seiner Forderung in doppelter Beziehung, einmal das Vorzugsrecht in der Concurrenz mit anderen Gläubigern, und sodann in der Gestaltung als dingliches Recht die Verfolgbarkeit dieser Sicherheit in dritter Hand. Die letztere Seite der Frage hat wegen des Retentionsrechtes wenig praktische Bedeutung. Praktisch ist hauptsächlich das Vorzugsrecht von Bedeutung. Dieses Vorzugsrecht sollte aber auch weiter nichts sein, als eben dieses. Wie die anderen Gläubiger kein Recht auf die nicht pfändbaren Sachen des Schuldners haben, so kann auch der Vermiether durch Gewährung dieses Vorzugsrechtes nicht ein solches Recht beanspruchen, welches doch in Wahrheit wieder den anderen Gläubigern zu Nutze kommen würde. Auch diese Erwägung führt mich zu der Beschränkung des Pfandrechts auf die pfändbaren Sachen.

Eine heilsame Reform wird man sich freilich in dieser Beziehung erst versprechen können, wenn das Privatrecht den Satz aufstellen würde, daß Verträge, durch welche dem Gläubiger an den nicht pfändbaren Vermögensstücken des Schuldners Pfand-, Retentions- oder Vorzugsrechte eingeräumt werden, nichtig sind. Ich betrachte es nicht als zu meiner Aufgabe gehörig, in dieser Richtung hier einen Antrag zu stellen.

Die socialpolitische Seite der Frage führt mich aber endlich zu einem neuen wesentlichen Momente für die Beibehaltung dieses Rechtes. Das ist die Rücksicht auf den Immobiliarcredit.

M. H., ich behaupte, daß durch die Abschaffung dieses Pfandrechtes in socialer Beziehung erhebliche Schädigungen, unter welchen namentlich der Immobiliarcredit leiden wird, entstehen werden.

Ich bin seit einer Reihe von Jahren Niederrichter in einer gewerbreichen Stadt von 40 000 Einwohnern. Die Miethsstreitigkeiten bilden hier einen beträchtlichen Theil der richterlichen Thätigkeit. Im Jahre 1879 wurde bei uns mit der Beseitigung der Mobiliarhypothek auch das gesetzliche Pfandrecht des Vermiethers und Verpächters beseitigt. Anfangs ging die Sache noch ziemlich glatt ab; denn die Leute waren im Glauben, daß das Retentionsrecht dennoch fortbestehe. Der Gedanke, daß der Miether seine Sachen vor Zahlung der Miethsschuld nicht entfernen dürfe, stand noch felsenfest im Volke. Die Herren Juristen waren aber klüger, sie fanden heraus, daß das Retentionsrecht nur ein Ausfluß des Pfandrechts und mit diesem beseitigt sei.

Die sogenannten Criminalstudenten brachten die Sache aus den Gerichtssälen, in welchen die rückenden Miether freigesprochen, und die bösen Vermiether verurtheilt wurden, in das Volk. Nun war das Feld für den säumigen Zahler geebnet, das Miethezahlen war aus der Mode gekommen. Die Gesetzgebung führte alsbald im Jahre 1884 das Pfandrecht wieder ein, und nun ward auch wieder prompt Miethe gezahlt. Hebt man das Pfandrecht auf, so werden sich die Miethsprocesse erheblich vermehren. Der säumige Zahler wird allerhand Einwendungen erheben und wird sehen, die Verurtheilung so lange als möglich hinzuhalten; schließlich hat der Vermiether neben dem Vergnügen der Proceßkostenzahlung das leere Nachsehen. Steht nun aber fest, daß die Erträgnisse eines Grundstückes vorzugsweise zur Deckung der auf demselben ruhenden Lasten und Zinsen bestimmt sind, so wird die Zinszahlung des Eigenthümers unter solchen Zuständen leiden, und der Immobiliarcredit dadurch einen erheblichen Ruck erhalten.

So ist weder dem Grundeigenthümer noch dem Capitalisten mit der Aufhebung des Pfandrechtes gedient. Es ist aber auch nicht dem Miether damit gedient; denn, wie der zweite Herr Gutachter treffend ausführt, wird der Vermiether bei Aufhebung des gesetzlichen Pfandrechtes bestrebt sein, seine Ausfälle an Miethe zu decken. Zahlungsfähige Miether werden ihre Wohnungen theurer bezahlen müssen, zahlungsunfähige Miether werden überhaupt keine mehr erhalten. Dadurch wird die Calamität erst recht groß. Nun werden Sie mir freilich entgegenhalten können, daß schon die von mir befürwortete Beschränkung des Pfandrechtes auf die pfändbaren Sachen diese Calamität in vielen Fällen herbeiführen wird. Wenn das auch zugegeben werden muß, so wird man andererseits durch Einführung kürzerer Miethszahlungsfristen und ähnliche Mittel sich zu helfen suchen müssen. Hier aber versagt das Privatrecht, hier müssen andere Kräfte mitwirken, um die Wohnungsfrage in Betreff des kleinen Mannes in befriedigender Weise zu lösen.

Wenn somit gewichtige Gründe für die Beibehaltung des Pfandrechtes sprechen, so erübrigt nur noch die Frage: sind diesem Rechte bestimmte Beschränkungen abgesehen von der bereits hervorgehobenen auf die pfändbaren Gegenstände hinzuzufügen? sowie die andere Frage: soll dieses Pfandrecht auch auf fremde Sachen erstreckt werden? Ueber beide Fragen spricht sich das zweite Gutachten aus, und hat der Herr Correferent es übernommen, unseren Antrag in dieser Beziehung zu motiviren. Mir gestatten Sie wohl noch, in einem Schlußworte die im ersten Gutachten aufgestellten Bedenken gegen die juristische Construction dieses Rechtes, wie dasselbe sich nach § 521 des Entwurfes des B. G. gestaltet, zu beseitigen.

Die Bedenken des Herrn Gutachters gipfeln in dem Satze: das gesetzliche Pfandrecht des § 521 ist eine gesetzliche Mobiliarhypothek mit verschiedenen Specialrechten (insbesondere Selbsthülfe) und mit der Analogie des Faustpfandrechtes. Es ist also ein juristisches Unicum. — Der Herr Gutachter behauptet freilich, daß er mit diesen Worten den Verfassern des Entwurfs keinen Vorwurf machen will, vielmehr hätten die Verfasser geleistet, was zu leisten ist, der einzige Fehler, den dieselben gemacht haben, sei, daß dieses schlimmste aller schlimmen Institute nicht beseitigt wäre. — Ist es mir gelungen, Sie davon zu überzeugen, daß die Aufrechterhaltung dieses Institutes nutzbringend ist, so will ich die Autorität des ersten Herrn Gutachters für die Vortrefflichkeit der Bestimmungen des § 521 des Entwurfes für mich sprechen lassen.

M. H., ich glaube, daß diese Frage kaum geschickter hätte gelöst werden können, als im § 521 des Entwurfes geschehen. Das Princip ist die Construirung dieses Rechtes als Mobiliarpfandrecht. Der Entwurf kennt als Mobiliarpfandrecht freilich nur das Faustpfandrecht. Aber das Faustpfandrecht ist doch immer ein Pfandrecht. Inhalt und Wirkungen des Pfandrechtes können sich also nur nach den Bestimmungen des Entwurfes über das Faustpfandrecht richten. Es ist der wesentliche Unterschied des gesetzlichen Pfandrechtes nur in dem Punkte zu sehen, daß bei diesem nicht wie bei jenem die Innehabung der Sache für die Entstehung und die Dauer des Rechtes maßgebend ist, sowie daß es an einem Pfandvertrage fehlt. Alle rechtlichen Folgen des Pfandrechtes, welche sich an den Vertrag und die Innehabung knüpfen, bleiben ausgeschlossen. Gestatten Sie mir, Ihnen in Kurzem ein Bild dieses einzigen Rechtes vorzuführen. Ich unterscheide:

1. die Befugnisse des gesetzlichen Pfandgläubigers gegenüber dem Schuldner,
2. die Befugnisse desselben gegenüber dritten Besitzern der Pfandsache,
3. die Befugnisse desselben gegenüber anderen Gläubigern des Schuldners.

ad 1. Gegenüber dem Schuldner gewährt das Pfandrecht dem Gläubiger das Recht, aus dem Pfande Befriedigung wegen der fälligen Miethsforderung zu verlangen, und zwar durch Verkauf des Pfandes nach Maßgabe der gesetzlichen Vorschriften der §§ 1170—1176 des Entwurfes. Verkaufen kann aber nur derjenige, welcher das Pfand inne hat. Das Recht der Innehabung, wie es der § 1153 des Entwurfs dem Faustpfandgläubiger beilegt, hat aber der gesetzliche Pfandgläubiger ohne Weiteres nicht. Dieses Recht erlangt der gesetzliche Pfandgläubiger erst, wenn er nach Maßgabe des zweiten und dritten Absatzes des § 521 des Entwurfes die Inhabung der Pfandsachen bekommen hat. Darnach gestaltet sich die Sache wie folgt: Ist die Miethsforderung fällig und zahlt der Schuldner nicht, so steht dem Vermiether auch zunächst ein weiteres Recht nicht zu, als daß er im ordentlichen Proceßwege gegen den Miether einen Zwangsvollstreckungstitel erlangt und im Wege der Zwangsvollstreckung seine Befriedigung sucht. Das Pfandrecht zeigt seine Wirkung bis dahin nur in dem Rechte des Gläubigers, der Entfernung der Pfandsachen vom Grundstücke zu widersprechen und von dem Miether, welcher gegen Verbot oder heimlich die Pfandsachen vom Grundstücke entfernt hat, die Zurückschaffung dieser Sachen zu fordern. Der Vermiether kann aber auch ohne Anrufung des Gerichtes die gegen seinen Widerspruch erfolgende Entfernung der Sachen durch Eigenmacht hindern. Diese Eigenmacht und dieses Forderungsrecht des Vermiethers verschaffen dem Vermiether noch keineswegs die Inhabung der Pfandsache, sondern dienen nur dazu, den status quo aufrecht zu erhalten oder wiederherzustellen; es ist ein Sicherungs-, kein Befriedigungsverfahren.

Die Inhabung der Pfandsache kann der Gläubiger erst erlangen, wenn der Miether das Grundstück — gleichviel aus welchem Grunde — räumt. Jetzt kann der Gläubiger die Pfandsachen durch Eigenmacht in seine Inhabung nehmen oder nach bereits erfolgter Räumung die Ueberlassung der Inhabung der gegen Verbot oder heimlich entfernten Pfandsachen fordern. Hat der Gläubiger die Inhabung der Pfandsachen erlangt, dann hat er natürlich die dem Inhaber als solchem zustehenden Rechte, als Pfandgläubiger daneben das Recht des Verkaufs der Pfandsachen zum Zwecke seiner Befriedigung.

ad 2. Gegenüber dritten Besitzern der Pfandsache richtet sich das Recht lediglich nach dem dem Pfandgläubiger beigelegten dinglichen Schutze. Der Schutz des § 1155 des Entwurfes steht dem gesetzlichen Pfandgläubiger gerade so zu wie dem Faustpfandgläubiger, das ergiebt ohne Weiteres der klare Wortlaut des ersten Satzes des § 521. Hier ist von besonderem Interesse die Frage nach dem Erlöschen des Pfandrechts. Da das Pfandrecht regelmäßig mit der Entfernung der Pfandsache vom Miethsgrundstücke erlischt, ausnahmsweise nur dann nicht erlischt, wenn die Entfernung heimlich oder gegen den Widerspruch des Vermiethers erfolgt ist, so ist die dingliche Pfandklage gegen dritte entfernte Besitzer nur zulässig, wenn der Gläubiger behauptet und beweist, daß die Entfernung der Sache gegen seinen Widerspruch oder heimlich erfolgt ist. Ist die Klage begründet, so wird man unterscheiden müssen, ob die Wohnung vom Miether geräumt ist oder nicht. Besteht das Miethsverhältniß noch fort, so wird der Gläubiger mit der Klage auch nur die Wiederherstellung des status quo begehren können, d. h. Zurückschaffung der Pfandsachen auf das Miethsgrundstück; ist die Wohnung geräumt, so steht dem Gläubiger das Recht der Inhabung zu und die dingliche Klage auf Herausgabe der Pfandsache an ihn, den Kläger.

ad 3. Im Verhältnisse zu anderen Gläubigern bewendet es für den Fall des Concurses zunächst bei der Bestimmung des § 41 der Concurs-Ordnung. Abgesehen vom Concurse interessirt zunächst das Verhältniß des Vermiethers zum Pfändungspfandgläubiger. Für dieses sind maßgebend die Bestimmungen der §§ 709 und 710 der C.P.O. Sind die Voraussetzungen des § 709 der C.P.O. da, so entscheidet über die Priorität wiederum die allgemeine Bestimmung des § 1151 des Entwurfes — nämlich der Vorzug des älteren Pfandrechts. Dasselbe Princip aber entscheidet beim Zusammentreffen des gesetzlichen Pfandrechtes mit einem anderen gesetzlichen Pfandrechte resp. mit einem vertragsmäßigen Faustpfandrechte. Der besser Berechtigte hat gegen den Besitzer den dinglichen Pfandanspruch nach Maßgabe der eben vorgetragenen Sätze.

Ich glaube, daß ich damit die juristischen Bedenken des Herrn Gutachters beseitigt habe, und empfehle Ihnen unseren Antrag zur Annahme. (Bravo!)

Referent Landrichter Dr. **Kofka** (Berlin): M. H., wie Sie aus dem Ihnen vorliegenden Antrage*) ersehen, bin ich mit dem Herrn Referenten, dem Collegen Bunsen, vollständig einer Meinung. Ich gehe deswegen auf das Princip, auf das es ankommt, nicht nochmals ein, sondern lediglich auf die Beschränkungen, welche seitens des Herrn Assessor Lewinsohn für Gewährung des gesetzlichen Pfandrechts vorgeschlagen worden sind. Mit demselben stimme ich darin überein, daß das Pfandrecht im Einzelnen noch etwas mehr zu beschränken ist, als es im Entwurf geschehen ist, damit unnöthige Härten, insbesondere auch dritten Gläubigern gegenüber vermieden werden.

---

*) Antrag der Referenten zur Frage 8.

Es empfiehlt sich, das gesetzliche Pfandrecht des Verpächters und Vermiethers beizubehalten, und zwar in der diesem Rechte im § 521 Abs. 1—4 des Entwurfes gegebenen Gestaltung und mit folgenden Maßgaben:

daß einmal das Pfandrecht für den künftigen Miethzins, falls der Vertrag nicht mehr auf ein Jahr läuft, auf die Zeit bis zu seinem Ablaufe, andernfalls auf das laufende Kalenderjahr und ein darauf folgendes Jahr zu gewähren;

daß ferner das Pfandrecht nicht wegen aller künftigen Forderungen, sondern nur wegen künftigen Mieths- und Pachtzinses zu gewähren;

daß endlich der Verpächter und Vermiether nicht berechtigt ist, der Entfernung der Pfandsachen zu widersprechen, sofern so viele Pfandsachen auf dem Mieths- resp- Pachtgrundstücke zurückbleiben, als zur Deckung der Forderungen, für welche das Pfandrecht gewährt wird, hinreichen;

daß dagegen das Pfandrecht auch auszudehnen ist auf die der Ehefrau und den Kindern des Schuldners gehörigen eingebrachten Sachen, so lange die häusliche Gemeinschaft derselben mit dem Schuldner dauert.

Bunsen. Dr. Koffka.

Was zunächst die Einschränkung auf die pfändbaren Sachen betrifft, so bedarf es kaum der Erwähnung, daß ich in dieser Beziehung ganz und gar auf dem Standpunkt des Herrn Referenten stehe. Daß die durch § 715 der C. P. O. der Zwangsvollstreckung entzogenen Sachen auch dem gesetzlichen Pfandrecht des Vermiethers nicht unterliegen dürfen, ist m. E. eine so gerechtfertigte Forderung, daß ich nach dem, was der Herr Referent Ihnen vorgetragen hat, glaube, mich jeder weiteren Aeußerung enthalten zu können. Die im gegenwärtigen Recht, wenigstens nach der Auslegung des Reichsgerichts geltende Ausdehnung des Pfandrechts auf die unpfändbaren Sachen ist m. E., wie sich dies auch aus den Verhandlungen des Vereins für Socialpolitik ergiebt, die Hauptursache für die Angriffe auf das gesetzliche Pfandrecht des Vermiethers gewesen. Mit deren Beseitigung wird sich, wie ich glaube, bald eine Mehrheit für das Bestehen des Pfandrechts erzielen lassen.

Der Herr Gutachter befürwortet zunächst, daß die Haftung für den künftigen Miethszins, falls der Vertrag nicht mehr ein Jahr läuft, auf die Zeit bis zu seinem Ablauf, anderenfalls auf das laufende Kalendervierteljahr und ein darauf folgendes Jahr beschränkt werden soll.

Diese Sicherheit sei für den Vermiether völlig ausreichend, da der Entwurf demselben, wenn der Miether mit der Entrichtung des Miethszinses für 2 aufeinander folgende Termine sich im Verzuge befinde, den sofortigen Rücktritt vom Vertrage gestatte. Dem Miether müsse deshalb auch die Entfernung von eingebrachten Sachen gestattet sein, sofern noch so viele zurückbleiben, daß sie außer den fälligen Forderungen aus dem Miethsvertrage den Miethszins des laufenden Vierteljahrs und des folgenden ganzen Jahres deckten.

Mit dieser Beschränkung, die ungefähr der im Art. 294 des Schweizer Bundesgesetzes statuirten entspricht, bin ich einverstanden. Wenn die Motive zum deutschen Entwurf gegen eine solche Beschränkung geltend machen, daß durch dieselbe der Zweck des Gesetzes vereitelt werde, da der Vermiether, welcher sich auf längere oder kürzere Zeit gebunden und weder rückständigen, noch laufenden Zins zu fordern habe, alsdann jedem Executionssucher gegenüber dulden müsse, daß der Erlös aus den gepfändeten Illaten zur Befriedigung des Executionsgläubigers verwendet werde, und daß er selbst in Folge dessen wegen des künftigen Zinses die bei Eingehung des Miethsverhältnisses vorausgesetzte Sicherheit verliere, so ist dem gegenüber doch zu bedenken, daß es von Gesetzes wegen, im öffentlichen Interesse, nicht erforderlich erscheint, den Vermiether wegen einer auf noch so lange Zeit bemessenen Miethsforderung auf Kosten anderer Gläubiger sicher zu stellen. Es genügt, wenn der Vermiether auf so lange sicher gestellt ist, bis er voraussichtlich in der Lage ist, nach Anwendung des ihm im § 528 des Entwurfes gewährten Rechts auf Rücktritt vom Vertrage wegen Nichtzahlung der Miethe, die Wohnung anderweit zu vermiethen, und hierzu dürfte die vorgeschlagene Frist ausreichen.

Der Herr Gutachter empfiehlt sodann, das Vorrecht des Vermiethers, welches dem Miether gegenüber selbstverständlich wegen aller rückständigen Forderungen bestehen müsse, einem dritten Gläubiger gegenüber auf den Miethszins des letzten halben Jahres zu beschränken.

Mit dieser Beschränkung kann ich mich nicht einverstanden erklären. Der Entwurf gewährt dasselbe für den Miethszins des ganzen letzten Jahres und befindet sich hierin in Uebereinstimmung mit den Vorschriften der Concursordnung. Herr Assessor Lewinsohn begründet seinen Vorschlag damit, daß der Vermiether ja, wenn der Rückstand zwei aufeinander folgende Termine betreffe, das Recht des Rücktritts habe; wenn aber der Verzug wegen zweier nicht aufeinander folgender Termine eingetreten sei, so sei eine Miethsrate, die bei Annahme eines halben Jahres kein Vorrecht mehr genieße, seit mindestens drei Vierteljahren geschuldet; lasse also der Vermiether so lange Zeit verstreichen, ohne seine Forderung beizutreiben, so dürfe ein Dritter nicht darunter leiden. Ebenso werde es mit anderen rückständigen Forderungen, als für Miethszins zu halten sein, da man annehmen könne, daß der Vermiether auf den Ersatz verzichtet habe. Ich will nicht leugnen, daß die beigebrachten Gründe an sich beachtenswerth sind; indessen scheinen sie mir doch nicht derart durchschlagend zu sein, um einen Zwiespalt des Rechts außerhalb und innerhalb des Concursverfahrens zu rechtfertigen. Ich halte es deshalb für zweckmäßiger, es bei der mit der Concursordnung übereinstimmenden Vorschrift des Entwurfs zu belassen, zumal der Unterschied der Fristen, zwischen der des Entwurfes, bezw. der Concursordnung und der von dem Herrn Gutachter vorgeschlagenen, doch nur ein verhältnißmäßig geringfügiger ist.

Herr Assessor Lewinsohn meint sodann, daß aus dem Text des Entwurfes, bezw. den Motiven nicht klar ersichtlich sei, ob unter den Forderungen aus dem Miethsvertrage auch zukünftige Forderungen anderer Art, als wegen Miethszinses zu verstehen seien, d. h. namentlich solche wegen Deteriorationen. Er hält eine solche Ausdehnung für höchst bedenklich, mit Rücksicht auf die Unbestimmtheit der Entstehung und die Höhe derselben, zumal dritte pfändende Gläubiger niemals vor Ablauf der Miethszeit Befriedigung erlangen könnten, da der mögliche Schade immer noch höher sein könnte, als der Erlös aus der Versteigerung.

Diesen Ausführungen des Gutachtens kann ich mich nur anschließen. In gleicher Weise erachte ich den Vorschlag für praktisch, daß der Vermiether der Entfernung von Illaten nicht widersprechen dürfe, wenn so viele Sachen zurückbleiben, als zur Deckung der bereits entstandenen Forderungen und der Miethe für ein Jahr hinreichen. Denn darüber hinaus hat der Vermiether kein Interesse an der Zurückbehaltung, sofern man sein Pfandrecht in der vorgeschlagenen Weise auf den Zins für ein künftiges Jahr einschränkt. Der Herr Gutachter billigt sodann die Bestimmung des Entwurfes, nach welcher das Pfandrecht an dem Miether nicht gehörigen Sachen nicht entstehen soll. Auch hiermit bin ich durchaus einverstanden. Einige Gesetzgebungen, wie das Schweizer Bundesgesetz, der code civil, das Oesterreichische Gesetzbuch, enthalten die Ausdehnung des Pfandrechts auf die Dritten gehörigen, eingebrachten Sachen allerdings; indessen kann ich sie nicht für begründet halten, da der Vermiether keinen Anspruch darauf haben kann, von dritten, zu ihm in keiner Beziehung stehenden Personen, wegen seiner Miethsforderung befriedigt zu werden. Die gegentheilige Meinung gründet sich darauf, daß der Vermiether die Wohnung in der Annahme vermiethe, durch die eingebrachten Sachen wegen seiner Forderungen ausreichend gesichert zu sein, daß er aber in seinem Vertrauen getäuscht werde, wenn die Illaten größtentheils dem Miether nicht gehörten und daher dem Pfandrecht nicht unterlägen. Der Vermiether hat aber, wie der Herr Gutachter zutreffend ausführt, keinen Anspruch darauf, daß der Miether zur Sicherung ausreichende Sachen besitzt und einbringt. Und er wird jedenfalls dadurch nicht schlechter gestellt, daß der Miether außer eigenen noch geliehene Sachen in die Wohnung einbringt. Gegen den Miether aber, der ihm vorspiegelt, daß ihm alle Illaten gehören, ist der Vermiether durch die Betrugsvorschriften genügend geschützt. Gierke bezeichnet darum diese Ausdehnung gegenüber dem Rechtsanwalt Cohn in den Gutachten aus dem Anwaltstande Heft 2 mit Recht als unannehmbar.

Das wären die nach meinem Dafürhalten zu machenden Beschränkungen des gesetzlichen Pfandrechts. In einer Beziehung aber meine ich, und zwar auch in Uebereinstimmung mit dem Herrn Gutachter, daß das Pfandrecht dem Entwurf gegenüber auszudehnen ist, nämlich hinsichtlich der der Ehefrau und den Kindern des Miethers gehörigen Sachen. Das Gutachten erklärt die Entstehung des Pfandrechts bezüglich dieser für innerlich begründet, da die Eigenthümer der Sachen Mitbewohner der Wohnung seien, und es nicht unbillig sei, sie nöthigenfalls für die Kosten derselben in Anspruch zu nehmen. Die Motive zum Entwurf weisen darauf hin, daß dies in Preußen nach der Deklaration vom 21. Juli 1846 geltende Recht zur Folge habe, daß die Ehefrau und die Kinder — im Widerspruch mit den allgemeinen Grundsätzen — in gewissem Umfange mit ihrem Vermögen für die Schulden des Ehemannes oder Vaters einstehen oder aus eigenen Mitteln ein Bedürfniß bestreiten müssen, welches dem Ehemann oder Vater zur Last fällt. Das Gutachten hält dem gegenüber den Widerspruch mit den allgemeinen Grundsätzen für durchaus gerechtfertigt, mit Rücksicht darauf, daß die den Familiengliedern obliegende sittliche Pflicht nur zu einer rechtlichen gestaltet werde. Auch werde damit die Gefahr, daß das Pfandrecht des Vermiethers durch Scheinverträge beseitigt werde, vermindert. Nur eine Einschränkung sei geboten, daß nämlich das Pfandrecht nicht länger bestehen dürfe, als die häusliche Gemeinschaft.

Ich bin ebenfalls der Meinung, daß der Grund der Motive, der Widerspruch mit allgemeinen Grundsätzen nicht maßgebend sein kann. Es ist zwar etwas sehr Schönes um die juristische Consequenz; allein sie darf niemals dazu führen, Rechtssätze zu beseitigen, die sowohl praktisch sind, als auch dem natürlichen Billigkeitsgefühl entsprechen. M. H. ist aber Boyens in den Gutachten aus dem Anwaltstand, Heft 9, in dieser Beziehung beizupflichten, wenn er sagt, daß die Ausdehnung des Pfandrechts auf die der Ehefrau und den Kindern des Miethers gehörigen Sachen einer tiefgehenden, im Volke verbreiteten Rechtsüberzeugung und dem natürlichen Billigkeitsgefühl entspricht. In den meisten Fällen gehören die Möbel der Ehefrau, bilden deren Eingebrachtes, und es ist für den Vermiether von wesentlichstem Interesse, daß ihm gerade die Möbel zum Pfande dienen. Erwägt man ferner, daß die Ausschließung dieser Sachen vom Pfandrechte zahllose Scheinverträge zwischen Ehegatten herbeizuführen geeignet sein würde, so wird man nicht zweifelhaft sein können und sich für die Ausdehnung des Pfandrechts in dieser Beziehung erklären müssen.

Ich erlaube mir nun hiernach, in Gemeinschaft mit dem Herrn Referenten unsern Antrag zur Annahme zu empfehlen. (Bravo!)

Präsident: Herr Dr. Fuld aus Mainz hat einen Antrag eingebracht dahingehend:

> der Juristentag wolle beschließen, das Pfandrecht des Vermiethers ist nicht beizubehalten.

Ich weiß nicht, ob der Herr Antragsteller das Wort zur Begründung seines Antrags wünscht.

Rechtsanwalt Dr. **Fuld** (Mainz): M. H. im ersten Gutachten, das Herr Oberlandesgerichtsrath Thomsen über die Frage, die uns heute beschäftigt, erstattet hat, finden Sie die Bemerkung, daß sich der Gutachter am Schlusse seines Gutachtens principiell für Beseitignng des Pfandrechts des Vermiethers ausspricht, daß er aber nicht glaubt, zur Zeit diesen Antrag stellen zu können, weil ihm die Rechtsbildung noch nicht in genügender Weise gereift erscheint, um diesen, wie der Gutachter sehr richtig m. E. sagt, hochwichtigen Fortschritt in socialpolitischer Beziehung im Privatrecht auszuführen.

M. H., ich habe den Versuch gewagt, die Probe zu machen, ob die Ansicht des Gutachters die richtige ist, und ich glaube mich der Hoffnung hingeben zu können, daß der Antrag, den ich Ihnen vorzulegen die Ehre habe, auf Ihre Zustimmung rechnen kann, wenn ich mich auch nicht darüber täusche, daß vielleicht Manchem unter Ihnen das, was ich wünsche, nur eine Zukunftsmusik sein wird, die vielleicht erst in sehr langer Zeit voll ertönen wird. M. H., ich möchte, meine Erfahrungen möglichst beschränkend, mit einem Satze des ersten Herrn Referenten beginnen, des Herrn Amtsrichter Bunsen, den derselbe vorhin ausgesprochen hat. Er sagte, das Privatrecht sei bei allen socialen Fragen nur wenig interessirt. M. H., ich stelle diesem Satze, der vielleicht in früheren Perioden der deutschen Rechtsentwickelung seine volle Berechtigung hatte, den Satz gegenüber, den nunmehr vor 5 oder 6 Jahren, glaube ich, der Reichskanzler, Fürst Bismarck, im Deutschen Reichstage aussprach. Fürst Bismarck sagte damals, als es sich darum handelte, die neue Socialgesetzgebung des Deutschen Reiches zu inauguriren: In unserer Zeit kann kein Gesetz des Deutschen Reichs gegeben werden, das nicht mit einem Tropfen socialen Oels getränkt ist. M. H., ich glaube, diese Forderung müssen wir auch bezüglich unseres bürgerlichen Gesetzbuches stellen. Wir haben die Aufgabe, den socialen Forderungen unserer Zeit gerecht zu werden, wir haben die Aufgabe, das bürgerliche Gesetzbuch mit dem Geiste der socialen Forderungen ebenso zu tränken, wie jedes andere Gesetz, und ich glaube, es entspricht der Rechtsüberzeugung der Mehrheit der deutschen Nation, wie sie sich herausgebildet hat, wenn ich es offen ausspreche, daß das deutsche bürgerliche Gesetzbuch seinen Beruf total verfehlen würde, wenn es in seinen einzelnen Bestimmungen einseitig im Geiste des römischen Rechts gehalten würde, wenn es verabsäumen würde, soweit dies im Privatrechte möglich ist, zur Besserung der socialen Verhältnisse beizutragen, wenn es namentlich verabsäumen würde, um die Worte des Reichskanzlers nochmals anzuführen, sich mit socialem Oele zu tränken. Nunmehr, m. H., bin ich aber gar nicht im Zweifel, daß unter allen Fragen, die der Juristentag auf seiner diesjährigen Versammlung zu erörtern hat, keine in socialpolitischer Beziehung an diejenige heranreicht, die wir heute behandeln. Machen Sie sich dies klar, es greift keine Frage in die socialen Verhältnisse so tief ein, es steht keine mit der Wohnungsfrage in so innigem Connex, wie die Frage, ob das Pfandrecht des Vermiethers und Verpächters zu beseitigen oder beizubehalten ist in dem Umfange, wie es bisher galt, oder ob es zu beschränken ist. M. H., ich will auf die historischen Gründe nicht eingehen, die Herr Oberlandesgerichtsrath Thomsen in meines Erachtens nicht ganz zutreffender Weise für die Beseitigung des Pfandrechts angeführt hat, ich bin der Ansicht, die der erste Referent vorhin ausgeführt hat, daß, mögen diese oder jene historischen Gründe im kaiserlichen Rom zu der Einführung dieses Rechts geführt haben, mag die Bevorzugung der Plutokratie und der damaligen Geldaristokratie das Motiv gewesen sein, das Pfandrecht des Vermiethers anzuerkennen, dies für uns gleichgültig ist; für das Gebiet des Deutschen Reichs handelt es sich einfach darum: ist das Pfandrecht aus socialpolitischen Gründen, wie ich in erster Beziehung betone, gerechtfertigt oder nicht. M. H., ich bin darüber mit beiden Referenten einverstanden, daß die Ausstellungen, die der erste Herr Gutachter in juristischer Beziehung an der Construction des Pfandrechts gemacht hat, theilweise unbegründet sind. Bejahen Sie die principale Frage, daß das Pfandrecht des Vermiethers innerlich begründet ist, so würde sich eine juristische Construction schwerlich anders erzielen lassen, als sie seitens der Codificatoren des bürgerlichen Gesetzbuchs bewirkt wurde; es ist m. E. nicht anders möglich zu construiren, als construirt worden ist. Ich bin aber der Ansicht, daß socialpolitische Gründe mit stärkster Energie dagegen sprechen, das Pfandrecht noch weiter anzuerkennen. Innerliche Gründe sprechen für die Fortdauer dieses Rechtszustandes, der uns lediglich theilweise aus dem römischen, theilweise aus dem germanischen Rechte überliefert ist, mit nichten, und es ist unzweifelhaft richtig, daß die Wohnungsfrage, solange das Pfandrecht des Vermiethers beibehalten wird, in ihrer Signatur in einer Weise verschärft wird, wie das schärfer kaum möglich ist.

M. H., unsere Gesetzgebung geht von dem Grundsatze aus, daß die Parteien, welche einen Vertrag miteinander schließen wollen, in rechtlicher Beziehung einander möglichst gleichgestellt sind. Unsere Reichsgesetzgebung hat sich durch eine Reihe von Bestimmungen bemüht, danach zu streben, daß, wenn die eine Partei thatsächlich ein Uebergewicht über die andere hat, durch besondere Bestimmungen dafür gesorgt werden muß, daß dieses wirthschaftliche Uebergewicht nicht zur Geltung kommen kann. Ich erinnere an die Normirung des Arbeitsvertrages, wie sie seitens der Gewerbeordnung vorgenommen worden ist; in der Gewerbeordnung finden Sie eine Reihe von Bestimmungen, welche dem Arbeitgeber positiv verbieten, die oder die Clausel mit seinen Arbeitern einzugehen, die ihm ein Uebergewicht über diese verschaffen würde. Die Anordnung, die die Gesetzgebung in Bezug auf den Arbeitsvertrag trifft, muß auch im Gebiete des Wohnungsmiethsvertrags Platz greifen, und es ist nothwendig den Wohnungsmiethsvertrag ebenso in Angriff zu nehmen, wie es in Bezug auf den Arbeitsvertrag geschehen ist. Es kann nicht bestritten werden, und es ist seitens des ersten Referenten nur mit unzureichenden Gründen bestritten worden, daß das Pfandrecht dem Vermiether, der der Stärkere ist, ein bedenkliches Uebergewicht über den Miether verleiht, daß es die rechtliche Gleichstellung beider Parteien in nicht zu bessernder Weise alterirt und den Miether von vornherein in eine schiefe Lage gegenüber dem Vermiether bringt. M. H., ich würde es begreifen und kann es begreifen, daß man für die Fortdauer, für die Aufrechterhaltung des Pfandrechts des Vermiethers eintritt, wenn man sich auch dazu aufschwingt, zu fordern, daß das Pfandrecht auch auf unpfändbare Sachen erstreckt werden soll. Soviel ich mich erinnere, m. H., hat sich aber unter den Kritikern des Entwurfs des bürgerlichen Gesetzbuchs nur eine einzige Stimme gefunden, welche in dieser Beziehung diese nach meiner Ansicht logisch-richtige Consequenz gefordert hat. Sobald Sie aber anerkennen, daß die Beschränkung des Pfandrechts auf die pfändbaren Sachen unbedingt nothwendig ist, und das ist nicht nur in zahlreichen Vereinen und Versammlungen, welche sich mit dieser Frage befaßt haben, einstimmig anerkannt worden, sondern es ist auch, wie ich zu meiner Freude constatire, von Seiten beider Referenten einstimmig verlangt worden, müssen Sie auch einen Schritt weiter gehen und dieses anomale Recht ganz beseitigen. Das Pfandrecht des Vermiethers hat nach Maßgabe der socialen Verhältnisse, wie sie in den großen Städten bestehen, bei uns in Deutschland alsdann in 90 Fällen von 100 überhaupt keinen Werth mehr. Es ist ja recht traurig für unsere socialen Verhältnisse, dies aussprechen zu müssen, aber fragen Sie bei den Armenpflegern hierüber nach, die werden Ihnen sagen, daß die Mobilien, die die Miether in die Wohnung bringen, größtentheils lediglich aus Sachen bestehen, die nach dem Civilproceß unpfändbar sind, und wenn Sie das Pfandrecht des Vermiethers auf diese Sachen nicht erstrecken wollen, hat das Pfandrecht für den Vermiether gar keine Bedeutung mehr. Daß diese Behauptung eine richtige ist, ersehen Sie aus den Beschlüssen, die neulich der Verein deutscher Hausbesitzer in seiner einseitigen, nur den capitalistischen Egoismus berücksichtigenden und von der deutschen Presse scharf gemißbilligten Weise gefaßt hat. Die Herren Hausbesitzer haben von ihrem einseitigen Standpunkte aus ganz richtig gesagt, das Pfandrecht muß auch auf unpfändbare Sachen sich erstrecken, nur dann ist es von Werth für den Vermiether für die Verhältnisse in den großen Städten. Ich gebe Herrn Bunsen zu, daß in einer Stadt wie Rostock, die nicht zu den deutschen Großstädten gehört, die Verhältnisse vielleicht anders liegen, aber nehmen Sie Verhältnisse an, wie sie in Berlin, Leipzig, Straßburg, Frankfurt am Main, in Breslau oder in einer Reihe anderer Städte obwalten, lesen Sie, m. H., die Berichte des Vereins für Socialpolitik, die er über die Wohnungsverhältnisse deutscher Städte veröffentlicht hat, Sie werden die einstimmige Klage darin finden, daß das Pfandrecht des Vermiethers als eine der wesentlichsten Ursachen der Wohnungsnoth in den großen Städten angesehen wird. Ich kann mich für meine Meinung auf die Autorität eines Mannes berufen, der gewiß weit davon entfernt ist, socialreformatorischen Utopien nachzustreben, ich beziehe mich auf die Autorität Miquel's, der in dem Vereine für Socialpolitik energisch dafür eingetreten ist, daß das Pfandrecht in unserem neuen Gesetzbuche nicht anerkannt werden dürfe. Noch zwei große Vereine haben sich, abgesehen von dem Verein für Socialpolitik, mit der Frage beschäftigt, der Verein deutscher Armenpfleger, der in erster Linie berufen ist, über diese Frage ein Urtheil abzugeben, und der einstimmig zu dem Beschluß gekommen ist, daß das Pfandrecht in dieser Weise nicht seitens des bürgerlichen Gesetzbuches aufrecht erhalten werden könne, wenn das Gesetzbuch darauf Anspruch machen will, den socialpolitischen Forderungen gerecht zu werden, und der vor wenigen Wochen in Paris abgehaltene Internationale Wohnungscongreß. Herr Bunsen sagt nun, es werde durch Abschaffung des Pfandrechts weder dem Miether gedient, noch dem Vermiether; dem Vermiether nicht insofern als der Immobiliarcredit durch Abschaffung des Pfandrechts durchaus benachtheiligt würde. Herr Bunsen beruft sich zur Rechtfertigung dieser Behauptung auf die Erfahrungen, die man in Mecklenburg zu der Zeit gemacht habe, als das Pfandrecht abgeschafft wurde, Erfahrungen, die dahin geführt hätten, dasselbe neuerdings wieder einzuführen.

M. H., ich bin nicht in der Lage, nachweisen zu können, inwieweit die Erfahrungen, die man in einem einzelnen Bundesstaate von nicht allzu großem Umfange gemacht hat, begründet sind oder nicht. Aber es wird in dem Gutachten des Oberlandesgerichtsraths Thomsen nachgewiesen, daß eine Reihe von Staaten, sowohl deutsche wie außerdeutsche das Pfandrecht abgeschafft haben und daß daraus wirthschaftliche Nachtheile nicht entstanden sind. Ja, m. H., daß diese Erfahrungen, wie sie vor 4 Wochen auf dem internationalen Wohnungscongreß in Paris bestätigt wurden, mehr ins Gewicht fallen, als die einzelnen Erfahrungen, die man in Mecklenburg gemacht haben will, scheint mir doch keiner Ausführung bedürftig, und die Behauptung des Herrn Amtsrichters Bunsen, daß der Immobiliarcredit durch die Abschaffung des Pfandrechts benachtheiligt würde, vermag ich absolut nicht zu begreifen. Der Immobiliarcredit wird eben durch ganz andere Factoren beherrscht, als von der

Rücksicht, ob das Pfandrecht anerkannt wird oder nicht; zwischen diesen Factoren besteht eine wesentliche Differenz. Ich glaube, m. H., die Ausführungen des Herrn Bunsen, wenn die Verhältnisse in Mecklenburg thatsächlich so liegen, wie er gesagt hat, beweisen gar nichts, da sie nur dem einen kleinen Bundesstaate angehören. Nunmehr, m. H., habe ich in den Ausführungen der beiden Referenten vollständig eine Rechtfertigung ihrer Behauptung vermißt, aus welchen Gründen es gerechtfertigt sein soll, einen Vermiethungsgläubiger vor andern Gläubigern zu bevorzugen. M. H., der arme Mann geht in den Laden und borgt Brot, oder er entnimmt beim Schuster Schuhe auf Borg; er kann diesem seinem Gläubiger keine andere Sicherheit bieten, als sein persönliches Renommé, und nun frage ich Sie, warum soll der Vermiether, der meist wirthschaftlich in einer besseren Lage ist, als diese anderen Personen, bevorzugt sein, eine reale Sicherheit zu genießen, die kein anderer Gläubiger genießt? Das ist eine Bevorzugung des einen Standes vor dem andern, die in einem Gesetze, das sich vom socialen Geiste leiten läßt, mit nichten gerechtfertigt ist. Herr Dr. Koffka anerkennt vollkommen, daß die Vorwürfe, die man gegen das Pfandrecht des Vermiethers erhebt, soweit es sich auf unpfändbare Sachen erstrecken soll, berechtigt sind, er meint aber sobald wir das beseitigten, würden die Vorwürfe, die sich gegen das Pfandrecht überhaupt richten, aus der Welt verschwinden. M. H., das ist eine Hoffnung, die sich schwerlich realisiren wird; das Pfandrecht ist, wie ich schon vorher erwähnte, innerlich unbegründet, und so lange Sie das Pfandrecht überhaupt anerkennen, so lange werden Miether in der Lage sein, Sachen, die sie brauchen, wenn sie auch das Gesetz nicht absolut als unpfändbare bezeichnet, vom Gläubiger auslösen zu müssen. Ich glaube also nicht, daß man in der Lage ist, eine innere Berechtigung des Pfandrechts nachweisen zu können. Es kommen, wie bemerkt, vor allen Dingen ganz wesentlich socialpolitische Gesichtspunkte in Betracht, die zu Gunsten meines Antrags sprechen. Ich glaube nicht, daß wir die Frage vom socialpolitischen Gesichtspunkte aus bejahen dürfen, und ich würde mich außerordentlich freuen, wenn Sie in der Lage wären, meinem Antrage zuzustimmen, der darauf hinausläuft, die Beseitigung des Pfandrechts aus dem bürgerlichen Gesetzbuche zu bewirken. Der erste Herr Referent hat allerdings gesagt, der Staat kann nicht durch das Privatrecht allein die Wohnungsfrage lösen. Gewiß nicht, m. H., aber er ist wohl in der Lage, durch das Privatrecht im Geiste des socialen Rechts einen bestimmten Einfluß auf die Lösung der Wohnungsfrage ausüben zu können, und ich bin überzeugt, wenn man dem bürgerlichen Gesetzbuche für das Deutsche Reich die Gestalt giebt, daß das Pfandrecht des Vermiethers verschwunden ist, so wird die Wohnungsfrage in den großen Städten, die eine hoch schroffe Signatur angenommen hat, an Schroffheit verlieren, und Sie werden ein großes Stück dazu beitragen, daß diese mit der ganzen socialen Frage zusammenhängende Frage in eine minder bedenkliche Entwickelungsphase tritt und überhaupt mit der Zeit in ein ganz anderes Fahrwasser geleitet wird. Ich erwähne nochmals, daß die größte socialpolitische Vereinigung in Deutschland, der Verein für Socialpolitik, sich zu Gunsten meines Vorschlages aussprach, und der Verein deutscher Armenpfleger und der internationale Wohnungscongreß, die nur maßvolle Beschlüsse gefaßt haben, einstimmig für die Beseitigung des Pfandrechtes eingetreten sind, und ich möchte wünschen, daß der Juristentag, der im vorigen Jahre den Satz „Kauf bricht nicht Miethe" beschlossen hat, sich nicht gewillt zeigt, in den ausgetretenen Gleisen des römischen Rechts weiter zu wandeln, ich möchte bitten, daß der Juristentag nach dem heilsamen Beschlusse vom vorigen Jahre sich nun auch für Beseitigung des Pfandrechts mit Entschiedenheit erklärt.

Präsident: Es wird zunächst dem Herrn Professor Dernburg das Wort zu ertheilen sein. Ich habe aber zuvor noch einen Antrag zu verlesen von Herrn Dr. Scherer aus Leipzig: „Das Pfandrecht des Vermiethers ist auf eingebrachte Sachen auch Dritter auszudehnen, ausgenommen die unpfändbaren Sachen."

Ein Unterantrag von Dr. Strauß lautet: „Der Juristentag wolle den Antrag Bunsen und Koffka mit der Aenderung annehmen, daß im letzten Absatze an Stelle der Worte „der Ehefrau" die Worte „dem anderen Ehegatten" gesetzt werden." Das ist wohl selbstverständlich; wenn die Ehefrau gemiethet hat, wird's wohl der andere Ehegatte sein. Dann ist vom Herrn Rechtsanwalt Boyens ein Antrag eingereicht dahingehend: „Die Anträge der Referenten anzunehmen nach Streichung der ersten Maßgabe und Einschaltung folgenden Absatzes am Schlusse: daß das Pfandrecht auch auf diejenigen Sachen, welche von der Pfändung ausgeschlossen sind mit der Maßgabe auszudehnen, daß dem Miether in einer bestimmten Frist die Wiedereinlösung gestattet wird."

Zur Erläuterung will ich noch daran erinnern, daß aus dem ersten Satz wegfallen sollen die Worte: „Das Pfandrecht für den künftigen Miethszins noch auf ein Jahr zu gewähren." Dagegen soll hinzugefügt werden: „Das Pfandrecht ist auszudehnen auf die von der regelmäßigen Pfändung ausgeschlossenen Sachen mit der Maßgabe, daß dem Miether die Einlösung gewährt wird."

Geh. Justizrath Prof. Dr. **Dernburg** (Berlin): M. H., was ist das Privatrecht anders, als eine Organisation der Gesellschaft? Die socialen Erwägungen sind auch für Juristen, die Gesetze machen, die schlechthin maßgebenden. Der Jurist, der ein Gesetz macht, soll nur das, was der Gesellschaft nützlich ist, in die bezüglichen Formen gießen. Wenn daher die socialpolitischen Seiten bei Fragen der Gesetzgebung in den Vordergrund treten, so ist das durchaus richtig, denn es ist eben das Privatrecht die Organisation der Verhältnisse der verschiedenen Klassen, Stände, Erwerbsgenossenschaften, die in der menschlichen Gesellschaft sich geltend machen. Das sociale Element ist das Entscheidende. Aus diesem Grunde kann ich Herrn Bunsen, wie auch der Herr Vorredner, in keiner Weise zustimmen, darin aber trete ich ihm vollkommen bei, daß für uns nicht die Frage ist, ob die Römer, sei es mit Recht, sei es mit Unrecht, von ihrem Standpunkte aus das gesetzliche Pfandrecht des Vermiethers einführten, sondern daß einzig und allein die Frage für uns in Betracht kommen kann: was ist das Bedürfniß der heutigen Zeit, wie stellen sich heutzutage die Verhältnisse der Vermiether und der Miether, was ist nützlich dem Miether, was ist nützlich dem Vermiether? Ich glaube, in Bezug auf diese Fragen sind die wohlverstandenen Interessen des Vermiethers ganz eins mit den Interessen des Miethers, denn die wohlverstandenen Interessen des Vermiethers selbst gehen darauf, das gesetzliche Pfandrecht des Vermiethers aufzuheben.

M. H., es ist gar keine Frage, daß das gesetzliche Pfandrecht des Vermiethers trübe Schattenseiten zeigt, daß es ein Sporn ist zur Unzufriedenheit, daß es zu Mißständen führt. Ist doch ein großer Theil der Criminaljurisprudenz beständig damit beschäftigt, diejenigen Miether, welche, wie der Volksmund sagt, rücken, mit öffentlichen Strafen zu belegen. Und, m. H., das ist um so trauriger, weil, — und das ist für mich ein ganz besonders wichtiges Moment, — die Volksüberzeugung mit diesen Erkenntnissen der Gerichte in schroffem Widerspruch steht. Trotz der beständigen Verurtheilungen herrscht im Volke eine ganz andere Ueberzeugung, namentlich in einer sehr erheblichen Commune, nämlich in Berlin. In Berlin ist es die Meinung der Bevölkerung, und sie wird nicht bloß von den Miethern, sondern ebenso von dem größten Theil der Vermiether getheilt, daß das gesetzliche Pfandrecht des Vermiethers aufhöre, sowie die Mobilien über den Rinnsteig seien. Das ist die allgemeine Ueberzeugung, von der das Volk nicht läßt. Hierin liegt ein wichtiges Moment für mich, wenn ich gegen das Pfandrecht des Vermiethers spreche. Ich bin der Meinung, daß wir auf die Volksüberzeugung nicht minder ein erhebliches Gewicht legen sollen, wie auf die allgemeinen Erwägungen, die uns auf eine bestimmte Form eines Rechtsverhältnisses hinführen. M. H., schwere Schattenseiten, sagte ich, hat das Pfandrecht des Vermiethers; ich muß dies nicht weiter ausführen, das ist Ihnen allen bekannt. Herr Dr. Fuld hat auch hervorgehoben, wie die Communen unter diesem Pfandrecht des Vermiethers leiden. Es fragt sich nun, hat denn dieses Pfandrecht für den Vermiether die geträumten Vortheile? Das möchte ich auf das Allerentschiedenste verneinen. Es handelt sich ja begreiflich vorzugsweise um das Pfandrecht an der Habe der kleineren Leute.

M. H., wenn ein Miether anfängt, seine Miethe nicht mehr zu bezahlen, so ist der Vermiether froh, wenn er ihn los ist. Daß er ein besonderes Gewicht darauf legt, daß auf ein Jahr ihm ein solcher Miether in der Miethe bleibt, das glaube ich um so weniger, wenn er, wie nach dem Vorschlage der Herren Koffka und Bunsen, durch sein Pfandrecht nicht einmal gedeckt ist für künftige Deteriorationen. Das ist eine schlimme Lage für den Vermiether. Der Miether soll dableiben und ist natürlich durchaus nicht in guter Stimmung. Dennoch besteht für Deteriorationen kein Pfand. Also, m. H., ich gehe davon aus, daß bei kleinen Leuten der Vermiether froh sein wird, wenn er den säumigen Miether los ist. Dazu kommt, daß immer mehr sich feststellt, was in früherer Zeit in der Weise nicht der Fall war, was Hr. Bunsen erst herbeizuführen wünscht, was aber doch in einem sehr großen Theile Deutschlands bereits Rechtens ist, daß die Miethen pränumerando bezahlt werden. Also der Miether hat die Miethzahlung für den betreffenden Monat im Voraus zu leisten, und wenn diese Miethzahlung nicht geleistet wird, dann — so steht im Miethcontracte, darum werden Sie nicht herumkommen, — dann wird der Miether exmittirt. Das ist die Sicherung des Vermiethers den kleinen Leuten gegenüber. Subalterne Geister, die wir vielfach haben, die streiten sich gleichwohl um die Mobilien des Miethers, Andere pfänden sie, um zweideutige Vortheile zu bekommen, indem sie die Sachen zur Auction bringen und hernach aufkaufen. Was die großen Miethen betrifft, z. B. die Locale zum Bierausschank, große Läden, so wird Caution geleistet. Da begnügt sich der Vermiether nicht mit dem Pfandrecht. Was mittlere Miethwohnungen anlangt, so ist hier die Aufhebung des Pfandrechts vielleicht noch am ehesten bedenklich. Immerhin, welche Garantien haben die Vermiether bei denjenigen, die zweifelhafter Solvenz sind? Sie haben oft ihr Mobiliar aus Geschäften auf Abzahlung. Die Mobilien, die sie einbringen, geben hinterher dem Vermiether doch keine Garantie. Die Garantie liegt schließlich in der Persönlichkeit des Miethers. Die Vermiether werden durch Aufhebung des Pfandrechts keine große Einbuße leiden, da ja doch bei Weitem der größte Theil gerade in diesen mittleren Ständen Beamte u. dergl. sind, die nicht häufig ihre Miethen hinterziehen. Die Vermiether werden sonach durch Aufhebung des Pfandrechts wenig leiden. Einzelne Härten können vorkommen, das sind aber verhältnißmäßig seltene Fälle, die sich auch noch ausgleichen werden, wenn das Pfandrecht aufgehoben wird, durch Institute, die jetzt immer mehr im Verkehr lebendig werden, durch Versicherungen. Schon jetzt finden wir Versicherungen gegen Miethsausfälle. Sie werden dann Ausdehnung erlangen, sie werden den Vermiether schützen und den Immobiliarcredit stützen und ihn in besserer Weise stützen, als das Pfandrecht des Vermiethers, welches schon jetzt zu Streitigkeiten führt. Diese Streitigkeiten werden sich natürlich mehren, außerordentlich vermehren, wenn Sie die projectirten Beschränkungen des Pfandrechts einführen. Das Hauptmoment, welches das Pfandrecht des Vermiethers stützt, nämlich das strafrechtliche, wird sehr ins Schwanken kommen. Der Miether nimmt seine Mobilien mit, er behauptet hinterher: ich hielt sie für unpfändbar; die Criminalverfolgung wird lahm gelegt. Es erscheint daher richtiger, wenn der Gesetzgeber mit einem Institute bricht, welches den Verhältnissen der Gegenwart nicht mehr entspricht, wenn er in großer und freier Weise vor das Volk tritt und sagt: hier habt Ihr eine Wohlthat, hier erhält die große Masse der Bevölkerung eine Befreiung. Das ist es ja, was ich vorzugsweise am Entwurfe des bürgerlichen Gesetzbuchs vermisse, daß es nicht Wohlthaten dem deutschen Volke giebt, nicht Brot, sondern vielfach Steine. Ein Gesetzbuch, welches die deutsche Einheit wahrhaft befördern soll, muß uns befreien vom Veralteten, von Härten, von der Gegenwart antipathischen Institutionen. Dann wird, wie das seiner Zeit beim Code civil der Fall war, die Gesetzgebung ein wirkliches Band werden des deutschen Volkes, nicht aber, wenn in unverständlichen Formen Rechtssätze, die kaum für das Verständniß der Juristen geeignet sind, einheitlich dictirt werden. Das Gesetzbuch muß den gegenwärtigen Verhältnissen, berechtigten socialen Forderungen entsprechen. Ein solches Gesetzbuch wird gemacht werden, wir brauchen nicht daran zu verzweifeln. Die Kritik, die sich an den Entwurf angeknüpft hat, das lebendige Bestreben, ein Gesetzbuch herzustellen, das den Ansprüchen und Bedürfnissen des deutschen Volkes entspricht, wird und zwar in nicht gar zu langer Zeit, zu einem wahrhaft gedeihlichen Resultate führen. Wenn Sie das Pfandrecht des Vermiethers zu Falle bringen, thun Sie einen ersten und wichtigen Schritt zu diesem erhabenen Ziele. M. H., Kaiser Wilhelm I. hat sich den Ruhmestitel gesichert, daß er die unteren Klassen in Preußen von den Klassensteuern und von den zahlreichen Pfändungen befreit hat, welche dieselben bedrückten. Ich ersehne, daß Kaiser Wilhelm II. den weiteren Schritt thun und sie von den Lasten der Executionen, die sich an die Miethsverhältnisse knüpfen, befreien wird, von schweren Lasten, die das deutsche Volk trägt und, wie ich Ihnen gezeigt zu haben glaube, trägt, ohne daß entsprechende Vortheile für die Klasse der Vermiether, die ich ebenso hoch halte, als die der Miether, daraus entspringen. Ich bitte Sie, den Antrag Fuld anzunehmen.

Präsident: Es ist zunächst noch ein Antrag eingegangen vom Herrn Reichsgerichtsrath Wielandt. Er beantragt, den Antrag der beiden Herren Referenten, jedoch unter Weglassung des Absatzes, „daß ferner das Pfandrecht nicht wegen aller künftigen Forderungen, sondern nur wegen künftigen Mieth- und Pachtzinses zu gewähren sei", anzunehmen.

Rechtsanwalt Dr. **Strauß** (M.-Gladbach): M. H., die Frage, die zur Berathung gestellt ist, lautet: Ist das gesetzliche Pfandrecht des Vermiethers und Verpächters beizubehalten oder nicht? Ich stimme mit sämmtlichen Vorrednern, im Geiste wenigstens, darin überein, daß diese Frage nicht historisch beantwortet werden kann, sondern nur praktisch und zwar vom Standpunkte der praktischen Socialpolitik aus. Um aber die Frage von diesem Standpunkte aus beurtheilen zu können, ist es durchaus nöthig, zu wissen, welche Gestalt im zukünftigen deutschen Civilgesetzbuche das Pfandrecht des Vermiethers haben wird. Bevor man nicht weiß, welche Consequenzen sich an dieses Pfandrecht schließen werden, ist man kaum im Stande, sich für oder gegen diese Frage zu entscheiden, und daher ist es ganz richtig, wenn die Herren Referenten Bunsen und Koffka einen bestimmten Antrag stellten, dahingehend, daß das Pfandrecht in bestimmte Grenzen eingeschränkt werden, beziehungsweise unter bestimmten Erweiterungen bestehen soll. Ich nehme nicht Anstand, m. H., Ihnen zu bekennen, daß ich, wie es einer der Herren Vorredner gesagt hat, von einem einseitigen Standpunkte aus hier spreche. Ich beziehe mich auf das, was Herr Rechtsanwalt Fuld gesagt hat. Er hat gesagt, daß der Centralverband der Haus- und städtischen Grundbesitzervereine Deutschlands vor wenigen Wochen diese Frage in einer einseitigen Weise behandelt und besprochen habe. Ich habe die Ehre, Vorsitzender dieses Centralverbandes zu sein, und ich glaube daher auch gerade in dieser Frage berechtigt zu sein, ein Wort mitzusprechen. M. H., wenn wir, ich möchte zunächst diesen Vorwurf kurz ablehnen, vor wenigen Wochen die Frage in einseitiger Weise besprochen haben gegenüber anderen einseitigen Auffassungen, die sich sehr vernehmlich geltend gemacht haben, so ist das richtig; wir wollten sie eben in dieser Weise besprechen, um zur Abwehr der gegen uns gerichteten Angriffe unseren Standpunkt klar auszusprechen. Richtig hat aber Herr Dr. Fuld zugegeben, daß wir in einer logischen Consequenz gehandelt hätten, als wir bestimmte Grenzen für das Pfandrecht aufgestellt haben, und zwar auch die Forderung, das Pfandrecht auf die unpfändbaren Sachen mit zu erstrecken. Ich stehe nicht an, zu bekennen, daß ich persönlich eine andere Auffassung wie die Majorität des Centralverbandes in dieser letzteren Beziehung habe. Ich habe mich früher dahin ausgesprochen und spreche mich auch heute für die Aufhebung des Pfandrechts an den unpfändbaren Sachen aus. Es fragt sich aber: welche Consequenzen können sich sonst an das Pfandrecht knüpfen, und sind diese Consequenzen werthvoll genug, das Pfandrecht beizubehalten? Drei Gründe sind es, die für mich das Pfandrecht des Vermiethers unter allen Umständen werthvoll erscheinen lassen. Es sind das diejenigen Gründe, die der erste Berichterstatter ganz richtig angeführt hat. Er sagte erstens, das Pfandrecht gewährt ein Absonderungsrecht im Concurse; zweitens, und das ist der Satz, den er zuletzt aussprach, das Pfandrecht ist überaus wichtig, wenn es ausgedehnt wird auf die Sachen der Ehefrau. Formell würde es wohl richtiger sein, an Stelle des Wortes „Ehefrau" zu setzen „des anderen Ehegatten". Ich habe den Antrag auf Aenderung der Thesen der Herren Berichterstatter in dieser Hinsicht, wie Sie gehört haben, gestellt und bin sicher, daß er allerseits Zustimmung erfahren wird. Drittens, m. H. — und das ist allerdings nur gestreift von den Herren Berichterstattern, — wäre ein wesentlicher Grund für die Beibehaltung des Pfandrechts die Erstreckung desselben auf die unpfändbaren Sachen. Nun, m. H., wenn drei Gründe für Beibehaltung des Pfandrechts sprechen, und Sie einen dieser Gründe wegstreichen, nämlich denjenigen der Ausdehnung auf die unpfändbaren Sachen, so bleiben immer noch zwei Gründe übrig, welche sehr wesentlich für die Aufrechterhaltung dieses Instituts sprechen; es bleibt einmal der Grund, daß das Pfandrecht ein sehr werthvolles Aequivalent im Falle des Concurses ist, und es bleibt andererseits auch das wichtige Moment, daß das Pfandrecht des Vermiethers, im Falle es ausgedehnt wird auf das Pfandrecht des anderen Ehegatten, Schutz gewährt gegen eine Reihe sonst unausbleiblicher Unzuträglichkeiten und chicanöser Scheinverträge. Wenn diese beiden Gründe dafür sprechen, m. H., dann ist das Pfandrecht, welches länger als ein Jahrtausend bestanden hat, beizubehalten. Die Frage des Fortbestandes könnte nur dann verneint werden, wenn vom Standpunkte des Miethers aus gewichtige sociale Gründe dafür vorlägen, das Pfandrecht aufzuheben. Daß solche gewichtige Bedenken, sofern man das Pfandrecht auf die pfändbaren Sachen beschränkt, nicht bestehen, das, glaube ich, hat der zweite Gutachter, Herr Assessor Lewinsohn in zutreffender Weise in seinem Gutachten nachgewiesen. Auch ist seitens des Herrn Referenten meiner Ansicht nach in zutreffender Weise darauf hingewiesen, daß durch den Fortbestand des Pfandrechts namentlich für ländliche Grundstücke der Immobiliarcredit eine entschiedene Stärkung erfahren wird; und, m. H., vergessen wir nicht, daß der Grundbesitz in socialer Beziehung eine große Bedeutung beansprucht! Wenn von den Gegnern des Pfandrechts hier wiederholt auf die neueren Forderungen der Socialpolitik Bezug genommen wird, so gestatten Sie mir, auf die neuesten Ergebnisse in dieser Hinsicht Bezug zu nehmen, auf einen Leitartikel, den ich vorgestern in der Norddeutschen Allgemeinen Zeitung gefunden habe, worin darauf hingewiesen wird, daß gerade die Erleichterung des Erwerbs von Grundeigenthum mit Rücksicht auf die Erscheinungen der jüngsten Arbeiterstrikes zu befördern sei; ich glaube nicht, daß eine Erleichterung des Erwerbs von Grundeigenthum eintreten wird, wenn man das Pfandrecht aufhebt, und ich bin fest überzeugt, daß die Gefahren, die sich aus dem Grundbesitze bei creditunfähigen Pächtern und Miethern ergeben müssen, alsdann noch vergrößert werden würden. Das, m. H., sind die Gründe, die für mich die Beibehaltung des Pfandrechts des Vermiethers und Verpächters in den Grenzen, wie sie die Herren Referenten aufgestellt haben, als werthvoll erscheinen lassen.

Wenn ich nun dazu übergehe, auch die Frage nach der Beschränkung des Pfandrechts auf pfändbare Sachen kurz zu beleuchten, m. H., so muß ich allerdings gestehen, daß ich persönlich mit den Berichterstattern der Meinung bin, daß unsere Socialgesetzgebung und unsere sociale Entwickelung dahin treiben, das Pfandrecht an den unpfändbaren Sachen aufzuheben. Ich halte es für eine werthvolle Errungenschaft, wenn dieser Zustand, der in weiten Rechtsgebieten gehandhabt wird, wenigstens, wo ich heimisch bin, im französischen Recht, wenn dieser Zustand, obwohl er an sich bei dem bestehenden Recht zu juristischen Inconsequenzen führt, allgemeine gesetzliche Geltung erhält. Ich möchte nur noch mit einigen Worten auf die Frage eingehen, wie zu helfen sei, wenn das Pfandrecht an unpfändbaren Sachen aufgehört hat. Ich stehe diesem Zustande nicht so rathlos gegenüber, wie der erste Berichterstatter, der anerkannte und sagte, er befinde sich hier vor einem Vacuum und wisse nicht, was er Ihnen vorschlagen solle; er sei im Unklaren darüber, wohin es führe, wenn man das Pfandrecht an unpfändbaren Sachen aufhören lasse. Ich glaube, daß einer der Herren Vorredner bereits ganz richtig angedeutet hat, daß es Maßregeln giebt, die sehr wohl dazu führen können, die Gefahren, die sich aus der Aufhebung des Pfandrechts an unpfändbaren Sachen ergeben könnten, zu beseitigen. Das ist die strenge Einhaltung der Vorauszahlung und die Stipulirung kleiner Miethsraten. Richtig, m. H., wäre es allerdings, wenn Sie auf der einen Seite aussprechen, das Pfandrecht ist aufzuheben an unpfändbaren Sachen, daß Sie dann auf der anderen Seite den Satz aussprächen: da, wo das Pfandrecht aufgehoben ist, tritt an die Stelle des Pfandrechts gesetzlich die Pränumeration, die Vorauszahlung der Miethe. Das wäre eine ganz logische Consequenz. Ich glaube aber nicht, daß es Aussicht hat, diesen Antrag hier einzubringen, zumal er über den Rahmen der Debatte hinausgehen würde. Sollten Sie, m. H., aber anderer Ansicht sein, sollten Sie der Meinung sein, das Pfandrecht ist erstens an unpfändbaren Sachen aufzuheben, zweitens es ist nicht zu erstrecken auf den anderen Ehegatten, und es hat keine Wirkung im Concurse, dann würde ich mich allerdings mit den beiden letzten Vorrednern auch einverstanden erklären und sagen, ja, m. H., wenn wir das Pfandrecht nur in dieser kümmerlichen Gestalt behalten sollen, dann ist es eben ein Torso und dann besser weg mit dem Torso, als ihn aus jahrhundertlanger Vergangenheit mit hinübernehmen in die Zukunft! Da jedoch, wie gesagt, der Antrag der Herren Referenten das Richtige getroffen zu haben scheint, empfehle ich Ihnen die Annahme dieses Antrages.

Sollten Sie anderer Ansicht sein, und sollten Sie, was ich gar nicht für denkbar und möglich halte, sich für die Beseitigung des Pfandrechts aussprechen, dann werden Sie meiner Ansicht nach nicht umhin können, etwas Anderes an die Stelle zu setzen. Was dies ist, kann ich nur andeuten; ich will es nicht zu einem bestimmten Antrag verdichten. Es würde das einer späteren Beschlußfassung eines anderen Juristentages vorzubehalten sein: es wäre einmal eine gesetzliche Bestimmung über die Pränumeration der Miethe und sodann die Gestattung der gesetzlichen Bestrickung des Lohnes in einem bestimmten Umfange. Wenn einerseits der Gesetzgeber sagt, daß der Arbeiter, der kleine Mann, unter allen Umständen 1200 Mk. schuldenfreies Einkommen oder Lohn haben soll, um mit diesen 1200 Mk. seine nothwendigen Lebensbedürfnisse zu bestreiten, wenn so der Gesetzgeber auf der einen Seite einen Schutz eintreten läßt, so hat er auf der anderen Seite auch die Verpflichtung, dafür zu sorgen, daß aus diesen 1200 Mk. wirklich die nothwendigen Lebensbedürfnisse bestritten werden, und der gesetzliche Schutz nicht zur Beförderung des leichtsinnigen Schuldenmachens ausgebeutet wird. Begreiflicher Weise gehe ich nicht so weit, zu behaupten, daß dieser Schutz einseitig für den Vermiether in Anspruch genommen werden soll. Nein, dieser Schutz müßte dann ausgedehnt werden auf alle diejenigen Gläubiger, welche die nothwendigen Lebensbedürfnisse des Schuldners in der letzten Periode, ich will einmal sagen beispielsweise in dem letzten Vierteljahre, befriedigt haben. Es würden nun Leute wie Bäcker, Schuster, Schneider u. s. w., welche die nothwendigen Lebensbedürfnisse liefern, das Recht haben, sofern es junge Forderungen sind, sich an das im Uebrigen vom Gesetzgeber für unpfändbar erklärte Lohneinkommen zu halten etwa noch mit der Milderung, daß nur ein bestimmter Theil und nicht das Ganze für pfändbar erklärt wird. So gut wie der Staat, und der hat doch gewiß in erster Linie die Verpflichtung und das nobile officium, gegen seine Schuldner nicht rigorös zu verfahren, für seine Steuern das pfandfreie Einkommen in Anspruch nimmt, ebenso gut muß auch der gewöhnliche Mann, der die nothwendigen Lebensbedürfnisse liefert, in der Lage sein, sobald es sich um realisirbare Forderungen aus der letzten Zeit handelt, einen gewissen Theil des Lohnes seines Schuldners anzugreifen. In weiten Kreisen der Bevölkerung wird es als ein schreiender Mißstand empfunden, daß der Staat sich bei den sog. kleinen Leuten ein Privilegium bei der Zwangsvollstreckung gesichert hat, was er anderen Klassen der Bevölkerung, für die derartige Cautelen dringend wünschenswerth wären, vorenthalten will. M. H., das sind Erwägungen, die ich, wie gesagt, nur andeute für den Fall, daß Sie dazu übergehen sollten, was ich nicht erwarte, das Pfandrecht des Vermiethers aufzuheben, beziehungsweise in anderen Grenzen zu gestalten, als die Herren Berichterstatter Ihnen vorgeschlagen haben. Ich empfehle Ihnen den Antrag der Herren Referenten mit der Modification, die ich Ihnen angedeutet habe, und glaube, wenn Sie diesen Antrag annehmen, daß Sie sich in den richtigen Grenzen und zwar in denjenigen Grenzen bewegen werden, die der heutigen socialen Gestaltung des Miethswesens entsprechen.

Präsident: Es sind noch zwei Anträge eingegangen. Da auch der Antragsteller jedenfalls das Wort in Anspruch nehmen dürfte, sind jetzt noch angemeldet 7 Redner. Ich bitte, sich mit Rücksicht auf die kurze uns zu Gebote stehende Zeit sachlich möglichst zu beschränken. Der Antrag des Herrn Dr. Horwitz lautet dahin:

Der Juristentag wolle beschließen:

1. Das Recht des Vermiethers auf vorzugsweise Befriedigung gegenüber anderen pfändenden Gläubigern des Miethers ist zu beschränken in Ansehung der zur Zeit der Pfändung rückständigen Miethe auf das letzte halbe Jahr vor der Pfändung, in Ansehung der noch laufenden Miethe auf die Zeit bis zu dem Tage, auf welchen in Gemäßheit des Gesetzes oder, falls der Miethsvertrag eine frühere Aufhebung des Vertrags gestattet, in Gemäßheit des Vertrags gekündigt wird.
2. Dem Vermiether muß das Recht eingeräumt werden, den Miethsvertrag unter Beobachtung der gesetzlichen Kündigungsfrist auf-

zuheben, sobald wegen einer Geldforderung eine Zwangsvollstreckung in die eingebrachten Sachen des Miethers stattfindet.

3. Dem pfändenden Gläubiger muß die Möglichkeit gegeben werden, sich schnell eine zuverlässige Auskunft darüber zu verschaffen, ob und in welchem Umfange dem Vermiether ein Vorwegbefriedigungsrecht zusteht.

Der Antrag des Rechtsanwalts Dr. Heinsen lautet:

Nach den Vorträgen der Herren Referenten und der Herren Dr. Fuld und Dernburg scheint die Hauptfrage, ob ein gesetzliches Pfandrecht beizubehalten sei, erschöpft. Wird die Frage verneint, so fallen alle Unteranträge, und mit Rücksicht auf die allgemeine Geschäftslage beehre ich mich, den Antrag auf Schluß der Debatte zu stellen.

Ich werde nun zunächst noch Herrn Justizrath Makower das Wort ertheilen und sodann den Schlußantrag zur Abstimmung bringen.

Justizrath **Makower**: M. H., wenn der Entwurf des bürgerlichen Gesetzbuchs die Aufgabe hätte, bloß zu codificiren, so erkenne ich an, daß wir das Pfandrecht des Vermiethers, um es kurz so zu bezeichnen, beizubehalten hätten, und wir könnten nur noch um die Einzelheiten, die in Frage kommen, streiten; ich glaube aber, es handelt sich hier nicht um eine bloße Codification des bestehenden Rechts, noch um eine Novellengesetzgebung zu bereits vorhandenen Gesetzen, sondern um einen so großen gesetzgeberischen Act, wie er in vielen Jahrhunderten einmal Aussicht hat, vorgenommen zu werden. Da müssen die Fragen allerdings einmal funditus geprüft werden, und man kann nicht sagen: weil das Princip so lange bestanden hat, lassen wir das Princip unangefochten und suchen nur passende Modalitäten zu finden. Nun glaube ich, daß in der vorliegenden Frage die thatsächlichen Verhältnisse sich so geändert haben, daß man jetzt das Pfandrecht des Vermiethers gar nicht mehr aufrecht erhalten kann. Als ich in der ständigen Deputation die Frage, ob jenes Pfandrecht beizubehalten sei, anregte, glaubte ich, daß ich mit meiner Meinung, das Pfandrecht aufzuheben, ziemlich allein stehen würde, erfuhr dann aber zunächst aus dem Gutachten des Herrn Thomsen, daß er, ein hervorragender Praktiker, beim Studium der Sache gleichfalls zu dieser Meinung gekommen ist, und zu meiner Freude höre ich, daß auch Herr Geheimrath Dernburg sich für Aufhebung des Pfandrechts ausgesprochen hat. Aus diesen Umständen, daß zufällig ein Advocat, ein Richter und ein Professor selbständig die Frage geprüft haben und zu demselben Resultate gekommen sind, sehen Sie, daß das Dogma, welches bisher geherrscht hat, und das wir alle von der Universität mitbekommen haben, der Vermiether müsse ein Pfandrecht haben, nicht mehr allgemeinen Glauben findet.

Die thatsächlichen Verhältnisse haben sich ganz geändert. Die Ausgaben für eine Wohnung und für Geschäftslocalitäten betragen einen ganz anderen Procentsatz des Bedarfs eines jeden Menschen, als früher der Fall war, namentlich als es zu der Zeit der Fall war, man in Rom zuerst anfing, Miethe zu zahlen. Wie ist es in den großen Städten? Lassen Sie mich irgend einen concreten Fall nehmen. Ich glaube, es sind Herren genug hier, die controliren können, ob ich übertreibe. Jemand miethet ein Geschäftslocal für 10 000 Mark auf 10 Jahre. Warum auf 10 Jahre? Ja, wenn er nicht auf 10 Jahre miethet, nützt ihm das theuere Local nichts. Wenn er das nächste Jahr hinausgehen müßte, würde er das ganze Geld hinausgeworfen haben, denn an dem Locale hängt ein erheblicher Theil der Kundschaft. Er miethet also und contrahirt eine Miethsschuld von in Summa 100 000 Mark. Das genügt nicht. Er muß das Geschäft einrichten. Er richtet es jetzt stattlich ein, aber nicht auf 1 Jahr, sondern auf 10 Jahre, denn er verrechnet sich die Ausgaben für die Einrichtung als Zuschläge zu der Miethe, für die 10 Jahre. Sie sehen also, daß der Kaufmann, der sein Geschäft etwas nobel eröffnet, gleich beim Einzuge eine Schuld hat von über 100 000 Mark, für die alle seine Habe verpfändet ist. Mit anderen Worten, die jungen Leute, die sich associiren, ein Geschäft zu gründen, sind in dem Momente, wo sie einziehen, der Theorie nach bankrott; denn alles, was sie hineinbringen, ist nach Rechtssatz dem Vermiether verpfändet. Das ist ein Zustand, der nicht zu ertragen ist.

Wie ist es denn mit der Auffassung des Volkes? Glaubt wirklich irgend jemand, wenn er in eine Wohnung hineinzieht, die er auf ein paar Jahre miethet, daß alle seine Sachen dem Wirth verpfändet sind? In der That nur wir Juristen sind so geschult, dies zu wissen. Kein Privatmann glaubt, daß er alle seine Sachen verpfändet hat, daß er seine Sachen nicht aus dem Hause schaffen kann, wenn der Wirth Nein sagt. Allerdings, die Strafrechtspflege hat so viel gewirkt, daß die Leute in der Regel wissen, der Wirth könne für die verfallene Miethe die Sachen festhalten. Das entspricht etwas dem Naturrecht, dem natürlichen Gefühle. Daß der Wirth aber auf Jahre hinaus, für welche er noch gar nichts geleistet hat, schon ein Pfandrecht haben soll, versteht kein Mensch. Fragen Sie einmal in den Massen herum bei uns in Berlin, wo wir die größten Schwierigkeiten haben. Einer der Herren Redner meinte, das Pfandrecht solle außer für die verfallenen Miethszinse noch für $1/4$ Jahr, ein anderer, es solle für $3/4$ Jahr gewährt werden. Herr

Bunsen hat die Frage umgekehrt; er hat die Beweislast verschoben. Er sagte: beweist mir, weshalb das Pfandrecht aufgehoben werden soll. Nein, sage ich. Der Vermiether schließt einen Vertrag, wie jeder Andere. Bringt mir den Beweis, weshalb der Vermiether ein Vorrecht haben soll. Ich sehe keinen Grund dafür. Er creditirt, wie jeder Andere. Umgekehrt, jeder Andere creditirt unter ungünstigeren Umständen. Wie liegen die Sachen? Jemand liefert für 5000 Mark Waaren in ein Geschäft. Der Käufer soll in 3 Monaten zahlen. Im Augenblicke, wo die Sachen in das Local hineinkommen, hat der Lieferant kein Recht mehr an den Sachen, aber der Vermiether ein Pfandrecht an denselben. Wie kommt er in eine solche Rechtsbeziehung zu meinen Sachen? Trotzdem ich wohl weiß, daß auch an unbezahlter Waare, wenn der Kaufpreis creditirt ist, das Eigenthum durch Tradition übergeht, so meine ich doch, daß der Lieferant sie bis zur Bezahlung so betrachtet, als wenn sie noch nicht ganz aus der Beziehung zu ihm gelöst wäre.

Unbegreiflich aber bleibt, daß der Vermiether des Locals ein größeres Recht an diesen Waaren haben soll, als der unbezahlte Lieferant. Beachten Sie auch dies, ich bitte.

Wer Waare liefert und creditirt, leistet seinerseits voll. Der Wirth kann, der Natur der Sache nach, nicht auf einmal voll leisten, vielmehr nur die Wohnung zur Verfügung stellen. Die Leistung erfolgt im Laufe der ganzen Miethszeit. Dennoch soll er ein Pfandrecht für den ganzen Miethszins von Anfang an haben. Das ist etwas exorbitantes, wofür ich keinen Grund finden kann.

Nun ist weiter erwogen worden, wann das Pfandrecht praktisch werde, und es ist ganz richtig, daß es in der Regel nur bei Vermögensunzulänglichkeit des Miethers zur Wirksamkeit gelangt. Will man in der That den Werth des Pfandrechts würdigen und sich über seine Beibehaltung oder Abschaffung schlüssig machen, so muß man sich den Fall der Vermögensunzulänglichkeit des Miethers, seines eintretenden Concurses denken. Wie liegt nun die Sache in den Concursen? Als die Concursordnung gegeben wurde, ventilirte man, ob man noch irgend ein kleines Vorrecht auf $^1/_2$ oder ein ganzes Jahr für Steuern bewilligen, oder Künstlern, Handwerkern gewähren solle. Alles, was in dieser Beziehung der Gesetzgeber gemacht hat, ist der Hauptsache nach gleichgültig und wirkungslos. Wissen Sie, wer das Vorrecht bestimmt? Der Vermiether. Und wissen Sie, nach welchem Grundsatze? Nach seiner Willkür. Es sind Pfändungsanträge von zwei Gläubigern gestellt; dem einen gestattet der Wirth, die Sachen abzuholen, dem anderen nicht, indem er sein Pfandrecht geltend macht. Dies ist nicht in der Gelehrtenstube als möglicher Fall ersonnen, sondern bei uns in täglicher Uebung. Unser ganzes Prioritätsrecht scheitert daran. Hierzu kommt noch, daß im Falle des Concurses der Vermiether in der Regel die ganze Masse oder den größten Theil derselben in Anspruch nimmt. Viele beantragte Concurse werden nur deshalb nicht eröffnet, weil die ganze Masse dem Pfandrechte des Vermiethers unterliegt. Wird aber der Concurs eröffnet, so sollten Sie einmal die Klagen aller Concursverwalter in Berlin hören; sie sagen: wir können nichts machen, der Wirth nimmt fast alles; bevor wir uns nicht gütlich mit dem Vermiether einigen, können wir mit der Masse nichts machen, er hat sein Pfandrecht so ziemlich an allem, was überhaupt zur Masse gehört mit Ausnahme der ausstehenden Forderungen. Ich bin der Meinung, daß es so nicht länger fortgeht, sondern daß es durchaus nothwendig ist, hier einzugreifen und das Pfandrecht des Vermiethers aufzuheben. Freilich werden Uebelstände dadurch entstehen, daß die Vermiether in Folge des Fortfalls des gesetzlichen Vorrechts sich neue Wege zu ihrer Sicherung werden suchen müssen, indeß solche werden sich finden.

Kein Grund ist vorhanden, die Miether zu zwingen, pränumerando zu zahlen, ebensowenig wie man den Kaufmann durch Gesetz verpflichten kann, die Waaren pränumerando zu bezahlen. In geeigneten Fällen werden die Vermiether, wenn sie einen Mann zweifelhafter Solvenz vor sich haben, verlangen, er möge vorauszahlen, oder ihm nicht vermiethen. Und wenn es bei der üblichen Zahlung postnumerando bleibt, was wird dann das Schlimmste sein? Ein solcher Vermiether wird $^1/_4$ oder $^1/_2$ Jahr Miethe verlieren; dann steht er immer noch besser als jeder andere Gläubiger. Er kann bei jedem Verzuge in der Miethszahlung eingreifen, und da er den Miether in seinem eigenen Hause hat, übersieht er dessen Vermögensverhältnisse und die möglichen Deckungsobjecte immer besser und leichter als jeder andere entfernt wohnende Gläubiger des Miethers. Er steht auch in dieser Hinsicht besser als Andere, welche creditiren. Der letzte Herr Redner hat den Vorschlag gemacht, allen Gläubigern für Leistungen von nothwendigen Lebensbedürfnissen ein Pfandrecht zu geben. Dies geht offenbar nicht an. Ich schlage Ihnen also vor, den Antrag Fuld anzunehmen und einfach zu erklären, das Pfandrecht des Vermiethers sei gänzlich abzuschaffen.

(Bravo!)

Präsident: M. H., es ist ein Antrag gestellt auf Schluß der Debatte. Ich habe den so verstanden, daß, wenn die Frage, ob das Pfandrecht beibehalten werden soll, verneint würde, damit alles Uebrige von der Mehrheit erledigt wäre, daß aber für den Fall, daß die Herren noch eine weitere Erörterung wünschen, die Debatte fortgeht. Sind Sie nicht dagegen, würde ich in diesem Sinne die Frage stellen. Ich möchte aber vorher noch das Wort geben Herrn Thomsen, dann den Berichterstattern, der Ueblichkeit entsprechend.

Oberlandesgerichtsrath **Thomsen** (Stettin): Nur ein paar Worte, gewissermaßen in persönlicher Beziehung, um ein Mißverständniß zu verhüten, ohne daß ich auf die Sache weiter eingehen will, weil ich glaube, daß sie heute schon genügend erörtert worden ist. Ich möchte nur dem Mißverständniß entgegentreten, welches, wie ich glaube, von mehreren Herren Rednern meinem Gutachten gegenüber begangen worden ist.

Von dem Herrn Referenten ist hervorgehoben, das Entscheidende in der Frage wäre, ob die Beibehaltung des gesetzlichen Pfandrechtes nach den jetzigen Verhältnissen, gerechtfertigt sei oder nicht, daß es aber nicht darauf ankäme, ob im römischen Rechte es gerechtfertigt gewesen sei. Das klingt ungefähr so, als ob ich die ausführlichen Erörterungen über das römische Recht in meinem Gutachten gemacht hätte, um damit einen Grund gegen die Beibehaltung des Pfandrechtes herbeizuschaffen. — Das ist, wie ich mir zu bemerken erlaube, gerade eine Umkehrung. Ich habe die Ausführungen deshalb gemacht und so ausführlich, weil es, wie mein Herr Vorredner bereits darlegte, bis dahin immer hieß: es ist ja bestehendes Recht, es besteht bereits ein paar Jahrtausende. Auch der Grund, den die Motive anführen, besteht nur darin: es ist einmal da; es ist dort gar nicht auf die Frage eingegangen, ob die historische Existenz eine berechtigte ist. Deshalb habe ich auszuführen gesucht, daß schon im römischen, wie auch im deutschen Rechte dieses Pfändungsrecht auf schon damals ungerechtfertigten Gründen beruhte, daß also der gewöhnliche Spruch, der noch vor einiger Zeit in einem der Verbände der Hausbesitzer gefallen ist: es ist ja von jeher Mode gewesen, auch in Rom war der Ausspruch: erst Obdach, dann Brot — ungerechtfertigt ist. Diese Gründe habe ich versucht zu widerlegen; nicht um damit darzuthun: im römischen und deutschen Rechte war es ungerechtfertigt, darum wollen wir es abschaffen; sondern ich habe darzuthun gesucht: der Grund für die Beibehaltung, daß es besteht, ist hinfällig.

Auf die Sache will ich nicht eingehen und mir nur noch die kurze Bemerkung gestatten: es schien, als ob einer der Herren Referenten glaubte, ich hätte die handelsrechtlichen Faustpfandretentionsrechte beseitigen wollen. Ich habe das in keiner Weise gewollt und steht das auch nicht in meinem Gutachten.

Reichsgerichtsrath **Wielandt** (Leipzig): Ein Wort zur Fragestellung, das vielleicht für die weitere Abstimmung von Wichtigkeit sein wird!

Wenn ich recht verstanden habe, ist der Antrag dahin gerichtet, es solle künftig das Pfandrecht für den Miethszins wegfallen. Ich möchte mir eine Erläuterung darüber erbitten, ob damit auch der Pachtzins für landwirthschaftliche Grundstücke gemeint ist. Wenn dies der Fall ist, dann ist die Frage absolut noch nicht erschöpft, und wenn der Pachtzins nicht mit gemeint ist, so wird auch mit der Verneinung der ersten Frage die weitere Debatte und Abstimmung nicht unnöthig.

Ich glaube, in erster Linie muß klargestellt werden, was der Antrag besagen soll, ob er auch den Pachtzins mit betreffen soll, oder ob er diesen nicht umfaßt. Andernfalls erbitte ich mir noch weiter das Wort, denn diese Frage ist noch keineswegs erörtert.

Präsident: Ich habe den Antrag Dr. Fuld so verstanden, daß, wenn er auch nur vom Vermiether spricht, die Frage der Beibehaltung des gesetzlichen Pfandrechts auch für den Verpächter verneint werden soll.

(Dr. Fuld (Mainz) bestätigt diese Auffassung.)

Reichsgerichtsrath **Wielandt** (Leipzig): Dann möchte ich mir noch das Wort erbitten.

Präsident: Bei dieser Sachlage ist es wohl zweckmäßig, den Schluß einstweilen noch nicht auszusprechen, da allerdings diese Frage noch nicht erörtert ist.

Rechtsanwalt Dr. **Scherer** (Leipzig): Ich bin der Ansicht, daß es kein Grund für die Beibehaltung des Pfandrechtes des Vermiethers und Verpächters ist, daß dasselbe seit 2000 Jahren bestanden hat. Wenn man den Grund sucht, warum der römische Gesetzgeber dieses Pfandrecht einführte, wird die Sache eine ganz andere Richtung annehmen. In Rom haben die Hausbesitzer sich stets einen Vertrag ausbedungen des Inhalts, daß sie ein Faustpfandrecht an den eingebrachten Sachen haben. So ist es wenigstens in Puchtas Institutionen ausgeführt, und das stimmt vollständig überein mit einzelnen Worten der Digesten, welche sprechen von einem pignus tacite conventum. Man kann den Hauseigenthümer nicht verhindern, daß er vorher, ehe der neue Miether einzieht, einen Faustpfandvertrag schließt und sich sichern läßt, ebensowenig wie man ihn verhindern kann, zu sagen: leiste erst Caution! Und weil das im römischen Reiche überall Sitte war, daß die Hauseigenthümer sich solche Verträge ausbedungen haben, hat die Gesetzgebung gesagt: wir erheben die Regel zum Gesetze. Daher erklären sich die Worte der Digesten: pignus tacite conventum. Ich vermuthe, wenn das Faustpfandrecht, welches dem Vermiether in der neueren Gesetzgebung bisher belassen wurde, aufgehoben werden sollte, so wird der Hauseigenthümer zu dem alten Mittel greifen und wird sagen: ehe du einziehst, Caution oder Faustpfand! Wahrscheinlich werden die heutigen Hauseigenthümer gerade so vernünftig sein, wie im alten Rom. Wir werden also mit der Aufhebung nichts erreichen. Der innere Grund, warum der römische Gesetzgeber dazu kam, das Miethpfandrecht einzuführen, besteht heute wie damals. Das Miethpfandrecht ist nicht die Erfindung eines Gesetzgebers, sondern aus einer lebendigen Praxis hervorgewachsen.

Um nunmehr auf die einzelnen Gründe einzugehen, welche für die Aufhebung des Miethspfandrechts vorgebracht werden, so wird zunächst geltend gemacht:

Warum soll der Hauseigenthümer besser gestellt sein, wie derjenige, der Waaren verkauft hat? Ich bin der Meinung, daß ihm allerdings eine bessere Stellung zukommt, denn die Rente, die er bezieht, ist eine eng bemessene, während der Verkäufer, der Kaufmann unter Umständen 50, 60, ja 100 % gewinnt. Der Kaufmann rechnet mit ganz anderen Factoren, wie der Hauseigenthümer, denn wenn dieser einmal 5 % oder 6 % Grundrente hat, so ist das schon viel.

Man geht ferner von der Ansicht aus, die Hauseigenthümer seien in der Regel reiche Leute. Das ist aber sehr irrig. Die große Mehrzahl der Hauseigenthümer muß auf das Eingehen der Miethen rechnen, damit sie ihre Capitalzinsen zahlen können. Viele Hauseigenthümer haben so viele Hypotheken, daß sie eigentlich mehr Verwalter als Eigenthümer sind.

Man sagt weiter: das Recht hat keinen Werth. Auch das ist irrig. Die Herren Vorredner, welche der Ansicht waren, daß das Pfandrecht aufzuheben sei, haben selbst vorgebracht, in Concursen bekämen die anderen Gläubiger nichts, es müßten eine Masse Concurse in Berlin eingestellt werden, weil keine Masse da sei, da der Vermiether Alles wegnähme. Es muß das Recht also doch nicht ganz werthlos sein.

Insbesondere wird, um die praktische Werthlosigkeit des Miethspfandrechts für die Zukunft darzuthun, auf die Bestimmungen des Entwurfes verwiesen, nach welchen die unpfändbaren Sachen von dem Miethspfandrecht nicht ergriffen werden sollen. Bereits der code de pr. hatte in Art. 593 einen Theil der in Art. 592 unpfändbar erklärten Sachen auch dem Miethspfandrecht entzogen; an der Hand dieser Bestimmung hat sich die Praxis im rheinischen Rechtsgebiet, welches ca. 8 Millionen Einwohner umfaßt, seit dem 1. October 1879 dahin entschieden, daß das Miethspfandrecht sich auf die durch die Proceßordnung für unpfändbar erklärten Sachen überhaupt nicht erstrecke. Der von dem Entwurf geforderte Zustand besteht daher bereits seit ca. 10 Jahren im rheinischen Rechtsgebiet. Trotzdem hat sich auch in diesem nicht unerheblichen Gebiet das Miethspfandrecht nicht ohne praktischen Nutzen erwiesen; denn die meisten Leute besitzen erheblich mehr, als den eisernen Bestand der sogen. unpfändbaren

Sachen. Namentlich für die dem Mittelstand angehörigen Hauseigenthümer erweist sich das Miethspfandrecht auch im rheinischen Rechtsgebiet oft sehr nützlich, weil dieselben größere Wohnungen vermiethen, zu deren Möblirung die sogen. unpfändbaren Sachen nicht ausreichen. Der Staat hat aber ein großes Interesse, den Mittelstand zu sichern und dadurch zu erhalten.

Es mag gestattet sein, hier zu bemerken, auf welche Weise sich im rheinischen Rechtsgebiet die Vermiether kleiner Wohnungen, also solcher Wohnungen, in welchen sich in der Regel nur unpfändbare Sachen befinden, helfen. Dieselben vermiethen wochenweise, nicht selten gegen Vorauszahlung.

Man spricht schließlich vom Strafrecht und sagt: „Es will der Bevölkerung nicht in den Kopf, daß das Pfandrecht bestehe". Wenn man so will, kann man auch § 263 des St. G. B. abschaffen. Der z. B. mit den Retourbillets begangene Betrug will vielen Leuten noch weniger in den Kopf, als diese Bestimmung.

Ich komme auf die einzelnen Gestaltungen des Pfandrechtes. Hier sind allerdings eine Reihe Momente, die für den Antrag sprechen, wie ihn die Herren Referenten gestellt haben, die eine ganze Menge Mißstände aufheben.

Zunächst: das Pfandrecht soll wegen des künftigen Miethzinses, falls der Vertrag selbst länger als auf ein Jahr läuft, nur für das laufende Kalenderjahr und ein darauf folgendes Jahr gewährt werden.

Wenn das Pfandrecht nur gewährt wird für das laufende Kalenderjahr und das darauf folgende Jahr, ist den sog. schreienden Uebelständen abgeholfen; dann erstreckt sich das Pfandrecht nur auf bestimmte Zeit, und dadurch ist die schreiende Ungerechtigkeit, daß der Miether sofort beim Einziehen 100 000 Mark Schulden contrahirt — wie vorhin ausgeführt wurde — beseitigt. Dieser Zustand besteht thatsächlich vielfach. So wird im rheinischen Rechtsgebiet, selbst wenn die Untermiethe vertragsmäßig ausgeschlossen ist, der Concursverwalter trotz jener Vertragsbestimmung zur Weitervermiethung berechtigt erachtet, was in der Regel einen billigen Vergleich mit dem Vermiether ermöglicht.

Präsident: Ich bitte zu beachten, daß ich eigentlich die Debatte eröffnet habe über das Pfandrecht des Verpächters. Darüber wollten wir noch verhandeln.

Rechtsanwalt Dr. **Scherer** (Leipzig): Das Pfandrecht ist auch auf Sachen Dritter zu erstrecken. . . .

Präsident: Wollen Sie das auch vom Verpächter sagen?

Rechtsanwalt Dr. **Scherer** (Leipzig): Ich bin der Ansicht, daß das

Pfandrecht auch auf Sachen Dritter zu erstrecken ist. In dieser Hinsicht stelle ich mich auf den deutschrechtlichen Standpunkt: „Hand muß Hand wahren." Folglich kann der Nichteigenthümer dem gutgläubigen Dritten gültig ein Faustpfand an einer beweglichen Sache bestellen. Diese Consequenz erkennt wenigstens die rheinisch-französische Praxis auf Grund des Art. 2079 C. c., welcher jenes deutschrechtliche Princip, „Hand muß Hand wahren", gebilligt hat, an. Denn wenn eine fremde Sache gültig verkauft werden kann, kann sie in gleichem Maße auch gültig als Faustpfand bestellt werden. Das Miethpfandrecht besteht aber nach seiner Grundidee darin, daß der Miether dem Vermiether ein Faustpfand bestellt. Wenn ich diesen Gedanken festhalte, kann der Miether dem Vermiether an fremden Sachen ein Faustpfand bestellen. Dieser Zustand besteht thatsächlich im rheinischen Rechtsgebiete, und zwar seit Einführung des C. c. (1807); nur in Rheinhessen wird seit dem 1. October 1879 anders entschieden. Bekanntlich hat auch der Entwurf in § 877 jenes deutschrechtliche Princip gebilligt, aber nur bezüglich der Eigenthumsübertragung.

Präsident: Ich gebe zunächst dem Herrn Gerichtsassessor Lewinsohn, einem der Herren Gutachter, das Wort.

Gerichtsassessor **Lewinsohn** (Berlin): M. H., ich will mich nach den erschöpfenden Erörterungen eines materiellen Eingehens auf die Sache enthalten; ich will nur mehr persönlich zunächst eine Bemerkung machen.

Mir ist seiner Zeit die Frage, die hier zur Begutachtung gestellt ist, seitens des Herrn Geheimrath Eck mündlich mitgetheilt worden, und bei dieser Mittheilung ist die Frage nur in Bezug auf das Pfandrecht des Vermiethers gestellt worden. Ich habe mich daher in meinem Gutachten nur darauf beschränkt und mich jedes Eingehens auf die Pacht enthalten.

Zur Erläuterung der in meinem Gutachten enthaltenen Anträge will ich nur zwei Punkte hervorheben.

Ich habe mich dahin ausgesprochen, daß das Pfandrecht nicht bestehen soll für länger als $^1/_2$ Jahr zurückliegende Miethsforderungen, weil ich es ungerecht und unbillig finde, daß ein Vermiether, der Jahre lang seine Forderung nicht geltend macht, nun anderen Gläubigern gegenüber ein Pfandrecht ausüben kann, und daß deren wohlerworbene Ansprüche gegen die alten, erst jetzt geltend gemachten Forderungen des Vermiethers zurückstehen sollen.

Zu dem Antrage, den die Herren Referenten gestellt haben, hat Herr Dr. Koffka bemerkt, er habe, um eine Ungleichheit mit der Concursordnung zu vermeiden, einen solchen Antrag nicht aufgenommen. Dem gegenüber weise ich darauf hin, daß in meinem Vorschlage eine entsprechende Abänderung des Einführungsgesetzes zur Concursordnung enthalten war, so daß die Gleichheit hergestellt wäre.

Ferner in Bezug auf die Frage, ob das Pfandrecht auch für Deteriorationen haften soll, haben die Herren Referenten den Antrag dahin gestellt, daß sie in dieser Beziehung ein Pfandrecht überhaupt nicht geben wollen. Das halte ich nach den Ausführungen meines Gutachtens auch für zu weit gehend; ich habe mich in meinem Gutachten dahin ausgesprochen — möglicher Weise bin ich von den Herren Referenten nicht richtig verstanden worden —, daß das Pfandrecht mit der Einbringung entstehen soll auch für künftige Deteriorationen. Wenn man ein solches Pfandrecht nicht entstehen läßt, dann würde, falls Schadensansprüche entstanden sind, sobald Schaden herbeigeführt ist, der Vermiether nicht das Recht haben, ein Pfandrecht geltend zu machen, weil ein Pfandrecht überhaupt nicht entstanden ist. Ich habe aber, um der Unbilligkeit willen, die darin liegt, daß Höhe und Art dieser Forderung nicht abzusehen sind, mich dafür ausgesprochen, das dieses Pfandrecht für die künftigen Deteriorationen erlöschen soll, sobald die Sachen aus der Wohnung geschafft sind, und dem Vermiether nicht das Recht zustehen soll, den Miether an dem Wegbringen von Sachen aus der Wohnung zu hindern, weil er sagt: es können möglicher Weise noch Forderungen aus Deteriorationen entstehen. In diesem Sinne habe ich meine Vorschläge formulirt und glaube, daß das mehr der Billigkeit entspricht, als die weitergehenden Vorschläge der Herren Referenten.

Ich präcisire meinen Antrag nochmals dahin, daß das Pfandrecht durch die Einbringung für Deteriorationen entsteht, daß aber, solange die Verschlechterung der Wohnung noch nicht vorliegt, wegen der Möglichkeit solcher Forderungen der Miether nicht gehindert werden darf, seine Sachen wegzubringen.

Justizrath **M. Levy** (Berlin): M. H., ich wollte mich nur gegen einige Ausführungen der Herren Makower und Dernburg wenden.

Gegen Herrn Dernburg möchte ich zunächst die Autorität des Herrn Prof. Dernburg anführen, der in seinem Pfandrechte m. E. ganz überzeugend ausführt, daß das Pfandrecht des Vermiethers aus der Natur der Sache herausgewachsen zu sein scheint.

Herr Makower fragt nach dem Grunde für die Einführung eines solchen Pfandrechtes des Vermiethers. Aber ich glaube, wir haben umgekehrt nach dem Grunde für die Aufhebung desselben zu fragen. Der Standpunkt, auf den sich Herr Makower gegenüber dem B. G. B. stellt, ist m. E. kein richtiger. Das B. G. B. soll nicht tabula rasa machen, sondern es soll das, was geltendes Recht ist, sammeln und codificiren.

Wenn ein Institut aber seit einem Jahrtausend besteht, wird der Gesetzgeber m. E. großes Bedenken tragen müssen, daran zu rütteln, und ich möchte den Juristentag schon deshalb warnen, die Aufhebung desselben zu befürworten. Das Institut beruht allerdings auf einem sehr wichtigen wirthschaftlichen Grund.

Es ist eine hervorragende Aufgabe des Gesetzgebers, die wirthschaftliche Existenz des Grundbesitzes sicher zu stellen, und dies Pfandrecht ist eins der wichtigsten Mittel dazu. Wir müssen namentlich, wie schon einer der Herren Referenten hervorgehoben hat, wenn wir dem Miether ein dingliches Recht auf die Sache geben und den Vermiether zwingen, ihm dieses dingliche Recht — auf Obdach — zu gewähren, als Correlat auf die Sicherheit des Vermiethers so viel wie möglich bedacht sein. Das kann m. E. nur geschehen, wenn wir das altbewährte Pfandrecht an den Illaten aufrecht erhalten.

Man hat den Werth dieses Pfandrechtes angezweifelt, man hat gemeint, es käme dann zu großen Streitigkeiten, und diese Streitigkeiten würden dem Vermiether doch in den meisten Fällen kein wirkliches Recht schaffen. Dem gegenüber möchte ich aber doch darauf aufmerksam machen, daß der Werth der meisten wirthschaftlichen und Rechtsinstitute sich gerade nicht in denjenigen Fällen zeigt, wo es zu Streitigkeiten kommt, sondern daß sie durch ihre bloße Existenz, gewissermaßen schweigend wirken. Der Miether, der weiß, daß event. seine Sachen zurückbehalten werden, zahlt in Folge dieser stillschweigenden Drohung die Miethe, die er sonst vielleicht nicht zahlen würde. Wir können nicht übersehen, wie ein Institut wirkt, wenn wir die Folgen solchen stillschweigenden Wirkens nicht in Rechnung ziehen. Also darum kann m. E. der Werth dieses Pfandrechtes nicht angezweifelt werden, und es könnte auch nicht ersetzt werden dadurch, daß man vorschriebe, es sollte die Miethe pränumerirt werden.

Man vergegenwärtige sich die Sachlage: Es wird der Miether eingesetzt, und er pränumerirt die Miethe für ein Quartal. Dadurch hat der Vermiether noch keine Gewähr, daß Miether auch für das zweite und dritte Quartal zahlen werde. Ungeachtet der Nichtzahlung für die folgenden Quartale setzt der Miether den ihm eingeräumten Miethsbesitz fort. Der Vermiether leistet also in der That auch bei der Vorausbezahlung eines Quartals vor, indem er dem Miether den Miethsbesitz einräumt.

Auf der anderen Seite ist m. E. auch noch ein Gesichtspunkt hervorzuheben, der in der Debatte noch nicht zum Vorschein gekommen ist. Die eigentliche Härte, welche der Vermiether gegen den Miether in der Regel ausübt, besteht nicht in dem Retentions- oder Pfandrechte, sondern darin, daß der Vermiether den Vertrag aufhebt. Es ist üblich, das sogen. Exmissionsrecht für den Fall nicht pünktlicher Zahlung der Miethe in die Verträge aufzunehmen, und es ist bekannt, daß, wenn die Miethe nicht pünktlich gezahlt wird, von diesem Exmissionsrechte häufig Gebrauch gemacht wird. Aber es würde davon ein noch viel häufigerer Gebrauch gemacht werden, wenn dem Vermiether das Retentionsrecht nicht zustände. In dem Falle, wo er noch ein Pfandrecht hat und dadurch noch für die Miethe einigermaßen gesichert ist, übt er Milde und Nachsicht gegen den Miether viel eher, als er thun würde, wenn er ein solches Pfandrecht nicht hätte. Darum meine ich, ist auch im Interesse des Miethers das Pfandrecht des Vermiethers zu empfehlen.

Weiter hat Herr Makower darauf aufmerksam gemacht, daß in den Miethverhältnissen große Veränderungen eingetreten seien; er hat Beispiele angeführt von großen Miethen von 10 000 Mark und darüber, die gezahlt würden, von Verträgen, die auf 10 Jahre abgeschlossen würden, und hat es als etwas ganz Exorbitantes bezeichnet, daß in solchen Fällen nunmehr das gesammte Waarenlager eines solchen Kaufmanns für die Miethe haftbar wird. Dabei hat er aber übersehen, daß diesem Uebelstande der Gesetzentwurf selbst abhelfen will, denn er sagt § 521, 2:

> Der Vermiether kann der Entfernung derjenigen Sachen nicht widersprechen, zu deren Entfernung der Miether im regelmäßigen Betriebe seines Geschäftes oder dadurch veranlaßt wird, daß die gewöhnlichen Lebensverhältnisse die Entfernung mit sich bringen.

Das ist m. E. eine ganz verständige Vorschrift, die man auch schon gegenwärtig in der Praxis meist befolgt hat.

Endlich hat man sich auf Volksüberzeugung, Massenüberzeugung berufen. Herr Makower hat gesagt, in Berlin sei die Masse immer der Meinung gewesen, daß die Sachen für die künftige Miethe nicht haften. — Dem muß ich ganz entschieden widersprechen. Die Klienten, die zu mir kommen, wissen ganz genau, daß die Sachen auch für die Zukunft haften.

Dann hat Herr Geheimrath Dernburg gesagt, es sei in Berlin Volksüberzeugung, daß, wenn die Sachen über den Rinnstein gebracht sind, sie auch dem Pfandrecht des Vermiethers entzogen seien. — Nun, ich bin ein eingefleischter Berliner, und das klingt mir in der That wie eine Jugenderinnerung, aber ich meine, ich habe das immer nur von den Miethern gehört; die Vermiether waren niemals dieser Meinung. Mit solchen Volksüberzeugungen ist nichts zu machen.

Ich empfehle Ihnen den Antrag der Herren Referenten und bitte die anderen Herren Antragsteller, dem Antrage der Herren Referenten gegenüber ihre positiven Anträge zurückzuziehen. Wir kommen durch diese zu sehr in Details.

Geh. Justizrath Prof. Dr. **Dernburg** (Berlin): Es kann dem Professor Dernburg sehr schmeichelhaft sein, daß er als Autorität gegen ein Mitglied des Juristentages angeführt wird, welches zufälliger Weise identisch mit ihm ist. M. H., ich möchte aber hervorheben: vor allen Dingen, daß es auch einem Professor gestattet ist, in 35 Jahren — so lange ist es her, daß das Pfandrecht geschrieben wurde — seine Ansicht zu ändern; zweitens, daß, abgesehen von dieser Berechtigung, auch die Verhältnisse sich eben so rechtlich wie in thatsächlicher Beziehung seit 35 Jahren geändert haben, und daß ich daher auch um deswillen wohl befugt bin, jetzt eine andere Ansicht zu vertreten, als in meinem Pfandrechte.

Ferner möchte ich persönlich hervorheben, daß ich die von mir angezogene Aeußerung von eingefleischten Berliner Vermiethern gehört habe, welche von dieser Ansicht ausgehend gegen ihre Miether verfahren sind und sich sehr erstaunt zeigten, als ich ihnen eine andere Auffassung über das gegenwärtige Recht darlegte.

Reichsgerichtsrath **Wielandt** (Leipzig): M. H., die Reden, die wir gehört haben, bewegen sich zum Theil auf etwas theoretischem Standpunkte, und ich bin in der Lage, meinem verehrten Collegen Dr. Dernburg in dieser Richtung auch etwas Theorie vorwerfen zu müssen, namentlich wenn er auch bezüglich der Pächter von landwirthschaftlichen Grundstücken das gleiche Bild geltend machen will, das er von den Berliner Ausrückern geltend gemacht hat. M. H., in dieser Hinsicht liegen die Verhältnisse gänzlich anders, und darin wird mir Herr Dr. Dernburg wohl Recht geben und vielleicht seinen sonstigen Ausspruch beschränken.

Allein auch in anderer Hinsicht, meine ich, haben die Herren eins übersehen: ihnen schweben immer nur die Verhältnisse des großen Berlin vor. Glücklicher Weise giebt es aber auch noch andere Orte in Deutschland außer Berlin; zu diesen gehören die kleinen Städte und gehören die Landbewohner, welche auch einen Schutz dafür haben wollen, daß sie für ihre verpachteten Grundstücke ihr Geld bekommen. Die Berliner können sich helfen; die kennen sich untereinander als ziemlich geriebene Leute. (Heiterkeit.) Die Herren sprechen mir viel zu theoretisch; — ich bin zufälliger Weise auch ein Mann der Landwirthschaft, und deshalb habe ich eben diesen Punkt hereingebracht, nicht weil er mich interessirt, — ich helfe mir anders.

M. H., ein Antrag, wie er hier gestellt ist, wird sein Lebtag im Reichstage nicht angenommen; es geht kein Mensch darauf ein, daß der Vermiether von landwirthschaftlichen Grundstücken nicht ein Vorrecht haben soll. Ich will Ihnen einfach den Beleg geben. Die Herren sprechen immer davon, es habe der Miether einfach das Geld da und könne es vorausbezahlen. Der Landwirth zahlt keinen Pfennig voraus, im Gegentheil, der Landwirth, auch der solide Landwirth, kann nur dann bezahlen — das kann ich Ihnen bestätigen, weil ich selbst Grundbesitzer bin; ich spreche aber nicht pro domo, sondern pro re, die Sie, glaube ich, nicht kennen, — nachdem er geerntet hat, nach Umständen erst ein Jahr, nachdem er geerntet hat, und mit Ihrem Paragraphen würden Sie den soliden Landwirth einfach ruiniren, denn das Ergebniß Ihrer Ansicht wäre einfach, daß Jedermann sich mit einem großen Faustpfande versichern würde; Sie würden rein das Gegentheil von dem erreichen, was Sie erstreben, Sie würden die Landwirthschaft ruiniren. (Sehr richtig!)

Ganz ähnliche Verhältnisse giebt es aber auch außerhalb der Landwirthschaft. Nehmen Sie die kleinen Städte! M. H., Sie bewegen sich immer nur in Ihrem großen Berlin, von da sollen alle Sonnenstrahlen ausgehen und dahin alle zurückkehren. Ich lebe auch in einer großen Stadt, in Leipzig, das ungefähr $^1/_8$ so groß ist, nachdem wir uns auch noch Nachbarorte annectirt haben, aber die Verhältnisse liegen da so, daß Sie es bei diesem Pfandrecht zu belassen haben, sowohl für den Miethzins, als auch für den Pachtzins.

Mögen Sie die Aufhebung des Pfandrechts heute beschließen: es wird nicht angenommen beim Landwirthe. Aber auch was den Miethzins anlangt: das Pfandrecht des Vermiethers ist nicht ein römisches Ueberbleibsel, sondern es liegt in der Natur der Verhältnisse. Eine Wohnung zu haben, ist die Grundbedingung der Existenz, und deshalb wird eine vernünftige Gesetzgebung dem Vermiether für seine Forderung ein Vorrecht schaffen, wenn auch nur für kurze Zeit, aber ein Vorrecht muß bestehen, sonst sind die Leute in der Lage: entweder sie müssen ein Faustpfand bestellen, oder der Vermiether muß auf den Miether so aufpassen, daß der Mann grün vor Aerger wird und schließlich doch Gefahr läuft, hinausgesetzt zu werden. Nicht wegen des Vermiethers müssen Sie das Pfandrecht schaffen, sondern wegen des Miethers! (Bravo!) Meines Erachtens sind Ihre Ansichten zu theoretisch, um sich in der Praxis zu bewähren.

Ich habe in meinem Antrage eine Beschränkung des Antrags der beiden Herren Referenten eingefügt, ich gehe nämlich noch weiter in Gewährung des Pfandrechts; ich habe Ihnen vorgeschlagen: in dem Antrag der beiden Herren Referenten den Absatz 2 „daß ferner das Pfandrecht nicht wegen aller künftigen Forderungen, sondern nur wegen künftigen Mieth- und Pachtzinses zu gewähren,“ zu streichen. Ich lege einen so großen Werth nicht darauf, aber ich will das praktisch illustriren, — die

Herren wissen das vielleicht nicht aus der Praxis. Ich will von meinem Pachtverhältnisse sprechen.

Jeder Verpächter hat gewisse Beziehungen zu seinem Pächter; die bestehen in einer Reihe von Umständen, wo gewisse Verbindlichkeiten außerhalb des eigentlichen Pachtzinses entstehen können. Es entstehen z. B. gewisse Forderungen wegen Beschädigungen: da wird ein Rain ruinirt, ein Baum umgehauen, der nicht umgehauen werden soll. Sie müssen sich das Pachtverhältniß denken auf 8 bis 12 Jahre, — nicht auf kürzere Zeit, sogar bis auf 18 Jahre. Da erwachsen nothwendiger Weise viele Entschädigungsforderungen aus dem Pachtverhältnisse, und ferner wird in jedem Pachtvertrage festgestellt, daß für den Minderpachtzins bei abermaliger Verpachtung, welche durch Auflösung des Pachtvertrages nöthig wird, eingestanden werden muß. Was nützt nun dem Verpächter die bloße Möglichkeit, daß er das Pachtverhältniß auflösen kann? Vielleicht muß er es unter ungünstigen Zeitverhältnissen auflösen und bekommt dann weniger als zuvor. Es wird keiner ein solcher Thor sein, sich in diese Lage zu versetzen. Also sage ich ganz einfach: Sie dürfen das Pfandrecht nicht streichen, aber Sie dürfen es auch nicht beschränken auf die Forderungen an Mieth- und Pachtzins, sondern müssen es ausdehnen auf alle künftigen aus dem Mieth- und Pachtverhältniß entstehenden Forderungen. Deshalb empfehle ich Ihnen: lassen Sie es bei dem wohlüberlegten und wohlmotivirten Antrage Ihrer Herren Referenten, streichen Sie aber hierbei den Absatz 2: „daß ferner das Pfandrecht nicht wegen aller künftigen Forderungen, sondern nur wegen künftigen Mieth- und Pachtzinses zu gewähren.“

Rechtsanwalt **Boyens** (Stettin): Es hat der Juristentag es stets zu seiner Regel gemacht, daß er sich auf socialpolitische Experimente nicht einläßt, sondern nur ein Votum dafür abgiebt, gewissermaßen Zeugniß dafür ablegt, daß über diesen oder jenen Punkt eine Volksüberzeugung vorhanden sei, die in seinem Ausspruche sich kund thue. Von diesem Gesichtspunkte aus ist es ganz gewiß richtig, daß die Beweislast auf Seiten derjenigen Antragsteller liegt, die die bisherige Gesetzgebung, die ein paar Jahrtausende bestanden hat, ändern wollen. Zum Nachweis einer derartigen, dem Bestehenden entgegentretenden Volksüberzeugung nun ist meiner Meinung nach so gut wie gar nichts vorgebracht worden. Wenn einer der Herren Redner ausgeführt hat, daß die vorgeschlagene Aenderung zusammenhänge mit den staatssocialistischen Plänen, die unter der Aegide des Herrn Reichskanzlers seit einer Reihe von Jahren im Gange sind, so bin ich der Meinung, daß der Herr Reichskanzler selbst sehr verblüfft sein muß, wenn er hier von den Herren als Autorität herangezogen wird, oder — nehmen die Herren mir es nicht übel, wenn ich es sage: daß man sich in dieser Frage an seine Rockschöße hängt.

Wenn man wirklich den armen Miethern helfen will, so muß in ganz anderer Weise geholfen werden. Es mag etwas Berückendes in dem Gedanken liegen, so durch einen kleinen Federstrich im Gesetz Wohlthaten austheilen zu können. Aber so liegt die Sache durchaus nicht. Will man den armen Miethern helfen, so muß das z. B. so geschehen, wie in Belgien, wo jetzt ein Arbeiterwohnungsgesetz angenommen worden ist, das darauf hinausgeht, den Bau von Arbeiterwohnungen zu erleichtern und aus öffentlichen Mitteln ganz bedeutende Beträge dafür einzusetzen. Das Gesetz bestimmt im Wesentlichen, daß in jedem Kreise ein Ausschuß eingesetzt wird, der die Aufgabe hat, die Anlage von Arbeiterwohnungen zu fördern, die Ueberlassung derselben gegen jährliche Abzahlung zu vermitteln und die Wohnungsverhältnisse der arbeitenden Klassen fortlaufend zu untersuchen, ferner, daß auf bestimmte Zeit aus den Sparkassen Zuschüsse und Darlehne zum Zwecke der Erbauung von Arbeiterwohnungen zu geben seien.

Das ist in der That derjenige Staatssocialismus, der unter der Aegide unseres Herrn Reichskanzlers eröffnet worden ist.

Es führt mich diese Betrachtung der Arbeiterwohnungen gerade auf den Gegenstand meines Antrags.

Es haben die Herren Referenten, auf deren Standpunkt ich im Wesentlichen stehe, zwei Beschränkungen des gesetzlichen Pfandrechts des Vermiethers vorgeschlagen: einmal wollen sie mit dem Entwurfe des bürgerlichen Gesetzbuches die unpfändbaren Sachen ausnehmen, und dann wollen sie das Pfandrecht zeitlich beschränken. Ich habe den Antrag gestellt, die beiden Beschränkungen fallen zu lassen.

Es ist bereits in der Debatte wiederholt — und mit Recht — hervorgehoben worden, daß man gerade, wenn man die unpfändbaren Sachen ausschließt, dem Pfandrechte seinen Werth nimmt und für fast 90 Procent der wirklichen Ausübung des Pfandrechtes tabula rasa schafft. Nun habe ich aber in der ganzen Debatte eine wirkliche Begründung dieser Ausschließung durchaus vermißt. Es wird immer gesagt: es ist menschenwürdig, daß man den Leuten das Unpfändbare läßt, und der Entwurf sagt: die Beschränkung auf pfändbare Sachen muß auch hier bestehen, weil es sich um ein gesetzliches Pfandrecht handelt, und man ein gesetzliches Pfandrecht nicht weiter erstrecken kann, als die Sachen der Pfändung unterliegen. Das ist ein ganz doctrinärer Grund. Augenblicklich besteht das Pfandrecht zweifellos — das ist anerkannt — auch bezüglich der unpfändbaren Sachen, es kann aber der Vermiether die unpfändbaren Sachen nur zurückhalten und auf diese Weise einen Druck auf den Miether ausüben.

Es würde sich allerdings darum handeln, diesen etwas unfertigen Zustand fortzubilden. Es kann nicht davon die Rede sein, das Zurückbehaltungsrecht an unpfändbaren Sachen in der jetzigen Weise fortbestehen zu lassen, weil die Sache doch schließlich einmal einen Ausgang haben muß; wenn der Vermiether die Sachen auch zurückbehalten kann, so dürfen sie doch nicht verkauft werden, und sie bleiben also bis in alle Ewigkeit liegen. Es muß also ein Ausweg gefunden werden, und den finde ich darin, daß der Verkauf der Sachen gestattet werden soll, nachdem dem Miether noch eine gewisse Frist zur Einlösung der Sachen gegeben worden ist.

Ich habe diesen Gesichtspunkt in den „Gutachten aus dem Anwaltstande über den Entwurf eines bürgerlichen Gesetzbuchs" dahin verwerthet, einen Zusatz zum § 521 vorzuschlagen, der dahin geht, daß

> das Pfandrecht auf diejenigen Sachen, die von der Pfändung ausgeschlossen seien, mit der Maßgabe auszudehnen sei, daß dem Miether die Wiedereinlösung binnen 3 Monaten gestattet sei.

In dem Antrage, den ich hier gestellt habe, habe ich dasselbe, nur nicht eine bestimmte Frist vorgeschlagen.

Es ist mir darauf erwidert worden, daß, wenn der Miether schon so weit reducirt sei, daß man ihm unpfändbare Sachen genommen, er auch nicht die Mittel zur Wiedereinlösung haben würde. Es ist dies aber unrichtig. Es ist sehr häufig der Fall, daß gerade ein solcher Mann sich wieder emporarbeitet, und wenn er die Möglichkeit hat, sein nothdürftigstes Hab und Gut durch einigen Fleiß wieder einzubringen, wird er es auch thun. In der Praxis sind mir wiederholt solche Fälle vorgekommen. Ich habe insbesondere wiederholt gesehen, daß Handwerker ihre Hobelbänke und sonstige Werkzeuge wieder ausgelöst haben; während sie erst als Meister gearbeitet hatten, haben sie nach Zurückbehaltung ihrer Werkzeuge eine Zeit lang als Geselle, oder mit geliehenen Werkzeugen gearbeitet und so viel verdient, daß sie die Miethe zahlen und ihr Handwerkszeug wieder einlösen konnten.

Wenn man das Pfandrecht an unpfändbaren Sachen aufhebt, so werden gerade die alleräußersten socialen Uebelstände eintreten können und müssen. Was wird die Folge sein? Einer der Herren Redner hat gesagt, es wäre eine offene Frage, was an die Stelle treten solle, ein anderer hat gesagt, es müsse die Pränumeration an die Stelle treten.

Wie wird sich nun bei den Arbeiterwohnungen die Sache entwickeln? Herr Reichsgerichtsrath W i e l a n d t hat mit Recht den Herren vorgeworfen, daß sie hauptsächlich nur gewisse, ihnen bekannte Verhältnisse Berlins in Betracht ziehen. Es hat einer der Herren gesagt: „Was wird der Vermiether mit einem solchen armen Menschen anfangen? Er wird froh sein, wenn er ihn los ist; das sind nur subalterne Geister, die sich daraus etwas machen." — Das mag ganz richtig sein, wenn ich ein großes Haus habe und als einzigen armen Miether meinen Portier, der bei mir für geringe Miethe wohnt. Wenn der nicht zahlt, so werde ich ihn freilich laufen lassen und auf eine Zurückbehaltung seiner Sachen verzichten. Aber nun nehmen Sie einmal unsere Arbeiterviertel — ich bin aus Stettin, wo es in den Vororten Häuser giebt mit 40 bis 50 Arbeiterwohnungen. Da kann der Hauswirth, dessen ganzes Vermögen in dem Hause steckt, nicht sagen: ich bin froh, daß ich die Kerls los bin, — dann ist er überhaupt fertig. Man kann nicht sagen, daß er ein subalterner Geist ist, wenn er sein Recht geltend macht. Was wird nun ein Solcher bei Beschränkung des Pfandrechts auf pfändbare Sachen, die der Arbeiter meistens nicht besitzt, thun? Er wird die Pränumeration fordern, und die werden die Arbeiter auf einen längeren Termin nicht leisten können, denn das sind solche Leute, die von der Hand in den Mund leben, die, wenn sie überhaupt eine Pränumeration leisten können, höchstens auf einen Tag vorausbezahlen können. Es wird also schließlich dahin kommen, daß die Leute wie die Vögel auf dem Dache sitzen; es werden die Miethstermine kleiner werden, sie werden von einem Monat auf eine Woche oder gar auf einen Tag zusammenschmelzen, und schließlich sind die Leute fortwährend von der Exmission bedroht. Gerade im Interesse des armen Mannes, den die Herren so fürsorglich unter ihre Fittige nehmen wollen, bitte ich, das Pfandrecht in dem bisherigen Umfange beizubehalten.

Die zweite Beschränkung, welche die Herren Referenten einführen wollen, ist die in Betreff des künftigen Miethzinses. Da ist zu erwähnen, daß die Concursordnung ein anderes Mittel kennt, um den zweifellos vorliegenden Schäden allzu lange dauernder Miethsverträge vorzubeugen, Schäden, die nicht gerade für den Miether bestehen, sondern für die Gläubiger des Miethers. Die Anträge der Herren Referenten wollen nicht für den Vermiether sorgen, sondern für die übrigen Gläubiger des Miethers.

Ich bin der Meinung, die Concursordnung hat richtig vorgesorgt, indem sie für den Fall des Concurses das Kündigungsrecht einführt, und in ähnlicher Weise ließe sich auch außerhalb des Concurses helfen. Ich habe in dem vorerwähnten Gutachten den Vorschlag gemacht, daß derjenige Gläubiger, der die Sachen gepfändet hat, auf die der Vermiether einen Anspruch macht, das Recht haben solle, sich den Miethsanspruch überweisen zu lassen mit der Wirkung, daß er dann das Recht habe, den Miethsvertrag an Stelle des Miethers zu kündigen und auf diese Weise zur Aufhebung zu bringen. Ich habe nach dieser Richtung hin keinen Antrag gestellt, ich will nur sagen, daß die Beschränkung, die die Herren Referenten in dieser Beziehung einführen wollen, eine unnöthige ist, daß auf andere Weise geholfen werden kann und muß.

Ich empfehle Ihnen also die Anträge der Herren Referenten mit den von mir beantragten Modificationen.

Präsident: Es würden nunmehr die Herren Referenten das Schlußwort zu erhalten haben.

Referent Amtsrichter Dr. **Bunsen** (Rostock): Im Interesse der Sache, glaube ich, liegt es, daß wir auf das Schlußwort verzichten, zumal da jeder sich doch wohl seine Meinung gebildet haben wird.

(Dr. Koffka (Berlin) erklärt sich damit einverstanden.)

Präsident: Dann schließe ich die Debatte. Ich frage zunächst die Herren Referenten, ob sie damit einverstanden sind, daß statt „Ehefrau" gesagt wird „der andere Ehegatte".

(Einverstanden.)

Ich bringe zunächst zur Abstimmung den Antrag Dr. Fuld, und dann den Antrag der Herren Referenten. Für den Fall, daß der Antrag Dr. Fuld angenommen wird, ist alles Uebrige erledigt. Wird dagegen der Antrag der Herren Referenten angenommen, so würden dann die Unteranträge zur Abstimmung kommen.

Der 1. Theil des Antrages Dr. Fuld:

Der Juristentag wolle beschließen:

das gesetzliche Pfandrecht des Vermiethers ist zu beseitigen,

wird abgelehnt, ebenso der 2. Theil:

das gesetzliche Pfandrecht des Verpächters ist zu beseitigen.

Präsident: Es kommen nun die Anträge der Herren Referenten zur Abstimmung unter Vorbehalt der Abstimmung über die Unteranträge.

Reichsgerichtsrath **Wielandt** (Leipzig): Zur Fragestellung! Meines Erachtens ist es nicht richtig, über den ganzen Antrag der Referenten abzustimmen und dann erst über die Unteranträge. Wenn der Antrag der Referenten angenommen wird, ist mein Antrag schon gefallen.

Präsident: M. H., es ist nicht möglich, daß wir ganz parlamentarisch verfahren; das haben wir nie gethan. Es handelt sich nur darum, ob der Antrag der Herren Referenten in seinen Grundzügen angenommen wird; je nach dem Ausfalle der Abstimmung über die einzelnen Unteranträge modificiren sich dann die Anträge der Herren Referenten von selbst. So ist die Sache aufzufassen.

Der Antrag der Referenten wird hierauf angenommen.

Derselbe lautet nunmehr:

Antrag der Referenten zur Frage 8.

Es empfiehlt sich, das gesetzliche Pfandrecht des Verpächters und Vermiethers beizubehalten, und zwar in der diesem Rechte im § 521 Abs. 1 bis 4 des Entwurfes e. b. G. gegebenen Gestaltung und mit folgenden Maßgaben:

1. daß einmal das Pfandrecht für den künftigen Miethzins, falls der Vertrag nicht mehr auf ein Jahr läuft, auf die Zeit bis zu seinem Ablaufe, andernfalls auf das laufende Kalenderjahr und ein darauf folgendes Jahr zu gewähren;
2. daß ferner das Pfandrecht nicht wegen aller künftigen Forderungen, sondern nur wegen künftigen Mieths- und Pachtzinses zu gewähren;
3. daß endlich der Verpächter und Vermiether nicht berechtigt ist, der Entfernung der Pfandsachen zu widersprechen, sofern so viele Pfandsachen auf dem Mieths- resp. Pachtgrundstücke zurückbleiben, als zur Deckung der Forderungen, für welche das Pfandrecht gewährt wird, hinreichen;
4. daß dagegen das Pfandrecht auch auszudehnen ist auf die dem anderen Ehegatten und den Kindern des Schuldners gehörigen eingebrachten Sachen, solange die häusliche Gemeinschaft derselben mit dem Schuldner dauert.

Der Antrag Wielandt, welcher gerichtet ist auf Streichung des Punktes 2 des Antrages der Referenten, wird sodann abgelehnt.

Der Unterantrag Dr. Scherer, wonach das Pfandrecht des Vermiethers auch auszudehnen ist auf die eingebrachten Sachen Dritter, die unpfändbaren Sachen ausgenommen, wodurch sich der Punkt 4 des Antrages der Referenten modificiren würde, wird ebenfalls abgelehnt.

Der Antrag Boyens:

die Anträge der Referenten nach Streichung der ersten Maßgabe und unter Einschaltung folgenden Absatzes anzunehmen:

Das Pfandrecht auch auf diejenigen Sachen, welche von der Pfändung ausgeschlossen sind, mit der Maßgabe auszudehnen, daß dem Miether binnen einer zu bestimmenden Frist die Wiedereinlösung gestattet wird,

wird sowohl, was die beantragte Streichung, als auch, was die beantragte Ausdehnung des Pfandrechts auf Sachen, die von der Pfändung sonst ausgenommen sind, betrifft, abgelehnt. Dadurch erledigt sich von selbst die beantragte Modification bezüglich der Wiedereinlösung.

Dr. **Horwitz** (Hamburg) zieht seinen Antrag zurück, ebenso Assessor **Lewinsohn** (Berlin) seinen noch nicht formulirten Antrag.

Präsident: Sonach ist der Antrag der Herren Referenten mit der von ihnen genehmigten Modification im Punkt 4 angenommen.

Ich schlage vor, dieses Resultat dem Plenum zur Kenntnißnahme mitzutheilen.

(Amtsrichter Dr. Bunsen erklärt sich bereit, im Plenum zu referiren.)

Dr. **Fuld** (Mainz) beantragt, die Sache dem Plenum zur Berathung vorzulegen, es wird jedoch dieser Antrag abgelehnt.

Vor Inangriffnahme eines weiteren Gegenstandes macht der Präsident darauf aufmerksam, daß 9 Vertrauensmänner von der Abtheilung zu wählen sind. Dieselben sollen in der morgigen Sitzung gewählt werden.

Hierauf schlägt der Präsident vor, nunmehr den Punkt 6:

> „Ist das durch § 574 des Entwurfs eines bürgerlichen Gesetzbuchs zugestandene Pfandrecht des Werkmeisters an beweglichen Sachen auch auf unbewegliche Sachen zu erweitern und in welcher Gestalt?“

in Berathung zu nehmen.

Reichsgerichtsrath **Wielandt** (Leipzig): (Zur Geschäftsordnung.) Ich halte diesen Gegenstand für so wichtig, daß ich glaube, er sollte mit frischen Kräften verhandelt werden, aber nicht heute bei vorgerückter Zeit, wo es vielleicht nicht mehr möglich ist, ihn erschöpfend zu erörtern.

Nachdem auch der Referent für Punkt 6, Justizrath Levy (Berlin), sich für Verschiebung des Gegenstandes ausgesprochen, erklärt sich die Versammlung für den Antrag des Prof. Dr. Fischer (Greifswald),

> Punkt 7: „Wie soll der Satz: „Kauf bricht nicht Miethe“ im Falle der Subhastation modificirt werden?“

in Behandlung zu nehmen.

(Senatspräsident Dr. von Stößer (Karlsruhe) übernimmt den Vorsitz.)

Referent Reichsgerichts-Senatspräsident Dr. **Drechsler:** Ich möchte den Beweis liefern, daß auch diese an sich sehr wichtige Frage kurz behandelt werden kann. Ich erinnere die Herren daran, daß wir uns auf den Standpunkt des Beschlusses des Stettiner Juristentages stellen müssen, des Beschlusses nämlich, daß der Satz: „Kauf bricht nicht Miethe“ in das B. G. B. aufgenommen werde.

Ich bemerke nun — und dazu veranlaßt mich auch die Erfahrung bei der vorigen Sache —, daß, wenn ich von Miethe rede, immer die Pacht mit gemeint ist.

Es war insbesondere wohl auf meine Veranlassung, daß die Frage, welche uns jetzt beschäftigt, zur Erörterung gezogen worden ist. Ich machte darauf aufmerksam, daß bei freiwilligen Verkäufen die Frage nicht so schwierig sei, es würde jedenfalls dafür Sorge getragen werden, daß die Verkäufer sich für den Fall des Verkaufs des Grundstücks durch Contracte mit dem Käufer sicherten, damit sie nicht in Schaden geriethen, wenn demnächst Ansprüche gegen sie erhoben würden. Für den Fall der Subhastation aber ist die Sache schwieriger, und ist nicht so leicht zu erledigen, als es den Anschein hat.

In den beiden vortrefflichen Gutachten über diese Frage finden Sie die Einzelheiten dargestellt. Es würde zu weitläufig sein, heute auf dieselben einzugehen. Sie werden die Gutachten gelesen haben, und wenn das nicht geschehen ist, so empfehle ich Ihnen dies. Sie werden dann finden, daß die Gesetzgebungen der meisten Länder sich bei Lösung dieser Frage in der größten Verlegenheit befunden haben, und sie sind zum Theil inconsequent geworden. Bloß eine Gesetzgebung muß ich ausnehmen, die ist sehr consequent, aber meiner Ansicht nach nicht nachahmungswürdig: das französische Recht macht keinen Unterschied bei der Subhastation, das läßt den Satz „Kauf bricht nicht Miethe" auch zu bei der Subhastation, der Zwangsversteigerung, nur mit der Modification, die durch ein Gesetz von 1855 eingetreten ist: wenn ein über 18 Jahre dauernder Contract vorliegt.

Inconsequent ist Oesterreich und Preußen. In Preußen ist es am auffallendsten, da wahrscheinlich gerade das preußische Recht die Veranlassung war, daß dieser Satz „Kauf bricht nicht Miethe" so großen Anklang fand. Preußen läßt den Miether unbedingt zurücktreten im Falle der Zwangsversteigerung und dehnt auch die Fälle der Zwangsversteigerung noch weiter aus, als nöthig ist, und der einzige Grund, der sich in den Materialien findet, ist der: es würden sonst viele Licitanten vom Bieten abgehalten werden, wenn die Miethe bestehen bliebe.

Wenn man nun aber den Satz „Kauf bricht nicht Miethe" annimmt, so wird meiner Ansicht nach noch viel mehr ausgesprochen, als gewöhnlich gedacht wird: es wird dadurch ausgesprochen, daß der Miethvertrag nicht bloß ein Rechtsverhältniß zwischen dem Vermiether und dem Miether begründet, sondern in der That ein dingliches Recht an dem Grundstücke.

Schon das römische Recht legte gewissen Verpachtungen und Vermiethungen nicht bloß die Wirkung einer obligatio bei, sondern die eines dinglichen Rechts: die Pachtung des ager vectigalis wurde immer als dingliches Recht aufgefaßt, ebenso — und das ist das Auffallende — die superficies, obgleich der zu Grunde liegende Vertrag, namentlich bei der superficies, häufig ein Miethvertrag war. Also die Möglichkeit, ein dingliches Recht durch einen Miethvertrag zu erzeugen, ist durchaus nicht ausgeschlossen und gar nicht inconsequent.

Herr Oberlandesgerichtsrath Jäckel meint, es wäre deshalb von dem Entwurfe des B. G. B. der Grundsatz „Kauf bricht Miethe" angenommen worden, weil ein solcher Miethvertrag nicht entstehen könnte als dingliches Recht, es müßte immer ein obligatorisches Verhältniß zu Grunde liegen. Wie ist es aber in der That? Soll der Satz „Kauf bricht nicht Miethe" eine Wirklichkeit und Realität werden, so muß man dem Miether nicht bloß Besitzschutz gewähren, sondern den Schutz eines dinglichen Rechts. Darauf will ich aber nicht weiter eingehen.

Nun ist die Frage: wie soll sich die Gesetzgebung gegenüber den entgegenstehenden Interessen verhalten? Die Regelung von Pacht und Miethe ist eine der wichtigsten Aufgaben der Gesetzgebung. Es ist mit Recht gesagt, daß die wirthschaftliche Bestimmung der Grundstücke die Benutzung derselben ist. Wenn dieselbe durch den Eigenthümer nicht möglich ist und nur durch Miether und Pächter geschehen kann, so muß Miether und Pächter geschützt werden, und die Gesetzgebung muß für die Dauer der Contracte Vorsorge treffen. Die Gesetzgebung muß eine solche Gestalt haben, daß die Dauer der Miethe gesichert ist, sonst entspricht das Gesetz den wirthschaftlichen Interessen nicht. Dies ist für den Fall der freiwilligen Veräußerung auch anerkannt worden.

Aber das Recht des Miethers tritt im Falle der Zwangsversteigerung in Collision mit den Anforderungen des Realcredits. Wie soll der Gläubiger, welcher seine Eintragung betreibt, dem Miether gegenüberstehen? Es ist bei wohl geordnetem Hypothekenwesen nicht möglich, den Miethcontract zu sichern, wenn er nicht eingetragen ist. Es lassen sich aber die verschiedensten Formen finden, die eine größere Sicherung gewähren, als wenn man für den Fall der Subhastation den Grundsatz aufhebt.

Der Antrag, den ich gestellt habe, schließt sich an die Gutachten der beiden Herren Referenten an, insbesondere an dasjenige des Herrn Prof. Fischer. Ich habe, abweichend von der Gepflogenheit des Juristentages, bloß Grundsätze zu beschließen, mich etwas in die Details mit dem Antrage hineinbegeben, weil ich der Meinung bin, daß sonst die Sache nicht verständlich ist.

Wollen Sie also die Einzelheiten des Antrages ins Auge fassen.

Es ist meiner Ansicht nach die Miethe eines Grundstücks ganz wohl aufzufassen als ein durch einen Vertrag mit dem Eigenthümer constituirtes Recht, durch welches das Grundstück in der Weise belastet wird, daß dessen Eigenthümer dem Miether die Benutzung gestatte und die mit dieser Gestattung verbundenen Leistungen zu machen habe, also ähnlich einer Reallast. Damit ist zugleich gegeben, daß bei Veräußerung des Grundstücks der neue Erwerber in dieses Rechtsverhältniß eintritt.

Es ist also nicht so aufzufassen, daß der bisherige Vermiether noch im Contract bleibt, wenn das Grundstück veräußert wird, sondern es liegt von vornherein im Abschluß des Miethcontractes für diesen Fall vorausgedacht und bedungen das Ausscheiden des Vermiethers und das vollständige Eintreten des Käufers in den Contract, ganz wie es beim dinglichen Rechte der Fall ist. Damit wird das Miethrecht zu einem dinglichen Rechte erhoben.

Sollen aber dingliche Rechte nach der Gesetzgebung nur wirksam werden durch Eintragung in das Grundbuch, so folgt von selbst, daß der Vermiether, der ein solches dingliches Recht constituirt, die Eintragung zu gestatten habe. Das ist meiner Ansicht nach das Entscheidende. Wenn wir nicht beschließen: sobald du einen Miethcontract abschließest, mußt du die Eintragung in das Grundbuch gestatten, dann beschließen wir gar nichts. Die Ansicht, daß eine rechtliche Verpflichtung zur Eintragung nicht bestehe, sondern daß die Eintragung von der Genehmigung des Vermiethers abhänge, würde keine Wirkung haben; da würde im Falle der Zwangsversteigerung nichts erreicht. Aber es ist nicht nöthig, daß diese rechtliche Verpflichtung vom Gesetze für alle Fälle ausgesprochen wird. Es ist bei der Regelung der Zwangsversteigerung schon durch die Gesetzgebung dafür gesorgt, daß in jedem Falle — das haben selbst die Gesetze, die den Grundsatz „Kauf bricht Miethe" angenommen haben, z. B. das sächsische Gesetzbuch, anerkannt — das Miethrecht erst endigt mit Ablauf der gesetzlichen Kündigungs- oder Räumungsfrist.

Wenn gesagt ist, daß, falls man dem Miether das Recht gäbe, sich eintragen zu lassen, eine Belastung der Behörden, eine Belastung des Grundbuchs eintreten würde, und außerdem der Kostenpunkt in Betracht käme, so ist das für die regelmäßigen Fälle, wo auf Kündigung gemiethet oder gepachtet wird, nicht der Fall. Es wird niemand Eintragung eines solchen Rechtes begehren, wenn es ihm nicht im Falle der Zwangsversteigerung Vortheil bringt. Das Bedürfniß der Eintragung und das Bedürfniß, das Recht genau festzustellen, ist nur vorhanden bei Miethverträgen, die nicht auf Kündigung, nicht auf kurze Zeit, sondern auf eine bestimmte Anzahl von Jahren abgeschlossen sind. Das ist besonders der

Fall bei der Miethe von Geschäftslocalitäten, an welche sich ein bestimmter Kundenkreis gewöhnt hat, und dann bei der Pacht von größeren Grundstücken. Nur in diesen Fällen wird von der Befugniß zur Eintragung thatsächlich Gebrauch gemacht werden, denn in den übrigen Fällen gewährt die Eintragung keinen Vortheil, und weil sie keinen Zweck hat, wird sie auch nicht begehrt werden. Damit ist auch das Bedenken wegen der Belastung der Grundbuchbehörde und des Grundbuchs, sowie wegen des Kostenpunktes erledigt.

Uebrigens würde Beides für mich kein entscheidendes Moment sein. Ich bin der Meinung, daß, wenn die Gesetzgebung es für nothwendig erachtet, daß ein Recht in bestimmter Form nur bestehen kann — die Kostengesetzgebung sich dem fügen muß. Das ist in der That auch in vielen Ländern beachtet worden. Und daß die Geschäftsüberbürdung keinen Gegengrund abgeben kann, — wir haben ja leider Erfahrungen nach anderer Richtung in neuerer Zeit gemacht, — scheint mir auch zweifellos.

Nun folgt aber meiner Ansicht nach weiter, daß, wenn eine Eintragung auf einseitigen Antrag des Miethers geschehen soll, dem Vertrage eine schriftliche Form gegeben werden muß; denn es muß im Grundbuche der Inhalt des Miethvertrages vollständig feststehen, und das kann nur in schriftlicher Form geschehen, und zwar, wenn die Bewilligung nicht erklärt wird von Seiten des Vermiethers, sondern die Eintragung auf Grund eines einseitigen Antrags des Miethers — wie z. B. jetzt schon im Königreich Sachsen — erfolgen kann, so kann es nur eine öffentliche Form des Miethvertrags sein. Wie gesagt, wird aber die Eintragung nur in solchen Fällen eintreten, wo das Bedürfniß vorliegt, bei längeren Pacht- und Miethperioden.

Meine Anträge lauten:

1. Die in das Grundbuch eingetragenen Gläubiger sind berechtigt, den zwangsweisen Verkauf des Grundstücks ohne Rücksicht auf den bestehenden Miethvertrag zu begehren, falls das Miethrecht nicht eingetragen oder später eingetragen ist. Das Miethrecht endigt in diesem Falle mit dem Ablauf der gesetzlichen Kündigungs- oder Räumungsfrist.

Ich bemerke hierzu, daß es sich nur um die eigentliche Zwangsversteigerung handelt, auf Antrag eines Gläubigers oder im Concurse, daß es aber bei der freiwilligen, durch den Concursverwalter vorgenommenen Veräußerung, die unsere Concursordnung kennt, bei der Veräußerung durch den Benefizialerben und Nachlaßverwalter, sowie bei der Veräußerung zum Zwecke der Auseinandersetzung der Miteigenthümer, die das preußische

Recht wunderbarer Weise auch als Zwangsversteigerung bezeichnet, einfach bei dem Grundsatze „Kauf bricht nicht Miethe" verbleibt, und zwar, weil bei der Veräußerung der Benefizialerben und Nachlaßverwalter, wenn der Nachlaß sich nicht als solvent erweist, es zum Concurse kommt, und bei der freiwilligen Veräußerung durch den Concursverwalter kein Grund vorhanden ist, warum dem nur persönliche Gläubiger vertretenden Concursverwalter mehr Rechte sollten gewährt werden, als dem Schuldner; auch ist ja der Concursverwalter vollständig in der Lage, über die bestehenden Miethcontracte Auskunft zu geben, so daß also ein Grund zur Abweichung gar nicht vorliegt.

2. Das eingetragene Miethrecht bleibt bestehen, wenn die Zwangsversteigerung auf Antrag später eingetragener oder nicht eingetragener Gläubiger erfolgt. Der neue Erwerber tritt in den Miethvertrag ein.
3. Ist der Miethvertrag in öffentlicher Urkunde errichtet, so ist auf den Antrag des Miethers das Miethrecht in das Grundbuch einzutragen.

Das ist das, worauf ich das meiste Gewicht lege. Also es wird, wenn der Miethvertrag in öffentliche Urkunde errichtet ist, damit implicite seitens des Vermiethers die Gewährung eines dinglichen Rechtes ausgesprochen; es wird dann von dem Antrage des Miethers abhängig sein, das Miethrecht durch das Grundbuch zu sichern.

4. Das nicht eingetragene Miethrecht ist im Falle einer Zwangsversteigerung anzumelden. Das angemeldete Miethrecht, sowie das in den Verkaufsbedingungen angezeigte Miethrecht bleibt bestehen (vgl. 2), wenn die Zwangsversteigerung auf den Antrag nicht eingetragener Gläubiger erfolgt.

Also die nicht eingetragenen Gläubiger müssen den Grundsatz „Kauf bricht nicht Miethe" anerkennen.

5. Bei der Zwangsversteigerung ist das Grundstück mit und ohne Uebernahme des Miethvertrags auszubieten. Das Miethrecht bleibt bestehen, wenn durch ein mit Uebernahme des Miethvertrags abgegebenes Gebot die vorgehenden Gläubiger befriedigt werden.

Das ist nur eine Konsequenz, aber diesen Satz könnte ich noch ergänzen. Ich bemerke, daß in jedem Falle der Versuch gemacht werden muß bei der Zwangsversteigerung, mit und ohne Bestehen der Miethcontracte auszubieten, daß sehr häufig ein höheres Gebot erreicht wird bei der Verpachtung, wenn der bestehende Pachtcontract vom Käufer mit übernommen werden kann, daß namentlich die eingetragenen Gläubiger das wünschen werden, weil, wenn sie in die Lage kommen, ihre Forderung durch Eintritt als Käufer zu retten, es ihnen vortheilhaft sein wird, den Miether oder Pächter zu behalten.

Das sind die Sätze, die ich als Modificationen des Satzes „Kauf bricht nicht Miethe" empfehlen möchte im Interesse des Realcredits, damit zugleich aber auch im Interesse einer Steigerung des Credits des Miethers.

Stellvertretender Vorsitzender, Präs. Dr. **von Stößer** (Karlsruhe): M. H., ich schlage Ihnen vor, daß Gelegenheit gegeben wird, zunächst in eine allgemeine Besprechung einzutreten und wenn entweder davon kein Gebrauch gemacht wird, oder die allgemeine Discussion als geschlossen betrachtet werden kann, zu den einzelnen Ziffern des Antrags des Herrn Referenten überzugehen.

Wenn Sie damit einverstanden sind, so eröffne ich zunächst die allgemeine Besprechung.

Rechtsanwalt Dr. **Scherer** (Leipzig): Soll der Grundsatz „Kauf bricht nicht Miethe" auch auf die Zwangsversteigerung ausgedehnt werden? Im rheinischen Rechtsgebiet besteht dieser Zustand seit 1807; folglich war Gelegenheit gegeben, im rheinischen Rechtsgebiete in dieser Beziehung Erfahrungen zu machen, und es sind in der That Mängel hervorgetreten und zwar insofern, als durch Vorauszahlung des Miethpreises und durch Cession des Mieth- und Pachtpreises die Realgläubiger im Falle einer Zwangsversteigerung geschädigt wurden.

Diesen Mißstand suchte das französische Transscriptionsgesetz vom 23. März 1855 in Art. 2 zu beseitigen, und zwar nach zwei Richtungen, indem dasselbe die Transscription vorschreibt: 1. der Miethverträge von mehr als 18jähriger Dauer und 2. aller Urkunden oder Urtheile, in welchen selbst bei Miethverträgen von kürzerer Dauer eine Quittung oder Cession betreffs einer Summe enthalten ist, welche einem nicht fälligen Mieth- oder Pachtzinse von drei Jahren gleichkommt. Dieses Gesetz hat sonach die Frage, ob Vorauszahlung von Mieth- oder Pachtgeldern dem die Zwangsversteigerung betreibenden Gläubiger entgegengesetzt werden könne, insoweit bejaht, als dieselben drei Jahre nicht übersteigen und transcribirt sind. Denjenigen Hypothekargläubigern, deren Hypothek zeitlich vor der Zeit der fraglichen Quittung bezw. Cession liegt, können die letzteren nicht entgegengesetzt werden.

Auf diese Weise ist ein ziemlich erträglicher Rechtszustand geschaffen; wenn auch der Miethvertrag einerseits bestehen bleibt, so wird andererseits der Miethzins vom Tage der Zwangsversteigerung an immobiliarisirt, d. h. zusammen mit dem Versteigerungserlös nach dem Hypothekengesetz vertheilt. Zu Gunsten der früher eingeschriebenen Hypothekargläubiger wird zwar der Miethvertrag nicht aufgelöst, wohl aber werden denselben die Einkünfte aus demselben gesichert.

Das französische Gesetz von 1855 erkennt sonach dasselbe Princip an, welches auch dem Vorschlage des Herrn Referenten zu Grunde liegt: die früheren Hypothekargläubiger sollen durch die späteren Mieth- und Pachtverträge nicht geschädigt werden.

Stellvertretender Vorsitzender Dr. **von Stößer** (Karlsruhe): Wünscht sonst jemand zur allgemeinen Discussion das Wort? — Da es nicht der Fall ist, erkläre ich die allgemeine Discussion für geschlossen, und wir gehen über zu Ziffer 1, wobei ich im Allgemeinen bemerke, daß, da Ihnen die einzelnen Ziffern gedruckt vorliegen, und sie auch vom Herrn Referenten wiederholt vorgelesen worden, ich sie nicht nochmals vorlesen werde.

Es liegt nun ein Antrag Meyer zu Ziffer 1 vor: anstatt des letzten Satzes, welcher lautet:

„Das Miethrecht endigt in diesem Falle mit Ablauf der gesetzlichen Kündigungs- oder Räumungsfrist“

zu sagen:

„Der Erwerber ist in diesem Falle berechtigt, die Aufhebung des Miethverhältnisses mit dem Ablauf der gesetzlichen Kündigungs- oder Räumungsfrist zu fordern.“

Justizrath **H. Meyer** (Berlin): M. H., ich glaube, der von mir gestellte Antrag ist mit zwei Worten motivirt. Der Satz des Herrn Referenten, wie er hier formulirt ist, giebt beiden Theilen das Recht, den Vertrag aufzuheben. Nun kann der Erwerber ein Interesse daran haben, wenn gute Miether im Hause sind, sie zu behalten, und dem Grundsatze entspricht es, daß das Recht, den Vertrag aufzuheben, nur dem Erwerber gegeben wird, für den Miether aber an und für sich durch die zwangsweise Veräußerung kein Recht auf Aufhebung des Vertrages entsteht. Es gilt das schon im heutigen preußischen Rechte, und ich meine, daß die von mir vorgeschlagene Fassung außer allen Zweifel stellt, daß der Miether durch den Wechsel der Person des Vermiethers, sei der Kauf freihändig oder zwangsweise, kein Recht erwirbt, sondern daß nur in Ausnahmefällen dem Vermiether das Recht zur Aufhebung des Vertrages eingeräumt wird.

Referent Reichsgerichts-Senatspräsident Dr. **Drechsler** (Leipzig): Der Herr Antragsteller meint, daß das Recht nicht ipso jure erlöschen soll. Ich verstehe das nicht. Lesen Sie doch nur den ersten Satz. Es sind ja gerade die Gläubiger berechtigt, den zwangsweisen Verkauf des

Grundstücks ohne Rücksicht auf den Miethvertrag zu begehren. Haben sie nun erklärt, es solle das Grundstück ohne Miethvertrag verkauft werden, so haben sie damit erklärt, daß der Miethcontract beendigt sein soll. Will der Käufer den Miether behalten, so muß er mit ihm contrahiren. Es soll ja gar nicht den Gläubigern ihr Recht beschränkt werden. Sie haben das Recht, zu sagen: der Miethcontract ist später eingetragen, wir verlangen, daß das Folium von späteren Eintragungen reingemacht wird. Damit sind alle nachstehenden dinglichen Rechte beseitigt. Erklären wir das Miethrecht für ein dingliches Recht, so muß es ebenso behandelt werden wie z. B. eine Servitut oder eine andere eingetragene Forderung. Das Miethrecht bleibt bestehen, wenn die vorgehenden Gläubiger befriedigt werden, und das Grundstück soll, auch wenn die Gläubiger nach Nr. 1 verlangen, daß ohne Rücksicht auf den bestehenden Miethcontract verkauft wird, doch ausgeboten werden mit oder ohne Uebernahme des Miethvertrags. Wird es nun ohne Uebernahme des Vertrags ausgeboten, und erst dadurch eine Befriedigung der Gläubiger erreicht, so ist davon nicht mehr die Rede, daß nun der Miethcontract als dingliches Recht noch bestehen bleiben kann.

Justizrath **H. Meyer** (Berlin): Noch ein einziges Wort. Ich glaube, es handelt sich in dem Antrage, den ich gestellt habe, im Gegensatze zu dem, was der Herr Referent gesagt hat, um das Recht des Miethers, und an und für sich beziehen sich alle Anträge, die der Herr Referent gestellt hat, auf das Recht des Vermiethers, resp. Gläubigers. In dem ersten Satze wird aber durch den Zusatz: „Das Miethrecht erlischt" dem Miether ein Recht eingeräumt, auf das er gar keinen Anspruch hat.

Stellvertretender Vorsitzender Dr. **von Stößer** (Karlsruhe): Darf ich nunmehr die Erörterung als geschlossen betrachten, so bitte ich diejenigen, welche den Antrag des Herrn Meyer unterstützen wollen, sich zu erheben. (Geschieht.)

Auf die so erfolgte Abstimmung stellt der Vorsitzende fest, daß der Antrag Meyer abgelehnt worden, und geht über zu Ziffer 2. Angenommen. — Ziffer 3. Angenommen. Ziffer 4.

Prof. Dr. **Fischer** (Greifswald): Ich möchte zu Nr. 4 mir bloß eine kleine Erläuterung ausbitten. Es heißt dort, daß das angemeldete Miethrecht im Ganzen bestehen bleibe, daraus könnte vielleicht geschlossen werden, daß das nicht angemeldete Miethrecht sofort erlöschen solle. Ich glaube aber den Herrn Berichterstatter dahin verstanden zu haben, daß bis zum Ablauf der gesetzlichen Kündigungs- oder Räumungsfrist auch in diesem Falle das Recht ohne Anmeldung bestehen bleiben solle.

Es dürfte sich das auch aus dem Zusammenhalt mit Nr. 1 ergeben. (Zustimmung seitens des Präsidenten Dr. Drechsler.)

Wenn das die Ansicht des Herrn Berichterstatters ist, so habe ich weiter nichts zu bemerken. Ich wollte nur von anderer Seite angeregte Zweifel beseitigen.

Stellv. Vorf. Dr. **von Stößer** (Karlsruhe): Ich habe das auch so aufgefaßt, und wird dem Herrn Antragsteller die Beurkundung zu Protocoll, daß seine Ansicht von dem Herrn Berichterstatter bestätigt worden ist, genügen. — Damit ist Ziffer 4 angenommen.

Wir gehen über zu Ziffer 5.

Wenn das Wort nicht begehrt wird, so erkläre ich auch diese Ziffer und damit den ganzen Antrag des Herrn Referenten für angenommen.

Ich darf wohl vorschlagen, daß auch dieser Beschluß der Abtheilung dem Plenum nur zur Kenntnißnahme vorgelegt wird und bitte den Herrn Berichterstatter, den Bericht zu übernehmen.

(Schluß der Sitzung 2 Uhr 10 Min.)

Zweite Sitzung der zweiten Abtheilung
am 12. September 1889,
Vormittags 9 Uhr.

Präsident Dr. **Drechsler:** M. H., wir vereinigen uns in der Erwartung, daß, wenn die Frage der Ehescheidung verhandelt sein wird, wir mehr Betheiligung finden werden. Wir müssen aber doch an die Geschäfte gehen trotz der augenblicklich geringen Betheiligung. Ich mache also den Vorschlag, zunächst die Frage Nummer 6 zu verhandeln und ersuche den Herrn Referenten, uns Vortrag zu erstatten.

Referent Justizrath **M. Levy** (Berlin): M. H.! Zum Verständniß der Frage, über welche ich die Ehre habe, Ihnen Bericht zu erstatten, will ich Folgendes vorausschicken. Der § 574 des Entwurfs eines bürgerlichen Gesetzbuchs bestimmt im Anschluß an § 41 Nr. 6 der Concursordnung: „Der Uebernehmer hat wegen einer Forderung für Arbeit und Auslagen ein gesetzliches Pfandrecht an den von ihm gefertigten oder ausgebesserten, noch in seiner Inhabung befindlichen beweglichen Sachen."

Wenn nun in Frage 6 verlangt wird eine Antwort darauf, ob das Pfandrecht des Unternehmers aus § 574 des Entwurfs eines bürgerlichen Gesetzbuchs auch auf unbewegliche Sachen auszudehnen sei, so kann das nach dem System des Entwurfs und dessen Regeln über die Entstehung von Pfandrechten an unbeweglichen Sachen nicht wörtlich zu nehmen sein; denn bekanntlich entstehen nach dem Entwurfe Pfandrechte an unbeweglichen Sachen nur durch Eintragung. Es kann also nur gefragt sein, ob die nach einzelnen deutschen Particularrechten bestehende Anwartschaft auf ein solches Pfandrecht des Werkmeisters an unbeweglichen Sachen, der sog. Pfandrechtstitel desselben, aufrecht zu erhalten, beziehungsweise in das bürgerliche Gesetzbuch aufzunehmen sei oder nicht. Ueber diese Frage sind zwei Gutachten erstattet worden; das eine von Herrn Kreisgerichtsrath Dr. Hilse in Berlin und das andere von Herrn Rechtsanwalt Dr. Staub zu Berlin. Beide Gutachten stimmen in der Bejahung der gestellten Frage überein, sie differiren aber in ihren Vorschlägen. In dem Staub'schen Gutachten wird vorgeschlagen, dem Werkmeister einen Pfandtitel in Gemäßheit der in den preußischen Gesetzen vorhandenen Bestimmungen zu gewähren und zwar dergestalt, daß er nur für seine fälligen Ansprüche das Recht haben soll, eine Sicherungshypothek auf das Grundstück seines Schuldners eintragen zu lassen und zwar nach Glaubhaftmachung seines Anspruches unter Vermittelung des Proceßrichters im Wege der einstweiligen Verfügung. Dagegen hat Herr Dr. Hilse vorgeschlagen, diesen Pfandtitel dem Werkmeister schon zu verleihen nach Inangriffnahme seiner Arbeiten, also noch bevor sein Anspruch fällig geworden, ja noch bevor er entstanden ist. Er will ihm also schon im Voraus eine Cautionshypothek gewähren mit der weiteren Maßgabe, daß schon auf bloße Anmeldung beim Grundbuchrichter eine solche zu Gunsten des Werkmeisters eingetragen werden soll. Als Cautel gegen diese etwas weitgehende Befugnisse schlägt er vor, daß der Antrag nur zulässig sein soll, solange nicht 6 Monate nach Fertigstellung der Arbeit verflossen sind, daß also ein späterer Antrag zurückzuweisen ist und daß der Grundbuchrichter verpflichtet ist, die Sicherungshypothek wieder zu löschen, falls nicht eine Requisition des Proceßrichters innerhalb einer bestimmten Frist auf Aufrechthaltung oder auf Umschreibung in eine definitive Hypothek eingeht. Die Begründung dieser Vorschläge ist in dem eingehenden Gutachten des Herrn Dr. Hilse etwa folgende. Nachdem er den bisherigen Rechtszustand ausführlich erörtert hat — ich werde darauf nachher bei meinem Votum zurückkommen, — glaubt er als Resultat dieser Erörterungen feststellen zu können, daß in dem überwiegend größten Theile Deutschlands der Baugewerksmeister, so nennt er den Werkmeister, der an unbeweglichen Sachen ein Werk vollendet, wegen seiner Ansprüche ein Recht auf abgesonderte Befriedigung im Concurse, aber auch außerhalb desselben einen zur Eintragung geeigneten Pfandtitel betreffs desjenigen Grundstücks hat, welchem die Arbeit und die Materialien zu gute kommen. Seine weitere Begründung ist nun theils eine theoretische, theils eine praktische, beziehungsweise eine wirthschaftliche. Zunächst macht er die Analogie des § 574, des gesetzlichen Pfandrechts an beweglichen Sachen geltend, indem er hervorhebt, daß der gesetzgeberische Grund für dieses Pfandrecht auch zutreffe bei unbeweglichen Sachen. Er findet den gesetzgeberischen Grund in dem Umstande, daß der Werkmeister durch das Gesetz gezwungen werde, vorzuleisten, was ja bei unbeweglichen Sachen ebenso zutreffe,, wie bei beweglichen. Er sucht namentlich an einzelnen Beispielen klar zu machen, welche Rechtsungleichheit entstehen würde, wenn bei unbeweglichen Sachen ein dingliches Recht versagt würde, das bei beweglichen Sachen gewährt wird. Dabei hebt er hervor, daß die Stellung des Werkmeisters bei unbeweglichen Sachen nach dem b. G. E. eine ungünstigere sei, als bei beweglichen, indem hinsichtlich der Gewährleistungspflicht der Werkmeister schlechter gestellt sei; er hafte für Mängel 1 Jahr, beziehungsweise 5 Jahre, während die Gewährleistungspflicht bei beweglichen Sachen auf 6 Monate beschränkt sei. Weiter findet er auch darin eine ungünstigere Stellung des Werkmeisters bei unbeweglichen Sachen, daß der § 568, 1 auf den Werkmeister bei unbeweglichen Sachen, d. h. deutlicher ausgedrückt, auf Bauwerke keine Anwendung finden solle. In § 568, 1 ist nämlich bestimmt, daß, wenn der Uebernehmer eines Werkes die Verpflichtung übernimmt, aus einem von ihm selbst zu liefernden Stoffe ein Werk herzustellen, dann überhaupt nicht die Grundsätze vom Werkvertrag, sondern die Grundsätze vom Kauf zur Anwendung kommen sollen. Dann macht § 568, 2 für Bauwerke eine Ausnahme, und darin findet Dr. Hilse eine besondere Erschwerung der Stellung des Werkmeisters bei unbeweglichen Sachen. Weiter macht er dann geltend, daß der Werkvertrag nach dem Gesetzentwurfe vollständige Formfreiheit genieße, daß also die Interessenten schwerlich sich dazu verstehen würden, schriftlich, oder gar notariell, oder gerichtlich einen Vertrag zu schließen, da sie ja auch ohne solche Formen denselben Zweck erreichen könnten. Es sei also sehr schwierig, für den Werkmeister vom Bauherrn die Bestellung einer Caution zu fordern, weil nach dem Verkehr es üblich sein werde, von der Formfreiheit Gebrauch zu machen und nach § 828 des Entwurfs, so meint Dr. Hilse, es unbedingt nothwendig würde, notarielle oder gerichtliche Bauverträge zu schließen, um ein dingliches Recht, eine Caution oder eine Sicherungshypothek an dem zu bebauenden Grundstücke zu erlangen. Wirthschaftlich weist er dann hin auf die ungünstige Lage des Baugeschäfts an sich, namentlich in großen Städten, wo die Concurrenz das Baugeschäft sehr beeinträchtigte, und ferner darauf, daß die Lasten der Kranken- und Unfallversicherungsgesetze sehr schwer auf dem Gewerbe ruhen. Er findet einen sehr großen Werth in dem Pfandrechtstitel für den Werkmeister an sich, zumal da ein Arrestgrund häufig nicht vorhanden und jedenfalls immer schwierig nachzuweisen ist. Er beruft sich in Bezug auf den Werth des Pfandrechtstitels auf die Aeußerungen der Interessenten selbst. Er ist der Vertreter eines solchen Vereins von Bauinteressenten und citirt einen Beschluß der deutschen Baugewerksmeister vom 4. September 1888, in dem von den Interessenten die Bewilligung eines solchen Pfandrechts gefordert worden ist. Er macht dann zum Schluß noch geltend, daß der öffentliche Glaube des Grundbuchs der Bewilligung eines solchen Pfandtitels nicht im Wege stehen könne, da es sich nicht um ein Pfandrecht selbst, sondern nur um einen Titel, nach preußischem Rechte also um ein Recht zur Sache handele. So weit Dr. Hilse. Herr Dr. Staub hat sich kürzer gefaßt. Er findet die Vorschriften, welche im bisherigen Rechtszustande einen solchen Pfandrechtstitel gewährten, durchaus folgerichtig und zweckmäßig; folgerichtig deshalb, weil sie doch eigentlich nur der Ausdruck dessen seien, daß niemand um den Lohn für seine Arbeit gebracht werden soll, was leicht geschehe, wenn der Werkmeister gezwungen würde, das auszuhändigen ohne jede Sicherheit, was er zu liefern verpflichtet ist, ohne dafür Zug um Zug eine Gegenleistung zu erhalten, und das sei bei unbeweglichen Sachen weit wichtiger als bei beweglichen. Die Zweckmäßigkeit der Vorschriften will er namentlich aus der Praxis herleiten. Es habe das Institut bisher niemals zu Klagen Veranlassung gegeben, gestört habe es nur den Schwindler, für die Handwerker habe es nur segensreich gewirkt.

Nun, m. H., ich bedaure sehr, daß ich den Herren Gutachtern, wie Sie aus meinem Antrage ersehen können, nicht beitreten kann. Was zunächst den bestehenden Rechtszustand betrifft, so handelt es sich hier nicht um ein tausendjähriges Institut, wie das Pfandrecht des Vermiethers an den Illaten des Miethers, das wir gestern besprochen haben, um einen alten ehrwürdigen Stamm unseres Rechtes, an den wir nicht ohne Noth die Hand anlegen, sondern es handelt sich um ein verhältnißmäßig sehr junges Institut und um ein solches, welches keineswegs in ganz Deutschland Wurzel gefaßt hat. Die Quelle desselben ist bekanntlich das allgemeine preußische Landrecht, und zwar § 991 I, 11. Dort ist bestimmt, im Anschluß an das ganze damals herrschende System des Concurses, in welchem nach Stufenfolgen Vorrechte für verschiedene Klassen von Gläubigern bestanden, daß der Werkmeister im Concurse des Bauschuldners ein bestimmtes Vorrecht nach einer bestimmten Klasse haben soll, und in einem folgenden Paragraphen ist dann gesagt, er sei dann auch schon vor Ausbruch des Concurses befugt, dieses sein Vorrecht auf das Grundstück des Schuldners auf einseitigen Antrag eintragen zu lassen. Nachdem nun die Concursordnung vom Jahre 1855 alle diese Vorrechte beseitigt hatte, hätte man glauben sollen, daß dieses Vorrecht des preußischen allgemeinen Landrechtes auch beseitigt sei, denn die Eintragung desselben ist ja doch nur ein Mittel zur Geltendmachung des gewährten Rechtes. Wenn das Recht selbst fortfällt — so möchte jeder Jurist meinen — müßte auch das Mittel zur Geltendmachung desselben beseitigt sein, indessen das Obertribunal hat sich auf einen anderen Standpunkt gestellt und in einem Streitfalle angenommen, daß trotz der Aufhebung des Vorrechtes die Geltendmachung desselben, das Recht auf Eintragung desselben, nach

§ 972 des allgemeinen Landrechtes bestehen bleibe, und danach hat sich fernerhin die preußische Praxis gerichtet. Aus dem preußischen Rechte ist nun dieser Pfandrechtstitel in erweiterter Gestalt übernommen in das bayerische Hypothekengesetz vom Jahre 1822. Dort wird er nicht allein dem Werkmeister gewährt, sondern überhaupt dem Baumeister, Bauunternehmer und anderen Arbeitern wegen der für Errichtung, Wiederherstellung und Ausbesserung von Gebäuden, Canälen und anderen Werken entstandenen Forderungen, desgleichen auch denjenigen, welche dazu Materialen geliefert haben. Also nicht bloß dem Werkmeister, sondern überhaupt jedem Lieferanten, jedem Verkäufer von Steinen und Holz zu einem Bau wird hier das Recht gewährt, sich ein Pfandrecht eintragen zu lassen. In gleicher oder ähnlicher Weise ist dann das Württembergische Pfandgesetz vom 15. April 1825 vorgegangen. Außer diesen particularrechtlichen Bestimmungen ist nur noch das französische Recht zu erwähnen. Nach Artikel 2103 des Code civil ist der Werkmeister befugt, unter gewissen Voraussetzungen ein solches Hypothekenrecht vormerken zu lassen. Es muß ein Sachverständiger, der von der Obrigkeit ernannt wird, zunächst den Zustand des Grundstückes vor der Arbeit protocollarisch feststellen, und es muß nach vollendeter Arbeit binnen einer Frist von 6 Monaten eine erneute Feststellung und Abschätzung erfolgen. Indessen schon nach dem Zeugniß von Puchelt ist dieses Institut, dem man es ja auf den ersten Blick ansehen kann, daß es unpraktisch ist, nicht in Uebung gekommen, und dieses Zeugniß wird mir bestätigt von allen praktischen Juristen aus dem rheinischen und französischen Gebiete, die ich danach fragte. Es scheidet also von dem überwiegenden Theile des Deutschen Reichs, welches Dr. Hilse für sich geltend macht, jedenfalls das Gebiet des französischen Rechtes aus. Für dieses müssen wir sagen: es besteht actuell ein Pfandrechtstitel des Werkmeisters an unbeweglichen Sachen nicht, denn derselbe ist mit solchen Cautelen umgeben, daß er nicht zur Geltung gelangen kann.

Ob die Gebiete des preußischen A.L.R., der bayerischen und württembergischen Hypothekengesetze geographisch den überwiegenden Theil des Deutschen Reiches ausmachen, kann dahingestellt bleiben. Jedenfalls gilt das Institut in einem beträchtlichen Theile des Deutschen Reiches nicht. Man wird deshalb lediglich nach sachlichen Motiven untersuchen müssen, ob dieser Pfandrechtstitel des Werkmeisters noch aufrecht zu erhalten, beziehungsweise in diejenigen Gebiete einzuführen ist, in welchen er nicht besteht und in welchen er, wie man mir vielfach versichert hat, bisher noch nicht vermißt worden ist. Auffallend finde ich es allerdings, daß die Motive des B.G.E. über das Institut sich in Schweigen hüllen, und es ist mir dadurch die Aufgabe nicht erleichtert worden, den Standpunkt des Entwurfes zu vertheidigen, indessen das kann uns von einer objectiven Prüfung nicht abhalten.

Was zunächst die Analogie des Pfandrechts an beweglichen Sachen betrifft, so meine ich, daß dieselbe doch nicht vollkommen zutreffend ist. Zunächst erlaube ich mir, darauf aufmerksam zu machen, in Erinnerung der schon angeführten Bestimmung des § 568, 1, daß dieses Pfandrecht an beweglichen Sachen in allen den Fällen gar nicht in Frage kommt, in welchen der Uebernehmer sich verpflichtet hat, aus einem von ihm selbst gelieferten Stoffe das Werk herzustellen, (der bei Weitem häufigste Fall), weil in diesem Falle die Grundsätze des Kaufes zur Anwendung kommen, und das Eigenthum der Sache vor der Tradition noch gar nicht auf den Käufer übergegangen ist, man müßte denn von einem Pfandrechte an der eigenen Sache sprechen. Es bleiben also nur diejenigen Fälle übrig, in welchen der Werkmeister einer beweglichen Sache einen ihm übergebenen Stoff bearbeitet oder nur unerhebliche Zuthaten gemacht hat. Daß in einem solchen Falle das Werk nur Zug um Zug ausgeliefert zu werden braucht, ist einestheils im Entwurfe selbst bestimmt; der Besteller, heißt es im § 573, hat die ihm obliegende Gegenleistung nach Herstellung des Werkes bei der Abnahme desselben zu bewirken. Der Werkmeister der beweglichen Sache ist also schon durch § 573 davor geschützt, daß er nicht anders als Zug um Zug zu erfüllen hat. Darum kann auch das ihm verliehene Pfandrecht nicht den Satz treffen oder ersetzen sollen, daß Zug um Zug erfüllt werde. Andererseits erfordert der Verkehr in der Regel, daß die Sache erst abgeliefert wird, daß erst der Besteller nach der Ablieferung der Sache prüft, ob die Arbeit in Ordnung sei, ob das Werk so beschaffen ist, wie er es bestellt hat und wie er es zu erwarten berechtigt ist. Nach Ablieferung der Sache aber steht dem Uebernehmer, dem Werkmeister überhaupt ein Pfandrecht nicht mehr zu, sondern nur solange er sie inne hat. In der That also ist das Pfandrecht an beweglichen Sachen nur auf äußerst wenige Fälle beschränkt, und es ist eigentlich wirksam nur im Falle des Concurses, wenn es zufällig geschehen ist, daß das Werk vor dem Concurse nicht fertig geworden ist oder nicht zur Ablieferung gekommen ist. In diesem Falle hat es für den Werkmeister den Werth, daß er gegenüber anderen Gläubigern des Gemeinschuldners nunmehr ein Absonderungsrecht im Concurse geltend machen kann. Schon aus diesen Gründen, glaube ich, ist das Pfandrecht an beweglichen Sachen ganz anders geartet und kann nicht als Analogie für einen Pfandrechtstitel an unbeweglichen Sachen geltend gemacht werden. Der gesetzgeberische Gedanke bei dem ersteren scheint mir auch der zu sein: da nach dem

Standpunkte der heutigen Doctrin ein Pfandrecht an beweglichen Sachen ohne Gewahrsam des Gläubigers durch freie Vereinbarung in der Regel nicht herzustellen ist, so würde der Werkmeister einer beweglichen Sache ohne den Schutz des gesetzlichen Pfandrechts nicht in der Lage sein, sich ein Sicherungsmittel an der ausgelieferten Sache verschaffen zu können. Ganz anders verhält es sich bei unbeweglichen Sachen. Hier kann in jedem Falle ein Sicherungsmittel geschaffen werden schon vor Beginn des Werkes durch Eintragung einer Cautionshypothek, und ebenso gut nach Beendigung des Werkes. Was Dr. Hilse hinsichtlich der Rechtsungleichheit auf Seite 228 des betreffenden Bandes anführt, scheint mir durchaus nicht correct zu sein. Er sagt nämlich: „Wenn ein Miether Maschinen zu seinem Gewerbebetriebe anfertigen läßt, um solche für die Dauer seines Miethbesitzes in der gemietheten Werkstatt zu verwenden, so unterliegen diese der Zwangsvollstreckung in das bewegliche Vermögen und dienen dem Werkmeister zur Sicherung seines Anspruches für Werklohn", und er weist darauf hin, daß dem Werkmeister gegenüber dem Eigenthümer des Grundstückes nach dem Entwurfe die gleiche Sicherung nicht zustehen würde. Aber der erste Satz stimmt mit § 568 Abs. 1 unter der Voraussetzung nicht überein, daß die Maschinen von einem Uebernehmer aus Stoffen hergestellt worden sind, die er selbst geliefert hat, was ja unzweifelhaft die Regel sein wird. Und zweitens ist der Satz nur richtig unter der Voraussetzung, daß die Maschinen nicht abgeliefert sind. Nach Ablieferung der Maschinen steht der Werkmeister auch dem Miether gegenüber nicht besser als dem Eigenthümer und vor der Ablieferung, also bevor die Maschinen Theile einer unbeweglichen Sache geworden sind, hat er auch gegen den Grundeigenthümer das gesetzliche Pfandrecht des § 574. Also von dieser vermeintlichen Rechtsungleichheit kann theoretisch ein Grund nicht hergenommen werden, dem Werkmeister einen Pfandrechtstitel an unbeweglichen Sachen zu geben. Viel scheinbarer ist der Grund, daß der Werkmeister an unbeweglichen Sachen gezwungen ist, vorzuleisten, daß in dem Momente, wo er die Arbeit verrichtet hat, das Resultat, das Product seiner Arbeit nicht mehr seiner Verfügung unterliegt. Alles, was er baut, baut er auf fremdem Grund und Boden. Es wird dort sofort Eigenthum des Grundstückseigenthümers, und es steht nicht in seiner Gewalt, die Sache zurückzuverlangen. Indessen erzwungen wird ja die Vorleistung nicht. Einmal kann durch freie Vereinbarung eine Sicherheitsbestellung gefordert und gegeben werden, und andererseits können Theilzahlungen verabredet werden, so daß nach Herstellung von Theilen des Werkes immer bestimmte Raten abzuzahlen sind, und das ist auch nach meinen Erfahrungen in Uebung, namentlich in denjenigen Fällen, wo ein Pfandtitel nicht gewährt wird. Wenn im Gebiete des preußischen A.L.R. jemand lediglich Holz zum Baue liefert, so hat er einen Pfandrechtstitel nicht. Macht er dagegen etwas von Holz, was er in den Bau einfügt, verlegt er auch nur die Balken, so hat er einen Pfandrechtstitel. In der Praxis ist es oft schwierig, zu unterscheiden, ob der eine oder andere Fall vorliegt. Wenn es sich aber bloß um Lieferung von Material handelt, machen die Händler, wie ich aus eigener Praxis bezeugen kann, gegenüber solchen Bauherren, deren Sicherheit nicht ganz unzweifelhaft ist, ihre Lieferungen davon abhängig, daß ihnen eine Cautionshypothek bestellt wird. Das ist recht sehr im Gebrauche. Ebenso ist es fast allgemein Gebrauch, daß bei Bauverträgen nicht die ganze Bausumme bis zum Abschluß des Baues creditirt wird; die Baumeister sind gar nicht im Stande, so lange zu creditiren, ihre Vermögenslage ist in der Regel nicht so günstig, daß sie es können, vielmehr werden in den Bauverträgen meistens Theilzahlungen je nach Fortschreiten des Baues verabredet.

Weiter will ich bei diesem Abschnitt noch hervorheben, daß die Vorleistung, die das Gesetz dem Werkmeister auferlegt, doch nichts anderes ist, als was der thatsächliche Verkehr auf allen Gebieten fordert; überall wird creditirt, und überall ist es Gebrauch geworden, daß zunächst die Sache geliefert wird, und daß der Lieferant warten muß auf die Zahlung. Also darum den Werkmeister an unbeweglichen Sachen allein besser zu stellen, ihm einen Titel zur Hypothek zu gewähren, scheint mir theoretisch nicht richtig. Die ungünstigere Stellung des Baumeisters hinsichtlich der Gewährspflicht, halte ich für ganz unerheblich, sie folgt aus der Natur der Sache. Die Fehlerhaftigkeit eines Baues zeigt sich sehr häufig erst nach Jahren, während bei beweglichen Sachen die Untersuchung eine viel leichtere ist. Ebensowenig scheint mir der Werkmeister einen Anspruch auf ein Privilegium aus dem Grunde zu haben, weil die Anfertigung eines Bauwerkes nach dem Gesetz nicht als ein Kauf angesehen werden soll. Damit sind aber die theoretischen Gründe, die Dr. Hilse für den Pfandrechtstitel des Werkmeisters an unbeweglichen Sachen geltend macht, erschöpft.

Ich komme nun zu den wirthschaftlichen Gründen. Dr. Hilse betont die große Concurrenz und die ungünstige Lage des Baugeschäftes. Er hat dabei wahrscheinlich die Verhältnisse in großen Städten, namentlich in Berlin im Auge, aber ich frage Sie, m. H., mit welchem Gewerbe theilt denn das Baugeschäft nicht diese ungünstige Lage?

Ueberall drückt die Concurrenz, und überall wird über die ungünstige Lage der Geschäfte geklagt. Die Lasten der Unfallversicherung und der

Krankenversicherung trägt das Baugeschäft doch nicht ganz allein! Anlangend den Werth des Pfandrechtstitels für den Werkmeister selbst, so bin ich der Meinung, und ich habe diese Meinung auch in der Erfahrung bestätigt gesehen, daß dieser Werth nur in seltenen Fällen hervortritt und meist sehr problematisch ist. Dr. Hilse giebt selbst zu, daß in denjenigen Fällen, wo der Bauhandwerker, bezw. der Baugewerksmeister es mit ungünstig situirten Schuldnern zu thun hat, in der Regel das Grundstück schon so belastet ist, daß eine Vormerkung nichts mehr hilft, und er weist sogar darauf hin, daß nach der Statistik diese Vormerkungen der Baumeister bei der Subhastation fast immer auszufallen pflegen. Daraus will er für die Begründung des Beschlusses der Baugewerksmeister zu Gunsten des Pfandrechtstitels etwas herleiten, jedoch, wie ich glaube, mit Unrecht. In der Praxis stellt sich die Sache so: Bei Bauherren, die mit eigenem Gelde ihr Grundstück bebauen, ist thatsächlich keine Veranlassung zu einer Sicherstellung des Werkmeisters. Nun sagt man freilich: es können sich während der Bauzeit die Verhältnisse des Bauherrn verschlimmern, und dann muß dem Baumeister ein Sicherungsmittel gewährt werden. Aber warum allein dem Baumeister? Genau dasselbe und mit demselben Rechte würde für jeden anderen Gläubiger gefordert werden können. Aus welchen Gründen soll den Baumeistern eine so privilegirte Stellung eingeräumt werden? Bei denjenigen Bauschuldnern, welche sich in ungünstigen Vermögensverhältnissen befinden oder ohne nennenswerthes eigenes Vermögen bauen, ist die Art und Weise der Sicherstellung der Bauhandwerker eine ganz andere, und es ist die Eintragung von Vormerkungen auf das Grundstück eines solchen Schuldners weder in Uebung, noch würde sie ihnen etwas helfen. Die Sache verhält sich in der Regel so: ein Bauunternehmer erwirbt ein Grundstück auf Credit. Auf diesem wird zunächst ein großer Kaufgelderrest eingetragen, denn eine Anzahlung wird gewöhnlich überhaupt nicht gemacht, oder sie ist eine höchst geringe. Sodann wendet er sich an einen Privatmann oder eine Bank um die Baugelder, d. h., die Mittel zu erlangen, den Bau auszuführen. Der Baugeldgeber wird auf das noch unbebaute Grundstück sicher gestellt mit einer Baugelderhypothek, und zwar wird gleich die ganze Summe des zu gewährenden Baugeldes hypothekarisch eingetragen. Die Baugelder werden dann so geleistet, daß je nach dem Fortschreiten des Baues die einzelnen Raten auszuzahlen sind. Um nun die Handwerker sicher zu stellen, die mit solchen Bauunternehmern ohne Sicherstellung in der Regel nichts zu thun haben wollen, pflegt der Bauunternehmer verpflichtet zu werden, von diesen Baugelderraten Theile an die betreffenden Handwerker zu cediren. Diese Theilabtretungen bilden ihre alleinige Sicherung. Es kommt natürlich vor, daß die Sicherung eine ungenügende ist, daß sie auch häufig ganz und gar fehlschlägt, namentlich wenn der Bauunternehmer mit seinem Bau ins Stocken geräth. Aber wenn das letztere nicht der Fall ist, dann pflegt hinterher bei der sogenannten Regulirung der Hypotheken der Handwerker zu seinem Gelde zu kommen und bezw. zu seiner Restforderung, weil er vorher in der Regel schon einen Theil der Baugelder erhalten hat. Gegenüber solchen Schuldnern mit Pfandrechtstiteln vorzugehen, mit einer Eintragung auf das Grundstück, verlohnt sich überhaupt nicht, zumal der Verkehr schon andere und geeignetere Auskunftsmittel gefunden hat. Ich glaube hiernach, daß der Werth des Pfandrechtstitels von den Interessenten selbst überschätzt wird. Um eine thatsächliche Uebersicht über die Anwendung und die Verwerthbarkeit desselben zu gewinnen, müßte ein großes statistisches Material gesammelt werden. Vielleicht giebt aber schon ein geringes statistisches Material aus meinem eigenen Bureau ein ungefähres Bild von der Sache. Es sind aus meinem Bureau im Jahre 1886 18, im Jahre 1887 27 und im Jahre 1888 34 Sachen, zusammen 79 Klagen herausgegangen, bei denen eine Eintragung für den Werkmeister zulässig gewesen wäre. In diesen Fällen ist im Jahre 1886 von dem Rechte 4 mal, im Jahre 1887 6 mal und im Jahre 1888 3 mal, im Ganzen also 13 mal Gebrauch gemacht worden. Ich halte das nicht für eine sehr große Zahl. Eintragungen sind nun allerdings auch nachgesucht worden, ohne daß es zum Proceß gekommen ist, und zwar im Jahre 1886 8 mal, im Jahre 1887 12 mal und im Jahre 1888 10 mal, zusammen 30 mal. Diese Eintragungen haben insofern zum Ziel geführt, als sich die Parteien in Folge derselben geeinigt haben, und ich komme nunmehr gerade zu einem Punkte, den ich im Gegensatze zu den Herren Gutachtern für sehr wichtig halte.

Der praktische Wert des Pfandrechtstitels für die Baumeister besteht nicht sowohl in der Sicherstellung gegenüber unsicheren Schuldnern, als vielmehr in der Pression, die ausgeübt wird gegen den Schuldner, um denselben zu einer schnelleren Bezahlung, oder bei Streitigkeiten, wie sie so häufig sich ereignen zwischen Baumeister und Bauherrn, zu Vergleichen im Interesse der Baumeister zu veranlassen.

Es ist klar, daß die Eintragungen von Vormerkungen, Sicherungs-Hypotheken und dergl. den Eigenthümer in den Operationen mit seinem Grundstücke geniren. Er wird häufig dadurch am Verkauf oder an der Aufnahme neuer Hypotheken, bezw. der Regulirung seiner gesammten Hypotheken-Verhältnisse gehindert. Er wird so gezwungen, sich mit dem Baumeister um jeden Preis zu verständigen, nur um die Vormerkung aus dem Grundbuchblatte herauszubringen. Dies führt natürlich zu großem

Mißbrauch. Es sind mir Fälle vorgekommen, in denen gelungen ist, durch Glaubhaftmachung der Lieferung und Angemessenheit der Preise eine sehr hohe Vormerkung auf das Grundstück des Bauherrn eintragen zu lassen, obwohl eine Forderung gar nicht mehr existirte, weil der betreffende Unternehmer bereits durch das Pauschquantum abgefunden war, welches ihm im Vertrage zugesichert worden war. In anderen Fällen hatte der Mißbrauch in der Weise stattgefunden, daß die Vormerkung gegen einen Eigenthümer erlangt, bezw. erschlich enwurde, mit welchem die Bauhandwerker gar nicht contrahirt hatten, der vielmehr den Bau einem Anderen in Entreprise gegeben hatte, von welchem die Bauhandwerker ihrerseits angenommen waren. In allen solchen Fällen ist es für den Eigenthümer äußerst mißlich, sich eine solche Vormerkung auf seinem Grundstücke gefallen zu lassen, bis es ihm im Processe gelingt, nachzuweisen, daß der Kläger überhaupt nichts zu fordern habe. Man kann sich hiernach freilich nicht darüber wundern, wenn die Bauinteressenten selbst einen gewissen Werth auf diesen Pfandrechtstitel legen, da er ihnen dazu dienen kann, auf den Bauherrn einen Druck auszuüben, der bisweilen gegen säumige Schuldner recht wohlthätig wirken mag, oft aber auch die Lage des Bauherrn rechtswidrig beeinträchtigt. Für die Gesetzgebung ist aber in allen Fällen kein Grund, einem solchen Pressionsmittel Vorschub zu leisten. Hierzu kommt nun noch, daß der Pfandrechtstitel unter den Bauhandwerkern selbst eine gewisse Concurrenz, einen Wettstreit herbeizuführen pflegt, bei dem der Eine zu kurz kommt gegen den Anderen, und ganz mit Unrecht. Ich nehme an, es sei der Bau so weit fortgeschritten, daß der Zimmermann seine Arbeiten schon geliefert hat, der Tischler aber nicht. Nun kommt der Zimmermann mit der Eintragung und nimmt alle Sicherheit fort, die etwa noch dem Tischler, Glaser und Maler hinterher gewährt werden könnte. Er nimmt das, was übrig bleibt von dem Grundstücke, ganz allein für sich in Anspruch und zwar nicht um deswillen, weil er der Fleißigste ist, sondern weil er zufällig der Erste ist, und der Erste sein mußte, der sich ein solches Pfandrecht nach der Natur der Sache erwerben konnte.

Noch auf einen Punkt, m. H., möchte ich Ihre Aufmerksamkeit lenken, der in den Gutachten nicht hervorgehoben worden ist, obwohl er zu Gunsten des Werkmeisters zu sprechen scheint. Der eigentliche Rechtsgrund des Pfandrechtstitels ist wohl darin zu finden, daß eine versio in rem stattgefunden hat, aber ich meine, es ist doch nicht allgemeiner Grundsatz, daß bei einer versio in rem dem Vertenten ein ganz bestimmtes Individualrecht zur Sache gewährt werde. Weshalb soll man also einen solchen Grundsatz in Fällen anwenden, wo er, wie ich glaube gezeigt zu haben, so leicht zu Mißbräuchen verleitet? Ich meine deshalb, daß überwiegende Gründe nicht für die Aufrechterhaltung, sondern für die Beseitigung des Privilegs sprechen. Wenn das Privilegium beseitigt werden wird, so werden die Interessenten die Augen aufmachen, es wird die Scheu fortfallen, einen schriftlichen Vertrag zu schließen und sich eine Caution bestellen zu lassen, wie wir dies in denjenigen Fällen beobachten können, wo schon jetzt ein Pfandrechtstitel nicht besteht. — Eventuell, meine ich, würde doch keinesfalls die Ausdehnung des Pfandrechtstitels auf bloße Lieferanten, wie dies im bayerischen und württembergischen Gesetze geschehen ist, für angemessen erachtet werden können. Weshalb soll ein Lieferant, der jeden Augenblick sagen kann: ich liefere nicht, wenn nicht gezahlt wird, — für seine Forderung einen Pfandrechtstitel bekommen, weil das Material zufällig in das Grundstück verwendet ist? Folgerecht müßte man auch den Geldgebern, denjenigen, die das Darlehn gewähren zu dem Zwecke, um bauen zu können, ohne sich ein solches Pfandrecht auszumachen, ebenfalls einen Pfandrechttitel gewähren. Ganz zu verwerfen würde m. E. endlich eventuell der Vorschlag des Herrn Dr. Hilse sein, daß schon nach Inangriffnahme der Arbeit die Eintragung zulässig sein soll. Ich will nur noch, bevor ich hierauf näher eingehe, in Bezug auf mehrere von Herrn Dr. Hilse geäußerte Ansichten einiges nachtragen, was mir, wie ich jetzt sehe, bei meinem Vortrage an der richtigen Stelle entschlüpft ist. Herr Dr. Hilse ist der Ansicht, daß in den überwiegenden Theilen von Deutschland auf Grund des jetzt bestehenden Rechtes dem Baugewerksmeister ein abgesondertes Recht auf Befriedigung im Concurse zustehe. Ich kann das durchaus nicht zugeben. Der Pfandrechtstitel ist nichts anderes, als ein Recht zur Sache; ein wirkliches Vorrecht ist es keineswegs, weder nach dem preußischen, noch nach dem bayerischen oder württembergischen Gesetze. Also sehe ich nicht ein, wie auf Grund eines bloßen Pfandtitels eine abgesonderte Befriedigung im Concurse schon jetzt gewährt werden kann. Ferner irrt Dr. Hilse auch in Bezug auf Artikel 828 des bürgerlichen Gesetzbuches. Er ist der Meinung, daß, um eine Sicherung der Werkmeister zu bewirken, es nothwendig sei, den ganzen Bauvertrag gerichtlich oder notariell abzuschließen. Das ist keineswegs der Fall. Der § 828 spricht nur von dem rein dinglichen Vertrage, d. h. von dem formellen Vertrage, in welchem Gläubiger und Schuldner übereinkommen, ein dingliches Recht an einem Grundstück zu bestellen, und die Grundbuchordnung bringt, wenn ich recht berichtet bin, noch insofern eine Erleichterung, als sie gestattet, daß schon auf einseitigen Antrag des Schuldners eine Hypothek eingetragen werden könne. Also die Procedur, der Eintrag einer Cautionshypothek ist eine durchaus einfache und gegenüber dem gegenwärtig in Preußen bestehenden Rechte durchaus nicht erschwert, jedenfalls nicht in solcher Weise, daß der Werkmeister dadurch abgeschreckt werden könnte, sich eine Caution bestellen zu lassen.

Nach dieser Abschweifung kehre ich zu den praktischen Vorschlägen der Gutachter zurück und komme damit auch zum Schluß. Ich meine, der Vorschlag des Dr. Staub ist, wenn Sie die gestellte Frage mit den Gutachtern bejahen sollten, der einzig richtige. Es müßte der Erlaß einer einstweiligen Verfügung beantragt und zu diesem Zweck der Anspruch glaubhaft gemacht werden. Auf Grund der einstweiligen Verfügung des Proceßrichters würde sodann die Sicherungs-Hypothek einzutragen sein. Aber es dem Grundbuchrichter zu überlassen, auf bloße Anmeldung für den Werkmeister eine Hypothek oder eine Vormerkung auf dem Grundstücke einzutragen, und sogar schon nach der bloßen Inangriffnahme des Werkes, das meine ich, giebt den Bauherrn der Willkür des Baumeisters vollständig preis.

M. H., ich empfehle Ihnen hiernach in erster Reihe die Aufhebung des Privilegiums nach meinem Antrage,*) eventuell aber die Procedur, wie sie Herr Dr. Staub vorgeschlagen hat. (Bravo!)

Präsident: Es ist ein Antrag von Herrn Dr. Staub eingegangen.

> Analog dem in § 574 des Entwurfes zugestandenen Pfandrechte des Werkmeisters an beweglichen Sachen ist demselben auch bei unbeweglichen Sachen wegen seiner Forderungen für Arbeit und Auslagen eine Sicherung zu gewähren.

Geh. Justizr. Prof. Dr. **Dernburg** (Berlin): Schon das römische Recht kannte den Vorzug wegen versio in rem namentlich der Bauherren. Das ist in die neueren Concursordnungen und Gesetze übergegangen. Obgleich die Organisation des modernen Pfandrechts dem Vorrechte der Bauleute hindernd entgegenstand, so hat sich nichtsdestoweniger dieses Vorrecht, wenn auch nur in einer sehr beschränkten Weise erhalten. M. H., der Gedanke ist von den Berichterstattern mit Recht hervorgehoben worden, welcher für dieses Vorrecht spricht, nämlich die versio in rem. Der Bauhandwerker hat das Grundstück verbessert, er hat neuen Werth geschaffen, gleichwohl geht er ohne das Vorrecht in unzähligen Fällen leer aus. Es kommt hinzu, daß es Aufgabe der Gesetzgebung ist, die redliche Arbeit möglichst zu schützen. Wir müssen ja gegenüber der Organisation unseres Pfandrechts zugestehen, dieser Schutz kann nur ein verhältnißmäßig geringer

---

*) Der Antrag lautet:
Das durch § 574 des Entwurfs eines bürgerlichen Gesetzbuch zugestandene Pfandrecht des Werkmeisters an beweglichen Sachen ist auf unbewegliche nicht auszudehnen.

sein; aber ich sehe nicht ein, warum, wenn Gründe für einen geringen Schutz sprechen, dieser beseitigt werden soll. Der Herr Vorredner hat uns vorgeführt, daß das Vorrecht auch zu Mißbräuchen führen kann. Das ist zweifellos. Schaffen Sie aber auch den Arrest ab? Kann dieser nicht auch zu Mißbräuchen führen? Der Berichterstatter hat gesagt, es kommt vor, daß ein Bauhandwerker mit einer ganz nichtigen, aus den Fingern gesogenen Forderung eine Eintragung erlangt. Nun, m. H., die Eintragung erhält er nur durch den Richter. Es handelt sich um eine Vormerkung, denn der Pfandrechtstitel selbst kann erst eingetragen werden nach einer Bewilligung oder rechtskräftigen Verurtheilung. Diese Vormerkung wird nur bewilligt, wenn der Anspruch glaubhaft gemacht ist. Warum soll der Bauhandwerker nicht der Nächste sein, um die Sicherheit, welche erreichbar ist, zu erhalten? Es handelt sich, sagt man, vorzugsweise um Berlin. Wenn die socialen Verhältnisse in Berlin ungesunde sind, wirkt das nicht auf das ganze Reich zurück? Wenn Sie die Berliner Verhältnisse überhaupt als nicht zu beachten ansehen, werden Sie keine entsprechende Gesetzgebung schaffen. Es wird für das ganze Deutsche Reich nicht gut sein, wenn die Berliner socialen Verhältnisse nicht die rechten sind. Es bestehen in Berlin und anderen großen Städten ganz entschieden Schäden. Es werden sehr häufig die Bauhandwerker um einen großen Theil ihrer Ansprüche verkürzt, wenn ich nicht sagen soll, betrogen. Sie bekommen Theilzahlungen, schließlich aber die letzte Rate wird ihnen nicht gezahlt. Also, m. H., es finden sich schwere Mißbräuche selbst unter dem jetzigen System. Nach meiner Meinung werden Sie, wenn Sie den Schutz, der besteht, seit das römische Recht sich herausgebildet hat, welcher in Deutschland recipirt ist, wenn Sie diesen Schutz streichen, noch größere Uebelstände schaffen, einen wichtigen Beruf in seiner Erwerbsthätigkeit verkümmern und der redlichen Arbeit Schaden bringen. Die redliche Arbeit zu schützen, ist aber eine Hauptaufgabe der Gesetzgebung.

Rechtsanwalt Dr. **Staub** (Berlin): M. H. Wie Sie aus meinem Gutachten und meinem Antrage ersehen haben, bin ich im Schlußergebniß entgegengesetzter Ansicht, wie der Referent, aber nicht nur im Endergebniß, sondern ich theile eine andere Auffassung über die ganze Art der Behandlung der Sache. Sehr richtig hat der Referent uns gestern, als es sich um die Frage des gesetzlichen Pfandrechts des Vermiethers handelte, gesagt: M. H., bedenken Sie, wir stehen hier nicht einem Nichts gegenüber, wir haben ein Institut, und es muß uns, wenn wir es abschaffen sollen, da es sich um die Codification bestehender Gesetze handelt, nachgewiesen werden, was für die Abschaffung spricht, ob in der That die Beibehaltung unerträglich ist. Nun Herr Levy hat sich in einen Wider=

spruch verwickelt, indem er heute die Sache anders behandelt. Er hat nun aber diesen Widerspruch abzuschwächen gesucht, indem er sagte, das gesetzliche Pfandrecht des Vermiethers sei ein ganz anderes Ding, das bestehe schon tausend Jahre. Dann hat er gesagt, das Institut, um das es sich hier handelt, bestehe nicht im ganzen Deutschen Reiche, nur in Preußen, Bayern und Württemberg; in Frankreich und Baden, wo man versucht habe, etwas Aehnliches herzustellen, habe man es so unglücklich gemacht, daß das ganze Institut außer Uebung gekommen sei. Ich meine, diese Gründe halten nicht Stich. Wir müssen uns daran halten, daß wir bestehendes Recht vor uns haben, und daß wir bei der Codification, um welche es sich handelt, zu prüfen haben, ob die bestehenden Rechte beizubehalten sind oder nicht. Das ist der Grundsatz, der ausgesprochenermaßen in dem Plane der Civilgesetzgebung uns vorgezeichnet ist. Die Redactoren hatten, wie es in dem Gutachten der Vorcommission des Bundesraths hieß, sorgsam zu prüfen diejenigen Vorschriften der Landesgesetzgebungen und der Reichsgesetzgebung, welche vom gemeinen Rechte abweichen. Wenn diese Institute unerträglich wären, wenn sie der Consequenz und der Zweckmäßigkeit widersprächen, sollten sie abgeschafft werden. Im Uebrigen seien sie zu codificiren, selbstverständlich können diese abweichenden Vorschriften der Landes- und Reichsgesetze nicht schon tausend Jahre gelten, denn es ist überhaupt erst hundert Jahre her, daß die Landesgesetze eingreifen; und daß die neue Reichsgesetzgebung eingreift, ist naturgemäß kaum 20 Jahre her. Dann bin ich auch der Ansicht, daß die Abschwächung Levy's, es sei das nicht ein ausgebreitetes Institut, nicht richtig ist. Wir müssen davon ausgehen: einmal Preußen hat das Institut seit 100 Jahren, sodann Bayern und Württemberg, schon an sich ein ziemlich ansehnlicher Theil Deutschlands. Aber ich streiche auch das Gebiet des französischen und des badischen Rechtes in keiner Weise; denn darauf kommt es hierbei nicht an, ob es diesen Gesetzgebungen gelungen ist, die Aufgabe, die sie sich gestellt haben, glücklich zu lösen. Ich glaube, bei dieser Frage kommt es nur auf den Geist, auf die Tendenz der Gesetze an. Die Tendenz des badischen Gesetzes und des code Napoléon gingen darauf, den Werkmeister zu sichern. Daß es dort nicht gelungen ist, daß das Geschaffene außer Uebung gekommen ist, ist eine andere Frage. Das könnte nur ein Antrieb für den neuen Gesetzgeber sein, der unbehülflichen Gesetzgebung zu Hülfe zu kommen. Wir haben also davon auszugehen, m. H., es ist gegenwärtig im größten Theile Deutschlands bestehendes Recht, daß zum Schutz des Werkmeisters an unbeweglichen Sachen eine Sicherung für seine Forderungen an Arbeit und Auslagen besteht, und zwar in der Form eines gesetzlichen Pfandrechtes.

M. H., der Herr Referent sagt weiter, das Institut hat sich nicht bewährt. Zum Beweise des Gegentheiles berufe ich mich zunächst auf die communis opinio. M. H., Dr. Hilse, mein Mitgutachter, von dem Herr Levy schon hervorgehoben hat, daß er Fühlung habe mit den Interessentenkreisen, und der wohl weiß, was diesen noth und wehe thut, hat in seinem ausführlichen Gutachten dieselbe Ansicht verfochten, wie ich sie vertreten habe, und nach dem Erscheinen unserer Gutachten hat auch Eugen Fuchs in einer ziemlich ausführlichen Broschüre über das Wesen der Dinglichkeit die Frage berührt und erklärt, daß es kein Zweifel sei, daß die Praxis des Lebens gebieterisch die Aufrechterhaltung des Werkmeisterpfandrechts fordere. Derselbe hat am Schlusse seiner Betrachtungen noch gesagt, der Entwurf habe sich eines Theils der Sympathieen dadurch beraubt, daß er neben anderen Instituten das Werkmeisterpfandrecht abgeschafft hat. Ich berufe mich ferner auf eine andere Autorität. Gierke, der zwar auf dem Standpunkte steht, daß im Allgemeinen die gesetzlichen Hypothekentitel abzuschaffen sind, fügt hinzu, mit unbilligem Radicalismus sei der Entwurf verfahren, wenn er das Institut des Werkmeisterpfandrechtes abschaffen will. Ich berufe mich aber nicht allein auf die communis opinio doctorum, sondern auch auf das, was die Baugewerksmeister beschlossen haben. Was die Laien in ihren Beschlüssen ausgeführt haben, hat nicht so wenig Werth, wie der Herr Referent meint, wenn sie auch Interessenten sind. Zu dem hat Hilse noch einen anderen Beschluß angeführt, den Beschluß des Architektenvereins in Berlin, der zu demselben Ergebniß gelangt ist, wie die Vereinigung der Baugewerksmeister. Dieser Beschluß des Architektenvereins scheint insofern unparteiisch zu sein, als die Mitglieder des Architektenvereins ebenso häufig Bauunternehmer sein werden, wie Bauausführer, also ebenso häufig Personen, zu deren Schutz das Institut gedacht ist, als Personen, gegen die das Rechtsmittel wirken soll. Nun könnte es ja freilich sein, daß sich alle bisherigen Gesetzgeber geirrt hätten, daß das preußische Recht sich geirrt hat, wenn es den Pfandrechtstitel eingeführt hat, daß Bayern unrichtige Vorstellungen hatte, wenn es Preußen gefolgt ist, und ebenso Württemberg und der code Napoléon. Es könnte sein, daß die Interessenten ihr wahres Interesse nicht verstehen, nicht wissen, was ihnen noth thut, daß es besser ist, wenn sie das Pfandrecht nicht bekommen; es könnte auch sein, daß die Autoritäten, die ich angezogen habe, sich geirrt haben. M. H., dann hätte aber Levy nachweisen müssen, daß das Institut abzuschaffen ist, weil es Mißständen bisher nicht gesteuert hat, vielmehr selbst überwiegend zu Mißbräuchen geführt hat; denn dann muß auch ein bestehendes Institut weichen. M. H., in dieser Beziehung aber habe ich eine Begründung beinahe ganz vermißt. Das einzige, was er von Mißbräuchen gesagt hat, war das: ich habe in meiner Praxis wahrgenommen, daß in einzelnen Fällen das Institut mißbräuchlich angewendet worden ist. Ja, m. H., Dernburg hat schon gesagt: „Das ist richtig, dann schaffen Sie auch den Arrest ab.“ Ich gehe noch weiter, ich sage jedes auxilium juris ist Mißbräuchen ausgesetzt. Dann müssen Sie den ganzen Civilproceß abschaffen, weil er zu Mißbräuchen führen kann, und vor Allem das Bestreiten des Beklagten. Wollen Sie überhaupt die Rechtsmittel den guten Leuten entziehen, weil sie von Bösgesinnten mißbraucht werden können? Ich meine, das ist nicht der richtige Standpunkt. Meint der Gesetzgeber, daß das Institut, das er im Auge hat, mißbraucht werden kann, so muß er es so gestalten, daß es davor möglichst gewahrt wird. Ich meine, Herr Levy hat nicht den Beweis geführt, daß das Institut unhaltbar und deswegen in die Codification nicht aufzunehmen sei. Was sonst Levy noch gesagt hat, ist m. E. zum Theil von Herrn Prof. Dernburg bereits widerlegt, Levy sagte: die freie Vereinbarung kann ebensogut wirken. Dann hat aber Levy, wie meistentheils freilich auch der Entwurf, immer nur einen geriebenen Mann im Auge gehabt, der auch in seiner Gegenpartei den geriebenen Mann sieht. Wenn sich solche raffinirte Leute gegenüberstehen, so wissen sie sich allerdings zu schützen. Aber die Frage ist die: wie ist zu helfen, wenn nichts vereinbart ist, wenn der Mann sorglos gewesen ist? wie helfe ich dem Schwächeren gegenüber dem Stärkeren, der nach seiner schwächeren wirthschaftlichen Lage Bedingungen nicht stellen kann, sondern bedingungslos arbeiten muß?

Wenn wir uns auf diesen Standpunkt stellen, müssen wir sagen: wir müssen dem Schwachen helfen, wir dürfen ihn nicht verweisen auf die freie Vereinbarung. Levy sagt weiter, der Werth des Instituts ist problematisch und zwar deshalb, weil die Grundstücke meist schon schwer belastet sind. Ich erwidere, daß es keineswegs werthlos ist. Dernburg sagte richtig: so viel Wohlthaten, wie wir können, müssen wir erweisen. Ein Bißchen Brot, wie Dernburg gestern sagte, kann nicht schaden, wo so viel Steine sind. In dieser Beziehung kann man sich sicherlich auf das Gutachten der Interessenten berufen, darauf was diejenigen, für die das Institut bestimmt ist, sagen. Wenn diese aus ihrer Erfahrung her uns erklären, sie halten das Institut für außerordentlich werthvoll, so wird es beizubehalten sein. Ich dieser Beziehung muß man sich auf die Herren verlassen, daß sie sich nicht bemühen werden um ein Rechtsinstitut, das absolut werthlos ist. Dann sagt Levy: das Privilegium ist ungerecht deshalb, weil es den Bauhandwerkern einen Vorzug vor anderen Lieferanten giebt. Aber ich meine, eine Ungerechtigkeit liegt nicht vor. Es schwebt mir der Fall vor, der Hauptfall, wo das Institut überhaupt zur Geltung kommt, daß der Bauherr, weil er in pecuniären Krach gekommen ist, das ganze Gebäude liegen läßt, und nunmehr stürzen die Gläubiger in Massen her und einer nach dem anderen sucht sich zu sichern. Was entspricht da mehr der Gerechtigkeit, als daß zunächst für die Sicherung derjenigen gesorgt wird, deren Schweiß im Grundstücke steckt, die den eigentlichen Werth des Grundstücks erzeugen halfen. Um auf den Werth des Instituts einen Augenblick zurückzukommen, so hat Levy gesagt, das Grundstück sei meist schon belastet, aber auf der anderen Seite hat er sich selbst geschlagen, indem er sagte, der eigentliche Werth liege nicht im Werthe der Hypothek, sondern in dem Drucke, der gegen den Bauherrn ausgeübt wird, der darin liege, daß der Bauherr, wenn eine Vormerkung wegen eines Handwerkerlohnes eingetragen sei, dann das Grundstück weder veräußern, noch weiter belasten kann. Niemand kauft ihm das Grundstück ab und giebt ihm einen Pfennig, solange wie diese häßliche Vormerkung da ist. Das ist der Druck. Levy hat das allerdings in seinem Referate als Ablehnungsgrund angeführt, ein solcher Druck sei ungerecht. Indessen jedes Rechtsmittel ist eine Waffe in der Hand des Einen, mit welcher der Widerstand des Anderen gebrochen werden soll. Daraus ist kein Grund für die Abschaffung herzuleiten. Ich resumire mich dahin, daß ein Grund gegen die Beibehaltung des Instituts, ein Grund für die Abschaffung des Instituts nicht vorliegt, und daß keine Veranlassung ist, von den landesgesetzlichen Vorschriften, welche im Gegensatz zum gemeinen Recht das Pfandrecht eingeführt haben, abzuweichen, diese nicht aufzunehmen in die beabsichtigte Codification. Sie werden nur die letzte Consequenz Ihrer Auffassung ziehen, wenn Sie sich ebenfalls für Beibehaltung des Instituts aussprechen. Sie haben im vorigen Jahre für den Satz „Kauf bricht nicht Miethe" sich ausgesprochen, weil er gegenwärtig im größten Theile von Deutschland gilt und kein Grund für die Abschaffung vorliegt. Sie haben gestern das gesetzliche Pfandrecht des Vermiethers und Verpächters beibehalten, weil es im größten Theile von Deutschland gilt und kein Grund vorliegt, es abzuschaffen, und Sie werden nur die geradlinige Consequenz Ihrer Anschauungen ziehen, wenn Sie sich heute meinen Ausführungen anschließen und sagen: es liegt kein Grund vor zur Abschaffung dessen, was im größten Theile von Deutschland gilt und sich gut bewährt hat. Ich könnte noch ein Wort über die Gestalt des Instituts verlieren. Ich habe den Punkt aber nicht berührt, weil ich der Ansicht bin, daß das eine cura posterior ist. Ich glaube, der Juristentag hat zunächst sich mit der Principienfrage zu beschäftigen. Wenn wir ihm das Princip nur geben, die Gestalt wird schon der Gesetzgeber finden.

Präsident: Ich mache darauf aufmerksam, daß eine sehr wichtige Frage, die Nr. 9, noch vorliegt. Es ist sonst auf den Juristentagen bei den vielen Meldungen zum Wort wegen der beschränkten Zeit immer Usus gewesen, daß den Präsidenten der Abtheilungen das Recht gegeben ist, den Redner auf 10 Minuten zu beschränken. Ich will das noch nicht thun, bitte aber die Herren, sich möglichst kurz zu fassen und nur neue Gesichtspunkte vorzubringen, die zur vollständigen Erschöpfung der Frage beitragen.

Rechtsanwalt Dr. **Scherer** (Leipzig): Ich bin erzogen in der rheinisch-französischen Praxis, woselbst dieses Pfandrecht besteht. Es ist richtig, daß es selten ausgeübt wird, aber es ist ebenso richtig, daß es ausgeübt wird. So ganz selten ist übrigens die Ausübung nicht; denn in Sirey-Gilbert, Les codes annotés, neueste Auflage (1883) zu Art. 2103 Nr. 4 (S. 736 der 3. Aufl.) sind nicht weniger als 18 Entscheidungen der französischen Appellhöfe und des Cassationshofs zu Paris auszugsweise mitgetheilt, in welchen die Streitfragen, zu welchen die betreffende Bestimmung des französischen Rechts Veranlassung gegeben hat, auf Grund praktischer Fälle entschieden wurden, die älteste vom 11. November 1824, die letzte von 1877.

Wenn die betreffende Bestimmung des französischen Rechts verhältnißmäßig selten angewandt wird, so ist dies auf folgende zwei Gründe zurückzuführen:

1. An sich wird dieselbe nur in großen Städten praktisch; denn nur hier kann der Boden durch die Aufführung eines Hauses in seinem Werthe erheblich gesteigert werden; nur hier werden sich daher Bauunternehmer finden, welche auf einem stark mit Hypotheken belasteten Grundstück ein Gebäude aufführen.

2. Außerdem pflegt sich im rheinischen Rechtsgebiet derjenige, welcher einen Bau aufführt, vorher eine Hypothek bei einer Sparkasse zu sichern. Dieselbe enthält regelmäßig die Bestimmung: Das Darlehen, für welches die Hypothek an dem Grundstück, auf welchem der Bau aufzuführen ist, bestellt wird, soll nach Maßgabe des Fortschreitens des Baues an den Bauunternehmer bezw. die Bauhandwerker ausbezahlt werden. Nach der herrschenden und unbestrittenen Ansicht hat diese Hypothek den Rang des Datums ihrer Eintragung, mag auch das Darlehen an den einzelnen Bauhandwerker auch noch so spät ausbezahlt worden sein. Dieselbe geht daher im Range denjenigen Hypotheken vor, welche zwischen der Eintragung und der Auszahlung der Gelder, für welche sie bestellt ist, entstanden sind. Daher hat der Bauunternehmer, falls nicht bereits zur Zeit der Bestellung der Hypothek das Grundstück, auf welchem der Bau aufgeführt wird, über seinen Werth belastet ist, gar kein Interesse daran,

das in Art. 103 Nr. 4 c. c. vorgesehene Verfahren einzuschlagen. Aber auf die Bildung der jetzt herrschenden Ansicht, welche mit Art. 2132 c. c. nicht leicht zu vereinbaren ist, war das in Art. 2103 Nr. 4 c. c. anerkannte Princip von ganz erheblichem Einfluß.

Der vorgebrachte Einwand, daß nach preußischem Recht derjenige Bauhandwerker alles wegnähme, welcher sein Privileg zuerst eintragen lasse, trifft für das rheinisch-französische Recht nicht zu. Nach der beregten Bestimmung des c. c. wird vielmehr der Mehrwerth, welchen das Grundstück durch die Aufführung des Baues erhält, abgeschätzt und dieser Mehrwerth kommt ausschließlich dem Bauunternehmer bezw. den Bauhandwerkern bis zum Betrage und nach Verhältniß ihrer Forderungen zu.

Ich bin daher der Ansicht, daß kein Grund vorliegt, von dem Princip, welches auch der Entwurf anerkennt, abzugehen. Richtig ist zwar, daß Bayern in seiner Hypothekennovelle von 1888 für Rheinbayern die betreffende Bestimmung des c. c. aufgehoben hat und zwar deshalb, weil in Rheinbayern diese Eintragungen nie vorgekommen seien, oder höchst selten; allein die anderen Gesetzgebungen, namentlich die italienische, welche den c. c. revidirte, ist dem früheren Princip treu geblieben.

(Bravo!)

Rechtsanwalt Dr. **Beckh** (Nürnberg): Ich stehe auch auf dem Standpunkt, den Professor Dernburg und der vorige Redner eingenommen haben, ich ziehe vor, das bestehende Recht fortzubilden, als einen Sprung ins Ungewisse zu thun. Ein Sprung ins Ungewisse ist ganz entschieden der Vorschlag, den der Herr Referent uns heute gebracht hat, gegenüber den seit langen Jahren, seit vielen, vielen Jahren in Geltung gewesenen Gesetzgebungen, und so wenig ich sonst Particularist bin, m. H., bin ich doch in dieser Beziehung in der Lage, unsere bayerische Hypothekengesetzgebung ganz besonders hervorheben zu müssen. Ich kann sie deshalb besonders rühmend hervorheben, weil seit 1822, seit bald 70 Jahren, dieses Gesetz unverändert besteht, ohne jemals irgendwie Anlaß zu Beschwerden gegeben und zu irgend welchen Mißbräuchen geführt zu haben. Es ist gesagt worden, daß durch eine solche Bestimmung, wie sie zu Gunsten der Werkmeister, der Baumeister seitens der Gutachter befürwortet worden ist, eine „Willkür" der Baumeister herbeigeführt werden könne. Ich glaube, es ist immer noch besser eine derartige Willkür des Baumeisters, der etwas gethan hat, herbeizuführen, als eine Willkür des Bauherrn, weil die Baumeister, welche ihre Rechte so geltend machen wollen, dies nur im Stande sind, wenn sie Summen auf den Bau verwendet haben. Nach der Gesetzgebung, dem Hypothekengesetze des Königreichs Bayern, ist den Werkmeistern nur die Vormerkung zunächst gestattet, und steht andererseits den

Bauherren die Protestation dagegen zu. Es kann sofort, wenn ihm die Vormerkung mitgetheilt worden ist, der betreffende Bauherr gegen diese protestiren, und es ist durch dieselbe nur so viel gewahrt für den Baumeister, daß seine Forderung an sich eine Buchschuld werden kann, aber nicht gerade in dem Umfange, den er im Auge hatte. Der Umfang der betreffenden Forderung ist dadurch in gar keiner Weise festgestellt, wenn protestirt wird. Es ist ihm nur gewährt für den Fall, daß er den Umfang der betreffenden Forderung nachweist, daß dann die betreffende Vormerkung in eine Eintragung umgewandelt wird. Nun sagt man, es entsteht dadurch eine Ungleichheit unter den Bauhandwerkern, unter den Werkmeistern selbst, wenn dem einen, der kommt und sich eine Vormerkung machen läßt, solches gewährt wird, ein anderer aber, der vielleicht mehr hineingewendet hat, mehr gethan hat, jedoch erst später mit seinem Antrage kommt, zurückstehen muß. Das haben wir ja in unserem Proceßrechte auch. Es gilt der Grundsatz: „Wer zuerst kommt, mahlt zuerst", und wenn die betreffenden Werkmeister und Bauhandwerker sich gehörig umthun und zusehen, daß sie die Vormerkung bekommen, dann wird ihnen eben das gewährt, was meines Erachtens ein Recht ist, das ihnen mit vollem Grunde zugestanden worden ist in den Gesetzgebungen. Mit den einstweiligen Verfügungen, wie der Cautionshypothek, ist es eine sehr schwierige Aufgabe für die Baumeister, zu ihrem Rechte zu gelangen. (Sehr richtig!) Sie wissen, wie schwer es ist, eine einstweilige Verfügung zu erlangen. Gerade die Praxis des Reichsgerichts hat es dahin gebracht, daß es nur sehr selten gelingt. In den meisten Fällen ist es eigentlich zur Aufgabe des Anwalts geworden, erst mit dem Richter zu sprechen, ob es möglich ist, eine solche zu bekommen, und meistens wieder wird dann gesagt: „Nein, machen Sie sich die Kosten nicht." Was ist da uns damit gedient, wenn wir auf eine einstweilige Verfügung verwiesen werden? Nun sagt man: Cautionshypothek. Das ist ganz schön. Alle diese Sachen, die uns heute vorgebracht worden sind betreffs der Sicherung, sind aber doch nur dann möglich, wenn der Bauherr selbst sich herbeiläßt, eine solche Sicherung zu geben. Wenn er es nicht thut, was dann? Dann ist der Werkmeister der Willkür des Bauherrn anheim gegeben. Eine solche Willkür verhindernde gesetzliche Bevormundung dürfen wir nach den Grundsätzen der Billigkeit schon zugestehen. Sie wollen ein gesetzliches Pfandrecht zugestehen für bewegliche Sachen. Wenn also jemand ein Fenster hineingesetzt hat oder einen Schrank — so verstehe ich den Satz, wie ihn der Referent ausgesprochen hat —

(Widerspruch.)

Wenn ich das nicht recht verstanden habe, nehme ich diese Bemerkung zurück. Aber, m. H., es ist unter allen Umständen, ich kann es nur wiederholen, ein Gebot der Gerechtigkeit, daß dem Manne, der erst den Werth dem Grundstücke verliehen hat, ein Recht gewährt wird, hierfür an das Grundstück sich zu halten, seine Forderungen gegenüber dem Besitzer des Grundstückes so geltend zu machen. Es ist auf die Hypothekenverhältnisse hingewiesen worden. M. H., auf die Weise, wie man es jetzt machen will, wie der Referent es vorschlägt, wird der Baumeister überall hinterdrein kommen, und er würde an die Luft gesetzt sein, während die Banken und Andere kommen und die Hypotheken sich bestellen lassen; dann können Bau- und Werkmeister das Zusehen haben. Man muß nur die Verhältnisse kennen. Wenn wir den Schutz des Werkmeisters vollständig aufheben, keine Eintragung, resp. Vormerkung gestatten, wir würden einen Zustand schaffen, der unhaltbar ist. Es würde die Bauthätigkeit nicht gefördert, sondern behindert. Ich bitte Sie, die Anträge Dernburg's und der Gutachter anzunehmen.

Referent Justizrath **Levy**: Ich will ganz kurz erwidern. Der Herr Geheimrath Dernburg hat zunächst den naheliegenden Gesichtspunkt der versio in rem noch einmal hervorgehoben. Ich meine, dieser Gesichtspunkt schießt über das Ziel hinaus; denn wenn wir diesen Gesichtspunkt annehmen, müssen wir nicht bloß dem Werkmeister, sondern wir müssen jedem Lieferanten von Baumaterial, ja auch dem Baugeldgeber das gleiche Pfandrecht gewähren. Dieser rechtliche Gesichtspunkt kann unmöglich durchgreifen. Herr Geheimrath Dernburg hat ferner den Schutz der redlichen Arbeit betont. Ich bin gewiß für den Schutz der redlichen Arbeit, will ihn aber nicht durch ein Privilegium herbeiführen. Gerade im Gegentheil, ich meine, daß dies Privilegium die redliche Arbeit nicht schützt, sondern den Arbeiter davon zurückhält, aufzupassen und die Augen aufzumachen. Der Arbeiter, der sich darauf verläßt, glaubt etwas davon zu haben und hinterher zeigt sich, daß es werthlos ist, da er mit seiner Vormerkung nichts erreicht hat. Wenn er aber weiß, daß er nicht besser gestellt ist, wie jeder Lieferant, so wird er zu dem Bauherrn, den er für unzuverlässig hält, sagen: ich mache keine Arbeit, wenn du nicht Sicherheit gewährst oder Vorauszahlung. Einer der letzten Herren Redner hat gesagt, es sei der Baumeister der Willkür des Bauherrn unterworfen, wenn ihm kein Pfandrechtstitel gegeben werde. Aber wo ist da die Willkür? Kein Baumeister wird gezwungen, zu bauen, wenn er nicht will und ihm nicht die gewünschten Sicherheiten gegeben werden. Dr. Staub hat diese Frage verglichen mit der gestrigen. Ich meine, die Fragen sind durchaus von einander verschieden. Es ist behauptet worden, dies sei bestehendes Recht in Deutschland; aber es ist in einem großen Theile von

Deutschland nicht bestehendes Recht, und ich bleibe auch dabei, daß es im französischen Rechtsgebiete nicht besteht. Einer der Herren Vorredner hat zwar gesagt: es sei ihm ein einziger Fall bekannt.

(Zuruf: de jure.)

Es besteht de jure, nicht de facto. Ein Gesetz, das mit solchen Cautelen verknüpft ist, daß es nicht ausgeübt werden kann, ist de facto kein Recht, wenn es auch in einem einzelnen Falle zur Ausübung kommt. Derselbe Vorredner hat uns mitgetheilt, daß in Rheinbayern der Pfandrechtstitel des code civil aufgehoben ist, also daß er da auch nicht einmal de jure besteht. Die Herren sagen weiter, es seien Klagen über das Gesetz nicht vorgekommen. Mir ist aber auch nicht bekannt, daß in denjenigen Gebieten, wo der Pfandrechtstitel nicht besteht, Klagen über das Fehlen vorgekommen sind. Dresden, Leipzig, Hamburg sind große Städte, in denen Bauschwindeleien in reicher Masse vorkommen. Ich habe aber nicht gehört, daß der Pfandrechtstitel des Baumeisters dort vermißt werde. Auch der Gesichtspunkt ist durchaus nicht richtig, daß die Gegner des Privilegiums die Beweislast haben sollen. Es handelt sich hier lediglich darum, die Sache in objectiver Weise zu prüfen und zu beurtheilen. Von Beweislast kann überhaupt keine Rede sein. Weiter ist mir entgegnet worden, nachdem ich darauf hingewiesen hatte, daß mit dem Rechte großer Mißbrauch getrieben werde, es sei kein Grund, ein Recht abzuschaffen bloß deshalb, weil man Mißbrauch damit treiben kann. Das ist ganz richtig, aber ich habe nicht gesagt, daß man bloß Mißbrauch damit treiben könnte, sondern ich habe gesagt und halte es aufrecht, daß dieses Recht gerade dazu verleite, Mißbrauch damit zu treiben. Ich habe darauf hingewiesen, daß der Hauptwerth des Instituts für die Interessenten darin besteht, daß es als Pressionsmittel gegen den Bauherrn wirkt. Ein solches Pressionsmittel, auch wenn es im einzelnen Falle gegen säumige Schuldner wohlthätig wirkt, ist aber unter allen Umständen zu verwerfen. Es kann nicht bloß Mißbrauch damit getrieben werden, sondern es ist selbst schon Mißbrauch. Das preußische Recht, welches die Quelle des ganzen Pfandrechtstitels ist, ist dabei von dem veralteten System der Concursvorrechte ausgegangen. Ohne dies würde der preußische Gesetzgeber nicht auf den Gedanken gekommen sein, einen Titel zum Pfandrechte zu geben, welcher lediglich zur Realisirung des Klassenvorrechts dienen sollte. Wenn das ins bayerische Hypothekengesetz übergegangen ist, so mag es in Bayern ganz gut wirken, aber im Großen und Ganzen kann ich auf Erklärungen wie die: „Bei uns hat sich das Institut gut bewährt", nicht viel geben. Dazu müßte man umfassendes statistisches Material haben, um das zu beurtheilen. Ich meine also, wir könnten, da es sich nicht um ein Institut handelt, welches in ganz Deutschland recipirt ist, sondern in einem großen Theile Deutschlands nicht besteht, mit leichtem Herzen für die Aufhebung eines Privilegiums votiren, welches die Interessenten nur davon abhält, die Augen aufzumachen und darum schädlich wirkt, wie jede Eselsbrücke, die man für nützlich hält.

Präsident: Es liegen 2 Anträge vor. Der Antrag des Referenten ist in Ihren Händen, der andere Antrag ist der des Herrn Dr. Staub für Beibehaltung des Pfandrechts. Ich bringe zunächst zur Abstimmung den Antrag des Referenten:

> Das durch § 574 des Entwurfs eines bürgerlichen Gesetzbuchs zugestandene Pfandrecht des Werkmeisters an beweglichen Sachen ist auf unbewegliche Sachen nicht auszudehnen.

Ich ersuche nun die Herren, welche sich für diesen Antrag erklären, sich zu erheben. (Geschieht.)

20 gegen 20 Stimmen.

Ich erkläre mich für den Antrag des Referenten.

Da der Antrag des Referenten mit 21 gegen 20 Stimmen angenommen worden ist, ist der Antrag Staub erledigt. Ich ersuche den Herrn Referenten, den Gang der Debatte im Plenum zur Kenntnißnahme mitzutheilen, auch mit der Erwähnung des Stimmenverhältnisses.

Wir müssen nun zunächst etwas Formelles erledigen, nämlich die Wahl der 9 Vertrauensmänner auf Grund des § 10 des Statuts, welche morgen vor der Plenarsitzung zusammentreten sollen, um die ständige Deputation für das nächste Jahr zu wählen. Ich habe noch keine Vorschläge erhalten und möchte Ihnen vorschlagen, die Herren Amtsrichter Bunsen (Rostock), Geh. Justizrath Dernburg, Rechtsanwalt Dr. Staub, Reg.-Assessor Löser, unseren Secretär. Das sind aber erst 4. Ich bitte um weitere Vorschläge. Es werden vorgeschlagen: Rechtsanwalt Dr. Regensburger, Rechtsanwalt Beckh, Reichsgerichtsrath Wielandt, Landgerichtsrath Oppert, Justizrath Levy. Dazu trete ich noch als Präsident der Abtheilung.

Wir kommen jetzt zu der wichtigen Frage 9:

> Sind die im Entwurf des bürgerlichen Gesetzbuches vorgesehenen Arten des Pfandrechts an Grundstücken, einschließlich der Grundschuld, beizubehalten?

Gutachten dazu liegt vor vom Justizrath Levy. Es sind zwei Referenten bestellt, welche beide Anträge gestellt haben, Geh. Justizrath Dr. Dernburg und Oberlandesgerichts-Senatspräsident von Stößer.

Referent Geh. Justizrath Dr. **Dernburg** (Berlin): Es handelt sich hier um eine eminent wichtige Frage, nämlich um die Gestaltung des deutschen Hypothekenwesens, also um eine Frage von einer großen wirthschaftlichen Bedeutung. Es stehen sich bis zu einem gewissen Grade entgegen die Interessen des Grundbesitzes und die Interessen des mobilen Capitals. Diese beiden Factoren gehören ja zu den mächtigsten in der modernen Welt. Sie sind in einer Collision, in einem Kampfe, der sich in politischen und socialen Streit umgesetzt hat. Es ist also eine der wichtigsten Aufgaben, auf diesem schwierigen Gebiete eine Ausgleichung zu finden, die durch ein gutes Hypothekengesetz gefördert wird. Nun ist es nicht zweifelhaft, daß die Grundlagen einer guten Hypothekengesetzgebung im preußischen Rechte liegen. Das hat man in Bayern, in Württemberg anerkannt. Diese Grundlagen hat der Entwurf bewahrt. Es ist keine Frage, daß der code civil, der in mancher Beziehung vorzüglich ist, gerade im Hypothekenwesen die allergrößten Schwächen hat. Hier können wir also in der That einem großen Theile der Bevölkerung und dem Theile der Bevölkerung, auf dessen Boden wir uns hier versammeln, eine Wohlthat erweisen. M. H., ich habe anerkannt, daß der Entwurf des bürgerlichen Gesetzbuchs das Richtige gewählt hat, indem er sich im Wesentlichen auf die Grundlagen des preußischen Rechts gestellt hat. Allein hier hört meine Anerkennung auf. Ich muß gestehen, ich halte in vielen Beziehungen diesen Entwurf für ein Zerrbild des preußischen Rechtes; ich bin überzeugt, daß dieser Entwurf, wenn er ins Leben tritt, ein Ferment der Unzufriedenheit in Bezug auf die hypothekarischen Verhältnisse wird, eine Verbitterung und Steigerung der socialen und politischen Gegensätze in Deutschland erzeugen wird.

M. H., die Frage, die dem Juristentag gestellt ist, ist zunächst eine formale. Es fragt sich: sollen vier Formen der Hypothek beibehalten werden, vier Formen mit einigen Nebenformen? Ich muß also vorerst auf das Formale der Sache eingehen. M. H., diese Pluralität ist ein Unicum in der Gesetzgebung. Wir haben in einem und demselben Rechtsgebiete bis vor nicht zu langer Zeit stets nur eine Hypothek gehabt. So ist es noch heutzutage in Bayern, Württemberg und, soviel ich weiß, in der ganzen Welt außer in Preußen. In Preußen hat man zwei Formen geschaffen, die Hypothek und die Grundschuld. Hat man das gethan, weil man wirklich ein Bedürfniß für zwei Formen empfand? Die Geschichte des preußischen Rechts zeigt das Gegentheil. Als im Jahre 1871 und vorher der Entwurf der preußischen Grundbuchgesetze vorgelegt wurde, waren Principien darin, die in einem großen Theile des Landes auf das Allerentschiedenste gemißbilligt wurden, und die bei gewichtigen Factoren der Gesetzgebung den größten Anstand erregten. Es gehört dahin die volle Unanfechtbarkeit der Hypothek, wie sie jener Entwurf geplant hatte. Als er nun in den Landtag kam und zunächst zur Berathung des Hauses gestellt wurde, hat sich die Commission des Herrenhauses, deren Mitglied ich zu sein die Ehre hatte, entschieden gegen diesen Entwurf erklärt. Man ist dann schließlich dazu gekommen, zwei Formen zu schaffen, die Hypothek und die Grundschuld. Die Regierung ging darauf ein unter der Unterstellung, welche auf das Allerbestimmteste ausgesprochen wurde, daß die Hypothek doch auf dem Aussterbeetat stehe, daß das moderne, mit den vorzüglichen Eigenschaften ausgestattete Institut der Grundschuld in sehr kurzer Zeit die Hypothek aus dem Leben verdrängen werde. Es war damals also nicht die Absicht, zwei Formen dauernd zu schaffen, sondern nur eine Form im Verkehr zu lassen. Nur aus historischen Gründen und nur weil man sich über die Construction der einheitlichen Hypothek nicht einigen konnte, hat man dem Publikum gleichsam zwei Formen zur Auswahl gestellt. M. H., die Erfahrungen sind bekannt, die Hypothek hat sich nicht verdrängen lassen, die Grundschuld hat daneben nur in bescheidenen Grenzen einen Raum einzunehmen vermocht, auch das nur, weil die Hypothek eine gewisse Schwerfälligkeit behielt, die sie sehr wohl hätte abstreifen können. Es war also ein Zufall, daß zwei Formen der hypothekarischen Belastung in Preußen geschaffen wurden. Man kann zweifelhaft sein, ob man diese beiden Formen beibehalten will. Ich bin der Ueberzeugung, daß bei einer entsprechenden Ausbildung des Hypothekarrechts, indem man das, was an der Grundschuld gut ist, aufnimmt und was am Hypothekenrecht gut ist, festhält, — daß man dann mit einer Form völlig auskommt. Nun aber kommen wir zu einem, wie gesagt, Unicum, Novum. In demselben Rechtsgebiete sollen vier Formen der Hypothek eingeführt werden. Daneben sind noch verschiedene Spielarten in Frage. Muß das nicht die größte Verwirrung im Verkehr herbeiführen? Die Art, wie die eine Hypothek, die sogenannte Sicherheitshypothek, die aber gewissermaßen nur ein Feigenblatt ist, welches die Mängel der anderen verdecken soll, die Art, wie die Sicherheitshypothek übertragen wird, ist ganz anders, als die Art, wie die Verkehrshypotheken übertragen werden. Wie soll sich das der Verkehr zurechtlegen? Die Eigenthümerhypothek ist berechtigt, Sie mögen sie in der Form des Antrags Staub adoptiren oder in der Form des preußischen Rechts oder in anderer Form conserviren, die Eigenthümerhypothek beruht auf wichtigen wirthschaftlichen Gründen, da es Ungerechtigkeit ist und wirthschaftlich verkehrt, daß man einen zweiten Hypothekar, der vielleicht zu 6 % auf 10 Jahre hinaus das Grundstück beliehen hat, sobald die erste Hypothek wegfällt, vorrücken läßt, während die erste Hypothek nur mit 4 % zu verzinsen wäre. Es sind Vorurtheile der Juristen, die sie aus dem römischen Rechte eingesogen haben, welche hindern, die einfache Wahrheit einzusehen, daß, abgesehen von besonderen Vereinbarungen, die Nachhypotheken vorrücken müssen, wenn die Vorhypotheken wegfallen. Nun, bei der einen Hypothek, bei der Sicherungshypothek, soll die Eigenthümerhypothek nicht zulässig sein; bei den drei anderen Formen soll sie bestehen. M. H., welche Verwirrung! — Denken Sie sich, es kommen die Leute zum Amtsrichter, sie wollen eine „Hypothek", der Richter muß sie fragen: Was wollt Ihr denn für eine von den vier Arten der Hypothek? Die Leute werden die Frage nicht begreifen. Wollt Ihr Sicherheitshypothek? Ja, Sicherheit wollen wir. Aber was ist denn das? Da verliest ihnen der Amtsrichter den Paragraphen, worin verwiesen wird auf verschiedene andere Paragraphen, die wieder auf verschiedene andere Paragraphen verweisen. Er wird es ihnen außerordentlich schwer klar machen können, was das Entscheidende ist. Es ist für ein gesundes Rechtsleben, für einen gesunden Rechtszustand von größter Wichtigkeit, in einer so bedeutsamen Sache eine Form zu haben und nicht mittels Gesetzes verschiedene Formen zu schaffen. Ja, m. H., wenn aus der gewaltigen Bewegung des Verkehres verschiedene Formen herauswachsen, dann muß dem der Gesetzgeber nachkommen, da muß er die verschiedenen Formen gelten lassen; wenn aber im allgemeinen Volksbewußtsein keine Spur ist von dem Gefühle einer solchen Verschiedenheit, dann diese künstlich zu schaffen, sie zu züchten und damit Verwirrung herbeizuführen, das halte ich für einen erheblichen Fehler, einen formellen Fehler, der gar nicht gut gemacht werden könnte.

Wenn aber das Hypothekenrecht, wie es der Entwurf vorgeschlagen hat, nur materiell das Richtige wäre! Nun, m. H., ich bin der Meinung, daß die moderne Entwickelung auf eine Form hindrängt, das ist die der Briefhypothek, auf eine Form hindrängt, bei welcher der entgeltliche Erwerber eine vollständige Sicherung hat. M. H., betrachten Sie das nicht bloß als ein Privilegium der Gläubiger. Es ist in der That aus dem Wesen der Hypothek herausgewachsen, wie dies seiner Zeit Suarez mit seinem intuitiven Blicke erkannt hat. Wenn der Gläubiger sein Geld braucht, so kann, das ist ja klar, der Grundbesitzer aus dem Grundstücke kein Geld schaffen. Soll er das Geld aus seinem Grundstücke, das verpfändet ist, münzen? Geld und Grundstücke sind an und für sich ungleichartige Werthe. Was also ist zu thun? Entweder der Gläubiger kündigt, oder die Hypothek ist abzutreten. Welcher Weg ist der vortheilhaftere für den Schuldner? Die Abtretung der Hypothek. Welchen Weg hat eine gute Gesetzgebung herbeizuführen zur Förderung der Abtretung der Hypothek? Sie muß die Hypothek marktgängig machen und einen Hypothekenmarkt schaffen. Das ist kein Privileg bloß für den Gläubiger;

das ist ein Privileg, das aus dem Wesen der Hypothek herausgewachsen ist. Sowie Sie eine Belastung durch Eintragung festlegen, werden Sie zu der sogenannten Verkehrshypothek, d. h. zu der Hypothek kommen, wo der entgeltliche redliche Erwerber gesichert ist, im Interesse des Schuldners, im Interesse des Gläubigers. Und, m. H., die Erfahrung hat gezeigt, daß die rudimentären Ansätze, welche in dem Hypothekenrechte des Entwurfs conservirt werden sollen, nicht haltbar sind.

Was die Sicherheitshypothek anlangt, so ist das ja die accessorische Hypothek des römischen Rechts in neuer Form und zwar zum Theil verschärfter Gestalt. M. H., da soll die Hypothek nur so lange bestehen, als die Forderung besteht. Es sind das aber incommensurable Größen; die Forderung ist etwas Bewegliches, etwas Wandelbares, — durch die Eintragung wird die Belastung der Sache festgelegt. Die beiden können Sie nicht auf die Dauer zusammenhalten, das ist ein Pegasus und ein behaglicher Stier, die Sie zusammenspannen. Die Sicherheitshypothek, wie sie vorgeschlagen ist, wonach das Pfandrecht eine rein accessorische Natur hat, paßt also nicht zu der Logik der modernen Verhältnisse.

Ich halte die Sicherheitshypothek für eine rudimentäre Form, welche nicht geeignet ist, gegenüber einem ausgebildeten Hypothekenrechte conservirt zu werden. Ich sehe natürlich ab von der sogen. Cautionshypothek. Das ist etwas ganz anderes, das ist eine Nebenform, das ist eine erst werdende Hypothek, die Schuld ist noch nicht da, es soll eine erst künftige Schuld gesichert werden; das ist eine Form, die mit der Vormerkung wirthschaftlich auf gleicher Linie steht, die Vorbereitung einer wahren Verkehrshypothek. Von dieser sehe ich also ab, die muß unter allen Umständen erhalten werden, wie das ja alle Entwürfe gethan haben, das bayerische, wie das preußische Recht.

M. H., ich sage also, die Verkehrshypothek ist die einzige, welche eine wirkliche Bedeutung für das Leben haben wird; die Sicherheitshypothek ist eine rudimentäre Form, wir können sie entbehren.

Was nun weiter die Buchhypothek und die Briefhypothek anlangt, so erkenne ich ja an, daß die Buchhypothek in einigen Ländern mit sehr guter Hypothekenverfassung besteht, daß diese Buchhypothek gewisse Vorzüge hat. Allein gerade diese Vorzüge werden durch den Entwurf, der sie mit den verschiedenen anderen Formen in einen Topf wirft, illusorisch. Die Vorzüge der Buchhypothek liegen nämlich darin, daß man stets weiß: wer ist der Gläubiger? Das ist für viele Operationen von sehr großer Bedeutung. (Sehr richtig!) Sowie Sie aber die Buch- und die Briefhypothek nebeneinander schaffen, haben Sie nicht mehr die Gewißheit: wer sind die Gläubiger? Da steht neben der Buchhypothek die Briefhypothek, der reale Rechtszustand wird in Folge dessen im Buche nicht mehr so, wie er sich im Laufe der Zeiten gestaltet, festgehalten. Der Vorzug der Buchhypothek wird also durch die Verkettung mit Briefhypotheken, Grundschulden, illusorisch gemacht. Dagegen ist es begreiflich, daß es eine sehr große Sicherung für den Grundbesitzer ist, welcher eine Briefhypothek bewilligt, wenn er die Valuta gegen Aushändigung des Briefes erhält, wenn die Sache sich Zug um Zug macht, und wenn die Gesetzgebung dahin gelangt, daß ein materielles Hypothekenrecht erst entsteht, wenn die Urkunde ausgehändigt ist. M. H., ich bin schon deshalb der Meinung, daß die Buchhypothek sich in der allgemeinen deutschen Gesetzgebung nicht empfiehlt.

Die Briefhypothek hat auch noch den weiteren Vorzug, die Abtretung, die Verpfändung der Hypothek zu erleichtern.

Ich bin daher der Meinung, m. H., daß die rudimentären Formen, die Sicherheitshypothek — abgesehen von der Cautionshypothek —, die Buchhypothek, die ihre Vorzüge hatte, die sie aber nicht gegenüber der Briefhypothek behaupten kann, daß diese rudimentären Formen überwunden werden müssen, und daß die Rechtsgebiete, in denen sie sich finden, sich dem fügen werden, wenn die Briefhypothek als allgemeine Form eingeführt wird.

Der Uebergang ist nichts allzu Schweres. In Preußen hatten wir auch die römische accessorische Hypothek in allen den Landestheilen, die 1866 annectirt wurden. Man hat ihnen die preußische Briefhypothek gebracht noch mit dem Ueberschuß der Grundschuld, man konnte das leicht durchführen. Jeder Uebergang hat freilich Schwierigkeiten.

Ich glaube also, m. H., die Briefhypothek ist die Form, die wir wählen müssen, allein wir dürfen die Briefhypothek nicht so construiren, wie das in dem Entwurfe geschieht. Was ist das entscheidende Moment für die Verkehrshypothek? Was soll die Briefhypothek? Sie soll den redlichen entgeltlichen Erwerber der Hypothek schützen. Das Opfer muß der Grundbesitzer tragen, daß, wenn eine nur buchmäßige, materiell nicht bestehende Hypothek in die Hand eines redlichen Erwerbers auf Grund des Hypothekenbriefes geräth, daß er dann zahlen muß, ohne Valuta empfangen zu haben, oder obgleich er das empfangene Capital zurückbezahlt hat. Allein die preußische Jurisprudenz ist schon jetzt viel weiter gegangen, als richtig war. Das bayerische Hypothekenrecht — ich kann dem Lob des Herrn Vorredners nur zustimmen — hat sich auf gesünderen Basen erbaut. M. H., die Weise, wie vollends im Entwurf die Exceptionen geregelt sind gegen die Buchhypothek, die Briefhypothek, die Grundschuld, halte ich für durchaus verwerflich. Wenn ich ein Buch darüber schreiben sollte, würde ich das Motto wählen: Der Grundbesitz muß mehr bluten!

§ 2083 des Entwurfes sagt in der bekannten Verweisungsmanier:

> Soweit das Recht aus der Hypothek in Betracht kommt, finden in Ansehung der gegen die Forderung zu erhebenden Einwendungen die Vorschriften der §§ 837 und 839 entsprechende Anwendung.

Ich bemerke, daß die bezüglichen Paragraphen an Dunkelheit wohl Alles übertreffen, was in Gesetzen sich irgendwo findet. Ich hebe nur die Hauptbestimmungen hervor.

§ 837, auf den hauptsächlich verwiesen wird, sagt:

> Bei dem durch Rechtsgeschäft oder im Wege der Zwangsvollstreckung erfolgenden Erwerb eines Rechts gilt zu Gunsten des Erwerbers der Inhalt des Grundbuchs als maßgebend...

M. H., da komme ich auf einen schädlichen Mißbrauch, der sich im preußischen Rechte eingeschlichen hat, und der hier codifizirt werden soll. Der redliche entgeltliche Erwerber soll geschützt werden. Nun hat die Praxis die Zwangsvollstreckung gleichgestellt einem entgeltlichen Rechtsgeschäfte. Ebenso der Entwurf. Was ist die Folge? Der Grundbesitzer hat dem Gläubiger getraut, die Valuta konnte nicht sofort, nicht vollständig beschafft werden, die Valuta ist creditirt, oder die Valuta ist zurückgezahlt.

M. H., der Grundbesitzer hat die Valuta creditirt, weil er weiß: der Gläubiger ist eine zuverlässige Person; er vertraut auf dessen Redlichkeit. Nun kommt plötzlich ein Gläubiger des Gläubigers, er pfändet, läßt sich die Hypothekenforderung, die doch in Wahrheit gar nicht besteht, an Zahlungsstatt oder zur Einziehung überweisen, und nach dem Entwurfe kann er die Hypothekenforderung einziehen, obgleich sie in Wahrheit gar nicht besteht, — sie ist eingetragen, aber ein materielles Recht besteht nicht. Das ist etwas ganz anderes, als wenn man den redlichen Erwerber schützt. Eine Hypothek zu begeben, betrügerisch, bei der keine Valuta gezahlt ist, oder die Valuta zurückgezahlt ist, das ist ein Schritt, der nicht so leicht vorkommt, man muß sich ja den Gläubiger einigermaßen ansehen. Daß aber ein Gläubiger kommt und eine solche Hypothek pfändet, die nichts ist, und daß der Grundbesitzer zahlen muß und ins Verderben kommt, weil der Gläubiger seines Gläubigers einen Titel zur Zwangsvollstreckung hat, m. H., dazu ist kein Grund vorhanden. Nicht der Verkehr fordert das, sondern der reine Doktrinarismus und Formalismus, der sich leider unseres Rechtes bemächtigt hat, der nicht mehr fragt: was sind die Zwecke des Rechtes? der bloß mit Abstractionen zu thun hat, der hat zu solchen Folgen geführt, und das soll nun durch

Reichsgesetz festgelegt werden. M. H., schon dieser eine Satz ist verwerflich.

Nun heißt es weiter im angezogenen § 837 Abs. 2:

„Die Vorschriften des ersten Absatzes finden keine Anwendung, wenn der Erwerber zu der angegebenen Zeit die Thatsachen gekannt hat, aus welchen sich die Nichtübereinstimmung des Grundbuchs mit der wirklichen Rechtslage ergiebt."

Daß er die Einreden gegen die Hypothek kennen mußte, das berücksichtigt der Entwurf nicht; wenn er sie kennen muß, wenn er aus grober Fahrlässigkeit sie nicht kannte, so stehen ihm nichtsdestoweniger in Folge seines Erwerbes alle Rechte eines wahren Hypothekars offen, und der Grundbesitz muß bluten.

M. H., im preuß. Landrechte stand dem Werthe nach dasselbe, aber dort war der Mangel dadurch geheilt, daß es die allgemeine Bestimmung kannte:

Als unredlicher Besitzer wird auch derjenige betrachtet, der diesen Umstand bei dem sich vollziehenden Erwerbe nicht gekannt hat, falls er Ursache hatte, an der Gültigkeit des Besitztitels zu zweifeln und sich ohne weitere Untersuchung den Besitz zueignete.

Also das preuß. Recht bestimmt allgemein: Wer fahrlässigerweise einen Erwerb macht, wird einem unredlichen Besitzer gleichgeachtet und hat das Recht eines redlichen Erwerbers nicht. Der redliche entgeltliche Erwerber soll geschützt werden, aber das ist kein redlicher Erwerb, wenn ich wissen mußte, wenn ich die Augen absichtlich zudrückte.

M. H., wie stellt sich die Sache, wenn der Gesetzgeber, wie der Entwurf, die Kenntniß der bezüglichen Thatsache absolut fordert? Wie soll ihm die Kenntniß nachgewiesen werden? Nur durch Eideszuschiebung wird das möglich sein. An den Betrug schließt sich daher der Meineid. Nur wenn der Richter sagen kann, du hättest das sehen müssen, nur dann ist überhaupt von einem Schutze des Grundbesitzers gegen unredlichen Erwerb die Rede. Ein Grundsatz, m. H., wie ihn das Landrecht aufstellt: wer sehen mußte, wird geachtet wie Einer, der sieht, ist dem Entwurfe vollständig fremd.

In einer Beziehung hat der Entwurf das Gleiche angenommen, nämlich in Bezug auf den Erwerb von Mobilien. Da sagt allerdings der Entwurf: Die grobe Fahrlässigkeit wird dem Wissen gleichgehalten; aber weil er das hier sagt und nicht bei den Grundbuchsverhältnissen, und weil er einen allgemeinen Begriff des redlichen und unredlichen Erwerbs gar nicht kennt, deswegen wird die Jurisprudenz genöthigt sein, im Grundbuchwesen das Kennenmüssen nicht gleichzustellen mit dem

Kennen, mit anderen Worten: die betrügerischsten Manipulationen können gemacht werden.

Was ist der Zweck? Den redlichen entgeltlichen Erwerb zu schützen. Den Geschenknehmer zu schützen, dazu ist kein Grund vorhanden. Die preuß. Praxis sagt — und das billige ich — der Excipient muß nachweisen, daß ein unentgeltlicher Erwerb vorliegt. Aber weiter zu gehen und auch den unentgeltlichen Erwerb einer bloß buchmäßigen, materiell nicht beständigen Hypothek zu schützen, ist eine außerordentliche Uebertreibung, welche der Entwurf gleichfalls sanctionirt.

Schließlich ist hervorzuheben, daß in Folge der eigenthümlichen Art, wie der Entwurf mit den Einreden umspringt, auch der unredliche Erwerber den sogenannten condiktionsmäßigen Einreden nicht unterliegt. Wenn also der Gläubiger sich ein abstraktes Schuldbekenntniß ausstellen läßt, auf Grund dieses Anerkenntnisses eine Hypothek eintragen läßt und dann, obgleich er Valuta nicht gegeben hat, diese Hypothek einem Erwerber cedirt, welcher das Alles weiß, so kann nach der Auffassung des Entwurfs, die sehr verkünstelt ist, diesem Erwerber die Einrede nicht entgegengestellt werden: du wußtest ja, daß das ein Nichts, eine leere Sache war! Denn es handelte sich um eine condiktionsmäßige Einrede, und diese kann dritten Erwerbern nicht entgegengestellt werden nach der durchaus verkünstelten Auffassung des Entwurfs. Der Entwurf sagt im § 837 am Schluß:

„Die Kenntniß der Anfechtbarkeit"

(ja, m. H., man muß sehr tief in den Entwurf hineinsteigen, um das zu verstehen)

„eines Rechtsgeschäftes steht, wenn die Anfechtung erfolgt, der Kenntniß der mit der Anfechtung eingetretenen rechtlichen Wirkung gleich."

Condiktionsmäßige Einreden bilden keine Anfechtungsgründe, sind also Einreden, die Dritten nicht entgegengestellt werden können. Das sind nur Entkräftungen des persönlichen Rechtes, sie beziehen sich nur auf das Verhältniß der beiden Personen.

Sie sehen, m. H., wenn Sie die Briefhypothek so gestalten, wie der Entwurf, so führen Sie etwas ein, was den schlimmsten Mißbräuchen Thür und Thor öffnen muß, und ohne materiellen Verkehrsgrund!

M. H., glauben Sie, daß ein solches Recht geeignet ist, den Frieden im Lande herzustellen oder zu fördern? Glauben Sie nicht, daß das tief empfunden werden wird? Fürchten Sie nicht, daß der Grundbesitz, der in schwächeren Händen liegt, den verwerflichsten Manipulationen preisgegeben sein wird? Haben die Verfasser des Entwurfs, frage ich, sich niemals die Lage der Grundbesitzer vorgestellt, die depossedirt werden auf Grund eines bloßen Scheinrechtes ohne materiellen Grund?

M. H., das ist das Eine, was ich gegen die Constructionen des Entwurfs einzuwenden habe.

Dann aber habe ich auch gegen den Entwurf einzuwenden, daß die Beziehung der Hypothek zu der persönlichen Forderung — das hat der verehrte Herr Gutachter so gut hervorgehoben — nicht gehörig geregelt ist, und daß Kautelen nothwendig sind, die nicht zu fern liegen, gegen eine Doppelausbeutung der Hypothek und der Forderung.

M. H., ich bin überzeugt, wir können mit einer aufsteigenden Entwickelung rechnen, und trotz aller einzelnen Stockungen gehen wir wirthschaftlich vorwärts. Nichts verbürgt uns aber, daß wir nicht vorübergehend Krisen, vielleicht einem schweren Kriege entgegengehen. In diesem Falle sehe ich die schwärzesten Folgen voraus von einer Creditgesetzgebung, wie sie zum Theil schon jetzt besteht, aber mit gewissen Beschränkungen, und die dieser Entwurf schrankenlos sanctionirt. Das Verhältniß der persönlichen Forderung zur Hypothek wird nicht berücksichtigt. Der § 41 des Preußischen Eigenthumserwerbsgesetzes hat eine schwache Hülfe gegeben, er hat wenigstens die Bahn gezeigt, auf der wir zu gehen haben. Er deutet darauf: hier liegt ein Problem vor, es ist eine Ungehörigkeit, daß der Hypothekar den ursprünglichen Schuldner und alle seine Rechtsnachfolger, welche die eingetragene Forderung in Verrechnung auf den Kaufpreis übernommen haben, als persönliche Schuldner dauernd in Anspruch nehmen kann.

M. H., zur Zeit des Erlasses des allgemeinen Landrechtes hatte man die Zwangsvollstreckung in das Grundstück erschwert, ihr Hemmnisse entgegengestellt. Eine weitere Entwickelung hat alle Hemmnisse der Zwangsvollstreckung wegzuräumen gesucht, dadurch sind schwere Härten entstanden. Das römische Recht hatte bestimmt: der Hypothekar kann die verhypothecirte Sache nicht selber kaufen, nicht persönlich und nicht durch Mittelspersonen, nur eventuell wurde ihm das Grundstück vom Regenten nach der Taxe zugeschlagen. Da konnte er hernach den persönlichen Schuldner unbedenklich in Angriff nehmen auf den Rest. Das preuß. Recht läßt nur eine Subhastation durch das Gericht zu, es kann der Hypothekar dabei selbst für einen geringen Preis kaufen, hernach nimmt er alle Vorbesitzer in Anspruch und bekommt auf diese Weise doppeltes Geld. Das bayerische Recht hat gewisse Maßnahmen zum Schutze der ursprünglichen persönlichen Schuldner getroffen, die besser sind, als § 41 des Einführungsgesetzes Preußens. Das preußische Recht hat unvollkommene Vorkehrungen getroffen, der Entwurf trifft gar keine, er läßt alles laufen, wie es läuft.

Nun, m. H., man kann doch, ohne irgendwie radicale Vorschläge zu machen, eine Masse Moderamina treffen. Man kann mindestens verlangen, daß der Hypothekar, ehe er das Grundstück zur Subhastation bringt, allen persönlichen Schuldnern eine Anzeige macht bei Strafe des Verlustes seiner Forderung, damit sie interveniren können. Das wäre das einfachste Mittel. Ferner, m. H., wäre doch mindestens zu bestimmen, daß, wenn der Hypothekar die persönliche Forderung zur Geltung zu bringen sucht, dieser Hypothekar nicht auf die Priorität verzichten kann, daß er nicht auf Theile der Hypothek verzichten kann, denn dadurch hat er die Lage des persönlichen Schuldners verschlechtert. Aber davon ist im Entwurfe nicht die Rede. Ob es die Jurisprudenz herausliest? Die preuß. Jurisprudenz ist noch zu keinem festen Resultat gekommen.

M. H., wenn eine Forderung übernommen wird von einem Käufer, könnte man nach meiner Meinung sehr gut sagen: Wenn der Gläubiger in zwei Zinsperioden die Zinsen von dem Erwerber entnommen hat, ohne sich das Recht gegen den Vorbesitzer vorzubehalten, so ist er des Rechtes gegen den Vorbesitzer ledig. Es wäre das natürlich eine positive Bestimmung, aber eine Bestimmung, die doch nichts anderes ist als ein Aequivalent gegenüber dem Subhastationsprivileg des Gläubigers, welcher, wie gesagt, im Stande ist, das verpfändete Grundstück für einen minimalen Preis zu erwerben und sich nachher noch an den persönlichen Schuldner zu halten. In der Mehrheit der Fälle wird der Hypothekar mit dem neuen Erwerber zufrieden sein, er denkt gar nicht an die persönliche Forderung; erst wenn das Grundstück zur Subhastation gebracht ist, geht er die ursprünglichen Schuldner, die Vorbesitzer, an.

Warum sind entsprechende Bestimmungen — man könnte sich auch noch andere denken — nicht getroffen? Dadurch ist das Creditschädliche, was in der neueren Entwickelung des preuß. Pfandrechtes liegt, gesteigert.

M. H., es ist ja eigentlich nicht meine Aufgabe, hier die Briefhypothekek des Entwurfs zu charakterisiren und zu kritisiren. Ich könnte sie noch in sehr vielen Punkten kritisiren. Was ich gethan habe, mußte ich thun, um meinen Standpunkt klarzulegen. Meine Auffassung geht dahin, daß eine gut organisirte Briefhypothek die genügende Form für die Hypothek ist. Freilich, wenn die Briefhypothek so construirt ist, wie die des Entwurfs, dann weiß ich nicht, ob es nicht besser ist, zwischen vier Formen zu wählen, von denen aber keine etwas taugt.

(Heiterkeit.)

Es handelt sich, wie gesagt, um eine der allerwichtigsten wirthschaftlichen Fragen, um eine Frage, die für das Gedeihen des gesammten Vaterlandes von großer Bedeutung ist. Wir haben auf jede Weise dahin zu wirken, die Gegensätze abzuschwächen und nicht zu steigern. (Sehr wahr!) Alle Berufsstände im Reiche sind gemeinsam verpflichtet, das Vaterland zu fördern und zu vertheidigen. Eine Ausgleichung der Gegensätze unter ihnen ist zu erstreben. Aber einer Creditgesetzgebung, welche diese Gegensätze schärft, welche von doctrinären und formalen Principien ausgeht, kann ich meine Zustimmung nicht geben. Doch wie dem sei, die Briefhypothek, wie sie der Entwurf ausstellt, ruhend auf der preußischen Entwickelung, enthält in vielen Beziehungen richtige und gesunde Bestandtheile, sie muß nur mit Rücksicht auf die Verkehrsbedürfnisse und auf die Forderungen, die der Grundbesitz mit Recht gestellt hat, geprüft und revidirt werden.

Ich komme noch auf die Grundschuld. Die Grundschuld können wir entbehren, wenn wir die Briefhypothek entsprechend fassen. Was die Grundschuld anlangt, so muß man vom Entwurfe sagen: Zum Teufel ist der Spiritus, das Dogma ist geblieben.

Der eine Hauptgrund, weswegen die Grundschuld eingeführt wurde, war der, um eine leichte Begebbarkeit derselben durch Blancocession einzuführen. Das ist im Entwurf beseitigt. Die Grundschuld ist aber geblieben in einer sehr viel abstracteren Weise, als nach dem preußischen Rechte, denn während man nach preuß. Rechte mit Recht annimmt, daß gegenüber dem Grundschuldgläubiger auch die Einreden aus dem Schuldverhältniß können geltend gemacht werden, ist das im Entwurfe Alles gefallen. Die Grundschuld ist das abstracte Ding, welches losgelöst ist von allen Lebensbeziehungen, welches dann einfach wie eine blinde Naturmacht zerstörend, vielleicht auch einmal befruchtend wirkt.

Die preußische Jurisprudenz hat mit vielem Tacte die Grundschuld wieder in eine Beziehung zum Schuldverhältnisse gesetzt. Anders der Entwurf. M. H., glauben Sie aber nicht, daß ich der Ansicht bin — es würde mich das zu weit führen; ich kann Ihnen hier nicht eine Vorlesung über Hypothekenrecht halten, ich habe schon zu viel Doctrin vorgetragen — glauben Sie nicht, daß ich der Meinung bin, daß es nothwendig ist, daß eine Hypothek mit einer persönlichen Schuld verbunden sei. Das ist allerdings eine Doctrin, die gewiß seiner Zeit einmal gleichgestellt werden wird dem Glauben an Hexen. Aber daß das Schuldverhältniß, die causa, die Valutazahlung, nicht vollständig ignorirt wird, das ist eine ganz andere Sache. Es hat der Staat nicht das geringste Interesse dabei, daß der Grundbesitzer außer mit dem Grundstücke auch noch persönlich hafte. Warum will man denn das aufzwingen? Das hat keinen Sinn. Aber der Staat hat sehr viel Interesse daran, daß nicht Grundschulden, die ohne eine causa entstanden sind, daß nicht taube Grundschuldbriefe ohne gehörige materielle Motive zur Geltung kommen. Wie gesagt, m. H., es ist das ein Thema, welches unerschöpflich wäre; ich muß mich begnügen, meinen Standpunkt im Allgemeinen zu wahren. Ich resümire, daß es ein Novum in der Gesetzgebung ist, vier Formen der Hypothek zu schaffen mit weiteren Nebenformen, daß dieses Novum verwirrend wirken muß für den Richter, für den Verkehr, daß es keine Grundlage hat im nationalen Rechtsbewußtsein. Mit einem Worte muß ich mich noch über einen sehr wichtigen Gegenstand aussprechen: Ceterum censeo Carthaginem esse delendam. Die Zwangshypotheken, die Judicatshypotheken müssen fallen, sie sind ein Kreuz für das Land; ebenso muß fallen das Privilegium des persönlichen Gläubigers in der Subhastation, welcher die Subhastation zunächst betreibt, vor den anderen Gläubigern die Priorität zu haben. Es hat keinen inneren Grund, daß derjenige, welcher den Grundbesitzer zuerst bedrängt, ein Vorrecht vor Anderen hat, es führt das nur dazu, daß momentane Zahlungsstockungen verderblich werden.

Wenn wir bei dem Pfandrechte an Mobilien dem früher pfändenden Gläubiger die Priorität geben, ist das auch schon sehr bedenklich, aber man hat dafür angeführt, daß der Betreffende den Werth herbeischafft, welcher realisirt wird; doch demjenigen, der die Subhastation zuerst betreibt als persönlicher Gläubiger, ein Vorrecht zu geben vor den Anderen, weil er den Grundbesitzer ins Verderben führt, halte ich für einen durchaus verwerflichen Satz, der nur durch die historische Tradition, und weil man an mißverstandenes römisches Recht angeknüpft hat, fortgeschleppt worden ist. Es erben sich Gesetz und Rechte, wie eine ew'ge Krankheit fort.

Mein Antrag lautet:

> Nur eine Form der Hypothek ist anzuerkennen, nämlich die der Briefhypothek, so daß aber in einzelnen Beziehungen Spielraum bleibt. Dieselbe hat den Schutz und die Förderung der Interessen der Grundbesitzer nicht minder als die Wahrung der berechtigten Anforderungen des Verkehrs zu erstreben.

Correferent Senatspräsident Dr. **von Stößer** (Karlsruhe): M. H.! Der Deutsche Juristentag hat das Grund- und Pfandbuchwesen von seiner ersten Tagung an als hochwichtig und verbesserungsbedürftig anerkannt. Schon dem I. Deutschen Juristentage lagen Anträge des Ober-Tribunalsraths Meyer auf Feststellung und Prüfung der Grundprincipien des Hypothekenrechts (Grund- und Hypothekenbuch, Publicität und Specialität,

Legalität und dergl.) sowie des Justizraths König in gleicher Richtung vor, welche zwar der I. Abtheilung zugewiesen, aber weder hier — wegen Mangels der erforderlichen Vorbereitung — noch im Plenum weiter verfolgt werden konnten. Für den II. Deutschen Juristentag ward die Frage aber entschiedener angeregt durch die Anträge der Herren Präsident Bornemann in 10 Sätzen, Ober-Tribunalsrath Meyer in 16 Sätzen und Kreisrichter Geck in 1 Satze, worin außer jenen Principien u. A. auch die sogen. Eigenthümer-Hypothek und die selbständige, von einer persönlichen Forderung abgelöste Hypothek eine besondere Würdigung gefunden hatten. Bei den hierüber in der Abtheilung durch den Berichterstatter, Gerichtsassessor Meyer eingeleiteten Berathung zeigte sich, insbesondere nach den Ausführungen der Herren Molitor und Dr. Drechsler, welch letzterer namentlich auf die geläuterte, nachahmenswerthe mecklenburgische Gesetzgebung aufmerksam machte, die Unthunlichkeit, über diesen wohl schwierigsten und vielgestaltigsten Theil des Civilrechts schlüssig zu werden, und beschränkte man sich auf die Erklärung, der Deutsche Juristentag gehe zwar auf die Berathung der bezeichneten Anträge z. Z. nicht ein, anerkenne es aber als ein dringendes Bedürfniß, daß die Hypotheken-Gesetzgebung in allen deutschen Ländern auf gemeinsamen Grundlagen erfolge, und er beauftrage daher die ständige Deputation, weiteres Material über diesen wichtigen Gegenstand zu sammeln und weitere Vorlagen zu machen. Das Plenum schloß sich dieser Erklärung an.

Dem III. Deutschen Juristentage lagen die Gutachten der Herren Hofrath Dr. v. Kerstorf und Dr. G. Lührsen vor. Die ausführlichen Verhandlungen, wobei insbesondere von den Herren Kreisgerichtsdirector Horn und Dr. Drechsler ins Einzelne gehende Sätze (8 bezw. 4) als wesentliche Grundlage der künftigen Gesetzgebung bezeichnet wurden, hatten das Ergebniß, daß die Abtheilung, indem sie es vermied, auf einzelne, einer noch gründlicheren und specielleren Berathung bedürfende und erst bei Ausführung des Gesetzes sich zeigende Fragen einzugehen, unter Hinweisung auf jene zu Protokoll genommene Sätze sich dahin aussprach:

a. Eine gemeinsame deutsche Gesetzgebung über das Hypothekenwesen bezw. den Immobiliarcredit ist ein Bedürfniß;
b. die consequente Durchführung der allgemeinen für das Hypothekenwesen anerkannten Principien der Specialität und der Oeffentlichkeit ist zu Grunde zu legen;
c. die neue Hypotheken-Gesetzgebung ist auf Grundlage des sachenrechtlichen Grundbuchsystems zu errichten.

Auf Mittheilung dieser einstimmig, bezw. mit überwiegender Mehrheit geäußerten Meinung an das Plenum ward hier die Sache nicht weiter verfolgt.

Die Richtigkeit und Zweckmäßigkeit dieser vom Deutschen Juristentage ausgesprochenen communis opinio hat ihre bedeutungsvollste Anerkennung gefunden in den auf jenen Grundsätzen aufgebauten Gesetzgebungen für Oesterreich — durch das Grundbuchgesetz vom 25. Juli 1871 — und für Preußen — durch die Gesetze vom 5. Mai 1872 über den Eigenthumserwerb und die dingliche Belastung von Grundstücken, bezw. die Grundbuch-Ordnung —, welchen mehrere andere deutsche Staaten bereits nachgefolgt sind.

Damit war ohne Zweifel wenigstens im Allgemeinen der Weg, welchen die zufolge des Gesetzes vom 20. December 1873 berufene Commission zur Bearbeitung des Entwurfes eines — vom Deutschen Juristentag von seiner ersten Tagung an eifrigst betriebenen — gemeinsamen, deutschen bürgerlichen Gesetzbuchs in dieser Materie betreten sollte, sicher bezeichnet. Unter den bei aller Vielgestaltigkeit der Gesetzgebung doch vorherrschenden drei Rechtssystemen, dem gemeinen deutschen, dem preußischen (vergl. Allgem. Preuß. Landrecht, I. Theil, 20. Titel in Verbindung mit den erwähnten Gesetzen vom 5. Mai 1872 nebst den ihre Geltungserweiterung bezweckenden Nachträgen) und dem französischen Rechte (Code civil art. 2092 ff.) verdiente offenbar dasjenige vorzugsweise Berücksichtigung, das sich durch Gesetzgebung, Praxis und Wissenschaft am meisten entwickelt hatte. Als solches stellte sich die in Preußen und mehreren ihm nachgefolgten deutschen Staaten bestehende Gesetzgebung dar. Im dritten Buch des Entwurfes über das Sachenrecht behandeln die Titel I und II des 9. Abschnitts das Pfandrecht an Grundstücken und die Grundschuld.

An uns, m. H., ist nun die Frage gestellt:

> Sind die im Entwurfe des B. G. B. vorgesehenen Arten des Pfandrechts an Grundstücken, einschließlich der Grundschuld, beizubehalten?

Als bestellter Berichterstatter erlaube ich mir demgemäß als Einleitung unserer weiteren Berathungen zuerst eine Uebersicht über diese verschiedenen Arten des Pfandrechts an Grundstücken, einschließlich der Grundschuld, Ihnen darzustellen, alsdann den Inhalt des von Herrn Justizrath Levy abgegebenen Gutachtens Ihnen in Erinnerung zu bringen, sowie einige Meinungsäußerungen hervorragender Berufsgenossen zu berühren und unter kurzer Begründung den m. E. gerechtfertigten Antrag Ihrer Beschlußfassung zu unterbreiten.

M. H.! Der Entwurf des B. G. B. macht es sich nicht zur Aufgabe, das Pfandrecht an Grundstücken vollständig zu ordnen; denn abgesehen davon, daß er einzelne Vorschriften, z. B. über die Fristen und Art der Bekanntmachung des Aufgebots in den Fällen der §§ 1103, 1104 und 1123, der Landesgesetzgebung überläßt, verweist er auch wichtige Punkte in das Einführungsgesetz und durch dieses wieder in die Landesgesetze, z. B. art. 74 (Pfandrecht des Fiskus), 75 (Vorrang von Meliorations-Darlehen), 112ff. (Uebergangsrecht), desgleichen in das Gesetz über Zwangsvollstreckung in das unbewegliche Vermögen (Einführungs-Gesetz art. 11 § 755) und hauptsächlich, soweit es sich nicht um sachliche Rechtssätze, sondern um Förmlichkeits- und Verfahrens-Vorschriften handelt, in die Grundbuch-Ordnung (vgl. hier insbes. §§ 29ff. 56ff.), deren neueste Fassung vom 9. November 1888 datirt. In der letzten sind auch die wesentlichsten Grundsätze, worüber im Deutschen Juristentag Einmüthigkeit herrscht, also die der Specialität und Oeffentlichkeit, sowie des sachenrechtlichen Grundbuchsystems, das auch schon bei den allgemeinen Vorschriften des Entwurfes über Rechte an Grundstücken §§ 826ff. anerkannt und des Näheren durchgeführt ist, zur Geltung gekommen.

M. H.! Um die wiederholte Begründung dieser allgemeinen Rechtsgrundsätze handelt es sich bei der vorliegenden Frage nicht.

Auch befaßt sich diese nur mit den im Entwurfe vorgesehenen Arten des Pfandrechts an Grundstücken. Damit ist zugleich ausgeschlossen die Prüfung, ob etwa noch weitere Arten wünschenswerth sind, welche eine Aufnahme in den Entwurf nicht gefunden haben, z. B. die Ausdehnung des dem Werkübernehmer an beweglichen Sachen des Bestellers zustehenden gesetzlichen Pfandrechts auch auf unbewegliche Sachen, über welchen Punkt der Deutsche Juristentag sich gleichfalls äußern soll; ferner über weitere, im geltenden Rechte vorkommende Realcreditformen, insbes. das Besitzpfand, die Handfeste und die eingetragene Geldrente, oder Inhaber-Pfandrechte und dergl.

Wie diese und ähnliche Fragen sich aus unserer Berathung ausscheiden, so werden wir, m. H., uns auch nicht einlassen auf den näheren, von der Entstehung und Wirkung bis zur Erlöschung der Pfandrechte gehenden Inhalt der im Entwurf aufgenommenen Arten, vielmehr unter Vermeidung einzelner Fragen — mögen dieselben eine ausführliche Berathung noch so sehr anregen, ja mitunter herausfordern — uns auf eine allgemeine Prüfung darüber, ob die als richtig und zweckmäßig befundenen Grundsätze durch die Aufnahme und Behandlung der im Entwurfe anerkannten Pfandrechtsarten gleichmäßig zur Geltung gekommen sind, beschränken müssen. Dies entspricht der Natur der Sache und der wohlbegründeten Uebung des Deutschen Juristentages.

Die verschiedenen Pfandrechtsarten sind nun:

I. Die Hypotheken, und zwar die Hypothek ohne Hypothekenbrief

(Buchhypothek) als Normalart, behandelt in §§ 1062—1105; die Hypothek mit Hypothekenbrief (Briefhypothek), §§ 1106—1124; ferner die Sicherungshypothek, §§ 1125—1134, mit ihren Unterarten der Cautions= (Sicherheits=), Zwangs= und Arresthypothek und

II. die Grundschuld (§§ 1135—1144).

Die Regelung dieser verschiedenen Arten von Pfandrechten an Grundstücken, deren jede je nach dem Willen der Betheiligten als solche im Grundbuchseintrag bezeichnet werden muß, wird von gewissen allgemeinen Rechtsgrundsätzen beherrscht, von ihrer Entstehung an bis zu ihrer Erlöschung.

Da durch ihre Begründung ein Grundstück belastet wird, und das Gesetz, abgesehen von der Zwangs= und Arresthypothek, ein sogen. gesetzliches Pfandrecht nicht kennt, so kann nur durch ein Rechtsgeschäft zwischen dem eingetragenen Berechtigten (Pfand= bezw. Grundschuldgläubiger) und dem Eigenthümer des belasteten Grundstücks, sowie durch Eintrag von dessen Einwilligung in die Belastung zum Grundbuch ein Pfandrecht entstehen. Demgemäß werden nur vertragsmäßige und eingetragene Pfandrechte künftig noch bestehen, und sind damit die mannigfaltigen gesetzlichen und stillschweigenden Pfandrechte, wie sie das gemeindeutsche, preußische und französische Recht kennen, grundsätzlich beseitigt. Durch die bezeichneten Ausnahmen der Zwangs= und Arresthypothek wird auch dem eigenthümlichen richterlichen Pfandrecht nicht, bezw. nur in beschränkter Weise, wieder Eingang verschafft.

Als berechtigter Gläubiger erscheint eine bestimmte Person — Hypotheken= und Grundschulden auf Inhaber sind dem Entwurfe fremd — mit einer bestimmten Forderung bezw. Schuld in Haupt= und Nebensachen (Zinsen und Kosten), die Forderung mag — mit Ausnahme bei der Grundschuld — eine künftige, betagte oder bedingte sein. Nur bei der Sicherungshypothek kann die Feststellung des Betrags, jedoch mit Bezeichnung des Höchstbetrags, vorbehalten werden.

Indeß haben nur die Hypotheken eine persönliche Geldforderung, welcher, wie nach gemeinem Rechte (hier wenigstens nach der herrschenden Meinung), nach dem preußischen und französischen Rechte das accessorisch hinzutretende Pfandrecht mit dinglicher Wirkung zur Sicherung dient, als Voraussetzung, während die Grundschuld, als rein formale Realobligation, von jedem persönlichen Schuldverhältnisse abgelöst ist, und der Grundschuldgläubiger lediglich aus dem belasteten Grundstücke die bestimmte Geldsumme beitreiben kann, welchen Unterschied O. Bähr einfach dahin zusammenfaßt: „Hypothek ist die Belastung eines Grundstücks mit einer Forderung, für welche zugleich eine persönliche Verbindlichkeit besteht oder eingegangen wird; Grundschuld ist die Belastung eines Grundstücks mit einer Forderung ohne persönliche Verbindlichmachung." Da hiernach die Grundschuld einen bestimmten persönlichen Gläubiger oder Schuldner nicht zur Voraussetzung hat, so kann sie folgeweise auch von Anfang an für den Eigenthümer des Grundstücks selbst, ohne daß dieser dadurch eine persönliche Schuld übernimmt, durch dessen entsprechende Erklärung beim Grundbuchamte und darauf erfolgten Eintrag begründet und dann von ihm, durch Uebertragung, weiter begeben werden.

Gegenstand der Belastung ist nur ein bestimmtes, im Grundbuch bezeichnetes Grundstück mit all' seinen Zubehörungen, womit die Belastung mehrerer Grundstücke für die gleiche Forderung bezw. Schuld nicht ausgeschlossen ist, in dem Umfange und mit der Wirkung der sogen. Untheilbarkeit, vermöge deren jeder und der ganze Theil des durch Grundbucheintrag erkennbar belasteten Grundstücks zum Zwecke der Befriedigung des bestimmten Gläubigers bezw. der Beitreibung einer bestimmten Geldsumme der Zwangsverwaltung oder öffentlichen Zwangsversteigerung unterliegt, so daß z. B. der Gläubiger, wenn die Hypothek für dieselbe Forderung an mehreren Grundstücken besteht, nach seiner Wahl aus allen belasteten Grundstücken, oder aus mehreren, oder auch nur aus einem derselben seine Befriedigung verlangen kann.

Bei dem Grundsatze der Specialität kann also von allgemeinen und gar auf künftig erst zu erwerbende Liegenschaften sich erstreckenden Pfandrechten nicht mehr die Rede sein.

Bezüglich der Erlöschung der Hypothek sei erwähnt, daß solche insbes. durch Rechtsgeschäft zwischen dem Eigenthümer und einwilligenden Gläubiger mit nachfolgendem Eintrag bewirkt wird, welche Bewilligung des Gläubigers indeß bei der Zwangs- und Arresthypothek nach Erlaß eines die Zwangsvollstreckung oder den Arrest einstellenden Urtheils nicht erforderlich ist, und daß auch mit dem Erlöschen der Forderung die für dieselbe bestehende Hypothek gleichfalls erlischt, so daß an der Stelle eine andere nicht eingetragen werden kann, soweit jedoch nicht das Gesetz ein Anderes bestimmt. Eine solche andere Bestimmung treffen, obwohl sonst das Schuldverhältniß durch Erfüllung (§ 263 ff.) und durch Vereinigung (§ 291) erlischt, in Anwendung des in § 835 enthaltenen Grundsatzes, wonach im Falle der Vereinigung des Eigenthums und eines anderen Rechts an einem Grundstücke in derselben Person hierdurch das andere Recht nicht aufgehoben wird, die §§ 1094 und 1097. Demgemäß erlischt die Hypothek dadurch nicht, daß der Gläubiger von dem Eigenthümer des belasteten Grundstücks befriedigt wird, bezw. daß die Forderung und Verbindlichkeit in der Person des Eigenthümers des belasteten Grundstücks sich vereinigen. Die Hypothek bleibt bestehen und geht auf den Eigenthümer über, in welchem Ergebniß die noch weiter zu berührende sogen. Eigenthümer-Hypothek zur Erscheinung kommt.

Ein gemeinsamer Erlöschungsgrund für alle Pfandrechte, welche eine persönliche Forderung voraussetzen, liegt ferner in dem dinglichen Anspruch des Eigenthümers auf Löschung, die er durch die Erklärung an den Gläubiger, daß er eine Einrede des persönlichen Schuldners, durch welche Geltendmachung des Anspruchs auf die Leistung dauernd ausgeschlossen ist, für sich geltend mache, und durch entsprechenden Eintrag der wirklichen Rechtslage zum Grundbuch herbeiführt.

Indeß muß der Eigenthümer nicht bloß bekannten, sondern auch unbekannten Gläubigern gegenüber sein Grundstück von einer Pfandlast befreien können, und gewährt der Entwurf ihm hierfür das Aufgebotsverfahren, sei es, daß der Löschungsantrag auf die Behauptung der bereits eingetretenen Erlöschung der Forderung, oder zum Zwecke der erst zu bewirkenden Erlöschung einer fälligen oder durch Kündigung fällig zu machenden Forderung auf das Anerbieten der öffentlichen Hinterlegung gestützt wird. Im ersten Falle bewirkt das Ausschlußurtheil die Löschung der Hypothek, im zweiten aber, auf Nachweis der erfolgten Hinterlegung gegen den Gläubiger, daß dieser nur noch aus dem hinterlegten Betrage seine Befriedigung fordern kann, und für den Eigenthümer die Uebertragung der Forderung mit der Hypothek auf ihn, wenn er nicht zugleich der persönliche Schuldner ist, anderen Falls jedoch, d. h. wenn bei ihm zugleich die persönliche Schuldnerschaft zutrifft, die Uebertragung nur der Hypothek.

Wie dieses Aufgebotsverfahren zum Schutze des Eigenthümers dient, so ist auch dem berechtigten Inhaber eines Hypotheken- bezw. Grundschuldbriefes, falls dieser abhanden gekommen oder vernichtet worden, ein ähnliches Aufgebotsverfahren eingeräumt, vermöge dessen er die Kraftloserklärung des alten und die Ertheilung eines neuen Briefes erwirken kann. — Neben dem Bestreben, die Forderung des Hypothekgläubigers bezw. den Anspruch des Grundschuldgläubigers sicher zu stellen, was insbesondere auch durch Ausdehnung der für die Richtigkeit des Grundbuchinhalts streitenden Vermuthung und des öffentlichen Glaubens des Grundbuchs auf die Forderung bezw. den Anspruch selbst geschehen soll, sowie durch geeignete Vorschriften über gleichwerthige Erhaltung des belasteten Grundstücks und über den Schutz des Gläubigers gegen dessen Verschlechterung, welcher Fürsorge für den Gläubiger gegenüber aber auch wieder der Eigenthümer des belasteten Grundstückes nachtheiligen und bedrückenden Zumuthungen von Seiten des Gläubigers, insbesondere zur

Ueberlassung des Eigenthums, zur Beseitigung der geordneten Zwangsvollstreckung, oder zur Hemmung seines freien Verfügungsrechts nicht preisgegeben sein soll, ist das Bestreben des Entwurfs nicht minder auch auf Förderung der freien Verkehrsfähigkeit der Buch- und Briefhypothek sowie der Grundschuld gerichtet, um damit die Bedürfnisse des Realcredits zu befriedigen und dem Grundbesitz die nöthigen Capitalien zuzuführen.

Da der Entwurf die Buchhypothek als die normale Gestalt der Hypotheken betrachtet, so behandelt er sie auch am ausführlichsten; bei den übrigen verweist er auf die Anwendung der dort geltenden Vorschriften und setzt weiter die hier zutreffenden Besonderheiten fest.

Deshalb empfiehlt es sich auch, zunächst über die Buchhypothek eine kurze Darstellung zu geben, womit zugleich schon einzelne Abweichungen bei den übrigen Pfandrechtsarten bezeichnet werden können, und sodann diese, soweit sie noch nicht erkennbar gemacht sind, zu behandeln. Dabei wird es Ihnen, m. H., gegenüber genügen, nur an die wichtigsten und dem Entwurf besonders eigenartigen Erscheinungen zu erinnern, weshalb manche Punkte über das Ablösungsrecht (§§ 1081, 1082) nicht berührt werden.

Das Recht des Gläubigers auf Befriedigung aus der Hypothek, bezw. die Befugniß seines Gegners, Befriedigung zu leisten, setzt die Fälligkeit der Forderung voraus, und wird solche insbesondere durch Kündigung herbeigeführt. Bei Kündigung des Gläubigers wird erfordert und genügt es, daß sie an den Eigenthümer erfolgt. Bei dem Kündigungsrecht des Schuldners ist die Kündigung von Seiten des Eigenthümers genügend; dagegen wird die Kündigung des persönlichen Schuldners, welcher nicht Eigenthümer ist, erst von dem Zeitpunkte an wirksam, in welchem sie dem Eigenthümer von dem Gläubiger oder von dem Schuldner angezeigt worden ist.

Da aber bei der Briefhypothek und Grundschuld nur derjenige zur Geltendmachung eines jeglichen Rechts berechtigt ist, welcher den Hypotheken- bezw. Grundschuldbrief vorlegt und sich damit als rechtmäßigen Inhaber ausweist, ist die vom Gläubiger vorgenommene Mahnung oder Kündigung an den Eigenthümer, wäre dieser auch noch der persönliche Schuldner, ohne Vorlage seines Briefes unwirksam, wenn der Eigenthümer bezw. Schuldner die Mahnung oder Kündigung bei oder unverzüglich nach der Vornahme wegen Mangels der Vorlage des urkundlichen Nachweises der Berechtigung zurückweist.

Ueberdies hat die Grundschuld das Eigenthümliche, daß, mangels anderweiter Vereinbarungen, der Anspruch aus ihr erst nach erfolgter, dem Eigenthümer wie dem Grundschuldgläubiger zustehender Kündigung fällig wird, und eine Kündigungsfrist von 6 Monaten vorgesehen ist.

Nach der Natur der Sicherheitshypothek finden bei ihr jene Vorschriften über die Kündigung keine Anwendung.

Von besonderer Wichtigkeit ist der bereits erwähnte Schutz des Rechts aus der Hypothek, welcher ihr durch die, auf Sicherheitshypotheken nicht, aber auf die Grundschuld gleichfalls anwendbaren §§ 1083 und 1089 durch Erstreckung des öffentlichen Glaubens des Grundbuchs auf die Forderung, für welche die Hypothek bestellt ist, in positiver und negativer Richtung — insbesondere wegen der beschränkten Zulassung von Einreden — verliehen wird. Demgemäß besteht für den im Grundbuch eingetragenen Gläubiger die beweisbefreiende Rechtsvermuthung, daß ihm auch die Forderung gemäß des Eintrags gebühre, und zwar bei einer Mehrheit von Gläubigern im Zweifel einem Jeden nach gleichen Theilen. Bei der Briefhypothek und theilweise auch bei der Grundschuld gilt jedoch der Inhaber des Hypotheken- bezw. Grundschuldbriefs in Ansehung des Anspruchs aus der Hypothek bezw. Grundschuld als der alleinige sachberechtigte Gläubiger.

Durch den Schutz der festgestellten Hypothek bezw. Grundschuld wird der Gläubiger zugleich gegen Einwendungen, welchen die Forderung ausgesetzt ist, geschützt. Damit sind jedoch nicht alle Einwendungen gegen den Anspruch aus der Hypothek von Seiten des Eigenthümers des belasteten Grundstücks ausgeschlossen; sie betreffen bei allen Pfandrechtsarten gemeinsam entweder das dingliche Recht unmittelbar, indem dasselbe ohne Rücksicht auf die Forderung in seinem Bestande oder seiner Wirksamkeit bekämpft wird, oder aber die Forderung und dadurch mittelbar auch die Hypothek.

Dem Eigenthümer, welcher zugleich der Schuldner ist, oder doch bei der Begründung der Hypothek als der Schuldner bezeichnet wurde, stehen beiderlei Einwendungen zu, soweit nicht der Gläubiger durch die Bestimmungen über den öffentlichen Glauben des Grundbuchs geschützt ist.

Insbesondere kann der Eigenthümer, wie bei Schuldverschreibungen auf Inhaber, diejenigen Einwendungen erheben, welche sich in dem zwischen dem Eigenthümer (Aussteller) und dem Gläubiger (Inhaber) bestehenden persönlichen Rechtsverhältnisse gründen, ferner die aus dem Grundbuch sich ergebenden Einwendungen, namentlich solche, durch welche das Bestehen der Hypothek bezw. Grundschuld wegen Nichtigkeit des dinglichen Vertrags oder wegen Nichtentstehung bezw Erlöschung der Forderung oder Grundschuld verneint, und eine der wirklichen Rechtslage widersprechende Unrichtigkeit des Grundbuchinhalts geltend gemacht wird, und endlich die Einwendungen des persönlichen Schuldners gegen die Forderung selbst, vermöge deren dieser die Befriediguug der Forderung mit Recht verweigern kann, z. B. der Verjährung, der entschiedenen Sache u. drgl.

Da nun aber nach den allgemeinen Vorschriften über die Rechte an Grundstücken der Eigenthümer die nicht aus dem Grundbuche hervorgehenden Einwendungen gegen den Anspruch aus der Hypothek verliert, wenn der Gläubiger über letzteren zu Gunsten eines Dritten verfügt, indem dieser sich auf die Vorschriften über den guten Glauben des Buches zum Schutze seiner Erwerbung berufen kann, so bedarf der Eigenthümer zur Erhaltung seiner gegen die Forderung bestehenden Einwendungen eines besonderen Schutzes, und wird ihm solcher dadurch gewährt, daß er — sei es mit Bewilligung des Gläubigers, oder durch einstweilige Verfügung — entsprechende Vormerkung im Grundbuch erwirken kann.

Bei den Darleiher-Hypotheken genügt für den Einwand der nicht bezahlten Valuta sogar der einfache, binnen 30 Tagen zu stellende Antrag; diese Erleichterung trifft jedoch nur bei der Buchhypothek zu, nicht auch bei der Briefhypothek und Grundschuld, noch bei der Sicherheitshypothek.

Die auf Förderung des freien Verkehrs gerichteten Vorschriften zeigen sich hauptsächlich bei der Uebertragung und der durch Rechtsgeschäft zwischen dem bisherigen und neuen Gläubiger bewirkten Abtretung der Hypothekenforderung bezw. Grundschuld, wobei sich eine entschiedene Erleichterung des Verkehrs bei der Briefhypothek und Grundschuld gegenüber der Buchhypothek insbesondere darin zeigt, daß bei jenen die Uebertragung nicht an die Eintragung ins Grundbuch, sondern, wie bei Wechseln und anderen Werthpapieren, an die Uebergabe der Urkunde (Hypotheken- bezw. Grundschuldbrief) geknüpft wird. Allerdings bleibt es Sache des Inhabers, dem öffentlichen Glauben des Grundbuchs dadurch gerecht zu werden, daß er unter Vorlage des Briefes sowie der gerichtlich oder notariell beglaubigten Abtretungsurkunde entsprechenden Eintrag im Grundbuch erwirkt, damit Brief und Grundbuch sich übereinstimmend decken.

Nach der für die Buch- und Briefhypothek und Grundschuld gemeinsamen Regel geht mit der Uebertragung (Abtretung) der Forderung bezw. Schuld auch das Pfandrecht auf den neuen Gläubiger über; eine getrennte Uebertragung des einen oder anderen Rechts ohne das andere findet nicht statt. Nur bei der Sicherungshypothek, deren Uebertragung, wie bei anderen Forderungen, ohne Hypothek zu geschehen hat, geht die Hypothek auf den neuen Gläubiger nicht über.

Da die Abtretung der Hypothek eine Aenderung in der wirklichen Rechtslage zwischen Gläubiger und Schuldner bezw. Eigenthümer des belasteten Grundstücks enthält, so ist entsprechender Eintrag zum Grundbuch im allseitigen Interesse erforderlich, welcher bei einer Abtretung durch Rechtsgeschäft mit gegenseitiger Einwilligung, bei der Uebertragung einer Forderung durch Ueberweisung im Wege der Zwangsvollstreckung aber auf Grund des Ueberweisungsbeschlusses und der Zustellung desselben an den Drittschuldner erfolgt. Vermöge des Oeffentlichkeitsprincips und des guten Glaubens des Grundbuchs hat der Abtretungseintrag die Wirkung, daß, im Gegensatz zu den sonstigen Vorschriften über die Sondernachfolge in Forderung und Schuld, der hiernach allein berechtigte Gläubiger bei Betreibung seines Anspruchs aus der Hypothek bezw. Grundschuld gegen Einwendungen wegen etwa vorher bestandener, zur Aufrechnung geeigneter Gegenforderungen oder wegen, seit der Eintragung zwischen dem bisherigen Gläubiger oder dessen etwaigem weiteren, im Grundbuch nicht eingetragenen Rechtsnehmer und dem Schuldner über die Forderung geschlossener Rechtsgeschäfte geschützt ist.

Bei der Sicherungshypothek trifft jedoch diese beschränkte Zulassung von Einwendungen nicht zu.

M. H.! Bei der Darstellung der allgemeinen Rechtsgrundsätze, welche bei der im Entwurf angenommenen Normalhypothek — der Buchhypothek — gelten und der Abweichungen bei den anderen Pfandrechtsarten habe ich die eigenartige sogenannte Eigenthümerhypothek vorläufig nur angedeutet. Es sei mir deshalb gestattet, dieselbe hier noch kurz zu besprechen.

Die Eigenthümerhypothek ist zwar insofern auch genereller Natur, als sie nicht bloß bei der Buchhypothek, sondern auch bei der Briefhypothek und der Grundschuld, ja auch bei der Sicherheitshypothek — hier, falls der Eigenthümer nicht zugleich der Schuldner ist — zur Entstehung kommt. Auf der anderen Seite erscheint sie aber doch, zumal vom Standpunkte des gemeinen deutschen (obwohl auch hier schon Keime für sie liegen) und französisch-rheinischen Rechts aus betrachtet, so fremdartig, daß sie, vielfach angefochten und doch schon in weiten Gebieten geltend und zum Bedürfniß geworden, einer näheren Erklärung bedarf.

Zunächst entsteht dieselbe, wie früher erwähnt, dadurch, daß der Eigenthümer, welcher nicht persönlicher Schuldner ist, den Gläubiger befriedigt, in welchem Falle Forderung und Hypothek kraft Gesetzes, ohne daß es einer besonderen Einwilligung oder Einsetzung von Seiten des Gläubigers bedarf, auf den Eigenthümer übergeht. Ein Vorrücken der nachfolgenden Gläubiger findet nicht statt, ebenso wenig die Fiction einer offenen Stelle statt einer leer gewordenen.

Ueberdies ist im Entwurfe aber auch die eigentliche Eigenthümerhypothek anerkannt bezw. geschaffen, welche dann entsteht, wenn der den Gläubiger befriedigende Eigenthümer zugleich der persönliche Schuldner ist, oder wenn, abgesehen von der Sicherungshypothek, in seiner Person Forderung und Eigenthum sich vereinigen. In diesen Fällen wird, da die Forderung, oder bei der Grundschuld die Schuld, als solche, bezw. soweit erlischt, als Befriedigung geleistet worden bezw. Rechtsvermischung (Vereinigung) eingetreten ist, nur die Hypothek auf den Eigenthümer, und zwar gleichfalls kraft Gesetzes ganz bezw. theilweise — hier mit Vorrang des alten noch nicht ganz befriedigten Gläubigers — gleich mit der Befriedigung bezw. Vereinigung übertragen. Diese Eigenthümerhypothek erstreckt sich sogar auf die etwa mitbelasteten Grundstücke eines Dritten.

Da dieselbe das persönliche Forderungsverhältniß zwischen Eigenthümer und Schuldner abgestreift hat, lag es nahe, sie auf die gleiche Linie mit der Grundschuld zu stellen. Dies ist jedoch nicht geschehen, und ist sie im Entwurfe besonders geregelt, zumal sie nicht bloß bei der Brief-, sondern auch bei der Buchhypothek zum Vorschein kommt, und treffen die bei diesen Hypotheken zugelassenen, bei der Grundschuld aber theilweise ausgeschlossenen Einreden gleichmäßig auch bei ihr zu. Die Eigenthümerhypothek bleibt Hypothek, freilich mit der besonderen Eigenschaft, daß gegen ihre Geltendmachung die Einrede, die Forderung sei erloschen, selbstverständlich ausgeschlossen ist.

In Anwendung der allgemeinen Grundsätze über Ausstellung von Bescheinigungen durch den befriedigten Gläubiger ist dieser auch hier zur Aushändigung aller hierauf bezüglichen Urkunden — bei der Briefhypothek und Grundschuld namentlich auch des betreffenden Briefes — an den befriedigenden Eigenthümer zum Zwecke der Berichtigung des Grundbuchs verbunden, desgleichen auch an den befriedigenden persönlichen Schuldner, sofern dieser zugleich der Eigenthümer ist oder an jener Berichtigung ein persönliches Interesse hat.

Kraft der Eigenthümerhypothek ist deren Inhaber, wie der Eigenthümer des Grundstücks als Grundschuldgläubiger, berechtigt, eine dem Betrage der eingetragenen Forderung gleichkommende Geldsumme aus dem belasteten Grundstücke und den mithaftenden Gegenständen im Wege der Zwangsvollstreckung, die er jedoch selbst nicht betreiben kann, nach Maßgabe des Grundbucheintrags, insbesondere des darin bezeichneten Ranges, beizutreiben oder auch die Hypothek wie eine andere und mit denselben Wirkungen, ohne daß damit jedoch an Stelle einer einmal erloschenen Forderung eine neue Hypothek wieder auflebt, auf einen Dritten zu übertragen.

So weit gewisse Besonderheiten bei der einen und anderen Pfandrechtsart nicht bereits hervorgehoben sind, muß noch darauf hingewiesen werden, daß der allgemeinen Quelle der Pfandrechte, d. h. der Vertragsfreiheit der Betheiligten, entsprechend aus der Buchhypothek eine Briefhypothek erwächst, wenn vor oder nach dem Eintrag der Hypothek durch Vertrag zwischen Eigenthümer und Gläubiger bestimmt wird, daß über die Hypothek vom Grundbuchamte ein Hypothekenbrief zu ertheilen sei, der dann auch, wie gezeigt, der Träger dieses Hypothekenrechts und Vermittler im freien Rechtsverkehr wird. Jedoch wird diese Pfandrechtsart erst von Ausfolgung des Briefes von Seiten des Eigenthümers an den Gläubiger an perfect. Während bei der Sicherungshypothek die Ertheilung eines Hypothekenbriefes ausgeschlossen ist, kann solche bei der für den Verkehr vorzugsweise bestimmten Grundschuld nicht ausgeschlossen werden.

Da die Zwangs- und Arresthypothek, welche der Gläubiger einer vollstreckbaren Geldforderung bezw. eines in die Grundstücke des Schuldners vollstreckbaren Arrestbefehls durch Eintrag im Grundbuche ohne Mitwirkung des Schuldners erwirkt, dessen Grundstücke über das rechtliche Interesse des zu sichernden Gläubigers hinaus belasten können, so kann der Schuldner verlangen, daß der Gläubiger die Löschung der Zwangs- bezw. Arresthypothek an einem oder mehreren Grundstücken entsprechend bewillige.

So bestimmt und unzweideutig auch bei der ersten, durch Grundbucheintrag bewirkten Begründung der einen und anderen Art von Pfandrecht solche je erkennbar, so unterliegt eine jede doch auch der Veränderlichkeit, indem durch im Grundbuch einzutragende Erklärungen des Gläubigers und Eigenthümers die Buch- in eine Briefhypothek, sowie beide in eine Grundschuld, und die Briefhypothek, nach Rückgabe des Hypothekenbriefs an das Grundbuchamt, in eine Buchhypothek, ferner die Sicherungs- in eine Buch- oder Briefhypothek, und endlich die Grundschuld in eine Hypothek umgewandelt werden kann.

Mit Rücksicht auf das Interesse mitbetheiligter Gläubiger ist jedoch bei der Umwandlung einer Sicherungs- in eine andere Hypothek sowie einer Grundschuld in eine Hypothek und einer Hypothek in eine Grundschuld auch noch die vertragsmäßige Zustimmung der dem Gläubiger im Range gleichstehenden oder nachstehenden Berechtigten erforderlich.

M. H.! Ueber die uns vorliegende Frage, ob diese verschiedenen Arten von Pfandrechten beizubehalten sind, liegt nun das Gutachten des Herrn Justizraths Levy vor; ich unterstelle, daß Sie dessen Inhalt genau kennen und beschränke mich deshalb darauf, unter Hinweisung auf die dafür gegebene Begründung daran zu erinnern, daß der Herr Gutachter außer sehr erwägenswerthen, von uns aber heute nicht weiter zu verfolgenden Bemängelungen, z. B. bezüglich der Cautions-, Arrest- und Zwangshypothek und der, auch von v. Meibom gefühlten Lücke über Sicherung eines Individualrechts auf Bestellung einer Hypothek oder Grundschuld im Wege einer einstweiligen Verfügung, im Vertrauen auf eine künftige Reform schließlich sich für Beibehaltung der im Entwurfe vorgesehenen Arten des Pfandrechts an Grundstücken einschließlich der Grundschuld — jedoch mit Ausnahme der von ihm verworfenen und durch die Sicherungshypothek ersetzbaren Buchhypothek — ausspricht, sofern nicht jene zu erhoffende Reform sich jetzt schon dahin durchführen läßt, indem nur zwei Arten von Hypotheken, eine Briefhypothek als rein dingliche Geldforderung mit allen für den Immobiliar-Credit und die Begebungsfähigkeit möglichen Privilegien (auch als Eigenthümerhypothek) in ausschließlich unbedingter Form, sowie eine Sicherungshypothek ohne Hypothekenbrief und ohne solche Privilegien, als Accessorium einer persönlichen Geldforderung, sowohl in unbedingter, als in bedingter Form (Cautions-, Arresthypothek u. s. w.), zugelassen werden.

M. H.! Bekanntlich wurde von der mit Veröffentlichung des Entwurfs verbundenen Einladung zu dessen Besprechung in voller Würdigung der Bedeutung der Vorlage reichlicher Gebrauch gemacht. Männer der Wissenschaft und Praxis haben wahrlich ihr Bestes zur Rechtfertigung, zur Berichtigung des Entwurfes beigetragen, und würden wir Mitglieder des Deutschen Juristentages einer Säumniß uns schuldig machen, wenn wir diese Leistungen nicht dankbar anerkennen wollten. Aus der großen Masse der Schriften, welche sich auch mit der uns vorliegenden Frage beschäftigen, seien nur — abgesehen von der ohne eingehende Kritik gegebenen, gründlichen Darstellung der Redaction des Dr. Kirchenheim'schen Centralblattes für Rechtswissenschaft VII, S. 245 ff. — hervorgehoben:

O. Bähr (Kritische Vierteljahrsschrift für Gesetzgebung und Rechtswissenschaft XXX, S. 518 ff.), welcher, unter Bezeichnung der Buchhypothek als unnatürlich und gefahrbringend, neben der Briefhypothek und Grundschuld nur noch eine einfache Hypothek nach den Grundsätzen der Sicherungshypothek anerkennen will und demgemäß auch im Archiv für bürgerl. Recht 1889, S. 150 ff. einen mit Motiven versehenen, durch Klarheit und Bündigkeit ausgezeichneten Gegenentwurf mit 58 Paragraphen über „Belastung von Grundstücken mit Forderungen-Hypothek" unter Behandlung der Sicherheitshypothek als Normalform vorlegt, worin u. a. §§ 32, 33, 34 die sog. Eigenthümerhypothek regeln, und § 35 die Zwangshypothek nur den rechtskräftig zuerkannten Forderungen einräumt.

O. Gierke (vermehrte Ausgabe der zuerst in Schmoller's Jahrbuch erschienenen Abhandlung, 1889, S. 367 ff.) anerkennt im Allgemeinen, daß der Entwurf — hier! — auf einer gesunden Grundlage der neuesten preuß. Rechtsentwickelung steht und für manche deutsche Rechtsgebiete, insbes. des französisch-rheinischen Rechts, einen großen Fortschritt bedeute. Indeß verwirft auch Gierke die Behandlung der Buchhypothek als Normalform, zieht als solche die Sicherungshypothek vor und tadelt die begriffliche Auffassung der dinglichen Schuld durch die unnatürliche Auseinanderreißung einer rein persönlichen Obligation und einer hinzutretenden dinglichen Last statt eines einheitlichen Schuldverhältnisses mit dinglicher Wirkung.

Bei den einzelnen Formen wird dies des Näheren dargestellt, z. B. bei der praktisch zwar bewährten Eigenthümerhypothek, welche nur eine technisch juristische Form des Stellenvorbehalts sei; mehrfach wird auf bedenkliche Lücken aufmerksam gemacht, z. B. bezüglich der vollständigen Beseitigung einzelner gesetzlicher Vorzugs- bezw. Pfandrechte, wie des Werkmeisters und der Ehefrau, ferner des Vorbehalts einer Heimstätte, der Pfandbriefinstitute, der dinglichen Rentenschuld u. s. w. Die ablehnende Stellung des verehrten Herrn Verfassers zum Entwurfe, den er als ein im Ganzen mißlungenes Werk umgearbeitet wissen will, ist bekannt.

Dr. Ludwig Goldschmidt tadelt in seinen kritischen Erörterungen des Entwurfs, wovon bis jetzt nur der 1. Theil erschienen, soweit er die Hypotheken betrifft, den willkürlichen Wechsel im Ausdruck (1062, 1135, 1145), den Mangel an Gemeinverständlichkeit (§§ 1067, 1115), Sprachwidrigkeiten (§§ 1118, 1142) und Aufnahme lehrhafter Folgesätze (§§ 1071, 1078, 1080, 1082, 1084, 1086, 1092).

Geh.-Rath Dr. Krech (in den Beiträgen von Bekker und Fischer, 14. Heft, S. 109 ff.) billigt die gemeinrechtliche Auffassung des Entwurfs über die Hypothek als ein dingliches Recht mit dem Fundament einer persönlichen Forderung — gegenüber der sachenrechtlichen Grundschuld, — wobei aber im Interesse der Erleichterung des Rechtsverkehrs, zumal bei der Briefhypothek, die dingliche Funktion der Hypothek, obwohl rechtlich nur accessorisch, wirthschaftlich das Principale werde. Krech erblickt aber nicht in der Buch-, sondern in der Sicherungshypothek die eigentliche Normalhypothek, obwohl er die Bedeutung des öffentlichen Glaubens des Grundbuchs für die Verkehrsfähigkeit der Hypothek und die Schwierigkeiten der Uebertragung bezw. Umwandlung nicht verkennt. Im Ganzen erklärt sich Krech, unter näherer Erläuterung der einzelnen Vorschläge des Entwurfs, einverstanden mit der Gestaltung der Buch- und verkehrswürdigen Briefhypothek, einschließlich der Eigenthümerhypothek, die er nicht bloß für logisch und juristisch möglich, sondern auch für den Realcredit nothwendig und zweckmäßig normirt darstellt, ebenso mit der Sicherungshypothek nebst ihren Unterarten, sowie mit den im Entwurfe zugelassenen Umwandlungen, begründet aber auch — abgesehen von der Kürze einzelner Fassungen des Entwurfs, z. B. bei § 1093 bezüglich der Geltendmachung von Einreden, bei § 1194 bezüglich der Uebertragung einer Sicherheitshypothek — manche Ausstellungen, insbes., daß eine doch im Interesse des Gläubigers wie des Eigenthümers gelegene Sonderbeitreibung aus den mithaftenden Gegenständen nicht gewährt sei, weshalb eine Abänderung der §§ 1075, 1098 verlangt wird, und daß weitergehende Vorschriften über Verzicht auf dilatorische und peremptorische Einreden von Seiten des Schuldners nach Eintrag der Hypothek u. dgl. nicht gegeben seien.

v. Meibom (Archiv für civ. Praxis, Bd. 74 S. 337 ff.) billigt, wie Krech, den von Bähr (und Rudolph) gerügten gemeinrechtlichen Standpunkt des Entwurfs und die besondere Behandlung der rein dinglichen Grundschuld; er bekämpft die für die Buchhypothek gegebene, im Widerspruch mit dem preuß. Gesetze (§ 54) stehende Vorschrift der Umschreibung der Uebertragungen zum Grundbuch als verkehrshemmend, empfiehlt die Briefhypothek als Bedürfniß für einen entwickelten Hypothekenverkehr, erblickt jedoch im Erforderniß einer gerichtlichen oder notariellen Beglaubigung ein Hemmniß eines freien Verkehrs, vermißt die Blanco-Abtretung bezw. deren ausdrücklichen Ausschluß, sowie eine bestimmte Vorschrift über den Beweisvorzug zwischen Hypothekenbrief und Grundbuch; er bezeichnet ferner, im Gegensatz zu Bähr, die Sicherungshypothek als eine mißlungene Schöpfung und verlangt schließlich, daß die soweit hierwegen beizubehaltenden, nicht zur Zwangsvollstreckung zu verweisenden Vorschriften zur Buchhypothek eingereiht, und die Sicherungshypothek nur für Forderungen mit vorbehaltenem Betrage unter entsprechender Anwendung ihrer Vorschriften bei der Arresthypothek beibehalten werden.

Auch erscheinen v. Meibom die Bestimmungen über die Vormerkungen theils zu weit, theils zu eng.

Dagegen werden die aus dem dinglichen Forderungsrechte abgeleiteten Ansprüche des Gläubigers aus der Hypothek und Grundschuld als richtig anerkannt, und wird hier hauptsächlich nur der ausdrückliche Ausspruch über die beabsichtigte Ausschließung der Revenüenhypothek und der Pfandnutzung, sowie einer vertragsmäßigen Abänderung über den gesetzlichen Inhalt des Anspruchs aus der Grundschuld vermißt.

Endlich wird in Bezug auf die Einwendungen gegen diesen Anspruch, theils zur Beseitigung von Mißverständnissen eine deutlichere Fassung, theils eine andere Regelung über Zulässigkeit bezw. Ausschluß von Einreden mehrfach gewünscht.

Landgerichtsdirektor Rudolph (Archiv für civ. Praxis, Bd. 74 S. 177 ff.) beschränkt sich auf rechtliche Bedenken gegen die im Entwurf § 1062 enthaltene Ablehnung der Auffassung der Hypothek als eines dinglichen Forderungsrechts und gegen den in § 1075 bezeichneten Anspruch des Hypothekengläubigers auf zwangsweise Befriedigung aus dem Grundstück und den mithaftenden Gegenständen, welche zu praktischen Unzuträglichkeiten führten; zu deren Vermeidung wird eine andere Fassung der bezeichneten Paragraphen vorgeschlagen, und ähnlich wie bei v. Meibom anheimgegeben, unter Beseitigung der Sicherheitshypothek als besonderer Pfandrechtsart, deren Zweck in die Begriffsbestimmung der Normalhypothek mit aufzunehmen.

Rechtsanwalt Scholler (Gutachten aus dem Anwaltstande, Heft 5 S. 359 ff.) anerkennt die Aufnahme und Durchführung der allgemeinen Grundsätze der Publicität und Specialität sowie der Nothwendigkeit des Eintrags zum Grundbuch nebst dessen öffentlichem Glauben, ferner die Beseitigung der gesetzlichen und nicht einzutragenden Pfandrechte und erklärt sich in seiner, im Anschluß an die gesetzliche Reihenfolge gegebenen Erläuterung der einzelnen Pfandrechtsarten mit deren Gestaltung einverstanden, insbesondere auch mit der zwar auffallenden, aber doch billigen und nützlichen Eigenthümerhypothek. Indeß wünscht Scholler schließlich doch eine Ergänzung dahin, daß für nur mit Buchhypothek belastete Grundstücke ein Hypothekenreinigungsverfahren, ähnlich wie im Code civ. art. 2183 ff. vorgesehen werde, (was m. E. mit dem beabsichtigten sog. Deckungssystem kaum vereinbar ist!), und daß das Grundeigenthum des Schuldners bis zu einer gesetzlich zu bestimmenden Größe, — sofern jenes nicht vertragsmäßig zur Hypothek gestellt, und die Vollstreckung dieser Hypothek nicht gerade fraglich sei — von der Zwangsvollstreckung in unbewegliches Vermögen für befreit erklärt werde. (Heimstätterecht).

Dr. Hermann Staub (Gutachten aus dem Anwaltstande, Heft 6 S. 407 ff.) behandelt nur die Eigenthümerhypothek und die Eigenthümergrundschuld; er erblickt in diesem Schmerzenskinde der Jurisprudenz einen Zankapfel der juristischen Theorie und eine crux der gerichtlichen Praxis und hatte die Beseitigung dieser juristischen Unmöglichkeit erhofft. Indem aber Dr. Staub gleichwohl die Billigkeit und Nützlichkeit des Inhalts der sog. Eigenthümerhypothek einräumt, sucht er Ersatz in der Beseitigung des nicht gerechtfertigten Princips, daß beim Löschen einer Post die nachfolgende Hypothek vorrücke, da die gewöhnliche Vorstellung über Zahl, Platz und den durch beide gebildeten Rang der bestehenden Hypotheken durch das Wesen der Sache widerlegt sei, und der Grundsatz der Untheilbarkeit des Pfandrechts jenes Vorrücken nicht mit sich bringe. Die rechtliche Erklärung der Mission der Eigenthümerhypothek werde dadurch erfüllt, daß der Eigenthümer an der sog. freien Stelle eine neue Hypothek bestellen könne mit dem gleichen Vortheile und mit der gleichen Wirkung einer Eigenthümerhypothek und überdies mit der weiteren Möglichkeit der Offenhaltung für eine künftige Hypothek an einer bisher nicht belasteten Stelle.

Auch die sog. Eigenthümergrundschuld müsse dementsprechend geordnet werden.

M. H.! Schon allzulange habe ich durch die bisherige Darstellung der wesentlichsten Bestimmungen des Entwurfs für unsere Frage und einiger hierüber gegebenen Urtheile Ihre Geduld in Anspruch genommen; ich werde mich nun um so kürzer fassen bei der Begründung meines Antrags.

Dabei werde ich hauptsächlich von drei Grundsätzen geleitet: Vor Allem lege ich den größten Werth darauf, daß wir nach langem Harren auf eine einheitliche Gesetzgebung endlich zum Ziel gelangen, und wenn mit vollem Recht erklärt wird: „Soll Deutschland ein Gesetzbuch erhalten, so ist das beste gerade gut genug“, so dürfen wir doch auch nicht vergessen, daß oft das Bessere der Feind des Guten ist. Bei der allgemeinen Anerkennung, daß mit unendlicher Mühe und Arbeit, welche dem Fleiße und der Gewissenhaftigkeit der mit dem großen nationalen Werke betrauten Männer alle Ehre macht, der vorliegende, einstweilen nur erste Entwurf zu Stande kam, sollte m. E. auch bei seinen Gegnern die Anschauung gebilligt werden, daß er nicht ohne Weiteres auf die Seite gelegt werden, vielmehr die nächste Grundlage für die weitere Bearbeitung des Gesetzgebungswerks bieten sollte. Die z. B. von O. Bähr und Gierke und theilweise auch von Dr. Cosack verlangte Ablehnung des Entwurfs enthält wahrlich eine schwererwiegende Verantwortlichkeit, als der von Bekker (S. 73/74, 78/79, 201), Goldschmidt, Kreck, v. Meibom und Scholler empfohlene, vertrauensvolle Entschluß, ihn einer verbessernden Bearbeitung zu unterziehen, selbst auf die Gefahr hin, für die nächsten Jahrzehnte eine minder befriedigende bürgerliche Gesetzgebung zu erhalten.

Einen weiteren mich bestimmenden Grundsatz leite ich ab aus der

Aufgabe des ganzen Gesetzgebungswerks. Wenn damit auch eine feste gemeinschaftliche Grundlage des deutschen bürgerlichen Rechts gewonnen werden sollte, hergestellt in der Vollkommenheit, welche dem Maße der in der Nation vorhandenen rechtsschöpferischem Kraft entspricht und so vor alsbaldiger Aenderung bewahrt, so sollte andererseits der Entwurf nicht etwa mit eigenem schöpferischen Geiste ein nationales Zukunftsrecht neu schaffen, sondern nur auf der Grundlage des geltenden Rechts, wie dasselbe durch Gesetzgebung, Praxis und Wissenschaft sich entwickelt hat, unter möglichster Versöhnung der zwischen dem gemeinen, preußischen und französischen Rechte bestehenden Gegensätze das, was Rechtens und bestehenswerth, aufstellen.

Diese Schonung des Bestehenden war vorzugsweise im Pfandrechtswesen angezeigt zur thunlichsten Vermeidung einer Störung im gewohnten Rechtsverkehr. Demgemäß erscheint es auch durchaus gerechtfertigt, wenn der Entwurf sich nicht auf die Normirung von etwa nur zwei Pfandrechtsarten beschränkte — womit er allerdings die an sich wünschenswertheste rechtliche Gleichförmigkeit herbeigeführt hätte —, vielmehr die in den verschiedenen Rechtsgebieten herrschenden Normen, soweit sie den gesetzlichen Schutz ihres Fortbestandes verdienen, in sich aufnahm und regelte und die vertragsmäßige Wahl zwischen der einen und anderen Art den dabei Betheiligten überließ. Damit wird, wie die Motive mit Recht bemerken, die Rechtseinheit nicht beeinträchtigt, und stimmen diesem eingeschlagenen Wege nicht bloß unser Gutachter, Levy, sondern auch Gierke, Krech und v. Meibom zu.

Demgemäß dürfen m. E. auch die auf theoretisch-juristischen Anschauungen beruhenden Bedenken gegen einzelne, einmal auf weiten Gebieten übliche und deshalb dort bewährte Pfandrechtsarten nicht zu deren Beseitigung führen; vielmehr müssen letztere in einer Weise geregelt werden, daß sie dem obwaltenden Verkehrsverhältnisse möglichst dienen.

M. H.! Aus diesem Grunde unterdrücke ich auch manche Bedenken, die ich namentlich gegen die dem französischen richterlichen Pfandrechte nachgebildete, mit sonst geltenden Grundsätzen, z. B. über Zulässigkeit des Arrests, in Widerspruch stehende und eher in die Zwangsvollstreckung zu verweisende, weitgehende Zwangshypothek hege, da ich im Hinblick auf die einmal bestehende Uebung und die wiederholten, aber vergeblichen Versuche auf Abschaffung des richterlichen Pfandrechts mich darein bescheide, wenigstens die wichtigsten Grundsätze eines gesunden Pfandrechtssystems bei jener Hypothek im Entwurfe gewahrt zu sehen.

Der dritte mich leitende Grundsatz liegt in der Aufgabe und Stellung des Deutschen Juristentags, die ich schon bei der Einleitung meines Vortrages angedeutet habe. Mit Einzelfragen können wir, m. H., uns nicht befassen.

Wenn wir nun erwägen, daß die allgemeinen Grundsätze, wofür der Deutsche Juristentag seit Jahren sich ausgesprochen, namentlich der Oeffentlichkeit, Specialität, des Aufbaus auf das System des Grundbuchs und dessen öffentlichen Glauben, sowie der thunlichsten — freilich auch vielfach gefürchteten — Erleichterung des Rechtsverkehrs im Entwurfe gewahrt, auch folgerichtig und sorgfältig durchgeführt sind, ferner daß die einzelnen, auch noch so erheblichen Ausstellungen weniger das Wesen der Sache, als die Anlage und den allgemeinen Aufbau der Materie, z. B. bezüglich der Behandlung der Buchhypothek als Normalform, oder die verfehlte juristische Erklärung, z. B. bezüglich der sog. Eigenthümerhypothek, oder endlich auch eine unrichtige bezw. schwerverständliche Fassung betreffen, daß aber im Großen und Ganzen gerade der Abschnitt über Pfandrecht und Grundschuld — wie auch Gierke, Krech und v. Meibom anerkennen — zu den gelungensten Theilen des Entwurfs gehört, und wenn wir, uns nur an die aufgestellte Frage haltend, alles außer Betracht lassen, was etwa noch Weiteres in den Entwurf hätte aufgenommen werden sollen, so glaube und hoffe ich, daß der Deutsche Juristentag, von der Berathung über Einzelheiten absehend, sich im Allgemeinen mit dem Entwurfe einverstanden erklären und die an ihn gestellte Frage dahin bejahen wird:

> Die im Entwurfe des bürgerlichen Gesetzbuchs vorgesehenen Arten des Pfandrechts an Grundstücken, einschließlich der Grundschuld, sind beizubehalten.

Präsident: Es ist folgender Antrag von Herrn Justizrath Levy eingebracht worden:

> Ich beantrage, die Entscheidung über die Frage 9 in Anbetracht der durch Mangel an Zeit begründeten Unmöglichkeit ausreichender Erörterung dem nächsten Juristentag zu überlassen.

(Sehr richtig!)

Justizrath Dr. **Weber** (München): M. H.! Die ständige Deputation des Juristentages hat mich mit einer Begutachtung über die gegenständige Frage betraut; aber in Folge meiner Versetzung von Würzburg nach München war ich leider nicht in der Lage, diesen ehrenvollen Auftrag auszuführen, und ich möchte mir daher gestatten, mündlich wenigstens in ganz kurzen Zügen darzulegen, was nach meiner Ansicht in der vorliegenden Frage künftig Rechtens werden soll.

Was zunächst die Anschauung des Herrn Geheimrath Dr. Dernburg als Referenten betrifft, welcher sich für die Alleinherrschaft der (accessorischen) Briefhypothek entscheidet, so muß ich — wie es auch mein Herr Vorredner gethan hat — bedauern, ihm nicht beipflichten zu können; ich bedauere dies um so mehr, als ich in dem Herrn Referenten eine Autorität ersten Ranges bezüglich des Hypothekenwesens und insbesondere der preußischen Grundbuchgesetzgebung zu verehren mich gewöhnt habe. Ebenso wenig kann ich aber auch dem Gutachten des Herrn Justizrath Levy, welcher neben der Sicherungshypothek lediglich die Briefhypothek, jedoch solche nur im Sinne eines rein abstracten dinglichen Anspruchs eingeführt wissen will, meine Zustimmung geben.

Ich stehe vielmehr, wie der zweite Referent, Herr v. Stößer, im Großen und Ganzen auf dem Standpunkte des Entwurfs, welcher überhaupt eine wohldurchdachte Arbeit darstellt und viel mehr Anerkennung verdient, als er bisher, besonders von theoretischer Seite, erfahren hat. Es ist deshalb zur Orientirung vor Allem absolut nothwendig, wenigstens in ganz kurzen Sätzen dasjenige, was der Entwurf über unsere Frage aufstellt, vor Augen zu führen.

Der Entwurf kennt für die Verpfändung des Grundbesitzes nur zwei Hauptformen, erstens die Hypothek, und zwar in der Eigenschaft eines Accessoriums für eine Forderung, also für einen persönlichen Anspruch, und zweitens die Grundschuld, als einen rein abstracten, dinglichen Anspruch, bei welchem es also auf die individuelle causa nicht ankommt, und bei welchem die Haftung beschränkt ist auf den Grundwerth des verpfändeten Objectes.

Bezüglich der ersten Gattung, nämlich der Hypothek als eines Accessoriums für eine Forderung, stellt der Entwurf drei Unterarten auf: in erster Linie die Buchhypothek; das ist eine solche Hypothek, bei welcher sich der Schwerpunkt der rechtlichen Beziehungen im Vortrage des Grundbuches bewegt, bei welcher sich also alle Consequenzen des Publicitätsprincips an den Eintrag in das Grundbuch knüpfen. Als zweite Unterabtheilung der Hypothek wird aufgestellt die Briefhypothek. Man kann sie von der eben bezeichneten kurz dadurch unterscheiden — es ist auch eine accessorische Hypothek —, daß man sagt: Hier ist beim Wechsel der bereits eingetragenen Hypothek eine Einschreibung im Grundbuche nicht mehr nothwendig, das Publicitätsprincip knüpft sich hier wesentlich an Rechtshandlungen, die in der Urkunde vorgetragen werden, so daß also ein Eintrag über diese Vorgänge in dem Wechsel des Schicksals der Hypothek in das Grundbuch nicht nöthig ist. Als dritte Art der Hypothek wird aufgestellt die Sicherheitshypothek. Das ist auch eine Hypothek, welche accessorischer Natur ist, bei welcher aber das Princip der Publicität auf die Forderung selbst keine Anwendung findet, so daß man diese Hypothek als die des römischen Rechts bezeichnen kann, wie der Herr Referent Dr. Dernburg bereits bemerkt hat.

Das wären die Arten, welche der Entwurf für die Verpfändung des Grundbesitzes aufstellt. Ob die weiteren Unterabtheilungen, die der Entwurf für die Sicherheitshypothek statuirt, zweckmäßig sind, diese Frage glaube ich an diesem Orte nicht beantworten zu sollen, — es würde das zu weit führen, — es möge genügen, wenn ich constatire, daß unter diese Sicherungshypothek gebracht werden die Creditcaution, die Arresthypothek, die Zwangshypothek und schließlich die Sicherungshypothek im engeren Sinne, welche erfolgt auf Grund der Requisition von Behörden. Ob alle diese Verpfändungsarten unter den Begriff der Sicherungshypothek gebracht werden können, lasse ich dahingestellt, indem ich von der Ansicht ausgehe, daß die Lösung solcher Detailfragen nicht in den Rahmen des von der ständigen Deputation aufgestellten Themas paßt.

Der sehr geehrte Herr Gutachter, Justizrath Levy, dessen Arbeit eine ganz vorzügliche ist, stellt nun dem geschilderten System des Entwurfes gegenüber nur zwei Arten der Verpfändung des Grundbesitzes auf: erstens die Briefhypothek, welche er aber als einen rein dinglichen Anspruch construirt, so daß seine Briefhypothek so ziemlich identisch ist mit der sogen. Grundschuld, also mit dem abstracten dinglichen Anspruche, den ich vorher charakterisirt habe. Als zweite Art der Verpfändung des Grundbesitzes stellt er dann die Sicherungshypothek auf, das ist eine accessorische Hypothek, welche aber, wie bereits oben erwähnt, das Publicitätsprincip auf die Forderung nicht ausdehnt. Er sagt: Soll die Verpfändung alle Vorzüge des Publicitätsprincips haben, dann muß sie als eine abstract dingliche construirt werden; alle übrigen Verpfändungen des Grundbesitzes verdienen diesen Vorzug nicht, sie sind einfache Sicherungen von Forderungen auf Grundbesitz im Sinne der römischen Hypothek. Das ist in Kürze die übrigens äußerst geistreich entwickelte Anschauung des Herrn Gutachters.

Wenn dieselbe durchginge, so würde dies zur Folge haben, daß im Großen und Ganzen die preußische Grundschuld alleinherrschend werden würde, weil die Sicherungshypothek, indem sie des Publicitätsprincips ermangelt, in wenigen Fällen zur Anwendung gelangt. Diesen Standpunkt kann ich, wie bereits Eingangs erwähnt, nicht theilen. Unsere accessorische Hypothek hat sich zu sehr im praktischen Leben bewährt. Man kann annehmen — und darin schließe ich Preußen nicht aus —, daß 99 Procent aller Hypotheken accessorischer Natur sind, und daß von der Grundschuld im Verhältniß zur accessorischen Hypothek nur ein äußerst seltener Gebrauch gemacht wird. Wenn ich nicht irre, ist in den Motiven gesagt, daß in Preußen, wo das Institut seit 1872 eingeführt ist, bei dem ehemaligen Stadtgerichte Berlin im Jahre 1878 Grundschulden von etwas über 12 Millionen constituirt worden sind. Das ist, zumal im Hinblick auf die hiermit vollzogenen wenigen Creditoperationen großer Gesellschaften, (welche einzelne Schuldverschreibungen auf die betreffende große Grundschuld ausgaben), ein so geringer Betrag, daß man nicht ohne Grund sagen kann: der normale Verkehr in Preußen hat die Grundschuld perhorrescirt, er erachtet sie gleichsam als mit einer macula levis notae behaftet, er hält sie deshalb, weil man die materiellen Grundlagen der Schuld nicht kennt, für bedenklich, und aus eben diesem Grunde will der loyale Capitalist in der Regel keine Grundschuld, sondern eine Hypothek. Im Hinblick auf diese praktischen Erfahrungen glaube ich mit Recht behaupten zu können, daß, wenn wir eine Gesetzgebung schaffen wollen, welche den Anschauungen des Publikums und den wirthschaftlichen Interessen entspricht, wir unsere accessorische Hypothek in erster Linie festhalten müssen; das muß der Ausgangspunkt der Regulirung des Hypothekenwesens sein; diese Art der Verpfändung des Grundbesitzes hat die Herrschaft in Deutschland erobert, und ich glaube, es wird gut sein, wenn Sie diesen deutlichen Fingerzeig nicht ignoriren.

Wenn ich nun nach dieser Polemik gegen die Ansicht des Herrn Gutachters meinen eigenen Standpunkt zu motiviren habe, der also dahin geht, daß wir mit Herrn v. Stößer im Großen und Ganzen uns mit dem Entwurfe einverstanden erklären und Details und Specialfragen als nicht zur Aufgabe des Juristentages gehörig bei Seite lassen sollten, so glaube ich, zu diesem Zwecke mich nur mehr auf wenige Bemerkungen beschränken und meine Anschauungen am deutlichsten dadurch charakterisiren zu können, daß ich die einzelnen Licht- und Schattenseiten jener Gattungen der Verpfändung des Grundbesitzes, welche der Entwurf aufstellt, in ganz wenigen Worten vor Augen stelle, wobei zugleich die Verschiedenheit meiner Ansicht von jener des ersten Herrn Referenten, Prof. Dernburg, von selbst ihre entsprechende Klarstellung finden dürfte.

Ich beginne mit der Grundschuld. Diese würde also nach dem Entwurfe der freien Disposition der Berechtigten anheim gegeben werden, nach der Anschauung des Herrn Gutachters würde sie unter der Form der Briefhypothek die Alleinherrschaft gewinnen, während Herr Prof. Dernburg, indem er die (accessorische) Briefhypothek zur Alleinherrschaft erheben will, die Grundschuld überhaupt verwirft. Die Grundschuld hat erstens die Schattenseite, daß sie ein abstracter Anspruch ist, so daß man ihre materielle Grundlage nicht kennt. Wenn Sie sie zur Alleinherrschaft erheben, müssen Sie also z. B., wenn Sie für einen Kaufschilling eine

Hypothek constituiren wollen, diese Forderung umwandeln in einen abstracten dinglichen Anspruch. Das ist aber etwas, was nur ausnahmsweise praktisch sein mag und jedenfalls doppelte Kosten verursacht.

Zweitens ist die Publicität bei der Grundschuld in den Vortrag des Grundschuldbriefes verlegt. Alle Schicksale, welche sich nach Eintrag der Grundschuld bezüglich der letzteren entwickeln, sind an den Vortrag auf dem Grundschuldbriefe geheftet, so daß bezüglich dieses weiteren Schicksals nicht der Vortrag im Grundbuche, sondern dasjenige, was im Grundschuldbriefe steht, maßgebend ist, so daß insbesondere bei Subhastationen die Grundschuldbriefgläubiger in der Regel nicht speciell, sondern nur in Form öffentlicher Bekanntmachung zur Versteigerung geladen werden können.

Die dritte Schattenseite ist die, daß ohne Vorlage des Grundschuldbriefes keine Cession, keine Verpfändung, keine Löschung, keine Rangausweichung, keine Pfandobjectsentlassung oder sonstige dergleichen Grundbuchsverhandlungen, welche an den, der mit dem Hypothekenwesen amtlich zu thun hat, täglich herantreten, vorgenommen werden können. Die weitere Consequenz hiervon wäre die, daß, da oft die Hypothekenbriefe nicht beizubringen sind, Amortisirung der Grundschuldbriefe und, wie der Entwurf will, Ausstellung neuer Grundschuldbriefe sehr häufig nöthig wäre, indem erst dann die betreffende Handlung, z. B. Löschung, vorgenommen werden könnte. Das ist eine Schattenseite, welche vielfach schädigend wirken, sehr kostspielig und umständlich sein würde. Man kann auch bei Vorhandensein von Grundschulden selbstverständlich, wenn ein Kaufvertrag über den bezüglichen Grundbesitz abgeschlossen, resp. verlautbart wird, nicht einmal mit voller Sicherheit angeben, wer im Augenblick der Grundschuldgläubiger ist, man kann nicht mit Sicherheit erfahren, wie viel etwa an der betreffenden Grundschuld oder den Zinsen hieraus bezahlt ist; kurz, es ist in jeder Beziehung der normale Immobiliarverkehr durch das Dasein von Grundschulden erschwert.

Aber trotz all dieser Schattenseiten kann die Grundschuld für besondere wirthschaftliche Verhältnisse immerhin von Werth sein. Ich will also keineswegs verlangen, daß sie beseitigt wird, nur will ich auch nicht, daß sie zur ausschließlichen Herrschaft gelangt. Ich stelle mich also auf den Standpunkt des Entwurfes, welcher jenen Kreisen des wirthschaftlichen Lebens, welche diese Verpfändungsart für zweckmäßig erachten, die Möglichkeit giebt, von ihr Gebrauch zu machen. Ich glaube also, daß der Entwurf von ganz richtigen gesetzgeberischen Grundsätzen ausgeht; er sagt: wir zwingen niemandem diese oder jene Form der Verpfändung des Grundbesitzes auf; aber ein großes Reich wie Deutschland hat in seinen verschiedenen Theilen verschiedene Bedürfnisse, und daher geben wir die

Grundschuld dem Verkehr zum Gebrauche frei, obwohl wir ihre Schattenseiten nicht verkennen; wer also glaubt, daß sie seinen Interessen am besten entspricht, mag sie immerhin benützen.

Ueber die Sicherungshypothek glaube ich nichts Besonderes bemerken zu sollen; sie ist zweckmäßig für gewisse, nicht dem Hypothekverkehre angehörige Rechtsverhältnisse. Ob sie weiter praktisch ist, will ich dahingestellt sein lassen. Es giebt Rechtsverhältnisse, bei welchen das Publicitätsprincip auf die Forderung nicht zur Anwendung kommen kann, und für solche Fälle ist die Sicherungshypothek gegeben.

Nun kommt die Buch- und die Briefhypothek. Die Buchhypothek ist jene Hypothek, welche, wenn man die Sache näher studirt, in Süddeutschland bisher neben der Cautionshypothek ausschließlich benützt worden ist, das ist unsere bayerische, unsere württembergische 2c. Hypothek Dieselbe setzt das Publicitätsprincip einzig und allein in das Grundbuch. Ohne Vorlage des Hypothekenbriefs können Sie cediren, ohne den Brief können Sie verpfänden, löschen lassen, sowie sonstige Hypothekenhandlungen vornehmen, ein großer Vortheil für den Verkehr; das Grundbuch sagt jederzeit, wer der gegenwärtige Gläubiger ist, man kann jederzeit leicht erfahren, wie viel Rückstände an den eingetragenen Hypotheken bestehen, man braucht zu allen diesen Zwecken, wenn auch der Hypothekenbrief fehlt, nicht zu amortisiren und fortgesetzt das bedenkliche Aufgebotsverfahren vorzunehmen.

Diese Buchhypothek hat also große Vortheile, und deshalb dürfen wir nicht darnach trachten sie aufzuheben; sie ist ein Bedürfniß für große Interessenkreise in Süddeutschland, aber auch in Norddeutschland, denn das Bedürfniß ist ja, im Grunde genommen, überall gleich. Warum soll man also diese Hypothek ganz beseitigen und dem Verkehr die geschilderten großen Vortheile versagen?

Damit habe ich von selbst die Briefhypothek, welche Herr Prof. Dernburg zur Alleinherrschaft erheben will, indirect charakterisirt. Sie ist zwar auch eine accessorische Hypothek, allein sie hat eben auch größtentheils jene Schattenseiten, die bereits bei der Grundschuld aufgeführt worden sind, nämlich es ist ohne den Brief keine Cession, keine Pfändung, keine Löschung möglich — das sind die Schattenseiten. Wer indeß eine solche Hypothek wünscht, soll sie bestellen können. Warum nicht? Wir wollen dem Verkehr keineswegs diese Hypothek entziehen; es ist bei ihr der Brief circulationsfähiger; für größere Interessentenkreise mag sie zweckmäßig sein, und ich habe nur zu bedauern, daß der Entwurf sich nicht glatt darüber ausgesprochen hat, ob absolut, wenn ein Brief ausgefertigt wird, die Hypothek immer gerade eine Briefhypothek sein soll.

Es muß doch die Möglichkeit gegeben sein, daß auch für den Buchhypothekgläubiger irgend ein Document, z. B. ein Auszug aus dem Grundbuche oder ein Buchhypothekbrief ausgeführt werden kann.

Und nun, m. H., will ich Ihre Zeit nicht länger in Anspruch nehmen. Ich schließe mich also dem Antrage des Herrn von Stößer an: ich glaube, daß der Entwurf im Großen und Ganzen das Richtige getroffen hat; wenn ich in die Details eingehen wollte, hätte ich Ihnen allerdings Vorschläge für mannigfache Modificationen zu unterbreiten, allein ich glaube, daß der Entwurf den materiellen Interessen des Verkehrs, so wie er bei uns besteht, Rechnung getragen hat, so daß, wenn er eingeführt wird, die Zustände immer noch besser werden, als diejenigen unserer jetzigen Zersplitterung sind. Unter allen Umständen aber kann ich mich damit nicht einverstanden erklären, daß man den Verkehr zwingt, eine einzelne bestimmte Form für Grundverpfändung annehmen zu müssen, wenn er den Vortheil der Publicität erlangen soll, — darauf aber geht der Antrag des Herrn Gutachters und in gewisser Beziehung auch jener des Herrn Referenten hinaus; — der Verkehr soll nach meiner Ansicht seine Freiheit haben: erachtet er seinen concreten Interessen die Constituirung einer Grundschuld oder einer Briefhypothek oder nur einer einfachen Buchhypothek oder gar nur einer Sicherungshypothek für entsprechend, so soll ihm m. E. die Freiheit der Wahl nicht verkümmert werden, und diese Wahl gewährt der Entwurf, daher sollten wir ihm m. E. beistimmen.

(Bravo!)

Rechtsanwalt Dr. **Heinsen** (Hamburg): M. H., die Einheitlichkeit des Rechts besteht nicht in der Herstellung der Schablone, sie schließt die Mannigfaltigkeit der Formen nicht aus, und deshalb halte ich es nicht für richtig, was Herr Prof. Dr. Dernburg gesagt hat. Ich will, bei der Kürze der mir zur Disposition stehenden Zeit, nur einen Punkt geltend machen, um die Buchhypothek zu retten, das ist der, daß der Hypothekenbrief erlöschen kann; er kann bei der Zwangsversteigerung trotz Ausfallens, und zwar auch im gutem Glauben, weitergegeben werden, er kann verloren gehen. Das macht dann ein Proclam nöthig, wie es bei der Buchhypothek nicht nothwendig ist, und deshalb glaube ich, ist, von anderen Gründen abgesehen, die Buchhypothek jedenfalls neben der Briefhypothek aufrecht zu erhalten.

Referent Geh. Justizrath Prof. Dr. **Dernburg** (Schlußwort): M. H., die zu entscheidende Frage ist von einer sehr großen Wichtigkeit; ich hätte noch vieles den Herren Vorrednern zu erwidern, um meine Ansicht klarzustellen, aber die Zeit mangelt dazu. Sie werden nicht gern mir die Replik abschneiden wollen, deshalb möchte ich mich dem Antrage des Herrn Justizrath Levy anschließen, daß wir die Frage vertagen. Die Frage greift so tief in das wirthschaftliche und Rechtsleben ein, daß wir uns damit begnügen können, daß sie heute zur Erörterung gekommen, und die Klärung gefördert worden ist; zu einer Verständigung aber wird man heute nicht kommen.

Justizrath Dr. **Weber** (München): Ich bin mit der Vertagung ebenfalls einverstanden, zumal da die geringe Anzahl der noch Anwesenden sich wohl nicht als geeignete Vertretung des Juristentags wird betrachten wollen. Es wird wohl auch mit Rücksicht auf die Wichtigkeit der Sache zweckmäßig sein, über die Materie ein oder zwei neue Gutachten zu veranlassen.

Präsident: Wenn ich mich auch für den Antrag Levy erkläre, so geschieht es, weil ich auch sehr gern in der Sache das Wort genommen hätte. Ich war aber bei der Vertheilung des Vorsitzes daran verhindert, denn wenn ich hätte reden wollen, hätte wieder Herr v. Stößer, der Berichterstatter war, den Vorsitz übernehmen müssen. Ich bin 14 Jahre lang Grundbuchrichter gewesen und habe als solcher Erfahrungen gemacht. Eins möchte ich heute noch bemerken, daß mir nämlich aufgefallen ist, wie man in Bezug auf die Grundschuld sagte, es sei eine Schattenseite derselben, daß eine abstracte Forderung geschaffen werde. Sonst hat man im Verkehrsleben das für einen Vortheil gehalten. Denn der Wechsel wäre ja sonst eine Schattenseite im Handelsverkehr. Wenn Sie aber den Wechsel dem Verkehr nehmen, nehmen Sie ihm eines der wichtigsten Creditmittel. Ich habe überhaupt die Aufgabe der Hypothekengesetzgebung in Bezug auf Grundstücke immer so betrachtet, daß eine Form gefunden wird, die die beste ist, die den Credit fördert und zugleich den Gläubiger sichert, dem Schuldner aber die Möglichkeit gewährt, Geld auf gute, sichere Hypothek zu erhalten, und daß ein Brief, sei er Grundschuldbrief oder Hypothekenbrief, darüber ausgefertigt, nur das Recht geben kann, an bestimmter Stelle Befriedigung zu verlangen. Es mag sonst passiren mit dem Grundstück, was da will, der Brief enthält die Stelle, an welcher Befriedigung verlangt werden kann. Und weiter, welches obligatorische Verhältniß zu Grunde gelegt werden mag, der Brief soll nicht mehr gewähren als eine abstracte Forderung in das Grundstück an bestimmter Stelle, er soll gewissermaßen ein Realwechsel sein mit bestimmter Sicherheit. Wollen daneben die Parteien sich ein obligatorisches Verhältniß schaffen, so bleibt ihnen das frei überlassen. Die Klage aber, die angestellt wird aus dem Hypothekenbriefe, ist aufzufassen analog einer actio in rem scripta; von einem Weiterhaften des früheren

Eigenthümers kann nicht die Rede sein. Werden diese Anforderungen erfüllt, so ist meiner Ansicht nach die beste Form gefunden.

Aber ich will das heute nicht weiter ausführen; ich möchte mich sehr gern bei der Entscheidung der Frage und möglicherweise mich auch mit einem Gutachten betheiligen.

Ich bringe nunmehr den Antrag Levy zur Abstimmung:

in Anbetracht der Unmöglichkeit ausreichender Erörterung und der sonstigen Umstände die Frage dem nächsten Juristentage zu überlassen.

Ich bemerke, daß ich hoffe, daß der Juristentag auch im nächsten Jahre zusammentreten wird.

Der Antrag wird angenommen.

Präsident: Ich ersuche den Herrn Referenten, Geheimrath Dernburg, dem Plenum Vortrag über die Sache zu erstatten.

Man schreitet hierauf zu Punkt 10:

Die Aufnahme und Gestaltung des Privatpfändungsrechtes im künftigen deutschen Gesetzbuche.

Referent Oberlandesgerichtsrath **Thomsen** (Stettin): Zu diesem Thema liegt ein ausführliches Gutachten des Herrn Rechtsanwalt Mörschell vor, dessen Gang im Wesentlichen folgender ist:

Das Privatpfändungsrecht, d. h. also das Recht, aus eigener Macht ohne obrigkeitliche Hülfe Sachen eines Anderen wegzunehmen, um sich wegen eines Anspruchs gegen denselben zu befriedigen oder zu sichern, ist ein Rest der im alten germanischen Rechte ziemlich weit verbreiteten Selbsthülfe. Dieses Privatpfändungsrecht bezog sich auch auf Schuldforderungen, z. B. unleugbare kundliche Schuld, ferner auf vertragsmäßige Einräumung, Pfändungsrechte, die überall im deutschen Rechte verschwunden sind, und die ich hier wohl ohne weiteres übergehen kann, um sofort mich zu wenden zu der Quintessenz des Themas, zu der Pfändung wegen Beschädigungen von Grundstücken durch Thiere oder Menschen und wegen Rechtsanmaßung ebenfalls bei Grundstücken.

Dieses Privatpfändungsrecht, die sogen. Thier- und Personalpfändung bei Beschädigung oder Rechtsanmaßung an Grundstücken, hat sich in fast allen Ländern Deutschlands bis auf die jetzige Zeit erhalten, es ist als allgemeines deutsches Recht anzusehen, und man kann folgende Sätze als feststehend in Deutschland — nach dem Gutachten — annehmen: Wer ein Thier beschädigend auf seinem Grundstücke betrifft, kann es in Besitz nehmen als Faustpfand und dasselbe veräußern nach den Grundsätzen über Faustpfand. Der Eigenthümer eines Grundstücks (oder der Vertreter desselben), der eine Person betrifft, die eine beschädigende oder rechtsausübende Handlung an seinem Grundstücke vornimmt, kann derselben ein Pfand abnehmen. Die Pfändung darf nur auf frischer That geschehen und darf nicht übermäßig sein. Die Wirkungen bestehen im Allgemeinen darin: 1. es wird das Recht erworben, aus dem Pfande sich für Kosten und Schäden Ersatz zu schaffen, 2. Besitzerhaltung an Grundstücken resp. Unterbrechung der Rechtsersitzung und 3. eine Rechtsvermuthung für den Beweis der Beschädigung.

Diese Grundsätze sind ziemlich in ganz Deutschland durch die Landesgesetze sanctionirt worden.

Was den Entwurf des B. G. B. anlangt, so wird das Privatpfändungsrecht gerade in dieser Beziehung speciell erwähnt nur in den Motiven zu § 189, welcher über die Selbsthülfe handelt. Derselbe giebt sehr weitgehende Bestimmungen dahin, daß die Selbsthülfe mittelst Wegnahme von Sachen oder Festnahme einer Person dann eintreten kann, wenn die obrigkeitliche Hülfe nicht rechtzeitig zu erlangen ist, und ohne sofortiges Zugreifen die Gefahr entsteht, daß der Anspruch nicht verwirklicht werden könnte, oder — was mir gerade als bedenklich erscheint — die Verwirklichung erschwert würde. Dabei wird aber diese Selbsthülfe an besondere erschwerende Klauseln geknüpft. Bei Festnahme einer Person muß dieselbe sofort dem Gerichte vorgeführt, und persönlicher Sicherungsarrest beantragt werden. Bei Wegnahme von Sachen muß der Gläubiger sofort dinglichen Arrest erwirken oder die Sachen zurückgeben.

Ich bemerke, daß in dem Einführungsgesetze zum B. G. B. der Art. 62 bestimmt, dieses ganze Pfändungsinstitut, welches allerdings beizubehalten sei, werde der Landesgesetzgebung überlassen, und zwar sowohl dem Principe nach, als auch in der näheren Regelung, also ganz umfassend der Landesgesetzgebung anheimgestellt.

Der Herr Gutachter bemerkt nun zunächst, daß die Seite des Pfändungsrechtes, soweit eine Beweisvermuthung dadurch herbeigeführt werde, veraltet sei. Diese Rechtsvermuthung spreche einerseits gegen die Logik, andererseits gegen die Rechtssicherheit. Gegen die Logik insofern, weil aus der Thatsache der Pfändung nichts weiter geschlossen werden könne als die Thatsache der Pfändung selbst, und es der Logik widerspreche, daß in der einen Rechtssache den Behauptungen einer Person mehr Werth beigelegt werde, als den Angaben derselben Person in anderen Rechtssachen. Gegen die Rechtssicherheit verstoße die Rechtsvermuthung, weil erfahrungsmäßig Uebelwollen, Rechthaberei oder Eigennutz zu unbegründeten Ansprüchen führe, und auf diese Weise die Rechtsvermuthung unerlaubt benutzt werden könne. Ferner hält das Gutachten auch die

Seite des Pfändungsrechtes, welche dahin geht, Rechtsanmaßungen von Grundstücken fernzuhalten, für veraltet, weil nach den Bestimmungen über Besitz in dem Entwurfe genügend Fürsorge getroffen sei. Diese ganze Seite werde hinreichend gedeckt durch die neuen Bestimmungen über Erlangung, Erhaltung und Störung des Besitzes.

Es bliebe also nur noch übrig die Frage, ob und wie weit das Pfändungsrecht wegen Beschädigung von Grundstücken durch Menschen oder Thiere, und zwar bezüglich des Schadensersatzes, noch beizubehalten, resp. wie es zu regeln sei. Auch dieses Pfändungsrecht hält das Gutachten für veraltet bezw. überflüssig, und zwar aus dem Grunde, weil die Bestimmungen über Selbsthülfe hier auch hinreichend das Bedürfniß deckten. Es könne ja überall, wo Schädigungen einträten, in den bisherigen Pfändungsfällen die Selbsthülfe ausgeübt werden, und insofern sei es überflüssig, das Pfändungsrecht beizubehalten. Es beruhe dasselbe, sagt das Gutachten, hauptsächlich auf einem Mangel prompter Justiz und zugleich auf dem Bedürfnisse, eine Widerrechtlichkeit zu ahnden, und auf dem Verlangen, Schadensersatz zu erhalten. Alles das werde aber auch ohne das Pfändungsrecht erreicht; der Mangel prompter Justiz sei jetzt beseitigt, namentlich mit Rücksicht auf §§ 368 und 370 des St. G. B. über die einschlagenden Fälle, und mit Rücksicht darauf, daß der Geschädigte selbst im Strafproceß als Zeuge vernommen werden kann. Dann macht das Gutachten aufmerksam auf die Bedenken, welche rechtlich entstehen könnten, wenn das Pfand dem Thäter nicht gehört, ferner darauf, wie es gehalten werden solle, wenn der Thäter sich widersetze. Gewaltanwendung bringe die Gefahr der Gewaltthätigkeit, ohne Gewaltanwendung sei aber das ganze Pfändungsrecht bedeutungslos.

Ferner sagt der Herr Gutachter, es sei das Pfändungsrecht allerdings in einem Falle noch angezeigt, nämlich in dem Nothfalle des § 189, wenn der Beschädiger fremd oder unbekannt sei, oder wenn das schädigende Thier ohne Aufsicht bei der Beschädigung betroffen wird.

Demgemäß kommt der Herr Gutachter zu dem Resultat, das Privatpfändungsrecht müsse überall beseitigt werden, da es gedeckt sei durch die Bestimmungen über Selbsthülfe.

M. H., einverstanden bin ich zunächst mit dem Herrn Gutachter darin, daß die Bestimmungen über den Besitz, wie sie in unserem Entwurfe sich finden, vollständig das Bedürfniß decken, welches sonst durch das Pfändungsrecht gedeckt wurde. Aber in einem Punkte bin ich nicht mit ihm einverstanden: ich bin nämlich der Ansicht, daß die Thierpfändung beizubehalten sei, dagegen die persönliche Pfändung zu beseitigen.

Die Thierpfändung gerade ist ein uraltes germanisches Recht; es hat alle Gefahren überstanden, welche durch das römische Recht und durch die immer weitere Kreise ziehende Staatsgewalt der Selbsthülfe drohten und welche die Selbsthülfe allmählich fast ganz verdrängt haben. Das Thierpfändungsrecht ist auch in den alten Volksrechten, die zum Theil jede Privatpfändung verboten, überall als Ausnahme hingestellt, so daß man wohl sagen kann, es hat sich als ein im Bedürfniß des Volkslebens beruhendes Institut erhalten.

Nun fragt es sich, ob durch die Selbsthülfe-Bestimmungen des Entwurfes das Bedürfniß in der Weise gedeckt werden kann, daß wir die Thierpfändung entbehren können. Ich bin nicht dieser Ansicht. Nehmen wir den gewöhnlichen Fall, daß verlaufenes Vieh ein Grundstück beschädigt und der Eigenthümer unbekannt ist. Nach dem Princip der Selbsthülfe kann allerdings der Geschädigte das Thier in Besitz nehmen, er muß aber sofort Arrest beantragen. Zum Arrest gehört aber der Eigenthümer. Den haben wir nicht. Er muß also den Eigenthümer ermitteln. Ermittelt er ihn, dann kann er Arrest beantragen und abwarten, was weiter geschieht. Ermittelt er ihn nicht, so muß er das Thier wieder laufen lassen, hat alle Mühe umsonst und die Fütterungskosten noch obendrein zu tragen. Ist der Eigenthümer bekannt, sei es hinsichtlich des verlaufenen Viehes, oder sei es, daß der Eigenthümer selbst bei dem schädigenden Thiere ist, so tritt die Selbsthülfe überhaupt nicht ein, sondern dann tritt die Pflicht ein, wenn der Geschädigte will, eine Klage anzustellen gegen den Eigenthümer. Also die Vortheile, die mit der Thierpfändung verknüpft sind, treten bei der Selbsthülfe nicht ein; die Selbsthülfe führt processualische Weitläufigkeiten mit sich, die gerade bei dem Pfändungsrechte vermieden werden. Das Pfändungsrecht bildet gerade ein Surrogat der gewöhnlichen Justiz, und zwar bei sehr einfachen Fällen, die meist Schäden von ganz unbedeutendem Werthe betreffen, so daß hier die Processe möglichst zu vermeiden sind. Der Beschädigte kann dadurch, daß er sich auf das Pfandgeld beschränkt für den in der Regel kleinen Schaden, allen Erörterungen aus dem Wege gehen, welche damit verknüpft sind, wenn er einen Proceß anfangen wollte um Kleinigkeiten.

Ferner ist auch für die Beweisfrage die Pfändung erheblich, wie das Gutachten selbst anerkennt, in dem Falle, wenn Thiere gepfändet werden, die ohne Aufsicht ein Grundstück beschädigt haben, weil dann zwar nicht die alte Rechtsvermuthung Platz greife, worin ich mit dem Gutachten vollkommen einverstanden bin, wohl aber eine Beweiserleichterung eintrete insofern, als nun der Richter durch die Thatsache der Pfändung gewiß in den meisten Fällen bewogen werde, den Pfänder zum richterlichen Eide, auch über Dasein und Höhe des Schadens, zuzulassen.

Namentlich wird dies dann der Fall sein, wenn, was im altgermanischen Rechte vorgeschrieben war, der Beschädigte nach Festnahme des Thieres sofort den Schaden besichtigen läßt. Also auch hinsichtlich der Beweisfrage bleibt, trotzdem die alten Rechtsvermuthungen beseitigt sind, nach der freien Beweistheorie ein erheblicher Vortheil für den Pfänder.

Aber diese Vortheile sind nicht bloß auf Seiten des Pfänders — da wäre es wieder ein Privilegium —, sondern sie bestehen auch in ganz erheblicher Weise auf Seiten des Vieheigenthümers. Dieser entgeht ebenso wie der Geschädigte weitläufigen und kostspieligen Processen meist über Kleinigkeiten.

Ferner hat dieses Pfändungsrecht auch gewissermaßen eine polizeiliche Seite. Das verlaufene Vieh wird eben in Gewahrsam gebracht und in sorgfältige Pflege genommen, und dadurch wird dem Eigenthümer die Gelegenheit gegeben, sein verlaufenes Vieh viel leichter wiederzufinden, ein Punkt, der seine große Bedeutung hat, wie jeder zugeben wird, der längere Zeit auf dem platten Lande gelebt hat.

So meine ich, daß das Pfändungsrecht im Interesse aller Betheiligten liegt, und es zeigt sich auch schon die Wohlthätigkeit dieses Instituts darin, daß, obgleich derartige kleine Beschädigungen beinahe tagtäglich auf dem Lande vorkommen, doch Processe über diese Fälle fast nicht existiren. Es wird regelmäßig die einfache Sache durch das einfache Mittel abgemacht, daß das Pfandgeld bezahlt wird. Es ist auch bei der Entstehung des preußischen Landrechts von den sämmtlichen Provinzialständen besonders hervorgehoben worden, das Thierpfändungsrecht müßten sie auf jede Weise behalten, weil dadurch ein schleuniger, fast kostenloser Ersatz des Schadens erzielt würde.

Anders aber, m. H., liegt es m. E. bei der Personalpfändung. Die Personalpfändung hat nicht von jeher bestanden; in den alten Volksrechten findet sich keine Spur davon, erst die späteren Rechtsbücher bringen dieses Institut zur Erscheinung, und zwar nur im Anschlusse an die kriminalrechtlichen Verhältnisse, nämlich beim Betreffen auf frischer, handhafter That durfte man den Thäter festnehmen. Das wurde bei ganz geringfügigen Vergehen, wie eben bei Beschädigungen von Grundstücken, dahin gemildert, daß der Beschädigte nur ein Recht hatte, ein Pfand abzunehmen, und dieses Pfand diente auch nur zur Sicherung des Beweises, nicht zur Sicherung des Ersatzes. Außerdem ist diese persönliche Pfändung wesentlich ausgebildet worden durch die Juristen, nicht durch das Volksbewußtsein. Wie auch im Gutachten hervorgehoben wird, fanden die römischen Juristen bei der Reception des römischen Rechts den Widerspruch zwischen dem Pfändungsrechte und dem römisch-rechtlichen Verbote der Selbsthülfe. Sie suchten das Pfändungsrecht möglichst den römischen Grundsätzen anzupassen, indem sie es unter den Gesichtspunkt der Defensive brachten und zum Schutze von Grundstücken anwandten. So ist es gekommen, daß diese persönliche Pfändung niemals allgemeines Recht in Deutschland geworden ist; sie bestand immer nur in einzelnen Particulargebieten, und hier tritt bei der Personalpfändung das ein, was im Gutachten als bedenklich hervorgehoben wird gegen die Privatpfändung überhaupt: die Gefahr der Gewaltthätigkeit. Darum hatten auch von jeher verschiedene alte Gesetze, um die Gefahr der Gewaltthätigkeit zu schwächen, entweder dem Pfänder selbst jede Anwendung von Gewalt verboten und ein gewaltthätiges Verfahren des Pfänders mit Strafe bedroht, oder hatten umgekehrt die Verweigerung der Herausgabe des Pfandes mit Strafe bedroht, weil hier gerade die Gefahr der Gewaltthätigkeit sehr nahe lag. Außerdem tritt hier auch das Bedenken hervor, welches im Gutachten hervorgehoben wird, daß häufig die weggenommene Sache nicht dem Thäter gehört oder nicht pfändbar ist. Alle diese Bedenken, die vollkommen gerechtfertigt sind gegen die Personalpfändung, treten nicht ein bei der Thierpfändung, also bei Wegnahme des entlaufenen Viehes. Selbst wenn der Eigenthümer des Viehes bei der Beschädigung zugegen ist, ist die Gefahr sehr gering, weil die Pfändung hier ja nicht unmittelbar, wie bei der Personalpfändung, Abnahme von Sachen betrifft, also nicht unmittelbar gegen die Person gerichtet ist, so daß die Gefahren hier jedenfalls sehr gering sein werden.

Ich möchte daher empfehlen, auszusprechen, daß die Thierpfändung als solche in Deutschland beizubehalten sei, dagegen die Personalpfändung abzuschaffen, überhaupt jede andere Privatpfändung.

Präsident: Der Antrag des Herrn Gutachters geht dahin:

1. die Privatpfändung wegen des durch fremdes Vieh oder Personen an einem Grundstück zugefügten Schadens sei, soweit sie nicht unter folgenden Satz fällt, überhaupt zu beseitigen;
2. die im § 189 des Entwurfes eines B. G. B. aufgestellten Sätze über Selbsthülfe zur Sicherung eines Anspruchs seien als dem Bedürfniß entsprechend zu erachten.

Rechtsanwalt **Mörschell** (Würzburg): Die Zeit, die ich für Begründung des Antrags in Anspruch nehme, wird der nicht sehr großen Wichtigkeit des Gegenstandes entsprechen. Ich halte das Privatpfändungsrecht auch bezüglich der Thierpfändung nicht mehr für praktisch. Wenn man allerdings von Verehrung für das Alte erfüllt ist, muß man auch die Thierpfändung beibehalten, aber ich sehe ja, daß der Herr Berichterstatter gestern bei einer auch sehr alten Frage einen entgegengesetzten

Standpunkt eingenommen hat. Ich halte die Thierpfändung deshalb für unpraktisch, weil es sich in der Regel um sehr geringfügige Gegenstände, um sehr geringfügige Forderungen handelt, die mit der Tragweite des Pfandrechtes, das erworben werden soll, gar nicht im Verhältnisse stehen. Der regelmäßige Fall ist doch der, daß irgend ein Thier — ich will einmal sagen, eine Kuh oder ein Pferd — auf einen fremden Acker läuft und Futter frißt. Der ganze Werth eines solchen Ackers ist in der Regel ein sehr geringfügiger, und das Bischen Futter, das davon genommen wird, ist noch geringfügiger, und nun soll derjenige, dem dieser kleine, vielleicht nur in Pfennigen schätzbare Schaden zugefügt ist, ein vielleicht 2 bis 300 Mk. Werth habendes Thier in Pfand nehmen? Das steht doch außer Verhältniß. Wir müssen doch darauf denken, daß das Rechtsmittel, das gewährt werden soll, in irgend einem Verhältnisse zu der Größe der Forderung, zu der Wichtigkeit des Anspruches steht.

Dann muß man sich vergegenwärtigen: entweder kennt der Eigenthümer des Feldes den Eigenthümer des Thieres, — ob der gegenwärtig ist oder nicht, — das wird ja sogar die Regel sein. Die Leute auf dem Lande kennen das Vieh des Nachbarn ganz genau, ganz individualistisch, und sie kennen auch den Nachbarn. Ist der Nachbar oder sein Diener bei dem Thiere, das Schaden anrichtet, oder weiß der Nachbar, wem das Thier gehört, so braucht er etwas so Weitgehendes wie die Inpfandnahme des Thieres nicht, um zum Schadensersatze zu kommen. Man sagt freilich: Ja, durch die Inpfandnahme wird ein Druck ausgeübt auf den Eigenthümer des schädigenden Thieres, daß er sich ohne Proceß abfindet. Aber in der eben erst gepflogenen Debatte über das Pfandrecht des Baumeisters ist mit Recht die Ausübung eines Druckes für unzulässig erklärt worden.

Dann kommen noch weitere Bedenken, angeregt von dem Herrn Berichterstatter: Das Thier gehört nicht demjenigen, der es auf den Acker getrieben hat; es ist z. B. das Eigenthumsrecht vorbehalten an dem Thiere, ein Dritter hat das Recht, das Thier in Anspruch zu nehmen für den Fall, daß er nicht bezahlt wird. Mit welchem Grunde will man gestatten, daß wegen eines Schadens, den der Besitzer oder augenblickliche Inhaber des Thieres hat zufügen lassen, dem Dritten sein Recht fraglich gemacht wird? Oder ich nehme den Fall an, ein Reiter sprengt mit einem gemietheten Pferde durch einen bebauten Acker. Der Eigenthümer des Ackers soll das Recht haben, dieses Pferd wegen des Schadens, den der Eigenthümer des Pferdes gar nicht zugefügt hat, in Beschlag nehmen zu können?

Wir können das Beispiel noch anführen, daß mit gestohlenem Vieh ein solcher Schaden angerichtet wird. Da geht es doch zu weit und ist absolut unzulässig, daß man das Recht des Eigenthümers des beschädigten Grundstückes auf eine Schadloshaltung mittelst dieses Thieres, das dem Beschädiger gar nicht gehört, zuläßt. Sie haben bei der Frage des Pfandrechts des Vermiethers sich doch dahin ausgesprochen, daß dasselbe an den vom Vermiether eingebrachten Sachen eines Dritten nicht gestattet werden soll.

Das sind Fragen, die im Falle der Beibehaltung des Privatpfändungsrechtes unzweifelhaft geregelt werden müssen, und die die größten Schwierigkeiten für die Regelung dieses Privatpfändungsrechtes bieten.

Also ich sage: Ist der Schädiger bekannt, so braucht man das Privatpfändungsrecht nicht, denn entweder hat er Vermögen, oder er hat keins. Hat er kein Vermögen, so ist überhaupt jede Inangriffnahme unnöthig; hat er Vermögen, so kann man sich an seine Person halten, braucht also ein Pfändungsrecht nicht.

Die Frage der Beweiserleichterung kommt bei dem Stande unserer heutigen Gesetzgebung gar nicht mehr in Betracht. Man kann aus der Thatsache, daß jemand Vieh gepfändet hat und dem Richter oder dem Ortsvorsteher vorführt, keinen Schluß darauf ziehen, ob die Pfändung rechtmäßig ausgeübt worden ist — denn rechtmäßig ist sie ja nur, wenn das Thier auf dem Acker selbst gefangen wird —, ob er dem Thiere nicht nachgelaufen ist und es eingeholt hat, also widerrechtlich gepfändet hat. Das sind lauter Fragen, die bei der Aufrechterhaltung dieses zweifelhaften Rechtes die größten Schwierigkeiten machen.

Nun will ich noch einen Fall erwähnen, der auf dem Lande so häufig vorkommt, und der gerade in solchen Fällen, wo das Pfändungsrecht noch am meisten Werth haben könnte, sehr bedenklich ist: die Frage des § 715 der C. P. O. Sollen Sachen, die das Gesetz sonst weil unentbehrlich als unpfändbar erklärt, der Privatpfändung unterliegen?

Wenn z. B. die einzige Kuh oder Ziege eines armen Mannes, die nicht gepfändet werden darf, auf einem fremden Acker läuft und da weidet, soll man da gestatten, daß dieses Eigenthum, daß ihm sonst freigelassen werden muß, gepfändet werden darf? Man würde damit ein Loch in die Principien reißen, die wir anderwärts gesetzlich gebilligt haben. Es ist nicht zu umgehen, daß man sich gegen Beibehaltung des Pfändungsrechtes ausspricht.

Sofern das Pfändungsrecht ausgeübt werden muß, um den zu erhebenden Ersatzanspruch zu sichern, ist es nach meiner Meinung durch § 189 des Entwurfes gedeckt. Es wären allerdings noch Modificationen nöthig bezüglich der Art und Weise, wie das Pfandrecht erworben und verwirklicht wird, z. B. eben für den Fall, daß eine Person, gegen die Arrest zu erwirken wäre, nicht vorhanden oder nicht bekannt ist.

Das wäre übrigens der einzige Fall, für den man vielleicht das Thierpfändungsrecht noch gelten lassen könnte: wenn der Eigenthümer des schädigenden Thieres unbekannt oder abwesend ist; aber für alle übrigen Fälle hat es m. E. keinen Zweck; würden aber dann die Principien, die außerdem im Civilrecht und in der C. P. O. hinsichtlich des Pfandrechts gelten, auch bei dieser Pfändungsart aufrecht erhalten werden müssen?

Jetzt komme ich zu der anderen Frage: Soll die Regelung dieses Rechtes, wenn man doch für Beibehaltung sich entscheidet, der Landesgesetzgebung überlassen werden, oder soll es reichsgesetzlich geregelt werden? Ich erkläre mich als entschiedener Gegner des Vorbehaltes von Gesetzen für die Landesgesetzgebung, und zwar aus dem m. E. ziemlich triftigen Grunde, daß wir dann möglicherweise verschiedenartige Gesetzgebungen über eine Frage haben, von der vorhin gesagt worden ist, daß sie ein Recht betrifft, welches in ganz Deutschland noch Geltung hat. Das ist ja wahr: warum soll man sie nicht für ganz Deutschland einheitlich regeln? warum der Unzukömmlichkeit ermöglichen, daß von zwei aneinanderstoßenden Rechtsgebieten auf dem einen Acker die Pfändung stattfinden darf, auf dem nebenan liegenden verboten ist, auf dem einen die nach § 715 der C. P. O. pfandfreien Thiere gepfändet werden dürfen, auf dem neben liegenden nicht, daß überhaupt Rechtsungleichheiten in möglicherweise dicht neben einander liegenden Gebieten vorkommen. Ich glaube, alle Gründe sprechen dafür, wenn man einmal das Privatpfändungsrecht beibehalten will, die Frage reichsgesetzlich zu regeln.

Referent Oberlandesgerichtsrath **Thomsen** (Stettin): Um mich von dem Scheine zu befreien, als ob ich gestern ganz etwas Anderes bei dem Pfandrechte des Vermiethers gesagt hätte, als heute hier, möchte ich bemerken, daß hier wohl ein Mißverständniß obwaltet. Ich habe hier nicht gesagt: Deshalb soll das Pfändungsrecht aufrecht erhalten werden, weil es so alt ist, ebensowenig wie ich gestern gesagt habe: Das Pfandrecht des Vermiethers soll aufgehoben werden, weil es alt ist. Beides lag mir fern.

Dann glaube ich, hat der Herr Vorredner in einzelnen Punkten gerade zu Gunsten meines Antrages gesprochen. Er spricht von unbedeutenden Schäden, welche es nicht nothwendig erscheinen lassen, deswegen das Pfändungsrecht beizubehalten. Ja, was bleibt dann übrig? Der Beschädigte muß entweder verzichten, oder das weitläufige Verfahren der Klage einschlagen. Ferner: wenn das Thier dem Thäter nicht gehört. Das bezieht sich hier darauf, daß das Thier unter Aufsicht ist. Da bin ich auch der Ansicht, daß dann das Thier haftet, denn dieses Recht beruht nicht auf römischen Grundsätzen, sondern auf germanischen, auf dem alten Satze, daß das Thier unmittelbar als Thäter und so als Pfand für den Schaden haften soll, und dieses Pfand soll hier ausnahmsweise beibehalten werden. Dieser altgermanische Satz hat mit culpa, dolus, mit Menschen nichts zu thun, sondern das Thier haftet als solches, entgegengesetzt dem römischen Grundsatze, der nur bei Schaden contra naturam sui generis das Thier haften ließ.

Falls der bekannte Thäter Vermögen hat, ist es richtig, daß dann ein Pfändungsrecht nicht nöthig ist, wenn er freiwillig bezahlt, oder wenn der Geschädigte die weitläufige Klage anstellen will; dann ist das Pfand nicht nöthig. Ist aber beides nicht der Fall, so ist das Pfändungsrecht gerade dasjenige, was am besten und schnellsten zum Ziele führt.

Was bezüglich § 715 angeführt worden ist, so will ich allerdings das schädigende Thier unbedingt haften lassen und § 715 nicht darauf anwenden.

Der Herr Vorredner fragt, wie es gehalten wird, wenn ein armer Mann eine einzige Kuh oder zwei Ziegen hat, die er auf fremdem Grundstück weiden läßt. Die hätten Freiweide auf allen Grundstücken, wenn nur die Selbsthülfe da wäre. Dann hat der Eigenthümer nur das Recht, sie wegzujagen; weiter kann er nichts machen, in Pfand kann er sie nicht nehmen. Die Selbsthülfe giebt überall kein Pfand, sondern giebt nur das Recht und die Pflicht zu gleicher Zeit, Arrest zu beantragen. Ein Pfandrecht wird nicht genommen. Gegenüber verlaufenem Vieh hat der Beschädigte absolut keine Aussicht auf Schadensersatz bei Selbsthülfe, wenn er nicht den Eigenthümer ermittelt. Also § 715 will ich auch gerade darauf nicht angewendet wissen.

Was die formale Frage wegen Regelung durch Reichsgesetz oder Landesgesetz betrifft, so ist in meinem Antrage gesagt, daß der Grundsatz im Reichsgesetze ausgesprochen, die Regelung im Einzelnen aber den Landesgesetzgebungen überlassen werden soll, weil das aufs Engste mit den verschiedenen Agrarrechten zusammenhängt, mit den verschiedenen ländlichen Verhältnissen der einzelnen Staaten.

Der Grundsatz ist allgemein, aber die Particularrechte gehen im Einzelnen auseinander. Etwas Aehnliches haben wir ja auch bei den Polizeisachen, welche der Landesgesetzgebung überlassen sind.

Ich gebe anheim, meinen Antrag anzunehmen.

Präsident bringt die Anträge des Referenten zur Abstimmung, welche beide in der vorgeschlagenen Fassung:

1. das Privatpfändungsrecht insoweit und nur insoweit beizubehalten, als es sich auf die Beschädigung von Grundstücken durch Thiere bezieht,
2. die nähere Regelung dieses Instituts den Landesgesetzgebungen zu überweisen,

angenommen werden. Der Gegenstand soll dem Plenum zur Kenntnißnahme mitgetheilt werden.

(Schluß der Sitzung gegen $1^1/_2$ Uhr.)

Erste Sitzung der dritten Abtheilung

am 11. September 1889,

Vormittags $11\frac{1}{2}$ Uhr.

Justizrath **Anschütz** (Leipzig): M. H.! Im Namen der ständigen Deputation erlaube ich mir den Vorschlag, Herrn Staatsrath von Köstlin (Stuttgart), den bewährten Führer und Förderer des Juristentages, zum Vorsitzenden der III. Abtheilung zu ernennen. Sind Sie damit einverstanden?

(Allseitige Zustimmung.)

Dann ersuche ich Herrn Staatsrath von Köstlin den Vorsitz zu überehmen.

(Geschieht.)

Vorsitzender Oberlandesgerichts-Senatspräsident, Staatsrath **von Köstlin** (Stuttgart):

Zunächst ist es meine Aufgabe, das Bureau zu bilden.

Ich möchte vorschlagen, als Stellvertreter des Vorsitzenden den Herren Geheimen Justizrath Dr. von Wilmowski (Berlin) zu wählen.

(Zustimmung).

Demnach ersuche ich Herrn v. Wilmowki, den Platz neben mir einzunehmen.

(Geschieht).

Für das Schriftführeramt schlage ich Ihnen vor die Herren Professor Dr. Rubo (Berlin) und Landgerichtsrath Weyer (Straßburg). — Es erhebt sich auch hiergegen kein Widerspruch. Ich ersuche beide Herren, ihren Platz hier einzunehmen.

Wie den Herren bekannt ist, liegt der III. Abtheilung ein reiches Arbeitsmaterial zur Berathung vor, nämlich die Fragen 11, 12, 13, 14, 15 und 16. Die ständige Deputation hat gestern auch die vorzuschlagende Reihenfolge dieser Gegenstände in Erwägung gezogen und kam zu dem

Antrag, für heute die Nummern 11 und 13, also die wechselseitigen Testamente und das Verhältniß der Miterben auf die Tagesordnung zu setzen, für morgen zunächst die Frage 15 über die Ehescheidungsgründe und dann Frage 16 über die Ehescheidungsstrafen, sodann Ziffer 14 über die Anfechtbarkeit der Schenkungen und zuletzt Ziffer 12 über das Inventarrecht.

Für Ziffer 11 ist Herr Professor Enneccerus als Referent bestellt, derselbe hat gebeten, wo möglich nicht mit dieser Nummer zu beginnen. Wenn es Ihnen genehm ist, treten wir deshalb in die Berathung der Ziffer 13 ein:

> Welche Grundsätze sind im künftigen deutschen bürgerlichen Gesetzbuch über das Verhältniß der Miterben und ihre Auseinandersetzung aufzustellen?

Referent ist Herr Rechtsanwalt Dr. Reatz (Gießen).

Referent Rechtsanwalt Dr. **Reatz** (Gießen): M. H., bei der Stellung der Fragen war es wohl nur die Absicht, die **Haupt- oder wesentlichen Grundsätze** zu normiren, welche die Lehre von dem Verhältniß der Erben und ihre Auseinandersetzung künftig beherrschen sollen, und nicht die, auch die dadurch bedingten Neben- oder Untergrundsätze festzustellen. Denn dies letztere ist die Aufgabe der Gesetzgebung und der künftigen Praxis und Wissenschaft, und würde jedenfalls mehr Zeit in Anspruch nehmen, als dem Juristentag und seiner Abtheilung vergönnt ist. Ich werde mich daher bei der Erstattung des Referats nur mit jenen Hauptgrundsätzen beschäftigen, was indessen eine Eingehung in das Detail dieser Lehre nicht ausschließt.

Die Frage hat zwei Dinge zum Gegenstand: das Rechtsverhältniß der Miterben unter einander und zu Dritten (Gläubigern und Schuldnern des Nachlasses) und die Auseinandersetzung der Miterben. Indessen lassen sich beide Gegenstände nicht durchaus getrennt behandeln, beide sind vielmehr vielfach mit einander verbunden, und die Auseinandersetzung insbesondere ist zum größten Theile den Grundsätzen der obligatorischen Gemeinschaft unterworfen, welche vom Entwurfe hinlänglich correct bearbeitet ist.

Was das **Verhältniß der Miterben** betrifft, so treten

I. Nach Römischen Rechte, wie der alleinige Erbe, so auch die mehreren Miterben in die gesammten rechtlichen Beziehungen des Erblassers ein, und es geht insbesondere das Gesammtvermögen des Erblassers als eine Einheit dergestalt auf sie über, daß sie bestimmte, gleiche oder ungleiche ideelle Theile an dieser ideellen Sache (der Erbschaft) erhalten (Erbtheile, Theile der Erbschaft).

Zugleich hiermit tritt aber auch bereits eine Art von Theilung der einzelnen Nachlaßobjecte und ein Erwerb oder eine Uebernahme derselben für einen jeden Miterben nach Verhältniß seines Erbtheils ein. An den körperlichen Nachlaßobjecten erhält jeder Miterbe einen ideellen Antheil, und Forderungen und Schulden des Erblassers, deren Gegenstand theilbare Sache sind, gehen auf jeden Erben nach Verhältniß seines Erbtheils über. Dort entsteht eine Gemeinschaft, die demnächst durch Theilung aufgelöst wird, hier aber findet eine Theilung schon von Rechtswegen statt. Jeder Miterbe ist nach Verhältniß seines Erbtheils Theilgläubiger des Nachlaßschuldners und Theilschuldner des Nachlaßgläubigers, jede Forderung und Schuld des Erblassers zersplittert sich in so viele Theile, als Erbtheile vorhanden sind, und jeder solcher Forderungs- und Schuldantheil bildet von nun an eine selbständige und von den anderen unabhängige Obligation.

Mit diesem Grundsatze der sofortigen Ideal- und ipso jure Theilung verbindet aber das römische Recht einen zweiten Grundsatz von sehr einflußreicher Bedeutung. Es ertheilt jedem Miterben das Recht, über die ihm zugefallenen Theile nach Belieben zu verfügen (freie Verfügungsgewalt), und bindet ihn in keiner Weise daran, die ihm angefallenen Activen für die demnächstige Erbauseinandersetzung zu reserviren. Es ist ihm also möglich, sein Miteigenthum an Dritte zu übertragen, zu verpfänden und die ihm zustehenden Forderungsantheile einzuziehen und auf diese Weise den Gläubigern und seinen forderungsberechtigten Miterben Executionsobjecte zu entziehen.

Im Wesentlichen stimmt hiermit das französische Recht und das sächs. G.B. überein.

II. Ein durchaus anderes System befolgt das Allgemeine Preußische Landrecht, indem es sich deutsch-rechtliche Anschauungen angeeignet hat. Zwar ist dasselbe vielfach nicht klar, auch unvollständig und lückenhaft, indeß hat sich eine Reihe der bedeutendsten Controversen an es geknüpft, welche jedoch zum Theil durch die Praxis und insbesondere durch Beschlüsse des Ober-Tribunals und durch die Rechtssprechung des Reichsgerichts beseitigt wurden. Im Ganzen kann man etwa folgendes als den Inhalt des Preußischen Landrechts bezeichnen:

1. Mit dem Erbschaftserwerb durch mehrere Erben geht der Nachlaß zu ideellen Antheilen auf die einzelnen Erben über, und ein jeder Erbe ist berechtigt, diesen seinen ideellen Antheil an einen Dritten abzutreten.

2. An den einzelnen Nachlaßobjecten entsteht dagegen für die Miterben kein ideelles Antheilsrecht, sie werden weder Miteigenthümer der körperlichen Nachlaßsachen, noch Gläubiger zu ideellen Theilen an den einzelnen Nachlaßforderungen, geschweige denn ipso jure Theilgläubiger, und können daher auch über die Nachlaßobjekte nicht einzeln, und selbst nicht zum geringsten Antheil verfügen.
3. Der ganze Nachlaß bildet den Gegenstand einer Gemeinschaft sämmtlicher Miterben. Die Verwaltung und Verfügung über die einzelnen Nachlaßobjecte steht nur der Gemeinschaft als solcher zu, und es kann daher der Nachlaßschuldner nur an die Gesammtheit der Erben-Gläubiger zahlen, wie denn auch nur diese prinzipiell den Schuldner klagend belangen kann.
4. Was die Nachlaßschulden betrifft, so haftet im Fall des Erwerbs der Erbschaft ohne Vorbehalt jeder Miterbe bis zur Auseinandersetzung nur nach Verhältniß seines Erbtheils, und dasselbe ist für die Zeit nach der Auseinandersetzung der Fall, wenn die Theilung nach vorheriger öffentlicher Gläubiger-Aufforderung stattgefunden hat. Ist eine solche aber nicht ergangen, so haften die Miterben nach der Auseinandersetzung solidarisch.

III. Der **Entwurf** eines bürgerlichen Gesetzbuchs folgt dem gemeinen Rechte. Er hat insbesondere folgende Grundsätze aufgestellt und formulirt:

1. „Mit dem Tode einer Person (Erbfall) geht das Vermögen als Ganzes (Erbschaft) auf eine oder mehrere Personen (Erben) über (§ 1749).

   Auf mehrere Erben geht die Erbschaft nach Bruchtheilen über (Erbtheile) (§ 1750).
2. Die zum Vermögen des Erblassers gehörenden Rechte und die vermögensrechtlichen Verbindlichkeiten des Erblassers gehen, soweit sie nicht mit dem Tode des letzteren erlöschen, kraft des Gesetzes auf den Erben über. Sind mehrere Erben vorhanden, so gehen die einzelnen Rechte und Verbindlichkeiten kraft des Gesetzes auf die Erben nach Verhältniß der Erbtheile über (§ 2051).

   Auf das Rechtsverhältniß der Miterben finden, soweit nicht aus dem Gesetze ein anderes sich ergiebt, die Vorschriften über Gemeinschaft Anwendung (§ 2151).

3. Jeder Theilhaber kann über seinen Antheil an dem gemeinschaftlichen Gegenstande verfügen. Ueber den gemeinschaftlichen Gegenstand im Ganzen kann nur von allen Theilhabern gemeinschaftlich verfügt werden" (§ 763).

IV. Die erstatteten Gutachten stimmen darin überein, daß grundsätzlich die Auffassung des preußischen Rechts der des gemeinen Rechts und des Entwurfs vorzuziehen, und daß insbesondere die ipso jure Theilung der Nachlaßschulden zu verwerfen sei. Im Uebrigen aber weichen sie von einander wesentlich ab.

Ich bin nun im Zweifel, inwieweit ich bei der Darstellung dieser Gutachten eine gewisse Ausführlichkeit beobachten soll, glaube aber, daß, da die Gutachten gedruckt in Ihren Händen sind, ich mich lediglich auf die Resultate beschränken darf.

A. Das Strützki'sche Gutachten

gelangt zu dem Resultate:

1. Daß auf das Rechtsverhältniß der Miterben, soweit nicht aus dem Gesetz ein anderes sich ergiebt, die Vorschriften über Miteigenthum Anwendung zu finden haben, sonach auch zwar der einzelne Miterbe in der Verfügung über seinen Erbtheil durch das Miterbenverhältniß nicht beschränkt werde, aber die einzelnen zur Erbschaft gehörigen Gegenstände den Miterben nicht nach Bruchteilen zustehen, und eine Verfügung über dieselben nur den Miterben gemeinschaftlich gebühre, und
2. daß die Theilung der Erbschaft erst dann statthaft ist, wenn die Person der Erben und deren Erbtheile, sowie die Nachlaßschulden und Vermächtnisse feststehen, deren Deckung bei der Theilung zu regeln ist.

B. Das Cosack'sche Gutachten

zerlegt seine Aufgabe in zwei Fragen:

„In welcher Art soll jeder Miterbe für die Nachlaßschulden haften?" und „Darf jeder Miterbe über seinen Antheil an den einzelnen zum Nachlasse gehörigen Vermögensstücken frei verfügen, noch ehe der Nachlaß zwischen den Miterben getheilt ist, oder steht die Verfügung über den Nachlaß vor dessen Theilung nur den Erben gemeinsam zu?"

und geht bezüglich der ersten Frage, unter Verwerfung der gemeinrechtlichen ipso jure Theilung der Nachlaßschulden, von dem Grundsatze aus, daß die Nachlaßschulden als eine Last zu behandeln seien, welche auf dem Gesammtnachlasse ruhe, und gelangt zu einer ungetheilten Haftung des Nachlasses und zu einer Haftung der sämmtlichen Miterben mit den gesammten ungetheilten Kräften des Nachlasses.

Im Einzelnen macht dieses Gutachten folgende Vorschläge:

Die ungetheilte Haftung der sämmtlichen Miterben ist vor der Theilung des Nachlasses eine einfache Sammthaftung, nach der Theilung eine Haftung sammt und sonders.

Vor der Theilung kann der Gläubiger alle Erben gemeinsam in einer Klage belangen, er kann aber auch — und in dieser Hinsicht weicht das Gutachten vom preußischen Rechte ab — jeden Erben in getrennten Processen auf das Ganze belangen, allein eine Zwangsvollstreckung in ungetheilte Nachlaßgegenstände ist erst dann zulässig, wenn der Gläubiger gegen sämmtliche widersprechende Erben ein vollstreckbares Urtheil erwirkt hat. Dies soll zunächst gelten gegenüber den Vorbehalts- oder Beneficialerben. Nicht minder soll aber — und hier weicht das Gutachten sehr wesentlich vom preußischen Rechte ab — der Gläubiger jeden vorbehaltlosen Erben auf das Ganze belangen und die Zwangsvollstreckung in dessen Privatvermögen (d. h. in dessen gesammtes, nicht erbschaftlich erworbenes Vermögen) erwirken können. Damit wird indessen eine solidarische Haftung eines jeden Miterben für die ganze Nachlaßschuld (mindestens bis auf Höhe seines gesammten Erbschaftserwerbs) eingeführt, und dadurch das ganze Princip, das soeben angenommen worden ist und von dem Gutachten an die Spitze gestellt worden war, dahingehend, daß die Nachlaßschuld lediglich eine auf dem Gesammtnachlaß ruhende Last sei, preisgegeben.

Bezüglich der zweiten Frage hält das Gutachten eine Sicherung der Miterben wegen ihrer gegen einander zustehenden Ansprüche gegen die freie Verfügungsgewalt des einzelnen über die einzelnen Nachlaßobjekte für geboten und will diese Sicherung durch Verfügungsbeschränkungen erreichen. Als die einfachste Form der Sicherung erscheint ihm ein gesetzliches Pfandrecht jedes Erben-Gläubigers am Erbtheil des Erben-Schuldners. Der Schaffung eines solchen gesetzlichen Pfandrechts stehen jedoch die gewichtigsten Bedenken entgegen, weil damit die im Interesse der allgemeinen Rechts- und Verkehrssicherheit eingeführten Grundlagen des Pfandrechts ohne Noth verlassen werden müssen. Beispielsweise würde eine Hypothek ohne Eintragung im Grundbuch (§ 828) und ohne bestimmte Geldforderung (§ 1062) und ein Faustpfandrecht ohne Besitz der Sache seitens der Gläubiger und mit ausschließlichem Besitz des Schuldners (§ 1147) zulässig sein.

Dies sind die Resultate der Gutachten. — Auch ich stehe im

Wesentlichen auf dem deutsch-rechtlichen Standpunkt des preußischen Landrechts, glaube aber, daß ein wichtiges Princip des römischen Rechts für die heutige Zeit nicht zu entbehren ist, und daß es daher einer Ausgleichung beider principiell sich schroff gegenüber stehenden Systeme bedarf. Hierbei wird dann auch eine Fortbildung des preußischen Rechts und eine klarere und vollständigere Darstellung desselben nothwendig werden.

Ich habe nun meine Ansichten in dieser Beziehung in gewisse Anträge gebracht, die ich auch gestern zum Druck übergeben habe. Ich werde mir also gestatten, nur einiges zur Begründung dieser Thesen vorzutragen. Von einer speciellen Begründung aber muß ich aus verschiedenen Gründen absehen. Der wesentlichste ist der Zeitmangel und dann glaube ich auch, wird bei jedem, der mit dem römischen Recht und mit dem preußischen Recht vertraut ist, sich die Motivirung dieser einzelnen Sätze wohl von selbst ergeben. Indessen wird das Einzelne, das Nähere bei der Discussion sich wohl mehr herausstellen.

Wenn wir bei der Prüfung unserer Frage zu richtigen Resultaten gelangen wollen, müssen wir uns vor allen Dingen über die Interessen klar werden, welche bei ihr concurriren, haben dann zu untersuchen, ob und inwieweit sie berechtigte Interessen sind, und schließlich müssen wir die Collision derselben dadurch lösen, daß wir mit Realisirung der Idee der Gerechtigkeit einem den Vorzug vor dem anderen geben. Diese Idee der Gerechtigkeit ist nicht gleichbedeutend mit der Idee der absoluten Gleichstellung aller Interessen — denn damit würden wir niemals zur Lösung einer Collision gelangen — sondern sie ist die Idee des Vorzugs des stärkeren Interesses vor dem schwächeren, der Herrschaft des ersteren über letzteres, der Absorption des letzteren durch ersteres. Dieß gilt sowohl im politischen, staatlichen, als auch im socialen Leben des Volks, und wie die Erfahrung lehrt, gilt es ebenso auch im Privatrecht, dem wichtigsten Factor des socialen Lebens.

Bei unserer Frage concurriren nun vier Interessen: das besondere Interesse des einzelnen Erben (Individualinteresse); das gemeinsame Interesse aller Erben (Gesammtinteresse); das Interesse des Gläubigers einer Nachlaßschuld und das Interesse des Schuldners einer Nachlaßforderung.

1. Das Individualinteresse des einzelnen Erben geht zunächst dahin, daß ihm sofort mit dem Erbschaftserwerb seine Antheile an den einzelnen Nachlaßobjecten aufs höchste Maß sicher gestellt werden, und diese Sicherstellung ist nur und allein möglich durch Begründung fester

und unumstößlicher, ausschließlicher und gegenüber jedem Miterben und Dritten wirkenden Individualrechte an den Nachlaßobjecten. Er muß Miteigenthümer an allen körperlichen Sachen, Theilgläubiger aller Nachlaßforderungen, Theilschuldner der Nachlaßschulden werden. — Sein Interesse verlangt aber weiter, daß er auch sofort mit dem Erbschaftserwerb in den Besitz und Genuß seines Erbtheils gelange (seines geerbten Vermögens sich erfreue), und zu diesem Zweck muß er die freie Verfügung über seine Antheile an den einzelnen Nachlaßobjecten haben. Seinen Interessen ist aber nicht gedient, wenn man ihn lediglich auf seinen ideellen Antheil an dem Erbschaftsvermögen als Ganzes verweist und ihm Besitz, Genuß und freie Verfügung über die einzelnen Nachlaßobjecte bis zur definitiven Auseinandersetzung, die vielleicht erst in Monaten oder Jahren stattfinden wird, vorenthält. An der Berechtigung dieser beiden Arten von Interessen ist nicht zu zweifeln, denn es entspricht der Idee des Rechts überhaupt und des Erbrechts insbesondere, daß der Erbe sofort mit dem Erwerb seines Rechts alle Befugnisse des Berechtigten überhaupt und des Erben insbesondere erhalte, geradeso wie der alleinige Erbe. Warum soll der Miterbe schlechter stehen als der alleinige Erbe?

Dies ist das System des römischen Rechts, welches in demselben in der consequentesten und rücksichtslosesten Weise durchgeführt ist, ohne daß ich damit einen Tadel gegen das römische Recht an und für sich und seine Auffassung ausspräche. Unbekümmert um die Interessen der Miterben und Gläubiger erhält der Miterbe seine ideellen Eigenthumsantheile an den einzelnen körperlichen Nachlaßsachen, zieht seine ipso jure abgesonderten Forderungstheile ein, veräußert und verpfändet alles und benachtheiligt im Fall seiner Insolvenz seine Miterben und Gläubiger und bereitet günstigsten Falls der definitiven Auseinandersetzung der Miterben die größten Schwierigkeiten.

2. Diesem Princip der Individualrechte steht das deutsch-rechtliche System der Gesammtinteressen der Miterben aufs Schroffste gegenüber. Dasselbe verlangt in seiner äußersten Consequenz, daß demnächst eine ordnungsmäßige und rechtschaffene Auseinandersetzung der Miterben stattfinden könne, die durch keinerlei Einwirkung des einzelnen Erben gestört oder gehemmt werde. Auch dieses Gesammtinteresse ist ein vollauf berechtigtes, es ist das Interesse der Ordnung, der Sicherheit und Rechtschaffenheit und enthält zugleich ein ethisches Interesse, das Interesse der Pietät gegen den Erblasser, der gewiß nicht haben wollte, daß seine Gläubiger durch unredliche Handlungen eines seiner Erben geschädigt würden. Dieses System führt zu einer völligen

Beseitigung aller Individualrechte der einzelnen Miterben an den einzelnen Nachlaßobjecten und zur Schaffung einer Art von hereditas jacens bis zur Auseinandersetzung, zur bloßen Idealberechtigung der einzelnen Erben am Nachlaß als ideeller Sache und zu einer gemeinschaftlichen Verwaltung und Verfügung über alle Nachlaßobjecte. Dies ist das System des preußischen Rechts, welches unbekümmert um die berechtigten Individualinteressen des einzelnen Miterben diesen der Majorität der Erben unterwirft.

3. Als drittes Interesse erscheint das Interesse des Gläubigers einer Nachlaßschuld. Dasselbe geht dahin, daß er mit Vermeidung einer Zersplitterung seiner Forderung in einzelne, den Erbtheilen der Erben entsprechende Forderungstheile, einen einzigen Schuldner erhalte, der dieselben wirthschaftlichen Eigenschaften, persönliche wie finanzielle, habe, wie sein ursprünglicher Schuldner, der Erblasser. Auch dieses Interesse ist ein vollauf berechtigtes. Es entspricht nicht etwa bloß der sog. Billigkeit, daß man den Gläubiger in dieselbe Lage, wie vor dem Tode des Schuldners setzt, sondern er hat ein Recht darauf; denn mit der Begründung einer Forderung wird nicht bloß eine Forderung als Rechtsbegriff, sondern zugleich ein wirthschaftliches Gut geschaffen, welches in der sicheren und pünktlichen Erfüllung der Verbindlichkeit des Schuldners besteht. Eine bloß nominelle Forderung, eine Forderung gegen einen insolventen Schuldner hat gar keinen wirthschaftlichen Werth, und eine Forderung gegen einen morosen oder chicanösen oder gegen einen in fremden Landen befindlichen Schuldner verliert sehr an ihrem wirthschaftlichen Werth. Der wirthschafliche Charakter einer Schuld wird dadurch zu einer rechtlichen Eigenschaft derselben, und ist es daher nur eine berechtigte Consequenz, wenn dem Gläubiger einer Nachlaßschuld das Recht eingeräumt wird, seine ganze Forderung ungetheilt gegen einen beliebigen Erben geltend zu machen, dessen wirthschaftliche Eigenschaften ihm eine Garantie für sichere und pünktliche Erfüllung der Verbindlichkeiten des Erblassers gewähren. Dieses System in seiner Reinheit durchgeführt, würde die Individualinteressen der einzelnen Erben aufs Höchste gefährden.

4. Das letzte Interesse ist das des Schuldners einer Nachlaßforderung. Es geht dahin, daß ihm nach wie vor nur ein Gläubiger gegenüberstehe, mit dem er wegen Erfüllung seiner Verbindlichkeit verhandeln und an den er leisten kann. Dieses letztere Interesse — der Leistung an einen einzigen Gläubiger — hat nur eine sehr schwache wirthschaftliche Bedeutung. Das wirthschaftlich erheblichste Moment, der Erfüllungsort, wird durch eine Theilung der Forderung und

Schuld gar nicht berührt, derselbe bleibt nach wie vor Erfüllungsort, wie er es beim Erblasser war — ebensowenig die Leistung, welche ohne Mitwirkung des Gläubigers zur Tilgung der Schuld führt. Nur unbedeutende Unbequemlichkeiten erzeugt die gleichzeitige Leistung des Schuldners an die zum Empfang gleichzeitig erschienenen Erben, und es hat daher auch das bisherige Recht diesem Umstande gar keine Bedeutung beigelegt, was insbesondere daraus hervorgeht, daß der Gläubiger einer Forderung dieselbe theilen und die betreffenden Antheile an verschiedene Personen cediren kann. Auch hier kann der Schuldner sich nicht darüber beklagen, daß er nunmehr so und so viele Gläubiger habe, an die er, für jeden besonders, leisten müsse. **Wohl aber** wurde der Nachlaßschuldner dadurch in erheblicher Weise benachtheiligt, daß er alle auf seine Erfüllungsbereitschaft bezüglichen Willenserklärungen, wie Kündigung, Wahl bei alternativen Obligationen u. s. w. gegenüber jedem der mehreren Miterben abgeben mußte. Sein Interesse geht vielmehr dahin, daß er eine solche Erklärung nur an einen einzigen Miterben abgebe, der vermöge seiner aus der Erbengemeinschaft entspringenden Verbindlichkeit zur Mittheilung dieser Erklärung an seine Genossen verpflichtet ist. Und dieses Interesse ist ein vollständig berechtigtes, denn es war schon bei der Begründung der Obligation beim ursprünglichen Gläubiger vorhanden und gewahrt.

M. H.! Das sind die allgemeinen Bemerkungen, die ich für nöthig erachtet habe, hier vorauszuschicken, weil sie die Grundlage sämmtlicher Anträge bilden.*)

---

*) Die Anträge lauten:

I. Allgemeine Grundsätze.

1. Mit dem Erbschaftserwerb durch mehrere Erben gehen zwar die einzelnen zum Vermögen des Erblassers gehörenden Rechte und Verbindlichkeiten kraft des Gesetzes auf die Erben nach Verhältniß ihrer Erbtheile über (§ 2051 Entw.), allein die dadurch geschaffenen Antheile bilden den Gegenstand einer Gemeinschaft zwischen den Miterben zum Zweck der Tilgung der Nachlaßschulden und der Auseinandersetzung der Miterben (Erbengemeinschaft).

2. Soweit der gemeinschaftliche Zweck der Tilgung der Nachlaßschulden und der Auseinandersetzung der Miterben gefährdet würde, kann bis zur Auseinandersetzung kein Miterbe ohne Zustimmung der anderen über seinen Antheil an dem gemeinschaftlichen Gegenstande wirksam verfügen.

II. Nachlaßschulden.

3. Die Schuldantheile der einzelnen Erben bilden bis zur Auseinandersetzung eine Schuld der Erbengemeinschaft.

a) Jeder Erbe haftet dem Gläubiger bis zur Auseinandersetzung für die Erfüllung des auf ihn gefallenen Antheils an der Schuld der Erbengemeinschaft.

Ich wende mich nunmehr zu deren Formulirung mit dem Bemerken, daß ich, wie gesagt, es unterlassen werde, sie bis ins Einzelne zu erklären, und mich auf einige wenige Gesichtspunkte beschränke.

Es entsteht nämlich die Aufgabe, die Lösung des Conflicts der berechtigten Interessen in den einzelnen Fällen herbeizuführen, und zwar nach der Idee, die wir vorhin betrachtet haben, nämlich, daß dem stärkeren Interesse der Vorzug vor dem schwächeren zukomme, und in dieser Beziehung muß ich doch das römische Recht zunächst in Schutz nehmen. Ich glaube, das römische Recht hat dieselbe vollständig correct gehandhabt, und es ist für uns heutzutage der Satz auch gar nicht zu entbehren, daß mit dem Erbschaftserwerb sofort für jeden einzelnen Miterben an den einzelnen Nachlaßobjecten bestimmte, feste, absolute Rechte entstehen. Ich glaube auch, daß dieses Princip der Rechtsanschauung unseres Volkes und jedes Einzelnen, der überhaupt einmal geerbt hat, vollständig ent-

---

Jeder Erbe ist dem Gläubiger gegenüber verpflichtet, einen in seinen Händen befindlichen gemeinschaftlichen Nachlaßgegenstand dem Gläubiger zum Zweck der Zwangsvollstreckung herauszugeben und zur Auslieferung eines in den Händen eines Miterben oder Dritten befindlichen gemeinschaftlichen Nachlaßgegenstandes zum Zweck der Zwangsvollstreckung seine Einwilligung zu ertheilen.

b) Bis zur Auseinandersetzung kann der Gläubiger jede auf seine Befriedigung gerichtete Willenserklärung gegenüber einem oder mehreren oder allen Miterben abgeben und gegen einen oder mehrere oder alle besonders oder gemeinsam Klage auf Erfüllnng der jedem einzelnen obliegenden Verbindlichkeit (a) erheben. Auch kann er die auf Erfüllung der Schuld der Erbengemeinschaft gegen alle gerichtete Klage gegen einen oder mehrere oder alle erheben.

Die gegen einen oder mehrere Miterben abgegebene Willenserklärung gilt als gegen alle abgegeben, und die gegen alle gerichtete und gegen einen oder mehrere erhobene Klage als gegen alle erhoben.

4. Nach der Auseinandersetzung haftet, insoweit Pos. 5 und 6 nichts anderes bestimmen, jeder Miterbe nur für den durch seinen Erbtheil bestimmten Antheil an der Nachlaßschuld.

5. Hat vor der Auseinandersetzung die Zutheilung gemeinschaftlicher Nachlaßgegenstände an einen oder mehrere oder alle Miterben stattgefunden, so haften alle Miterben dem Gläubiger für den Werth des ausgeschiedenen Gegenstandes als Gesammtschuldner.

6. Hat vor oder bei der Auseinandersetzung eine Befriedigung des Gläubigers nicht stattgefunden, so haften alle Miterben dem Gläubiger als Gesammtschuldner.

Diese Gesammthaftpflicht entsteht nicht, bezw. fällt weg, wenn bei einer zweifelhaften Schuld der von Seiten der Erben zur Anmeldung seiner etwaigen Forderung binnen zwei Wochen, und bei einer unbekannten Schuld der von Seiten der Erben auf dem Wege der Bekanntmachung durch die von der Landesjustizver-

spricht. Dagegen müssen die Schattenseiten dieses Systems beseitigt werden, nämlich daß es einem jeden Erben freistehen soll, zum Zweck der Vereitelung der Befriedigung der Gläubiger oder der Störung einer redlichen Erbauseinandersetzung über die Nachlaßobjecte und seinen Antheil frei verfügen zu können. In dieser Beziehung gebe ich der deutschrechtlichen Auffassung und dem preußischen Rechte entschieden den Vorzug. Und wenn wir die Verfügungsfreiheit beschränken, welche Beschränkung freilich nur insoweit einzutreten hat, als die Gläubiger oder die Miterben benachtheiligt würden, so müssen wir zu einem weiteren Satze kommen, nämlich zu einer Gemeinschaft der Miterben bezüglich ihrer Antheile. Ich habe unter Ziffer I „Allgemeine Grundsätze" so formulirt, wie es sich gedruckt in Ihren Händen befindet.

Was die Nachlaßschulden betrifft, m. H., so kommt auch hier eine

---

waltung bezeichneten Blätter zur Anmeldung seiner Forderung binnen zwei Monaten aufgeforderte Gläubiger die rechtzeitige Anmeldung bei einem der Erben unterläßt.

III. Nachlaßforderungen.

7. Die Forderungsantheile der einzelnen Erben bilden bis zur Auseinandersetzung eine Forderung der Erbengemeinschaft.

a) Der Schuldner kann bis zur Auseinandersetzung nur an alle Erben gemeinsam oder an deren Vertreter leisten, jede auf seine Erfüllungsbereitschaft gerichtete Willenserklärung aber gegenüber einem oder mehreren Erben mit der Wirkung der Geltung für alle abgeben.

b) Die Erben können gemeinsam oder durch einen Vertreter Klage auf Leistung an alle gemeinsam oder an einen Vertreter erheben.

c) Ist Gefahr auf Verzug, so kann ein Miterbe allein Klage auf Leistung an alle gemeinsam erheben.

d) Weigert ein Erbe den Beitritt zur Klageerhebung, so können die übrigen Klage auf Leistung an sie gemeinsam erheben.

8. Ist vor, bei oder nach der Auseinandersetzung die Forderung der Erbengemeinschaft einem der Miterben ganz oder mehreren zu bestimmten Antheilen überwiesen worden, so wird der Schuldner insoweit Schuldner des oder der Ueberweisungsempfänger (neue Gläubiger). Ist sie mehreren als gemeinschaftliche Forderung überwiesen worden, so kommen die vom Gesetz für ein solches Schuldverhältniß aufgestellten Grundsätze zur Anwendung.

Der Schuldner kann eine gegen den Erblasser oder die Erbengemeinschaft, nicht aber eine gegen die überweisenden Erben ihm zustehende Gegenforderung zur Aufrechnung bringen.

IV. Auseinandersetzung.

9. Eine bei der Auseinandersetzung ganz oder theilweise unberücksichtigt gebliebene Forderung der Gemeinschaft oder eines Miterben gegen die Gemeinschaft oder einen einzelnen Miterben kann, sofern nichts anderes vereinbart ist, nachträglich von den einzelnen Erben als Gläubigern und gegen die einzelnen Erben als Schuldner nur nach Verhältniß ihrer Erbtheile geltend gemacht werden. Reatz.

ipso jure Theilung vor, allein es ist vorzusehen, daß das Interesse sowohl der Gläubiger, als auch der einzelnen Erben vollständig gewahrt werde.

Ich brauche wohl nicht die einzelnen Punkte zu verlesen. Nur ganz kurz will ich andeuten, daß bis zur Auseinandersetzung jeder Erbe in Gemäßheit seines Erbtheils für die Erbschaftsschulden haftet und auch exequirt werden kann, und daß auch sein Privatvermögen herhalten muß. Nach der Auseinandersetzung wird derselbe Grundsatz eintreten, allein es müssen Cautelen für die Gläubiger getroffen werden. Es muß eine Gläubigeraufforderung ergehen. Wenn diese ergangen ist, und die Anmeldung der Forderung stattgefunden hat, so wird letztere berücksichtigt, dann haften für die Zukunft die einzelnen Miterben auch nur nach Verhältniß ihrer Erbantheile. Im übrigen aber müssen sie, wenn sie sich etwas haben zu schulden kommen lassen, — dies alles ist in diesen Sätzen hier genauer ausgedrückt — für das Ganze solidarisch haften.

Es ist für die Nachlaßforderungen derselbe Gesichtspunkt angewendet, nur sind hier verschiedene Fälle angegeben, in welchen auch eine besondere Klage stattfinden kann.

Die Auseinandersetzung betreffend, so habe ich, indem ich im Allgemeinen auf die obligatorische Gemeinschaft verweise, nur einen Punkt herausgehoben, nämlich in dem Satze IV Nr. 9, der Ihnen vorliegt.

Ich glaube, m. H., damit wird dem berechtigten Interesse der Erben, der Gläubiger und der Schuldner durchaus gedient, und ich empfehle daher meine Anträge, wie sie gestellt sind, Ihrem Wohlwollen.

Vorsitzender: Ich eröffne die Debatte.

Geheimer Justizrath Dr. **von Wilmowski** (Berlin): M. H., ich bin der Meinung, daß es für den Juristentag nicht gut möglich ist, diese Specialitäten in der vorgeschlagenen Weise auch nur zu berathen. Der Juristentag kann jedenfalls die speciellen Bestimmungen in der Weise, wie der Herr Referent beantragt, sich nicht zu eigen machen. Man kommt auf recht bedenkliche Sachen. Ich bin mit manchen allgemeinen Grundsätzen einverstanden, möchte aber Einzelnes hervorheben, um kurz anzudeuten, weshalb es nicht möglich ist, die Bestimmungen des Herrn Referenten zu acceptiren.

Nach der Auseinandersetzung — sagt der Herr Referent unter Nr. 8 am Schlusse — kann der Schuldner eine gegen den Erblasser oder die Erben gemeinschaftlich ihm zustehende Gegenforderung zur Aufrechnung bringen, nicht aber eine Forderung, welche ihm gegen den Erben zusteht, welchem die Nachlaßforderung überwiesen ist. Ich muß offen gestehen, das ist mir nicht recht verständlich; wenn einem einzelnen Erben eine Forderung überwiesen ist, so wird sie eben sein Eigenthum, und weshalb ich gegen diese Forderung nun nicht etwas zur Aufrechnung bringen soll, ist mir nicht verständlich; das muß doch ebenso gut zulässig sein, wie gegen eine andere Forderung, die dem einzelnen Erben aus irgend einem anderen Grunde zusteht. Es ist das eins der Beispiele. Man könnte die Beispiele bei den einzelnen Punkten vermehren.

Ich möchte meinerseits vorschlagen, nur Grundzüge ganz kurz anzugeben und wenigstens vorläufig darüber zu berathen, ob nur über solche Grundzüge beschlossen werden soll. Ich würde meinerseits vorschlagen, einen mehr einheitlichen und mehr praktischen Antrag im Sinne der Grundsätze des preußischen Landrechts in Betreff der Hauptpunkte anzunehmen. Ich halte es für berechtigt, daß eine Theilung ipso jure nicht eintritt; die praktischen Nachtheile davon sind zu außerordentlich, der Herr Referent hat sie ja auch hervorgehoben. Ich bin also damit einverstanden, daß eine ipso jure Theilung sowohl der einzelnen nomina, der einzelnen Forderungen, als auch überhaupt der praktischen Nachlaßbetheiligung nicht eintritt. Ich würde vorschlagen zu sagen:

„Die Miterben können über den activen Nachlaß und dessen Bestandtheile bis zu der unter ihnen erfolgenden Auseinandersetzung nur gemeinschaftlich verfügen."

Als Princip reicht das aus und ist aus praktischen Gründen nöthig. Daß nach der Auseinandersetzung jeder verfügen kann über das, was ihm überlassen ist, versteht sich von selbst und braucht meines Erachtens nicht gesagt zu werden; die Auseinandersetzung ist eben selbst eine Verfügung über den Nachlaß; aber wesentlich ist es zu sagen, daß nicht eine Theilung der Activa ipso jure, von selber eintritt, so daß jeder einzelne Erbe seinen Antheil verfolgen kann, was gegenüber dem Nachlaßschuldner eine bedeutende Erschwerung verursachen würde und sachlich nicht gerechtfertigt ist, indem bisher der Nachlaßschuldner Einem gegenüberstand, Einem gegenüber seine Verpflichtung wahrhalten mußte, während er bei der Theilung unter eine Reihe von Erben in die schlechtere Lage versetzt wird, einer ganzen Menge gegenüber einzeln seine Rechte zu vertheidigen. Darauf beruht dieser Satz, der den activen Nachlaß betrifft.

In Betreff der Nachlaßschulden würde ich auch nur das Princip im Sinne der praktischen Bedürfnisse aufstellen. Es versteht sich bei solchen Principien ja allemal, daß Cautelen und einzelne Ausnahmen vorkommen können. Diese zu berathen, sind wir gar nicht in der Lage, da wir das Gesetz ja nicht vollständig machen können. Ich würde in Betreff der Nachlaßschulden zu gleichmäßiger Sicherung einestheils der Erben, anderentheils der Gläubiger sagen:

„Die Miterben haften für die Nachlaßschulden gemeinschaftlich und solidarisch, soweit sie den Nachlaß besitzen oder erwerben."

Dann würde ich als Cautel für die Miterben, weil sie ja in der Lage sein müssen, diese Haftung unter Umständen durch Auseinandersetzung zu beseitigen, hinzusetzen:

„Die Miterben können indessen diese Haftung durch eine Aufforderung an die Gläubiger, beziehungsweise durch ein Aufgebot zur Meldung in bestimmter Frist, ablehnen beziehungsweise beschränken."

Ich werde mir erlauben, den Vorschlag gleich vollständig formulirt einzureichen. Ich bin der Meinung, daß in Betreff der Schulden dies auch ausreicht, und andererseits für die Interessen Aller nöthig ist, nämlich das Princip, daß für die Nachlaßschulden die Miterben gemeinschaftlich und solidarisch haften, zunächst soweit sie den Nachlaß besitzen. Es versteht sich dies ja von selbst, denn wenn der Erblasser haftet, so haftet den Gläubigern auch der Nachlaß in den Händen der Erben. Und ich wollte weiter sagen, „soweit sie den Nachlaß besitzen oder erwerben," um anzudeuten, daß, wenn einzelnen Erben Nachlaßtheile überlassen werden und auf die Nachlaßgläubiger keine Rücksicht genommen worden ist, die dem Erben überwiesenen Sachen auch für den Nachlaß haften. Andererseits ist es m. E. billig und es entspricht das auch der bewährten preußischen landrechtlichen Bestimmung, daß die Miterben die Haftung ablehnen können, wenn sie die Gläubiger mit einer bestimmten Frist auffordern sich anzumelden, und die Gläubiger sich dann nicht melden; wenn sie sich melden, müssen sie natürlich berücksichtigt werden. Die Details darüber gehören aber m. E. in einen solchen Beschluß nicht hinein. Also ich erlaube mir noch einmal zu wiederholen: ich würde nur diese zwei Principien bestimmen. Wenn die Debatte zu Weiterungen betreffs der Specialien führen sollte, so müßte ich mich allerdings auch gegen andere Theile von den Vorschlägen des Herrn Referenten noch auslassen.

Ich wiederhole also meinen Vorschlag, den ich noch schriftlich unterbreiten werde, nämlich zu sagen:

1. Die Miterben können über den Nachlaß und dessen Bestandtheile bis zu der unter ihnen erfolgenden Auseinandersetzung nur gemeinschaftlich verfügen.
2. Die Miterben haften für die Nachlaßschulden gemeinschaftlich und solidarisch, soweit sie den Nachlaß besitzen oder erwerben. Die Miterben können indessen diese Haftung durch eine Aufforderung zur Meldung an die Gläubiger mit bestimmter Frist ablehnen bezw. beschränken.

Geheimer Justizrath Professor Dr. **Eck** (Berlin): M. H., der Herr Referent hat uns sehr anschaulich auseinandergesetzt, wie sich bei den einzelnen Miterben die verschiedenen Interessen unter einander kreuzen, wie also da das Interesse des einzelnen Erben ein ganz anderes ist, als das der übrigen Miterben und wieder anders das der Nachlaßgläubiger und der Nachlaßschuldner. Das Interesse des einzelnen Miterben geht hier dahin, daß er möglichst bald in die Lage gesetzt wird, über einen Antheil der Erbschaft als über etwas Eigenes zu verfügen, daß er von Forderungen Antheile einziehen könne, daß er über den Antheil an gemeinschaftlichen Sachen durch Verkauf oder Verpfändung oder wie sonst Dispositionen treffen könne, während umgekehrt das Interesse der Miterben verlangt, daß der Einzelne nicht schon die Capitalien zersplittern oder einzelne Gegenstände pro sua parte belasten könne und dgl. m. Und wieder anders ist das Interesse der Nachlaßgläubiger und Schuldner, das dahin geht, daß ihnen nun, ebenso wie der Erblasser nur eine Person war, auch die Erben möglichst nur als eine geschlossene Einheit gegenüberstehen, und die Gläubiger nicht, wie Svarez es ausdrückte, während sie bisher nur einen Schuldner hatten, nun fünf bis sechs verschiedenen nachlaufen müssen, und ebenso daß die Nachlaßschuldner nicht an fünf oder sechs verschiedene zu zahlen haben, während sie bisher nur einen Gläubiger hatten. Alle diese Interessen gleichmäßig zu berücksichtigen, ist für den Gesetzgeber unmöglich. Das römische Recht berücksichtigt, wie wir gehört haben, überwiegend den einzelnen Miterben. Das römische Recht hat hier, wie etwa beim Miteigenthum, den Gedanken: Los von der Gemeinschaft! Es will den einzelnen Miterben so schnell als möglich auf eigene Füße stellen und selbständig machen. Das ist der Individualisirungstrieb, der sich durch das ganze römische Recht hindurchzieht. Darum läßt das römische Recht die nomina (Forderungen und Schulden) sich in so viele selbständige Obligationen zersplittern, als Erben auf der activen oder passiven Seite vorhanden sind; jeder bekommt einen selbständigen Antheil an den Obligationen, die der Erblasser hinterlassen hat. Bei körperlichen Sachen, die zum Nachlaß gehören, ist eine solche ipso jure durchgreifende Theilung nicht möglich; da tritt dann die Theilung pro partibus indivisis ein, so daß jeder Miterbe die Verfügung zu seinem Bruchtheile treffen kann. Das ist der Standpunkt des römischen Rechts und wie Sie wissen, im Wesentlichen auch der des Entwurfs; auch er hat eben die Tendenz, den einzelnen Miterben selbständig zu machen. Allein, wie der Herr Referent uns mit Recht ausgeführt hat, ist dieses Interesse doch nicht ein so überwiegendes, daß man nun dasjenige der übrigen Miterben, der Nachlaßgläubiger und Nachlaßschuldner so außer

Acht lassen dürfte, wie das römische Recht dies gethan hat. Ist der einzelne Miterbe unzuverlässig, liederlich, verschuldet, so werden in der That die übrigen Miterben auf das Schwerste gefährdet; wenn er über seinen Antheil bereits verfügt, so wird dadurch die Auseinandersetzuug für die übrigen, vielleicht soliden Miterben auf das Aeußerste erschwert, und ebenso ist für die Nachlaßgläubiger und für die Nachlaßschuldner diese sofortige Zersplitterung der Erbschaft in lauter selbständige Antheile ganz außerordentlich störend.

Das wird nun bekanntermaßen vermieden durch das preußische Landrecht, welches auf dem deutschen Grundgedanken beruht, wonach der Einzelne keineswegs diese selbständige Stellung und diese Möglichkeit sofortiger Verfügung erlangt, sondern der Nachlaß eine ungetheilte Gemeinschaft bildet, niemand also an einem einzelnen Stücke eine bestimmte pars, sei es divisa oder indivisa hat, sondern durch die Auseinandersetzung sich erst bestimmt, was von dem Erblasser auf den einzelnen Erben übergegangen ist. Das ist das System des preußischen Rechts, was auch seine Schattenseiten hat, insbesondere den einzelnen Miterben weniger günstig stellt, wie das römische Recht, was aber im Großen und Ganzen die Bedürfnisse der Praxis besser befriedigt.

Unser Herr Referent hat nun Vorschläge gemacht, welche, wenn ich sie richtig verstehe, auf eine gewisse Versöhnung der beiden Principien hinauslaufen. Der Herr Referent steht dem preußischen Rechte zwar näher, als dem römischen, allein ich glaube zu erkennen — ich bitte den Herrn Referenten, mich zu corrigiren, wenn ich mich irren sollte, — daß im ersten Satze doch eine solche Versöhnung entgegengesetzter Principien angestrebt wird.

Da hören wir unter Nr. 1:

> „Mit dem Erbschaftserwerb durch mehrere Erben gehen zwar die einzelnen zum Vermögen des Erblassers gehörenden Rechte und Verbindlichkeiten kraft des Gesetzes auf die Erben nach Verhältniß ihrer Erbtheile über."

Dazu wird der Entwurf angezogen, und damit wird also das römische System zu Grunde gelegt: jeder bekommt an der Forderung eine pars divisa, an der körperlichen Sache eine pars indivisa.

> „Allein — so heißt es weiter — die dadurch geschaffenen Antheile bilden den Gegenstand einer Gemeinschaft zwischen den Miterben zum Zweck der Tilgung der Nachlaßschulden und der Auseinandersetzung der Miterben (Erbengemeinschaft)."

Das ist ein Zusatz, der wieder ganz auf dem Boden des preußischen Rechts steht. Der Herr Referent führte in seinem Vortrage geradezu aus, man müsse aus dem römischen Rechte die sofortige Getheiltheit des Nachlasses übernehmen; er betonte ausdrücklich, daß nach dem preußischen Recht die einzelnen Stücke gleichsam herumschwimmen in einem ungetheilten Ganzen; das könne man de lege ferenda nicht empfehlen, aber dennoch nähert er sich hier dem preußischen Rechte sehr stark. Ich muß gestehen: bei aller Anerkennung für die Entwickelung des Herrn Referenten kommt es mir doch so vor, als ob hier zwei unvereinbare Dinge nebeneinander gerückt wären, als ob schließlich im ersten Satze unter Nr. 1 das römische Princip angenommen wäre, dann aber dieses Princip wieder völlig entkräftet würde durch Zusatz 2. Ich weiß nicht, was von dem selbständigen Erbtheile des Einzelnen übrig bleibt, wenn dann hinzugefügt wird: die Antheile sind aber doch Gegenstand einer Gemeinschaft. Dann kann eben der Einzelne nicht verfügen, und cui bono ist es dann noch, daß jeder Einzelne seinen Antheil hat, wenn ihm die Disposition darüber entzogen ist, und dieser Antheil wieder den Gegenstand einer Miterbschaft bildet, einer Gemeinschaft, die gebunden ist durch die Zwecke der Auseinandersetzung zwischen den Miterben und der Tilgung der Nachlaßschulden? Ich möchte glauben, daß, wenn wir die zweite Hälfte des Satzes annehmen, die erste aufgehoben und entbehrlich gemacht wird. Wir können dann einfach zum Princip erheben dasjenige, was in der 2. Hälfte dieses ersten Satzes ausgesprochen ist, und was Herr Geheimrath von Wilmowski mit gutem Grunde vertreten hat.

Der Herr Referent hat nun, um den Standpunkt, der unter 1 eingenommen ist, genauer zu präcisiren, unter 2 hinzugefügt:

> „Soweit der gemeinschaftliche Zweck der Tilgung der Nachlaßschulden und der Auseinandersetzung der Miterben gefährdet würde, kann bis zur Auseinandersetzung kein Miterbe ohne Zustimmung der anderen über seinen Antheil an dem gemeinschaftlichen Gegenstande wirksam verfügen."

Das ist nun, wenn ich so sagen darf, eine Consequenz von der zweiten Hälfte des ersten Satzes, aber gerade diese Consequenz der zweiten Hälfte des ersten Satzes entwerthet völlig die Bildung der partes, die in der ersten Hälfte des ersten Satzes doch ausgesprochen ist. Und, was noch schlimmer ist, in dem zweiten Satze ist m. E. eine Modification oder eine Restriction enthalten, die ich nicht anders, als für sehr unbestimmt und zweifelhaft erklären kann. „Soweit der gemeinschaftliche Zweck gefährdet würde" — ja, m. H., ist das eine Frage, die sich in casu kaum übersehen und entscheiden läßt, ob nun durch die Verfügung eines Miterben der Zweck der Tilgung der Nachlaßschulden und der Auseinandersetzung der Miterben gefährdet werden würde. Ich möchte glauben, daß, wenn dies zum Gesetz erhoben würde, und uns ein Miterbe im einzelnen Falle fragte, ob, wenn er Miterbe zu $^1/_3$ ist, er von den Nachlaßforderungen $^1/_3$ einziehen könne, ob er von einem Grundstücke $^1/_3$ verkaufen, ob er es zu $^1/_3$ verpfänden könne und dergl., wir ihm antworten müßten: Ja, du hast zwar einen eigenen Antheil, aber ob du darüber disponiren kannst, hängt davon ab, ob der Zweck der Tilgung der Nachlaßschulden dadurch gefährdet werden würde! Darauf würde er erwidern, das sei er nicht in der Lage, zu übersehen; wir aber würden erst recht nicht dazu im Stande sein! So, fürchte ich, kommen wir zu einer Unbestimmtheit, die noch schlimmer ist, als eine Consequenz des römischen Satzes, mit dem Nr. 1 des Antrages beginnt.

Ich möchte also glauben, daß diese allgemeinen Grundsätze in der Fassung, wie sie der Herr Referent formulirt hat — und wir werden uns doch zunächst über die allgemeinen Grundsätze einigen müssen — hier vom Juristentage de lege ferenda nicht wohl zur Annahme empfohlen werden könnten.

Ich stehe nun, abgesehen von Einzelheiten, näher dem Standpunkte, den Herr Geheimrath von Wilmowski vorhin kurz präcisirte. Ich glaube, daß wir Ursache haben, im Wesentlichen die Principien des preußischen Rechts de lege ferenda zur Annahme zu empfehlen, wobei natürlich nicht zu verkennen ist, wie ich schon vorhin betonte, daß wir kleine Uebelstände mit in den Kauf nehmen müssen. Dieser Uebelstände sind wir in Preußen uns sehr wohl bewußt, aber wir halten sie für geringer, als die Uebelstände, die das römische Recht und der Entwurf mit sich bringen. Ich würde im Wesentlichen die Formulirung des Herrn Geheimrath von Wilmowski auch zu der meinigen machen, also die These aufstellen, daß Miterben vor der Auseinandersetzung nicht anders als gemeinschaftlich über die Nachlaßactiva verfügen können, daß sie, soweit sie den Nachlaß besitzen, für die Schulden gemeinschaftlich und solidarisch haften, und daß erst durch die Auseinandersetzung ein Antheil der Einzelnen gebildet wird, so daß der Einzelne alsdann über seinen Antheil an Activen, der ihm zugewiesen worden ist, verfügen kann, andererseits aber auch pro parte für die Nachlaßschulden haftet.

Es wird sich im Laufe der Discussion über Einzelheiten noch reden lassen. Man wird so gut, wie das römische System, auch das des preußischen Landrechts noch durch einzelne Ausnahmen und Zusätze modificiren können, aber zum Ausgangspunkt würde ich den Standpunkt, den Herr von Wilmowski im Anschluß an das preußische Recht hier eingenommen hat, mehr empfehlen, als den, welchen der Herr Referent hier unter der Ueberschrift „Allgemeine Grundsätze“ formulirt hat.

Professor Dr. **Hellwig** (Erlangen): M. H.! Die Grundsätze des Entwurfes erscheinen mir, wie auch schon hervorgehoben wurde, gerade deshalb unannehmbar, weil die Interessen der Nachlaßgläubiger auf das Schwerste gefährdet sind, wenn sie jeden der Miterben, falls diese als Inventarerben haften, nur zu seinem Antheile in Anspruch nehmen können. Ich habe hauptsächlich nur deshalb das Wort ergriffen, um es als verfehlt zu bezeichnen, wenn man sich darauf beruft, daß dieser Grundsatz der Theilung der Schulden unter die mehreren Miterben doch dem römischen Rechte von jeher angehört habe, also wohl nicht so unpraktisch sein könne, als er von vielen Seiten bezeichnet wird. M. H.! Demgegenüber ist zu constatiren, daß in der ganzen Zeit bis zu Justinian so krasse Resultate, wie die sind, zu denen wir heute gelangen werden, nicht vorkommen konnten. Denn das vorjustinianische Recht hatte zwar den Grundsatz: Nomina ipso jure divisa sunt, aber auch den anderen, daß der Erbe nicht bloß mit dem Nachlasse, der Miterbe nicht bloß mit seinem Nachlaßtheile haftete, sondern auch mit seinem eigenen Vermögen. Da war es ja für den Gläubiger nur vortheilhaft, wenn er statt des einen Schuldners mehrere bekam.

Als Justinian die Beneficialhaftung einführte und damit einen der Fundamentalsätze des römischen Erbrechts so zu sagen in sein Gegentheil verwandelte, wäre es angebracht gewesen, daß schon Justinian die Haftung der Miterben entsprechend geändert hätte. Denn der Zwölf-Tafelsatz hat jetzt eine ganz andere Bedeutung und Tragweite. Daß Justinian aber nicht so weitblickend war, kann uns angesichts der Thatsache, daß das ganze Institut des sogen. beneficium inventarii sehr wenig ausgetragen ist, nicht Wunder nehmen.

Wenn man nun aber heute die Haftung des Erben als „Inventarerben" in der Weise des Entwurfes als Princip aufstellt, so erscheint daneben der Grundsatz, daß dem Gläubiger für den auf jeden Miterben entfallenden Antheil der Forderung nur dessen Nachlaßquote haftet, völlig unannehmbar. Um nur eines hervorzuheben, so sehe man sich einmal den § 2119 des Entwurfes an: Wenn mehrere Erben vorhanden sind, so findet in Ansehung des Erbtheils eines jeden Erben der Concurs besonders statt. Es wird zwar im zweiten Satze gestattet, daß die Concursverfahren über einzelne Theile äußerlich mit einander verbunden werden, aber materiell ist es vollständige Theilung, und es ist sehr wohl möglich, daß über einzelne Theile allein der Nachlaßconcurs stattfindet, so z. B. wenn nur der eine Miterbe sich auf das Inventarrecht beruft, wenn ein Miterbe es verloren hat u. s. w. Ich will die Herren nicht mit Einzelheiten ermüden, aber jeder, der die Praxis kennt, wird darin mit mir übereinstimmen, daß das eine schwere Gefährdung der Nachlaßgläubiger ist, wenn sie solchen Eventualitäten, wie dem Concurs über einzelne Erbtheile ausgesetzt sind.

Ich bin mit meinem Herrn Vorredner nun darin einverstanden, daß wir die vom Herrn Referenten aufgestellten Grundsätze im Einzelnen nicht berathen können. Ich glaube, der Juristentag ist nur in der Lage, sich über ein Princip im Allgemeinen zu entscheiden, und ich erkläre mich mit Herrn Geh. Justizrath von Wilmowski darin einverstanden, daß die Grundsätze des preußischen Rechts gegenüber dem Justinianischen Recht und den im Entwurf angenommenen Grundsätzen den Vorzug verdienen. Die Unbequemlichkeiten für den Erben, die sich in der Praxis des preußischen Rechts herausgestellt haben, müssen möglichst beseitigt oder doch gemildert werden. Sollte aber dieses nicht ganz gelingen, so muß man das kleinere Uebel mit in den Kauf nehmen, nicht aber wegen der geringeren Unzuträglichkeiten des preußischen Principes dieses zu Gunsten einer Regelung aufgeben, welche die schwersten Gefahren für den Credit in sich birgt.

Vorsitzender: Es meldet sich kein Redner mehr zum Wort. Der Herr Referent!

Referent Rechtsanwalt Dr. **Reatz** (Gießen): M. H.! Ich wollte mir nur gestatten, einiges bezüglich der Position 1 meiner Anträge zu sagen. Ich glaube, Sie unterschätzen die Wichtigkeit des römischen Rechts in Bezug auf die Frage der sofortigen Theilung, der Idealtheilung, der ipso jure Theilung, des sofortigen Erwerbes, der sofortigen Begründung fester Rechte. Ich möchte die Frage an Sie stellen, was soll denn sonst an die Stelle treten? Die Erbschaft ist angetreten und erworben. Was geschieht nun, was haben Sie vor sich? Sie haben weiter nichts vor sich als einen sehr unbestimmten, ungreifbaren Begriff. Welche Rechte haben denn die einzelnen Miterben? Sie sagen selbst, es ist eine Gemeinschaft des ganzen Nachlasses eingetreten. Aber wie ist denn diese Gemeinschaft beschaffen? Sind denn die Einzelnen Miteigenthümer der Einzelobjecte? Wenn Sie das annehmen, so stehen Sie auf dem Boden des römischen Rechts, den ich vorher vertheidigt habe. Wenn Sie das aber nicht annehmen, so steht der ganze Nachlaß als Idealsache da. Das ist nach meinen Begriffen nicht gerade eine Künstelei, aber etwas Kunstvolles, was das Volk nicht versteht. Wenn ich sage, das römische Recht hat in dieser Beziehung einen großen Vorzug, so ist es der, daß der Erwerber weiß, er hat ein ganz bestimmtes Recht auf einen ganz bestimmten Gegenstand, er hat ein Miteigenthumsrecht an allen einzelnen Sachen erworben, das ihm kein Mensch entreißen kann. Es ist eine feste Idealtheilung eingetreten; jeder bekommt sein Miteigenthumsrecht, allein er muß das Opfer bringen (im Gegensatz zum römischen Recht), daß er seine sämmtlichen Antheile in eine Gemeinschaft einwirft zu dem Zwecke der Tilgung der Nachlaßschulden und der Auseinandersetzung.

Weiter als für diese beiden Zwecke geht die Gemeinschaft nicht, und ich glaube, es ist eine zu große Befürchtung, wenn man sagt, in der Praxis machten sich die Fälle sehr schwer: wo fange da die Gefährdung einer Forderung an, und wo höre sie auf? Wir haben ja Tausende von Gemeinschaften, von Societäten, die einen ganz bestimmten Zweck verfolgen, und wenn es sich um Rechtsverhältnisse handelt, die unter diesen Zweck fallen, so fallen sie unter diese Gemeinschaft, und wenn es sich nicht um solche handelt, so gehören sie eben nicht zur Gemeinschaft. Also das sind Fälle, die in der Praxis sich leicht regeln.

Im Uebrigen ist gesagt worden, man solle sich auf die Angabe allgemeiner Grundsätze beschränken und etwa sagen: nicht die Grundsätze des römischen Rechts, sondern die des preußischen Rechts sollen maßgebend sein, und es möge im Uebrigen die Regelung im Einzelnen der Gesetzgebung anheimgegeben werden. Ich selbst habe die von der ständigen Deputation des Juristentages gestellte Frage dahin aufgefaßt, daß die wesentlichsten Grundsätze ermittelt werden sollten, welche das ganze Rechtsverhältniß der Miterben und ihre Auseinandersetzung im demnächstigen deutschen Gesetzbuche zu beherrschen hätten, und als solche wesentlichen Grundsätze erschienen mir die in meinem gedruckten Anträgen niedergelegten Sätze.

Vorsitzender: Ich erlaube mir, den Antrag von Wilmowski im Zusammenhang nochmals zur Kenntniß zu bringen.

1. Die Miterben können über den Activnachlaß und dessen Bestandtheile bis zu der unter ihnen erfolgenden Auseinandersetzung nur gemeinschaftlich verfügen.
2. Die Miterben haften für die Nachlaßschulden gemeinschaftlich und solidarisch, soweit sie den Nachlaß besitzen oder erwerben.

   Die Miterben können indessen diese Haftung durch eine Aufforderung an die Gläubiger zur Anmeldung ihrer Forderungen ablehnen bezw. beschränken.

Rechtsanwalt **Leitzheimer** (Stuttgart): M. H.! Es dürfte sich vielleicht fragen, ob nicht beide Anträge zu verbinden wären. Ich stimme mit dem Herrn Referenten für Ziffer 1 seiner Anträge und glaube, daß die Ziffer 1 vollständig belassen und gesagt werden kann: eben in Folge der Erbgemeinschaft, welche entstanden ist, kann vor der Auseinandersetzung nur gemeinsam über das Erbe verfügt werden. Alle die drei Sätze, welche Herr Geheimer Rath von Wilmowski vorgeschlagen hat, widersprechen durchaus nicht dem allgemeinen Grundsatze, welcher in den beiden Sätzen der Ziffer 1 von dem Herrn Referenten ausgesprochen ist. Ich glaube aber, aus den Gründen, welche der Herr Referent vorgetragen hat, ist es gewiß von hohem Interesse, festzusetzen und zu sagen: zunächst gilt der Grundsatz des römischen Rechts, wonach die Rechte und Verbindlichkeiten des Erblassers eo ipso nach Verhältniß der Erbtheile getheilt auf die Erben übergehen. Dieser Grundsatz muß zunächst festgestellt werden, und nur im Interesse der Gläubiger und der übrigen Miterben entsteht die Gemeinschaft zwischen den Miterben und es darf vor der Auseinandersetzung nur gemeinschaftlich verfügt werden. Es ist aber, glaube ich, in der Praxis später von hohem Werthe zu wissen, wie überhaupt das künftige Gesetzbuch den Uebergang auf die Erben auffasse, und ob es hier das römische Recht zu Grunde legt oder nicht.

Sodann aber möchte ich die Frage aufwerfen, m. H., ob nicht die Beschlußfassung über die ganze Frage 13, über welche so eben debattirt worden ist, suspendirt werden soll, bis die Frage 12 berathen und beschlossen ist. Die Sache hängt doch ganz wesentlich zusammen. Denn die Frage, ob überhaupt der Grundsatz des römischen Rechts, daß der Erbe über den Bestand der Verlassenschaft haften soll oder nicht, gelten soll, hängt überhaupt mit der ganzen Inventarfrage zusammen. Ich kann mir doch recht gut denken, daß die heutige Ansicht diejenige ist, daß das römische Recht verlassen werden soll, daß also überhaupt ein Erbe, auch ohne daß er die Rechtswohlthat anruft, nur haftet bis zum Bestande der Erbschaft. Das ist ganz gut möglich, das wäre sogar wünschenswerth. Ist das der Fall, dann würde vielleicht die Ziffer 1 der Anträge des Herrn Referenten ganz überflüssig sein. Aber aus dem angegebenen Grunde dürfte es sich vielleicht empfehlen, die Beschlußfassung über diesen Punkt bis nach der Debatte und Beschlußfassung über Frage 12 auszusetzen.

Geheimer Justizrath Dr. **von Wilmowski** (Berlin): Ich bin der Meinung, daß es nicht gut möglich ist, beide Standpunkte miteinander zu verbinden; sie stehen sich vollständig entgegen. Ich trete Herrn Geheimrath Eck vollständig bei, daß die Grundsätze des Herrn Referenten, so wie sie da sind, etwas Widersprechendes ausdrücken. Sie sagen, es soll eine Theilung eintreten, die Erben bekommen ihr Erbtheil, die Theile bilden aber eine Gemeinschaft. Es ist nicht recht verständlich, wie zugleich eine Theilung und zugleich eine Gemeinschaft stattfinden soll, wenn nicht präcisirt wird, wie die Gemeinschaft gedacht wird, ob die Gemeinschaft nur darin besteht, daß jeder über seinen Theil verfügt oder nicht. Nun sagt der zweite Satz: es können die Miterben gemeinschaftlich verfügen, soweit der Zweck der Tilgung der Nachlaßschulden und der Auseinandersetzung gefährdet würde. Das würde theoretisch gar nicht in dieser Weise eine genügende Grundlage bilden und praktisch zu außerordentlichen Verwickelungen Anlaß geben. Die Frage läßt sich eben nicht anders als radical dahin beantworten: Der Miterbe kann überhaupt nicht wirksam verfügen, solange nicht bei der Auseinandersetzung alle einzelnen Betheiligten berücksichtigt sind. Ob eine Gefährdung vorliegt, das läßt sich weder in der Theorie derart ausdrücken, daß für den Richter ein faßbares Princip vorhanden wäre, noch in der Praxis anders als dahin ausführen, daß es rein dem Ermessen der einzelnen Interessenten und, sobald sie in Widerstreit kommen, dem Ermessen des Gerichts überlassen bleibt.

Mein Standpunkt ist ganz derjenige des preußischen Rechts, dem sich der Herr Referent nähert, aber ohne es ganz consequent auszuführen. Ich wiederhole deshalb meine früheren Anträge.

Andererseits bin ich der Meinung, daß über unsere Frage berathen und beschlossen werden kann, ohne daß die Frage 12 in Betreff des Inventarrechts vorher zum Abschluß gebracht ist. Diese Frage hat darauf m. E. keinen Einfluß. Sie hat Einfluß darauf, wie weit Erben überhaupt haften, aber die Frage, die hier vorliegt, ist ja die, wie weit unter der Voraussetzung, daß die Erben haften, der einzelne Erbe berechtigt bezw. verpflichtet ist, im Verhältniß zu den anderen Miterben und im Verhältniß zu den Gläubigern. Wir mögen in Betreff des Inventarrechts beschließen, wie wir wollen, entweder die Erben brauchen nur mit den Objekten des Nachlasses zu haften, oder wir mögen die Haftung der Erben mehr oder weniger ausdehnen, darauf hat es jedenfalls keinen Einfluß, wenn ein Erbe haftet, wie er dann dem einzelnen anderen Miterben oder den Gläubigern gegenüber haftet. Ich glaube, es empfiehlt sich, diese beiden Fragen zu trennen. Wir können über die Frage 13, die uns vorliegt, vollständig abstimmen. Ich kann im Ganzen meinen früheren Antrag, vorbehaltlich etwaiger Monita gegen die Redaction im Einzelnen, nur wiederholen.

Geheimer Justizrath Professor Dr. **Eck** (Berlin): M. H.! Wenn ich vorhin die sofortige Bildung selbständiger Antheile für die einzelnen Miterben für entbehrlich erklärte, so ist demgegenüber von dem Herrn Referenten und einem andern Redner hervorgehoben worden, daß, falls man solche Antheile nicht bilde, dann eben ein unklares Verhältniß übrig bleibt, und daß es von hohem Werthe sei, solche Antheile sofort entstehen zu lassen; darnach habe der Erbe etwas Bestimmtes, das ihm durch niemand, wie der Herr Referent sagte, wieder entzogen werden könne. Ich will zugeben, daß die Gestaltung, die das römische Recht gegeben hat, bei weitem klarer und durchsichtiger ist als jede andere; das ist unzweifelhaft: wenn der Nachlaß sofort zersetzt wird, soweit es sich thun läßt, wird das Rechtsgebiet des Einzelnen viel schärfer abgegrenzt, als es bei dem preußischen Recht der Fall ist. Aber es scheint mir eben, daß solche bestimmten Antheile entbehrlich sind; es kann jeder bei dem Ganzen mitberechtigt sein, ohne daß seine Mitberechtigung auf eine Quote an jedem Stücke zu reduziren ist. Wir brauchen bloß an die eheliche Gütergemeinschaft zu denken, die jedem Juristen geläufig ist; dabei kann man auch nicht sagen, daß jeder Gatte eine bestimmt abgegrenzte Quote an dem gemeinsamen Vermögen besitzt, aber doch läßt sich die Gütergemeinschaft in der Praxis recht wohl handhaben. Ich weiß auch nicht, worin der Nutzen für den einzelnen Miterben bestehen soll, wenn er eine bestimmte Quote hat, aber darüber nicht verfügen kann ohne Zuziehung der übrigen. Was hat er denn dann von der Quote? Der Herr Referent sagte, dann kann er vindiciren zur Quote. Darüber läßt sich auch noch streiten, ob das rechtlich und consequent wäre, wenn er doch nicht verfügen darf. Aber jedenfalls kann er nur darauf klagen, daß der Gegenstand zur Masse abgeliefert werde ad depositum oder dergleichen. So bekommt er für sich keinen Nutzen, weil er keine Disposition treffen kann, welche die Auseinandersetzung gefährden könnte. Ich muß gestehen, mir scheint von dem Antheile, welchen jeder Miterbe bekommen soll, und über den er doch nicht soll verfügen können, kaum etwas zu seinem Nutzen übrig zu bleiben!

Ich möchte den Herrn Referenten fragen, wie er sich zu der Consequenz stellt, die sich m. E. aus seinem Standpunkte ergiebt: Wenn der einzelne Miterbe Miteigenthümer eines Nachlaßgrundstückes zu $1/3$ geworden ist, und bei der Auseinandersetzung das Grundstück im Ganzen einem der Erben zugesprochen wird, und die anderen abgefunden werden, will nun der Herr Referent hier eine zweite Succession des Uebernehmers an Stelle des Abgefundenen eintreten lassen? Erst ist der Erbe Miteigenthümer geworden zu $1/3$, und dann ist sein Antheil wieder auf den Miterben übergegangen: da kommen wir zu der Consequenz, daß Stempelabgaben wegen doppelter Besitzveränderung entrichtet werden müssen, und dieses Verhältniß der Stempelabgaben ist es ja gewesen, welches die französischen Juristen getrieben hat, zuerst gegen die Bildung selbständiger Erbtheile und doppelter Succession Front zu machen. Ja, m. H., der Herr Referent möge es mir nicht übelnehmen, wenn ich sage, daß die doppelte Stempelpflicht das einzige ist, was übrig bleibt, und dafür einzutreten, sind wir doch wohl nicht fiscalisch genug gesinnt. Daß sonst noch nützliche Consequenzen bei dieser Bildung von Antheilen, über die der Einzelne nicht verfügen darf, sich ergeben, das will mir auch jetzt noch nicht einleuchten, und ich muß auf den Standpunkt zurückkehren, den ich gemeinschaftlich mit Herrn Geheimrath von Wilmowski eingenommen habe. Ich glaube, daß wir, ohne die Interessen der Betheiligten erheblich zu gefährden, selbständige Erbquoten ablehnen können und jene Bestimmung des preußischen Rechtes de lege ferenda empfehlen dürfen, wonach jeder Einzelne Miterbe ist, aber zu einer Quote, die sich nicht an den einzelnen Sachen wiederspiegelt, sondern sich auf das Ganze bezieht und sich erst praktisch zeigt, wenn die Auseinandersetzung zu Stande gekommen ist.

Das ist der Standpunkt des preußischen Rechts, welcher von den Romanisten, besonders von Goeppert, angegriffen worden ist, so daß dieser sich stellenweise darüber fast lustig macht, welcher sich aber in der Praxis allmählich festgestellt hat und, ich kann wohl sagen, zur Befriedigung des Publikums in Preußen in Geltung ist.

Professor Dr. **Enneccerus** (Marburg): M. H.! Ich kann zwar theoretisch die Ausführungen des Herrn Rechtsanwaltes Reatz nicht so verurtheilen, wie es von Seiten einzelner Herren geschehen ist. Ich bin mit ihm der Ueberzeugung, daß, richtig aufgefaßt, das Verhältniß, wie es Herr Geheimrath v. Wilmowski vorgeschlagen hat, im Grunde als Miteigenthum an der Sache bezw. als Theilforderung anzusehen ist, und ich sehe theoretisch betrachtet die Beschränkungen, welche Herr Geheimrath von Wilmowski vorgeschlagen hat, als Beschränkungen dieses gemeinschaftlichen Verhältnisses, als Verfügungsbeschränkungen über die gemeinschaftlichen Verhältnisse an.

So würde ich theoretisch die Sache fassen, und ich halte diese Construction für viel klarer und wünschenswerther, als sich damit zu begnügen, daß es ja auch noch andere Gemeinschaftsverhältnisse gäbe, bei denen man nicht von Quoten reden dürfe, und die man juristisch zu construiren nicht im Stande wäre. So viel theoretisch.

Praktisch aber, glaube ich, brauchen wir auf diese Frage nicht einzugehen. Die Sätze, welche Herr Geheimrath von Wilmowski vorgeschlagen hat, enthalten nur praktische Consequenzen. Wenn wir mit diesen praktischen Consequenzen einverstanden sind, und ich glaube wohl annehmen zu dürfen, daß dies der größere Theil der Anwesenden ist, so überlassen wir die theoretische Construction der Sache getrost der Zukunft. Deshalb möchte ich Ihnen, obgleich ich in der theoretischen Auffassung dem Herrn Dr. Reatz nahestehe, doch empfehlen, auf die erste Nummer der Anträge des Herrn Dr. Reatz zu verzichten und die Frage der Gesetzgebungskommission oder auch, wenn diese nicht entscheidet, der Wissenschaft vorzubehalten, uns also auf die praktischen Endzwecke, auf die es uns ankommt, zu beschränken. Wir dürfen das um so mehr, m. H., als wir im Ganzn und Großen hier auf dem Boden des römischen Rechts stehen, also nicht ohne weiteres angenommen werden kann, daß, wenn wir Beschlüsse fassen, diese den Boden des römischen Rechts noch weiter verlassen, als das nothwendig und klar zu folgern ist. Ich glaube deshalb, daß wir die Differenz, die zwischen den Ansichten des Herrn Geheimrath Eck und den meinigen bezw. denen des Herrn Referenten vorliegt, wohl auf sich beruhen lassen können, und ich möchte die unbedingte Annahme der Anträge des Herrn Geheimrath Wilmowski ewpfehlen.

Vorsitzender: Es meldet sich kein weiterer Redner, ich schließe die Debatte. Der Herr Referent verzichtet.

Es wird sich nun empfehlen, über das Amendement Wilmowski zuerst abzustimmen. Wird dasselbe angenommen, so sind die Anträge Reatz als erledigt anzusehen. Wenn gegen diese Art der Abstimmuug kein Bedenken erhoben wird, so schreiten wir zur Abstimmung.

Der Antrag Wilmowski ist bereits verlesen worden.

Wer mit diesem Antrage einverstanden ist, den bitte ich, sich zu erheben.

(Geschieht.)

Das ist die ganz überwiegende Mehrheit, fast Einstimmigkeit. Damit erledigen sich die Anträge Reatz.

Es wird über den Beschluß der Abtheilung wohl dem Plenum nur Mittheilung zu machen sein.

(Zustimmung.)

Der Herr Referent hat wohl die Güte, die Mittheilung des Beschlusses zur Kenntnißnahme im Plenum zu übernehmen?

Wir kommen nunmehr zum zweiten Gegenstande unserer heutigen Tagesordnung, zur Frage 11:

> Verdient die vom Entwurf des bürgerlichen Gesetzbuchs vorgeschlagene Abschaffung der wechselseitigen Testamente Zustimmung? Referent ist Herr Prof. Dr. Enneccerus.

Referent Professor Dr. **Enneccerus** (Marburg): M. H., die Frage, über welche ich Ihnen zu referiren die Ehre habe, lautet:

> „Verdient die im Entwurfe des bürgerlichen Gesetzbuches vorgeschlagene Abschaffung der gemeinschaftlichen Testamente Zustimmung?"

Ueber dieselbe liegen zwei gründliche, und ich darf auch sagen, in den Hauptpunkten mit meiner Ansicht übereinstimmende Gutachten vor, von Herrn Geh. Justizrath Laué in Berlin und Herrn Justizrath Wilke in Berlin. Beide sprachen sich in der Hauptsache übereinstimmend dafür aus, gemeinschaftliche Testamente zwischen Ehegatten, nicht aber zwischen anderen Personen zuzulassen. Damit ist auch der von mir zu stellende Antrag in der Hauptsache übereinstimmend.

Betrachten wir zunächst, m. H., den gegenwärtigen Rechtszustand in Deutschland, so wird man am besten die Gebiete in drei Gruppen eintheilen. Die erste Gruppe umfaßt diejenigen Gebiete, in denen die Errichtung gemeinschaftlicher Testamente ganz allgemein zulässig ist, unter beliebigen Personen und mit beliebigem Inhalt. Es können also hier nicht nur Ehegatten, sondern auch irgend welche andere Personen gemeinschaftliche Testamente errichten. Sie können es nicht nur, wenn sie sich gegenseitig bedenken und zu Erben einsetzen, sondern auch, theoretisch genommen, wenn sie ganz verschiedene Bestimmungen anordnen. Mit einem Wort, es gilt das allgemeine Princip des testamentum simultaneum, einerlei, ob es reciprocum oder correspectivum ist. Dieses Recht gilt zunächst in den Gebieten des gemeinen Rechts. Es ist ausdrücklich in einer Reihe von Statuten anerkannt, so namentlich im württembergischen Recht, im bayrischen Landrecht und im sächsischen Gesetzbuch. Nach einer freilich nicht herrschenden, aber doch in einem Urtheil des Obertribunals anerkannten und von einigen namhaften Gelehrten vertretenen Ansicht soll dieses auch das System des preußischen Landrechts sein.

Die zweite Gruppe umfaßt diejenigen Gebiete, in denen das gemeinschaftliche Testament zwar zulässig ist, aber nur für Ehegatten. Dahin gehört zunächst das österreichische Gesetzbuch. Es läßt ausdrücklich das Testament nur für Ehegatten zu; nach einem Hofdecret von 1817 wird es auch unter Verlobten zugelassen. Es gehört ferner dahin eine Anzahl Statuten, das Hamburger Recht, das Mainzer Landrecht, das Trierer Landrecht u. s. w. Ebenso hat der bayrische Entwurf sich in diesem Sinne ausgesprochen, und, um das noch hervorzuheben, auch Mommsen in seinem bekannten Entwurf eines Civilgesetzes über das Erbrecht hat sich dieser Ansicht angeschlossen; ebenso, wie ich schon hervorhob, die beiden Herren Referenten. Endlich aber, und ich betone das besonders, steht nach der herrschenden Ansicht das preußische Landrecht gleichfalls auf diesem Standpunkte, indem es nur zwischen Ehegatten das Testament zuläßt, und nur, wenn sie sich gegenseitig bedenken.

Eine dritte Gruppe endlich schließt das gemeinschaftliche Testament ganz aus.

Hierher gehört das Gebiet des Code civil, dem sich die Gesetzbücher verschiedener schweizerischer Cantone, das niederländische Gesetzbuch,

Italien, Portugal, Mexiko und einige transatlantische Staaten angeschlossen haben.

Es ergiebt sich also, daß kaum eine einzige ursprünglich deutsche noch jetzt gültige Rechtsquelle das gemeinschaftliche Testament unter Ehegatten verwirft. Denn die in den Motiven angeführte Bestimmung des revidirten lübischen Stadtrechtes ist, wie ich einer Notiz aus Stobbe's deutschem Privatrecht entnehme, nicht mehr in Gültigkeit, obgleich ich selbst in der Schnelligkeit nicht im Stande gewesen bin, das nachzuprüfen; es wird auch nicht von hervorragender Wichtigkeit sein.

Dennoch hat sich der Entwurf zu einer völligen Umwerfung des gemeinschaftlichen Testamentes entschlossen. Die Motive erkennen mit klaren Worten an, daß der beabsichtigte Eingriff in das Rechtsleben ein schwerer ist, sie sagen ausdrücklich: „Bei der weiten Verbreitung gemeinschaftlicher Testamente in Deutschland wird deren Beseitigung während der ersten Zeit des Bestehens eines neuen Gesetzbuches als eine Beengung vielfach empfunden werden." Allein sie erklären gleichwohl, die Rechtsentwickelung, welche solche Testamente begünstigt hat, als eine „abwegige" und bezeichnen es als „Aufgabe der neuen Gesetzgebung die Betretung des rechten Weges anzubahnen".

Gewiß soll dem Gesetzgeber das Recht, „abwegige" Rechtsentwickelungen zu beseitigen, nicht abgestritten werden; wohl aber sind m. E. unzweifelhafte, stichhaltige und schwerwiegende Gründe zu verlangen, bevor der Gesetzgeber eine von dem gesammten Volke in lebendiger Uebung erhaltene Rechtsentwickelung als abwegig oder verderblich verurtheilt; denn eine lebendige, alle Schichten des Volkes ergreifende Uebung läßt auf gewichtige Bedürfnisse und Interessen schließen, welche dieselbe veranlassen.

Prüfen wir, ob es den Motiven gelungen ist, solche gewichtige Gründe gegen das Bestehen des gemeinschaftlichen Testaments vorzutragen.

Die Geschichte zunächst läßt solche Gründe nicht erkennen. Das gemeinschaftliche Testament hat sich nicht durch künstliches Eingreifen der Gesetzgebung, sondern aus der Praxis entwickelt. Trotz der vermeintlich entgegenstehenden Bestimmungen des römischen Rechtes treten gemeinschaftliche Testamente schon außerordentlich früh auf, wie denn bereits die Formelsammlung des Marculf (660 n. Chr.) ein Formular für ein gemeinschaftliches Testament von Ehegatten enthält. Aus Deutschland sehen wir eine ziemliche Anzahl von gemeinschaftlichen Testamenten aus dem 14. Jahrhundert, und die deutschen Codificationen haben das Institut, wenn auch in sehr schwankender Weise, überall anerkannt. Besonders charakteristisch aber ist der gegenwärtige Rechtszustand. M. H., ich habe von den verschiedensten Seiten schon früher und auf dem gegenwärtigen Juristentage Erkundigungen nach dem jetzigen Rechtszustand in den verschiedenen Theilen Deutschlands eingezogen; überall wird bestätigt, daß das gemeinschaftliche Testament der Ehegatten nicht nur gebräuchlich ist, sondern an vielen Orten sogar vorwiegt, und manche, namentlich auch der eine der beiden Herren Gutachter, fügen hinzu, daß nicht selten Ehegatten, welche einzeln testiren, dies wie etwas anomales durch besondere Gründe zu rechtfertigen suchen, fühlend, daß sich eigentlich für Ehegatten mehr ein gemeinschaftliches als ein einseitiges Testament schicke.

Nach alledem muß wohl ein tiefer liegender Grund als bloße Gewöhnung die Gemeinschaftlichkeit des Testamentes der Ehegatten veranlassen. Und in der That: Wenn Mann und Weib als rechte Ehegatten in völliger ungetheilter Lebensgemeinschaft zusammengewachsen sind, bewegt von denselben Interessen, in völliger factischer, wirthschaftlicher Vereinigung ihr Vermögen als eine Einheit betrachtend, mag auch das Güterrecht ein anderes sein, so kann es kaum einen natürlicheren Gedanken geben, als daß dieses äußerlich als eine Einheit erscheinende Vermögen auch nach dem Tode ungetheilt auf andere Personen übergeht. Wenn aber ihr Vermögen zu factischer Einheit verschmolzen, ihre Interessen dieselben, ihr Wille der gleiche ist, so werden sie ganz von selbst eben durch das Wesen einer wahren Ehe auch dazu geführt, diesen gleichen Willen über das factisch geeinte Vermögen in einer einzigen Urkunde und nicht in getrennten Acten niederzulegen. Es muß sie das fremd und unbegreiflich anmuthen, wenn das Recht ihnen eine Schranke zieht, wenn sie das, was ihnen als eins erscheint, in zwei Förmlichkeiten zerlegen müssen, mit mehr Mühe, mehr Zeitaufwand und, was ich zu bedenken bitte, auch mit mehr Kosten. Und diese Zerlegung wird nicht etwa nur als eine äußerliche wirken.

Jetzt fragt sich das Ehepaar „Sollen wir unser Testament errichten?" Schon die Frage zeigt, daß für den Inhalt des Testamentes nicht einseitige Wünsche oder Beziehungen, sondern der gemeinsame Wille beider maßgebend sein soll. Die Gemeinsamkeit der Form führt zur Gleichheit des Inhaltes, und die auf der Gemeinsamkeit des Willens beider beruhende Ordnung ihrer Vermögensverhältnisse für den Todesfall befestigt das Band, das beide umschlingt.

Durch die Nothwendigkeit jedes Einzelnen, für sich zu testiren, werden umgekehrt die Gedanken auf die besonderen eigenen Interessen hingewiesen. Die Vermögen der Ehegatten sondern sich im Gedanken, da ja jeder über sein eigenes Vermögen allein zu testiren gezwungen ist. Es ist daher nicht zuviel behauptet:

„Durch das Verbot gemeinschaftlicher Testamente wird den

Ehegatten eines der natürlichsten Mittel entzogen, ihre innige Lebensgemeinschaft auch durch gemeinschaftliche letztwillige Verfügung über ihr Vermögen zu bethätigen und dadurch das eheliche Band zu befestigen."

Diese von den Motiven ganz unberücksichtigte, aus dem Wesen der Ehe entspringende, in erster Linie vielleicht ethische Neigung, die aber, wie alles, was die Ehe angeht, zugleich von eminentester wirthschaftlicher Bedeutung ist, diese Neigung, sage ich, der Ehegatten, das bei Lebzeiten factisch geeinte Vermögen auch nach dem Tode als ein Vermögen den gleichen Bestimmungen zu unterwerfen, läßt das gemeinschaftliche Testament unter Ehegatten als ein wirkliches Bedürfniß erscheinen.

Ebenso wird dasselbe zwischen Verlobten, in Rücksicht auf die zu schließende Ehe und durch dieselbe bedingt, für zulässig zu erklären sein. Darüber hinaus aber ist kein Bedürfniß vorhanden, wie denn auch factisch gemeinschaftliche Testamente unter Anderen als Ehegatten ganz außerordentlich selten vorkommen. Nur in ganz wenigen einzelnen Fällen sind sie vorgekommen zwischen Geschwistern, namentlich älteren Geschwistern, welche factisch in einer in Bezug auf das Vermögen der Ehe ähnlichen Gemeinschaft gelebt haben. Liegt aber kein Bedürfniß vor, so empfiehlt es sich, in diesem Falle auch das gemeinschaftliche Testament unter Fremden zu verbieten, und zwar aus einem doppelten Grunde:

1. Es werden dadurch manche Schwierigkeiten der Auslegung vermieden, Schwierigkeiten der Auslegung, die unter Fremden viel größer sein würden, als unter Ehegatten — auf diesen Punkt komme ich noch zurück — und
2. die Gesetzgebung kann das auf Ehegatten beschränkte gemeinschaftliche Testament einfacher, schärfer und klarer ordnen, als wenn sie es mit dem etwas unfaßbaren Begriff eines gemeinschaftlichen Testaments unter beliebigen Personen überhaupt zu thun hätte.

So viel, m. H., ganz im Allgemeinen.

Prüfen wir nun die Haupteinwendungen der Motive des Entwurfes gegen das gemeinschaftliche Testament, und zwar das gemeinschaftliche Testament der Ehegatten; ich beschränke die Erörterung auf dieses.

Als gewichtigsten Grund entwickeln die Motive die Schwierigkeit, den wirklichen Willen der Verfügenden zu ermitteln, und die Beschränkung der Widerruflichkeit, die das correspective Testament mit sich bringt. Ich muß beide Gründe zusammen behandeln.

Beiden Gründen, namentlich dem ersteren, soll keineswegs alle Berechtigung abgesprochen werden. Sie sind schwerwiegend genug, um ein

Verbot des gemeinschaftlichen Testamentes da, wo kein dringendes Bedürfniß besteht, nämlich zwischen Nichtehegatten, zu rechtfertigen. Für die Ehegatten dagegen wird es sich empfehlen, das gemeinschaftliche Testament so zu ordnen, daß die berührten Uebelstände auf ein möglichst beschränktes Maß zurückgeführt werden.

Ich bitte Sie nun, zu diesem Zwecke zunächst ein Testament zu betrachten, in welchem zwei Ehegatten sich einfach gegenseitig zu Erben einsetzen, oder sich in anderer Weise bedenken, ohne für den Fall des Todes gemeinschaftliche Verfügungen über das beiderseitige Vermögen zu treffen.

Diesen Fall wollen wir zuerst betrachten. Er zerfällt, wenn ich zwei Musterbeispiele nennen soll, in folgende beide: 1. Wir setzen uns gegenseitig zu Erben ein, oder 2. Wir setzen uns gegenseitig zu Erben ein; nach dem Tode des Längstlebenden soll das Vermögen des Mannes an die Brüder des Mannes, das Vermögen der Frau an die Schwestern der Frau fallen.

In beiden Fällen besteht, soviel ich sehe, für die Auslegung nur eine einzige Schwierigkeit, nämlich die, ob die gegenseitigen Erbeseinsetzungen correspectiv, also von einander abhängig sein sollen. Dies wird in dubio anzunehmen sein, wird auch in Theorie und Praxis ganz überwiegend angenommen. M. E. würde es sich, um diese Schwierigkeit zu beseitigen, empfehlen, diese Vermuthung im Gesetze ausdrücklich auszusprechen. In der That ist es wahrscheinlich so, daß, wenn zwei Ehegatten sagen, wir setzen uns gegenseitig zu Erben ein, diese gegenseitigen Erbeinsetzungen insofern ein Ganzes bilden sollen, als die eine mit der anderen steht und fällt, also mit der Aufhebung der einen auch die andere beseitigt werden soll.

Eine Beschränkung der Widerruflichkeit aber wird in diesem Falle in keiner Weise herbeigeführt. Jeder Ehegatte kann sein Testament frei zurücknehmen. Thut er es vor dem Tode des Anderen, so wird dadurch das Testament des Anderen gleichfalls ungültig. Thut er es nach dem Tode des Anderen, so bleibt des Verstorbenen Testament in voller Wirksamkeit. Schwierigkeiten ergeben sich erst dann, wenn den gegenseitigen Erbeseinsetzungen der Ehegatten eine Bestimmung beigefügt ist, durch welche dieselben gemeinschaftlich über das beiderseitige Vermögen für den Fall des Todes des Längstlebenden verfügen; also z. B.: „Wir setzen uns gegenseitig zu Erben ein und bestimmen, daß unser Vermögen nach dem Tode des Ueberlebenden ungetrennt an die Brüder des Mannes und die Schwestern der Frau übergehen soll.“

Hier entsteht zunächst eine Interpretationsfrage.

Inwieweit sind diese Verfügungen correspectiv? Welche dieser Verfügungen ist und zwar von welcher Verfügung der Gegenseite abhängig?

Nach der vorherrschenden und auch von mir für richtig angenommenen Ansicht wird man in dubio für correspectiv nur halten können:

1. die gegenseitigen Erbeseinsetzungen der Ehegatten unter einander: Ich setze dich ein, wenn du mich einsetzest; du setzest mich ein, wenn ich dich einsetze; sodann aber sind
2. die Einsetzungen — ich bleibe bei diesem Beispiel — der Brüder des Mannes durch die Frau und der Schwestern der Frau durch den Mann wieder unter einander correspectiv.

Mit anderen Worten: Wir dürfen annehmen, daß die Frau den Mann einsetzt, weil sie von ihm wieder eingesetzt wird, und umgekehrt: Wir dürfen annehmen, daß die Frau die Brüder des Mannes mitbedenkt, weil dieser auch ihre Schwestern mitbedenkt. Wir dürfen also annehmen, daß die beiden ersteren Verfügungen von einander abhängig sein sollen, wir dürfen ebenso annehmen, daß die beiden letzteren Verfügungen von einander abhängig sein sollen; nicht aber ohne besonderen Grund, daß auch die beiden ersteren Verfügungen von den beiden letzteren abhängig sein sollen.

Wird dies im Gesetz als im Zweifel anzunehmen ausgesprochen, so sind die Interpretationsschwierigkeiten auf ein nicht allzu großes Maß herabgesetzt. Man wird alsdann eine weitergehende Correspectivität nur in demjenigen Falle annehmen können, wo dieselbe nach ausdrücklicher Erklärung gewollt ist oder aus den Umständen sich mit Sicherheit als gewollt ergiebt.

Zweifelhafter aber ist die Frage der Widerruflichkeit. Solange freilich beide Ehegatten leben, ist die Widerruflichkeit außer Frage — es hätten denn die Ehegatten auf das Widerrufsrecht verzichtet, also in Wahrheit einen Erbvertrag geschlossen, dessen Behandlung hier nicht in Betracht kommt. — Ist aber der eine Ehegatte gestorben, und hat der andere Ehegatte die Erbschaft desselben angetreten, so entstehen allerdings Zweifel bezüglich der Fortdauer des Widerrufsrechtes.

Das preußische Landrecht und das sächsische Gesetzbuch nehmen an, daß das Widerrufsrecht in diesem Falle erloschen sei. Ebenso spricht sich ein Urtheil des Reichsgerichts aus, wie ferner einige gemeinrechtliche Schriftsteller, wie namentlich Herr Prof. Dernburg. Mit Uebergehung älterer, jetzt wohl allgemein oder fast allgemein verworfener Begründungen dieser Ansicht gebe ich nur die des Reichsgerichts und Dernburg's. Dieselben nehmen es als Vertragswille der correspectiv Testirenden an, daß der Längstlebende, wenn er Erbe des Testators geworden, nunmehr seine mit Rücksicht auf den Mittestator getroffene Verfügung nicht mehr ändern dürfe. Sie nehmen also an, daß in dem correspectiven Testamente zugleich ein eventueller Erbvertrag für diesen Fall liege.

Ich kann mich mit der großen Mehrzahl der neueren Schriftsteller dieser Ansicht nicht anschließen. Ich halte dieselbe zunächst innerlich nicht für begründet. Ich glaube nicht, daß die gemeinschaftlich Testirenden eine solche Absicht regelmäßig oder auch nur gewöhnlich haben. Ehegatten, welche sich gegenseitig zu Erben einsetzen und für den Fall des Todes des Längstlebenden ihre beiderseitigen Verwandten, haben schwerlich das Gefühl, hierdurch, wenn auch nur eventuell, eine unwiderrufliche Verfügung zu treffen. Was aber viel schwerer wiegt als selbst diese Willensfrage, das ist die Rücksicht auf die vielleicht nach dem Tode des einen Ehegatten dem anderen aus einer zweiten Ehe geborenen Kinder. Es erscheint mir ein geradezu unerträgliches Resultat, ohne zwingende Noth den Vater oder die Mutter in die Lage zu bringen, diese Kinder (abgesehen von ihrem Pflichttheilsrecht) nicht mehr bedenken zu können und das Vermögen anderen fernstehenden Personen lassen zu müssen, wenigstens zu dem Theile, der nicht unter den Pflichttheil fällt, unter Umständen, unter denen selbst der verstorbene Ehegatte, wenn er diese Verhältnisse vorausgesehen hätte, vielleicht niemals diese entfernteren Personen bedacht haben würde.

M. H., in dieser Beziehung halte ich die ausführlichen und mit einer gewissen Beredsamkeit ausgesprochenen Erörterungen in den Motiven für durchaus berechtigt.

Weit gerechter und dem muthmaßlichen Willen entsprechender erscheint mir vielmehr folgende Lösung.

Der überlebende Ehegatte kann sein Testament nach wie vor zurücknehmen. Dadurch werden aber auch diejenigen Verfügungen ungültig, welche der Vorverstorbene eben in Rücksicht auf die zurückgenommenen Verfügungen getroffen hat, also diejenigen Verfügungen, welche mit den zurückgenommenen correspectiv sind. Welche das sind, habe ich bereits gesagt. Die übrigen Verfügungen des Verstorbenen, also namentlich die Zuwendungen an die eigenen Verwandten bleiben bestehen.

Erlauben Sie, diese Folge noch an dem oben gewählten Musterbeispiel zu entwickeln. Ich nehme an, die Ehegatten haben verfügt: wir setzen uns gegenseitig zu Erben ein, nach dem Tode des Letztlebenden soll das Vermögen beider ungetheilt an die nächsten Verwandten der Frau und die nächsten Verwandten des Mannes fallen. Ich nehme an, der Mann tritt die Erbschaft der verstorbenen Frau an, verheirathet sich wieder und bekommt Kinder, so nimmt er einfach sein früheres Testament zurück. Die Folge davon ist, daß er die Erbschaft der Frau vollständig ohne jede Aenderung behält, daß aber die Verfügung der Frau zu Gunsten der Verwandten des Mannes hinfällig wird, und also nach einer in diesem Falle zu vermuthenden Absicht Accrescenz stattfindet, und die Verwandten der Frau beim Tode des Mannes als Universalfideicommiß das gesammte Vermögen der Frau erhalten. Läge der Ausnahmefall vor, daß die Frau ausdrücklich gesagt hätte, die Erbeinsetzung meines Mannes verordne ich nur für den Fall, daß er die zu Gunsten meiner Verwandten getroffene Verfügung nicht zurücknimmt, ich sage, läge dieser Fall vor, dann würde allerdings, was ich aber für keinen Nachtheil anerkennen kann, der Mann nun gezwungen sein, das gesammte Vermögen der Frau an die gesetzlichen Erben, die Verwandten der Frau herauszugeben.

Das Resultat, m. H., würde in der Formulirung recht einfach gefaßt werden können. Ich würde etwa folgendermaßen formuliren, nicht für das Gesetz, sondern für die Beschlüsse, die hier zu fassen sind, und die nur die wichtigsten Hauptpunkte herauszuheben bestimmt sind:

1. Gemeinschaftliche Testamente können nur von Ehegatten oder Verlobten errichtet werden.

   Die Gültigkeit der von Verlobten errichteten gemeinschaftlichen Testamente ist durch das Zustandekommen der Ehe bedingt.

2. Wenn und insoweit anzunehmen ist, daß eine in dem gemeinschaftlichen Testamente enthaltene Verfügung des einen Ehegatten von einer Verfügung des anderen Ehegatten abhängig sein soll, fällt mit der einen Verfügung auch die andere.

   Im Zweifel ist eine solche wechselseitige Abhängigkeit als gewollt zu betrachten:

   a. zwischen den Zuwendungen, welche die Ehegatten sich unter einander machen;

   b. zwischen den Zuwendungen, welche jeder der beiden Ehegatten den Verwandten des anderen macht.

3. Haben die Ehegatten sich gegenseitig zu Erben eingesetzt und zugleich auf den Fall des Todes des Längstlebenden über ihr beiderseitiges Vermögen wie eine Gesammtmasse verfügt, so ist der überlebende Ehegatte, auch wenn er die Erbschaft des zuerst Verstorbenen angetreten hat, nicht gehindert, das Testament über sein Vermögen aufzuheben oder durch ein neues zu ersetzen.

Was für Folgen dann eintreten, braucht nicht gesagt zu werden, das ergiebt sich aus Nr. 2.

Ich glaube damit gezeigt zu haben, daß das gemeinschaftliche Testament der Ehegatten sehr wohl eine Aenderung zuläßt, welche die Interpretationsfragen auf ein erträgliches Maß reducirt und das freie Widerrufsrecht nicht beschränkt. Zugleich ist aber durch die gegebene Erörterung ein dritter Einwand, den die Motive machen, beseitigt, nämlich daß das gemeinschaftliche Testament eine unklare Mitte zwischen Testament und Erbvertrag halte. Nach den gemachten Vorschlägen ist es ein reines Testament, welches allerdings einige bedingte Bestimmungen enthält, und damit fällt auch der übrigens ohnehin leicht zu beseitigende Einwand fort, daß das gemeinschaftliche Testament als Mittel benutzt werden könne, die absolute Vorschrift über das Alter der Vertragschließenden zu umgehen. Der eine der Herren Gutachter ist darauf näher eingegangen. Der ganze Einwand aber ist so wenig bedeutend, daß ich ihn mit diesem kurzen Wort übergehen kann.

Zum Schluß muß ich auf diejenigen Verfügungen eingehen, durch welche die Motive glauben, die gemeinschaftlichen Testamente ersetzen zu können.

Es sind erstens zwei gesonderte correspective Testamente. Die Motive glauben, was die Ehegatten jetzt durch gemeinschaftliche Testamente hervorrufen, können sie auch durch zwei gesonderte Verfügungen bewirken, in welchen jeder der Verfügenden die nöthigen Bedingungen in der correspectiven Form hinzufügt. M. H., dadurch werden zunächst die Interpretationsschwierigkeiten nicht verkleinert, sondern ganz unzweifelhaft vergrößert. Was ist correspectiv in dem einzelnen Falle, und wozu ist es correspectiv? Das ist außerordentlich schwer zu entscheiden, weil man gar nicht einmal weiß, ob die Ehegatten den Inhalt der gegenseitigen Testamente genau gekannt haben. Ganz mit Nothwendigkeit kommen in solchen Fällen unklare Ausdrücke vor, von denen man nicht weiß, wie weit sie reichen oder gar, worauf sie gehen. Sodann werden wirkliche Fehlgriffe der getrennt Testirenden viel leichter sein, als wenn sie gemeinschaftlich testiren und also benöthigt sind, dasjenige, was sie wollen, in einer gemeinsamen Form sozusagen zu vereinbaren. Die Frau macht das Testament: Wenn mein Mann sein Testament nicht zurücknimmt. Was ist damit gemeint? Ist damit auch jede Testamentsänderung verboten oder nicht, und welche Testamentsänderung? auch die kleinste? oder nur gewisse große und welche große? Ueberall Zweifel, welche sich bei gemeinschaftlichen Testamenten wenigstens in diesem Umfange kaum ergeben werden. Endlich aber, m. H., und das ist die Hauptsache, halte ich überhaupt diese beiden bedingten, correspectiven Testamente, in denen der Mann sagt: „Ich setze meine Frau ein, wenn sie mich einsetzt und ihr Testament nicht revocirt“ und die Frau sagt: „Ich setze meinen Mann ein, wenn er mich einsetzt und sein Testament nicht revocirt,“ für ein todtgeborenes Kind, für ein juristisches Unding. Ich bin der festen Ueberzeugung, daß sich von den anständigen Ehepaaren auch nicht ein ganz kleiner Procentsatz darauf einlassen wird, derartig zu testiren; ich glaube, daß es in der That dem Gefühl der Ehegatten und dem Gefühl anständiger Leute widerspricht, zu sagen: Ich setze meine Frau zur Erbin ein, wenn sie mich einsetzt und ihr Testament nicht revocirt. Diesen Weg wird das Publikum nicht gehen, davon bin ich überzeugt.

Die Motive haben aber auch noch einen zweiten Weg, den Weg der widerruflichen Erbverträge oder ich will sagen, der Erbverträge mit Widerrufsclausel. Also die beiden Ehegatten sollen einen Erbvertrag abschließen, dabei sich aber ausbedingen, daß jeder Ehegatte einseitig den Vertrag zu revociren im Stande sei. Welcher Umweg! zunächst diejenige Form, welche als Vertragsform so recht eigentlich für bindende und nicht einseitig revocirbare Bestimmungen vom Rechte auserlesen ist, und dann dabei die Sache widerruflich machen, so daß der Erbvertrag im Großen und Ganzen doch wieder ein gemeinschaftliches Testament werden würde, nur nicht so ausgedrückt! Und was ist damit genützt? Ich kann zugeben, daß die Interpretationsschwierigkeiten in diesem Falle kleinere würden als bei dem gemeinschaftlichen Testamente. Daneben aber entstehen noch besondere Nachtheile. Zunächst wenn wir solche einseitig widerrufliche Erbverträge als Regel unter Ehegatten, die testiren, annehmen wollen, so entsteht ein Nachtheil, der viel größer ist, als auf den ersten Blick erscheint, nämlich der, daß nun bloß die Möglichkeit besteht, immer das Ganze ungültig zu machen. Ich habe Ihnen vorhin verschiedene gemeinschaftliche Testamente angeführt, in denen gewisse Bestimmungen nicht correspectiver Natur waren, oder sich doch zu gewissen anderen Bestimmungen nicht als correspective Bestimmungen verhielten. Nun, m. H., alle solche Bestimmungen müssen bei dem Erbvertrage mit Widerrufsclausel ganz unverändert bleiben, so sehr auch die Verhältnisse vielleicht zu einer Abänderung hindrängen, oder der ganze Erbvertrag wird ungültig und Alles fällt zusammen. Das ist ein Nachtheil, der die Beschreitung dieses Weges schon verbietet.

Ein weiterer Nachtheil ist, daß bei diesen Erbverträgen mit Widerrufsclausel die Vertragsfähigkeit in allen Fällen erfordert wird, obgleich es sich doch in der That nur um widerrufliche Bestimmungen handelt. Ich sehe nicht ein, weshalb wenn das Gesetz einmal den Grundsatz aufstellt: für widerrufliche letztwillige Verfügungen gelten diese Erfordernisse, für unwiderrufliche — das ist doch das Wesen des Vertrags — gelten jene Erfordernisse, weshalb man bei widerruflichen dann doch, lediglich juristischen Constructionen zu Liebe, die schwereren Erfordernisse aufstellen soll. Ein weiterer Nachtheil ist, daß die Ehegatten, was sehr unbequem sein kann, immer den ganzen Inhalt des Erbvertrags offenbaren müssen. Endlich aber, m. H., das Publicum wird auch diesen Weg nicht gehen. Die Motive selbst erkennen, indem sie andere Formen zu substituiren suchen, indirect an: es ist ein wirkliches Bedürfniß da, welchem jetzt das gegenseitige Testament gerecht wird.

Ich glaube nicht, daß das Publicum den Weg dieser substituirten, höchst künstlichen Formen betreten wird. Wenn Sie den Ehegatten die Möglichkeit, gemeinschaftliche Testamente zu machen, entziehen, so ist es ebenso leicht möglich, daß sie die gemeinschaftlichen Testamente in Fällen, wo sie wünschenswerth sind, unterlassen, als daß sie den Weg des Erbvertrags gehen. Denn dieser Erbvertrag mit Widerrufsclausel hat in der That seine Bedenken. Es wird zumal die nicht juristisch gebildeten Ehegatten stutzig machen, daß sie erst einen Vertrag schließen, und dann jeder — das sieht wie ein offenes Zeichen des Mißtrauens aus — sich das Recht des einseitigen Widerrufs wieder vorbehält. Also ich glaube, auch diesen Weg wird das Publicum nicht gehen, und wenn Sie mit mir die Nothwendigkeit anerkennen wollen, den Ehegatten die Möglichkeit zu geben, gemeinschaftlich über ihr Vermögen zu testiren, dann bitte ich Sie, ihnen auch den altgewohnten und namentlich nach einer neuen Gesetzgebung über den Gegenstand nicht zu große Nachtheile mit sich bringenden Weg der gemeinschaftlichen Testamente offen zu halten. Keinesfalls darf die gesunde Entwickelung, welche sich in den gemeinschaftlichen, letztwilligen Verfügungen der Ehegatten zeigt, um der Form willen unterbrochen werden. (Bravo!)

Vorsitzender: Die Debatte ist eröffnet.

Es ist vielleicht empfehlenswerth, wenn ich den Antrag des Herrn Referenten nochmals verlese:

1. Gemeinschaftliche Testamente können nur von Ehegatten oder Verlobten errichtet werden.

   Die Gültigkeit der von Verlobten errichteten gemeinschaftlichen Testamente ist durch das Zustandekommen der Ehe bedingt.

2. Wenn und insoweit anzunehmen ist, daß eine in dem gemeinschaft-

lichen Testamente enthaltene Verfügung des einen Ehegatten von einer Verfügung des anderen Ehegatten abhängig sein soll, fällt mit der einen Verfügung auch die andere.

Im Zweifel ist eine solche wechselseitige Abhängigkeit als gewollt zu betrachten:

a) zwischen den Zuwendungen, welche die Ehegatten sich untereinander machen;

b) zwischen den Zuwendungen, welche jeder der beiden Ehegatten den Verwandten des anderen macht.

3. Haben die Ehegatten sich gegenseitig zu Erben eingesetzt und zugleich auf den Fall des Todes des Längstlebenden über ihr beiderseitiges Vermögen wie eine Gesammtmasse verfügt, so ist der überlebende Ehegatte, auch wenn er die Erbschaft des zuerst Verstorbenen angetreten hat, nicht gehindert, das Testament über sein Vermögen aufzuheben oder durch ein neues zu ersetzen.

Rechtsanwalt Dr. **Zirndorfer** (Frankfurt a. M.): M. H.! Ich kann mich vollständig einverstanden erklären mit den ausführlichen Auseinandersetzungen des Herrn Referenten, nur in einer Beziehung glaube ich eine Ausstellung machen zu dürfen, vorbehaltlich vielleicht einer eingehenden Begründung, die der Herr Referent noch giebt. Ich verstehe nicht, warum die Ausdehnung der wechselseitigen Testamente auch auf Verlobte und dann wieder in einer ganz eingeschränkten Form befürwortet wird. Die wechselseitigen Testamente sollen bei Verlobten nur Gültigkeit haben, wenn sie Ehegatten geworden sind. Es wird also damit ein Zustand der Pendenz der Gültigkeit eines Testaments geschaffen und ein Testament, das thatsächlich gar keine Wirksamkeit haben kann. Solange die Leute verlobt sind, haben sie eigentlich kein Interesse, das Testament zu machen; denn dasselbe hat ja blos Gültigkeit, wenn sie Ehegatten geworden sind. Sind sie es geworden, dann können sie eben von da an ohnehin Testamente machen. Ich sehe nicht ein, weshalb diese Form des Testamentes herbeizuführen sein soll, wo wir das wechselseitige Testament nur als Ausnahme von der Regel statuiren wollen.

Privatdocent, Rechtsanwalt und Notar Dr. **Jacobi** (Berlin): Ich möchte nur eine kurze Bemerkung in Bezug auf den Satz 3 des Vorschlags des Herrn Referenten machen. Es ist seinen Ausführungen vollständig beizustimmen, daß ein tiefempfundenes Bedürfniß gerade hinsichtlich des gemeinschaftlichen Testaments der Ehegatten vorliegt, und daß, wie er sich, glaube ich, ausdrückte, die Ehegatten das Gefühl haben, daß es gewissermaßen als etwas Anomales einer Entschuldigung bedarf, wenn sie einzeln testiren. Worauf beruht nun dieses Gefühl, und welche

Vorstellung ist denn nun die vorwiegende in den wichtigsten Fällen, wo Ehegatten gemeinschaftlich testiren? Ja, da sage ich mir doch, es sind gerade die Fälle, auf die der Herr Referent, wenn ich ihn recht verstanden habe, mit der Nummer 3 seines Antrags hinspielt, d. h. die Ehegatten gehen von der Vorstellung und von der Absicht aus, ihr Vermögen als ein gemeinschaftliches Ganze zu betrachten, und sie verfügen gemeinschaftlich zum Besten bestimmter Personen, seien es Dritte, seien es gemeinschaftliche Angehörige, seien es die Verwandten des einen Ehegatten. Ihre Vorstellung ist: wir verfügen über eine gemeinsame Masse und unsere Verfügung ist eine gemeinschaftliche; wir sind in dieser Verfügung, und soweit diese Verfügung reicht, eine Einheit. Bekanntlich hat die Theorie auch die Frage aufgeworfen, ob in dieser Beziehung die Ehegatten als juristische Person zu betrachten seien. Das ist eine theoretische Spitzfindigkeit oder eine theoretische Betrachtung, die uns nicht interessirt. Praktisch wollen die Ehegatten aber sowohl ihr gemeinschaftliches Vermögen als einheitlichen Gegenstand ihrer Verfügung angesehen wissen, als auch ihre Verfügung als eine gemeinschaftliche.

Geht diese Absicht nun aus dem Inhalte des Testaments wörtlich oder nicht wörtlich hervor, so begreife ich nicht, wie man gleichwohl der mala fides gewissermaßen hier Vorschub leisten kann durch Einräumung überhaupt einer Widerruflichkeit. Gemeinschaftliche Verfügungen können, soweit meine Rechtsbegriffe gehen, von einem Einzelnen überhaupt nicht widerrufen werden, seien sie der Inhalt eines Vertrags oder letztwillige Bestimmungen; sie sind gemeinschaftlich, und jeder muß von der Ueberzeugung ausgehen, daß nur eine gemeinschaftliche Abänderung oder Aufhebung solcher Verfügungen angängig ist. Aus diesen Gründen, um nicht der mala fides Vorschub zu leisten, sondern damit jeder Ehegatte sich darauf verlassen kann: wir haben gemeinschaftlich verfügt, folglich darf der andere nicht daran denken, mich zu betrügen durch einseitigen Widerruf, — sollte der Gesetzgeber die allergrößten Bedenken haben, auszusprechen, gleichwohl darfst du die gemeinschaftliche Verfügung widerrufen; es ist zwar dem gemeinen Menschenverstande nach nicht angänglich, aber der Gesetzgeber giebt dir trotzdem das Recht, zu widerrufen, und sogar noch, nachdem du die Erbschaft des Verstorbenen angetreten hast. Ich glaube, daß von einseitiger Widerruflichkeit mit der Wirkung, daß die gemeinschaftliche Verfügung wegfällt, überhaupt keine Rede sein kann, und ich bitte deshalb, die Nummer 3 abzulehnen.

Ich will übrigens noch erwähnen, wenn der Herr Referent hervorgehoben hat, es wäre entsetzlich, wenn der Ehegatte, der in dieser Weise gemeinschaftlich mit dem andern Ehegatten über das gemeinschaftliche

Vermögen verfügt hat, nun unvorhergesehener Weise Kinder aus zweiter Ehe erhält und sie darben lassen muß und ihnen zu Liebe das Testameht nicht aufheben kann, ja, m. H., so wissen wir alle, daß es sich empfiehlt, bei der Abfassung von Testamenten mit der allergrößten Vorsicht vorzugehen, und daß trotz aller Vorsicht bei letztwilligen Verfügungen die allergrößten Schwierigkeiten, die manchmal die ganze Familie unglücklich machen, sich ergeben können. Aber wenn jemand solche Verfügungen trifft und von der Eventualität einer zweiten Ehe mit kaltem Blute und ruhiger Ueberlegung abgesehen hat und dann gleichwohl zu einer zweiten Ehe schreitet und in ihr Kinder erzeugt, so hat er sich eben diese Uebereilung selbst zuzuschreiben; — aber das kann nun und nimmermehr für die Gesetzgeber ein Grund sein, eine gemeinschaftliche Verfügung für einseitig widerruflich zu erklären, im Widerspruch mit dem Willen der Betheiligten und im Widerspruch mit den Rechtsbegriffen. Aus diesen Gründen bitte ich also, Nummer 3 abzulehnen.

Geheimer Justizrath Professor Dr. **Eck** (Berlin): M. H! Auch mir ist das, was mein Herr College Enneccerus uns in so anschaulicher Weise vorgetragen hat, zum allergrößten Theil aus dem Herzen gesprochen gewesen. Ich darf vielleicht anführen, daß ich ähnliche Anschauungen über die Bedeutung der wechselseitigen Testamente schon im Juli vorigen Jahres in einem Vortrage über das Erbrecht des Entwurfes zu einem bürgerlichen Gesetzbuch in der juristischen Gesellschaft zu Berlin entwickelt habe. Ich erwähne das nur deswegen, weil mir damals aus den Kreisen der Zuhörer, insbesondere der Berliner Praktiker gerade in Bezug auf diesen Punkt die lebhafteste Zustimmung entgegengebracht wurde, als ich mich dagegen aussprach, daß der Entwurf die wechselseitigen Testamente beseitigen wollte. Ich trete darin dem Herrn Referenten bei, daß das wechselseitige Testament die Stimmung der Ehegatten wiederspiegelt, daß die Schwierigkeiten keineswegs so groß sind, wie es die Motive des Entwurfes hinstellen, und daß die Surrogate, welche die Motive des Entwurfes vorschlagen, Künsteleien sind, die keine Wurzel schlagen werden.

Insoweit also gehe ich mit dem Herrn Referenten zusammen. Ein Punkt aber, das muß ich hinzufügen, ist mir bedenklich geblieben, die unbeschränkte Fortdauer des Widerrufsrechts. Herr Rechtsanwalt Dr. Jacobi hat den Anschauungen des Herrn Referenten in Bezug auf das Widerrufsrecht, welches bei dem gemeinsamen Testament jedem Ehegatten bleiben soll, bereits widersprochen, sogar in dem Umfange, daß dieses Widerrufsrecht vollständig und absolut zu beseitigen sei. So weit würde ich mich nicht von dem Herrn Referenten trennen. Herr Dr. Jacobi verwandelt jedes gegenseitige Testament in einen Erbvertrag, bei dem jede Widerruflichkeit aufhört; darnach würden auch dann, wenn das Testament nichts anderes enthält, als die Worte: „Wir setzen uns gegenseitig zu Erben ein", die Ehegatten einen Erbvertrag geschlossen haben; keiner könnte widerrufen ohne Zuziehung des anderen, selbst wenn sie in Differenz gerathen, in Feindschaft liegen, ja wenn sie sich scheiden lassen. Das entspricht weder dem Wesen des Testaments, noch dem praktischen Bedürfniß, noch läßt es sich theoretisch oder principiell rechtfertigen. Ich glaube, Herr Dr. Jacobi geht darin zu weit.

Aber andererseits kann ich auch nicht ganz dem Herrn Collegen Enneccerus folgen, wenn er sagt: das Widerrufsrecht bleibt selbst dann bestehen, wenn ein Ehegatte nach dem Tode des anderen die Erbschaft angetreten hat. Dann soll das Widerrufsrecht verbleiben, nur mit der Wirkung, daß auch diejenigen Verfügungen des zuerst Verstorbenen hinfällig werden, welche mit den jetzt zurückgenommenen des Ueberlebenden correspectiv waren. Da glaube ich, ist die Zulassung des Widerrufs in zu weitem Umfange ausgesprochen. Ich möchte mich der Meinung anschließen, die Herr College Enneccerus verwarf, die von Dernburg und anderen vertreten wird, daß, wenn einmal ein Ehegatte aus wechselseitigem Testament das Erbe des zuerst Verstorbenen angetreten hat, er das Widerrufsrecht verloren hat. Er hätte das Widerrufsrecht auch durch einen Erbvertrag verscherzen können. Wenn er es dadurch verloren hat, daß er aus dem wechselseitigen Testamente das Erbe antrat, so ist das keineswegs anomal, und mir scheinen die Folgen des Verlustes der Widerruflichkeit, der aus dem Antritte des Erbes entspringt, nicht so bedenklich wie diejenigen, die sich ergeben, wenn wir das Widerrufsrecht bestehen lassen. Denn wenn z. B. ein Ehegatte correspective Bestimmungen seinerseits widerruft, so muß er unter Umständen die Erbschaft, die er bereits erworben hat, wieder herausgeben. Solche Herausgabepflicht hat aber ihre großen Schwierigkeiten im Gefolge. Den Bestand der Erbschaft, die der Ueberlebende übernommen hat, zu ermitteln, ist schon schwierig; sehr häufig wird dasjenige auch gar nicht mehr vorhanden sein, was er übernommen hat. Kurz, solche Auflösungen scheinen mir in hohem Maße bedenklicher und schwieriger, als wenn das Widerrufsrecht für erloschen erklärt wird.

Herr Professor Enneccerus führte ein Beispiel ins Feld, welches Beachtung verdient. Wenn Ehegatten ein solches Testament errichtet haben, welches wir sprüchwörtlich das Berliner Testament nennen, so haben sie sich gegenseitig zu Erben eingesetzt und bestimmt, daß beim Tode des Längstlebenden das Vermögen beider den gemeinsam erzeugten Kindern zufallen soll. Wenn nun die Frau verstirbt und der Mann die Erbschaft angetreten hat, dann — meint Herr Professor Enneccerus — könnten wir nicht das Widerrufsrecht aufhören lassen; denn sonst käme es dahin, daß, falls der Mann sich wieder verheirathet und Kinder erzeugt, er ihnen nur den Pflichttheil hinterlassen kann. Das scheint mir aber gar nicht so schlimm zu sein, daß er den Kindern zweiter Ehe nicht mehr zukommen lassen kann. Er hätte sich ja auch durch Erbvertrag mit dem ersten Ehegatten binden können. Nur der Pflichttheil kann weder durch Erbvertrag noch durch Testament geschmälert werden, er bleibt den Kindern ja gesichert. Viel bedenklicher dagegen scheint es mir zu sein, wenn wir umgekehrt annehmen, der Ehemann könne das Testament, welches er mit seiner verstorbenen Ehefrau gemeinschaftlich errichtet, und worin er seine Kinder bedacht hat, widerrufen, um die Kinder zweiter Ehe mit denen erster Ehe gleichzustellen oder gar sie besser zu stellen, wodurch dann dem bekannten Einfluß Thor und Thür geöffnet ist, welchen eine böse Stiefmutter auszuüben pflegt. Die Frau des maritus binubus wird sehr leicht, wenn aus zweiter Ehe Kinder vorhanden sind, ihren Mann zu beeinflussen suchen, daß er ihre Kinder aus seiner zweiten Ehe bevorzuge; wenn wir also das Widerrufsrecht in Bezug auf das wechselseitige Testament gestatten, so fällt die Möglichkeit weg, daß den Kindern erster Ehe ein wirksamer Schutz gegeben ist gegen lieblose Bevorzugung der Kinder zweiter Ehe und gegen den Einfluß einer Ehefrau, mit welcher der Mann unter Umständen schon in vorgerückten Jahren eine zweite Ehe schließt.

Ich kann nur billigen, was im preußischen Recht geltend ist; durch Antretung der Erbschaft aus wechselseitigem Testament verliert der Ueberlebende das Widerrufsrecht in Bezug auf correspective Verfügungen. Das würde ich de lege ferenda empfehlen. Ich würde also Widerspruch gegen einen der Sätze des Herrn Referenten erheben, wie Herr Dr. Jacobi, bloß nicht in so weiter Ausdehnung, wie derselbe es gethan hat. Ich habe die Sätze nicht so im Kopfe, da sie nicht gedruckt vorliegen, und ich bitte es zu entschuldigen, wenn ich einen Lapsus begehe, aber ich denke, daß es Nummer 3 der Sätze ist, gegen die sich mein Widerspruch richtet, indem ich meine, daß das Widerrufsrecht des überlebenden Ehegatten, der aus dem wechselseitigen Testament sein Erbe angetreten hat, in Bezug auf correspective Verfügungen erloschen sein muß.

Referent Professor Dr. **Enneccerus** (Marburg): M. H., was zunächst die Frage anbetrifft, die von dem ersten Herrn Redner angeregt wurde, die Frage, ob auch auf Verlobte das Testament auszudehnen sei, so gebe ich zu, die Frage ist nur von geringer Bedeutung; dennoch glaube ich, daß es correcter ist, das wechselseitige Testament für Verlobte zuzulassen. Es kommt nicht darauf an, wer das Testament macht, sondern für welche Verhältnisse es errichtet wird. Es wird für die Ehe geschlossen, und es kann sehr werthvoll sein, namentlich pflegen es die Schwiegereltern zu wünschen, daß derartige Verhältnisse vor der Hochzeit geordnet werden. Ich mache auch noch darauf aufmerksam, daß in Preußen man vorwiegend das gemeinschaftliche Testament unter Verlobten anerkennt, daß das österreichische Recht sich dahin neigt, daß der Mommsen'sche Entwurf sich dafür ausspricht.

Was nun die zweite Frage anbetrifft, so ist es die: sollen die Ehegatten einen Erbvertrag oder ein Testament machen? Die Frage ist in doppelter Beziehung aufgeworfen, einmal von dem Herrn Rechtsanwalt Jacobi, und andererseits von Herrn Geheimrath Eck, das eine Mal unbedingt, das andere Mal bedingt. Ich stehe nun auf dem Standpunkte, zu sagen, daß die Ehegatten in dieser Beziehung einfach thun sollen, was sie wollen. Ich will ihnen nicht vorschreiben: ihr müßt einen Erbvertrag abschließen. Herr Geheimrath Eck hat das Herrn Jacobi gegenüber angeführt; er zwinge die Ehegatten zu einem Erbvertrage. Ich führe das Herrn Geheimrath Eck gegenüber aus; er zwingt sie auch zu einem Erbvertrage, freilich nur für gewisse Fälle; und wenn sie überhaupt nicht zum Erbvertrag gezwungen werden sollen, so sollen sie auch nicht für diesen Fall gezwungen werden. Ich überlasse ihnen die Freiheit: Wollt ihr euch überhaupt binden, so schließt einen Erbvertrag; wollt ihr euch nicht binden, sondern wollt ihr bloß gemeinschaftlich beide dasselbe, und wollt ihr euch den Rücktritt vorbehalten, so wählt das gemeinschaftliche Testament. Wollt ihr euch für einen gewissen Fall binden, nämlich für den Fall, daß der eine die Erbschaft angetreten hat, so könnt ihr das bestimmen. Ich widerstreite nicht einer derartigen Verfügung, wenn sie nur gewollt ist und in das Testament hineingeschrieben ist. Ich will sie dann anerkennen. Dann ist für diesen Fall mit dem Testament ein bedingter Erbvertrag verbunden. Aber was ich für gefährlich halte, das ist, daß dieser bedingte Erbvertrag so zu sagen heimlich hineinkommt, ohne daß die Parteien es wissen. Die Parteien machen ein Testament, der eine tritt dann die Erbschaft des anderen nach dessen Tode an; er hat nicht die Meinung, einen bindenden Akt damit zu vollziehen; nachher treten Umstände ein, die ihm sein früheres Testament unerträglich erscheinen lassen; wenn er nun von dem früheren Testamente nicht abkommen kann, auch nicht abkommt um den Preis des Verlustes alles dessen, was er von seinem verstorbenen Ehegatten erhalten hat, so ist das allerdings eine große Härte. Herr Geheimrath Eck sagt: ja, solche Härten können auch anders vorkommen, es kann umgekehrt werden, es kann sein, daß der neue Ehegatte in stiefmütterlicher Absicht gerade umgekehrt das Widerrufsrecht dazu benutzt, die älteren Kinder zu schädigen.

Ja, m. H., das ist möglich, das gebe ich gern zu, aber dafür können wir überhaupt nicht Sorge tragen, daß nicht eine Ungerechtigkeit im Falle einer zweiten Ehe entsteht; wir können nur dafür Sorge tragen, daß jeder der beiden Ehegatten genau dasjenige anordnen kann, was anzuordnen das Richtige erscheint, daß er sich binden oder nicht binden kann, je nachdem es ihm als das Richtige erscheint. Dieses Princip der freien Entscheidung ist es, das ich hier vertrete.

Herr Geheimrath Eck führt ein Beispiel als mein Musterbeispiel an — er hat mich da ein wenig mißverstanden —, welches ich nicht gewählt habe. Er erwähnt also folgendes Beispiel: Wir Ehegatten — heißt es im Testament — setzen uns gegenseitig zu Erben ein, nach dem Tode des Letztlebenden sollen unsere gemeinschaftlichen Kinder die ganze Erbschaft machen. In diesem Falle nimmt auf Grund des § 492 des II. Theils 1. Titel des Landrechts Herr Geheimrath Eck ohne Weiteres an und ist allerdings verpflichtet das anzunehmen, daß hier die letztere Bestimmung ebenfalls eine correspective sei und zwar correspectiv auch in Bezug auf die Einsetzung der beiden Ehegatten untereinander. In dieser Beziehung kann ich aber dem preußischen Landrecht nicht folgen. Ich glaube die Annahme einer solchen Correspectivität läßt sich aus dem vermuthlichen Willen der Testirenden nicht folgern. Seine Kinder will jeder ohnehin einsetzen. Ich will nicht meine Kinder einsetzen, weil meine Frau diese ihre Kinder gleichfalls einsetzt. Sicher ist ein solcher Gedanke nicht ohne Weiteres zu suppeditiren. Deshalb nehme ich hier eine Correspectivität gar nicht an. Wenn wir nun aber das Beispiel gar ändern, wenn wir einen Fall annehmen, wo es sich nicht um Kinder, sondern um Fremde handelt, dann tritt die ganze Sache in ihrer Bedeutung noch viel mehr hervor, dann tritt noch viel deutlicher hervor, daß es eine große Härte sein würde, den Ehemann, der die Erbschaft seiner Frau angetreten hat, zu binden, fremden, fernstehenden Personen, Personen, welche selbst die Ehefrau jetzt vielleicht nicht mehr bedenken würde, die ganze Erbschaft (mit Ausnahme des Pflichttheils der Kinder) zuzuwenden, obgleich jetzt Kinder vorhanden sind, die ihm weit näher stehen.

Ich möchte also vorschlagen, die Nr. 3 aufrecht zu erhalten und damit auszusprechen — die positive Fassung läßt das nicht so scharf erkennen —, daß auch in Bezug auf das Widerrufsrecht nach dem Tode des betreffenden einen Ehegatten der andere nur dann beschränkt ist, wenn er sich hat binden wollen, wenn dies in irgend welcher Form ausdrücklich oder stillschweigend im Testament seine Rechtfertigung findet, nicht aber ohnehin und schlechthin, wie es Herr Geheimrath Eck vorgeschlagen hat.

Vorsitzender: Herr Geh. Rath Eck hat seinen Abänderungsantrag dahin formulirt:

Im Satz 3 zu sagen:

> Haben die Ehegatten sich gegenseitig zu Erben eingesetzt und zugleich für den Fall des Todes des Längstlebenden über ihr beiderseitiges Vermögen wie eine Gesammtmasse verfügt,

— bis hierher ohne Abweichung vom Herrn Referenten; nun heißt es nach dem Antrag Enneccerus:

> „so ist der überlebende Ehegatte, auch wenn er die Erbschaft des zuerst Gestorbenen angetreten hat, nicht gehindert, das Testament über sein Vermögen aufzuheben oder durch ein neues zu ersetzen."

Der Antrag Eck dagegen lautet:

> „so verliert der überlebende Ehegatte, sobald er die Erbschaft des zuerst Verstorbenen angetreten hat, das Recht, das Testament über sein Vermögen zu widerrufen."

Geheimer Justizrath Dr. von **Wilmowski** (Berlin): Zu den verschiedenen Theilen des Antrags des Herrn Referenten möchte ich kurz meine Stellung präcisiren.

Bezüglich der Nr. 1 ist nur der Widerspruch dagegen erhoben, daß Verlobte ein wechselseitiges Testament errichten können. Ich halte die Frage nicht für sehr wichtig, aber würde es doch bei der Fassung lassen, wie der Herr Referent sie vorgeschlagen hat. Vorgekommen sind solche Fälle, und sie haben einige praktische Wichtigkeit dadurch, daß die Verlobten einen Ehevertrag vor der Ehe errichten können. Dies setzt die Dispositionsfähigkeit voraus und ferner, daß der Ehevertrag auch zur Kenntniß des Richters bezw. des Publicums komme. Beides: die unbedingte Dispositionsfähigkeit für den Vertragschließenden über die Erfordernisse der Testamentsfähigkeit hinaus und die Nothwendigkeit der Publicirung wird vermieden, wenn es für zulässig erachtet wird, daß wechselseitige Testamente unter Verlobten errichtet werden können. Ich würde deshalb, obgleich allerdings eine große praktische Wichtigkeit damit nicht verbunden ist, es bei dem Antrag des Herrn Referenten zu belassen bitten.

Der zweite Punkt, den er aufgestellt hat, ist nicht weiter berührt worden. Ich habe sachlich nichts gegen denselben einzuwenden, muß aber gestehen: ich halte ihn nicht für nöthig. Es ist darin gesagt, daß, wenn der eine Theil seine Verfügung von der Verfügung des anderen Theils abhängig erklärt, dann hängen sie — es ist das nur eine Tautologie — derartig ab, daß, wenn die eine fällt, die andere mitfällt. Daran schließt sich die Interpretationsregel: Eine solche Abhängigkeit ist anzunehmen, wenn der eine Theil zu Gunsten des Ehegatten oder zu Gunsten der Verwandten des Ehegatten etwas verfügt.

Ich bin der Meinung, daß wir den tautologischen Satz überhaupt nicht gebrauchen, und daß andererseits die Auslegung sich ziemlich von selbst versteht, daß eine Abhängigkeit in jener Weise angenommen werden soll, wenn zu Gunsten des Ehegatten bezw. der Verwandten des Ehegatten etwas bestimmt wird. Ich lege kein großes Gewicht darauf, daß die Thesis abgelehnt wird, aber ich halte es für kein Bedürfniß, den Satz aufzunehmen und würde deshalb die Ablehnung vorschlagen.

Der praktisch wichtigste Punkt ist Nr. 3. Hier stehen sich der Herr Referent und Herr Geheimer Rath Eck einander geradezu gegenüber, in der Weise, daß der Herr Referent dem Testator gestatten will, daß er das Testament, welches er mit dem Ehegatten geschlossen hat, auch dann zurücknehmen kann, wenn das Testament als eine gemeinschaftliche Disposition über eine als gemeinschaftlich angesehene Erbmasse geschlossen ist und wenn er die Erbschaft angetreten hat, während Herr Geheimrath Eck im Gegentheil dann den Letztlebenden daran gebunden hält. Es ist das m. E. eine gesetzliche Interpretationsregel, die nach der einen oder anderen Seite hin über den Inhalt eines solchen Testamentes entscheiden soll. Nun sind mir mehrere Fälle bekannt, worin ziemlich gleichmäßig die Fassung des Testaments so lautete, wie in dem sogenannten „Berliner Testament", daß gesagt war: „Wir setzen uns gegenseitig zu Erben ein, nach dem Tode geht der Nachlaß auf die Kinder oder Verwandten über", und es dann fraglich wurde: bedeutet das nun für den überlebenden Ehegatten, daß er davon abgehen kann oder nicht? Das preußische Landrecht hat bekanntlich in solchen Fällen Präsumtionen aufgestellt und den Ueberlebenden für gebunden erkärt, wenn mit Rücksicht auf den anderen Ehegatten oder dessen Verwandte solche Bestimmungen getroffen sind. Nichtsdestoweniger sind mehrere Fälle vorgekommen, worin eine solche Bestimmung mit einigermaßen verschiedenen Worten erklärt war, und mit Rücksicht auf Wortfassung und begleitende Umstände zweifelhaft wurde, wie die Willensmeinung der Testatoren auszulegen sei, ob sie so auszulegen sei, daß der eine gebunden sein sollte und daß das im Testament ausgedrückt sein sollte, oder ob sie so auszulegen sei, daß das im Testament einen solchen Ausdruck nicht gefunden hätte. Es sind nicht übereinstimmende Erkenntnisse ergangen. Wenn zweifelhaft war, ob die Erklärung eines oder des anderen einen bestimmten deutlichen Ausdruck bekommen habe, ist verschieden erkannt worden, je nachdem der Richter annahm, daß nach den Verhältnissen der Ehegatten bezw. der Verwandten und Kinder, resp. unter Umständen auch der zweiten Ehe, in der That, wenn der erstverstorbene Ehegatte sich den Fall so gedacht hätte, wie er nachher wirklich gekommen ist, dem Ueberlebenden abzugehen gestattet worden wäre oder nicht. Ich möchte deshalb eine solche gesetzliche Interpretation überhaupt nicht aufstellen, obgleich es wünschenswerth scheinen mag, daß der Richter, wenn in der That gar kein Moment vorliegt, wonach man urtheilen soll, ob dann eine Gebundenheit anzunehmen ist oder nicht, eine bestimmte Directive habe. Es möchte für den Richter wohl wünschenswerth sein, eine solche Directive zu haben, aber ich möchte dem Richter dann lieber das Ermessen verstatten, daß er beurtheilt, ob der Wille der Testatoren nach der einen oder anderen Richtung hin gegangen. Kann er das nicht entscheiden, so ist es ja allerdings theoretisch richtig, daß, wenn ein selbständiges Testament gewollt ist, dann Widerruflichkeit die Folge ist, und wenn Erbvertrag oder ein vom anderen Testamente abhängiges Testament gewollt ist, dann Unwiderruflichkeit die Folge ist. Gerade das aber kann recht zweifelhaft sein, ob selbständige oder abhängige Testamente gewollt sind, selbst wenn die Form des Testaments benutzt ist.

Ich möchte deshalb vorschlagen, beide Anträge abzulehnen, sowohl den des Herrn Referenten als den des Herrn Eck, weil solche Interpretationen sehr präjudicirend sind.

Privatdocent Rechtsanwalt Dr. **Jacobi** (Berlin): Nur eine kurze Bemerkung, um ein mir etwas unerwartetes Mißverständniß meiner vorherigen Ausführungen nicht aufkommen zu lassen. Ich habe mich zwar nach Kräften bemüht, deutlich zu sein, es hat sich aber gezeigt, daß ich in dieser Beziehung doch den Anforderungen nicht genügt habe.

Ich war weit entfernt, das, was ich sagte, in dieser Weise aussprechen zu wollen, wie Herr Geheimrath Eck es verstanden hat, daß ich nämlich den Inhalt der gemeinschaftlichen Testamente zwischen Ehegatten überhaupt als durchweg gemeinschaftliche Verfügungen angesehen habe und deshalb alle gemeinschaftlichen Testamente in ihren Bestimmungen für widerruflich erklären wollte. — Davon war ich weit entfernt —, ich sprach nur von denjenigen Verfügungen, welche als gemeinschaftliche getroffen sind, d. h. in dem Sinne, daß das Widerrufsrecht nach dem Willen der Erklärenden nur gemeinschaftlich ausgeübt werden soll. — Das ist ja keineswegs immer der Fall. Wenn z. B. gesagt wird: wir setzen uns gegenseitig zu Erben ein, so würde das keine gemeinschaftliche Verfügung in meinem Sinne sein, weil es nichts ist als eine abgekürzte Form dafür: ich setze meine Frau, und meine Frau setzt mich zum Erben ein; also zwei selbständig getrennte Verfügungen. Wenn aber die Ehegatten zu erkennen geben, daß sie ihren Willen als gemeinschaftlichen und gemeinschaftlich zu widerrufenden verstanden wissen wollen, so kann der Gesetzgeber nicht sagen: du kannst trotzdem widerrufen. Da würde schließlich nichts übrig bleiben, als lieber zu sagen: Wird eine solche Verfügung in Testamentsform ausgesprochen, so ist sie ungültig, sie soll nur innerhalb eines Erbvertrags gültig sein.

Ueber den Punkt, den Herr Geheimer Rath Eck auch hervorhob, daß ja das Unerhörte nach meinen Ausführungen stattfinden würde, daß diese gemeinschaftlichen, demnach nicht widerruflichen Verfügungen auch dann bestehen bleiben, wenn die Ehe geschieden wird, so habe ich das nicht geäußert, vielmehr als selbstverständlich vorausgeschickt, daß Testamente unter Eheleuten im Falle der Scheidung, ohne Rücksicht darauf, ob ihr Inhalt nach der einen oder anderen Richtung hingeht, überhaupt ihre Gültigkeit verlieren.

Geheimer Justizrath Professor Dr. **Eck** (Berlin): M. H.! Ich glaube, daß ich auf die Replik des Herrn Professor Enneccerus noch allerlei dupliciren könnte, ich trage aber vielleicht zur Vereinfachung der Debatte bei, wenn ich betone, daß Hauptsache doch die Feststellung des Princips ist, welches Herr Professor Enneccerus unter Nr. 1 aufgestellt hat, und wofür er allgemeine Zustimmung gefunden hat, während wir vielleicht Nr. 2 und 3, welche nur nähere Ausführungen des Princips enthalten, wie Herr v. Wilmowski insbesondere in Bezug auf Nr. 3 auch schon betont hat, heute nicht zum Gegenstande einer Beschlußfassung zu machen brauchen. Wenn wir uns über Punkt 1 einigen, so wird möglicher Weise ein annähernd einstimmiges Votum zu erzielen sein, und das dürfte bei der Gesetzgebung schwerer ins Gewicht fallen, als wenn bei der Ausführung im einzelnen die Stimmen sich trennen. Herr Professor Enneccerus hat mir seine Zustimmung, sich auf diesen Antrag eventuell zu beschränken, schon erklärt, und ich möchte also vorschlagen, daß wir zum Gegenstand der Beschlußfassung Nr. 1 machen, dagegen Nr. 2 und 3 der Thesen des Herrn Referenten dahingestellt sein lassen.

Professor **Enneccerus** (Marburg): Wie Herr Geh. Rath Eck schon gesagt hat, bin ich damit einverstanden, daß wir unsere Beschlüsse auf die Nr. 1 meiner Anträge beschränken, so daß also bezüglich der Nr. 2 und 3 weder pro noch contra irgend etwas entschieden wird. Ich glaube, daß dies vortheilhafter ist als wenn die eine oder die andere Ansicht mit vielleicht geringer Majorität zur Annahme gelangt.

Ich möchte mir nur erlauben, noch auf ein Argument zu erwidern, welches Herr Rechtsanwalt Jacobi soeben gebraucht hat. Er sagte: Wenn die Ehegatten gemeinschaftliche Verfügungen und zwar nur gemeinschaftlich widerrufliche Verfügungen getroffen haben, dann können sie einzeln nicht widerrufen. Ja, darin stimmen wir ganz überein. Sowie im Testament steht: der Einzelne soll nicht widerrufen können, dann sind wir alle mit dieser Ansicht einverstanden. Bei unserem Streite aber handelt es sich gerade um den Fall, wo aus dem Testament ein solcher Wille der eventuellen Unwiderruflichkeit nicht erkennbar ist. Es fragt sich, ob dann das Gesetz, wie das preußische Landrecht es thut, die Unwiderruflichkeit dennoch vorschreiben soll. Nur dagegen habe ich mich aufs Schärfste erklärt, und auf diesem Standpunkte bleibe ich auch stehen.

Vorsitzender: Also ziehen Sie Ihren Antrag zu These 2 und 3 zurück?

(Wird bejaht.)

Und Herr Geheimer Rath Eck zieht seinen Abänderungsantrag zu Nr. 3 zurück. Das wird der formell richtige Weg sein. Somit bleibt nur These 1, über welche wir jetzt, da die Debatte geschlossen ist, abzustimmen haben:

> Gemeinschaftliche Testamente können nur von Ehegatten oder Verlobten errichtet werden. Die Gültigkeit der von Verlobten errichteten Testamente ist durch das Zustandekommen der Ehe bedingt.

Einer der Herren Redner hat gegen die Aufnahme der Verlobten gesprochen. Ich werde daher zunächst die Frage so stellen: wer dafür ist, daß die Statthaftigkeit der gemeinschaftlichen Testamente überhaupt anerkannt wird und zwar zunächst bei den Ehegatten, — nachher stimmen wir noch über die Verlobten ab, — den bitte ich, sich zu erheben.

(Geschieht.)

Die Frage ist beinahe einstimmig bejaht.

Nun frage ich; sollen in den ersten Satz auch die Worte „oder Verlobten" aufgenommen, und der Satz hinzugefügt werden:

> Die Gültigkeit der von Verlobten errichteten gemeinschaftlichen Testamente ist durch das Zustandekommen der Ehe bedingt?

Das ist gleichfalls die Majorität.

Somit wäre auch dieser Gegenstand erledigt, und der Herr Referent hat wohl die Güte, in der Plenarversammlung nachrichtliche Mittheilung zu machen, da ich annehme, daß Sie keine Berathung darüber in der Plenarversammlung werden provociren wollen.

Es fragt sich, ob wir heute noch zu einem dritten Gegenstande übergehen wollen.

(Wird verneint.)

Da dies nicht der Fall ist, so würden wir morgen präcis 9 Uhr fortfahren und zwar geäußerten Wünschen gemäß in dieser Reihenfolge: zuerst wird Frage 15 über die Ehescheidungsgründe, nachher Frage 16 über die Ehescheidungsstrafen zur Berathung kommen, hierauf folgt Nr. 14 und zuletzt Nr. 12.

Da vermuthet wird, daß die Theilnehmerzahl bei diesen Gegenständen größer sein wird, als sie dieser kleine Saal zu fassen vermag, so wird vorgeschlagen, morgen die Verhandlung der III. Abtheilung in der Aula stattfinden zu lassen.

Zum Beginn der morgenden Berathungen werde ich mir erlauben, Ihnen Vorschläge für die Wahl von Vertrauensmännern zu machen.

Die heutige Sitzung ist geschlossen.

(Schluß der Sitzung 2 Uhr 25 Min.)

Zweite Sitzung der dritten Abtheilung,

am 12. September 1889,

Vormittags 9 Uhr.

Vorsitzender Staatsrath **von Köstlin** (Stuttgart): Ich eröffne die Sitzung und erlaube mir zunächst einen Vorschlag zu machen bezüglich der von uns zu entsendenden Vertrauensmänner. Ich schlage vor die Herren. Ministerialrath Förtsch von Straßburg, Geheimer Justizrath Dr. von Wilmowski (Berlin), Landgerichtsrath Weyer (Straßburg), Professor Dr. Mayer (Straßburg), Professor Enneccerus (Marburg), Rechtsanwalt Dr. Jacobi (Berlin), Rechtsanwalt Leipheimer (Stuttgart), Rechtsanwalt Dr. Reatz (Gießen) und Professor Dr. Rubo (Berlin).

Das sind 9 Herren, zu denen nach feststehendem Brauche noch der Vorsitzende hinzutreten wird.

Falls nichts dagegen erinnert wird, darf ich diese Wahl als genehmigt betrachten.

Der erste Gegenstand unserer heutigen Tagesordnung ist, wie ich gestern bereits zu bemerken die Ehre hatte, Frage 15:

> Empfiehlt es sich, die Ehescheidungsgründe in der vom Entwurf des bürgerlichen Gesetzbuchs beabsichtigten Weise zu beschränken?

Da ich Bericht zu erstatten habe, so ersuche ich meinen Herrn Stellvertreter, den Vorsitz zu übernehmen.

(Geheimer Justizrath Dr. von Wilmowski übernimmt den Vorsitz).

Stellvertretender Vorsitzender: Ich ersuche Herrn von Köstlin, Bericht zu erstatten.

Referent Oberlandesgerichts-Senatspräsident, Staatsrath **von Köstlin** (Stuttgart): Um die uns vorgelegte Frage zu beantworten, wird es angezeigt sein, zuvörderst einen Blick auf das vielgestaltige, bezüglich der Ehescheidungsgründe in Deutschland geltende Recht zu werfen.

Das kanonische Recht schließt bekanntlich die Auflösung der Ehe durch Scheidung gänzlich aus und läßt die beständige Trennung von Tisch und Bett nur im Fall des Ehebruchs und eines diesem gleichstehenden Fleischesverbrechens zu; daneben kennt das katholische Kirchenrecht als selbständige Maßregel die zeitliche Trennung von Tisch und Bett auf bestimmte oder unbestimmte Zeit aus Gründen, welche eine Zerstörung des ehelichen Lebens an und für sich herbeiführen, oder aus Rücksicht auf die Sicherheit und das Wohl des einen oder anderen Ehegatten.

Das gemeine protestantische Eherecht gestattet die Scheidung dem Bande nach und erkennt neben dem Ehebruch und den diesem gleichstehenden Fleischesverbrechen allgemein die bösliche Verlassung als Scheidungsgrund an; daneben sind in vielen gemeinrechtlichen Gebieten theils durch die Praxis, theils im Weg der Gesetzgebung die Quasidersertion, Insidien und Sävitien, vielfach auch die Verurtheilung zu einer schmählichen oder längeren Freiheitsstrafe, in einzelnen Rechtsgebieten auch unverbesserliche Trunksucht und gegenseitige unüberwindliche Abneigung als Scheidungsgründe zugelassen. Einer solchen Ausdehnung über die Fälle einer Verschuldung hinaus auch auf den Fall körperlicher Gebrechen und des Wahnsinns ist das Reichsgericht entgegengetreten. Als Ergänzung des gesetzlichen Scheidungsrechts ist in manchen gemeinrechtlichen Gebieten das Institut der Scheidung durch den Landesherrn anerkannt. Eine weit verbreitete Praxis läßt neben der Scheidung eine zeitweilige Trennung von Tisch und Bett zu, wenn Ursachen vorhanden sind, welche das Zusammenleben in der Ehe zur unerträglichen Last machen, so zwar, daß, wenn keine Aussöhnung erfolgt, und die Ehe dauernd zerrüttet erscheint, die Trennung zur Scheidung führen kann.

Von den neueren Codificationen ist das Allg. Preußische Landrecht in der Zulassung von Scheidungsgründen am weitesten gegangen. Als solche sind anerkannt:

1. aus dem Gesichtspunkt der Verschuldung: Ehebruch, Sodomiterei, und andere unnatürliche Laster; verdächtiger, gegen richterliches Verbot fortgesetzter Umgang; bösliche Verlassung; mangelnder Nachweis unbescholtenen Wandels seitens einer ohne rechtmäßigen Grund von ihrem Ehemann fortgegangenen Ehefrau; Versagung der ehelichen Pflicht und olches Benehmen bei oder nach der Beiwohnung, wodurch die Erreichung des gesetzmäßigen Zwecks der Ehe vorsätzlich verhindert wird; Nachstellungen nach dem Leben; Leben oder Gesundheit gefährdende Thätlichkeiten; grobe und widerrechtliche Kränkungen der Ehre oder der persönlichen Freiheit bei höheren Ständen, auch wiederholt und muth-

willig begangene Beleidigungen und geringere Thätlichkeiten; das Leben oder die Gesundheit des anderen Gatten gefährdende Unverträglichkeit und Zanksucht; Verübung grober Verbrechen, wegen deren ein Ehegatte harte und schmähliche Zuchthaus- oder Festungsstrafe erlitten hat; wissentliche falsche Anschuldigung solcher Verbrechen bei Gericht; Gefährdung von Leben, Ehre, Amt, Gewerbe des einen Gatten durch vorsätzliche, unerlaubte Handlungen des anderen; Ergreifung eines schimpflichen Gewerbes; unordentliche Lebensart; Versagung des Unterhalts der Frau seitens des Mannes;

2. aus anderen, nicht auf Verschuldung eines Gatten beruhenden Gründen: Veränderung der Religion, insoweit der Unterschied der Religion ein Ehehinderniß ist; ein wenn auch erst während der Ehe entstandenes gänzliches und unheilbares Unvermögen zur Leistung der ehelichen Pflicht; andere unheilbare körperliche Gebrechen, welche Ekel und Abscheu erregen oder die Erfüllung des Zwecks des Ehestands gänzlich hindern; Raserei und Wahnsinn, sofern dieser Zustand über ein Jahr ohne wahrscheinliche Hoffnung der Besserung gedauert hat; gegenseitige Einwilligung bei kinderloser Ehe, wenn weder Leichtsinn oder Uebereilung noch heimlicher Zwang zu besorgen ist; einseitige Abneigung, wenn der Widerwille so heftig und tief eingewurzelt ist, daß zur Aussöhnung und zur Erreichung der Zwecke des Ehestands gar keine Hoffnung übrig bleibt.

Die zeitweise Trennung von Tisch und Bett als selbständige Maßregel ist dem Preuß. A.L.R. unbekannt. Die Bestimmungen der V.O. vom 28. Juni 1844 bezüglich der Aussetzung der Publication des Urtheils sind mit Rücksicht auf den § 580 der C.P.O. durch das Ausführungsgesetz vom 24. März 1879 § 8 aufgehoben.

Eine Nachbildung des Preußischen Rechts ist die Nürnberger Ehescheidungsordnung vom 25. November 1803, im Einzelnen abweichend und in manchen Beziehungen die Ehescheidung an strengere und erschwerendere Voraussetzungen knüpfend.

Sehr nahe steht das Gotha'sche Ehegesetz vom 15. August 1834; insbesondere gestattet dasselbe die Scheidung wegen Raserei und Wahnsinns, sowie wegen unheilbarer, während der Ehe entstandener körperlicher Gebrechen, welche Ekel erregen oder die Erfüllung der Zwecke des Ehestands gänzlich hindern. Dagegen bilden die während der Ehe entstandene, nicht vorsätzlich veranlaßte Unfähigkeit zum Beischlaf, gegenseitige Einwilligung und fest eingewurzelter Widerwille keinen gesetzlichen Scheidungsgrund. Indessen kann in Fällen, in denen die Fortsetzung der Ehe offenbar die größten Nachtheile bringen würde, insbesondere auch bei Uebertritt zu einer anderen christlichen Confession, die Scheidung auf Antrag beider oder auch nur eines Ehegatten kraft landesherrlicher Machtvollkommenheit ausgesprochen werden. Auch soll, wenn die Ehegatten getrennt leben oder durch unfriedliches Betragen öffentliches Aergerniß erregen, und Aussöhnungsversuche ohne Erfolg geblieben sind, von Amtswegen Trennung von Tisch und Bett, und wenn auch diese nicht zur Aussöhnung geführt hat, kraft landesherrlicher Machtvollkommenheit Trennung der Ehe eintreten.

Auch dem Schwarzburg-Sondershausen'schen Ehescheidungsgesetz vom 30. August 1845 hat im wesentlichen das Preußische Landrecht zum Vorbild gedient. Gegenseitige Einwilligung oder einseitige Abneigung bilden keinen Scheidungsgrund; aber wegen hoher Unverträglichkeit oder gegenseitiger tief eingewurzelter Abneigung ist nach erfolgloser Trennung von Tisch und Bett die Scheidung gestattet, ferner wegen eines während der Ehe entstandenen unheilbaren Geschlechtsunvermögens, wenn ohne dasselbe Kindererzeugung noch möglich wäre, oder wenn der Unvermögende sich in diesen Zustand absichtlich oder durch grobe Verschuldung versetzt hat, desgleichen wegen unheilbarer, Ekel oder Abscheu erregender körperlicher Gebrechen und wegen schon zwei Jahre dauernder unheilbarer Geisteszerrüttung. Zur Ergänzung dient die auf Ansuchen beider Ehegatten unter bestimmten Voraussetzungen eintretende Ehescheidung kraft landesherrlicher Machtvollkommenheit.

Die Altenburg'sche Eheordnung vom 13. Mai 1847 gestattet die Scheidung wegen gänzlicher, während der Ehe eingetretener, länger als ein Jahr dauernder Verstandeszerrüttung, wenn die Unwahrscheinlichkeit der Herstellung dargethan und die Versorgung des Kranken gesichert ist. Wegen eines während der Ehe unverschuldet entstandenen Unvermögens kann die Ehe bei Gefahr für das Leben oder die Gesundheit des anderen Gatten richterlich getrennt werden. Wenn ein Gatte wider den Willen des anderen zu einer anderen christlichen Confession oder von der christlichen zu einer anderen Religion übertritt, so kann der andere Theil auf Scheidung klagen. — Neben den gesetzlichen Scheidungsgründen kann die Ehe auch aus anderen, jenen gleich zu achtenden, die Zwecke der Ehe wesentlich hindernden Umständen durch richterlichen Ausspruch getrennt werden; auch kann, wenn ein ausreichender Grund zur völligen Trennung des Ehebands nicht gegeben ist, einstweilige Absonderung der Ehegatten zur Scheidung führen, wofern während der Trennungszeit eine gütliche Vereinigung nicht zu bewirken ist. Endlich ist das Recht des Landesherrn anerkannt, auf Antrag beider Ehegatten in dringenden Fällen ohne Benachtheiligung der öffentlichen Moral die Scheidung aus landesherrlicher Macht zu bewilligen.

Einen strengeren Standpunkt nimmt das Gesetzbuch des Königreichs Sachsen ein. Dasselbe gestattet aus dem Gesichtspunkt der Verschuldung die Scheidung wegen Ehebruchs, widernatürlicher Unzucht, Unzucht mit Kindern, Doppelehe, böslicher Verlassung, beharrlicher Verweigerung der ehelichen Gemeinschaft oder der Leistung der ehelichen Pflicht, unverbesserlicher Trunksucht, absichtlich herbeigeführter Unfähigkeit zur ehelichen Beiwohnung, Lebensnachstellung, das Leben oder fortgesetzt die Gesundheit gefährdender Mißhandlungen und wegen vorsätzlicher Verbrechen, wofern eine Verurtheilung zu wenigstens dreijähriger Freiheitsstrafe erfolgt ist. Eine Auflösung der Ehe auf Grund gegenseitiger Einwilligung oder wegen einseitiger oder gegenseitiger Abneigung, desgleichen die Ehescheidung kraft landesherrlicher Machtvollkommenheit sind dem sächsischen Gesetzbuch unbekannt. Scheidung wegen Geisteskrankheit ist zugelassen, wenn dieselbe nach dreijähriger Beobachtung in einer Landesanstalt von den Aerzten als unheilbar erklärt ist; ferner ertheilt das sächsische Gesetz einer an einem unheilbaren Gebrechen leidenden Ehefrau die Scheidungsklage, wenn nach ärztlicher Untersuchung aus der Beiwohnung eine Lebensgefahr für sie zu befürchten ist. Endlich kann beim Uebertritt eines Gatten zu einer anderen Religion der andere die Scheidung verlangen. — Trennung von Tisch und Bett auf 6 Monate bis 1 Jahr kann nach richterlichem Ermessen bei ernstlichen Zerwürfnissen erkannt werden, wenn Gesundheit oder Leben eines Gatten oder Kindes gefährdet erscheint, oder ein Gatte einen unsittlichen Lebenswandel führt; dem diese Trennung verlangenden Gatten bleibt sein Recht auf Scheidung vorbehalten.

Das Frankfurter Gesetz vom 9. Nov. 1850 erkennt neben Ehebruch, böslicher Verlassung, beharrlicher Verweigerung der ehelichen Beiwohnung, gefährlicher Lebensnachstellung und Bedrohung, harter Mißhandlung, fortgesetzter grober Beleidigung, Verurtheilung zu einer schweren peinlichen Strafe — auch schuldvolles Herbeiführen des Ruins der Familie, fortgesetzten regellosen Lebenswandel und unversöhnlichen Haß als Scheidungsgrund an, woneben die Trennung von Tisch und Bett nach richterlichem Ermessen zulässig ist.

Durch den französischen Code, auf dessen Boden im Wesentlichen die Badische Gesetzgebung steht, ist für die Rheinlande und Elsaß-Lothringen der Kreis der Ehescheidungsgründe im Vergleich mit den im Bisherigen angeführten Gesetzen erheblich enger gezogen. Die Ehescheidungsgründe sind: Ehebruch der Frau, unter gewissen Voraussetzungen auch des Mannes, lebensgefährliche oder grobe Mißhandlungen, schwere Beleidigungen (unter welchen Begriff auch schwere Verletzungen der ehelichen Pflichten überhaupt, sowie die bösliche Verlassung, wenn sie den Charakter grober Verunglimpfung an sich trägt, gebracht werden) und Verurtheilung zu einer entehrenden Strafe. Die Ehescheidung auf Grund wechselseitiger Einwilligung ist gestattet, aber an so viele Bedingungen geknüpft und im Verfahren mit so viel Formalitäten und Belästigungen verbunden, daß, wenn alle bezüglichen Vorschriften erfüllt werden, daraus der Schluß gezogen werden kann, es handle sich um eine in der That zerrüttete Ehe. Wegen eines dem anderen Theil widerfahrenen Unglücks, insbesondere wegen Geisteskrankheit, kann die Scheidung nicht verlangt werden.

Das Badische Recht geht hier weiter, indem es dreijährige Landflüchtigkeit und Wahnsinnigkeit von gleicher Dauer als Scheidungsgründe anerkennt.

Das Württemberg'sche Recht kennt neben dem Ehebruch und der böslichen Verlassung im engeren Sinne nur die Quasidesertion, die hartnäckige Verweigerung der ehelichen Pflicht, sowie Lebensnachstellung und Verurtheilung zu zehnjähriger Zuchthausstrafe als Scheidungsgründe und bestimmt, daß bei lebensgefährlicher Mißhandlung oder erbitterter unversöhnlicher Feindschaft zeitweilige Trennung von Tisch und Bett ausgesprochen, und hernach auf den Antrag des unschuldigen Theils die Trennung der Ehe dem Bande nach erkannt werden kann, wenn in Folge der demselben zugefügten schweren Unbilden ernstliche Gefährdung seiner Person dringend zu besorgen, oder eine fortgesetzt schlechte Behandlung mit hoher Sicherheit vorauszusehen wäre. Bezüglich der Quasidesertion bestimmt das Gesetz vom 8. August 1875, daß wegen solcher die Ehescheidung verlangt werden kann, wenn der andere Theil mindestens ein Jahr lang nach Rechtskraft des ihn zur Herstellung des ehelichen Lebens verurtheilenden Erkenntnisses die eheliche Gemeinschaft oder die ehelichen Pflichten verweigert hat.

Es würde zu weit führen, wollte ich auch die außer dem Deutschen Reich geltenden Bestimmungen über unseren Gegenstand anführen; nur auf das französische Gesetz über die Ehescheidung vom 27. Juli 1884 sei es mir gestattet, im Anschluß an das über die Bestimmungen des Code civil Bemerkte kurz hinzuweisen. Durch dieses nach langjährigen Debatten zu Stande gekommene Gesetz wurde das Gesetz vom 8. Mai 1816, mittelst dessen an die Stelle der Ehescheidung die Trennung von Tisch und Bett getreten war, beseitigt, und der Code wiederhergestellt, mit Ausnahme der Scheidung auf Grund gegenseitiger Uebereinkunft; als Ehescheidungsgründe sind hiernach in Frankreich nur zugelassen: Ehebruch — und zwar jetzt Ehebruch des Mannes ohne Beschränkung, Verurtheilung zu einer entehrenden Strafe, Mißhandlung und schwere Beleidigungen und Excesse, — nicht aber gegenseitige Einwilligung und Geisteskrankheit.

Je verschiedenartiger die dermalige Gestaltung des Ehescheidungsrechts und der Scheidungsgründe in Deutschland ist, um so erklärlicher erscheint es, daß die im Entwurf des deutschen bürgerlichen Gesetzbuchs vorgeschlagenen Bestimmungen mannigfache Anfechtung zu erdulden haben.

Der Entwurf schafft ein vom religiösen Bekenntniß unabhängiges staatliches Ehescheidungsrecht; er schließt das Ehescheidungsrecht des Landesherrn aus und läßt nur eine Ehescheidung durch richterliches Urtheil aus den gesetzlichen Gründen zu. In Uebeinstimmung mit § 77 des Reichsgesetzes vom 6. Februar 1875 soll auf beständige Trennung von Tisch und Bett nicht mehr erkannt werden. — Der Entwurf geht davon aus, daß im Eherecht nicht das Princip der individuellen Freiheit herrschen dürfe, sondern daß die Ehe als eine von dem Willen der Ehegatten unabhängige sittliche und rechtliche Ordnung anzusehen sei. Die Motive erkennen an, daß es Fälle gebe, in welchen mit Rücksicht auf die Bedürfnisse des Lebens, die realen Verhältnisse und den Charakter der Ehe als eines Rechtsverhältnisses der Staat bei Zerstörung der sittlichen Grundlagen und der innigen Lebensgemeinschaft in der Ehe deren Auflösung gestatten müsse. Der Staat habe die Pflicht, den einen Ehegatten gegen grobe Pflichtverletzungen des anderen zu schützen, ein solcher Schutz könne aber wirksamer Weise nur durch das Recht der Scheidung gewährt werden. Andererseits sei die Scheidung als etwas Anomales (da die Ehe ihrem Begriff und Wesen nach unauflöslich) nicht zu begünstigen, und für eine strengere Gestaltung des Scheidungsrechts sprechen vom staatlichen Standpunkt aus die gewichtigsten Gründe.

An die Spitze stellt der Entwurf den Grundsatz, daß die Ehe nur aus solchen Gründen geschieden werden soll, welche auf dem Verschulden eines Ehegatten beruhen, wenn durch dieses Verschulden eine so tief gehende Zerrüttung des ehelichen Verhältnisses herbeigeführt worden ist, daß dem anderen Theil die Fortsetzung der Ehe nicht zugemuthet werden kann. Hiernach ist ausgeschlossen die Scheidung in Folge gegenseitiger Einwilligung, auf Grund unüberwindlicher Abneigung, wegen körperlicher Gebrechen, wegen Geisteskrankheit, wegen Religionsänderung.

1. Als absolute Ehescheidungsgründe, bei deren Vorliegen ohne weitere Untersuchung eine unheilbare Zerrüttung des ehelichen Verhältnisses durch die Handlung anzunehmen, stellt der Entwurf nur den vollendeten Ehebruch, Bigamie, widernatürliche Unzucht, Lebensnachstellung

gegenüber dem anderen Gatten und bösliche Verlassung auf. Die Scheidung wegen Ehebruchs und der Delicte des § 171, 175 St.G.B. ist ausgeschlossen, wenn der andere Theil der Handlung zustimmt oder an derselben Theil genommen hat; die Einrede der Compensation ist nicht anerkannt, sie wirkt aber bei den relativen Scheidungsgründen, wenn daraus zu entnehmen ist, daß beide Ehegatten in einer solchen Handlung keine erhebliche Verschuldung erblicken, die Ehe also nicht als zerrüttet erscheint. Bösliche Verlassung ist nur anzunehmen, wenn der andere Ehegatte nach rechtskräftiger Verurtheilung zur Wiederherstellung der häuslichen Gemeinschaft dem Urtheil ein Jahr lang wider den Willen des die Scheidung verlangenden Gatten böslicher Weise nicht Folge geleistet hat. Es ist also zunächst auf Herstellung der häuslichen Gemeinschaft zu klagen; nach Erwirkung des entsprechenden Urtheils ist darzuthun, daß der Beklagte demselben gegen den Willen des klagenden Ehegatten ein Jahr lang nicht Folge geleistet hat; der Richter hat die Scheidung nur zuzulassen, wenn das Aufgeben der häuslichen Gemeinschaft nicht auf einem Einverständniß der Ehegatten beruht, und weiter ist erforderlich, daß der Beklagte böslicher Weise nicht Folge geleistet hat: die Scheidung ist also nicht zulässig, wenn ein neuer die Trennung rechtfertigender Grund entstanden ist, oder der Beklagte des guten Glaubens ist, ein solcher Grund sei eingetreten. Erbietet sich der zur Herstellung der ehelichen Gemeinschaft verurtheilte Ehegatte nach Ablauf des Jahrs, aber vor dem Scheidungsurtheil zur Herstellung derselben, so ändert dies nichts an dem Recht des klägerischen Theils, die Scheidung zu verlangen: ein solches Anerbieten wird, wenn der Beklagte ein Jahr lang böslich weggeblieben ist, in der Regel auf Simulation beruhen. — Ist nur die öffentliche Zustellung der Ladung möglich, also keine Gewähr vorhanden, daß das Wegbleiben des Beklagten auf Ungehorsam beruhe, so ist zwar eine vorgängige Verurtheilung zur Herstellung der häuslichen Gemeinschaft nicht erforderlich, aber der Kläger hat zu beweisen, daß die Aufhebung oder Nichtwiederherstellung derselben auf böser Absicht beruht, und von der Zeit der böslichen Verlassung an, sowie von der Unbekanntschaft des Aufenthalts an muß ein Jahr verflossen sein; außerdem müssen noch bei Erlassung des Urtheils die Voraussetzungen der öffentlichen Zustellung vorliegen; ist der Aufenthalt bekannt geworden, so ist die Scheidung nicht statthaft, der Kläger kann aber den Scheidungsantrag in den Antrag auf Herstellung des ehelichen Lebens umwandeln.

Wegen dieser absoluten Scheidungsgründe kann der verletzte Ehegatte die alsbaldige Scheidung verlangen; eine Trennung von Tisch und Bett findet wegen derselben nicht statt.

2. Was die relativen Scheidungsgründe anlangt, so sind diese im Entwurf nicht nach objektiven Merkmalen, sondern durch ein allgemeines Princip bezeichnet: schwere Verletzung der Ehepflichten, insbesondere schwere Mißhandlungen oder ehrloses, beziehungsweise unsittliches Verhalten, insbesondere nach Eingehung der Ehe begangene entehrende Verbrechen oder Vergehen, wofern dadurch eine so tiefe Zerrüttung des ehelichen Verhältnisses verschuldet ist, daß dem anderen Ehegatten die Fortsetzung der Ehe nicht zugemuthet werden kann.

Dieses dem richterlichen Ermessen einen weiten Spielraum gewährende System fand die einstimmige Billigung der Gesetzbuchskommission. In dem Rahmen des § 1444 des Entwurfs läßt sich ein großer Theil der in den bestehenden Gesetzen und in der gemeinrechtlichen Praxis anerkannten Ehescheidungsgründe unterbringen.

Im Gegensatz zu den absoluten Scheidungsgründen kann in den Fällen des § 1444 die alsbaldige Scheidung nur verlangt werden, wenn nach den Umständen des Falls die Aussicht auf Herstellung des ehelichen Lebens ausgeschlossen ist. In der Regel kann nur auf Trennung von Tisch und Bett geklagt werden, deren Dauer im Urtheil zu bestimmen und längstens auf zwei Jahre zu bemessen ist; auf Grund dieses Urtheils kann nach Ablauf der Frist im Wege einer neuen Klage die Scheidung verlangt werden; eine Frist zur Erhebung dieser Klage ist nicht gegeben. — Nach Ablauf der im Trennungsurtheil bestimmten Frist kann der schuldige Theil die Herstellungsklage anstellen; läßt dann der andere Theil, ohne auf Scheidung zu klagen, es zum rechtskräftigen Urtheil auf Wiederherstellung des ehelichen Lebens kommen, so ist er mit der Scheidungsklage auf Grund des Trennungsurtheils ausgeschlossen.

Die Klage auf Scheidung und auf Trennung wird durch Verzeihung, sofern diese Einwendung nicht durch das Trennungsurtheil präcludirt ist, sowie durch den Ablauf von sechs Monaten von der Zeit an, in welcher der Ehegatte den Grund für die Scheidung, beziehungsweise Trennung erfahren hat, ausgeschlossen, äußersten Falls durch den Ablauf von dreißig Jahren von der betreffenden Handlung an.

Eine Trennung der Ehegatten von Tisch und Bett auf bestimmte Zeit als selbständiges Mittel der Aussöhnung kennt der Entwurf nicht. Ein Antrag, die zeitliche Trennung zuzulassen bei ernsten von einem Ehegatten verschuldeten Zerwürfnissen, oder wenn das Zusammenleben die Gesundheit oder das Leben eines Gatten oder der Kinder gefährdet erscheinen lasse, wurde von der Mehrheit der Kommission abgelehnt: eine solche Trennung bringe nur größere Entfremdung, wirthschaftliche und moralische Nachtheile, besonders für die Kinder mit sich; seien aber Nachtheile für Leben und Gesundheit zu befürchten, so genüge der allgemeine Grundsatz, daß ein Ehegatte sich ohne richterlichen Spruch der ehelichen Gemeinschaft entziehen könne, solange das Verlangen des anderen auf Herstellung derselben nicht der rechten ehelichen Gesinnung entspringe; der diesfälligen Klage könne die Einrede der Lieblosigkeit auf Grund von Thatsachen, welche das Wegbleiben rechtfertigen, entgegengehalten werden, und es stehe bei solcher berechtigten Trennung der Anspruch auf Alimentenreichung zu.

Die vorläufige Trennung der Ehegatten während des Scheidungsprocesses erfolgt durch einstweilige Verfügung nach freiem richterlichen Ermessen.

Wie über andere Theile des Entwurfs des bürgerlichen Gesetzbuchs, so ist auch über die uns vorgelegte Frage eine reichhaltige Literatur entstanden. Es sei mir gestattet, aus derselben Einiges anzuführen.

Hinschius (im civilistischen Archiv, Bd. 74) führt aus: gegenüber dem in großen Rechtsgebieten herrschenden Recht beschränke der Entwurf die Scheidungsgründe nach dem in der Entwickelung des protestantischen Eherechts herausgebildeten Grundsatz, daß die Ehe nur wegen schwerer Verschuldung des einen Ehegatten — einer solchen, welche an Schwere dem Ehebruch und der böslichen Verlassung gleichstehe — auf Verlangen des anderen Theils geschieden werden dürfe. Aber es solle kein confessionell bestimmtes, sondern ein für alle Religionsparteien maßgebendes Recht geschaffen werden, die Berufung auf das protestantische Recht sei daher unzulässig, ebenso die Heranziehung der unter anomalen Verhältnissen aufgestellten preußischen Entwürfe von 1844 bis 1860; die protestantische Kirche sei jetzt im Stande, ihre Auffassung von der Ehe und Scheidung mit kirchlichen Mitteln ihren Gliedern gegenüber zur Geltung zu bringen; die Gesetzgebung aber könne neben den ethischen Gesichtspunkten, welche sich größten Theils mit der Auffassung der protestantischen Kirche decken, auch die realen, wirthschaftlichen und socialen Verhältnisse berücksichtigen. Hieraus folge nicht, daß die Frage der Scheidung unter dem Gesichtspunkt der Nichterfüllung eines gewöhnlichen Vertrags oder des Bruchs der hieraus entstehenden Verbindlichkeiten zu regeln wäre; aber die Gesetzgebung werde berechtigt sein, auch wenn einem Ehegatten keine schwere Schuld zur Last falle, das eheliche Verhältniß aber jedes Inhalts entleert sei, die Festhaltung des ehelichen Bandes jedes Zwecks entbehre oder gar Nachtheile und Gefahr mit sich bringe, Scheidung eintreten zu lassen. Dagegen, daß die Scheidung wegen unüberwindlicher Abneigung, körperlichen Gebrechens und Krankheit einschließlich Impotenz, wegen Religionsänderung und auf Grund gegenseitiger Einwilligung beseitigt werde, sei nichts einzuwenden; nicht gerechtfertigt aber erscheine die Beseitigung der Scheidung wegen unheilbarer Geisteskrankheit: das geistige Band, welches die Ehe mit ihren sittlichen Folgen zusammenhalte, sei hier vollständig vernichtet; es treffe hier nicht zu, daß die Ehegatten Freude und Leid miteinander tragen sollen; es gebe Formen der Geisteskrankheit, in welchen der geistige Tod des Betroffenen nicht bloß für den Arzt, sondern für jeden Laien erkennbar sei. Wenn der Entwurf bei der Todeserklärung die Schließung einer neuen, selbst nach der Rückkehr des Todterklärten gültig bleibenden Ehe gestatte, so sei hier die Gefahr mindestens ebenso groß, die schmerzliche Empfindung des Betroffenen entschieden größer.

Die Neuerung der Abscheidung der Scheidungsgründe in absolute und relative, wodurch zugleich die Frage, ob und inwieweit die Versagung der ehelichen Pflicht, die Ergreifung eines schimpflichen Gewerbes, Beleidigung und falsche Anschuldigung als Scheidungsgründe anerkannt werden sollen, entschieden werde, billigt Hinschius; dagegen ist er nicht damit einverstanden, daß in den Fällen des § 1444 in der Regel nur die Klage auf Trennung von Tisch und Bett gegeben wird, die zwar auf nicht länger als auf zwei Jahre erkannt werden könne, die Scheidung aber gegenüber dem in großen Rechtsgebieten geltenden Recht erheblich erschwere. Hinschius bemerkt, wenn Trennung von Tisch und Bett als Versöhnungsmaßregel angesehen werde, so sei nicht einzusehen, warum sie nicht auch, wie im Königreich Sachsen, bei den absoluten Scheidungsgründen statuirt werde, und schlägt vor, bei den Fällen des § 1444 die Klage auf Scheidung, dem Richter aber — vergl. § 580 C.P.O. — die Befugniß zu ertheilen, wenn eine Aussöhnung nicht unwahrscheinlich, Trennung von Tisch und Bett bis zu einem Jahr auszusprechen. Die Construction des Urtheils auf Trennung von Tisch und Bett erklärt Hinschius für eine gekünstelte: der Entwurf bezeichne diese Trennung als eine Versöhnungsmaßregel, lege aber dem betreffenden Erkenntniß materiell die Bedeutung eines bedingten Scheidungsurtheils bei; dasselbe stelle den Scheidungsgrund rechtskräftig fest und entscheide über die Schuldfrage, so daß die nachherige Klage auf Scheidung nur die Feststellung der Thatsache, daß eine Aussöhnung nicht erfolgte, und die Purificirung des früheren Urtheils von seiner Bedingung bezwecke; eine solche Entscheidung könne nicht als Versöhnungsmittel bezeichnet werden; dem von Tisch und Bett getrennten Ehegatten werde damit ein festes, durch die Potestativbedingung der eigenen Hartnäckigkeit realisirbares Recht auf Scheidung gegeben; der andere Theil aber werde dadurch erbittert, daß er schon als der schuldige erklärt sei; und in der Zwischenzeit eingetretene neue Verhältnisse, welche für die Frage, ob die Ehe auch später als eine zerrüttete sich darstelle, von Wichtigkeit sein können, werden beim Scheidungsurtheil nicht mehr berücksichtigt.

Zu den einzelnen Scheidungsgründen bemerkt Hinschius: der versuchte Ehebruch falle unter § 1444; aber es gebe Fälle, in welchen schon der Versuch den verbrecherischen Willen ebenso wie die Vollendung bethätige; daß hier nur auf Trennung von Tisch und Bett geklagt werden könne, sei anfechtbar. — Die bösliche Verlassung habe eine durchaus angemessene und zu billigende Regelung erfahren.

O. Bähr (in der Krit. Vierteljahrsschrift Bd. 30) erklärt sich gegen das Princip des Entwurfs, daß nur wegen Verschuldens eines Gatten die Ehescheidung zulässig sein soll; dasselbe habe keine inneren Gründe für sich; die Scheidung erfolge nicht zur Strafe des Gatten, welcher dazu Veranlassung gebe, sondern um den anderen von einem unerträglichen Bande zu befreien; wo diese Nothwendigkeit eintrete, könne es auf ein Verschulden des Ehegatten jedenfalls nicht ankommen, wenn dieser subjectiv von der Scheidung gar nicht berührt werde, wie man dies bei einem Wahnsinnigen annehmen müsse. Weiter erklärt sich Bähr für landesherrliche Ehetrennung bei beiderseitiger Einwilligung, eine Maßregel, durch welche, wenn das Bedürfniß der Trennung einer unglücklichen Ehe so stark vorliege, daß dagegen das öffentliche Interesse der Aufrechterhaltung derselben zurücktrete, geholfen werde.

Ferner wird die Frage aufgeworfen, wie bei der böslichen Verlassung die Absicht, den anderen in böslicher Weise zu verlassen, festgestellt werden solle? Einjährige Abwesenheit, ohne von sich hören zu lassen, sollte genügen. Der Schlußsatz des § 1443 sollte so geändert werden, daß während des Desertionsprocesses der klagende Theil, nachdem der Aufenthalt des anderen bekannt geworden, auch aus einem anderen Grunde auf Ehetrennung klagen kann. Uebertrieben sei, daß das Gericht, wenn Scheidung beantragt ist, nicht auf Trennung von Tisch und Bett soll erkennen dürfen.

Auch Gierke (in Schmoller's Jahrbuch 13. Jahrgang) erklärt sich dagegen, daß die Scheidung nur wegen schweren Verschuldens auf Antrag des anderen Theils erfolgen soll, ohne daß diese Strenge durch ein landesherrliches Ehescheidungsrecht gemildert werde; so sei keine Möglichkeit gegeben, eine ohne Verschulden eines Gatten ihres sittlichen Gehalts entleerte, zur unerträglichen Fessel gewordene Ehe zu trennen. Für die Gestattung der Scheidung wegen unheilbarer Geisteskrankheit wird geltend gemacht: sei die geistige Persönlichkeit vernichtet, so sinke das eheliche

Band zum Schattenband herab, und für den anderen Gatten trete thatsächlich der Zustand des ehelosen Lebens ein durch den Zwang zu einem solchen Cölibat aber werde namentlich in den ärmeren Volksschichten der Sittlichkeit und dem öffentlichen Wohl nicht gedient. — Weiter ist Gierke dafür, daß im Fall beiderseitigen Einverständnisses die Lösung einer unheilbar zerrütteten, unglücklichen Ehe unter Umständen zu gestatten sei; sonst komme es, indem ein Verschulden fingirt, oder die Handlung gar wirklich begangen werde, zu künstlichen Machinationen, durch welche die Ehegatten ihren Zweck doch erreichen, die öffentliche Moral aber viel schwerer geschädigt werde.

Mit Hinschius hält Gierke die Trennung von Tisch und Bett nach § 1444 Abs. 2 nicht für eine Versöhnungsmaßregel, sondern für ein verkünsteltes Institut.

Klöppel (in Gruchot's Beiträgen Bd. 33) ist der Ansicht, daß der Entwurf eine glücklichere Lösung der vielbestrittenen Frage (auch bezüglich der Geisteskrankheit) gefunden habe, als eine der geltenden Gesetzgebungen; er ist damit einverstanden, daß in den Fällen des § 1444 in der Regel zunächst nur auf zeitige Trennung geklagt werden kann, und erörtert besonders den Fall, wenn beide Theile die Scheidung wünschen. Es gebe, wird ausgeführt, Fälle unheilbarer Unverträglichkeit, welche nicht auf schwere Verletzung der ehelichen Pflichten zurückgeführt werden könne und doch die eheliche Gemeinschaft beiden Theilen zur Qual mache, so daß die sittliche Bestimmung der Ehe verfehlt sei; hier die Trennung versagen, heiße eine Strafe auf die Selbstbeherrschung setzen, welche sich der Ausschreitungen enthalte, oder zu solchen Ausschreitungen auffordern, welche einen Scheidungsgrund herbeiführen. Als Weg zur Abhülfe biete sich dar entweder die Gestattung der Scheidung unter so erschwerenden Bestimmungen wie im Code civil, oder die Entscheidung des Gerichts wie in § 1444 nach freiem Ermessen, ohne eigentliche Beweiserhebung, aber nach Anhörung der Ehegatten und ihrer nächsten Angehörigen und Freunde, unter Zuziehung des Seelsorgers, — um zu beurtheilen, ob die Ehe unheilbar zerrüttet ist.

Ueber die Frage, ob Geisteskrankheit als Ehescheidungsgrund anzuerkennen sei, sind mir drei ärztliche Gutachten bekannt geworden:

1. Von Dr. Roth (in der Vierteljahrsschrift für gerichtliche Medicin Bd. 49); derselbe spricht sich für den Entwurf aus: abgesehen davon, daß von der Bestimmung des A.L.R. nur selten habe Gebrauch gemacht werden können, weil es zu den schwierigsten Aufgaben des Gerichtsarztes gehöre, bei Seelenstörungen eine Prognose in Bezug auf deren Heilbarkeit zu stellen, und daß nur ein kleiner Theil von Seelenstörungen (Blöd-

sinn nicht) unter das Gesetz falle, seien die für den Arzt in Betracht kommenden Erwägungen präventiver Natur: möglichste Verhütung der Nachkommenschaft und einer psychischen Beeinflussung der Umgebung des Kranken. Die Bestimmung des A.L.R. aber lasse nur solche Fälle als Scheidungsgrund zu, in denen die Trennung von Tisch und Bett in der Regel durch die Natur der Krankheit selbst geboten sei, oder in denen die Trennung zu spät käme, da der beabsichtigte Zweck nur bei möglichst frühzeitiger Trennung erreicht werden könne, nicht aber, wenn die Krankheit nach jahrelangem Bestehen als unheilbar begutachtet wird. Weiter wird bemerkt: wenn geltend gemacht werde, daß durch die Geisteskrankheit die geistige Individualität vernichtet, der geistige Zusammenhang zwischen den Ehegatten zerrissen sei, so könnten mit demselben Recht eine Reihe somatischer Krankheiten, z. B. Apoplexie, Tumoren und Syphilis des Gehirns — als Scheidungsgrund herangezogen werden; auch diesen Zuständen gegenüber werde der Satz gelten müssen, daß was in der Ehe den einen Gatten befällt, körperliche wie psychische Leiden, gemeinsam getragen werden müsse.

2. Auch Sanitätsrath Risel (im Aerztlichen Vereinsblatt von 1889 Nr. 206) steht auf der Seite des Entwurfs. Er begrüßt mit Befriedigung, daß der Arzt künftig nicht mehr in frivolen Ehescheidungssachen zur Entscheidung widerlicher Fragen über Versagung der ehelichen Pflicht, über das Betragen eines Ehegatten bei der Beiwohnung, über gänzliches oder unheilbares Unvermögen u. s. w. in Anspruch genommen werde, und führt aus: darüber bestehe keine Meinungsverschiedenheit, daß nicht jede Form der Geisteskrankheit Grund zur Auflösung der Ehe geben könne, sondern daß dies nur unter bestimmten Umständen und Bedingungen geschehen dürfe. Die objective Beantwortung dieser Frage wäre zur Formulirung des Gesetzes erforderlich; die Dauer der Krankheit würde kaum einen sicheren Anhalt gewähren, ebensowenig die Merkmale der eingetretenen Unheilbarkeit, da sie in vielen Fällen zu ungewiß seien; eine scharfe Grenze zwischen den verschiedenen Formen der Geisteskrankheit lasse sich nicht ziehen, und praktisch wäre es nicht ausführbar, die Fälle auszusondern, in denen durch die Geisteskrankheit die ganze Persönlichkeit des Erkrankten so umgewandelt sei, daß die geistige Gemeinschaft der Ehegatten nicht mehr bestehe. Die Geisteskrankheiten seien ihrem Wesen nach körperliche Leiden; der Arzt werde also dazu neigen, sie in Betreff der Ehescheidung nach demselben Princip, wie die körperlichen Uebel zu behandeln. Ziehe man noch in Erwägung, daß in den Gebieten des gemeinen und französischen Rechts, in welchen Geisteskrankheit kein Scheidungsgrund ist, ein Bedürfniß zur Aenderung nicht hervorgetreten

sei, so werde man dem im Entwurf vertretenen Grundsatz nicht widersprechen.

3. Professor Mendel (in einem Aufsatz im 50. Band der Vierteljahrsschrift für gerichtliche Medicin) erörtert, nachdem er das gegenwärtig in Deutschland geltende Recht zusammengestellt und bemerkt hat, daß in den gemeinrechtlichen Gebieten, in welchen Geisteskrankheit keinen Scheidungsgrund bildet, wiederholt Ehen deshalb vom Landesherrn geschieden worden seien, die Frage, ob in den Gebieten, in welchen Geisteskrankheit nicht als Scheidungsgrund gelte, sich ein Bedürfniß für Einführung dieses Grundes geltend gemacht habe. Entgegen den Motiven des Entwurfs glaubt Mendel die Frage bejahen zu sollen mit Berufung auf zwei Fälle aus den Jahren 1807 und 1825 und auf die Anerkennung des Scheidungsgrundes in den neueren Gesetzgebungen; allerdings trete das Bedürfniß nicht häufig hervor, bei den ärmeren Volksklassen komme es nicht zur Geltendmachung, wenngleich die Nachtheile, welche durch Versagung der Scheidung herbeigeführt werden, hier am stärksten wirken, und für die Katholiken habe der Scheidungsgrund factisch keinen Werth. — In denjenigen Gebieten dagegen, in welchen derselbe anerkannt sei, haben sich Mißstände, welche die Aufhebung erforderlich erscheinen ließen, nicht ergeben; zur Anwendung sei die fragliche Gesetzesbestimmung nur selten gekommen.

Mendel ist entgegen den Motiven der Ansicht, daß die Ziehung einer scharfen Grenzlinie zwischen den verschiedenen Formen der Geisteskrankheit zwar schwierig sei, daß sich aber doch die Bedingungen, unter welchen Scheidung wegen Geisteskrankheit zuzulassen sei, werden feststellen lassen. Es komme dabei in Betracht eine gewisse Dauer der Krankheit, — Mendel schlägt 3 Jahre vor —, die Unheilbarkeit derselben, deren Constatirung nicht so unsicher sei, wie behauptet werde, und der geistige Zustand des Kranken; dieser müsse gesetzlich präcisirt werden, um die periodischen und circulären, im psychiatrischen Sinn auch unheilbaren Geisteskrankheiten, die epileptischen Psychosen u. s. w. auszuscheiden. Mendel schlägt folgende Fassung vor: eine unheilbare Geisteskrankheit, welche drei Jahre bestanden und zu einer gleichmäßig andauernden Vernichtung der Persönlichkeit geführt hat, ist ein Ehescheidungsgrund.

Ich komme nun zu den beiden in den Verhandlungen unseres Juristentages uns vorliegenden Gutachten.

Das eine Gutachten, von Professor Dr. Otto Mayer in Straßburg, erklärt die Neuerung des Entwurfs, Abscheidung der absoluten und relativen Ehescheidungsgründe und die Regelung der letzteren für keine glückliche: während über die ersteren — Ehebruch, bösliche Verlassung und Lebensnachstellung — kein Streit sein werde, sei für die letzteren nur ein Princip aufgestellt, und alles dem richterlichen Ermessen überlassen; dabei müsse die unendliche Mannigfaltigkeit des Subjectiven, die Verschiedenheit der Bildung, Stellung, Persönlichkeit der Ehegatten in Betracht gezogen werden; der eigentliche Scheidungsgrund sei bei diesen relativen Scheidungsgründen der Mangel der ehelichen Gesinnung, nur müsse eine justa causa odii dargethan sein; für diejenigen Rechtsgebiete, welche eine Scheidung aus Willkür, wegen unüberwindlicher Abneigung u. dgl. kennen, werde ein theilweiser Ersatz durch desto größere Ausdehnung der Ehescheidung wegen Verschuldens gegeben, für die übrigen aber werde das Ehescheidungsrecht schlechthin erweitert, was das Gutachten unter Anführung von Beispielen nachzuweisen sucht. Die in den Fällen des § 1444 als Regel eintretende Trennung von Tisch und Bett hält das Gutachten, abgesehen davon, daß der Richter die Vorschrift leicht umgehen könne, für ein sehr ungeeignetes Mittel, die Aussöhnung zu bewirken: in Wahrheit werde die praktische Bedeutung dieses Auskunftsmittels die Erleichterung der Scheidung sein.

Der Gutachter befürchtet, daß der § 1444 ohne weitere Schranken von den Gerichten bis in die letzte seiner mannigfachen Scheidungsmöglichkeiten werde ausgenutzt werden; die sittliche Idee des ehelichen Bandes als eines festen, unantastbaren, heiligen, werde arg zu Schaden kommen. Das subjective Sich-unglücklich-fühlen des Ehegatten sei kein geeigneter Maßstab für die Ehescheidung. Bei den althergebrachten Scheidungsgründen des Ehebruchs und der böslichen Verlassung sei die Verletzung der ehelichen Pflichten objectiv der Maßstab; wenn man nicht wage, diese beiden Scheidungsgründe gleichfalls im Sinn des subjectiven Standpunkts umzubilden, so gebe es nur zweierlei: entweder man stelle die Ehescheidung wegen Unerträglichkeit daneben, oder man ordne alle übrigen Ehescheidungsgründe nach denselben Gesichtspunkten wie jene zwei. Das letztere scheine das einzig Richtige zu sein. Natürlich sei der Gesetzgeber frei, zu bestimmen, welche Thatsachen er als schwerwiegend genug ansehen wolle, um anzunehmen, die Ehe sei zerstört und der Ersatz durch Ehescheidung am Platz; aber der Gesetzgeber müsse diese Thatsachen nach festen Merkmalen bezeichnen, eine Casuistik von bestimmten Scheidungsgründen aufstellen; denn wir brauchen ein Ehescheidungsrecht des Gesetzgebers, nicht des Richterstandes. Das Gutachten nimmt an, daß, wenn Regierungen und Reichstag sich über das Maß der Ehescheidungsgründe im Einzelnen schlüssig machen werden, dasselbe in mancher Beziehung enger ausfallen werde, als wenn das Gesetz nur allgemeine Ermächtigungen gebe, welche der Richter ausfülle; auf der anderen Seite sei wohl denkbar, daß man in manchen Punkten über das Princip des Entwurfs: im Fall des Verschuldens alles, ohne Verschulden gar nichts — hinausgehe.

Im Einzelnen führt das Gutachten aus: es werde sich nicht umgehen lassen, daß das Gesetz die dem Ehebruch und der Desertion gleichwiegenden Fälle ihrer Art und Schwere nach selbst bezeichne; Lebensnachstellungen gehören gewiß hierher; Mißhandlungen gleichfalls, wenn sie so weit gehen, daß man sagen könne, der Betroffene habe thatsächlich keine Ehe mehr, indem die rechtlich bestehende dadurch thatsächlich unmöglich sei; diesen Pflichtverletzungen schließen sich andere Fälle an, wo ohne solche unmittelbare Feindseligkeit und absichtliche Ehewidrigkeit die Zerstörung der Ehe herbeigeführt worden, und daher Hülfe am Platz sei; auch hier werde der Kläger sich meistens auf einen Fehler, auf eine schlechte Aufführung des Anderen berufen müssen; das Hauptbeispiel biete die Verurtheilung zu längerer Gefangenschaft, — das Richtige werde sein, wenn hier bestimmt werde, daß die Gefangenschaft oder Landflüchtigkeit oder schon die gerichtliche Verurtheilung die Ehe trenne, nicht das Verbrechen. Auch bei der Geisteskrankheit sei der eigentliche Grund der Scheidung, die thatsächliche Zerstörung der Ehe, vorhanden; gleichwohl werde die Rücksicht auf den Betroffenen in vielen Fällen die Ehescheidung zu Gunsten des Anderen verbieten; aber der völlig umnachtete Geisteskranke bedürfe dieser Rücksicht nicht mehr; über die genaueren Voraussetzungen werde auch hier der Gesetzgeber sich schlüssig zu machen haben.

Schließlich weist das Gutachten darauf hin, daß die letzte Entscheidung der Frage nicht in juristischen Erwägungen liege; in dem Entwurfe, wenn derselbe die Ehescheidung als allgemeines Schutzmittel gegen Unerträglichkeit der Ehe behandle und die Ehescheidungsgründe dem Richter freigebe, komme jene Geistesströmung zum Ausdruck, welche das Wohl der Individuen gegenüber dem Recht der sittlichen Institute zur Geltung kommen lassen wolle; werde aber die Ehescheidung als ein außerordentlicher, an feste, objectiv bestimmte Merkmale geknüpfter Eingriff des Staats behandelt, so sei es Aufgabe der Gesetzgebung, hierbei für Aufrechterhaltung guter Sitte und Zucht zu sorgen, wenn es auch nicht ohne Härte gegen die Einzelnen abgehen könne.

Das zweite uns vorliegende Gutachten des Dr. Leonard Jacobi zu Berlin, eine umfassende historisch-dogmatische Abhandlung über unseren Gegenstand, welche ich hier nur in allgemeinen Umrissen skizziren kann, behandelt in

§ 1 die Begründung der Bestimmungen des Entwurfs, zunächst die allgemeinen Betrachtungen der Motive.

Das Gutachten geht von dem Standpunkte aus, daß es die Aufgabe der Staatsgewalt sei, kraft ihrer Unveräußerlichkeit unter Zurückweisung aller kirchlichen Beeinflussung das Eherecht ausschließlich nach rechtlichen und politischen Gesichtspunkten zu ordnen, daß der Zweck des Staats nur das Wohl und Gedeihen der Gesellschaft sei, daß es für die Sittlichkeit im Staate und für das sittliche Urtheil über die von ihm aufgestellten Normen nur den Maßstab des gesellschaftlich Zweckmäßigen gebe, daß also über die Gestaltung des Ehescheidungsrechts weder ein absolutes Dogma, noch ein unbestimmtes Vollkommenheitsideal, sondern nur der geschichtlich gegebene Zustand der Staatsgesellschaft entscheide. Auf dieser Grundlage wendet sich das Gutachten gegen den Satz der Motive: die Ehe sei ihrem Wesen nach unauflöslich, die Scheidung stets etwas Anomales; es wird ausgeführt: der Staat habe als Entgelt für das Verbot der Selbstscheidung ein bürgerliches Ehescheidungsrecht dem Gesellschaftszweck entsprechend normirt; als bürgerliche Zwangsanstalt könne er ein Versprechen, die Ehe zu halten, bis der Tod sie scheidet, weder fordern noch dulden, da nicht selten die Ehezwecke sich als ganz vereitelt darstellen, eine zwangsweise Aufrechterhaltung der Ehe dann aber unsittlich, weil gesellschaftlich nutzlos oder vielmehr gefährlich wäre; sogar ein freiwillig ausgesprochener Verzicht auf Scheidung wäre nach bürgerlichem Recht unverbindlich. — Den weiteren Satz der Motive: nach der (christlichen) Gesammtanschauung des deutschen Volkes sei die Ehe als eine von dem Willen der Ehegatten unabhängige sittliche und rechtliche Ordnung anzusehen, erkennt das Gutachten als richtig an; aber für die Ordnung des Rechtsverhältnisses der Ehe sei allein der Staatszweck ausschlaggebend; dieselbe habe mit Rücksicht auf die Bedürfnisse des Lebens und die realen Verhältnisse zu erfolgen. Allerdings betonen die Motive auch den Standpunkt der Gerechtigkeit, sie wollen den Charakter der Ehe als eines Rechtsverhältnisses nicht außer Acht lassen und erkennen an, daß der Staat verpflichtet sei, die Ehegatten zu schützen, und daß dieser Rechtsschutz in wirksamer Weise nur durch das Recht der Scheidung gewährt werden könne; aber hiermit sei es, abgesehen von der staatlichen Zweckmäßigkeit, nicht wohl verträglich, den Rechtsschutz auf den Fall schuldschafter Pflichtverletzung zu beschränken; vielmehr bleibe, nachdem man die Zwangsmittel längst aufgegeben, nur das Recht auf Scheidung namentlich auch wegen unverschuldeter Unmöglichkeit der Erfüllung und sonstiger Vereitelung des Zwecks übrig; ein Staatsinteresse an der Aufrechthaltung unsittlicher, verfehlter und zerrütteter Ehen existire nicht, vielmehr bestehe das Staatsinteresse lediglich darin, einen Gesellschaftszustand anzustreben, in welchem sich in Folge innerer Gesundheit des Ehe- und Familienlebens die Ehescheidungen von selbst vermindern, und — wie in der C.P.O. geschehen — ein Proceßverfahren einzurichten, welches dem Richter ermöglicht, sich unabhängig von dem guten Willen der Betheiligten von dem Vorhandensein der als Scheidungsgrund geltend gemachten Thatsachen Ueberzeugung zu verschaffen. Wie für die Rechtsverhältnisse des Vermögensrechts, so gelte auch für diejenigen des Familien- und namentlich des Eherechts der Grundsatz, daß die Zweckvereitelung den Rücktritt begründe; man müsse also behufs Normirung der Rücktrittsberechtigungen von der durch den Vertragsinhalt gegebenen Zweckbestimmung ausgehen.

In § 2 erörtert das Gutachten die historischen Anknüpfungspunkte des Entwurfs, dessen Bestimmungen ihre Entstehung der Auffassung verdanken, daß durch sie die historische Continuität bestmöglichst erreicht werde. Das Gutachten wendet sich zunächst gegen den Satz der Motive, daß der Entwurf mit der in der neueren Praxis des gemeinen protestantischen Eherechts vertretenen Auffassung im Wesentlichen übereinstimme, und gegen das Reichsgericht, welches ein solches gemeines protestantisches Eherecht annehme und demselben namentlich die Wahrung des Princips zuschreibe, unter Aufrechthaltung der religiösen Bedeutung und des sittlichen Ernstes der Ehe den Anforderungen der Zeit und des Lebens gerecht zu werden, und die Ehescheidung gemeinrechtlich nur wegen Verschuldung des Beklagten zulasse. Es frage sich, ob die von dem Reichsgericht und dem Entwurf beliebte ausdrückliche Hervorhebung des Verschuldens innerhalb der historischen Entwickelung vor- oder rückwärts weise; gehöre sie einer überwundenen Entwickelungsstufe an, so sei sie zur Anknüpfung de lege ferenda nicht geeignet. Zu dem Ende wirft das Gutachten einen Rückblick auf die „Hauptstationen" des im Eherecht zurückgelegten Wegs, auf die Bergpredigt, auf das christlich-römische Kaiserthum und auf das Recht der katholischen Kirche im Mittelalter, sodann auf das protestantische (christlich-staatliche) Kirchenrecht und auf die Praxis des protestantischen Eherechts, welche es in Folge ihres kirchlich-weltlichen Charakters und der Tendenz, einerseits die religiöse Bedeutung der Ehe aufrecht zu erhalten, andererseits dem Staatszweck einigermaßen gerecht zu werden, zur Durchführung klarer Grundsätze nicht habe bringen können. Das Gutachten, indem es einzelne Beispiele — bösliche Verlassung, unüberwindliche Abneigung, unheilbare Geisteskrankheit — erörtert, kommt zu dem Schluß, daß die historische Anknüpfung an die gemeinrechtliche Praxis, oder vielmehr an diejenige Richtung der eherechtlichen Praxis, welche das Reichsgericht als die gemeinrechtliche aufgefaßt habe, den Entwurf nicht rechtfertigen könne.

§ 3 des Gutachtens, überschrieben „Der souveräne Staat und das Eherecht" giebt eine interessante Darstellung der Entwickelung des Ehescheidungsrechts in Preußen — in der vorlandrechtlichen Periode, insbesondere des im Anhang abgedruckten Edikts „gegen die Mißbräuche der überhand genommenen Ehescheidungen" vom 17. November 1782, dessen Vorschriften im Wesentlichen in das A.L.R. übergingen, und in der nachlandrechtlichen Periode, namentlich eine Erörterung der preußischen Entwürfe über die Reform des Ehescheidungsrechts aus den Jahren 1844, 1854, 1856, 1859, 1860, deren nähere Beleuchtung erforderlich sei, weil die Motive unseren Entwurf als eine Fortsetzung der jenen Entwürfen zu Grunde liegenden Principien bezeichne.

In § 4 „Resultate" concludirt das Gutachten, daß bei richtiger Würdigung der Geschichte dieser preußischen Entwürfe ein Anknüpfen an dieselben als verfehlt erscheine. Unser Entwurf sei auch nicht eine Fortentwickelung der denselben zu Grunde liegenden Principien, sondern eine Mittelposition, im Wesentlichen ein Rückschritt auf den kirchlich-bürgerlichen Standpunkt Savigny's. Für die Verfasser des Entwurfs wäre vielmehr ein Anschließen an das trotz aller Stürme unerschüttert gebliebene, wahrhaft bürgerliche, ohne theologische Hintergedanken lediglich vom staatlichen Gesichtspunkt ausgehende preußische Landrecht angezeigt gewesen; die Abwendung von den Grundsätzen Friedrichs des Großen und Suarez's, um sich für den Standpunkt Friedrich Wilhelms IV. und Savigny's zu entscheiden, bedeute einen enormen Rückschritt. Nachdem durch das Reichsgesetz vom 6. Februar 1875 die Staatssouveränität im Eherecht zum Abschluß gekommen, habe kein Bedenken obgewaltet, das Eherecht nicht bloß dem Namen, sondern der Sache nach rein bürgerlich zu gestalten. Die Angriffe, das preußische Landrecht sei lax, religionslos, stehe auf der untersten Stufe der Sittlichkeit 2c., seien banale Phrasen oder böswillige Uebertreibung, zumal in demselben nur solche Scheidungsgründe aufgenommen seien, welche schon vorher in der Praxis, wenn auch nicht überall und unbestritten, anerkannt gewesen seien.

Das Gutachten kommt hiernach zu dem Schluß, daß die uns vorgelegte Frage zu verneinen, und daß nur wenige Bestimmungen des A.L.R., weil sie mit den allgemeinen Grundsätzen nicht ganz harmoniren oder durch ihre Fassung zu Mißverständnissen Anlaß geben können, abzuändern seien.

Nachdem hierauf die einzelnen Scheidungsgründe des A.L.R. besprochen, und die seitherigen Erörterungen zusammengefaßt worden sind, macht das Gutachten den Vorschlag:

A. als absolute Ehescheidungsgründe außer Ehebruch, Lebensnachstellung und böslicher Verlassung anzuerkennen:

a) Fortsetzung verdächtigen Umgangs gegen richterliches Verbot bei dringender Vermuthung der Treuverletzung,
b) Versagung der ehelichen Pflicht,
c) unheilbares Unvermögen oder den Ehezweck vereitelndes körperliches Gebrechen,
d) unheilbare Geisteskrankheit, wenn sie gefahrbringend ist oder den ehelichen Verkehr aufhebt;

B. als relative Ehescheidungsgründe die in §§ 700—713 (Beleidigungen, Thätlichkeiten, Unverträglichkeit, Zanksucht, Verübung grober Verbrechen, falsche Anschuldigung, Gefährdung von Leben, Ehre 2c., schimpfliches Gewerbe, unordentliches Leben, Versagung des Unterhalts), 718 (heftiger, tiefer Widerwille) des A.L.R. enthaltenen Thatbestände anzuerkennen, so zwar, daß der Richter zu ermessen habe, ob durch sie oder sonst durch schwere Verletzung der Ehepflichten bezw. ehrloses, unsittliches oder unüberwindlichen Widerwillen erregendes Verhalten eine so tiefe Zerrüttung der Ehe herbeigeführt ist, daß entweder der Zweck der Ehe als vereitelt zu erachten ist, oder dem klagenden Theil nach seinen persönlichen Verhältnissen die Fortsetzung einer solchen Ehe nicht zugemuthet werden kann. Das Gutachten will in diesen Fällen eine Trennung von Tisch und Bett ausschließen und nur die Scheidungsklage, dem Richter aber die Befugniß geben, das Verfahren auf höchstens ein Jahr auszusetzen.

C. Auf Grund der Thatbestände unter A. und B. soll eine kinderlose oder seit mindestens drei Jahren bestehende Ehe auch dann geschieden werden können, wenn

a) beide Ehegatten übereinstimmend (eidesstattlich) versichern, daß ein gesetzlicher Scheidungsgrund zwischen ihnen vorliege, daß sie jedoch Bedenken tragen, denselben namhaft zu machen, und daß keine Hoffnung auf Aussöhnung vorhanden sei, auch
b) das Gericht die Ueberzeugung gewinnt, daß die Ehe in der That zerrüttet sei, und die beiderseits abgegebene Erklärung weder auf Leichtsinn oder Uebereilung, noch auf heimlichem Zwang beruhe.

Bezüglich des Scheidungsgrunds der böslichen Verlassung wird Folgendes vorgeschlagen:

> Bösliche Verlassung begründet nach Erlassung des Rückkehrmandats und fruchtlos verstrichener Rückkehrfrist das Recht, sogleich auf Scheidung zu klagen. Der in § 1443 vorgeschriebene Proceß auf Herstellung des ehelichen Lebens kommt als zweckwidrig in Weg-

fall. — Jedoch wird durch die Rückkehrbereitschaft der inzwischen geschlechtlich bescholtenen Ehefrau der Ehescheidungsgrund der böslichen Verlassung nicht beseitigt.

M. H.! Wenn ich nun zu den im Bisherigen vorgetragenen Ansichten über unseren Gegenstand auch meine Ansicht aussprechen soll, so befinde ich mich in einer eigenthümlichen Stellung. Die Frage: empfiehlt sich die vorgeschlagene Beschränkung der Ehescheidungsgründe? ist gestellt offenbar vom Standpunkt des A. Pr. L. R.; vom Standpunkt meines heimathlichen Rechts aus hätte sie vielmehr zu lauten: empfiehlt sich die vorgeschlagene Ausdehnung der Ehescheidungsgründe?

Es ist ja natürlich, daß bei Beurtheilung der Frage jeder von den ihm zunächst liegenden Verhältnissen, von dem bei ihm geltenden Recht, von der Entwickelung der Lebensbedürfnisse und Anschauungen, wie sie sich im Lauf der Zeit in seinem Land gestaltet haben, ausgeht; ebenso natürlich, daß den seit einem Jahrhundert in Geltung befindlichen Bestimmungen des A. Pr. L. R., gegenüber der immerhin unsicheren Grundlage des gemeinen protestantischen Eherechts und der gemeinrechtlichen Praxis, ein bedeutendes Gewicht zukommt. — Je mannigfaltiger die gegenwärtige Gestaltung des Ehescheidungsrechts in den verschiedenen deutschen Gebieten, je schwieriger daher die Einigung ist, um so mehr wird erforderlich sein, dasjenige hervorzuheben, worüber wohl kein Streit besteht.

Zuvörderst wird darüber Einverständniß sein, daß durch das Deutsche bürgerliche Gesetzbuch das Ehescheidungsrecht erschöpfend, und zwar im Wege der ordentlichen Rechtspflege, geregelt werden soll, so daß das Ehescheidungsrecht des Landesherrn, wo dasselbe besteht, in Wegfall kommt. — Sodann wird darüber kein Streit bestehen, daß es, wie unser Gutachter Mayer ausgeführt hat, Aufgabe der Gesetzgebung ist, bei Ordnung des Ehescheidungsrechts für Aufrechterhaltung guter Zucht und Sitte zu sorgen, ausgehend von dem Grundsatz, daß die Ehe als eine von der Willkür der Ehegatten unabhängige sittliche und rechtliche Ordnung anzusehen, daß deshalb die Frage der Ehescheidung nicht unter dem Gesichtspunkte der Nichterfüllung eines persönlichen Vertrags zu behandeln, und daß die Ehescheidung nur in Fällen zu bewilligen ist, in welchen mit Rücksicht auf die realen Verhältnisse und die Bedürfnisse des Lebens das eheliche Verhältniß als unheilbar zerrüttet, als seiner sittlichen Grundlage beraubt sich darstellt.

Auch darüber wird kein Streit sein, daß, wo dieser Zustand durch das Verschulden eines Ehegatten herbeigeführt worden ist, einmal bei den absoluten Ehescheidungsgründen — Ehebruch, Bigamie, widernatürliche Unzucht, Lebensnachstellung und bösliche Verlassung — das Recht der Ehescheidung zu gewähren sei. Nun kommt aber das Gebiet der relativen Ehescheidungsgründe. Unser Gutachter Mayer erklärt sich gegen die Trennung in absolute und relative Gründe, während Hinschius und Jacobi dieselbe acceptiren. Ich meinerseits verkenne nicht die Bedenken, welche gegen die dem richterlichen Ermessen einen sehr weiten Spielraum gewährende Bestimmung des § 1444 obwalten; die Anschauung darüber, ob und wann eine Ehe total zerrüttet ist, kann eine sehr verschiedene sein; aber eine Präcisirung der einzelnen das Recht auf Scheidung begründenden Thatbestände, eine gleichmäßig wirkende, alle Fälle umfassende, nach allen Richtungen gerechte Aufzählung und Casuistik wird nicht möglich sein; auch wirken die einzelnen Gründe — Mißhandlungen, Ehrenkränkungen, Verurtheilung zu entehrenden Strafen — mit Rücksicht auf Bildung, äußere Stellung, Charakter und Person der Ehegatten ganz verschieden. — Ich habe das Vertrauen, daß unsere Richter in Anwendung des § 1444 sich an das deutlich aufgestellte Princip halten werden; immer ist ja eine bestimmte Handlung, ein concretes Verhalten, eine schwere Verletzung der Ehepflichten erforderlich.

Während dieser Paragraph unserem Gutachter Mayer in dem dem Richter eingeräumten freien Ermessen zu weit geht, ist der streng durchgeführte Grundsatz des Entwurfs, daß nur wegen Verschuldens geschieden werden soll, dem Gutachter Jacobi — bezüglich des Scheidungsgrundes der Geisteskrankheit in Uebereinstimmung mit Mayer, Hinschius, Baehr, Gierke und Mendel — zu eng.

Jacobi schlägt vor, als absolute Scheidungsgründe noch weiter anzuerkennen:

a) Fortsetzung verdächtigen Umgangs gegen richterliches Verbot bei dringender Vermuthung der Treueverletzung — dies dürfte unter § 1444 zu stellen sein;

b) Versagung der ehelichen Pflicht — wohl besser wegzulassen, sodann

c) unheilbares Unvermögen oder den Ehezweck vereitelndes körperliches Gebrechen — auch dieser in großen Gebieten nicht anerkannte Scheidungsgrund dürfte vom ethischen Gesichtspunkte aus wegzulassen sein;

d) unheilbare Geisteskrankheit, der anerkannt zweifelhafteste Fall; in Preußen ist Raserei und Wahnsinn (Blödsinn nicht), wofern der Zustand über ein Jahr ohne Hoffnung der Besserung gedauert hat, in Sachsen und Baden dreijährige unheilbare Geisteskrankheit — in Sachsen nach dreijähriger Beobachtung in einer Landesanstalt ein Scheidungsgrund. Wie die Ansichten der Aerzte über diese Frage getheilt sind, habe ich angeführt; ob durch die von Professor Mendel vorgeschlagene Fassung: „unheilbare Geisteskrankheit, welche drei Jahre bestanden und zu einer gleichmäßig andauernden Vernichtung der Persönlichkeit geführt hat", die erforderliche scharfe Grenzlinie gezogen wird, erscheint mir ebenso zweifelhaft, als bei der von unserem Gutachter Jacobi vorgeschlagenen Fassung: „unheilbare Geisteskrankheit, wenn sie Gefahr bringend ist, oder den ehelichen Verkehr aufhebt". — Wie aus den Ländern, in welchen dieser Scheidungsgrund besteht, berichtet wird, kommt derselbe außerordentlich selten zur Anwendung; in den Gebieten, in welchen er nicht besteht, hat sich ein Bedürfniß zu dessen Einführung nicht geltend gemacht. In der französischen Deputirtenkammer wurde in den 80er Jahren der Antrag, zwei Jahre dauernde, unheilbare Geisteskrankheit als Scheidungsgrund anzuerkennen, verworfen, nachdem eine ärztliche Commission ausgesprochen hatte:

1. daß die Geisteskrankheit eine Krankheit wie jede andere sei, daß dieselbe die Hingebung, welche die Ehegatten sich schulden, unerläßlich mache, daß sie, statt die Bande zu erschlaffen, zum Resultat haben müsse, die Pflichten zu verstärken,

2. daß die Unheilbarkeit unmöglich sicher vom Arzt ausgesprochen werden könne.

Unter solchen Verhältnissen werden Sie nicht von mir verlangen, daß ich von meinem Standpunkte aus mich für die Aufnahme dieses Scheidungsgrundes erkläre.

Eine weitere bestrittene Frage ist, ob eine Ehescheidung auf Grund gegenseitiger Einwilligung gestattet werden soll. Das A.L.R. läßt diesen Scheidungsgrund nur zu bei kinderloser Ehe, wenn weder Leichtsinn oder Uebereilung noch heimlicher Zwang zu besorgen ist, der Code civil nur unter sehr beschränkenden Clauseln; in Sachsen und im gemeinen Recht ist dieser Scheidungsgrund nicht anerkannt. Unser Gutachter Jacobi will denselben nicht bloß bei kinderlosen, sondern auch bei drei Jahre lang bestehenden Ehen auf Grund der eidesstattlichen Erklärung der Ehegatten, daß ein Scheidungsgrund vorliege, zulassen. Endlich will Jacobi auch den Scheidungsgrund des § 718 des A.L.R. — „einseitige Abneigung, wenn der Widerwille so heftig und tief eingewurzelt ist, daß zur Aussöhnung und zur Erreichung der Zwecke des Ehestands gar keine Hoffnung mehr übrig bleibt" — beibehalten. (Die Scheidungsgründe der §§ 700—713 des A.L.R. fallen unter den Gesichtspunkt des Verschuldens, § 1444).

Mit Hinschius glaube ich mich auch hier für den Entwurf aussprechen zu müssen. Mir scheint, daß gerade hier die von unserem Gutachter Mayer angeführte Bemerkung, daß die Deutschen auswärts als besonders begabt für die Ehescheidung angesehen werden, der Beherzigung werth ist.

Dagegen bin ich mit Hinschius, Gierke und Jacobi der Meinung, daß die in § 1444 Abs. 2 für die Regel vorgeschriebene Trennung von Tisch und Bett bis zu zwei Jahren zur Bewirkung einer Aussöhnung nicht geeignet erscheint, und daß die dort vorgeschriebene Construction des Prozesses sich nicht empfiehlt.

Hiernach komme ich zu dem Antrage, der Juristentag wolle aussprechen:

1. daß bei der im Entwurf des bürgerlichen Gesetzbuchs vorgeschlagenen Regelung der Ehescheidungsgründe nichts erinnert werde;
2. daß aber an der Stelle der in § 1444 Abs. 2 vorgesehenen Klage auf Trennung von Tisch und Bett die Ehescheidungsklage zu geben, und dem Richter die Befugniß zu ertheilen sei, wenn eine Aussöhnung nicht unwahrscheinlich, Trennung von Tisch und Bett bis zu einem Jahre auszusprechen.

Stellvertretender Vorsitzender: Ich bitte nun Herrn Ministerialrath Förtsch, sein Correferat vorzutragen.

Correferent Ministerialrath **Förtsch** (Straßburg): M. H., als an mich der ehrenvolle Antrag Ihrer ständigen Deputation erging, über die gegenwärtig zur Debatte stehende Frage das Correferat zu übernehmen, erfüllte mich dies zunächst, wie ich offen gestehen will, mit Bangen, das auch nicht vermindert wurde, als ich auf die Divergenz der beiden uns vorliegenden Gutachten stieß und die vortreffliche historische Darstellung des zweiten Gutachtens durchlas. Ich vergegenwärtigte mir mit Schrecken die Konflikte, welche über alles was mit der Ehescheidung zusammenhängt, durch die Verschiedenheit der religiösen, konfessionellen, theologischen, philosophischen, moralischen, juristischen und socialen Anschauungen hervorgetreten sind und in unserer Versammlung hervortreten könnten. Wird nicht, so fragte ich mich, der deutsche Juristentag bei dieser Frage sich in einen allgemeinen Menschentag verwandeln? ist überhaupt eine ersprießliche Debatte denkbar? die Erreichung einer Majorität für einen positiven Satz zu hoffen?

Allein, m. H., ich will weiter gestehen — ich gehöre zu denjenigen, welche von der Ueberzeugung durchdrungen sind, daß ein deutsches Civilrecht zu Stande kommeu muß und zwar jetzt zu Stande kommen muß (Bravo!), gleichviel ob es mir gefällt oder nicht, und bin ferner der

Ueberzeugung, daß die Mehrzahl der Versammlung gerade so denkt. Dies und einige herzhafte Schlucke von dem beruhigenden Trank der Motive, sowie die Erwägung, daß es gerade Sache des praktischen Juristen sei, aus jenem Chaos der Meinungen das Historisch-Berechtigte mit dem Erreichbaren und Zweckmäßigen zu vereinigen, gaben mir wieder Muth.

Dieser Muth beruht also m. a. W. auf der Ueberzeugung, daß auf dem Gebiete der Ehescheidungsgründe nur durch Kompromisse etwas erreicht werden kann, d. h. die Besonnenheit und Mäßigung, welche, wie unser zweites Gutachten uns berichtet, s. Z. der Prinzregent von Preußen der Gesetzgebungscommission empfohlen und später dem evang. Kirchenrath in Berlin wiederholt eingeschärft hat.

Es wird hiernach vor allen Dingen nöthig sein, alle Theorien bei Seite zu lassen, über die nur endlose Debatten, niemals eine Einigung erfolgen kann. Hieher gehört aber in erster Linie die Theorie, welche in dem Gutachten des Herrn Rechtsanwalts Jacobi vertreten ist, wonach, weil die Ehe ein bürgerlicher Vertrag ist, und die Erfüllung nicht erzwungen werden kann, alle diejenigen Umstände, welche in der Person des einen Ehegatten die Zwecke der Ehe vereiteln, den andern zur Trennung berechtigen. Mag diese Anschauung die richtige sein, m. H., wir wissen, daß sie vielen nicht gefällt; wir lassen sie bei Seite, wie sie m. E. auch der Herr Gutachter selbst nicht gebraucht hätte, um zu den Ergebnissen zu gelangen, die er gewonnen hat. Ebenso lassen wir aber auch beiseite die Anschauung derjenigen, welche es dem Entwurf zum Vorwurf machen, daß er ein konfessionsloses Eherecht aufgestellt habe, wie dies in der von Herrn Jacobi citirten Schillingschen Schrift, die in Köln erschienen ist, geschieht. Solche Anschauungen betrachte ich einfach als indiskutabel.

Wende ich mich nun zu den uns vorliegenden Gutachten, so muß ich anerkennen, daß das erste Gutachten, das des Herrn Prof. Mayer, sich von solchen Theorien fernhält; der Herr Gutachter bekennt sich in der Sache selbst für unliberal und sucht seine strengere Anschauung wesentlich durch Bekämpfung der Fassung des § 1444, der sog. clausula generalis, zur Geltung zu bringen.

Er bekämpft in erster Linie die darin dem richterlichen Ermessen gewährte Ausdehnung und in zweiter die Berücksichtigung des subjectiven Gefühls des verletzten Gatten, wie solche der Entwurf durch die Worte ausdrückt: „die Fortsetzung der Ehe kann dem Verletzten nicht zugemuthet werden".

Im Grunde zielen diese Angriffe wohl gegen die Aufstellung sog. relativer Ehescheidungsgründe überhaupt; m. a. W. der Gutachter will die Thatbestände, welche zur Ehescheidung berechtigen sollen, einzeln und in Formeln redigirt wissen, welche die Prüfung der Einwirkung dieser Thatsachen auf die einzelne Ehe ausschließen und das richterliche Ermessen auf die Prüfung der Frage, ob diese Thatsachen vorhanden sind, einschränken.

Ob es möglich ist, solche Formeln aufzustellen? Ich muß es bezweifeln.

Den bisherigen Gesetzgebungen scheint es bisher nicht gelungen zu sein. Ich erinnere Sie nur an den von dem Herrn Gutachter als Kautschuck gekennzeichneten Ausdruck des code civil „injures graves“ und an verschiedene Wendungen des preuß. Landrechts, wie

eingewurzelter Widerwille,
harte und schmähliche Zuchthausstrafe,
halsstarrige Versagung der ehelichen Pflicht

und vor allem: die groben Kränkungen der Ehre und die Bestimmung, daß wegen bloßer Verbal- und leichter Realinjurien Eheleute gemeinen Standes nicht geschieden werden sollen.

Auch der Herr Gutachter hat es nicht unternommen, derartige Formeln aufzustellen und nach dem, was er am Schlusse des Gutachtens über die Formulirung der neben Ehebruch und böslicher Verlassung in Betracht kommenden Ehescheidungsgründe bemerkt, muß angenommen werden, daß ihm ein derartiger Versuch kaum gelingen würde.

Von dem wichtigsten Falle, dem der Sävitien, wird (S. 106) gesagt:

„Mißhandlungen gehören dann unbedingt hierher, wenn sie soweit gehen, daß man sagen kann, der Betroffene habe thatsächlich keine Ehe mehr.“

Da man aber vom Gesetzgeber nicht die Aufzählung aller Arten der Mißhandlung, von der Ohrfeige bis zum Axthieb und die Angabe verlangen kann, welcher einzelne Stoß, Hieb, Stich als die Ehe thatsächlich unmöglich machend angesehen werden soll, so kommt die Sache wohl ganz auf dasselbe hinaus, was der Entwurf damit bezeichnet, daß der Richter prüfen soll, ob die Ehe derartig zerrüttet sei, daß dem Gemißhandelten die Fortsetzung der Ehe nicht zugemuthet werden könne.

M. E. ist es unmöglich, die Relativität ganz zu vermeiden, und ich sehe auch keine Gefahr darin, sie soweit auszudehnen, wie der Entwurf es thut; namentlich kann ich nicht erkennen, daß der Entwurf, wie der Herr Gutachter sich ausdrückt: „die Empfindlichkeit“ oder das „Dämmerlicht des subjectiven Gefühls“ auf den Thron setze; er verlangt ja den Nachweis schwerer Pflichtverletzung oder ehrlosen oder unsittlichen Verhaltens.

Die Befürchtung aber, welche der Herr Verfasser an die Ausdehnung des richterlichen Ermessens knüpft, glaube ich, nicht mit Unrecht wesentlich von der Erfahrung ableiten zu dürfen, welche mit dem erwähnten Kautschukparagraphen des franz. Rechts gemacht sind. In der That befremdet es jeden, der hört, daß der Richter im Gebiet des franz. Rechts auf Grund des einfachen Ehebruchs des Mannes und böslicher Verlassung tagtäglich Ehen scheidet, indem er diese Thatsachen als schwere Beleidigungen auffaßt, und zwar alles dies, obwohl das Gesetz die bösliche Verlassung als Ehescheidungsgrund garnicht und den Ehebruch des Mannes als solchen nur anerkennt, wenn er die Konkubine in das Haus genommen hat. Allein das Befremdende ist bei näherer Betrachtung nicht die Ansicht des Richters, daß Ehebruch und bösliche Verlassung eine schwere Kränkung des andern Gatten enthalte, sondern die mangelhafte Leistung des Gesetzgebers, welcher, wenn er den einfachen Ehebruch und die Desertion ausgeschlossen wissen wollte, dies klar hätte ausdrücken sollen, oder, wenn er sie zuließ, dies nicht wegen der damit verbundenen Ehrenkränkung, sondern um ihrer selbst willen thun mußte.

Ich glaube hiermit das erste Gutachten zunächst verlassen zu können mit dem zunächst negativen Ergebniß,

> daß gegen die Fassung der clausula generalis des Art. 1444 unter dem Gesichtspunkt der Relativität nichts zu erinnern ist.

Wir kommen nun zu dem zweiten Gutachten und damit zu der **materiellen** Frage,

> ob denn die absoluten und die relativen Ehescheidungsgründe, welche der Entwurf aufstellt, erweitert oder verengert werden sollen.

Hier nun stelle ich mich unter Berufung auf das im Eingang Gesagte, als Feind der Theorien und Freund des Erreichbaren, auf folgenden Standpunkt und hoffe, von diesem aus ein praktisches Ergebniß zu gewinnen.

Trotz oder unbeschadet der Lehre der römischen Kirche und gleichviel ob man die Ehe als einen Vertrag oder einen besonderen Vertrag oder wenigstens als ein Rechtsverhältniß oder nicht als solches betrachtet, ist es historisches Recht in Deutschland, daß aus wichtigen Gründen die Ehe von dem Gericht auf Anrufen des einen Theils dem Bande nach getrennt werden kann. Auf diesem Boden muß weiter gebaut und geprüft werden, welches diese wichtigen Gründe sein sollen.

Fragen wir nur weiter, was hat die sittenstrengsten Männer der Reformation s. Z. vermocht, die Ehescheidung anzuerkennen, so ist es die **Rücksicht auf die realen Verhältnisse des Lebens** gewesen. Diese Rücksicht auf die realen Verhältnisse des Lebens, ein Wort, das auf jeder Seite der Motive zum bürgerlichen Gesetzbuch uns entgegentritt kann allein für die Gestaltung des Ehescheidungsrechts maßgebend sein. Läßt man diese Rücksicht mit dem nöthigen sittlichen Ernst walten, so hat man auch nicht den Vorwurf zu gewärtigen, den der erste Herr Gutachter dem Entwurf macht, daß er das Wohl des Individuums über das Wohl des Instituts setze. Nein, m. H., jene Rücksicht auf die realen Verhältnisse des Lebens soll zwar das Individuum von dem Bande einer unglücklichen Ehe befreien, durch diese Befreiung aber gleichzeitig die Schäden beseitigen, welche durch unglückliche Ehen hervorgebracht waren, und soll damit gerade zur Hebung des Instituts der Ehe beitragen.

Prüfe ich nun, ob der Entwurf den realen Verhältnissen des Lebens überall die erforderliche Rücksicht angedeihen läßt, so muß ich diese Frage, leider nicht in Uebereinstimmung mit dem Herrn Referenten, mit einem entschiedenen „Nein" beantworten.

Um es kurz zu sagen: dem angenommenen Prinzipe:

> „Nur wegen Verschuldens des einen Ehegatten kann dem anderen die Ehescheidungsklage gestattet werden"

kann Berechtigung nicht zuerkannt werden. Die Rücksicht auf die wirklichen Zustände verlangt nothwendig die Zulassung von Ausnahmen oder wenigstens einer Ausnahme.

Freilich sehr sittlich klingt jenes Prinzip. Damit ist aber auch alles gesagt; die Motive wissen zu seiner Rechtfertigung nichts weiter zu sagen, als daß, wenn man den entscheidenden Grund für die Zulassung des Ehebruchs und der böslichen Verlassung darin erblicke, daß sie aus bösem Willen hervorgegangene schwere Verletzung ehelicher Pflichten seien, aus der Analogie dieser Scheidungsgründe jenes Prinzip sich ableiten lasse.

Ist es aber richtig, daß auch ohne Verschulden eines Ehegatten die eheliche Gemeinschaft völlig aufgehoben werden kann, so wird, wenn die Scheidung lediglich aus dem Grunde, weil keine Verschuldung vorliegt, versagt wird, die Gewährung der Scheidung im Falle der Verschuldung zu einer Strafe des Schuldigen oder einer Art Rache oder Belohnung für den unschuldigen Theil gestempelt.

Ich kann nicht anerkennen, daß dies ein sittlicher Gedanke sei, und glaube sogar behaupten zu dürfen, daß dem Verfasser der Motive die Unzulänglichkeit jenes wohlklingenden Prinzips wohl zum Bewußtsein gekommen ist, denn dasselbe wird kurzweg als Axiom behandelt, und bei Behandlung der einzelnen nicht auf Verschulden beruhend particularrechtlichen Scheidungsgründe giebt man sich sorgfältige Mühe, die Nichtzulassung derselben anderweit zu begründen.

Sehen wir nun die Thatsache näher an, welche ohne Verschulden des einen oder andern Ehegatten die eheliche Gemeinschaft unmöglich machen können, so kommen folgende drei in Betracht:

1. die unüberwindliche Abneigung oder eingewurzelter Widerwille,
2. körperliche Gebrechen,
3. Geisteskrankheit.

M. H., ich räume unumwunden ein, daß unüberwindlicher Widerwille und körperliche Gebrechen recht wohl und nicht selten die eheliche Gemeinschaft völlig unmöglich machen, und daß die Versagung der Scheidung alle diejenigen traurigen Folgen haben kann, welche sie in anderen Fällen begleiten, insbesondere die Leute oft gezwungen werden, einen anerkannten Scheidungsgrund wirklich oder scheinbar herbeizuführen. Ueberblicke ich aber den Gang, welchen die gesetzgeberischen Arbeiten in Preußen nach dem Landrecht bis zu dem Entwurf eines bürgerlichen Gesetzbuchs für das deutsche Reich genommen haben, so glaube ich, mich selbst und alle diejenigen, welche auf Seiten des Herrn Rechtsanwalts Jacobi stehen, an die obenerwähnte Mäßigung und Besonnenheit erinnern zu müssen und auf das voraussichtlich nicht Erreichbare verzichten zu sollen.

Anders liegt, wie mir scheint, die Sache bezüglich des dritten der erwähnten Gründe, der Geisteskrankheit. Dieselbe ist zur Zeit in dem größeren Theile Deutschlands anerkannt, und in denjenigen gemeinrechtlichen Gebieten, in denen dies nicht der Fall, ist durch das Dispensationsrecht des Landesherrn Abhülfe gewährt.

Die Motive erkennen an, daß „hingesehen auf die realen Verhältnisse des Lebens, auf die wirthschaftlichen Nachtheile und die sittliche Gefahr, welche dem Ehegatten und den Kindern drohen, wenn ersterer gehindert ist, eine neue Ehe einzugehen, gewichtige Gründe für die Zulassung dieses Scheidungsgrundes sprechen", und deshalb sehen sie sich veranlaßt, die Festhaltung des erwähnten Prinzips des Verschuldens eingehend zu rechtfertigen.

Es sei nicht möglich, so führen sie aus, die Voraussetzung dieses Scheidungsgrundes in einer den verschiedenen Rücksichten und Interessen gleichmäßig Rechnung tragenden Art festzustellen.

Insbesondere lasse sich eine scharfe Grenzlinie zwischen den verschiedenen Formen der Geisteskrankheit nicht ziehen.

Dreijährige Beobachtung in einer Staatsanstalt und Zeugniß der Unheilbarkeit sicherten nicht gegen das Vorkommen von Fällen, in welchen die Scheidung von dem Kranken als eine nicht zu rechtfertigende Härte empfunden werden kann.

Endlich wird hervorgehoben, daß, soviel bekannt, in denjenigen

Rechtsgebieten, in welchen jener Scheidungsgrund nicht zugelassen ist, also namentlich in den Gebieten des franz. und des gemeinen Rechts, ein praktisches Bedürfniß in dieser Beziehung nicht hervorgetreten sei.

Wie so manches richterliche Urtheil durch eine Hypertrophie der Begründung, die oft besonders in den Schlußworten hervortritt, an Ueberzeugungskraft verliert, und das Bedenken hervorruft, daß die vielen Gründe eine schlechte Sache decken sollen, so ist es mir hier gegangen.

In den Motiven selbst wird erwähnt, daß die neueren Partikulargesetzgebungen des gemeinen Rechts mit Ausnahme von Frankfurt sämmtlich die Geisteskrankheit als Scheidungsgrund zugelassen haben, daß anderwärts das landesherrliche Scheidungsrecht aushilft, daß das Reichsgericht mit derartigen Ehescheidungsklagen aus der Provinz Hessen befaßt gewesen ist, ferner daß im Gebiet des franz. Rechts Baden jenen Ehescheidungsgrund aufgenommen hat. Was kann da der Anführung „es sei, soviel bekannt, kein Bedürfniß vorhanden", noch für eine Bedeutung zuerkannt werden? Da nicht jeder Ehescheidungsbedürftige, dem die Scheidung versagt wird, eine Schrift auf den Markt der Litteratur werfen kann, — woran anders als an den erwähnten Merkmalen will man das Bedürfniß erkennen?

Freilich giebt es noch einen Weg, sich über die Bedürfnißfrage zu unterrichten, das ist der Weg der Enquete durch Befragung derjenigen, welche mit Geisteskranken und deren Angehörigen vielfach in Berührung kommen. Eine solche Enquete ist amtlich nicht veranlaßt worden; ich habe es deshalb unternommen, mich privatim in demjenigen Bezirke des französischen Reichs, welcher sich Elsaß-Lothringen nennt, bei maßgebenden Persönlichkeiten zu erkundigen, d. h. ich habe den Herrn Direktoren der Bezirksirrenanstalten zu Stephansfeld und Saargemünd, sowie dem Herrn Vorsteher der psychiatrischen Klinik an der hiesigen Universität, Herrn Prof. Jolly die Frage vorgelegt:

> „Wird es nach Ihrer Erfahrung als eine den realen Verhältnissen des Lebens nicht entsprechende Härte des hier zu Lande geltenden Gesetzes empfunden, daß das Gesetz die Scheidung wegen Geisteskrankheit in keinem Falle zuläßt?"

und ferner habe ich gefragt:

> „Wird erfahrungsmäßig dem geisteskranken Ehegatten die eheliche Zuneigung von dem anderen Theile bewahrt, oder weckt vielmehr Geisteskrankheit bei dem anderen Theile Abneigung, ja Abscheu oder Ekel?"

Die erste Frage ist einstimmig bejaht worden und zwar hauptsächlich für den Fall, daß die Krankheit eine dauernde ist, daß eine dauernde Unfähigkeit vorliegt, den andern Ehegatten zu erkennen oder sich für ihn zu interessiren, daß ein Zusammenwohnen, ja ein Zusammenkommen in der Anstalt dauernd ausgeschlossen ist. In zahlreichen Fällen ist die Neigung der Kranken zu Mißhandlungen, geschlechtlichen Excessen, Hantiren mit Exkrementen, was eine bedeutende Rolle spielt, die Ursache, daß Abscheu, Ekel, Entsetzen herbeigeführt wird, so daß, von allen denjenigen Menschen abgesehen, welche auf einer besonders hohen Stufe der Sittlichkeit stehen, die Möglichkeit der Lösung des alten Bandes als eine Wohlthat empfunden wird. Ich brauche hier nicht auszumalen, welche traurigen Folgen mit der Unmöglichkeit ein neues Band zu knüpfen verbunden sind, will aber doch mittheilen, was mir einer der Herrn Anstaltsdirectoren schreibt:

„Ganz besonders leiden jüngere Männer aus niederem Stande mit kleinen Kindern, deren Frau unheilbar geisteskrank ist, unter der Unmöglichkeit einer Scheidung. Mir sind verschiedene Fälle bekannt, in welchen die Männer von unheilbaren weiblichen Geisteskranken der hiesigen Anstalt sich eine Zuhälterin zur Besorgung des Haushaltes und der Kinder anschafften, mit dieser uneheliche Kinder zeugten und die geisteskranke Gattin mit der Zuhälterin in der Anstalt besuchten. Ebenso ist es mehrfach vorgekommen, daß unheilbar geisteskranke Männer der hiesigen Anstalt durch die Nachricht überrascht wurden, daß die Frau ein uneheliches Kind geboren habe.

Der Wunsch, daß der unheilbar geisteskranke Ehegatte sterben möchte, damit eine Wiederverheirathung möglich werde, wird mir gegenüber nicht so selten ausgesprochen, bisweilen sogar mit dem mehr oder weniger verhüllten Winke, die Aerzte möchten das Ihrige zu einer baldigen Erlösung des Kranken beitragen. Der abschriftlich beigefügte Brief, welchen ich ganz vor Kurzem erhielt, illustrirt diese Angaben in drastischer Weise. Der Schreiber ist der Mann einer 36jährigen, an unheilbarer progressiver Paralyse leidenden Frau, welche seit drei Jahren hier behandelt wird.

Dieser Brief lautet:

Ort in Algerien, den 23. Avriel 89.

Herrn Director

Auf ihr gefälligste Schreiben vom 27. Mars thue ich ihnen zu wissen das es für mich und meine Frau besser wenn sie thäten abseite schaffen als so leiden laßen wenn doch keine Genesung mehr zu erwarten ist, so konnte ich mich wieder verheiraten und bekäme eine concession."

Nach alledem, m. H., besteht für mich kein Zweifel, daß das Motiv des mangelnden Bedürfnisses nicht zutreffend ist, und ich kann hinzufügen, daß die badische Kommission zur Begutachtung des B.G.B. hiermit übereinstimmt. Dieselbe hat beantragt, dauernde Geisteskrankheit als Scheidungsgrund zuzulassen; in gleichem Sinne haben sich in der Zeitschrift für gerichtliche Medicin der Prof. Dr. Mendel und andere vom Herrn Referenten citirte Autoritäten ausgesprochen.

Endlich aber will ich nicht unterlassen hervorzuheben, daß dieser Punkt der einzige ist, in welchem unsere beiden Gutachten übereinstimmen.

Wir kommen nun zu der wichtigen Frage, unter welchen Voraussetzungen die Geisteskrankheit einen Scheidungsgrund abgeben soll.

Ueber drei Punkte wird glaube ich kein Streit entstehen:

1. Die Unterscheidung des preuß. Rechts zwischen Blödsinn auf der einen und Raserei und Wahnsinn auf der anderen Seite ist unhaltbar.
2. Nur eine dauernde, d. h. unheilbare Geisteskrankheit berechtigt zur Scheidung.

Zwar wird in dieser Beziehung in den Motiven hervorgehoben, daß die ärztlichen Gutachten keine geeignete Grundlage bilden; demgegenüber erklären aber die von mir befragten Herrn Psychiater einstimmig, daß in zahlreichen Fällen mit derjenigen Sicherheit, welche in menschlichen Dingen überhaupt zulässig, die Unheilbarkeit festgestellt werden könne, und, wenn dies in anderen Fällen nicht möglich sei, die ärztlichen Gutachten eben mit der nöthigen Vorsicht ausfallen würden.

Würde aber wirklich einmal eine nachträgliche Heilung eintreten, so würde das Unglück kein anderes sein, als wenn der für todterklärte Ehegatte zurückkehrte.

Auch darüber ist

3. Einigung zu erwarten, daß ein mindestens dreijähriges Bestehen der Krankheit nöthig ist, bevor die Scheidung beantragt werden kann.

Kaum lösbarer Streit könnte aber erwartet werden, wenn es sich darum handelt, denjenigen Grad oder diejenige Form von Geisteskrankheit zu bezeichnen, bei dessen oder deren Vorhandensein die Scheidung zulässig sein soll. Die Motive erklären es für unmöglich, diejenigen Fälle, in denen jede geistige Gemeinschaft ausgeschlossen wird, von anderen zu sondern. Und hört man die psychiatrischen Sachverständigen, so bekommt man die verschiedensten Antworten.

Während Mendel in der erwähnten Zeitschrift eine Geisteskrankheit verlangt, welche zu einer gleichmäßig andauernden Vernichtung der Persönlichkeit führt, erachtet es Herr Prof. Jolly für höchst unwahrscheinlich, daß über diesen Begriff „Vernichtung der Persönlichkeit" jemals eine Einigung erfolgen könne, und jede Fassung, die von etwas anderem spricht als von unheilbarer Geisteskrankheit, für verfehlt.

Herr Dr. Dittmar, Dir. in Saargemünd, schlägt dagegen vor, von Geistesstörung zu reden, sofern eine völlige Unfähigkeit des Verständnisses oder der Empfindung für das eheliche Verhältniß vorliegt.

Herr Dir. Stark in Stephansfeld endlich will, um die Fälle auszuschließen, in denen die Scheidung eine ungerechtfertigte Härte gegen den Kranken sein würde, festgestellt wissen, daß die Geisteskrankheit voraussichtlich eine dauernde Anstaltspflege nöthig mache.

Herr Rechtsanwalt Jacobi aber will Geisteskrankheit, welche entweder gefahrbringend ist oder den geistigen Verkehr hindert.

Im Ziele stimmen alle diese Vorschläge überein: Giebt es einen Geisteszustand, der zwar die Bezeichnung als unheilbare Geisteskrankheit zuläßt, aber nicht ausschließt, daß der Kranke ein Verständniß für die Ehescheidung hat, so kann ein Scheidungsanspruch des Gesunden nicht anerkannt werden.

Diesen Gedanken gesetzgeberisch zu formuliren, kann keine unlösbare Schwierigkeit bieten.

Hier ist es aber nicht unsere Aufgabe, Gesetzesparagraphen zu formuliren; es genügt und empfiehlt sich nur, das Princip auszusprechen.

Auf die uns gestellte Frage:

> Sollen die Ehescheidungsgründe nach Vorschlag des Entwurfs beschränkt werden?

antworte ich also, nein, weil die Geisteskrankheit weggelassen ist.

Mein Antrag, der Ihnen gedruckt vorliegt, geht dahin, auszusprechen:

> Außer den vom Entwurf anerkannten Ehescheidungsgründen ist auch unheilbare Geisteskrankheit als Ehescheidungsgrund zuzulassen.

(Bravo!)

Stellvertretender Vorsitzender: Ich eröffne die Debatte über Frage 15.

Professor Dr. Otto **Mayer** (Straßburg): M. H.! Ich habe in meinem Gutachten die Bemerkung einfließen lassen müssen, daß die Frage, die uns heute beschäftigt, im Wesentlichen gar keine juristische Frage ist, daß da vor allem der Parteistandpunkt hereinspielen und sich bei den Meinungen, die jeder über die zu treffende Entscheidung hegt, mehr oder weniger lebhaft geltend machen wird. Ich hatte nicht erwartet, daß diese Bemerkung einen so schönen Beleg so rasch bekommen würde, wie das in dem Gutachten meines Herrn Mitgutachters geschehen ist, welches unmittelbar auf mein Gutachten folgend gedruckt ist. Hier wird in der That ein sehr energischer Parteistandpunkt verfochten, ein Parteistandpunkt, der davon ausgeht, daß die evangelische Kirche ein höchst gefährlicher Feind unseres Staatswesens ist, und daß der Staat nichts ängstlicher zu besorgen habe, als seine Souveränität und die Selbständigkeit seiner bürgerlichen Gesetzgebung gegenüber den Angriffen dieses Feindes zu schützen, und daß jeder staatstreue Mann mit auf der Hut sein müsse, um stets das Gegentheil von dem zu beschließen, was die Kirche über denselben Punkt für wünschenswerth halten müsse; dann sei es das Rechte für den Staat.

Nun habe ich allerdings nicht gewußt, daß auch dieser Parteistandpunkt wirklich existire; vielleicht kommt ihm nur eine mit lokalen Berliner Verhältnissen zusammenhängende Bedeutung zu. Immerhin, wir sind tolerant genug, jede Parteimeinung zu achten; nur eins ist sicher, diskutiren können wir mit diesem Parteistandpunkte nicht, die wir einen anderen einnehmen. Diskutiren können wir nicht, denn wir werden uns gegenseitig nicht belehren.

Etwas anders stellt es sich mit den beiden Herren Referenten. Sie haben beide den nämlichen Gesichtspunkt: sie wollen eine gemäßigte Meinung verfechten, eine Art Mittelpartei bilden, einen objectiven Standpunkt einnehmen, leidenschaftslos nach jeder Seite hin. Die Ehe in ihrer sittlichen Bedeutung wird auch von unseren beiden Herren Referenten vollauf gewürdigt. Aber ich glaube, die Consequenzen daraus werden nicht mit dem nöthigen Ernst gezogen. Die Ehe bekommt ihre Reverenz gemacht als löbliches Institut, dessen Aufrechterhaltung im Interesse des Staates liege. Damit ist es fertig, mit der Reverenz muß sie sich begnügen. Die praktischen Consequenzen werden nicht gezogen, sondern, was praktisch verfolgt werden soll, das entnimmt man aus der Realpolitik, aus der Würdigung der realen Thatsachen, denen man Rechnung trägt, das nimmt man vor Allem daraus, daß das deutsche Civilgesetzbuch zu Stande kommen muß, gut oder schlecht. Da muß man sich denn auch ein Ehescheidungsrecht, auch wenn es nicht ganz dem entspricht, was eigentlich die sittliche Bedeutung der Ehe verlangen sollte, gefallen lassen; das schluckt man mit hinunter mit einer kräftigen Anstrengung; für den guten Zweck kann man das schon thun.

M. H.! Ich kann auf diesen objectiven, leidenschaftslosen Standpunkt der Herren Berichterstatter mich nicht stellen. Mir ist die Sache zu wichtig. Mir handelt es sich hier nicht um ein paar hübsche juristische Formulirungen, mir handelt es sich hier um eine viel zu große Angelegenheit, als daß ich da etwas hinnehmen möchte, was ich mir im Entwurfe in vielen anderen Dingen gefallen lasse. Der Entwurf giebt uns manches zu verdauen, was schwer zu verdauen ist, und was man um der nationalen Sache willen sich gefallen läßt. Aber in diesem einen Punkte bin ich empfindlich, in einem solchen Punkte kann ich nicht nachgeben, wie in anderen. Denn die Ordnung der Ehe ist uns zu wichtig. Wir wollen keinen kirchlichen Standpunkt geltend machen, davon ist keine Rede, sondern wir gehen vom staatlichen Gesichtspunkte aus. Ueber unsere Staatstreue läßt sich nicht reden; ich bestreite jedermann das Recht, sich staatstreuer zu nennen, als ich bin, wenn auch das Privilegium der Staatstreue von dem Herrn Mitgutachter für seine Partei in Anspruch genommen worden ist. Im Interesse der staatlichen Ordnung bin ich so tief durchdrungen von der Nothwendigkeit einer ernsthaften, strengen Ordnung des Ehescheidungsrechts, daß ich nicht davon ablassen kann, hier dafür einzutreten, und wenn der Entwurf in die Brüche ginge, so würde ich lieber den Entwurf preisgeben, als das Verlangen nach einer guten Eheordnung.

Unser Staat, wie er ist, ist gegründet auf die Ehe. Die Ehe liefert ihm seine Bürger, seine treuen, pflichtgewohnten Bürger, sie erzieht ihm diese Bürger, und da meine ich, nicht die Kinder, da meine ich: die Männer werden erzogen. Mögen mir die Herren Junggesellen es nicht übel nehmen, aber ein wohlerzogener Staatsbürger ist bloß der verheirathete Mann.

(Große Heiterkeit.)

Dieser ist gewohnt, Pflichten zu haben, Pflichten getreulich zu erfüllen, auch wenn sie nicht schmecken sollten. Er weiß ganz andere Dinge, als einem Junggesellen bekannt sind. Das ist der wahre Staatsbürger, und diese Staatsbürger wollen wir dem Staat gesund und kräftig erhalten, und dazu gehört wieder eine gesunde Ehe und eine gesunde Eheordnung, die nicht zimperlich fragt: Thut es dir weh? Willst du hinaus? dort ist die Thür offen; sondern ihm sagt: Hier ist Ernst, hier ist nicht bloß dein Interesse, sondern das Interesse des Staates, des Volkes; in diesem Interesse mußt du dich erziehen lassen, du mußt darin bleiben, mußt in der Schule bleiben. Darum darf die Thür nicht so weit aufgesperrt werden, so weit, wie es der Einzelne wohl wünschen möchte, sondern muß fest verschlossen sein, daß man sieht, man hat Pflichten, denen man nicht so leicht entrinnt. Das muß der Bürger sich gefallen lassen, das ist das Interesse des Staates, und deswegen wollen wir ein ernsthaftes, strenges Ehescheidungsrecht haben. Den kirchlichen Standpunkt brauchen wir nicht hereinzuziehen, davon wollen wir schweigen, das Staatsinteresse soll uns das Maßgebende sein.

Für die Befriedigung dessen, was wir im Interesse des Staates hier fordern müssen, sind allerdings die Voraussetzungen in Deutschland ungünstig genug und zwar ungünstig aus einem ganz bestimmten Grunde. Ueberall ragt der unheilvolle — ich erlaube mir das zu sagen — der unheilvolle Einfluß des preußischen Landrechts herein. M. H.! Glauben Sie nicht, daß hier der rheinische Jurist aus mir spricht. Ich bin im preußischen Landrecht aufgewachsen, im Ansbach-Bayreuthischen, darin habe ich meine erste Praxis durchgemacht, ich bin gewiß nicht von feindseliger Gesinnung gegen dasselbe erfüllt. Ich habe aber auch sein Ehescheidungsrecht mit angesehen und gedenke noch der Verhandlungen, die wir im Vergleichsamte hatten, wo nach lustigem Sonntage die Fabrikarbeiterehepaare hereingekommen sind und haben sich auf Ehescheidung verklagt, haben sich vor dem Vergleichscommissar tüchtig ausgesprochen und gingen dann ruhig wieder von dannen —, aber das Wort Ehescheidung war doch einmal ausgesprochen worden. Ich habe damals schon als junger Mann den Eindruck gehabt, daß das ein frevelhaftes Spiel mit der Sache gewesen ist, daß die Leute ihr Band in dieser Weise niemals als ein festes verspüren, sondern jeden Augenblick konnte jeder denken: es ist vielleicht zu lösen, wir kommen vielleicht heraus. Diese Bedeutung des preußischen Landrechtes als eines hervorragendsten Musters von Laxheit in der Ehescheidungsgesetzgebung ist ja allenthalben anerkannt. Wir müssen nur hören, was andere Nationen von uns sagen, und nicht glauben, daß das, was wir gewöhnt sind von unserer Gesetzgebung, auch natürlich und selbstverständlich ist. Hören wir, was andere Nationen denken, wie die uns eine Ausnahmestellung anweisen und von einer besonderen Begabung der Deutschen für Ehescheidung sprechen! Das sind nicht erfreuliche Dinge, die wir bei dieser Gelegenheit zu hören bekommen.

Das preußische Landrecht ist natürlich ein Kind seiner Zeit. In vieler Beziehung ist es ja eine großartige Schöpfung, ich bin selbstverständlich weit entfernt, gegen das Landrecht etwas zu haben, aber in Bezug auf das Ehescheidungsrecht, welches darin enthalten ist, ist das preußische Landrecht ein echtes Kind des vorigen Jahrhunderts; heut zu Tage würde man das Ehescheidungsrecht, welches darin steht, sicher nicht machen, wenn es neu zu machen wäre; heut zu Tage sind wir anderen

Geistes. Aber die Fridericianische Zeit hat andere Gedanken gehabt: der Staat ist äußerlich stramm zusammengefaßt, der Bürger wird von oben herunter beglückt mit Einrichtungen, die seinen Ansprüchen auf Wohlbefinden möglichst entgegenkommen sollen, dafür wird er aber in äußerlicher Weise um so strenger regiert, alles nur in dem Endgedanken an Geld und Soldaten. Heut zu Tage legen wir viel größeren Werth auf die sittliche Ordnnng unserer Bürger, als man damals für richtig gehalten hat. Wir wissen heute recht gut, daß der Feind unseres nationalen Staatswesens nicht sowohl von außen droht, sondern der Hauptfeind ist inwendig. Wenn unser nationales Gemeinwesen einmal zu Grunde gehen sollte, so wird es nicht von außen niedergeworfen, sondern dadurch, daß sich seine Bürger ihm entfremden, daß man inwendig den Boden verliert, den ein gesunder Staat in der Gesinnung seiner Bürger haben muß. Wir haben den Anfang dazu. Damals, als das preußische Landrecht gemacht worden ist, wußte man noch nichts von Socialdemokratie und Anarchismus, diese Feinde aller sittlichen Ordnung und allen Staatswesens. Heute wissen wir, wo der Feind droht, heute klopft der gefährliche Gast bedenklich an die Thore und mahnt die, welche drin sind, sich zusammenzuschließen und alle Mächte zu Hülfe zu rufen, die dagegen stützen können, eine Hülfe werden können, vor allem also die Mächte, die da befähigt sind, die Staatsbürger zur Erstrebung von sittlichen Zielen zu erziehen, für den Staat zu erziehen. Nicht Roß, nicht Reisige — das ist nicht die Hauptstütze, die wir etwa zu finden haben —, sondern die sittlichen Erziehungsmittel, die sittlichen Mächte sind es, die der Staat stärken muß, um sich erhalten zu können gegenüber dem Ansturm, der unheimlich von unten heraufkommt.

Also anders ist die Zeit. Heut zu Tage würde man kein preußisches Landrecht in diesem Sinne, kein Ehescheidungsrecht, wie es damals gemacht worden ist, mehr schaffen. Nichtsdestoweniger ist es ja, wenn so etwas einmal besteht, durch die natürliche Schwerkraft von selbst mit einer gewissen Widerstandsfähigkeit ausgestattet, vermöge deren man schwer darüber hinauskommt. Wir wissen aus der Geschichte des preußischen Ehescheidungsrechts, wie viel vergebliche Versuche man gemacht hat, sich zu befreien von einem Ehescheidungsrecht, welches in weiten Kreisen als nicht mehr genügend angesehen wird.

Unser Entwurf glaubt nun, davon loskommen zu können, er glaubt, eine gründliche Aenderung in der Richtung einer strengeren Anforderungen genügenden Ehescheidungsordnung herbeiführen zu können, und auch im Entwurf finden wir, daß er mit lebhaften Ausdrücken die hohe sittliche Bedeutung der Ehe anerkennt. Er sagt, daß das nicht ein gewöhnlicher

Vertrag sei, sondern der Staat das höchste Interesse daran habe, daß sie heilig gehalten werde u. dergl. Die Aussprüche, die er in den Motiven in dieser Richtung thut, wenn man sie für sich nehmen dürfte, sind des Sammelns würdig, sehr schön und ernsthaft, aber die Consequenzen, die er daraus zieht, scheinen mir nicht dem zu entsprechen, was er grundsätzlich als Forderungen aufgestellt hat.

Es ist Ihnen bereits mitgetheilt worden, was ich in meinem Gutachten hauptsächlich dem Entwurfe vorgeworfen habe. Es ist der § 1444 mit seinen relativen Ehescheidungsgründen, und zwar möchte ich hier etwas richtig stellen gegenüber einer falschen Auslegung, die ich gefunden habe. Nicht die Relativität ist es, was mich in erster Linie von dem § 1444 zurückstößt, sondern die Unbestimmtheit der Voraussetzungen, die dem Richter gegeben sind, nicht, daß er weiter noch ein Ermessen hinzuzufügen hat, ob auch die Ehe wirklich zerrüttet ist, sondern daß die Thatsachen gar nicht bezeichnet sind, auf welche er die Scheidung derjenigen Ehe gründen darf, die im Uebrigen von ihm als zerrüttet angesehen wird. Diese Thatsachen sind zwar etwas nothdürftig angegeben, aber in so vager Weise, daß ein unendlicher Spielraum übrigbleibt, welchen Spielraum der Richter dann ausfüllen soll mit dem, was ihm gut dünkt. Nicht bloß jedes schwere Verschulden des Ehegatten soll ja genügen, bestehend in directer Feindseligkeit gegenüber dem anderen; auch bloße Vernachlässigung von Pflichten, die ihm gegenüber dem anderen Ehegatten obliegen, soll gestatten, die Ehescheidung gegen ihn auszusprechen, dazu noch sonstige Lieblosigkeiten, Rücksichtslosigkeiten, die in einem entehrenden, in einem unsittlichen Lebenswandel liegen u. dergl. Das wird alles als Verfehlung gegen den anderen Ehegatten aufgefaßt und soll deswegen zur Ehescheidung führen. Der Entwurf stellt also wohl das Princip auf: Ehescheidung nur wegen Verschuldens, aber was versteht er nicht alles darunter! Der Mann trinkt gern Bier, er spielt gern — das ist kein Angriff gegen den Ehegatten, aber im Sinne des Entwurfs doch ein Verschulden des Ehegatten, es liegt eine gewisse Rücksichtslosigkeit gegen den anderen Ehegatten darin, es kann demselben unangenehm sein, und das ist das Verschulden, um deswillen die Ehe geschieden werden darf. Das Correctiv soll bloß sein der nothwendige Ausspruch: die Ehe sei dadurch zerrüttet. Das ist nun aber das Allervagste. Wann ist denn die Ehe zerrüttet? Soll der Richter das daraus entnehmen, daß die Leute sich unglücklich stellen? Was sieht er von ihnen? Wie kann er hineinschauen? Er sieht ihr Benehmen, wenn sie vor ihm stehen, und je lebhafter sich die Frau beklagt, desto tiefer zerrüttet kommt ihm die Ehe vor. Das ist aber ein Eindruck aus einem einzelnen Momente heraus, und der, welcher am besten spielen kann, wird den größten Eindruck machen. Das ist kein Maßstab. Zerrüttung ist schließlich überall da, wo ein Kläger auftritt und sagt: die Ehe ist mir verleidet, ich will heraus. Kann man die Zerrüttung deutlicher bekunden, als wenn man so spricht? Der Entwurf giebt also dem richterlichen Ermessen einen ungeheueren Spielraum, und das ist m. E. noch schlimmer, als das preußische Landrecht. Dort ist zwar eine Reihe von sehr merkwürdigen Ehescheidungsgründen zugelassen, die ich nicht angenommen zu sehen wünschte, aber noch schlimmer ist die Ungewißheit, das Damoklesschwert, das über allen Ehen hängt. Die sämmtlichen Ehen sind auf diese Weise in eine gewisse Unsicherheit gestellt, es ist bei jeder Zwistigkeit jedem Ehegatten der Hintergedanke nahe gelegt: solltest du nicht loskommen können? man kann es ja nicht wissen! Und diese Unsicherheit erscheint mir als das Allerschlimmste, die zerrüttet unsere Ehen am allermeisten. Der Gesetzgeber würde es sein, welcher die Zerrüttung in erster Linie herbeiführt. Wenn die Leute sich nicht mehr gebunden fühlen, dann ist jenes Bewußtsein der Pflicht, sich der Nothwendigkeit, dieser manchmal recht unangenehmen Zucht zu fügen, zusammenleben zu müssen, zerstört, und damit fehlt der Ehe dann auch die erziehende Kraft, die zu freudiger Pflichterfüllung führt. Ich glaube, daß unsere Eherechtsordnung so ganz erheblich geschädigt, verdorben werden wird, und deshalb kann ich das nicht annehmen.

Ich habe nun in meinem Gutachten die Forderung aufgestellt, die Ehescheidungsgründe müßten einzeln und bestimmt vom Gesetzgeber aufgestellt werden, so daß man weiß, bloß aus diesen einzelnen strengen Gründen kann geschieden werden. So lange ein solcher nicht vorhanden ist, steht die Ehe fest. Es ist bereits von einem der Herren Referenten darauf hingewiesen worden, daß in manchen Punkten denn doch für die Gesetzgeber eine schwierige Anforderung gestellt ist, namentlich was die praktisch wichtigste Frage der Scheidung wegen Mißhandlungen, Beleidigungen und dergl. anlangt. Ich erkenne auch an, es wird jetzt vielleicht practisch nicht möglich sein, so in dieser ganz strengen Weise es durchzuführen; man wird irgendwo ein Ventil öffnen, man wird einen Spielraum lassen müssen. Von dieser Anerkennung bis zu dem weiten Spielraum, den der Entwurf geben will, ist aber noch ein weiter Schritt. Ich habe nach Berathung mit einer Reihe Herren einen Antrag formulirt, der Ihnen gedruckt vorliegt. Da ist das Ventil, welches ich zulassen, der Ausweg, den ich geben will, in der Weise bezeichnet, daß für den Fall unmittelbarer Feindseligkeit des einen Ehegatten gegen den andern dem richterlichen Ermessen ein Spielraum eingeräumt ist. Unmittelbare Feindseligkeiten können dahin führen, daß eine Ehe unerträglich, daß künftig auch eine Versöhnung nicht zu erwarten ist. Das können schwere Mißhandlungen, das können Beleidigungen und sonstige Verfolgungen sein. Die objective Grenze, die dem Richter gesteckt ist, ist dadurch deutlich angegeben, daß wir verlangen eine directe Feindseligkeit des einen Ehegatten gegen den andern, einen Angriff, nicht bloß das Unterlassen der Erfüllung der Pflichten, nicht bloß nicht genug fleißiges Arbeiten und dadurch nichts für die Familie Verdienen, nicht schlechten Lebenswandel, zu viel in's Wirthshaus Gehen, wie das der Entwurf vielleicht will. Eine innere Feindseligkeit muß durch Thatsachen in solcher Weise zum Ausdruck kommen. Dadurch muß dem anderen Ehegatten die Ehe unmöglich gemacht werden, und auch nicht vorauszusetzen sein, daß die Leute sich wieder verstehen, was doch sehr häufig wird eintreten können. Wenn das constatirt werden muß, so kann ich mich dabei beruhigen; da wird die Ehescheidung keine zu großen Dimensionen annehmen, und es ist doch auf diese Weise wenigstens dem dringendsten Bedürfnisse Rechnung getragen, welches manchmal allerdings bestehen kann, um den Leuten zu Hülfe zu kommen. In allen übrigen Beziehungen jedoch müssen wir verlangen, daß das Gesetz die Ehescheidungsgründe genau bestimmt, selbst formulire, nicht dem Richter es überlasse, im einzelnen Falle einen Ehescheidungsgrund zu finden, sondern das Gesetz muß sagen, was Ehescheidungsgrund ist. In dieser Beziehung habe ich mich in meinem Antrage darauf beschränkt, das Princip auszusprechen. Es ist von Seiten des zweiten Herrn Referenten verlangt worden, daß die unheilbare Geisteskrankheit insbesondere als Scheidungsgrund noch aufgenommen werde. Das würde in dieser zweiten Nummer hinzuzufügen sein. Ich würde, wie ich mich auch schon in meinem Gutachten ausgesprochen habe, einem solchen Zusatze nicht widerstreben. Ich habe es nicht selbst beantragt, widersetze mich aber dem nicht, wenn es von einem der Herren aufrecht erhalten werden sollte.

Nun, m. H., lassen Sie mich noch ein Wort hinzufügen. Wir sind auf dem Juristentage hier mit einer gar nicht specifisch juristischen Frage befaßt worden und wollen eine Entscheidung darüber treffen. Wir sind allerdings gleichwohl von dieser Frage, obgleich es nicht eine specifisch juristische ist, mehr berührt als andere Staatsbürger. Wir sind auch — wir wollen diese Perspective nicht eröffnen — wie die anderen von dem Ehescheidungsrechte betroffen, aber wir haben mit diesen Dingen noch eine andere Berührung, soweit wir wenigstens der Praxis angehören. Für den Richter, den Rechtsanwalt ist es nicht gleichgültig, wie das Ehescheidungsrecht beschaffen sein wird. — M. H., ich denke mich in die Lage: wie ist es für einen Richter oft schmerzlich, die Ehescheidung nicht aussprechen zu können, weil das Gesetz es verbietet, und die Leute stehen hülfesuchend vor ihm. Ich kann mich auch in die Lage eines Rechtsanwalts versetzen, zu dem jemand kommt und fragt: ist denn keine Hülfe? und er muß sagen, nein, das Gesetz giebt keine Möglichkeit. Es ist da manches schmerzliche Gefühl, dem wir uns aussetzen, wenn wir für eine strengere Ehescheidung stimmen; wir bringen ein Opfer, wenn wir uns diese Freiheit nicht geben lassen wollen, die uns der Entwurf so freigebig anbietet. Aber, m. H., das Heilmittel dafür, das Versöhnungsmittel für all das Leid, welches ein strenges Ehescheidungsrecht zweifellos anrichten muß, das liegt in der Majestät der sittlichen Ordnung, die dahintersteht, der sittlichen Ordnung, die auch den abgewiesenen Ehescheidungskläger, den Mann, dem man sagt: das Gesetz leidet es nicht, es verlangt von dir, daß du deine Pflicht thust, — erheben muß. So auch für den Richter, dem das Herz dabei wehthun mag, und für den Rechtsanwalt ist es das Versöhnende, daß wir damit Diener sind einer höheren sittlichen Ordnung, getreue Diener, und, m. H., als diese Diener wollen wir uns auch heute beweisen, in unserer Abstimmung über diese Frage, in der Entscheidung, die wir treffen, und die dann hoffentlich nicht ohne Gewicht sein wird.*) (Bravo!)

Privatdocent, Rechtsanwalt und Notar Dr. **Jacobi** (Berlin): M. H., ich habe absichtlich dem Herrn Vorredner den Vortritt gelassen, weil er der erste Gutachter gewesen ist. Ich werde mich so viel wie möglich beschränken und namentlich bemüht sein, die Verhandlungen ihrem praktischen Resultate, welches immer eine Resolution sein wird, entgegenzuführen.

Zunächst nur wenige Worte bezüglich dessen, was der Herr Vorredner gesprochen hat. Ich brauche darauf nicht näher einzugehen, daß er mein Gutachten so aufgefaßt hat, als wenn ich die protestantische Kirche als Staatsfeindin hinstelle. Sie haben aus dem vortrefflichen Resumé des ersten Herrn Referenten schon ersehen, daß davon kein Wort in meinem Gutachten steht, daß das bloß eine subjective Auffassung des Herrn Vorredners ist. Ferner hat er das von mir aufgestellte Princip für vollständig indiscutabel, jede Verständigung darüber für unmöglich erklärt;

---

*) Antrag zur Frage 15:

1. Eine clausula generalis im Sinne des § 1444 des Entwurfs soll nur gegeben werden für die Fälle unmittelbarer Feindseligkeit des Ehegatten gegen den andern (schwere Mißhandlungen, Beleidigungen und sonstige Verfolgungen), insoweit dadurch nach richterlichem Ermessen die Ehe unerträglich gemacht und eine künftige Versöhnung ausgeschlossen erscheint;
2. alle andern Ehescheidungsgründe sind nach Art der sog. absoluten Ehescheidungsgründe genau und bestimmt zu bezeichnen. Otto Mayer.

gleich darauf aber hat er dieses Princip für sich in Anspruch genommen und vollständig acceptirt. — Es ist nämlich das Princip, daß das Staatsinteresse in dieser Frage das allein maßgebende ist. Dann aber schreitet er freilich zu der Behauptung vor, und darum dreht sich seine ganze Erörterung, — daß er sagt: das Staatsinteresse liegt darin, die Menschen durch die Ehe zu erziehen. Aber die eigentliche Frage, ob der äußere Zwang in der Ehe zu bleiben, auch dann, wenn sie gemeinschädlich, resp. wenn sie unhaltbar, zwecklos, vereitelt, unglücklich, elend geworden ist, ob da eine erziehende Kraft eines solchen durch Zwangsgesetze aufrecht erhaltenen Zustandes obwaltet? — ob dadurch die Menschen in der That erzogen werden? diese Frage hat er unerörtert gelassen. Und das ist ja die eigentliche Differenz zwischen uns. In dieser Beziehung waltet auch eine Verwandtschaft ob zwischen der Auffassung des Herrn Vorredners und der Auffassung der Motive. Die Motive sagen — (in glücklicher Naivetät, wenn ich mich so ausdrücken darf): das Staatsinteresse besteht darin, daß die Ehen so sind, wie sie sein sollen, und das wird bewirkt durch möglichste Beschränkung der Ehescheidung. — M. H., wenn man das zugeben könnte, wenn das irgendwie durch die Erfahrung bestätigt würde, dann wäre ja nichts einfacher als die Lösung der Frage; dann würden wir keinen Augenblick Anstand nehmen, die Ehescheidung überhaupt auszuschließen. Was könnte es Glücklicheres geben, als mit einem Schlage vortreffliche Ehen und einen guten Zustand im Volke herzustellen. Es würde dann dem Staatsinteresse vollständig widersprechen, wenn man überhaupt, — wie der Entwurf doch im weiten Umfange es thut, — wieder Ehescheidungsgründe zuläßt. — Und wie kommt es denn, daß in den Motiven wiederum zugestanden wird, es sei nicht anders möglich, „hingesehen auf die realen Verhältnisse"? — Die Dinge liegen eben so, daß der Staat erfahrungsmäßig darauf verzichten muß, bei Eingehung der Ehe irgendwie die Voraussetzungen einer guten Ehe zu controlliren und die Möglichkeit der Zulassung der Eingehung der Ehe abhängig zu machen von irgend welchen Beschränkungen, welche eine Garantie oder doch wenigstens eine gewisse Wahrscheinlichkeit für das Zustandekommen einer glücklichen oder auch nur erträglichen Ehe abgeben.

Die vielen Tausende Personen, die sich jährlich verheirathen, haben in dieser Beziehung durchaus plein pouvoir, und es läßt sich einmal nicht ändern, daß ein Theil der Ehen in Folge der Unfähigkeit der Staatsgesetzgebung, in dieser Beziehung eine Controle durchzuführen, ohne genügende Garantien für die Zukunft geschlossen werden, andererseits aber, bei der größten Sorgfalt und bei der größten Gewissenhaftigkeit in der Eheschließung unvorhergesehene Fälle eintreten, die die Aufrechterhaltung unerträglich erscheinen lassen. — Der äußere Staatszwang ist hier deshalb unsittlich, weil der Staat es ist, der — abweichend von allen anderen Rechtsverhältnissen, in denen sich das menschliche Leben bewegt — die Disposition über das Eheverhältniß dem Einzelnen entzogen hat — mit gutem Grunde. Die Ehe darf nicht durch Privatdisposition getrennt werden, sondern der Staat ist es, der sich die alleinige Befugniß, durch Erkenntniß, durch Urtheil und Recht dieses wichtigste aller Rechtsverhältnisse aufzuheben, vindicirt und vorbehalten hat. — Daraus geht aber gerade die Verpflichtung hervor, behufs Vermeidung der Gefahren für das Staatsinteresse ein genügendes Aequivalent für die dem Einzelnen entzogene freie Disposition zu gewähren. Dies ist eine sittliche und unabwendbare Verpflichtung der Staatsgewalt aus dem Grunde, weil die Möglichkeit, das Eheband aufzuheben, das Aequivalent für alle diejenigen Rechte und Ansprüche darstellt, welche anderweitig im bürgerlichen Rechte in Gestalt von Rücktrittsgründen und Kündigungsrechten, wie bei Societäten und anderen dauernden Verhältnissen anerkannt sind. Die Scheidung muß namentlich auch die Stelle des Erfüllungszwanges vertreten. — Man hat ja bekanntlich im Mittelalter durch Gefängniß, durch Festsetzen bei Wasser und Brot den Erfüllungszwang in Eheverhältnissen durchzuführen versucht. Die civilisirten Völker sind davon zurückgekommen, und in Folge dessen ergiebt sich als erstes Gebot des Staatsinteresses, ein den obwaltenden Verhältnissen genügendes Aequivalent für die dem Einzelnen entzogene Selbstscheidung zu gewähren, und das ist eben die Ehescheidung von Staats wegen.

Es ist durchaus richtig, wenn wir darauf hingewiesen worden sind — gewissermaßen, um uns vom sittlichen Standpunkte aus zur Einkehr in uns selbst zu ermahnen, — daß Schriftsteller eines Nachbarvolkes mit einer moralisch sein sollenden Ueberlegenheit gesagt haben: der Deutsche ist besonders geeignet und hat ein Talent zur Ehescheidung. M. H., das ist ein höchst wichtiges Moment, auf welches ich Ihre Aufmerksamkeit besonders hinlenken möchte. Dieses Nachbarvolk, welches ich nicht zu nennen brauche, hat sich genöthigt gesehen, die 1816 abgeschaffte Ehescheidung bei sich wieder einzuführen durch das vom ersten Herrn Referenten erwähnte Gesetz, die sogen. loi Naquet von 1884. Die Schriftsteller aber, welche gegen die Wiedereinführung der Ehescheidung mit unermüdlicher Beredsamkeit eiferten, haben zugestehen müssen — ohne irgend einen Versuch der Widerlegung — daß die sittlichen Zustände, welche unter dem Regime des Ausschlusses der Ehescheidung sich herausgestellt haben, im höchsten Grade beklagenswerthe waren. Ein Hauptschriftsteller darüber sagt: „Leider ist es unmöglich, dieser Behauptung zu widersprechen." — Also da wäre es doch vollständig verkehrt, mit Selbstbefriedigung, mit erhobenem Gefühle zu behaupten, nun eine große sittliche Aufgabe gelöst zu haben, bloß dadurch, daß man die Ehescheidung ausschließt oder aufs Aeußerste beschränkt. Nehmen wir an, die statistischen Berichte der deutschen Nation werden am Schlusse des Jahres durchgesehen, und man hat nun eine große Freude über den prachtvollen Zustand, daß in Folge Beschränkung der Ehescheidung auf 20 000 Ehen nur eine einzige Scheidung gekommen ist. M. H., dadurch würden wir nicht das Geringste erreicht haben. Das Staatsinteresse besteht nicht darin, durch äußeren Zwang die Mitbürger in unhaltbaren und sittlich unerträglichen Zuständen festzuhalten, sondern das Staatsinteresse besteht darin, einen innerlich gesunden Zustand herzustellen, und es ist gerade der Ruhm des Deutschen, daß er ein Ehescheidungsbedürfniß hat, wenn man das so ausdrücken will. Das ist nämlich nur der Beweis dafür, daß wir als Nation vorzugsweise die Häuslichkeit und Innerlichkeit der Ehe als Bedürfniß und normalen Zustand empfinden. Ich habe mich in meinem Gutachten an einer Stelle, welche vielleicht einer oder der andere der Herren gelesen hat, dahin ausgesprochen, daß bei solchen Nationen, die entweder die Ehe als weniger häuslich, weniger innerlich ernst auffassen, oder die auch in Folge vielleicht klimatischer Verhältnisse mehr auf der Straße, als im Hause leben, ganz naturgemäß das Bedürfniß der Ehescheidung nicht in dem Grade, wie in der deutschen Nation hervortritt. Es ist also ein Ruhm der Deutschen, daß sie bei unhaltbaren Ehen auch diese unhaltbaren Zustände beseitigen wollen, weil es für sie ein Aergerniß ist, wenn unhaltbare Ehen bestehen, während unseren Begriffen nach die Ehe heilig, sittlich und innerlich gesund sein soll und nur dann den für die bürgerliche Gesetzgebung allein maßgebenden Staatszweck erfüllen kann. Ich setze nämlich als bekannt voraus, daß der Standpunkt des bürgerlichen Rechts in dieser Frage für uns der einzig mögliche deshalb ist, weil wir ja eine aus Katholiken und Protestanten gemischte Nation darstellen, und sobald der religiöse Standpunkt vorgekehrt wird, unvereinbare Principien einander gegenüberstehen, hier das unlösbare Sacrament und dort mehr oder weniger dem politischen Bedürfnisse, territorial in verschiedener Art, entgegenkommende Praxis und Gesetzgebung hinsichtlich der Ehescheidung. Also der Standpunkt des bürgerlichen Rechts und der Zweckbestimmung ist der einzige, der für uns überhaupt de lege ferenda, um ein einheitliches Recht herzustellen, maßgebend sein kann.

Nach diesen Bemerkungen möchte ich nun gleich übergehen zu den in der Hand der Herren befindlichen gedruckten Anträgen und im Hinblick auf den Text des Gesetzes, der nicht so leicht verständlich ist, den Gegenantrag rechtfertigen, den ich mir erlauben werde, Ihnen zu unterbreiten. Es ist nämlich zunächst von dem ersten Herrn Referenten von Köstlin beantragt worden: der Juristentag wolle aussprechen, daß bei der im Entwurf des bürgerlichen Gesetzbuchs vorgeschlagenen Regelung der Ehescheidungsgründe nichts erinnert werde, daß aber an Stelle der in § 1444 Abs. 2 vorgesehenen Klage auf Trennung von Tisch und Bett die Ehescheidungsklage zu gewähren sei, und dem Richter die Befugniß zu ertheilen sei, wenn die Aussöhnung nicht unwahrscheinlich ist, Trennung von Tisch und Bett bis zu einem Jahr auszusprechen.

Ich habe dagegen das Bedenken, daß der von dem zweiten Herrn Referenten bereits mit vollem Rechte als unhaltbar bezeichnete Grundsatz des Entwurfs, daß nämlich die Ehescheidung nur ex delicto, aber nicht wegen Zweckvereitelung oder wegen Unmöglichkeit der Erfüllung zugelassen werden soll, hier vollständig übergangen wird. Wenn es bei Annahme des Köstlin'schen Antrags den Anschein gewinnt, als wenn wir dieses völlig unhaltbare Princip billigen, so werden Sie sich erinnern, daß es deshalb unhaltbar ist, weil der bürgerliche Gesetzgeber nicht den Zweck verfolgt, den Beklagten zu bestrafen, sondern das Ehescheidungsrecht dem Kläger zu gewähren. Der Antrag ist also schon deshalb nicht acceptabel, weil er das eigentliche Princip — und das wollen wir hier doch formuliren, auf die Details können wir uns nicht einlassen — mit Stillschweigen übergeht. — Außerdem kann ich nicht umhin, einen Widerspruch zu finden in der Formulirung des Antrags, daß erstens gegen den Entwurf nichts erinnert wird, und zweitens eine weitgehende Abänderung des Entwurfs verlangt wird, die auf $^9/_{10}$ der praktischen Fälle sich erstrecken würde, daß nämlich statt Trennungsklage Ehescheidungsklage zugelassen werden soll bei den relativen Scheidungsgründen.

Hier trifft nun bei dem Texte des Entwurfs — um das gleich zu erwähnen — das zu, worüber so oft geklagt worden ist bei den verschiedensten Partien des Entwurfs, nämlich eine Ausdrucksweise, die es dem Juristen zwar bei einiger Mühe möglich macht, den eigentlichen Sinn zu durchdringen, die aber dem Laien sofort die Frage nahe legt, warum sagt denn der Gesetzgeber nur nicht, was er will? Es heißt in § 1444, bei den sogenannten relativen Ehescheidungsgründen soll der Kläger berechtigt sein, Trennung von Tisch und Bett zu verlangen. Gemeint ist, er ist nicht berechtigt, Scheidung zu verlangen, und er wird gänzlich abgewiesen, wenn er von dem Rechte, nur Trennung zu verlangen, nicht Gebrauch gemacht hat. In unser geliebtes Deutsch übertragen, müßte das heißen: Wenn der Richter feststellt, daß ex delicto geklagt ist und daß ferner die Ehedelicte so schwerwiegend sind, daß dem Kläger die Fortsetzung der Ehe nicht zugemuthet werden kann, so soll er gleichwohl abgewiesen werden, wenn er Scheidung verlangt hat. Wenn ihm die Fortsetzung der Ehe nicht zugemuthet werden kann, muß er gleichwohl, in der Regel, um nicht gänzlich abgewiesen zu werden, den eventuellen Antrag stellen auf Trennung von Tisch und Bett. — Es handelt sich also in Wahrheit um die Nichtberechtigung, Scheidung zu verlangen. Es soll nämlich nur dann auf Scheidung erkannt werden, wenn der Richter außerdem, daß dem Kläger die Fortsetzung der Ehe nicht zugemuthet werden kann, noch die Ueberzeugung gewinnt, daß keine Hoffnung auf Aussöhnung vorhanden ist. Und das ist nun, m. H., ein völlig unacceptabler Standpunkt. Denn es liegt nahe, daß jeder Richter, der auch nur annähernd den Standpunkt des Herrn Vorredners theilt, es für seine Gewissenspflicht hält, stets zu sagen: Ja, bei Gott ist kein Ding unmöglich; die Ueberzeugung, daß die Unmöglichkeit der Aussöhnung vorliegt, kann ich also nicht gewinnen, folglich muß ich jede Ehescheidungsklage aus § 1444 abweisen. Meines Erachtens ist es das Richtige, daß bei Ehedelicten — das ist der Fall der relativen Ehescheidungsgründe § 1444 — die Ehe geschieden wird, wenn das Gericht feststellt, daß der Thatbestand erwiesen ist, und die Fortsetzung der Ehe dem Kläger nicht zugemuthet werden kann. Es ist ein Widerspruch, wenn gesagt wird: ich kann dir die Fortsetzung der Ehe nicht zumuthen, aber abgewiesen wirst du dennoch. Aus diesen Gründen bin ich vollständig dahin einverstanden mit dem Herrn Referenten, es soll in dem Falle des § 1444 Absatz 2 sofort die Scheidungsklage zugelassen werden. Aber das Weitere, d. h. Zusätze betr. Aussetzung des Verfahrens resp. Trennung von Tisch und Bett, muß fortfallen. Das ist ein Detail, ist Sache der Proceßordnung, und ich glaube, daß wir uns nicht damit zu beschäftigen brauchen. Wenn der Herr Antragsteller vielleicht einverstanden ist, daß die Worte: „und dem Richter die Befugniß zu ertheilen sei“ u. s. w. gestrichen werden, so wäre diese Differenz beseitigt. — Es wäre aber durch Annahme von Nr. 2 immerhin etwas ganz anderes ausgesprochen als in Nr. 1. Es würde bei dem Entwurfe nicht verbleiben, sondern er würde in einem sehr wesentlichen Theile geändert werden. Dies ist der Grund, aus dem ich nicht in der Lage sein würde, für den Köstlin'schen Antrag im Ganzen zu stimmen.

Was den Antrag Förtsch betrifft, daß außer den im Entwurfe zu einem bürgerlichen Gesetzbuche anerkannten Scheidungsgründen auch unheilbare Geisteskrankheit als Ehescheidungsgrund zuzulassen sei, so ist dagegen an sich nichts zu erinnern. Aber es liegt die Gefahr vor, daß dieser Satz negativ verstanden wird, nämlich dahin: außerdem soll nichts zugelassen werden; und das ist aus zwei Gründen für mich nicht annehmbar. Einmal, weil wir uns nicht darauf einlassen können, einzelne Fälle herauszugreifen, und zweitens, weil ich nicht umhin kann, noch weiter zu gehen, also z. B. verdächtigen Umgang gegen richterlichen Befehl hereinzuziehen. Denn es wäre ungerecht, es darauf ankommen zu lassen, ob jemand durch Zufall begünstigt oder durch bezahlte Spionage in die Lage versetzt wird, den Ehebruch nachzuweisen. Es liegt kein Grund vor, den Beklagten zu begünstigen gegenüber dem anständigen und viel mehr unserer Sympathie werthen Kläger', der die Spionage verschmähend, aber mit der Ueberzeugung von der ehelichen Untreue des Verklagten den Befehl auf Untersagung des verdächtigen Umganges extrahirt und nach meiner Meinung nun die Klage muß darauf stützen können, daß gleichwohl gegen diesen Befehl der verdächtige, die Ueberzeugung von der Untreue begründende Umgang fortgesetzt worden ist. Ich halte es für im höchsten Grade ungerecht, diesen Fall nicht aufzunehmen, und eben deshalb will ich überhaupt von dem Eingehen in Details absehen in Uebereinstimmung mit den Principien, denen ja der Juristentag sonst gefolgt ist.

Was endlich den gedruckten Antrag des Herrn Professor Mayer betrifft, so wird auch hier über das Princip gar nichts gesagt. Ich bin aber übrigens durchaus nicht dagegen und habe im Gegentheil in meinem Gutachten auch befürwortet, daß die relativen Scheidungsgründe specialisirt werden. Das betrifft die Nr. 2 seines Antrags. Die Nr. 1 würde insofern zu beanstanden sein, als da doch wieder eine clausula generalis in gewissem Umfange zugestanden wird in Widerspruch zu Nr. 2, und außerdem die letzten Worte: „eine künftige Wiederaussöhnung ausgeschlossen erscheint", wieder auf die richterliche Willkür zurückführen, daß der Richter, wenn er will, immer zur Abweisung gelangt, weil er stets sagen kann, die Möglichkeit der Wiederaussöhnung ist vorhanden, resp. sie ist nicht ausgeschlossen.

Ich erlaube mir nun, meine eigenen Anträge zu unterbreiten, die einerseits sich beschränken auf principielle Aussprüche und andererseits auf solche, die einen positiven Inhalt haben.

Der Juristentag wolle beschließen:

1. Die Zulässigkeit der Ehescheidung ist nicht auf den Gesichtspunkt des Ehedelicts zu beschränken. Vielmehr ist die Ehescheidung auch zuzulassen aus den Gesichtspunkten der Zweckvereitelung und der in der Person des anderen Ehegatten eingetretenen Unmöglichkeit der Erfüllung.

2. Die Ehescheidungsklage wegen böslichen Verlassens ist nicht abhängig zu machen von vorheriger rechtskräftiger Verurtheilung zur Herstellung der häuslichen Gemeinschaft.

Dadurch wird der § 1443 abgeändert, der auch wieder die Processe vervielfältigen und die Entscheidung Jahre lang hinziehen will.

3. Soweit das Ehedelict nur als relativer Scheidungsgrund anerkannt wird — § 1444 — ist der Anspruch in der Regel, vorbehältlich der Aussetzung des Verfahrens, als begründet zu erkennen, wenn nach richterlicher Ueberzeugung dem Kläger die Fortsetzung der Ehe nicht zugemuthet werden kann.

Ich möchte nun nur noch zum Schluß zwei Worte sagen; nämlich, m. H., der Gesetzgeber macht ja diese Vorschläge und arbeitet sein bürgerliches Gesetzbuch aus nicht für uns, die wir in glücklichen Ehen leben. Wir dürfen hier nicht nur an uns denken, wir haben vielmehr an die Unglücklichen zu denken, die in eine verfehlte Existenz, in ein unerträgliches Joch hineingerathen sind. Es wäre, glaube ich, ein schreiender Widerspruch, wenn wir hier allem ins Gesicht schlagen wollten, was wir sonst erstreben. Wir bestreben uns z. B., jeden Verdacht einer einseitig capitalistischen Gesetzgebung ängstlich zu vermeiden. Wir sorgen mit Aufwand des größten Scharfsinns und der besten Kräfte für Millionen von Arbeitern, die der Invalidität verfallen, wir geben Krankenversicherungsgesetze, Invalidenversicherungs-, Altersversicherungsgesetze, mit liebender Sorgfalt wollen wir alle diese Millionen Leute, die sich in weniger günstiger Lage als wir befinden, umfassen, und in demselben Athem sollten wir bei dem allerwichtigsten Rechtsverhältniß, dessen Verfehltsein das allergrößte Unglück ist, das den Menschen überhaupt treffen kann, die Hülfe versagen mit erhabenen, aber dem Unglücklichen nichts helfenden Redensarten. Da mit einem Male soll der Gesetzgeber sagen: Hier hört meine Fürsorge auf, hier hast du den Beistand des Allmächtigen anzurufen, auf irdisches Glück hast du hier keinen Anspruch. Ich finde darin einen vollständigen Bruch mit dem Charakter unserer ganzen sonstigen Gesetzgebung, eine Vernachlässigung der sittlichen Pflichten des Staates und ein Verfehlen des Staatszwecks.

(Bravo!)

Stellvertretender Vorsitzender: Es sind noch einige Anträge eingegangen: ein Antrag, gestellt von Rector Prof. Dr. Merkel und Professor Dr. Gierke, zu sagen:

3. Die Ehescheidungsgründe sind nicht auf den Fall einer Verschuldung zu beschränken. Jedenfalls ist unheilbarer Wahnsinn als Ehescheidungsgrund anzuerkennen.

Ferner ein Antrag von Herrn Rechtsanwalt Dr. Zirndorfer, dahin gehend:

Der Juristentag wolle aussprechen:

1. daß den absoluten Ehescheidungsgründen noch derjenige der unheilbaren Geisteskrankheit sowie der schweren Körperverletzung hinzugefügt werde;
2. daß dem § 1443 Abs. 2 etwa folgende Fassung gegeben werde:
   Bösliches Verlassen ist nur dann anzunehmen, wenn ein Ehegatte die häusliche Gemeinschaft rechtswidrig und gegen den Willen des anderen aufgehoben hat. Die Klage kann nur erhoben werden, wenn der bösliche Verlasser einem ihm zugestellten richterlichen Befehl auf Herstellung der häuslichen Gemeinschaft keine Folge geleistet hat. Die öffentliche Zustellung hat in solchem Falle nach den Vorschriften zu erfolgen, welche für Zustellungen von Ladungen gegeben sind (s. Proceßordnung § 187 Abs. 2). Stellt der bösliche Verlasser die häusliche Gemeinschaft während der Dauer des Processes wieder her, so kann der klagende Ehegatte auf seinem Scheidungsantrag nicht mehr bestehen;
3. daß dem § 1444 etwa folgende Fassung gegeben werde:
   Hat ein Ehegatte in anderer Weise, insbesondere durch harte Mißhandlungen, Trunkenheit, entehrende Strafen den Ruin des Familienlebens herbeigeführt, so ist der andere Ehegatte berechtigt, die Ehescheidung zu verlangen.

Rechtsanwalt Dr. **Zirndorfer** Frankfurt a. M.: M. H.! Ich muß zunächst zweimal um Entschuldigung bitten: 1, daß ich trotz meiner Jugend und namentlich meiner kurzen Zugehörigkeit zum Juristentage hier zu sprechen wage. Ich glaube es damit entschuldigen zu dürfen, daß namentlich wir jüngeren Anwälte in meiner Vaterstadt sehr viel Scheidungsprocesse im Armenrecht zu führen haben und dadurch eine gewisse Erfahrung besitzen; 2, muß ich namentlich dem Herrn Prof. Mayer gegenüber mich entschuldigen, daß ich als Junggeselle hier spreche, als welcher ich ja eigentlich nicht so ganz competent sein soll. In dieser Beziehung möchte ich anknüpfen an die Worte des Herrn Dr. Jacobi, welcher betonte, daß Sie nicht von ihren eigenen Erfahrungen als Ehemänner ausgehen dürfen, sondern daß wir sprechen müssen von den Erfahrungen aus, die gemacht werden auf Grund der Scheidungsprocesse, die geführt worden sind. Da muß ich nun sagen, daß mir immer eins hauptsächlich entgegengetreten ist gerade bei diesen Ehescheidungen aus unteren Kreisen, nämlich daß die Leute, die um Scheidung einkommen, mit geringen Ausnahmen, wenn sie nicht geschieden werden, in eins der unglückseligsten Verhältnisse gerathen, durch welches auch das Volksleben eine schwere sittliche Schädigung erleidet. Gerade in dem Gutachten des Herrn Dr. Jacobi ist an einzelnen Stellen darauf hingewiesen worden: Ehen, die aus irgend welchen Gründen nicht geschieden werden, die aber doch thatsächlich zerrüttet sind, führen zunächst — und das ist nicht zu unterschätzen — zum finanziellen Ruin einer ganzen Menge von Familien. Die Ehe ist ja doch in den Kreisen, von denen ich spreche, nicht bloß eine sittliche Lebensgemeinschaft, sondern sie ist — der Ausdruck mag vielleicht falsch sein — ein geschäftliches Verhältniß; denn beide Ehegatten tragen zur Ernährung der Familie in gewerbsmäßiger Weise gleichmäßig bei. Wenn diese — die finanzielle Gemeinschaft — aus irgend einem Grunde aufhört, sei es, daß ein Ehegatte arbeitsunfähig, sei es, daß er arbeitsscheu wird, immer tritt dann der finanzielle Ruin ein, dessen nächste Folge aber der sittliche Verfall der Ehe ist. Ich brauche nicht weiter auszuführen, — es ist im Gutachten des Herrn Dr. Jacobi vielfach ausgeführt worden — daß die Folgen des Zurückweisens der Scheidungsklage in solchen Fällen recht schlimme, viel schlimmere sind, als wenn wirklich einmal eine Ehe geschieden wird, die man vielleicht hätte aufrecht erhalten können. Herr Professor Mayer hat allerdings gesagt, wenn das Wort „Ehescheidung" gefallen ist, so ist das schwer wieder zu überwinden. Das Wort „Ehescheidung" fällt aber sehr häufig, ohne daß es die Richter erfahren. Es kommt sehr häufig vor, daß die Anwälte mit Scheidungsprocessen befaßt werden, die, ehe sie überhaupt zur Kenntniß der Gerichte kommen, wieder ausgeglichen werden. Ich frage aber Herrn Professor Mayer: welche Folge hat es, wenn Ehescheidungsklagen abgewiesen werden, wie dies die Folge einer Erschwerung der Scheidung zweifellos sein wird? Glaubt er, daß diese Ehe, die durch den Zwang der Gesetzgebung bestehen bleibt, erziehlich wirkt und das staatliche Wohl fördert? Im Gegentheil, das kann ich eben nicht genug betonen, dieses Verhältniß schädigt gerade die staatlichen Interessen.

Ich glaube, in Beziehung auf die unheilbare Geisteskrankheit mich darauf beschränken zu können, meinen Antrag nochmals zu empfehlen. Ich habe noch schwere Körperverletzung beigefügt. Ich glaube, sie ist schließlich als absoluter Ehescheidungsgrund zu denken, schwere Körperverletzung in dem Sinne, wie es das Strafgesetzbuch in § 224 selbst formulirt hat. Wenn ein Ehegatte den anderen so verletzt hat, daß er in wichtigen Functionen des Körpers gestört ist, liegt eine völlige Zerrüttung der Ehe immer vor.

Ich habe nun eine andere Fassung des § 1443 vorgeschlagen. Ich habe dies aus zwei Gründen gethan, einmal, um gerade dem gerecht zu werden, was der Entwurf will. M. H., wie jetzt der Entwurf lautet, muß in dem Falle, daß der bösliche Verlasser dem Herstellungsurtheil in einem späteren Zeitpunkte als ein Jahr nach rechtskräftiger Verurtheilung Folge leisten wollte, die Ehe auf Verlangen des anderen Theils geschieden werden. Alle diejenigen, die so sehr für Aufrechterhaltung der Ehe sich aussprechen, dürften mir darin zustimmen, daß in einem solchen Falle der Scheidungsantrag abgewiesen werden muß, denn sonst kämen wir dazu, eine Ehe, die aufrecht erhalten werden könnte, aus einem lediglich formalen Grunde scheiden zu müssen. Ich glaube aber, m. H., ferner, daß die Form hier unzweckmäßig ist. Ich habe die Frist von einem Monat vorgeschlagen, auch, um zwei Processe zu vermeiden, an einen richterlichen Rückkehrbefehl gedacht, wie wir ihn bei uns zu Hause schon lange haben. Ich weiß nicht, warum die Frist so lange erstreckt werden soll. Will der Ehegatte zurückkehren, so kehrt er bald zurück. Ist er einen Monat lang dem Herstellungsbefehl zuwider zurückgeblieben, so kommt er überhaupt nicht wieder. Die Frist eines Jahres schiebt die Möglichkeit einer Wiederverheirathung zu lange hinaus. Rechnen Sie, m. H., nur einmal den kurzen Zeitraum von sechs Monaten bis zur Erlangung des Herstellungsurtheils — es dauert in der Regel länger —; rechnen Sie auf die Rechtskraft des öffentlich zugestellten Urtheils eine Frist von vier Monaten, so haben Sie ein Jahr. Rechnen Sie nachher noch dieses Jahr hier hinzu und das Verbot der Wiederverheirathung der Frau für die nächsten zehn Monate, so haben Sie fast drei Jahre. Gerade aber durch die Unmöglichkeit der Wiederverheirathung treten alle die sittlichen Schädigungen ein, die ich vorhin erwähnt habe. Ich glaube, wir sollten einen richterlichen Rückkehrbefehl, meinetwegen mit einer ganz festen, hohen Geldstrafe verbunden, einführen. Wir müssen allerdings dafür sorgen, daß die Zustellung in einer Form geschieht, die eine gewisse Garantie bietet. Deshalb habe ich beigefügt, daß sie wie bei Ladungen geschehen soll.

Ich habe schließlich dann den § 1444 anders formulirt. Gerade dieser Paragraph hat heute zu sehr vielfachen Erörterungen Veranlassung gegeben. Ich möchte nur auf einen Punkt aufmerksam machen. M. H., der Entwurf giebt hier einmal eine ganz enge Grenze und umschreibt sie so, daß man sie nicht finden kann. Wenn das Eheverhältniß so zerrüttet ist, daß dem Anderen die Fortsetzung desselben nicht zugemuthet werden kann, so liegt doch eine unheilbare Zerrüttung vor. Und dennoch soll die Herstellung des ehelichen Verhältnisses noch möglich sein?

Wir charakterisiren die relativen Ehescheidungsgründe doch wohl besser, wenn wir auf das Familienleben Bezug nehmen. Wenn man den „Ruin des Familienlebens", den wir in Frankfurt auch als Scheidungsgrund haben, festhält, dann kommt der Richter zu einer festeren, sichereren Basis.

Professor Dr. **Zorn** (Königsberg): M. H.! Lassen Sie es sich gefallen, noch eine kurze Weile einen Theoretiker zu hören. Ich werde mich bemühen, der Mahnung unseres verehrten Herrn Präsidenten, so kurz als möglich zu sein, zu entsprechen.

Es sind von einem der Herren Referenten Bemerkungen gemacht worden über den geringen Werth der Theorie in dieser Frage. Glauben Sie mir, m. H., ich sowohl wie die anderen Collegen, die sich in erster Linie mit der Theorie zu beschäftigen haben, wir legen uns gar oft die Frage vor: werden wir nicht grau in unserer Theorie? vergessen wir nicht zu sehr der grünen Praxis? Aber die Erörterungen, die, wenn ich so sagen darf, realistische Art der Darlegung der Ehescheidungsgründe, welche der zweite Herr Referent gegeben hat, hat da, wo sie, wie ich glaube, culminirte, mir doch recht sehr das Bedenken hervorgerufen: ist es zulässig, gerade in dieser Frage nur aus den Fällen in der Praxis zu argumentiren? Der Brief, den uns Herr Ministerialrath Förtsch vorlas, und der von höchstem Interesse war, — ließe er sich nicht ebenso gut für irgend einen anderen Fall, der zur Ehescheidung führen könnte, anführen, z. B. Zanksucht, körperliche Krankheit? Der Brief könnte hier ganz in der gleichen Weise geschrieben worden sein. Das ruft doch das Bedenken wach, ob wir mit der bloßen Argumentation aus praktischen Fällen durchkommen können. Ich für meinen Theil bekenne Ihnen offen — und es handelt sich in dieser Frage viel mehr um Bekennen, als um Nachweisen —, daß ich in dieser Frage nur aus einem Princip argumentiren kann. Dieses Princip ist so ziemlich vollständig, und ich möchte sagen, mit jedem Worte das entgegengesetzte des zweiten Gutachtens, des Gutachtens des Herrn Dr. Jacobi. Ein Gutachten, in dem der Satz steht: die Frau ist in den höheren Ständen doch eigentlich nur das Decorationsstück — vielleicht trifft dies nicht ganz den Wortlaut, wohl aber den Gedanken —, ein Gutachten, in dem der Satz steht: der Zweck der Ehe ist im Wesentlichen sobolis procreatio und mutuum adjutorium, ein solches Gutachten spricht in der That eine Sprache, mit der ich mich zu verständigen nicht im Stande bin.

Diese Verwahrung vorausgeschickt, möchte ich noch einen Punkt betonen, denn ich glaube, er darf nicht unbetont bleiben, nämlich den Punkt, den Herr Jacobi am Schlusse seines Gutachtens streifte, den

Zusammenhang der Eheschließung und der Ehescheidung. Wenn ich mich recht erinnere, ist dieser Zusammenhang in dem Gutachten in der Weise gefaßt: nachdem wir die obligatorische Civilehe haben, müssen wir auch ein möglichst leichtes Ehescheidungsrecht haben; die obligatorische Civilehe ist die Begründung des Vertrags, der Vertrag kann aufgelöst werden im Wesentlichen aus allen denjenigen Gründen, in Folge deren der Zweck der Ehe nicht mehr erfüllbar erscheint. Denkt man denn bei dieser Argumentation nicht an die Consequenz, welche sich ergiebt, wenn man beispielsweise mit Recht betonen muß, daß die Erzeugung von Nachkommenschaft allerdings auch mit zu den Zwecken der Ehe gehört? an die Consequenz, daß dann alle kinderlosen Ehen aus diesem Grunde geschieden werden könnten? — Ich für meinen Theil stehe principiell und absolut auf dem Standpunkt der obligatorischen Civilehe. Ich würde es für ein Unglück betrachten, wenn die obligatorische Civilehe uns wieder genommen würde. Die obligatorische Civilehe war für unsere deutsche Entwickelung eine Nothwendigkeit, und ich würde es im allerhöchsten Grade beklagen, wenn dieselbe wieder aufgehoben würde. Ein Zusammenhang aber zwischen der obligatorischen Civilehe und dem Ehescheidungsrecht, insbesondere in der Art, wie er im Gutachten des Herrn Dr. Jacobi angenommen ist, besteht meiner festen Ueberzeugung nach nicht. Doch führe ich das nicht weiter aus, denn wir haben dazu keine Zeit. Wenn wir überhaupt in Details eintreten wollten, wie der Herr Vorredner Dr. Zirndorfer, so wüßte ich nicht, wohin wir auf dem Juristentage in Bezug auf Erledigung dieser Frage kommen sollten. Wir müssen uns durchaus damit begnügen, die Principienfrage zur erörtern.

Die beiden Pole, von denen aus die Frage der Ehescheidung nach meiner Ansicht unter heutigen Verhältnissen beurtheilt werden muß, sind das preußische Landrecht und unser Entwurf. Das preußische Landrecht steht im Wesentlichen auf dem Standpunkt: die Ehe ist ein Vertrag — ich will die schönen Paragraphen, die den Herren, jedenfalls der großen Mehrzahl nach, bekannt sein werden, nicht citiren — die Ehe ist ein Vertrag, und weil sie ein Vertrag ist, wird sie in Bezug auf die Scheidung so lax behandelt, wie das dort der Fall ist. Der Entwurf steht auf dem entgegengesetzten Standpunkt, er sagt: Die Ehescheidung ist etwas, was nur aus dem Gesichtspunkte des Delicts gerechtfertigt werden kann. Lassen Sie mich diese beiden concreten Punkte ganz kurz beleuchten und dann einen Antrag daran knüpfen. Ich weiß nicht, ob ich viel Anklang mit diesem Antrage finden werde, aber ich halte es für meine Verpflichtung, ihn wenigstens zu stellen.

Wenn wir das Landrecht ins Auge fassen, das heute so viel gerühmt wurde, so ist bezüglich des Landrechts überhaupt meine Ueberzeugung die, daß das Landrecht eines der großartigsten Gesetzgebungswerke ist, die jemals entstanden sind, und nichts könnte mir ferner liegen, als das Landrecht als solches zu verkleinern. Für das Eherecht des Landrechtes aber trifft dies Urtheil nicht zu, und hier möchte ich darauf hinweisen, daß das Landrecht in dieser Materie schon eine Stufe absteigender Entwickelung darstellt. Die Gesetzgebung, die dem Landrechte vorausging, ging in der vertragsmäßigen Auffassung der Ehe noch viel weiter, aber wie wir aus dem dem Gutachten des Herrn Dr. Jacobi angehängten Edict Friedrichs des Großen ersehen, wurde dem Gesetzgeber selbst angst vor den praktischen Consequenzen jener Auffassung, und so sind die den früheren Standpunkt bereits wesentlich abschwächenden Grundgedanken jenes Edicts in das Landrecht übergegangen. Das Landrecht ist also bereits eine Beschränkung der rein vertragsmäßigen Auffassung der Ehe. Das darf nicht außer Augen gelassen werden, wenn wir die weitere Entwickelung der Dinge im 19. Jahrhundert richtig auffassen wollen. Diese weitere Entwickelung der Dinge ist die, daß, wenn wir zunächst von dem katholischen Theile unserer Bevölkerung absehen, in dem größeren Theile der evangelischen Bevölkerung sich die Gesichtspunkte des Landrechts zwar in der Praxis einbürgerten und festgehalten wurden, sich aber doch vom ersten Anfang an eine sehr starke Strömung gegen das Eherecht des Landrechtes geltend machte. Es ist, m. H., immer ein gefährliches Ding, zu operiren mit „Volk" und „Volksüberzeugung". Wir haben vorhin gesehen, was mit dem schönen Worte „Staatsinteresse" gemacht werden kann. Zwei Redner haben ganz in der gleichen Weise und ganz mit derselben festen Ueberzeugung das Staatsinteresse in den Mittelpunkt ihrer Erörterungen gestellt, der eine ist aber zu dem gerade entgegengesetzten Resultate gekommen, wie der andere. Ganz ähnlich mag es auch ergehen, wenn man sagt: ich vertrete die Meinung des Volks, es ist das die Volksüberzeugung. Ich thue das nicht gern, denn ich halte das bei dem Einzelnen immer für eine sehr große Anmaßung. Aber darauf darf man doch hinweisen: das Eherecht des Landrechtes war, wie ich wiederhole, ein Stück absteigender Entwickelung. Im 19. Jahrhundert kamen dann die verschiedenen Entwürfe, die zur Abänderung des landrechtlichen Eherechts ausgearbeitet wurden, es kamen die — ich will nicht weiter daran erinnern — tausende von Trauungsverweigerungen, zu denen das Ehescheidungsrecht des Landrechtes Anlaß gegeben hat, überhaupt die — das glaube ich mit Recht sagen zu dürfen — stets steigende Bewegung auf eine ernstere, strengere, des sittlichen Grundgedankens würdigere Auffassung der Ehe. Wenn die Entwürfe unter Friedrich Wilhelm IV. auch nicht zum Abschlusse gelangten, so liegt die Sache doch nicht so, wie es Herr Dr. Jacobi darstellt, daß man in dieser Frage Friedrich den Großen in ein großes Glanzlicht stellen darf und Friedrich Wilhelm IV. dagegen in möglichst düstere Beleuchtung. Bedenken wir, daß die katholische Bevölkerung auf einem wesentlich strengeren, auf dem Standpunkt der vollkommenen Unlösbarkeit der Ehe steht, bedenken wir ferner, daß in der evangelischen Bevölkerung die Auffassungen hinsichtlich der Scheidung der Ehe entschieden strengere geworden sind, so werden wir nicht leugnen können, daß der Standpunkt des Entwurfs nicht ein Standpunkt ist, der die Entwickelung durchschneidet, wie Herr Dr. Jacobi glauben machen will, sondern der sich als normales Schlußglied der Entwickelung darstellt. Und es handelt sich dabei, wie ich ausdrücklich betonen möchte, durchaus nicht um confessionelle Anschauungen, sondern um ein Etwas, was in uns Allen, welcher Confession wir auch angehören, auf das Tiefste begründet liegt: Wer eine Ehe eingeht, geht sie ein mit dem Gedanken: „bis daß der Tod euch scheidet". Das ist die Anschauung, die, wie ich überzeugt bin, ein Jeder innerlich hat, wenn er die Ehe eingeht; und wenn wir sehen, wie unsere Entwickelung im 19. Jahrhundert eine sehr viel strengere geworden ist, als sie früher war, so werden wir es nicht mehr unerhört finden können, daß der Entwurf und die Motive sich principiell auf den Standpnnkt des Delictes in der Ehescheidungsfrage stellen.

Wenn man dem gegenüber vom Zweck der Ehe redet, welcher für die Ehescheidung bestimmend sein soll, so ist das auch etwas, was man in der allerverschiedensten Weise auffassen kann. Das Landrecht sagt bekanntlich, „Zweck der Ehe ist in erster Linie Erzeugung und Erziehung der Kinder". „Ehen können auch zu gegenseitiger Unterstützung geschlossen werden." Ein anderer behauptet einen anderen Zweck. In dem Gutachten des Herrn Dr. Jacobi ist wesentlich der Gesichtspunkt betont: Die Fragen des Eherechtes müssen beurtheilt werden nach den Verhältnissen der niederen Stände. Dort arbeitet die Frau mit, und weil sie mitarbeitet, so ist die Ehe ihres Zweckes beraubt, wenn die Frau nicht mehr mitarbeiten kann. Ich will nicht ausmalen, zu welchen Consequenzen wir kommen könnten, wenn wir damit operiren wollen. Ich muß aber meinestheils behaupten, wenn wir einen concreten Zweck der Ehe bezeichnen wollen, so wird das immer in verschiedener Weise geschehen: Der eine wird diesen Zweck so, der andere anders fassen; da kommen die verschiedenen Stände, die verschiedenen Gegenden, die verschiedenen Zeiten in Betracht und auch sonst noch die verschiedenen Dinge. Daraus ergiebt sich, daß man überhaupt die Ehe nicht in dieser Weise bestimmen und daraus Consequenzen ziehen kann. Das führt auf eine abschüssige Bahn, so daß der Gesetzgeber keinen Anhalt mehr hat. Ich für meinen Theil bleibe dabei, die Ehe so zu definiren, wie sie die Römer definirt haben; über diese Definition sind wir auch in dem christlichen Zeitalter nicht hinausgekommen: consortium omnis vitae, divini et humani juris communicatio. Darin liegt alles. Concrete Zwecke der Ehe kann man nicht feststellen, wenigstens nicht so, daß sie der Gesetzgeber brauchen kann. Halte ich das fest, und frage ich mich, aus welchen Gründen denn eine zu dem oben bezeichneten Zwecke des consortium omnis vitae geschlossene Ehe solle geschieden werden können, dann kann ich nicht anders, als den Motiven rechtgeben und mich auf den Standpunkt des Entwurfs in dieser Frage stellen und sagen: Diese divini et humani juris communicatio wird zerrissen nur durch Schuld. Ich weiß nicht, wie viele Anhänger ich hier habe. Ich meinerseits aber stehe auf dem Delictsstandpunkt. Der Standpunkt des Entwurfs ist richtig. Ich beantrage demgemäß: Der Juristentag wolle sich dahin aussprechen, daß der Delictsstandpunkt des Entwurfs in der Frage der Ehescheidung richtig sei.

Wenn ich nunmehr noch in aller Kürze auf das Einzelne eintrete, so sind es wesentlich drei Ehescheidungsgründe, die nach meinem principiellen Standpunkt unzweifelhaft als solche anzuerkennen sind. Der erste ist Ehebruch; diesem gleich stehen die strafgesetzlich geahndeten Fleischessünden; dies ist auch der Standpunkt des Entwurfs, und hier besteht kein Streit. Ich, meinerseits ließe selbst schweren Verdacht des Ehebruchs als Ehescheidungsgrund gelten. Ferner die desertio malitiosa. Diese behandelt der Entwurf in § 1443, dessen Fassung allerdings so unglücklich als nur irgend möglich ist. Ich verzichte darauf, den Juristentag damit zu belästigen, die Gedanken vorzutragen, die etwa für die Redaction des § 1443 maßgebend sein könnten. Es ist nicht Aufgabe des Juristentages, mit solchen Specialfragen die Zeit zu verbringen. Der dritte Punkt ist die Lebensnachstellung; auch hierüber ist kein Zweifel. Dazu füge ich noch einen vierten Ehescheidungsgrund, welchen ich aus § 1444 speciell ausscheiden würde. Der jetzige § 1444 mit seinen vagen und relativen Ehescheidungsgründen ist für mich völlig unannehmbar. Ich halte die Bemerkungen, welche Gierke in seiner Kritik des Entwurfes in Schmoller's Jahrbüchern gegen die juristische Ungeheuerlichkeit dieses Paragraphen gerichtet hat, für vollkommen zutreffend und gebe den ganzen § 1444 preis, indem ich daraus lediglich die den Lebensnachstellungen analogen **Mißhandlungen** als absoluten Ehescheidungsgrund herausschäle. So habe ich vier klare präcise Gründe, die die Ehescheidung rechtfertigen, und in allen Fällen ist die Ehescheidung die Folge von Schuld.

Noch in aller Kürze zwei weitere Bemerkungen. Das **richterliche Ermessen**, das in unserem Entwurfe — es wurde heute sehr eingehend darüber verhandelt — eine sehr große Rolle spielt, würde ich in Ehescheidungsprocessen so weit wie möglich ausschließen. Soweit meine Erinnerung aus der eigenen Praxis reicht, war es für die Richter an dem Gerichte, wo ich zu prakticiren hatte, immer im allerhöchsten Grade peinlich, wenn ihr Ermessen schließlich das Entscheidende war für die Frage: soll diese Ehe bestehen bleiben oder nicht? Ich bin vollkommen davon durchdrungen, da ich die Ehe im Wesentlichen so auffasse, wie es mein verehrter College **Mayer** in seiner vorhin gehaltenen Rede darlegte, daß es für den Richter nur angenehm sein muß, wenn ihm der Gesetzgeber hier das Ermessen erspart. Deswegen ist es mein dringender Wunsch, daß unser deutsches Gesetzbuch so gefaßt werden möge, daß dem richterlichen Ermessen so wenig wie möglich Spielraum bleibt. Ein gewisser Spielraum wird ja immer bleiben müssen. Es wird immer der Thatbestand unter den Begriff zu subsumiren sein; hier wird das richterliche Ermessen immer einen gewissen Spielraum haben müssen. Aber auf das richterliche Ermessen allein die Entscheidung der Frage zu stellen: ist die Ehe „unglücklich", ist sie „zerrüttet", so daß sie daraufhin zu scheiden ist? dazu würde ich mich als Gesetzgeber niemals entschließen können, und ich würde es mit Freude begrüßen, wenn der Deutsche Juristentag sich dahin aussprechen wollte, daß den Richtern diese Freiheit des Ermessens möglichst erspart bliebe. Ich glaube, wenn ich so spreche, so spreche ich im Interesse der Richter und aus dem Sinne der Richter. Ich würde demgemäß gern als zweiten Antrag vorschlagen, daß der Deutsche Juristentag, nachdem er sich dafür erklärt hat, daß der Delictsstandpunkt des Entwurfs der richtige ist, sich dahin aussprechen möge,

> daß das richterliche Ermessen in Ehesachen auf das denkbar geringste Maß zu reduciren sei.

Damit würde der ganze § 1444 hinfallen. Die Relativität der Ehescheidungsgründe würde ich überhaupt ausschließen, die saevitiae aus § 1444 herausnehmen als vierten absoluten Ehescheidungsgrund, das richterliche Ermessen aber ausschließen, soweit es nicht ganz unumgänglich nothwendig ist.

Und nun komme ich noch zu einem letzten Punkte, nämlich der Frage, ob **unheilbare Geisteskrankheit** als Ehescheidungsgrund anzuerkennen sei. Die Autoritäten, die ich in der Frage der Ehescheidung als die ersten anerkenne, haben sich durchweg dafür ausgesprochen, daß unheilbare Geisteskrankheit als Ehescheidungsgrund aufgenommen werden solle, so insbesondere Hinschius und v. Scheurl, ebenso Gierke. Ich bin in dieser Frage in meiner Ueberzeugung nicht so sicher, wie in den anderen Punkten, die ich erörtert habe. Denn die Gründe, die für die Zulassung der unheilbaren Geisteskrankheit als Ehescheidungsgrund vorgebracht werden, scheinen mir außerordentlich wichtig, vielleicht zwingend. Die Parallele unheilbarer körperlicher Krankheit trifft darum nicht vollständig zu, weil nach meiner Ueberzeugung der Mangel seelischer Gemeinsamkeit in der Ehe viel schwerer wiegt als alles Körperliche. Ich würde demgemäß hier nachzugeben geneigt sein und die Geisteskrankheit als Scheidungsgrund zugeben, und würde nur wünschen, daß der Gesetzgeber den betreffenden Paragraphen so formulirt, daß die hierin liegende Durchbrechung des Princips klar aus dem Wortlaut selbst hervorgeht. Würden durch eine größere Enquête, ähnlich wie wir sie in höchst interessanter Weise für den kleinen Raum von Elsaß-Lothringen heute zu hören bekommen haben, die medicinischen Erfahrungen nach dieser Richtung so bereichert, und ist es inbesondere der Fall, daß die Aerzte, was meines Wissens nicht ganz unzweifelhaft ist, eine sichere Antwort geben können auf die Frage: liegt hier eine unheilbare Geisteskrankheit vor? würden mir diese Bedenken beseitigt, dann würde ich mich dazu entschließen und dafür stimmen können, daß unheilbare Geisteskrankheit als Ehescheidungsgrund auch aufgenommen würde. Ich verkenne gar nicht, daß diejenigen, die auf der Strenge des Princips stehen, mir vorwerfen werden, ich sei da ganz principlos geworden. Ich weiß das sehr wohl und werde es nachher wahrscheinlich sehr deutlich hören. Dabei möchte ich immerhin eins zu bedenken geben, m. H. Wenn uns zur Motivirung in dieser Frage mit Emphase vorgetragen wird: der X. ist zu Grunde gegangen, weil er so und so viel Geld für seine Frau im Irrenhause hat aufwenden müssen, so möchte ich Sie doch davor warnen, auf solche Argumente allzu viel Gewicht zu legen, denn mit diesem Argumente könnte man sehr wohl auch andere Ehescheidungsgründe, die absolut verwerflich sind, wie z. B. Zanksucht oder unüberwindliche Abneigung und dadurch hervorgerufene Vernachlässigung des Hauswesens, rechtfertigen, denn diese können sicherlich auch unter Umständen den wirthschaftlichen Ruin eines Mannes nach sich ziehen. Also darauf würde ich nicht allzu viel Gewicht legen; es erhebt sich hier immer gleich die Frage, ob nicht insbesondere eine körperliche Krankheit unter Umständen wirthschaftlich viel, viel schlimmer wirken kann, als eine Geisteskrankheit. Ueberblickt man die ganze Streitfrage, ob unheilbare Geisteskrankheit als Ehescheidungsgrund anzuerkennen sei, so wird man Alles in Allem doch bekennen müssen: es ist eine Frage, über die man zu einem vollständigen Resultat noch nicht gekommen ist. Ich will mich meinerseits auch damit begnügen, die Gründe für und wider kurz zusammengestellt zu haben.

Zum Schluß möchte ich, ohne auf rein ethische Gesichtspunkte näher eintreten zu wollen, doch noch eins feststellen. Wenn wir in dem zweiten Gutachten die Behauptung lesen: die Ehe sei ein Rechtsverhältniß, so wird man keinen Zweifel daran haben, daß dies richtig, aber ebenso wenig, daß es ungenügend ist. Die Ehe ist nicht nur ein Rechtsverhältniß, der Staat tritt vielmehr hier an ein thatsächliches Verhältniß heran, welches er vorfindet, und in Beziehung auf dieses thatsächliche Verhältniß hat der Staat eine gewisse juristische Ordnung vorzunehmen, aber man muß sich doch sehr davor hüten, zu meinen, daß in dieser rechtlichen Seite sich die Ordnung der Ehe vollständig darstelle und erschöpfe! Ich bin darum auch dagegen, im Gesetze Dinge wie den Gehorsam der Frau, die eheliche Pflicht u. dergl. zu behandeln. Das gehört nicht in ein Gesetz. Wir dürfen nie vergessen, daß die Ehe in erster Linie eine Angelegenheit des ethischen Lebens der Menschen ist und erst in zweiter Linie eine rechtliche Frage. Wenn wir diesen Gesichtspunkt festhalten, so werden wir vielleicht bezüglich der Ehescheidungsgründe die Motive doch nicht so ganz verdammen können, wie dies heute von mehreren Rednern geschehen ist.

Ich meinerseits resumire mich zum Schluß dahin, zu beantragen:

Der Juristentag möge bezüglich der Ehescheidungsfrage sich dahin aussprechen:

1. Der Delictstandpunkt des Entwurfs sei der richtige;
2. das richterliche Ermessen sei auf ein möglichst geringes Maß einzuschränken;
3. bezüglich der unheilbaren Geisteskrankheit sollen statistische und medicinische Erhebungen gepflogen werden, ob es richtig ist, daß sich ein dringendes Bedürfniß im deutschen Volke für die Aufnahme der unheilbaren Geisteskrankheit als eines Ehescheidungsgrundes herausgebildet habe, und ob die medicinische Wissenschaft in der Lage sei, die Frage, ob eine Geisteskrankheit unheilbar sei, mit Sicherheit zu beantworten.

(Bravo!)

Justizrath **Wilke** (Berlin): Ich verspreche, nur zwei Minuten Ihre Geduld in Anspruch zu nehmen. Ich habe mich gezwungen gesehen, das

Wort zu nehmen, weil man für ein Votum, welches wir vielleicht abzugeben beabsichtigen, gesagt hat, daß wir in der neueren Gesetzgebung immer das Wohl der ärmeren Klassen im Auge hätten; hier sei nun eine Frage, wo wir das Wohl der ärmeren Klassen fördern könnten, wir wollten ihnen aber die Wohlthat der leichteren Ehescheidung entziehen. Diese Leichtigkeit der Ehescheidung möchte ich ihnen allerdings entziehen, aber nicht um ihnen eine Wohlthat zu entziehen, sondern um ihnen eine zu erweisen. Die Heiligkeit der Ehe, der Respect vor der Ehe ist zuerst zu Fall gebracht worden durch die Einführung der obligatorischen Civilehe in den Ländern, wo sie nicht üblich und gesetzlich war, da ist zuerst der Respect der ärmeren Klassen, die in Folge dessen in der Ehe ein weniger heiliges Institut gesehen haben, wie bis dahin, gefallen. Das war das erste Loch in die Heiligkeit. Der zweite Grund aber, weshalb die Heiligkeit der Ehe gemißachtet wird, ist, wenn man sieht, daß sie in jedem Augenblick gelöst werden kann. Gerade in den ärmeren Klassen sehen wir aus der Praxis, daß die Ehescheidungsklage oft schon im ersten, zweiten, dritten Jahre der Ehe angestellt wird, weil die Leute schon in dem Gefühle und in dem Bewußtsein zusammengehen: wir sind ja gar nicht auf ewig zusammengesprochen, sondern wir bleiben so lange zusammen, wie es uns gefällt; gefällt es uns nicht, dann gehen wir zum Richter und werden geschieden. Und thatsächlich ist es jetzt so; wenn zwei Eheleute getrennt werden wollen, so können sie es bei der heutigen Gesetzgebung leicht erreichen. Sie brauchen gar nicht unüberwindliche Abneigung geltend zu machen, welche zu viel Schauspielerei erfordert. Es geht auch ohne dies leicht genug, und unter dieser allgemein geglaubten, durch die bisherige Gesetzgebung beförderten Leichtigkeit der Ehescheidung leidet am allermeisten der Respect vor der Ehe. Wenn aber im Laufe der Zeit im Volke die Meinung durchdringt, daß es nicht so leicht ist, eine einmal eingegangene Ehe wieder zu lösen, dann wird man auch etwas weniger leichtsinnig sein im Schließen von Ehen, ohne sich überzeugt zu haben, ob Herz zu Herzen stimmt, und ob man eine glückliche Ehe führen kann. Und darauf hinzuführen, ist das beste Erziehungsmittel, um glückliche Ehen herbeizuführen. Deshalb ist Erschwerung, nicht Erleichterung der Scheidung zu erstreben. Wenn auch vielleicht dadurch einmal eine unglückliche Ehe aufrecht erhalten wird, so ist das nicht so schlimm, dann nehmen sich andere ein Beispiel und sagen sich: die Sache hat ihre Bedenken, ich schließe die Ehe erst dann, wenn ich davon überzeugt bin, daß ich meine Pflicht als Ehemann bezw. Ehefrau halten kann. Und das ist der wünschenswerthe Zustand.

Geheimer Justizrath Professor Dr. **Gierke** (Berlin): M. H.! Ich wollte nur mit ein paar Worten begründen, warum Herr Professor Merkel und ich noch einen Zusatzantrag zu dem Antrag des Herrn Gutachters Professor Mayer gestellt haben. Doch bin ich im Grunde der Motivirung überhoben durch die Worte, die Herr Professor Zorn gesprochen hat. Wenn da mit solcher Schärfe der Delictstandpunkt des Entwurfs für einzig richtig erklärt wird, so, glaube ich, ist es für diejenigen, die diesen Standpunkt nicht theilen, nothwendig, das Gegentheil ausdrücklich auszusprechen. Herr College Zorn hat zwar das Princip selbst thatsächlich aufgegeben, denn ein Princip, das nachher doch nicht gilt, würde nicht allzu viel bedeuten. Ich glaube aber, wenn wir die unheilbare Geisteskrankheit als Ehescheidungsgrund anerkennen, so können wir unmöglich noch behaupten, daß wir das Delictsprincip festhalten; fällt aber das Delictsprincip, so würde die Abänderung einer ganzen Reihe von Bestimmungen des Entwurfs nothwendig, indem dieselben voraussetzen, daß stets entweder ein Ehegatte oder jeder Ehegatte „der schuldige Theil" (wie der Entwurf sagt) ist.

Ich möchte mich darum nicht mit dem Zusatze begnügen, daß unheilbare Geisteskrankheit ein Scheidungsgrund sein soll, sondern das Princip an die Spitze stellen und die Anerkennung der unheilbaren Geisteskrankheit als Scheidungsgrund nur als eine jedenfalls zu ziehende Consequenz hinzufügen. Hiermit würden wir zugleich die Möglichkeit anderer Ehescheidungsgründe, über die wir heute nicht mehr discutiren können, bei welchen ein Verschulden nicht vorliegt, offen halten. Ich kann mich hier durchaus auf das Gutachten des Herrn Professor Mayer selbst stützen, dem ich im Uebrigen in allen seinen Ausführungen beistimme, indem auch er den Delictstandpunkt verwirft und ausführt, daß auch Scheidung wegen langer Gefangenschaft oder Landflüchtigkeit nicht allein auf Verschulden gegründet werden könne, daß der Gesichtspunkt auch hier ein anderer sein soll, daß z. B. auch dann, wenn die Strafe vor Eingehung der Ehe erkannt worden ist, nicht bloß Anfechtung der Ehe wegen Irrthums zuzulassen, sondern möglicher Weise wegen langer Gefangenschaft, welche die Ehe zur scheinbaren macht, eine Scheidung auszusprechen sei. Und dann bleibt doch die Frage, die Herr College Zorn angeregt hat, offen, ob nicht schwere körperliche Gebrechen als Ehescheidungsgrund anzuerkennen sind.

Aus diesen Gründen also möchte ich Ihnen vorschlagen, die Anträge des Herrn Collegen Mayer mit unserem Zusatzantrage zu acceptiren. Der Antrag des Herrn Ministerialrath Förtsch ist ja damit zugleich aufgenommen.

Privatdocent, Rechtsanwalt und Notar Dr. **Jacobi** (Berlin): Nur insoweit, m. H., erlaube ich mir zwei kurze Bemerkungen, als sich die Ausführungen des Herrn Professor Zorn gegen meinen Antrag richteten. Er hat erstens für vollständig indiscutabel erklärt die Auffassung der Ehe, wonach der Inhalt des Rechtsverhältnisses in concreten Zwecken sich zusammenfasse, nämlich in dem mutuum adiutorium, gegenseitiger Unterstützung, und der sobolis procreatio, Begründung einer Familie durch Kindererzeugung. — M. H., ich war erstaunt, diesen Standpunkt als indiscutabel bezeichnen zu hören, da — wie Sie alle wissen — in dieser Beziehung die deutschen Gesetzbücher vollständig, übrigens auch das französische und vermuthlich alle Gesetzgebungen civilisirter Völker, darin übereinstimmen, diese Zwecke als den hauptsächlichsten Inhalt des Rechtsverhältnisses der Ehe zu bezeichnen. Es wird Sie aber vielleicht interessiren, und es wird mir gestattet sein, Ihre Aufmerksamkeit darauf hinzulenken, daß in dem Berichte, den wir in der Schöpfungsgeschichte über die Einsetzung der Ehe durch Gott den Herrn in den Büchern Mosis im Alten Testamente haben, vollständig derselbe Standpunkt vertreten ist. Da heißt es, Gott der Herr warf, nachdem die Schöpfung nahezu vollendet war, seine Blicke umher, und er bemerkte, daß im Uebrigen alles fertig war; aber es fehlte dem Mann die Gehülfin, und als Gehülfin schuf er ihm das Weib. Es ist also hier als Inhalt des Schöpfungsactes der Einsetzung der Ehe das mutuum adiutorium besonders hervorgehoben. Ferner wird mit dem größten Nachdruck berichtet, daß Gott der Herr gesprochen habe: erzeuget Kinder, vermehret euch und bevölkert die Erde. Also von keinem Standpunkte läßt sich die Zweckbestimmung der Ehe als Grundlage der Beurtheilung des Rechtsverhältnisses anfechten.

Zweitens, Herr Professor Zorn hat meinen Antrag, wie es scheint, und jedenfalls das Gutachten so aufgefaßt, als wollte ich sagen, jeder Grund, der irgend wie als Zweckvereitelung oder Unmöglichkeit der Erfüllung aufgefaßt werden kann, soll die Ehe trennen. Davon ist nicht im Entferntesten die Rede, sondern mein Antrag beabsichtigt weiter nichts, als die Unhaltbarkeit des Delictsprincips im Allgemeinen auszusprechen, und diese Unhaltbarkeit läßt sich auf unwiderlegliche Weise mit zwei Worten darthun. Das Delictsprincip datirt aus den Verhältnissen des 16. und 17. Jahrhunderts. Damals gab es keine Ehescheidungsprocesse im heutigen Sinne, sondern der Kläger klagte auf Gestattung der anderweitigen Verheirathung. Die Ehescheidung erfolgte ipso jure durch Privatdisposition. Gegenstand des damaligen Ehe-Prozesses war daher nicht die Klage auf Scheidung, sondern die auf Gestattung der Wiederverheirathung, beziehlich Untersagung der Wiederverheirathung des schuldigen Theiles. Jetzt dagegen ist die Sache gänzlich verändert. Jetzt richtet sich der Antrag gar nicht auf die Frage der Schuld oder Unschuld, der Gestattung der Wiederverheirathung für den Unschuldigen oder des Verbots der Wiederverheirathung gegen den Schuldigen, sondern jetzt handelt es sich darum, auf Antrag des Klägers die Ehescheidung von Staatswegen auszusprechen, um das Recht des Klägers auf Scheidung. Also schon daraus ergiebt sich die Unhaltbarkeit des Delictsprincips, abgesehen davon, daß Herr Professor Zorn selbst gesagt hat, er komme damit in die Brüche.

Amtsgerichtsrath **Stübel** (Weißenburg): Nur wenige Worte. Da ich aus der Debatte entnommen habe, daß daran festgehalten werden soll, die unheilbare Geisteskrankheit als absoluten Ehescheidungsgrund hinzustellen, möchte ich einen Vorfall kurz erwähnen, den ich vor einigen Jahren erlebt habe. Ein Mann von 30 Jahren, der übrigens noch nicht verheirathet war, wurde geisteskrank und in Folge dessen entmündigt, denn der betreffende Arzt, ein renommirter Fachmann, sprach aus, die Krankheit sei unheilbar. Nach sehr wenigen Jahren, nachdem der Kranke die Fesseln der Anstalt, in der er untergebracht war, gewissermaßen gewaltsam von sich geworfen hatte, da der Anstaltsdirector ihn nicht für gesund erklären wollte, kommt derselbe von freien Stücken und erklärt, er brauche keinen Vormund mehr. Er wird wieder für geistig befähigt erklärt, und die Entmündigung aufgehoben; der erwähnte Arzt hat bekennen müssen: der Mann ist wieder gesund und kann seine Angelegenheiten selbst besorgen. Ich wollte mit dem Gesagten — Sie mögen die Consequenzen daraus ziehen für den Fall, daß der Mann verheirathet gewesen wäre — nur darauf hinweisen, daß es doch sehr gewagt ist, die Geisteskrankheit, auch wenn sie in concreto für unheilbar erklärt ist, ausdrücklich als Ehescheidungsgrund hinzustellen. Es ist zwar sehr anregend, nach dem Vorbilde neuerer Gesetzgebungen dies zu thun, allein bedenken Sie, auch das französische Gesetz ist ein Gesetz aus neuerer Zeit, und dem damaligen Gesetzgeber waren sicher auch schon Fälle von unheilbarer Geisteskrankheit bekannt, was er in seinem sorgsam ausgearbeiteten Capitel von der Ehescheidung hätte berücksichtigen können. Er hat es aber wohlweislich nicht hineingesetzt; er hat es eben so wenig gethan, als er gewisse Formen von anderen Krankheiten genannt hat, welche in gegebenen Fällen den Anspruch auf Ehescheidung vielleicht ebenso gut rechtfertigen könnten, als eine sogenannte Geisteskrankheit, die wohl ja auch nur eine körperliche Krankheit ist.

M. H., Sie sehen, ich stehe auf dem Standpunkte des Entwurfs, und ich bitte Sie, den Antrag des Herrn Referenten anzunehmen.

Rechtsanwalt Dr. **Goldfeld** (Hamburg): M. H., nur wenige Worte. Ich will Sie lediglich bitten, die Anträge beider Herren Referenten zu vereinigen und anzunehmen. Ich glaube, die große Mehrheit des Juristentags ist mit mir der Ueberzeugung, daß im Wesentlichen der Entwurf die richtige Mitte hält, und daß er jedenfalls geeignet ist, der deutschen Nation als Grundlage für das einheitliche Gesetz zu dienen. Wie nothwendig ein einheitliches Recht ist, das zeigt sich gerade auf dem Gebiete des Eherechts am allerdeutlichsten. Es widerspricht auf das Tiefste jedem sittlichen Gefühl, daß in einem Ort ein anderes eheliches Recht gilt als in dem Nachbarort, daß in Deutschland ein Ehemann den Ort sich geradezu aussuchen kann, nach dessen Rechte er geschieden werden will. Es kommen die Fälle thatsächlich vor, daß jemand aus dem Gebiete des gemeinen oder französischen Rechts sein Domicil nach Berlin verlegt, um dort bequem geschieden werden zu können. Das sind Rechtszustände, die jedem sittlichen Gefühl Hohn sprechen. Wir brauchen ein einheitliches Recht. Es ist unmöglich, daß dieses den Wünschen jedes Einzelnen entspricht; aber ich glaube, daß der Entwurf die richtige Mitte einhält und dem bisherigen Gang der Rechtsentwickelung entspricht. Ich meine aber, daß die Modificationen, welche die beiden Herren Referenten vorgeschlagen haben, beide zu billigen sind. Sie sind unwesentlich im Verhältniß zu den Differenzen, die der Entwurf sonst hervorgerufen hat. Es ist der Vorschlag des Herrn Präsidenten von Köstlin, daß im Falle des § 1444 Abs. 2 bei der Scheidung von Tisch und Bett principaliter die Ehescheidungsklage zu geben sei, und dem Richter die Befugniß zu ertheilen sei, wenn die Aussöhnung nicht unwahrscheinlich, die Trennung von Tisch und Bett auszusprechen, denn dadurch wird eine große Zahl von unnützen Processen vermieden werden, werden die Leute Zeit und Geld ersparen. Wir wissen aus der Praxis, daß Ehescheidungsprocesse manchmal geradezu den finanziellen Ruin der Leute herbeiführen. Ferner bin ich für den Antrag Förtsch, daß auch unheilbare Geisteskrankheit als Ehescheidungsgrund zuzulassen sei. Damit die Anträge beider Referenten vereinigt werden können, wird es freilich nothwendig sein, daß in dem Antrage des Herrn Präsidenten von Köstlin der erste Absatz etwas geändert wird. Es heißt da:

> „daß bei der im Entwurf des bürgerlichen Gesetzbuchs vorgeschlagenen Regelung der Ehescheidungsgründe nichts erinnert werde.“

Das kann man nicht gut sagen, wenn man zwei Abänderungen vorschlägt, und ich möchte deswegen Herrn von Köstlin bitten, zuzustimmen, daß sein Antrag folgendermaßen abgeändert werde:

> „daß die im Entwurf vorgeschlagene Regelung der Ehescheidungsgründe im Uebrigen zu billigen sei, daß aber“ u. s. w.

Im Einzelnen ist es unmöglich, auf alle Detailpunkte einzugehen, die vorgetragen worden sind. Ich will nur, um die deutsche Nation hier vor einem Vorwurf zu schützen, der heute erhoben worden ist, darauf hinweisen: es ist keineswegs richtig, daß Deutschland dasjenige Culturland ist, in dem Ehescheidungen am meisten vorkommen. Dasjenige Culturland, welches vielleicht das Culturland der Zukunft ist, die Vereinigten Staaten von Nordamerika, haben vielfach eine weit leichtere Scheidungsmöglichkeit. Ob das ein Vorzug ist, lasse ich dahingestellt. Ich will nur die Thatsache constatiren, damit unser Vaterland nicht in gewissen Augen ein schwerwiegender Vorwurf trifft.

Stellvertretender Vorsitzender: Da sich Niemand weiter zum Worte gemeldet hat, so frage ich den Herrn Referenten, ob er noch etwas hinzuzufügen hat.

Referent Staatsrath **von Köstlin** (Stuttgart): Ueber die gestellten Anträge, deren wir eine große Anzahl zur Abstimmung zu bringen haben, will ich mich nicht weiter auslassen. Ich will nur zur Vereinfachung der Sache erklären, daß ich die Ziffer 2 meines Antrags zurückziehe, sofern diese Ziffer 2 des Antrags sich eigentlich nicht mit der aufgestellten und uns vorliegenden Frage selbst beschäftigt, sondern mehr eine processuale Bedeutung hat.

Im Uebrigen müßte ich, wenn ich die Anträge gruppiren und mich darüber auslassen sollte, lediglich wiederholen, was die Herren Antragsteller selbst viel besser erklärt haben. Ich glaube deshalb auf Ihre Zustimmung rechnen zu dürfen, wenn ich schließe.

(Correferent Ministerialrath Förtsch verzichtet auf das Wort.)

Stellvertretender Vorsitzender: Ich bemerke zunächst: Wenn wir über den Antrag des Herrn Referenten,

„daß bei der im Entwurf des bürgerlichen Gesetzbuchs vorgeschlagenen Regelung der Ehescheidungsgründe nichts erinnert werde",

zuerst abstimmen würden, so würde eine große Menge der übrigen Anträge fortfallen. Die Debatte hat aber gezeigt, daß ein großer Theil nicht unbedingt sagen will: es solle überhaupt nichts erinnert werden. Wir werden deshalb mit der Fragestellung anders vorgehen müssen und zwar im Verhältniß der Anträge, wie sie gestellt sind gegenüber dem Entwurf.

Ich würde vorschlagen, zuerst zum Austrag zu bringen die Frage, die den Gegenstand mehrerer Anträge bildet, nämlich die Frage, ob die Ehescheidungsgründe nicht auf die Fälle einer Verschuldung zu beschränken sind, wie die Herren Merkel und Gierke beantragen, oder ob der Gegensatz des Herrn Professor Zorn anzunehmen ist: der Delictsstandpunkt des Entwurfs sei als richtig anzuerkennen.

Ich möchte dann, wenn nach der einen oder anderen Richtung hin entschieden ist, daran anknüpfend die ferneren Scheidungsgründe zur Frage bringen und zwar für den Fall, wenn die Ehescheidungsgründe nicht auf den Fall einer Verschuldung beschränkt werden sollen, den 2. Satz des Antrags der Herren Prof. Merkel und Gierke:

„Jedenfalls ist unheilbarer Wahnsinn als Ehescheidungsgrund anzuerkennen,"

und zwar möchte ich den Antrag in dieser Fassung zur Abstimmung bringen und nicht in der von Herrn Ministerialrath Förtsch beantragten, weil letztere voraussetzt, daß im Uebrigen alles im Entwurf gebilligt wird. Ich darf wohl annehmen, daß Herr Ministerialrath Förtsch damit einverstanden ist?

(Das Einverständniß wird erklärt.)

Dem Antrage für den unheilbaren Wahnsinn gegenüber steht der Antrag des Herrn Professor Zorn: über die Frage, ob Geisteskrankheit ein Scheidungsgrund sei, sind weitere medicinische und statistische Ermittelungen vorzunehmen.

In dem einen oder anderen Falle fällt natürlich dieser Antrag oder der entgegenstehende.

Dann sind weiter die Fragen zu lösen in Betreff des Antrags Jacobi. Er will die Scheidung allgemein zulassen aus dem Gesichtspunkt der Zweckvereitelung und Unmöglichkeit der Fortsetzung der Ehe.

Dann ist noch speciell beantragt von Herrn Zirndorfer einerseits und Herrn Professor Zorn andererseits die Zulässigkeit der Ehescheidung wegen schwerer Körperverletzung, bezw. wegen Lebensgefährdung oder anderer Mißhandlungen.

Nach diesen Fragen würde dann weiter zu beantworten sein die Frage in Betreff des böswilligen Verlassens, soweit man sich auf Specialien einlassen will.

Hieran würde sich die Beantwortung der ferneren Fragen anschließen. Ich werde mir erlauben, wenn wir so weit gekommen sein werden, die weitere Fragestellung zu erörtern. Es wird dies sachgemäßer sein; wir haben dann die entsprechenden Resultate.

Ich möchte nur noch bemerken: die letzte Frage würde unter Umständen immer noch die des Herrn Referenten sein können, ob in Betreff der Ehescheidungsgründe des Entwurfs nichts zu erinnern sei. Natürlich kann die Frage nur die Bedeutung haben, ob abgesehen von demjenigen, wozu sich der Juristentag entschließt, gegen den Entwurf nichts zu erinnern ist.

Ich stelle anheim, ob die Herren mit dieser Fragestellung einverstanden sind, oder ob sie eine andere Reihenfolge der Abstimmung wünschen.

Professor Dr. **Mayer** (Straßburg): Wann soll denn mein Antrag drankommen?

Stellvertretender Vorsitzender: Unmittelbar nachdem die Specialfragen in Betreff des unheilbaren Wahnsinns, der Körperverletzung, der Zweckvereitelung zur Erledigung gebracht sind, würde Professor Mayer's Antrag kommen, und zwar beide Anträge, denn sie hängen ja mit einander zusammen, der Antrag, die clausula generalis des § 1444 anders zu gestalten bezw. auf die Feindseligkeit zu beschränken, und dem gegenüber dann die anderen Fragen, die in Betreff dieser Generalclausel von anderer Seite gestellt sind.

Professor Dr. **Mayer** (Straßburg): Ich meine, meine Anträge würden vielleicht praktischer Weise vor dem Eingehen in die einzelnen Details genommen werden. Insoweit der Juristentag noch besondere Ehescheidungsgründe beschließt, würden diese dann eingefügt werden können.

Stellvertretender Vorsitzender: Ich habe nichts dagegen; wir könnten den Antrag als erste Frage einfügen, ob die Fälle auf die Verschuldung zu beschränken seien, und es könnte dann der Antrag Mayer kommen, in welcher Weise die clausula generalis anders zu normiren sei, und sodann die anderen einzelnen Anträge.

Geheimer Justizrath Professor Dr. **Gierke** (Berlin): Zu der Ordnung, die der Herr Präsident vorschlug, stimmt, daß wir unseren Antrag als Amendement zu Professor Mayer's Antrag gestellt haben.

Stellvertretender Vorsitzender: Zuerst würde also abzustimmen sein über den ersten Satz des Merkel-Gierke'schen Antrags:

Die Ehescheidungsgründe sind nicht auf die Fälle einer Verschuldung zu beschränken.

Wenn dem Antrage stattgegeben wird, dann würde der Antrag des Herrn Professor Zorn, der Delictsstandpunkt des Entwurfs sei richtig, fallen.

Diejenigen Herren also, welche sagen wollen:

> Die Ehescheidungsgründe sind nicht auf die Fälle einer Verschuldung zu beschränken,

bitte ich, die Hand zu erheben. (Geschieht.)

Ich bitte um die Gegenprobe.

(Geschieht.)

Der Antrag ist angenommen. Damit ist zugleich der erste Antrag des Herrn Professor Zorn gefallen.

Es würden nun m. E. sachgemäß die anderen Specialanträge doch voranzustellen, und dann erst würde über die generellen Anträge des Herrn Prof. Mayer abzustimmen sein. Ich lasse deshalb zunächst über den zweiten Satz des Merkel-Gierke'schen Antrags abstimmen:

„Jedenfalls ist unheilbarer Wahnsinn als Ehescheidungsgrund anzuerkennen."

Ich bitte diejenigen, die das wollen, die Hand zu erheben.

(Geschieht.)

Ich bitte um die Gegenprobe.

(Geschieht.)

Der Antrag ist angenommen. Damit fällt zugleich der Antrag des Herrn Professor Zorn, daß erst medizinische Gutachten eingeholt werden sollen.

Nun würde in Frage kommen der Antrag Jacobi, daß die Scheidung principiell allgemein zugelassen werden und insbesondere statthaft sein soll aus den Gesichtspunkten der Zweckvereitelung und der in der Person des anderen Ehegatten eingetretenen Unmöglichkeit der Erfüllung.

Privatdocent Rechtsanwalt und Notar Dr. **Jacobi** (Berlin): Mein Zweck ist vollständig durch Annahme des ersten Antrags erreicht; ich ziehe das Weitere zurück.

Stellvertretender Vorsitzender: Dann bleiben, abgesehen von dem Antrag Mayer, noch die Anträge Zirndorfer und Zorn übrig.

Professor Dr. **Otto Mayer** (Straßburg): Ich beantrage, über meinen Antrag zunächst abzustimmen, damit er vor den Details kommt.

Stellvertretender Vorsitzender: Ich wollte den Antrag Mayer gleich danach bringen. Ich glaube, der Antrag Zirndorfer auf Hinzufügung der schweren Körperverletzung wird in dieser Allgemeinheit wohl nicht angenommen werden, aber es bleibt nichts übrig, als darüber abzustimmen.

Rechtsanwalt Dr. **Zirndorfer** (Frankfurt a. M.): Ich ziehe meinen Antrag zurück zu Gunsten des Antrags des Herrn Professor Zorn.

Stellvertretender Vorsitzender: Dann würde es sich um den Antrag Zorn handeln, ob als absolute Ehescheidungsgründe lebensgefährdende oder andauernde Mißhandlungen anzuerkennen seien. Diejenigen Herren, die dem beitreten wollen, bitte ich, sich zu erheben.

(Geschieht.)

Das ist die Minorität.

Endlich würden wir zu dem Antrag des Herrn Professor Mayer kommen. Wir haben den Boden dazu gewonnen dadurch, daß zuerst beschlossen worden ist, auf die Fälle der Verschuldung die Ehescheidung nicht zu beschränken. Es würde dem nun nicht widersprechen, im Gegentheil, es würde sich dem anschließen, wenn die Herren geneigt sind, auf den Antrag Mayer einzugehen.

Es ist nun von Herrn Professor Mayer beantragt worden, seinen Antrag nicht in der Fassung, wie er gedruckt vorliegt, zur Abstimmung zu bringen, sondern unter Weglassung der Worte in Ziffer 1: „und eine künftige Versöhnug ausgeschlossen", so daß der Antrag lautet:

Der Juristentag wolle beschließen:

1. eine clausula generalis im Sinne des § 1444 des Entwurfs soll nur gegeben werden für die Fälle unmittelbarer Feindseligkeit des Ehegatten gegen den anderen (schwere Mißhandlungen, Beleidigungen und sonstige Verfolgungen), insoweit dadurch nach richterlichem Ermessen die Ehe unerträglich gemacht erscheint;
2. alle anderen Ehescheidungsgründe sind nach Art der sog. absoluten Ehescheidungsgründe genau und bestimmt zu bezeichnen.

Diejenigen, die den Antrag annehmen wollen, bitte ich, sich zu erheben.

(Geschieht.)

Ich bitte um die Gegenprobe.

(Geschieht.)

Der Antrag ist angenommen.

Es erübrigen sich die Anträge, welche die böswillige Verlassung betreffen, von Herrn Dr. Zirndorfer. Sie fallen allerdings nicht unmittelbar unter die beschlossenen Anträge. Es wäre möglich, weil bösliches Verlassen als absoluter Grund bezeichnet wird, daß man nur auf die Specialien eingehen könnte.

(Rechtsanwalt Dr. Zirndorfer (Frankfurt a. M.) zieht seine Anträge wegen böslicher Verlassung zurück.)

Dann bleibt noch übrig der Antrag Jacobi wegen des böslichen Verlassens. Derselbe soll wohl auch nicht zur Abstimmung kommen?

(Rechtsanwalt Dr. Jacobi (Berlin) bittet darum.)

Dann würde dieser sich am ehesten anschließen, weil er die absoluten Ehescheidungsgründe der aufgestellten Art betrifft. Der Antrag lautet:

Die Ehescheidungsklage ist nicht von vorheriger rechtskräftiger

Verurtheilung zur Herstellung der häuslichen Gemeinschaft abhängig zu machen.

Diejenigen Herren, die den Antrag annehmen wollen, bitte ich, die Hand zu erheben.

(Geschieht.)

Das ist zweifelhaft; ich bitte um die Gegenprobe.

(Dieselbe wird vollzogen.)

Es sind 30 dagegen.

Ich bitte die Herren, die dafür sind, nochmals die Hand zu erheben.

(Geschieht.)

Es sind ebenfalls 30; der Antrag ist also abgelehnt.

Der fernere Antrag Jacobi lautet:

Soweit Ehedelicte nur als relative Scheidungsgründe anerkannt werden, ist der Anspruch in der Regel, vorbehaltlich der Aussetzung des Verfahrens als begründet zu erachten, wenn nach richterlicher Ueberzeugung dem Kläger die Fortsetzung der Ehe nicht zugemuthet werden kann.

Die Herren, die dafür sind, bitte ich, die Hand zu erheben.

(Geschieht.)

Der Antrag ist abgelehnt.

Es bleibt nun noch der formelle Antrag des Herrn Professor Zorn wegen des richterlichen Ermessens.

(Derselbe wird zurückgezogen.)

Damit sind die Specialanträge erledigt, und es fragt sich, ob nun noch nach dem Antrage des Herrn Referenten gesagt werden kann, „daß bei der Regelung, die der Entwurf des bürgerlichen Gesetzbuchs vorschlägt, sonst nichts erinnert werde“.

Referent Staatsrath **von Köstlin** (Stuttgart): Die Frage bezüglich der Ziffer 1 ist verneint.

Stellvertretender Vorsitzender: Ich möchte annehmen, daß der ganze Abstimmungsact dadurch geschlossen ist. Sind die Herren damit einverstanden?

(Zustimmung.)

Rechtsanwalt Dr. **Beckh** (Nürnberg): Ich möchte mir die Anfrage erlauben, wo der Satz 1 der Mayer'schen Anträge hinkommen soll, da er hinter den zweiten jetzt angenommenen Satz nicht paßt.

Stellvertretender Vorsitzender: Das ist Sache der Redaction.

Bei der vorgerückten Zeit werden wir zur Verhandlung über eine weitere Frage nun wohl nicht mehr kommen können.

Stellvertretender Vorsitzender: Zum Schlusse bitte ich, zu gestatten, daß die heutigen Beschlüsse über die Frage 15 nur zur Kenntnißnahme an das Plenum mitgetheilt werden. Eine Debatte in der Plenarversammlung wird wohl nicht gewünscht?

Wirklicher Geheimer Oberjustizrath Professor Dr. **v. Gneist** (Berlin): M. H.! Ich habe nur zu bemerken, bis jetzt ist kein einziges Thema für die Verhandlung im Plenum angenommen. Es wäre, glaube ich, das erste Mal, daß wir eine Plenarsitzung ohne irgend ein Thema hätten.

Stellvertretender Vorsitzender: Ich möchte, falls es noch zur Verhandlung im Plenum kommen sollte, die Herren Redner bitten, sich möglichst kurz zu fassen.

Wirklicher Geheimer Oberjustizrath Professor Dr. **von Gneist:** M. H.! Ich habe in früheren Plenarsitzungen die Ehre gehabt, der Versammlung vorzuschlagen, daß wir die Compresse anwenden,

(Heiterkeit.)

daß nämlich kein Redner, außer dem Referenten, mehr als 10 Minuten sprechen darf. Damit kommen wir immer durch. Ich stelle anheim, will die Versammlung beschließen, daß die Frage über die Eheverhältnisse zur Berathung im Plenum gestellt wird? Diejenigen, die das wollen, bitte ich, die Hand zu erheben.

(Geschieht.)

Das ist beschlossen. Dann würde ich die Herren Referenten ersuchen, die Berathung im Plenum vorzubereiten.

Vorsitzender Staatsrath **von Köstlin** (Stuttgart): Ich will mir die Frage gestatten, was soll mit unseren übrigen drei Themata werden? Die Referenten sind gefaßt darauf. Es ist Frage 16, betreffend die Ehescheidungsstrafen, Frage 14, Anfechtbarkeit der Schenkungen, und endlich Frage 12 über das Inventarrecht. Der Herr Präsident hat die zweite Plenarsitzung auf morgen früh 9 Uhr angesetzt, und heute Abend ist auch nicht Zeit zu verhandeln. Sollen die drei Berathungsgegenstände unerledigt bleiben?

(Zuruf: Nächster Juristentag!)

Präsident Dr. von Gneist: Es ist das obligatorisch, daß es dann auf dem nächsten Juristentag erledigt wird.

Vorsitzender: Wenn sich kein Widerspruch erhebt, nehme ich an, daß die drei unerledigten Berathungsgegenstände auf die Tagesordnung des nächsten Juristentages gesetzt werden sollen.

Damit erkläre ich die Verhandlungen unserer Abtheilung auf diesem Juristentage für geschlossen.

(Schluß der Verhandlung 1 Uhr 15 Minuten.)

Zweite Plenarsitzung

des

Zwanzigsten Deutschen Juristentages

im

Festsaale der Universität zu Straßburg

am 13. September 1889.

(Vormittags 9 Uhr.)

Präsident Geh. Rath Dr. **von Gneist:** M. H.! Ich eröffne die zweite Plenarversammlung des XX. Deutschen Juristentags, zu welcher Verhandlung wir abermals die Ehre haben, unseren Ehrenpräsidenten, Se. Durchlaucht den Herrn Statthalter, in unserer Mitte zu begrüßen.

Ich bitte den Herrn Schriftführer Schneegans, an meiner Seite Platz zu nehmen, um die Meldungen zum Wort freundlichst entgegenzunehmen.

Wenn vor der Tagesordnung nichts weiter angemeldet ist — und das ist bisher nicht der Fall — so können wir zugleich in das Hauptthema unserer heutigen Verhandlung eintreten, in die Berichterstattung über die einzelnen von den Abtheilungen erörterten Fragen. Zu diesen Fragen ist aber ein präjudicieller Antrag vorhin eingereicht und vertheilt worden von Herrn A. Bacher in Stuttgart. Dieser Antrag lautet dahin:

Antrag des A. Bacher aus Stuttgart für die II. Plenarsitzung:

1. Ueber alle Anträge auf Abänderung des Entwurfs eines bürgerlichen Gesetzbuches, sowie über deren Urheber . . .

(Große Heiterkeit.)

zur Tagesordnung überzugehen.

(Erneute Heiterkeit.)

2. Zur Genugthuung dieser Urheber deren Namen in einem Anhange zu den Protokollen zu veröffentlichen.

(Anhaltende stürmische Heiterkeit.)

Nun, m. H., der Antrag ist etwas ungewöhnlicher Natur; aber ganz abgesehen davon, müssen wir nach den Statuten den Antrag zur Unterstützung stellen, und nur wenn diese ausreichen sollte, so können wir über ihn verhandeln. Ich bitte diejenigen Herren . . .

Rechtsanwalt **Bacher** aus Stuttgart: Herr Präsident, ich bitte ums Wort.

Präsident: Ich muß erst die Unterstützungsfrage stellen.

Rechtsanwalt **Bacher:** Ich bitte Sie, meinen Antrag mit der Begründung vorzutragen.

Präsident: Ich bitte Sie, die Begründung zu unterlassen; ich habe erst die Unterstützungsfrage zu stellen. Ich bitte also erst die Herren, die den Antrag unterstützen wollen, sich zu erheben.

(Mehrere Mitglieder erheben sich.)

Die Unterstützung ist unzureichend.

(Rechtsanwalt Bacher will sprechen.)

Ich bedauere, ich kann den Antrag nicht zur Debatte stellen und dem Herrn Antragsteller das Wort nicht geben.

Wir treten also nunmehr in die eigentlichen Gegenstände der Berathung ein, und zwar haben wir regelmäßig den Gang befolgt, daß wir nach der Reihenfolge der Abtheilungen I, II und III und nach der Reihenfolge der Berathung in diesen Abtheilungen die Themata durchgenommen haben, es könnte sonst ein schwieriger Prioritätsstreit entstehen. Die Beschlüsse über sämmtliche Themata mit Ausnahme des letzten sind nur zur Kenntnißnahme im Plenum gestellt, und die Verhandlung wird deshalb ziemlich kurz sein über die Mehrzahl der Anträge; unsere Kräfte werden sich reserviren müssen für das letzte Thema, die Frage nach den Ehescheidungsgründen. Ich bitte nunmehr die Herren Referenten, der Reihe nach das Wort zu nehmen, zunächst den Referenten der I. Abtheilung über das dort zuerst verhandelte Thema.

Ich bitte um Entschuldigung, wenn die Anträge nicht gedruckt vorliegen, aber es ist, wie das vorzukommen pflegt, in Folge von Schwierigkeiten nicht möglich gewesen, die sämmtlichen Beschlüsse unserem Herrn Schriftführer zeitig mitzutheilen. Ich werde dadurch den Mangel einigermaßen auszugleichen suchen, daß ich die Anträge doppelt und, wenn es nöthig ist, dreimal verlese.

Ich bitte also zunächst den Herrn Referenten der I. Abtheilung, das Wort zu nehmen.

Landgerichtspräsident **Becker** (Oldenburg): M. H., der erste Berathungsgegenstand, betreffend die Verschollenheit und die Todeserklärung ist wegen Abwesenheit des Herrn Referenten in der I. Abtheilung nicht zur Debatte gekommen. Die übrigen Gegenstände aber sind erledigt worden. Es würde also zunächst hier zum Vortrag gelangen der zweite. Als Referent ist eingetreten für den zunächst erwähnten, aber heute verhinderten Professor Dr. Pfaff Herr Professor Dr. Fischer.

Referent Professor Dr. **Fischer** (Greifswald): Meine verehrten Herren, der erste Gegenstand der Berathung der I. Abtheilung war die Frage:

> Ist der Begriff der Anspruchsverjährung im Sinne des Entwurfs eines bürgerlichen Gesetzbuchs beizubehalten?

Ich möchte im Voraus bemerken, daß die Abtheilung über die Bedeutung dieser Frage dahin einverstanden war, daß es sich dabei nicht um eine Frage der juristischen Construction handelt, daß es sich dabei auch nicht um eine Gesetzesformulirung im Einzelnen handelt, sondern daß es sich nur darum handelt, den Inhalt der Rechtsnormen in dieser Richtung grundsätzlich zu normiren, also Grundsätze vorzuschlagen für den Gegenstand und die Wirkung der Verjährung, und zwar mehr noch für die Wirkung der Verjährung als für den Gegenstand.

In der Abtheilung zeigte sich zunächst ein allgemeines Einverständniß über den negativen Satz, der von den Referenten an erster Stelle beantragt und angenommen ist, nämlich über den Satz:

> Die Anspruchsverjährung im Sinne des Entwurfs eines bürgerlichen Gesetzbuchs ist nicht beizubehalten.

Es trat in der Debatte Einverständniß darüber hervor, daß das Wort Anspruch nicht geeignet erscheint, um die Gegenstände der Verjährung einheitlich und erschöpfend zusammenzufassen. Es wurden Bedenken erhoben gegen den Gebrauch des Wortes „Anspruch" im Civilrecht überhaupt. Es wurde darauf hingewiesen, daß die Anspruchsbezeichnung bereits von der Civilproceßordnung gebraucht werde und dort in einem ganz anderen Sinne, wie ihn das bürgerliche Gesetzbuch anwendet, und daß ein solcher Doppelgebrauch zu praktischen Unzuträglichkeiten führen müßte.

Es wurde ferner darauf hingewiesen, daß die Definition des Anspruchsbegriffs im bürgerlichen Gesetzbuch selbst incorrect, und die Durchführung des Begriffs im einzelnen Fall nicht überall consequent sei, daß Dinge als Anspruch bezeichnet seien, die es auch nach der Definition des bürgerlichen Gesetzbuchs nicht sind. Vor allem wurde aber betont, daß der Anspruch keine zutreffende Bezeichnung für den Verjährungsgegenstand sei. Es wurde namentlich auf den Fall der Mängelhaftung des Verkäufers hingewiesen. Es wird im Entwurf das Recht des Käufers auf Wandlung und Minderung im Allgemeinen ganz correct einfach „Recht der Wandlung und Minderung" genannt. Es ist in der That, namentlich solange der Kaufpreis noch nicht gezahlt ist, auch kein Anspruch im Sinne des Entwurfs. Dennoch hat man sich dazu verstanden, gerade in dem Verjährungsparagraphen ganz incorrect von einem Anspruch auf Wandlung und Minderung zu sprechen, bloß deshalb, um eine äußerliche Einheitlichkeit, ein rein äußerliche Uebereinstimmung mit dem Satze des Entwurfs herbeizuführen, daß nur Ansprüche der Verjährung unterliegen.

Die Abtheilung hat dann mit den Anträgen der Referenten darauf verzichtet, eine andere einheitliche Bezeichnung, insbesondere die m. E. unzutreffende Bezeichnung Klagenverjährung vorzuschlagen. Sie glaubt vielmehr, daß bei der Verschiedenartigkeit der Gegenstände der Verjährung auf eine solche Bezeichnung überhaupt verzichtet werden muß. Daher ist in dem von der Abtheilung angenommenen Antrage nur ganz allgemein von den der Verjährung unterworfenen Rechten und Rechtsverhältnissen gesprochen, ohne daß man sich dabei auf Einzelheiten eingelassen hat.

Die weiteren, von den Referenten vorgeschlagenen Grundsätze über die Wirkung der Verjährung wurden durch einen Ablehnungsantrag gekreuzt, der dahin ging, daß man von solchen Grundsätzen absehen und aussprechen solle, daß die Verjährung nicht im allgemeinen Theile, sondern im besonderen Theile des Gesetzbuchs im Anschlusse an die einzelnen Rechtsverhältnisse zu regeln wäre. Dieser Antrag wurde von der Abtheilung abgelehnt, offenbar weil man nicht darauf verzichten wollte, eine positive Antwort zu geben.

Von den fünf Grundsätzen, welche die Referenten übereinstimmend vorgeschlagen haben, sind vier von der Abtheilung angenommen worden. Von diesen vier befinden sich zwei in Uebereinstimmung mit dem Entwurf des bürgerlichen Gesetzbuchs. Der eine Satz lautet:

> Ein Pfandrecht braucht durch die bloße Schuldverjährung nicht zum Untergange gebracht zu werden,

und der andere:

> Es muß rechtlich möglich bleiben, auf die verjährte Schuld Leistungen zu machen, deren Rückforderung ausgeschlossen ist.

Diese beiden Sätze sind in der Abtheilung von keiner Seite beanstandet worden.

Dagegen stehen die beiden anderen Sätze im Widerspruche mit dem Entwurfe bezw. mit den Motiven des Entwurfes. Der erste Satz lautet:

> Es muß die Geltendmachung der Verjährung unterworfener Rechte und Rechtsverhältnisse im Wege der Feststellungsklage oder Einrede ausgeschlossen sein.

Ich will dabei bemerken, daß der Entwurf des bürgerlichen Gesetzbuchs selbst nicht mit diesem Satze im directen Widerspruche steht. Dagegen betonen die Motive, daß aus dem Begriffe „Anspruchsverjährung" folge, daß eine Geltendmachung im Wege der Feststellungsklage nicht ausgeschlossen sein solle. Das erschien der Abtheilung als ein praktisch ganz unerträgliches Ergebniß, und es ist daher ohne Widerspruch der gedachte Satz angenommen.

Ein anderer Satz steht mit dem Entwurfe selbst im Widerspruch. Er lautet:

> Die Aufrechnung mit verjährten Forderungen ist zu gewähren, wenn zur Zeit des Eintritts der Möglichkeit der Aufrechnung die Verjährung noch nicht vollendet war.

Es bestehen über diesen Satz Meinungsverschiedenheiten. Auch einer der Herren Gutachter hatte sich, allerdings mit Einschränkungen, gegen diesen Satz erklärt. Bei der Debatte ist aber ein Widerspruch gegen den Satz nicht erhoben; es wurde allseitig anerkannt, daß nur dieser Satz der Billigkeit und Verkehrssitte entspreche.

Dagegen ist ein letzter, von den Referenten allerdings an erster Stelle gestellter Antrag abgelehnt worden. Dieser lautete:

> Von den der Verjährung unterworfenen Rechten und Rechtsverhältnissen (Eigenthum, Schuldforderungen, Mängelhaftung u. s. w.) darf nach Ablauf der Verjährungszeit ein rechtlich wirksamer Rest (dominium sine re, obligatio sine actione) nicht zurückbleiben.

Und zwar ist diese Ablehnung erfolgt, ohne daß für den abgelehnten Satz ein anderer positiver Ersatz geschaffen worden ist. Ob bei der Ablehnung des Satzes Constructionsbedenken mitgewirkt haben, mag hier dahingestellt bleiben. Materiell handelt es sich dabei um zweierlei, nämlich um das sogenannte dominium sine re, und dann um den Gegensatz von stärkerer und schwächerer Wirkung der Forderungsverjährung.

Das dominium sine re ist ein doctrinäres Gebilde, die Gestaltung eines Eigenthums, bei dem der Eigenthümer nicht besitzt und im Allgemeinen auch nicht die Herausgabe seines Eigenthums verlangen kann. Es wurde allerdings dieses Gebilde von einer Seite in Schutz genommen, indem darauf hingewiesen wurde, daß sonst ja auch der Räuber und der Dieb das Eigenthum an der gestohlenen Sache erlangen würden.

Diesem Bedenken wurde aber von anderer Seite damit begegnet, daß ja nach dieser Richtung hin eine andere Fürsorge getroffen werden könne, ohne zu diesem unglücklichen doctrinären Gebilde greifen zu müssen, und ich glaube nicht, daß der Wunsch nach Beibehaltung des dominium sine re der Grund gewesen ist, aus dem die Abtheilung den Satz abgelehnt hat. Der Grund dürfte vielmehr in etwas Anderem liegen. Es bestehen nämlich in der That sehr große Meinungsverschiedenheiten darüber, ob die Schuldverjährung die stärkere oder die schwächere Wirkung haben soll, die denkbar stärkste Wirkung dahin, daß die Verjährungswirkung, ohne daß die Verjährungseinrede vorgeschützt ist, vom Richter von Amts wegen berücksichtigt wird, oder die schwächere Wirkung, daß die Verjährung nur dann berücksichtigt wird, wenn der Schuldner davon Gebrauch macht und sich ausdrücklich auf die Verjährung beruft, und noch schwächer vielleicht dahin, daß durch die Berufung auf die Verjährung das Recht nicht untergeht, sondern — auch das trat in der Debatte hervor — daß nur eine einfache Zahlungspräsumtion an den Ablauf der Verjährungszeit geknüpft wird. Es bestehen darüber, wie gesagt, in ganz Deutschland große Meinungsverschiedenheiten, und diese traten auch in der Abtheilung sehr lebhaft hervor. Es collidiren da eben mit einander der öffentliche Zweck der Verjährung und der Wunsch, Härten im einzelnen Falle zu vermeiden. Da ist es ganz natürlich, daß man sich, je nachdem man das eine oder andere mehr in den Vordergrund stellt, der stärkeren oder der schwächeren Wirkung der Verjährung zuneigt. Jedenfalls muß constatirt werden, daß sich eine gemeine Meinung der deutschen Juristen darüber, was in dieser Hinsicht recht und billig ist, noch nicht gebildet hat.

Präsident: Das in der Reihenfolge der Verhandlungen nächste Thema ist nun die Behandlung des Irrthums bei Rechtsgeschäften. Referent ist Herr Professor Dr. Zitelmann.

Professor Dr. **Zitelmann** (Bonn): M. H., die an die 1. Abtheilung gestellte Frage lautet: „Ob es sich empfehle, die in dem Entwurfe eines bürgerlichen Gesetzbuches über den Irrthum in den §§ 98 bis 102 aufgestellten Grundsätze beizubehalten.“ Die Tragweite dieser Frage ist eine außerordentlich große. Der Entwurf geht principiell von einem bestimmten Begriff der Willenserklärung aus, er betrachtet die normale Willenserklärung als ein Gebilde, bei dem Erklärung und Wille vollständig übereinstimmen müssen. Daraus ergeben sich für den Entwurf zwei weitere principielle Sätze, einmal: „überall, wo die Uebereinstimmung zwischen Willen und Erklärung fehlt, soll nach dem Entwurf principiell die Willenserklärung nichtig sein“, und zweitens: „überall, wo Wille und Erklärung sich in Uebereinstimmung befinden, soll es ebenso principiell auf die Beweggründe nicht weiter ankommen. Es handelt sich nun im Entwurfe darum, zwischen den widerstreitenden Interessen des Erklärenden, welcher irrt, und denen des Erklärungsempfängers, welcher seinerseits schuldlos getäuscht wird, ein Compromiß zu schaffen. Der Entwurf hat sich auf den Standpunkt gestellt: 1. wo Wille und Erklärung nicht übereinstimmen, soll doch, wenn seitens des Erklärenden Fahrlässigkeit vorliegt, eine Haftung des Erklärenden eintreten; also keine Haftung, wenn der Erklärende schuldlos irrt, und 2. die Remedur zu Gunsten des schuldlos Getäuschten soll eine verschiedene sein, je nach der Schwere der Fahrlässigkeit auf Seiten des Erklärenden. Bei grober Fahrlässigkeit soll er auf den Sinn der Erklärung, bei leichter Fahrlässigkeit nur für den Schaden haften. Diese Grundsätze sollen auch Anwendung finden, wenn eine Willenserklärung durch einen Boten oder eine Depesche übermittelt wird, und der Bote oder die telegraphische Anstalt die Botschaft oder das Telegramm verstümmelt wiedergiebt. Von den beiden Gutachtern hat sich der erste in der Hauptsache für Beibehaltung der Vorschriften des Entwurfes ausgesprochen. Der zweite hingegen hat in erster Linie empfohlen, überhaupt keine Vorschriften über die Lehre vom Irrthum aufzustellen, die Wissenschaft sei noch nicht reif genug, die Frage zu beantworten. Jedenfalls werde mit einer Formulirung, wie gut oder wie schlecht sie sei, viel mehr Schaden gethan als mit einer Lücke. Der erste Referent hat sich nicht vollständig, aber doch im Wesentlichen diesen Anschauungen des zweiten Gutachters angeschlossen, er hat den Antrag gestellt, die §§ 98—102 zu streichen und dadurch die Frage offen zu lassen, inwieweit der Irrthum die Existenz einer Willenserklärung ausschließt, dagegen allgemein eine Ersatzpflicht zu Gunsten desjenigen, welcher durch die Kundgebung eines nicht existirenden Willens getäuscht worden sei, auszusprechen. Der zweite Referent hat sich energisch dagegen erklärt, eine Lücke im Gesetzbuch zu lassen; er ist der Meinung, daß wir jetzt vor der Gesetzgebungsfrage stehend, nicht das Recht haben, mit der Ausflucht zu kommen, die gestellte Aufgabe sei nicht lösbar. Er ist darum seinerseits mit Gegenvorschlägen hervorgetreten. Es kam bei diesen Gegenvorschlägen auf folgende Punkte an. Er meinte: der Entwurf sei verbesserungsbedürftig einmal nach der Seite der Formulirung der Thatbestände hin. Der Entwurf legt eine Unterscheidung zu Grunde, welche in der Wissenschaft außerordentlich streitig ist; er verwendet die Begriffe „Nichtübereinstimmung zwischen Willen und Erklärung" und „Irrthum in den Beweggründen", aber wir sind bisher nicht einig geworden, in welchen Fällen man einen bloßen Irrthum im Beweggrund, in welchen man Nichtübereinstimmung zwischen Willen und Erklärung anzunehmen hat;

insbesondere ist im Entwurfe die Frage, wohin der Identitätsirrthum gehört, diese außerordentlich wichtige und so viel behandelte Frage, nicht gelöst worden. Man würde sich also für die Anwendbarkeit des einen oder des anderen rechtlichen Grundsatzes des § 98 oder des § 102 ererklären müssen, je nach der wissenschaftlichen Stellung, die man zu der psychologischen Frage nach der Natur des Identitätsirrthums einnimmt. Es wurde deshalb von dem zweiten Referenten gemeint, derartige Ausdrücke, die in nicht juristische Gebiete einzugehen zwingen, wie Beweggrund, Nichtübereinstimmung zwischen Willen und Erklärung, vollkommen fortzulassen und die gemeinten Fälle möglichst direct und prägnant zu bezeichnen, durch eine Wendung, wie: „wer im Ausdrucke seines Willens fehlgriff oder eine Verwechslung beging." Was die materielle Frage anlangt, so war der zweite Referent der Meinung, einmal, es könne bei der Frage, ob der schuldlos getäuschte Erklärungsempfänger entschädigt werden müsse, nicht darauf ankommen, ob der Erklärende seinerseits in Schuld gewesen sei, vielmehr solle eine Entschädigungspflicht, eine Haftung des Erklärenden zu Gunsten des Gegners in allen Fällen eintreten, und zweitens dürfe kein Unterschied zwischen grober und leichter Fahrlässigkeit gemacht werden; der ganze Unterschied sei auf diesem Gebiete viel zu schwierig für die praktische Handhabung; es empfehle sich vielmehr, eine einheitliche Festsetzung zu geben. Diese einheitliche Festsetzung könne aber nicht die der sogenannten Erklärungstheorie sein, der zufolge der Erklärende stets auf den Sinn der irrthümlich abgegebenen Erklärung haftet; vielmehr genüge es dem praktischen Bedürfniß und dem Gerechtigkeitsgefühl vollständig, wenn der Erklärende nur auf Schadensersatz hafte. Es empfehle sich aber weiter, um Streit abzuschneiden, von vornherein die irrthümlich abgegebene Willenserklärung gültig sein zu lassen und nur zu gestatten, daß der Erklärende seinerseits die Anfechtung ausspreche. Es wurde dabei empfohlen, eine recht kurze Frist zu setzen, in welcher eine Anzeige des Irrthums seitens des Irrenden an den Gegner erforderlich sei.

Die Debatte richtete sich naturgemäß einmal auf die principielle Frage: sollen wir überhaupt die Lehre vom Irrthum codificiren? und zweitens auf die materiell-rechtlichen Grundsätze. In der I. Abtheilung hat sich eine erdrückende Majorität dafür gezeigt — es ist zu keinem formellen Beschlusse gekommen —, daß eine Codification eintreten solle, daß wir also keine Lücke lassen dürfen. Bezüglich der materiell-rechtlichen Fragen ist im Wesentlichen auch Uebereinstimmung zu Stande gekommen; nur in einer einzigen Frage, allerdings in einer Vielen außerordentlich wichtig erscheinenden Frage, hat der Beschluß der Abtheilung den von dem Referenten gestellten Antrag geändert. Das ist in der Frage, ob der Erklärende in jedem Falle, wo er geirrt habe, gegen Entschädigung des Gegners den Vertrag anfechten könne, wenn ihm der Irrthum zu der Zeit, wo er die Willenserklärung abgegeben hat, wesentlich war — das ist der sog. subjective Standpunkt, es kommt darauf an, daß dem Erklärenden der Irrthum wesentlich war; — oder ob es nicht möglich sei, durch objectiv-rechtliche Kriterien diejenigen Bestandtheile der Willenserklärung auszusondern, welche wichtig genug seien, um bei einem Irrthum ihretwegen die Anfechtung der ganzen Willenserklärung zuzulassen.

Es bestand in der I. Abtheilung auch wohl darüber Uebereinstimmung, — eine solche hat sich wenigstens im Laufe der Debatte herausgestellt —, daß es nicht möglich sei, einen Katalog der Bestandtheile des Rechtsgeschäftes zu geben, welche in der Lehre vom Irrthum als objectiv wesentliche zu gelten hätten; es ist aber dann beschlossen worden, statt des von dem zweiten Referenten gemachten Vorschlags, demzufolge es auf die subjective Wesentlichkeit für den Irrenden ankommen sollte, zu setzen, es komme darauf an, ob der betreffende Punkt nach der Verkehrssitte wesentlich sei.

Der Beschluß der Abtheilung lautet demzufolge:

§§ 98—102 sind nach folgenden Grundsätzen zu ändern:

§§ 98. 99. Wer in dem Ausdruck seines Willens fehlgriff, oder wer eine Verwechselung beging, kann die Willenserklärung anfechten, wenn der Fehlgriff oder die Verwechselung einen nach der allgemeinen Verkehrssitte wesentlichen Punkt betraf.

Er muß jedoch demjenigen, der auf die Gültigkeit der Willenserklärung vertraute, den dadurch erlittenen Schaden ersetzen. Auch nicht vermögensrechtlicher Schaden kommt in Betracht. § 222 findet Anwendung.

Es ist das der Paragraph, welcher eine Compensation der gegenseitigen Fahrlässigkeit gestattet.

§ 101. Dem Fehlgriff im Ausdruck steht es gleich, wenn die Willenserklärung durch die Personen oder Anstalten, welche der Erklärende zur Uebermittlung seiner Erklärung gewählt hat, entstellt übermittelt wird, höhere Gewalt ausgenommen.

§ 100 und 102 sind fortzulassen.

Präsident: Wir sind der Abtheilung gewiß großen Dank schuldig, daß sie das äußerst schwierige Thema über den Irrthum einer so gründlichen Behandlung unterzogen hat, und insbesondere dem Herrn Referenten danken wir für seinen Vortrag.

Jetzt folgt das Thema von der Beschränkung der Conventionalstrafen. Referent Herr Geh. Justizrath Prof. Dr. Gierke.

Referent Geh. Justizrath Professor Dr. **Gierke** (Berlin): M. H.! Die zweite Frage, welche die I. Abtheilung beschäftigte, war die, ob die Conventionalstrafe lediglich der freien Vereinbarung unterliegen, oder ob sie gesetzlichen oder richterlichen Schranken unterworfen sein soll. Der Entwurf kennt keinerlei Schranke der Conventionalstrafe, er führt das Princip der Vertragsfreiheit hier unbedingt durch, wie er überhaupt demselben so viel wie möglich im Obligationenrecht huldigt. Im Unterschiede zum Sachenrecht, wo er meines Erachtens zu weitgehend die freie Gestaltungsmacht der Parteien beschränkt, will er im Obligationenrecht, soweit es irgend angeht, das freie Spiel der individuellen Kräfte walten lassen. Die beiden Gutachten, m. H., haben sich ganz auf den Standpunkt des Entwurfs gestellt; auch sie in Uebereinstimmung mit den Ausführungen der Motive halten die bisherigen Beschränkungen der Conventionalstrafe für Ausflüsse veralteter Anschauungen, für Reste einer bevormundenden Fesselung des Verkehrs, für Velleitäten, wie der eine der Herren Gutachter dies ausdrückt, und sie meinen, daß in unserer Zeit, in der der Einzelne politisch die volle Verantwortlichkeit trage, auch die volle civilrechtliche Mündigkeit gelten müsse, daß das alte deutsche Sprichwort: Ein Mann ein Wort, hier durchzuführen sei, und jedermann eine Conventionalstrafe, wie er sie auch versprochen, so zu erfüllen habe, und daß der Gläubiger ein unerschütterliches Recht habe, wenn auch nicht mehr auf das Pfund Fleisch, das ihm versprochen worden, so doch selbst auf die Summe einer Million oder eine sonstige unsinnig hohe Strafe, die er sich hat zusagen lassen. M. H., Ihre beiden Referenten und sämmtliche Herren, die in der Abtheilung das Wort ergriffen, gingen von einem principiell anderen Gesichtspunkte aus. Sie meinten, daß das Princip der schrankenlosen Vertragsfreiheit nicht sein dürfe der oberste Grundsatz unseres künftigen Gesetzbuchs, daß auch im Obligationenrecht es keine Freiheit geben könne, die nicht zugleich sittliche Gebundenheit ist, daß auch hier die Gestaltungsmacht der Individuen ihre Grenze finden müsse an den sittlichen Interessen und an dem materiellen Wohle der Gemeinschaft. Das Individuum ist auch hier stets doch zugleich ein Glied des Ganzen, und das freie Spiel der Kräfte darf nur walten innerhalb der durch höhere sittliche Principien gesetzten Ordnung. Gerade in unseren Tagen darf auch das Civilgesetzbuch nicht die große Aufgabe der Rechtsordnung vernachlässigen, den wirthschaftlich Schwachen gegen den wirthschaftlich Starken zu schützen; die nackte Vertragsfreiheit aber, sie ist zwar für den Starken eine schneidige Waffe, mit der er sich die Nebenmenschen zu unterjochen vermag; aber was bedeutet sie in der Hand des wirthschaftlich Schwachen? Wie oft ist sie hier nichts als ein Schein? Man hat es vielleicht in der Hand, ob man einen Vertrag schließen will — wurde geltend gemacht —, aber wie selten hat man die Bedingungen des Vertrages in der Hand! Man muß sie nehmen, wie man sie findet! Und auch die freie Entscheidung über das Ob ist oft ausgeschlossen; man muß den Vertrag schließen, wenn man nicht hungern will. So wurden denn auch von den Herren, die in der Praxis bewandert sind, zahlreiche Fälle angeführt, in denen gerade die Vereinbarung der Conventionalstrafe zu schreienden Mißbräuchen geführt hat. Es wurden Fälle von unermeßlich hohen Strafen erzählt, aber auch Fälle, wo die Strafe an sich zwar nur verhältnißmäßig geringfügig war, indessen den Ruin, die wirthschaftliche Sclaverei des Versprechenden herbeiführen mußte. Sehr gewöhnlich, wurde gesagt, sei es, daß ein Commis, der ein kleines Gehalt hat, versprechen müsse eine Conventionalstrafe beispielsweise von 10 000 Mark für den Fall, daß er nach seiner Entlassung in ein anderes gleichartiges Geschäft träte. Der Mann muß schließlich in ein anderes Geschäft treten, wenn er nicht hungern will, und nun verfällt er für sein ganzes Leben in wirthschaftliche Abhängigkeit, so daß er nur noch für die Abverdienung der Conventionalstrafe arbeiten kann. — Es wurde gesagt, wenn der Mann versprochen hat, einen Tag lang gar nicht auszugehen, das sei ein unsittlicher Vertrag, den werde kein Richter aufrecht erhalten. Hier dagegen, obwohl er 10mal vorziehen würde, einen Tag zu Hause zu bleiben, als der Abhängigkeit seines ganzen Lebens zu verfallen, sei ohne gesetzliche Schranke nicht zu helfen. In solchen Fällen, m. H., kann dem Richter nicht zugemuthet werden, eine derartige Strafe zu erkennen. Es wird sich das Gewissen des Richters empören, wenn er hierzu seinen Arm leihen soll, und wo keine Schranken bestehen, finden wir daher oft genug, daß er auf Umwegen zu einer Aberkennung oder zu einer Ermäßigung der Strafe kommt, während da, wo Schranken bestehen, wie im preußischen Landrecht, im französischen, österreichischen Recht und nach einer neuerdings erst erschütterten Meinung auch im gemeinen Recht, eine Ermäßigung dieser Strafen in vielen Fällen stattfindet. Also, m. H., wir waren einig: es muß hier ein Ventil geben, das dem Richter geöffnet wird.

Aber auf der anderen Seite glaubten wir allerdings, daß die alten, formalen, starren Schranken sich überlebt haben. Wie die festen Zinstaxen gefallen sind, so wird auch schon aus diesem Gesichtspunkte nicht haltbar sein die im preußischen Recht und sonst geltende Beschränkung der Conventionalstrafe auf das doppelte Interesse. Es kommt hier hinzu, daß die Conventionalstrafe nach der richtigen Meinung und der Verkehrsauffassung nicht bloß den Zweck hat, das Interesse, namentlich das pecuniäre Interesse im Voraus zu fixiren und zu sichern, daß sie vielmehr oft auch den wahren Charakter einer bedungenen Privatstrafe in sich trägt, insofern als sie Genugthuung schaffen soll für Vertragsbruch, oder als sie ideale Interessen schützen soll, oder als sie erst ein pecuniäres Interesse schaffen soll, wo ein solches nicht vorhanden ist, wie wenn versprochen wird, die Veröffentlichung gewisser Papiere, welche für die Familie irgend bedenklich sind, bei Strafe zu unterlassen oder irgend eine lästige Arbeit in der Nähe einer Villa nicht vorzunehmen u. dergl., wo ein pecuniärer Schaden gar nicht nachweisbar ist. Hier versagt der Maßstab des doppelten Interesses, der ohnehin auch sonst unbillig und ungleich wirkt. Wir meinten daher, daß derselbe Gedanke hier Platz greifen müsse, der nach Aufhebung der Zinstaxen unser Wuchergesetz hervorgetrieben hat, — der Gedanke, daß wir die alten, formalen Schranken fallen lassen, daß wir aber dem freien modernen Geiste und den beweglichen Verhältnissen der Gegenwart sich anschmiegende Einschränkungen der Vertragsfreiheit brauchen.

Wir glaubten nun, daß in der Anwendung auf die Conventionalstrafe das richterliche Ermäßigungsrecht einer zu hohen Strafe dasjenige ist, welches diesem Gedanken den entsprechenden Ausdruck giebt, ein richterliches Ermäßigungsrecht, welches auch neuerdings in der Schweiz bei Aufhebung der alten formalen Schranken eingeführt ist. Freilich wird damit dem Richter eine große Macht eingeräumt, aber wir meinten, daß man dem deutschen Richterstand dieses Vertrauen schenken könne und müsse, demselben Richterstand, dem mit der Aufhebung der formellen Beweistheorie ohnehin eine so gewaltige Macht über die Verhältnisse des Lebens verliehen ist.

Ich möchte nur kurz noch erwähnen, daß zwei Bedenken als unerheblich und unzutreffend erachtet wurden, die noch gegen eine derartige Bestimmung geltend gemacht wurden. Einmal ist in den Gutachten wie in den Motiven gesagt, daß das Wuchergesetz ausreiche, da es ja auch die in die Form von Conventionalstrafe eingekleideten Creditvergütungen treffe. Aber die Conventionalstrafe spielt eine Rolle zugleich bei vielen anderen Verträgen, als bei Gelddarlehen, bei Mobilienleihverträgen, bei Arbeitsgeschäften, bei Lieferungsverträgen u. s. w., wie ich das Beispiel des Commis anführte, wo von Anwendung des Wuchergesetzes nicht die Rede ist, und außerdem liegen nicht immer die Voraussetzungen des Wuchergesetzes: Leichtsinn und Ausbeutung vor, wo Ermäßigung der Strafe angezeigt erscheint.

Dann wurde der Einwand erhoben, daß wir hierdurch einen Gegensatz statuiren würden zwischen Civil- und Handelsrecht, der möglichst zu vermeiden sei, weil das Handelsgesetzbuch für die Handelsgeschäfte alle Beschränkungen der Conventionalstrafe bereits aufgehoben hat, und es wurde gesagt, daß ja die Ausdehnung der Handelsgeschäfte heute eine solche sei, daß alle möglichen Geschäfte des täglichen Verkehrs auch darunter fallen, und daß daher hier jene Bestimmung sich wirkungslos erweisen würde. Ganz richtig. Aber, m. H., theils ist das eine Frage der Revision des Handelsgesetzbuchs, wie weit künftig der Begriff „Handelsgeschäft" reichen soll, theils aber glaubten wir, daß in dieser Beziehung man schon jetzt eingreifen könne, und gerade wie man das Wuchergesetz auf alle Handelsgeschäfte für anwendbar erklärt hat, so auch erklären könne, daß unbedingt im ganzen Gebiete des Privatrechtes die Conventionalstrafe einer solchen Beschränkung unterliege. Wir glaubten deshalb, die Fassung des Antrags, den ich die Ehre habe, Ihnen mitzutheilen, und der zum Beschluß erhoben wurde, wählen zu sollen:

> Bei allen Conventionalstrafen bedarf es eines richterlichen Ermäßigungsrechtes.

(Bravo!)

Präsident: Unter Dank für den Bericht kommen wir zur 5. Frage:

> Ist die im Entwurfe des bürgerlichen Gesetzbuches angenommene Behandlung der Pertinenzen zu billigen, oder eine Abänderung derselben wünschenswerth und in welchem Sinne?

Referent Professor Dr. **Hanausek** (Wien): Der Entwurf steht in seinem § 790 auf dem Standpunkte, daß Rechtsgeschäfte über die Hauptsache im Zweifel sich auch auf das Zubehör erstrecken. Die beiden Gutachten von Hachenburg und Kohler haben nun betont, daß diese Normirung des Pertinenzverhältnisses eine unzureichende sei, daß das Pertinenzverhältniß vielmehr als ein Verhältniß sachenrechtlicher Verbindung zwischen der Hauptsache und der Zubehörsache zu construiren und gesetzlich zu normiren sei. Im Sinne der beiden Gutachten hat der zweite Herr Referent folgenden Antrag gestellt:

> Bei der Regelung des Pertinenzverhältnisses ist eine Aenderung der Bestimmungen des Entwurfs insofern wünschenswerth, als nicht nur eine Auslegungsregel, wie § 790 sie giebt, sondern eine Vorschrift des Inhalts aufzustellen ist, daß die rechtlichen Schicksale der Hauptsache die Pertinenz ohne Weiteres ergreifen.

Wir sehen also, daß der zweite Herr Referent, wie die beiden Herren Gutachter, in der sachenrechtlichen Verbindung zwischen Hauptsache und Zubehörsache die entscheidende Wirkung des Zubehörverhältnisses erblickt.

Der erste Referent hat dieser allgemeinen Formulirung nicht beistimmen können. Zwar war auch er der Meinung, daß das Verhältniß zwischen der Zubehörsache und der Hauptsache nicht hinreichend gekennzeichnet sei, wenn bloß die Regel des § 790 des Entwurfs, welcher wesentlich die pandektenrechtliche Norm ist, beibehalten wird. Allein er und die Majorität der Abtheilung waren der Ansicht, daß eine solche allgemeine Formulirung, wie sie der zweite Herr Referent vorgeschlagen hat, im Einzelnen zu unannehmbaren Consequenzen führe, und daß es sich daher empfehle, dem Princip sachenrechtlicher Junctur zwischen Hauptsache und Zubehörsache nicht in einem allgemein gefaßten Satze zuzustimmen, sondern dasselbe, soweit ein Bedürfniß dafür vorliegt, in Einzelbestimmungen anzuerkennen. Ein Vorbild für derartige Einzelbestimmungen haben wir ja in der nach der Meinung der Majorität der Abtheilung zutreffend gefaßten Bestimmung des § 1067 des Entwurfs, welcher bestimmt, daß die Hypothek auch das Zubehör begreift, also in einem einzelnen Punkte eine sachenrechtliche Verbindung zwischen Hauptsache und Zubehörsache normirt.

Aus diesen Erwägungen stimmte die Majorität der Abtheilung dem Antrage bei, es sei unter Beibehaltung der Bestimmungen des Entwurfs dem Grundsatze sachrechtlicher Verbindung zwischen Hauptsache und Zubehör in einer Reihe von neu aufzunehmenden Einzelbestimmungen Rechnung zu tragen. Die Bestimmungen des Entwurfes sind also im Sinne dieses Beschlusses beizubehalten und durch neu aufzunehmende Bestimmungen, welche die sachenrechtliche Verbindung zwischen Hauptsache und Zubehör, soweit ein Bedürfniß hierzu vorliegt, anerkennen, zu ergänzen.

Uebrigens waren die beiden Referenten insofern derselben Meinung, als sie es als ungenügend erachteten, wenn nur die Auslegungsregel des § 790 angenommen würde.

Dem Entwurf war nach der Ansicht der Majorität insofern beizutreten, als es im Sinne desselben für die Zubehörqualität irrelevant ist, wer das für dieselbe unentbehrliche äußere Verhältniß zwischen Hauptsache und Zubehörsache herstellt. Es wurde nämlich von Kohler im Anschluß an eine vielfach vertretene Meinung gefordert, daß das Zubehörverhältniß nur durch den Eigenthümer der Hauptsache oder für denselben solle begründet werden können. Diesem Postulate, welches der Entwurf ablehnt, glaubte auch die Majorität der Abtheilung nicht beitreten zu sollen, und zwar war hierfür vor allen Dingen die Erwägung entscheidend, daß durch die Stellungnahme des Entwurfs, wie ich sie eben charakterisirt habe, die Nothwendigkeit entfällt, zwischen Pertinenzen im factischen und im rechtlichen Sinne des Wortes zu unterscheiden. Denn nimmt man einmal im Sinne Kohler's an, es könne die Pertinenzqualität nur durch Handlungen des Eigenthümers der Hauptsache oder für denselben begründet werden, so gelangen wir sofort zu dem Ergebniß, daß mit einer Sache Gegenstände in wirthschaftlicher Verbindung stehen, welche Zubehörsachen im factischen Sinne, aber nicht durch den Eigenthümer der Hauptsache oder für denselben mit ihr in Verbindung gebracht worden sind, welche also wirthschaftlich ebenso fungiren, wie die Pertinenzen im technischen Sinne, aber dennoch nicht Pertinenzen im technischen Sinne sind. Diese Zweitheilung von Pertinenzen im factischen Sinne und von Pertinenzen im juristischen Sinne glaubte die Majorität vermeiden zu sollen, und in dieser Erwägung namentlich wurde beschlossen, daß der Standpunkt des Entwurfs festzuhalten wäre.

Der von Kohler in seinem Gutachten geforderte und von dem ersten Referenten beantragte Satz, das Zubehör einer Sache könne grundsätzlich nur mit derselben Gegenstand der Zwangsvollstreckung sein, ist von der Majorität der Abtheilung angenommen worden. Dieser Satz dient dem Schutz des landwirthschaftlichen und gewerblichen Betriebs sowie des Immobiliarcredits. § 715, Ziffer 5 der Civilproceßordnung, welcher gewisse landwirthschaftliche Pertinenzen aus ganz anderen Gesichtspunkten in beschränktem Umfange der Execution entzieht, ersetzt die von Kohler geforderten Bestimmungen nicht. Der Entwurf hat eine ähnliche Bestimmung nicht, und das ist mit Recht getadelt worden. Ich glaube, daß hier im Sinne des Gutachtens von Kohler und des Beschlusses der Majorität der Abtheilung eine ergänzende Bestimmung, welche die erwähnte Norm trifft, einzuschieben wäre. Die drei Anträge, welche mithin von der Majorität der 1. Abtheilung zu der Frage, welche uns beschäftigt hat, zum Beschluß erhoben wurden, sind: 1. Es ist im Gesetze nicht auszusprechen, daß das die Zubehörseigenschaft begründende äußere Verhältniß zwischen Hauptsache und Hülfssache nur durch bestimmte Personen hergestellt werden könne; 2. dem Grundsatz sachrechtlicher Verbindung zwischen Hauptsache und Zubehör ist in einer Reihe von Einzelbestimmungen Rechnung zu tragen; daneben wären die Bestimmungen des Entwurfes über die Wirkungen des Zubehörsverhältnisses im Wesentlichen beizubehalten; 3. das Zubehör einer Sache kann grundsätzlich nur mit derselben Gegenstand der Zwangsvollstreckung sein.

Präsident: Mit dem besten Danke für den Herrn Referenten haben wir nun zu resümiren, daß die 1. Abtheilung von ihren 5 Themata 4 erledigt hat; ein Thema ist im Rest geblieben, das Thema I über Verschollenheit und Todeserklärung. Es ist dies ebenfalls wohl eine erhebliche Frage, und ich erwarte, daß die Versammlung beschließen wird, die Verhandlung der Frage dem nächsten Juristentag zu überweisen. Wenn sich kein Widerspruch erhebt, nehme ich das als beschlossen an. Die Frage ist der nächsten Juristenversammlung überwiesen.

Wir kommen nun zur zweiten Abtheilung, die ihre 5 Themata, wie ich bevorworten kann, sämmtlich erledigt hat, und wir müssen ihr dafür ein testimonium diligentiae aussprechen. Vielleicht hat Herr Präsident Drechsler die Güte, über Frage 7 das Referat zu übernehmen: Wie soll der Satz „Kauf bricht nicht Miethe" im Falle der Subhastation modificirt werden?

Referent Präsident Dr. **Drechsler** (Leipzig): M. H., der Beschluß des vorigen Juristentages verwarf den vom Gesetzentwurf angenommenen Grundsatz „Kauf bricht Miethe". Ich bemerke vorweg, wenn ich von „Miethe" spreche, so ist die Pacht stillschweigend mit darunter begriffen. Wir haben ja in der deutschen Rechtssprache nicht ein Wort, welches beide Verhältnisse bezeichnet. Es wurde beschlossen, bei der freiwilligen Veräußerung den Satz „Kauf bricht nicht Miethe" anzuerkennen. Nun aber war der Fall der Zwangsversteigerung, der Subhastation nicht in diesen Beschluß einbegriffen. Es wurde deshalb von der Deputation in Veranlassung der Stettiner Verhandlungen das Thema besonders zur Berathung des diesjährigen Juristentages gestellt, indem es im Satz 7 heißt: Wie soll der Satz „Kauf bricht nicht Miethe" im Falle der Subhastation modificirt werden? Die Gesetzgebung der größten Staaten variirt. Diejenigen Gesetze, welche den Realcredit besonders in das Auge gefaßt haben als durch das Recht zu schützen, haben, selbst wenn sie den Grundsatz: Kauf bricht nicht Miethe, bei freiwilligen Veräußerungen annahmen, doch für den Fall der Subhastation eine Abweichung eintreten lassen, so z. B. das Pr.L.R., und lediglich aus dem Grunde, weil viele Licitanten — wie es in der Begründung heißt — abgehalten würden, wenn bei einer zwangsweisen Veräußerung die Miethe stehen bliebe. Das französische Recht dagegen, das ja bekanntlich überhaupt nicht den Grundsatz befolgt, die Möglichkeit des Realcredits durch gute Einrichtungen des Grundbuchs und was damit zusammenhängt, zu befördern, sondern welches, wie es scheint, von der Ansicht ausgeht, es muß dem Grundbesitzer nicht zu leicht gemacht werden, auf das Grundstück Geld zu leihen, (Heiterkeit) — das französische Recht läßt auch bei der Zwangsversteigerung den Satz: Kauf bricht nicht Miethe, bestehen mit einer erst im Jahre 1855 beschlossenen Ausnahme, welche dahin geht, daß, wenn ein schriftlicher Contract mit bestimmtem Datum auf 18 Jahre vorliegt, dann allerdings derselbe nicht länger ausgehalten werden soll, und daß nur in diesem Fall, wo ein schriftlicher Vertrag mit Datum vorliegt, überhaupt der Satz: Kauf bricht nicht Miethe, bei Zwangsversteigerungen eintritt. Andere Rechte haben andere Modificationen. Es kann nicht meine Aufgabe sein, das Einzelne Ihnen vorzuführen. In den sehr schätzenswerthen Gutachten des Herrn Jäckel, Oberlandesgerichtsrath in Posen, und des hier anwesenden Herrn Professor Fischer ist eine so dankenswerthe Zusammenstellung gegeben, daß ich jedem, der sich für die Frage interessirt, empfehlen muß, sich mit diesen bedeutenden Gutachten bekannt zu machen. Beide Gutachten kommen aber zu dem Ergebniß, daß allerdings der Satz: Kauf bricht nicht Miethe, bei der Subhastation nicht beizubehalten ist, sondern Modificationen unterliegt.

Ich bemerke nun, wenn hier von Zwangsversteigerung die Rede ist, daß darunter nicht gemeint sind die Fälle, die einzelne Rechte und selbst noch einzelne Reichsgesetze der Zwangsversteigerung gleichgestellt haben. Insbesondere ist nicht gemeint die durch die deutsche Concurs-Ordnung dem Concursverwalter gegebene Befugniß der freiwilligen Veräußerung. Die Concurs-Ordnung will nämlich die Wirkungen einer solchen freiwilligen Veräußerung der Zwangsversteigerung gleichstellen. Ferner hat das Pr.L.R. ein Gleiches ausgesprochen bei der Veräußerung durch den Beneficialerben und Nachlaßvertreter, sowie bei der Veräußerung von Grundstücken zum Zweck der Auseinandersetzung der Miteigenthümer. Die Abtheilung ist der Ansicht, daß alle diese Fälle nicht eine Modification des Satzes: Kauf bricht nicht Miethe, herbeizuführen im Stande sind — ich werde gleich auf den Grund kommen, — und daß also, wenn in dem Antrag, den ich zu stellen hatte, und welcher von der Abtheilung angenommen ist, von der Zwangsversteigerung die Rede ist, nur die eigentliche Zwangsversteigerung im engsten Sinne gemeint ist.

Was bedeutet aber der Satz: Kauf bricht nicht Miethe?

M. H.! Wird dieser Satz anerkannt, so wird damit viel mehr ausgesprochen, als man gewöhnlich annimmt. Es wird damit ausgesprochen, daß durch den Miethvertrag nicht bloß ein Rechtsverhältniß zwischen dem Vermiether und Miether begründet wird, sondern in der That ein dingliches Recht an dem Grundstück. Es ist auch kein Grund, die Möglichkeit einer solchen Begründung eines dinglichen Rechts zu verneinen. Es ist bekannt, daß selbst das römische Recht, welches ja für gewöhnliche Miethe, die offenbar bei Häusern nur auf einen ganz kurzen Zeitraum abgeschlossen wurde, selbst bei Grundstücken in der Regel nur auf 4—5 Jahre, eine bloße Obligation annimmt, doch bei länger dauernden Pacht- und Miethverhältnissen selbst dingliche Rechte anerkennt. Ich erinnere an die Verpachtung des ager vectigalis, der Grundstücke der Municipien, die in perpetuum regelmäßig zu geschehen pflegte, und an die einer superficies. In beiden Fällen ist ein dingliches Recht anerkannt worden, obgleich namentlich bei der superficies die Grundlage, der unterliegende Vertrag häufig ein Miethcontract war. Wenn wir nun aber den Satz: „Kauf bricht nicht Miethe" aussprechen, so erkennen wir damit an, daß wir das Recht aufzufassen haben als ein durch den Vertrag mit dem Eigenthümer constituirtes Recht, durch welches das Grundstück in der Weise belastet wird, daß dem Eigenthümer obliegt, die Nutzung zu gestatten und die mit dieser Gestattung verbundenen Leistungen zu machen, ähnlich einer Reallast. Dadurch ist aber auch zugleich gegeben, daß bei Veräußerung des Grundstückes der neue Erwerber in dieses Rechtsverhältniß ohne Weiteres eintritt. Es ist nicht zu sagen, daß ein obligatorisches Verhältniß nur überginge auf den neuen Erwerber, sondern durch den Kauf des Grundstückes wird ohne Weiteres anerkannt, daß er alle dinglichen Rechte zu übernehmen hat, also auch das bestehende Miethverhältniß. Wird damit das Miethrecht zu einem dinglichen Recht erhoben, so muß dasselbe auch denjenigen Beschränkungen unterworfen sein, die für die Entstehung von dinglichen Rechten an Grundstücken zur Begründung des Realcredits gegeben sind. Es ist aber im Interesse des Realcredits anerkannt, daß dingliche Rechte nur entstehen können durch Eintragung im Grundbuch. Will man also das Miethrecht den dinglichen Rechten gleichstellen, so bleibt nichts anderes übrig und ist nothwendig zu erfordern, daß sein Inhalt feststeht durch öffentliche Urkunde oder Genehmigung, vor dem Grundbuchrichter erklärte Genehmigung des Eigenthümers. Es ist aber nicht ausreichend, daß es von dem freien Willen des Eigenthümers abhängig ist, ob er den Miethvertrag genehmigen und in das Grundbuch will eintragen lassen; es ist vielmehr in der Eingehung eines Miethcontracts, sobald hinzukommt die schriftliche Form einer öffentlichen Urkunde, zugleich implicite die Genehmigung des Eigenthümers zur Eintragung enthalten, so daß auf einseitigen Antrag des Miethers die Eintragung geschehen kann. Dagegen ist nun erinnert worden, ein solcher Satz enthalte ja eine unendlich große Belästigung der Grundbuchbehörden; außerdem würde es sehr kostspielig sein, wenn man den Eintrag der Miethverträge in dieser Weise gestatten wollte. Es giebt jetzt schon Rechte (z. B. das sächsische Bürgerliche Gesetzbuch), welche eine solche Eintragung auf einseitigen Antrag des Miethers gestatten, und es ist mir nicht bekannt geworden, obgleich ich nun schon über 19 Jahre in Sachsen lebe, also mit dem Rechtsverkehr in Sachsen wohl bekannt bin, daß irgend eine Belästigung eingetreten wäre. Und, m. H., das hat darin seinen Grund, daß auch bei der zwangsweisen Versteigerung nicht eine sofortige Räumung mit dem Zuschlage eintritt, sondern dem Miether immerhin noch die Frist der gesetzlichen Kündigung und Räumung zu gewähren ist, daß also bei dem regelmäßigen Falle des Abschlusses eines Miethvertrages auf Kündigung von einer Eintragung nicht Gebrauch gemacht zu werden braucht, weil sie eben keinen Zweck hat, da ja dieses Recht auch ohne Eintragung dem Miether gewährt ist. Eine Nothwendigkeit aber besteht, zum Schutze des Miethers und namentlich auch des Pächters, um dies hier besonders hervorzuheben, die Eintragung auf seinen Antrag zu gestatten, wenn der Fall einer Miethe auf längere Jahre vorliegt, was namentlich bei Vermiethung von Geschäftslocalitäten in großen Städten stattfindet, bei der es auf Geschäftslage, Einrichtung der Localitäten besonders ankommt, und insbesondere bei Verpachtung größerer Grundstücke. Nur in diesen Fällen wird der Miether oder Pächter von der Befugniß zur Eintragung Gebrauch machen, weil in den übrigen Fällen dieselbe keinen Zweck haben würde. Es ist nicht zu befürchten, daß dadurch eine große Belästigung der Grundbuchbehörden oder Kostenvermehrung entstehen würde. Uebrigens würde ich auch, wenn man sich wirklich davon überzeugt, daß zur gründlichen Regelung der Verhältnisse eine solche Eintragung nothwendig ist, den Gegengrund gar nicht anerkennen. Der Staat muß diejenigen Behörden schaffen, die zur Beurkundung der öffentlichen Acte erforderlich sind, muß sie so schaffen und sie so billig zugänglich machen, daß dem Rechte auch Genüge geschehen kann.

Dies sind die Grundzüge, welche zu dem Antrage der Abtheilung geführt haben. Ich verlese den Antrag noch einmal, ich weiß nicht, ob Sie ihn alle kennen:

> Der Grundsatz „Kauf bricht nicht Miethe" ist im Fall der Zwangsversteigerung im engeren Sinne folgendermaßen zu modificiren:
>
> 1. Die in das Grundbuch eingetragenen Gläubiger sind berechtigt, den zwangsweisen Verkauf des Grundstücks ohne Rücksicht auf den bestehenden Miethvertrag zu begehren, falls das Miethrecht nicht eingetragen ist oder später eingetragen wird. Das Miethrecht endigt in diesem Falle mit dem Ablaufe der gesetzlichen Kündigungs- und Räumungsfrist.

Darauf bezieht sich meine Bemerkung. Diese Frist hat der Miether ebenfalls.

> 2. Das eingetragene Miethrecht bleibt bestehen, wenn die Zwangsversteigerung auf Antrag eingetragener oder nicht eingetragener

Gläubiger erfolgt. Der neue Erwerber tritt in den Miethvertrag ein.

3. Ist der Miethvertrag in einer öffentlichen Urkunde errichtet, so ist auf Antrag des Miethers das Miethrecht in das Grundbuch einzutragen.

4. Das nicht eingetragene Miethrecht ist im Falle einer Zwangsversteigerung anzumelden. Das angemeldete Miethrecht, sowie das in die Verkaufsbedingungen hereingezogene Miethrecht bleibt bestehen, wenn die Zwangsversteigerung auf den Antrag nicht eingetragener Gläubiger erfolgt.

5. Bei der Zwangsversteigerung ist das Grundstück mit und ohne Uebernahme des Miethvertrags auszubieten. Das Miethrecht bleibt bestehen, wenn durch das bei Mitübernahme eines Miethvertrags abgegebene Gebot die vorgehenden Gläubiger befriedigt werden.

Der letzte Satz bedarf vielleicht noch einer Erläuterung, da ich ihn bisher nicht speciell erwähnt habe. Es ist nämlich ein Interesse des Miethers, seinen Miethcontract auch den vorgehenden Gläubigern gegenüber aufrecht zu erhalten, und dieses Interesse muß das Recht möglichst schützen. Wenn also die vorgehenden Gläubiger vollständig zur Befriedigung gelangen, auch wenn das Grundstück mit den bestehenden Miethcontracten zum Aufgebot gelangt, so haben die vorstehenden Gläubiger kein Interesse, das Nichtbestehen des Miethcontracts zu begehren. Es ist also regelmäßig so zu verfahren, daß versucht wird, erst mit den bestehenden Miethcontracten das Grundstück zu versteigern, und möglicher Weise kann es auch im Interesse des Käufers sein, namentlich bei Verpachtungen, wenn es ein späterer Gläubiger ist, das Grundstück mit den bestehenden Contracten zu erwerben.

Ich beschränke mich auf diese kurzen Bemerkungen und will Ihre Zeit nicht länger in Anspruch nehmen.

(Bravo!)

Präsident: M. H.! Es folgt das sehr wichtige Thema: das Pfandrecht des Vermiethers, worüber Herr Amtsrichter Bunsen die Güte haben wird, uns Vortrag zu erstatten.

Referent Amtsrichter Dr. **Bunsen** (Rostock): M. H., bezüglich der Frage, ob das gesetzliche Pfandrecht des Vermiethers und Verpächters beizubehalten sei, hat in Ihrer Abtheilung eine recht lebhafte Debatte stattgefunden. Die Abtheilung hat diese Frage nach allen Richtungen hin erwogen, insbesondere zunächst die principielle Bedeutung dieser Frage erörtert dahin, ob das Vorzugsrecht überhaupt zu gewähren sei, ob der Vermiether und Verpächter überhaupt ein Vorrecht vor anderen Gläubigern haben solle oder nicht, sodann die weitere Frage erörtert, ob im Falle der Gewährung dieses Vorzugsrechtes nicht doch Beschränkungen, namentlich die Beschränkung auf die pfändbaren Sachen des Schuldners einzuführen seien, und weiter, ob nicht der Ausübung dieses Rechtes gewisse Schranken zu setzen seien, namentlich, ob das Vorzugsrecht zu gewähren sei auch bezüglich der künftigen Forderungen, und zwar bezüglich aller künftigen Forderungen aus dem Miethvertrage, oder etwa bloß der Forderungen auf Zahlung des Mieth- und Pachtzinses, und ob dann nicht wegen dieser Forderung eine bestimmte Zeitbeschränkung hinzuzufügen sei, und endlich den letzten Punkt erwogen, ob dieses Vorzugsrecht, falls es zu gewähren, auch bloß auf die Sachen des Miethers und Pächters zu beschränken, oder ob es vielmehr auch auf die Sachen dritter Personen, soweit sie sich in der Wohnung resp. auf dem Pachtgrundstücke befinden, auszudehnen sei.

M. H., was zunächst die principielle Seite der Frage anbetrifft, so wurden gegen die Gewährung eines Pfand- und Vorzugsrechtes hauptsächlich zwei Gesichtspunkte geltend gemacht: es wurde ausgeführt, daß eine befriedigende Lösung der Wohnungsfrage, einer Frage, welche in socialpolitischer Beziehung heute eine große Bedeutung habe, die Beseitigung jeder drückenden Last des Miethers, jeder unnöthigen Beschwerung desselben erfordere, daß eine gedeihliche Lösung dieser Frage erst dann erreicht werden könnte, wenn dieses Vorrecht aufgehoben sei. Dasselbe führe zur vollständigen wirthschaftlichen Ruinirung des Miethers, und es sei Aufgabe der heutigen Gesetzgebung, den wirthschaftlichen Schutz des Schwachen gegenüber der Ausbeutung durch den Stärkeren — und der Miether sei gegenüber dem Vermiether der Schwächere — zu bewirken und zu gestalten. Ein Redner verallgemeinerte diesen Gedanken noch dahin, daß er auszuführen versuchte, es müßten bei der neuen Codification unseres Privatrechtes dem Volke in socialer Beziehung Wohlthaten erwiesen werden; man müsse dem Volke nicht Steine, sondern Brot geben, die Gesetzgebung müsse von volksthümlichen Anschauungen ausgehen, und die Volksanschauung erfordere gebieterisch die Aufhebung dieses Privilegs.

M. H., die Mehrheit der Abtheilung wollte diesem Gedankenfluge nicht folgen, sie stellte sich auf einen mehr nüchternen Standpunkt. Auch die Mehrheit verkannte freilich nicht, daß die socialpolitische Seite der Wohnungsfrage bei der Gestaltung unseres Privatrechtes eine erhebliche Rolle spiele, aber sie wies doch die Bedeutung dieser Frage in bestimmte Grenzen zurück. Die Mehrheit war der Meinung, daß in socialpolitischer Beziehung nur eine Begrenzung, nicht eine vollständige Aufhebung des Vorrechts sich vernothwendige. Es sei in socialpolitischer Beziehung unzulässig, daß das Recht des Vermiethers die vermögensrechtliche Vernichtung des Miethers herbeizuführen im Stande sei. Dergleichen egoistische Bestrebungen könne das Recht nicht dulden, die Gesetzgebung müsse hier ebenso wie im Zwangsvollstreckungsverfahren dem Gläubiger den Zügel der Enthaltsamkeit anlegen, und das führe nicht zur Aufhebung, sondern nur zur Beschränkung des Rechtes auf die pfändbaren Sachen des Schuldners.

Für diese Beschränkung des Rechtes hat sich die überwiegende Mehrheit der Abtheilung ausgesprochen; es waren nur ganz vereinzelte Stimmen für Aufrechterhaltung dieses Vorrechts ohne diese Beschränkung.

Bezüglich der rein juristischen Seiten der Frage entstanden in der Abtheilung zunächst Meinungsverschiedenheiten bezüglich der Beweislast. Die Opposition gegen die Beibehaltung des Rechtes versuchte den Verfechtern des Rechts gegenüber, diesen die Beweislast aufzubürden. Die Herren Opponenten waren der Meinung, es handle sich hier um ein Ausnahmerecht; wer dafür sei, müsse beweisen, daß dieses Recht in rechtlicher und moralischer Beziehung erforderlich und nützlich sei. Gelinge dieser Beweis nicht, so dürfe der Vermiether anderen Gläubigern gegenüber keinen Vorzug genießen. Die Gegner dieser soeben vorgetragenen Meinung stellten sich zunächst auf den Standpunkt der historischen Tradition. Sie waren der Meinung, daß die Neubildung des Rechts das Vorhandene, das Geltende nur dann und nur insoweit beseitigen dürfe, als man dasselbe für schädlich erkannt habe. Bezüglich nun der Beibehaltung dieses Instituts ging die Mehrheit von folgenden Gründen aus.

Es sei nicht richtig, wenn von der Gegenseite angeführt werde, daß der Verpächter und Vermiether mit den übrigen Gläubigern gleichstehe. Rechtlich und thatsächlich nehme der Miether den Credit des Vermiethers in Anspruch. Jeder andere Gläubiger brauche keinen Credit zu gewähren, der Vermiether gewähre denselben gewissermaßen durch die Verhältnisse des täglichen Lebens gezwungen. Da erfordere es die Gerechtigkeit, daß dem Vermiether auch eine sichere Aussicht auf Befriedigung verschafft werde. Sei aber ein solches Bedürfniß nach Rechtssicherheit vorhanden, so müsse das Recht selbst solche gewähren. Vernachlässige das Recht diese seine Pflicht, so werde der Vermiether in anderer Weise seine Sicherheit suchen und werde zu Abschlüssen von Käufen und dergleichen nicht empfehlenswerthen Geschäften über das Mobiliar des Miethers kommen, und werde der wirthschaftlich Schwache erst recht in die wirthschaftliche Calamität kommen. So erfordere das eigene Interesse des Miethers dieses Vorrecht, da er nur so leicht und bequem seinem Wohnungsbedürfnisse abzuhelfen im Stande sein werde.

Zu diesem Gesichtspunkte gesellt sich dann nach Anschauung der Mehrheit der Abtheilung die Rücksicht auf den Immobiliarcredit. Der Mieth- und Pachtzins sei zur Deckung der auf dem Grundstück ruhenden Lasten und Zinsen bestimmt, der Miethzins müsse deshalb unter allen Umständen sichergestellt werden, sonst werde der Realcredit darunter leiden. Damit erschien, um auf die Beweisfrage zurückzukommen, — ich will mich vorsichtig ausdrücken, m. H. — der Gegenbeweis gegen die Nichteinführung dieses Rechtes erbracht. Das Urtheil der Abstimmung fiel also zu Ungunsten der Opponenten aus.

Bezüglich der Frage nach der Erstreckung des Vorrechts auf fremde Sachen erschien es der Abtheilung recht und billig, daß wenigstens die Sachen des Ehegatten des Miethers und seiner Kinder, solange die häusliche Gemeinschaft bestehe, dem Pfandrecht unterworfen werden, da diese Personen den Nutzen der Wohnung mitgenössen. Eine weitere Ausdehnung wurde abgelehnt. Die Rücksicht auf die übrigen Gläubiger des Miethers und Pächters erfordert nach Anschauung der Abtheilung eine Beschränkung des Rechts nach der Zeit und der Art der Forderung, wie solches in den Maßgaben 1 und 2 unseres Antrages, welcher zum Beschluß erhoben wurde, und welchen ich gleich verlesen werde, angeführt ist. Auch schien es angemessen, bei der Zurücklassung geeigneter Sicherheit durch den Miether das Retentionsrecht des Vermiethers zu beschränken.

Endlich noch die Bemerkung, daß die Abtheilung in ihrer Mehrheit sich bezüglich der künftigen Gestaltung dieses Rechtes positiv mit der Fassung des § 521 des Entwurfs eines bürgerlichen Gesetzbuchs einverstanden erklärt hat, da sie der Meinung war, daß diese Gestaltung in juristischer Beziehung vortrefflich gelungen sei.

Der Beschluß der Abtheilung lautet also wie folgt:

Es empfiehlt sich, das gesetzliche Pfandrecht des Verpächters und Vermiethers beizubehalten, und zwar in der diesem Rechte im § 521 Abs. 1—4 des Entwurfs eines bürgerlichen Gesetzbuchs gegebenen Gestaltung und mit folgenden Maßgaben:

daß einmal das Pfandrecht für den künftigen Miethzins, falls der Vertrag nicht mehr auf ein Jahr läuft, auf die Zeit bis zu seinem Ablaufe, andernfalls auf das laufende Kalenderjahr und ein darauf folgendes Jahr zu gewähren;

daß ferner das Pfandrecht nicht wegen aller künftigen Forderungen, sondern nur wegen künftigen Mieths- und Pachtzinses zu gewähren;

daß endlich der Verpächter und Vermiether nicht berechtigt ist, der Entfernung der Pfandsachen zu widersprechen, sofern so viele Pfandsachen auf dem Mieth- resp. Pachtgrundstücke zurückbleiben, als zur Deckung der Forderungen, für welche das Pfandrecht gewährt wird, hinreichen;

daß dagegen das Pfandrecht auch auszudehnen ist auf die dem anderen Ehegatten und den Kindern des Schuldners gehörigen eingebrachten Sachen, solange die häusliche Gemeinschaft derselben mit dem Schuldner dauert.

Vicepräsident Dr. **Drechsler:** Nun dürfte ich vielleicht Herrn Prof. Dernburg ersuchen, zur Frage 9 zu referiren.

Referent Geh. Justizrath Prof. Dr. **Dernburg** (Berlin): M. H., die Frage 9 geht dahin, ob die vier Hauptformen der Hypothek, die der Entwurf normirt, beizubehalten sind? Diese vier Hauptformen haben noch gewisse Nebenformen, auf die aber hier nicht weiter einzugehen ist. Es ist klar, daß die Frage einerseits einen formalen Charakter hat: soll überhaupt eine so große Mehrheit von Formen für das Hypothekenwesen in Deutschland, also in demselben Rechtsgebiete neben einander sich finden? und andererseits eine materielle Frage von der allergrößten Tragweite ist und das ganze Hypothekenwesen betrifft, nämlich die Frage: Sind diese vier Hypothekenformen den Verkehrsbedürfnissen entsprechend? M. H.! Die Frage hat also die Tragweite, daß das ganze Hypothekenwesen des Entwurfes in seinen Hauptzügen in Berathung gezogen werden muß. Die Meinungen der Berichterstatter waren getheilt.

Ich muß zunächst versuchen, die vier Formen in der Kürze in ihrer Wesenheit darzulegen. Es handelt sich um drei Formen, bei denen die Grundidee ist, daß der die Hypothek von dem Gläubiger Erwerbende, derjenige also, dem die Hypothek abgetreten wird, gesichert ist, so daß die Hypothek in seiner Hand rechtskräftig wird, wenn sie auch ursprünglich mangelhaft, schlecht, leer und, ohne daß ein Darlehn gewährt ist, constituirt, oder wenn sie durch Zahlung erledigt war. Drei Formen also gehen davon aus, daß, wer von dem bisherigen Gläubiger die Hypothek erwirbt, vollständig geschützt ist. Es besteht ein tiefer wirthschaftlicher Grund, um einen solchen Schutz zu geben. Der Gläubiger, der sein Geld will, hat nur zwei Wege, zu diesem Gelde zu kommen. In der Regel hat der Besitzer Liegenschaften, Gebäude, aber nicht Geld, um das Capital abzuzahlen. Der Gläubiger kann also einmal die Abtretung der Hypothek vornehmen, es kann sich zu diesem Zwecke ein Markt bilden, auf welchem die Hypothek abgetreten wird, ebenso wie man z. B. Staatspapiere verwerthet. Die Abtretung ist also der eine Weg. Der andere ist die Subhastation, die Zwangsversteigerung, die Zerstörung der Existenz des Grundbesitzers. Es ist begreiflich, daß das Recht praktischer Weise vorzugsweise die Abtretung zu begünstigen bestrebt sein muß. Es war vor allem der große Suarez, welcher seiner Zeit das preußische Hypothekengesetz in seinen Grundzügen festgelegt hat, der auf den Gesichtspunkt, die Abtretung der Hypothek an redliche Erwerber zu fördern, den entscheidenden Werth legte, der ein Hypothekenrecht construirte, in welchem diese Abtretung außerordentlich erleichtert, die Subhastation erschwert war.

M. H., auf dieser Basis hat sich das preußische Hypothekenwesen entwickelt. Wie gesagt, der redliche Erwerb einer Hypothek durch Rechtsgeschäft wird geschützt. Es ist das die Eigenschaft der Hypothek, derentwegen man sie Verkehrshypothek nennen kann.

Dieser Verkehrshypothek giebt auch der Entwurf Raum, und er hat für dieselbe nicht weniger als drei Formen geschaffen. Nämlich als erste Form die Buchhypothek, d. h. es wird über diese Hypothek kein Hypothekenbrief ausgefertigt, es wird der neue Erwerber der Hypothek nur Gläubiger durch die Eintragung in dem Buch, diese Eintragung giebt dem redlichen Erwerber der Hypothek von dem ursprünglichen Gläubiger die von mir bezeichneten Rechte.

Die andere Form, die damit verwandt ist, ist die Briefhypothek. Die Meinung ist die, daß über die Hypothek ein Brief ausgestellt wird, wie wir solche Briefe gewohnt sind bei fast allen mobilen Werthen, bei Staatspapieren und den ihnen ähnlichen Werthen. Die Hypothek wird mit dem Brief, in dem sie sich verkörpert, übertragen. Das ist die Form, welche in Preußen gilt, nur mit ganz seltenen Ausnahmen, die im Leben fast verschwinden.

Nun kommt aber noch eine dritte Form, die Grundschuld. Ja, m. H., das ist eine ganz eigenthümliche Sache. Da soll nämlich eine Summe aus dem Grundstück heraus geschuldet werden, ohne daß man irgendwie weiß, ob das materiell begründet ist, ob ein Schuldverhältniß zu Grunde liegt, ohne daß auf die causa, wie man sagt, irgendwie Rücksicht genommen wird. Es soll das eine glatte Form sein, eine Form, bei der man nicht weiter fragt: woher kommt das Recht und wohin geht es? und bei der eben der Grundbesitzer eventuell leicht, ohne daß er irgend welche Werthe erhalten hat, zur Zahlung genöthigt werden kann.

Das sind die drei Formen der Verkehrshypothek, welche der Entwurf zusammen dem deutschen Volke anbietet. Dann kommt noch eine vierte, die Sicherungs-Hypothek, die anderer Art ist, bei welcher von einem Hypothekenmarkt, von irgend einem Verkehr mit der Hypothek, von einer coulanten Abtretung nicht die Rede sein kann, bei welcher der künftige Erwerber allen Einreden aus dem ursprünglichen Verhältniß unterliegt. Wenn die

Hypothek auch 10, 20, 30, 40, 100 Jahre besteht, dann kann immer noch auf das ursprüngliche Verhältniß selbst in der Hand dritter Erwerber zurückgekommen werden.

M. H.! Der eine von den Berichterstattern war der Meinung, es sollte anstatt dessen eine einheitliche Hypothek geschaffen werden mit einem gewissen Spielraum für besondere Verkehrsbedürfnisse. Der andere Berichterstatter war der Ansicht, wir sollten die vier Formen, die der Entwurf vorschlägt, beibehalten.

Der erstgenannte Berichterstatter ging vor allen Dingen davon aus, daß es ein Unicum in der Gesetzgebung ist, ein Novum befremdlichster Art, daß in derselben Rechtsgemeinschaft für ein Verhältniß derselben Art dem Verkehr vier Formen zur Disposition gestellt werden, daß hierdurch eine sehr große Verwirrung im Verkehr eintreten müsse, daß, da diese verschiedenen Formen in den wichtigsten Beziehungen ganz verschieden normirt werden, das Publicum im Unklaren bleiben werde, welche Form bestehe, wie die Hypothek abzutreten sei, daß dadurch eine Unsicherheit entstehe, welche denjenigen, die auch im Hypothekenverkehr im Trüben fischen wollen, bequeme Handhabe biete. Dieser Berichterstatter ging ferner davon aus, daß die Hypothek, die der Entwurf Sicherungshypothek nennt, dem Wesen des Grundbuchs widerspreche, da hiernach der Erwerber von dem ursprünglich eingetragenen Hypothekar kein festes Recht erhalte, daß das eine Form sei, die überlebt sei, die doch nur eine Scheinexistenz führen werde, die weder dem Gläubiger dienen könne, weil er sie nicht leicht abtreten könne, noch auch dem Schuldner, weil, wenn der Gläubiger die Hypothek nicht coulant abtreten kann, er zur Subhastation gedrängt ist. Er ging also davon aus, daß diese Sicherungshypothek ein caput mortuum sei, abgesehen von besonderen Fällen, für die in anderer Weise Vorsorge zu treffen wäre. Er fragte weiter: ist es nöthig, für die Verkehrshypothek drei Formen zu schaffen? und hat auch diese Frage verneint, weil er von der Ansicht ausging, daß *eine* zweckmäßig ausgebildete Form besser sei wie drei sehr unvollkommene Formen. Er hat nämlich dem Entwurf den Vorwurf gemacht, daß er den einfachen Gedanken, daß der redliche entgeltliche Erwerber einer Hypothek geschützt sein solle, in einer Weise und zwar in allen drei Formen ausgebildet habe aus abstract dogmatischen Erwägungen, welche dem Grundbesitzer aufs Aeußerste schädlich sein muß. Denn während das preußische Recht ursprünglich von der Ansicht ausging, daß nur derjenige, der durch ein Geschäft auf dem Hypothekenmarkte diese Hypothek erwirbt, geschützt ist, soll nach dem Entwurfe auch der *Gläubiger eines solchen Hypothekars*, welcher für die Hypothek das Geld noch nicht bezahlt hat, oder dem das Geld, das Darlehen schon zurückgezahlt ist, darum weil die Hypothek noch nicht gelöscht oder eine Vormerkung nicht eingetragen ist — der Gläubiger dieses Hypothekars soll nach dem Entwurfe diese Hypothek pfänden können, und der Schuldner dieses Hypothekars, der Grundbesitzer, der niemals einen Pfennig für die Hypothek bekommen oder die Hypothek längst bezahlt hat, dieser soll von dem Gläubiger des Hypothekars genöthigt werden können, zu bezahlen; der Gläubiger muß, wenn er eine Kuh pfändet, die dem Hypothekar nicht gehört, sie herausgeben; wenn er aber die Hypothek pfändet, die dem Hypothekar auch in Wirklichkeit nicht zusteht, dann soll der Grundbesitzer zahlen müssen.

In dieser Hinsicht also hat der eine Berichterstatter den Entwurf als einen grausamen für die Grundbesitzer erklärt; er hat noch eine Reihe von anderen Punkten hervorgehoben, in welchen der Grundgedanke, daß ein redlicher Erwerber, der gegen Entgelt die Hypothek erworben, geschützt ist, dahin mißdeutet ist, daß auch durchaus unredliche, die nichts für die Hypothek gegeben haben, einen vollen Schutz bekommen zum Nachtheil des Grundbesitzers, welcher zahlen muß.

Dieser Berichterstatter hat dann weiter auf schwere constructionelle Mängel der Hypothek des Entwurfs hingewiesen. Er hat — ich kann hier nicht alle Details hervorheben — sich dahin resümirt, daß die Briefhypothek die einzig berechtigte Form für den heutigen Verkehr und die heutigen Verhältnisse sei, darum weil sie den besten Markt für die Hypotheken ermöglicht, daß aber diese Briefhypothek in einer Weise gestaltet werden müsse, daß nicht nur einseitig die Interessen des Capitals, sondern auch die Interessen des Grundbesitzes, soweit es mit den Grundlagen der ganzen Institution vereinbar ist, geschützt werden. Sie sehen also, m. H., daß dieser Berichterstatter auf eine materielle Kritik des ganzen Hypothekensystems des Entwurfs einging und auch nicht umhin konnte, auf eine solche materielle Kritik des Entwurfs einzugehen. Freilich ein sehr weit aussehendes Verfahren.

Der andere geehrte Berichterstatter hat zwar in sehr vielen Punkten den Ausführungen des ersten Berichterstatters zugestimmt, allein er hat sich doch principiell mit dem Antrag desselben nicht einverstanden erklärt, und zwar ging er vorzugsweise von drei Erwägungen aus. Wenn es auch richtig sei, meinte er, daß, wenn Deutschland ein Gesetzbuch erhalten sollte, das beste gerade gut genug ist, so ist doch, nahm er an, nachdem so viele Mühe und Arbeit auf den Entwurf verwendet wurde, und dieser einmal vorliegt, damit eine feste Grundlage für das Gesetzbuch und den erstrebten einheitlichen Zustand gewonnen. Man muß es daher ablehnen, durch eine weitere Bearbeitung andere Grundlagen zu schaffen. Der zweite Grund war: die Aufgabe des bürgerlichen Gesetzbuchs ist nicht, mit schöpferischem Geist ein nationales Zukunftsrecht zu schaffen, sondern auf der Grundlage des geltenden Rechts und unter Schonung der verschiedenen Rechtssysteme das, was Recht ist und bestehenswerth ist, zusammenzustellen. Beim Pfandwesen insbesondere sei Schonung nöthig, Einförmigkeit solle nicht erstrebt werden, den Betheiligten müsse freigestellt werden, zu nehmen, was sie nehmen wollten.

Ein anderer Herr Redner sagte in gleichem Sinn: willst du eine Buchhypothek, so hast du eine Buchhypothek; willst du eine Briefhypothek, so geben wir dir eine Briefhypothek; willst du eine Grundschuld, so geben wir dir eine Grundschuld; willst du eine Sicherungshypothek, so bekommst du eine Sicherungshypothek.

(Heiterkeit.)

Endlich aber hat jener Herr Berichterstatter besonderes Gewicht darauf gelegt, daß es die Aufgabe und Stellung des Juristentages sei, nicht weiter in die Details des Entwurfs einzugehen. Es habe der Deutsche Juristentag von jeher begehrt, daß das deutsche Hypothekenrecht nach den Grundsätzen der Specialität geregelt werde, nach dem Princip, das das Grundbuch die Grundlage des Hypothekenwesens sei. Diesem Begehren des Juristentags habe, wie anzuerkennen ist und wie ich auch anerkenne, der Entwurf genügt. Er habe auf den Grundlagen des Grundbuchs mit den Principien der Oeffentlichkeit und Specialität ein Grundbuchwesen geschaffen. Das sei eine dankenswerthe Erscheinung und gegenüber namentlich dem französischen Rechte ein kaum hoch genug zu bemessender Fortschritt. Nachdem dieser Fortschritt gemacht sei, so sei es nicht Aufgabe, in Einzelheiten einzugehen und den Entwurf zu kritisiren. — Das war im Wesentlichen der Standpunkt des anderen Herrn Berichterstatters.

Dieser Standpunkt fand in der Abtheilung Vertretung, insbesondere hat auch die Buchhypothek Befürwortung gefunden, aber er fand auch Bekämpfung.

Ich hebe noch hervor, daß in Bezug auf die Frage von einem höchst sachkundigen Mitgliede der Versammlung ein Gutachten erstattet war, welches indessen nur gewisse einzelne Seiten der Sache in Erwägung zog, und daß dieses Gutachten im Grunde zu einem anderen Resultate kam, als die beiden Berichterstatter.

Sie begreifen, m. H., daß das Thema einerseits von außerordentlicher Wichtigkeit ist für die socialen und wirthschaftlichen Verhältnisse, für die Verhältnisse des mobilen und immobilen Capitals, daß es sich um die tiefgreifendsten Fragen handelt, und daß ein solches Thema kaum auf den ersten Wurf von einer Abtheilung des Juristentages, die noch dazu schwach besucht war, zu einer Regelung, ja auch nur zu einem vorläufigen Abschlusse geführt werden konnte. Es hat daher die zweite Abtheilung beschlossen, die Frage, sei es in derselben, sei es in einer anderen Gestalt auf den künftigen Juristentag zu verschieben, inzwischen aber noch neue Gutachten über die Frage zu veranlassen. Wir sind hiernach zu keinem abschließenden Resultate gekommen; wir haben vorläufig unsere Ansichten ausgetauscht. Wir hoffen, daß es dem nächsten Juristentag gelingen wird, ein abschließendes Resultat zu erreichen.

(Bravo!)

Vicepräsident Dr. **Drechsler:** Ich danke dem Herrn Referenten. Wir kommen zu Punkt 6:

> Ist das durch § 574 des Entwurfs eines bürgerlichen Gesetzbuchs zugestandene Pfandrecht des Werkmeisters an beweglichen Sachen auch auf unbewegliche Sachen zu erweitern und in welcher Gestalt?

Referent Justizrath **M. Levy** (Berlin): Ueber diese wirthschaftlich recht wichtige Frage lagen zwei Gutachten vor, welche übereinstimmend die Frage bejahten, mit der Maßgabe, daß dem Uebernehmer eines Bauwerkes entsprechend den Vorschriften, welche im Rechtsgebiete des allgemeinen preußischen Landrechts sowie im Gebiete des bayerischen Hypothekengesetzes von 1822 und des württembergischen Pfandgesetzes von 1825 gelten, ein gesetzlicher Pfandtitel, also ein Recht zur Sache, auf die unbewegliche Sache einzuräumen sei. Die Herren Gutachter wichen aber in ihren praktischen Vorschlägen zur Verwirklichung dieses Pfandrechtes von einander sowohl in materieller, als auch in formeller Hinsicht ab. Diesen Gutachten gegenüber hatte der Referent im Einklange mit dem Entwurfe des bürgerlichen Gesetzbuches den Antrag gestellt, die gestellte Frage zu verneinen, also die Ausdehnung des gesetzlichen Pfandrechtes an beweglichen Sachen, wie es nach § 574 des Entwurfs dem Werkmeister eingeräumt ist, zu verbieten. Er suchte auszuführen, daß es sich um ein Privilegium handle, für welches weder theoretische noch wirthschaftliche Gründe sprächen; insbesondere sei die Analogie des dem Werkmeister an beweglichen Sachen zugestandenen Pfandrechts nicht zutreffend, da der gesetzgeberische Gedanke desselben auf unbewegliche Sachen nicht anwendbar, und jenes Pfandrecht auch außerhalb des Concurses wenig praktisch sei. Der Pfandtitel für unbewegliche Sachen sei kein dringendes Bedürfniß, die Sicherstellung des Baumeisters könne ja durch Cautionshypotheken im Wege freier Vereinbarung erfolgen und sei auch thatsächlich namentlich da in Uebung, wo der Pfandtitel nicht gewährt werde, wo er im einzelnen Falle fehle. Daß das Gesetz von dem Werkmeister, was von den Gutachtern namentlich geltend gemacht wurde, die Vorleistung fordere, sei kein zureichender Grund für die Gewährung eines Privilegiums. Denn ein gesetzlicher Zwang zur Vorleistung werde doch nicht ausgeübt, während andererseits der durch die Verhältnisse, insbesondere auch durch die Concurrenz gebotene Zwang zur Vorleistung, bezw. Creditirung auf allen Gebieten des Verkehrs ein herrschender sei. Ueberdies sei der Werth des Pfandrechts selbst sehr problematisch, insoweit es sich nämlich bloß um die Sicherstellung der Baumeister oder Bauhandwerker handle, und das sei ja der eigentliche Grund, um dessen willen es überhaupt gefordert werde. Denn bei unsicheren Bauunternehmungen führt die Eintragung überhaupt zu sicheren Hypotheken nicht mehr, und gerade für diese Nothfälle habe die Praxis einen ganz anderen Ausweg gefunden. Es wird da in wirksamerer Weise für die Bauhandwerker dadurch Sicherheit geschaffen, daß von den Baugeldern, die jene Bauunternehmer aufnehmen, gewisse Raten an die betreffenden Bauhandwerker abgetreten werden. Der eigentliche Werth des Privilegiums in den Augen der Baumeister oder Bauhandwerker besteht nach Ansicht des Referenten nicht in der Sicherstellung, sondern darin, daß das Privilegium geeignet ist, einen Druck auszuüben auf langsame Zahler und auch namentlich in Fällen von Streitigkeiten zwischen Bauherren und Baumeistern. Ein solcher Druck aber sei gesetzgeberisch nicht zu billigen. Auch sonst würde dieses Privilegium leicht zu mißbräuchlicher Anwendung verleiten und verleite dazu in der That, wie durch Beispiele erläutert wurde.

Bei der hierauf folgenden Discussion, in welcher einer der Herren Gutachter einen selbständigen, dem Vorschlage des Referenten entgegengesetzten Antrag einbrachte, zeigte sich eine sehr starke Strömung zu Gunsten des Pfandrechtstitels. Es meldete sich namentlich kein einziger Redner zur Unterstützung des Referenten. Demselben wurde Folgendes entgegengehalten. Der Pfandrechtstitel wurzele schon im römischen Recht. Es sei nur billig, daß demjenigen, welcher ein Gebäude hergestellt oder ausgebessert habe, auch eine vorzugsweise Befriedigung aus der errichteten oder ausgebesserten Sache gewährt werde. Aufgabe der Gesetzgebung sei der Schutz der redlichen Arbeit, und man müsse deshalb einem gesetzlichen Mittel Beifall zollen, welches dieser Aufgabe gerecht werden wolle. Die Möglichkeit des Mißbrauchs sei kein Grund, ein Institut zu beseitigen, welches sich im Ganzen als segensreich bewährt habe, und auf welches die Bauinteressenten selbst in mehrfachen Beschlüssen ihrer Vereinigungen großen Werth zu legen schienen. Der Referent replicirte darauf, daß die Berufung auf die in rem versio consequent dazu führen würde, den

Pfandrechtstitel nicht allein dem Werkmeister, sondern auch jedem Lieferanten von Materialien, ja auch dem Baugeldgeber zu gewähren, und daß das Privilegium nicht bloß gelegentlich gemißbraucht werde, sondern geradezu zum Mißbrauch verleite, daß dasselbe nach seiner Quelle, dem preußischen Landrecht, mit dem längst veralteten und verworfenen Systeme der verschiedenen Vorrechtsklassen im Concurse zusammenhänge, und daß es auch wirthschaftlich deshalb zu verwerfen sei, weil es die Interessenten verleite, sich im Vertrauen auf seine meist illusorische Wirksamkeit nicht im Voraus genügend zu sichern. Sodann wurde der Antrag des Referenten mit einer geringen Majorität mit 21 gegen 20 Stimmen angenommen, und ich wurde beauftragt, dies zur Kenntnißnahme des Plenums zu bringen, was ich hiermit gethan habe.

(Zuruf: Abgelehnt!)

Justizrath **M. Levy:** Der Antrag des Referenten ging dahin:

> Das durch § 574 des Entwurfs eines bürgerlichen Gesetzbuchs zugestandene Pfandrecht des Werkmeisters an beweglichen Sachen ist auf unbewegliche Sachen nicht auszudehnen.

Dieser Antrag wurde angenommen mit einer Majorität von 21 gegen 20 Stimmen.

Präsident: Ich ersuche den Herrn Ober-Landesgerichtsrath Thomsen, über Nr. 10, das Privatpfändungsrecht betreffend, zu referiren.

Referent Oberlandesgerichtsrath **Thomsen:** M. H., die letzte Frage in unserer 2. Abtheilung betraf das Privatpfändungsrecht, dieses uralt germanische Institut. Es hat sich in fast allen Staaten Deutschlands jetzt noch in der Form erhalten, daß, wenn ein Thier eine Beschädigung an einem Grundstücke verübt, dieses Thier selbst als Pfand in Besitz genommen werden darf, daß es ferner gestattet ist, wenn Personen eine solche Beschädigung üben an einem Grundstücke, oder Handlungen begehen, welche eine Rechtsanmaßung enthalten, diesen Personen eine Sache als Pfand abzunehmen. Ersteres wird die Thierpfändung gewöhnlich genannt, letzteres die Personalpfändung. Der Entwurf zum bürgerlichen Gesetzbuch, resp. zum Einführungsgesetze des bürgerlichen Gesetzbuches erklärt nach den Motiven die Beibehaltung dieses Pfandrechtes für gerechtfertigt, will aber alles den Landesgesetzgebungen überlassen: die Frage, ob dieses Princip aufgestellt werden soll, sowie auch die nähere Regelung. Das vom Herrn Rechtsanwalt Mörschell erstattete Gutachten will dieses Pfändungsrecht total beseitigen, weil die im Entwurf enthaltenen Bestimmungen über Selbsthülfe hier zutreffen und genügend das Bedürfniß decken. Die Abtheilung hat nun zunächst diejenige Seite des Pfändungsrechts, welche sich auf Rechtsanmaßung, auf den Besitzschutz bezieht, für überflüssig erachtet, weil hier die Bestimmungen des Entwurfes über den Besitz und über den Schutz des Besitzes vollkommen ausreichend seien. Sodann wurde von der Abtheilung für überflüssig und ungerechtfertigt gehalten die Personalpfändung, und zwar wesentlich aus dem Grunde, weil hier eine große Gefahr von Excessen und Gewaltthätigkeiten vorliege, und auch hier theilweise allerdings die Bestimmungen über Selbsthülfe eintreten. Dagegen hat die Abtheilung die Thierpfändung für gerechtfertigt erklärt und zwar hauptsächlich aus dem Grunde, weil hier die Gefahr von Gewaltthätigkeiten in verschwindendem Maße nur vorliege, und weil in dem beiderseitigen Interesse, des geschädigten Grundbesitzers und des Thiereigenthümers, bei den thatsächlich so zahlreichen, regelmäßig unbedeutenden Beschädigungen von Grundstücken durch Thiere, hier ein einfaches, von jeher als zweckmäßig erprobtes Mittel geboten werde, ohne processualische Weitläufigkeit, wie sie mit der Selbsthülfe nach dem Entwurf verknüpft sein würde, durch Zahlung des sog. Pfandgeldes oder Einlösung des Pfandes diese Sache einfach und schleunigst zu erledigen.

Was nun die formale Seite anbelangt, so hat die Abtheilung sich dahin erklärt, daß im Interesse der Rechtseinheit das Princip als solches festgestellt werden müsse in dem Reichsgesetz, daß dagegen mit Rücksicht auf die so sehr verschiedenen Agrarverhältnisse der einzelnen deutschen Staaten die nähere Regelung in den Einzelheiten den Landesgesetzgebungen überlassen werde.

In diesem Sinne sind die Anträge, welche ich als Referent gestellt hatte, zum Beschluß erhoben und zwar dahin:

Es empfiehlt sich für das D.B.G.B.:

1. das Privatpfändungsrecht insoweit und nur insoweit beizubehalten, als es sich auf die Beschädigung von Grundstücken durch Thiere bezieht,
2. die nähere Regelung dieses Instituts den Landesgesetzgebungen zu überweisen.

(Bravo!)

Präsident: Wir kommen zu der III. Abtheilung, die bei dem großen Reichthum ihrer Themata nicht im Stande war, alle zu erledigen. Auf Rest sind uns drei Themata geblieben: das Thema wegen der Ehescheidungsstrafen, das Thema wegen der Anfechtbarkeit der Schenkungen und die Regelung des Inventarrechts.

Sie genehmigen wohl, daß die rückständigen Themata dem nächsten Juristentag überwiesen werden?

Das ist beschlossen.

Dann bleiben uns nur drei Themata übrig. Zunächst das Rechtsverhältniß der Miterben. Referent Herr Rechtsanwalt Dr. Reatz.

Referent Rechtsanwalt Dr. **Reatz** (Gießen): M. H.! Der III. Atheilung war die Prüfung der Frage überwiesen:

Welche Grundsätze sind im künftigen Deutschen Bürgerlichen Gesetzbuch über das Verhältniß der Miterben und ihre Auseinandersetzung aufzustellen?

Bei der Berathung machten sich folgende Grundsätze geltend.

In einem entschiedenen Gegensatz befindet sich das gemeine Recht mit dem Pr.A.L.R. Nach dem gemeinen Recht treten die sämmtlichen Miterben in die gesammten rechtlichen Beziehungen des Erblassers ein, und es geht insbesondere das ganze Vermögen desselben als eine Einheit auf die Miterben dergestalt über, daß dieselben ideale Antheile an diesem Gesammtvermögen als einer ideellen Sache erhalten. Daneben erhalten sie auch an den einzelnen Nachlaßobjecten ihre ideellen Antheile, und Forderungen und Schulden, insoweit sie theilbare Sachen zum Gegenstand haben, gehen durch ipso jure-Theilung auf die einzelnen Erben über. Zugleich aber erhält auch der Miterbe eine freie Verfügungsgewalt über die ihm angefallenen Activen.

Ein ganz anderes System befolgt das Pr.L.R. Es betrachtet den gesammten Nachlaß als eine Einheit, und es wird den einzelnen Miterben an den einzelnen Nachlaßobjecten gar keinerlei Recht eingeräumt. Es ist dieses System das System der Gesammtrechte und Gesammtverbindlichkeiten, während man das römischrechtliche System das der individuellen Rechte und individuellen Verbindlichkeiten nennen kann.

Der Entwurf hat sich voll und ganz, wenigstens in den wesentlichsten Beziehungen dem römischen Recht angeschlossen. Die Gutachten stehen im Wesentlichen auf dem Standpunkte des Pr.L.R. Der Referent versuchte die Interessen festzustellen, welche überhaupt bei unserer Frage concurriren, und gelangte dabei zu vier Interessen. Er untersuchte zunächst, welcher Art diese Interessen, ob und inwieweit dieselben begründet seien, und schließlich, in welcher Weise die Collision desselben zu lösen wäre, und gelangte zu dem Satze, daß das stärkere Interesse dem schwächeren vorzuziehen sei. Er hat seine Ansichten in allen diesen Beziehungen, die die ganze Lehre umfassen, in neue Sätze gekleidet, die der Abtheilung auch gedruckt vorlagen. Im Wesentlichen hat er den deutschrechtlichen Standpunkt, den das preußische Landrecht eingenommen hat, ebenfalls eingenommen, hat aber ein wesentliches Princip des römischen Rechts für die heutige Zeit als ein entschiedenes Bedürfniß betrachtet, daß nämlich die einzelnen Miterben an den einzelnen Nachlaßobjecten feste Rechte erhalten, und daß die Forderungen und Schulden ipso jure getheilt werden. Im Uebrigen hat er auseinandergesetzt, wie die Rechtsverhältnisse der Erben unter einander, und wie das Rechtsverhältniß der Schuldner und Gläubiger zu den Erben beschaffen, und in welcher Weise die Interessen der Erben, Gläubiger und Schuldner zu wahren seien. Die Abtheilung hat es nicht für angezeigt gefunden, in ein Detail dieser Grundsätze einzugehen, und es wurde der Wunsch ausgesprochen, daß nur folgende zwei allgemeine Grundsätze aufgestellt würden:

1. Die Miterben können über den Actionachlaß und dessen Bestandtheile bis zu der unter ihnen erfolgten Auseinandersetzung nur gemeinschaftlich verfügen.
2. Die Miterben haften für die Nachlaßschulden gemeinschaftlich und solidarisch, soweit sie den Nachlaß besitzen oder erwerben. Die Miterben können indeß diese Haftung durch die Aufforderung an die Gläubiger zur Anmeldung ihrer Forderung ablehnen bezw. beschränken.

Die Abtheilung hat diese beiden Sätze mit großer Majorität angenommen und mich beauftragt, dieselben zu Ihrer Kenntniß zu bringen. (Bravo!)

Präsident: Es folgt noch die Frage der wechselseitigen Testamente, und dann kommt unser Hauptthema, die Frage der Ehescheidungsgründe. Zunächst hat das Wort Herr Professor Enneccerus.

Referent Professor Dr. **Enneccerus** (Marburg i. H.): M. H., die Frage, über welche ich Ihnen zu referiren habe, lautet:

„Verdient die vom Entwurf des bürgerlichen Gesetzbuchs vorgeschlagene Abschaffung der wechselseitigen Testamente Zustimmung?“

Die beiden hierüber erstatteten Gutachten kommen, wenn auch in Einzelheiten abweichend, doch im Ganzen zu dem gleichen Resultat, nämlich daß die gemeinschaftlichen Testamente für Ehegatten beizubehalten, für andere Personen nicht beizubehalten seien, und auf Antrag des Referenten hat ebenfalls in gleicher Weise sich mit einer großen Majorität, die an Einstimmigkeit grenzte, die III. Abtheilung ausgesprochen. Der Beschluß lautet:

„Gemeinschaftliche Testamente können nur von Ehegatten oder Verlobten errichtet werden. Die Gültigkeit der von Verlobten errichteten gemeinschaftlichen Testamente ist durch das Zustandekommen der Ehe bedingt.“

Die Beschränkung auf Ehegatten und Verlobte ist verhältnißmäßig kurz behandelt, da allerseits anerkannt wurde, daß darüber hinaus ein Bedürfniß für gemeinschaftliche Testamente nicht vorhanden sei und also bei den Schwierigkeiten, welche solche immerhin der Rechtsprechung verursachen, von gemeinschaftlichen Testamenten abgesehen werden dürfe. Was aber nun die Beibehaltung des gemeinschaftlichen Testaments für Ehegatten betrifft, so ging der Referent — und ich darf sagen, da in den Hauptpunkten kein Widerspruch sich regte, die Abtheilung selbst — von folgenden Hauptgründen aus.

Das gemeinschaftliche Testament ist nicht durch einen willkürlichen Act der Gesetzgebung geschaffen, sondern aus der Uebung erwachsen. Es gilt gegenwärtig, wenn auch mit einzelnen Verschiedenheiten, auf die ich hier nicht zurückkommen darf, im gesammten Deutschland, mit Ausnahme allein des Gebietes des code civil, und es gilt nicht bloß rechtlich in diesen Gebieten, sondern es befindet sich in wirklich lebendiger Uebung. An vielen Orten ist es so häufig, daß die Errichtung der Testamente durch einzelne Ehegatten als Ausnahme erscheint, und es wird von einem der Herren Gutachter mitgetheilt und wurde von verschiedenen anderen Seiten bestätigt, daß es nicht selten vorkomme, daß ein Ehegatte, der allein zu testiren sich entschlossen hat, das vor dem Notar oder Richter geradezu entschuldigt, fühlend, daß sich eigentlich für Ehegatten mehr ein gemeinsames Testament als ein Testament der einzelnen schicke.

Auch die Motive erkennen im Grunde ein Bedürfniß an. Sie sagen ausdrücklich, daß die Beseitigung der gemeinschaftlichen Testamente als eine Beengung vielfach werde empfunden werden. Dennoch bezeichnen sie die Uebung, die sich in der häufigen Errichtung gemeinschaftlicher Testamente zeigt, als eine abwegige, und sie erklären es für die Aufgabe der Gesetzgebung, diese abwegige Uebung zu beseitigen und die Betretung des richtigen Wegs anzubahnen.

Der Referent und die Abtheilung konnte die Uebung als eine abwegige nicht auffassen, glaubte vielmehr, daß, wie schon von vornherein eine so ständige, weit verbreitete und beliebte Uebung zeige, wohl ein tieferer Grund vorhanden sein müsse, der die Ehegatten gerade dazu veranlaßt, gemeinschaftlich und nicht einzeln zu testiren. Der Grund dürfte folgender sein. Wenn zwei Ehegatten in völliger Lebensgemeinschaft zusammengewachsen sind, wenn sie von denselben Interessen bewegt werden, wenn sie nach denselben Zielen streben, wenn sie namentlich auch in wirthschaftlicher Beziehung vollständig eins geworden sind und nicht mehr „Mein“ und „Dein“ unterscheiden wollen, sondern nur von „Unser“ sprechen, dann kann es in der That nichts Natürlicheres und Selbstverständlicheres geben, als daß sie auf den Gedanken kommen, dieses factisch geeinte Vermögen, mag auch das eheliche Güterrecht noch so verschieden sein, dieses factisch als eine Einheit sich darstellende Vermögen auch nach ihrem Tode ungetrennt auf andere Personen übergehen zu lassen. Und wenn sie das wollen und den gleichen Willen haben in Bezug auf das von ihnen als eins vorgestellte Vermögen, dann ist doch nichts natürlicher, als daß sie diesen einen gleichen Willen auch in einer einzigen Urkunde erklären. Sie fragen sich nicht mehr: willst du dein Testament machen, soll ich mein Testament machen? sondern sie fragen: wollen „wir" „unser" Testament machen? Und schon diese Fragestellung führt darauf, daß sie ganz anders den Einzelbestimmungen, die sie treffen wollen, gegenüberstehen, als wenn sie separate Testamente machen. Sie wissen von vornherein, wenn sie dazu vorschreiten: nicht der Wille des Einzelnen soll über das einzelne Vermögen entscheiden, sondern der gemeinsame Wille Beider soll das als gemeinsam gedachte Vermögen Beider regeln. So führt die gemeinschaftliche Form mit Nothwendigkeit zu einer größeren Gemeinschaftlichkeit des Inhalts, und wenn die Gesetzgebung den m. E. sehr verkehrten Schritt machen würde, diese geeinte Urkunde in zwei zu zerreißen, so würde sie dadurch jeden einzelnen Ehegatten seinem eigenen Willen entgegen auf seine eigenen besonderen Interessen, seine besonderen Wünsche verweisen und würde dazu führen, daß die Gemeinschaftlichkeit des Testirens nicht bloß äußerlich, sondern in vielen Dingen auch in Bezug auf den Inhalt zurückgedrängt würde. Durch das Verbot des gemeinschaftlichen Testaments wird den Ehegatten eins der wichtigsten Mittel entzogen, ihre innige Lebensgemeinschaft auch durch gemeinschaftliche Verfügung von Todes wegen zu bethätigen und dadurch das eheliche Band zu befestigen.

Die Motive glauben nun freilich, daß etwas Aehnliches auf andere Weise erreicht werden könnte. Sie verweisen zunächst auf die correspectiven Testamente, zwei getrennte Testamente. Also mit anderen Worten: der Mann soll testiren: ich setze meine Frau zum Erben ein, wenn sie mich einsetzt und wenn sie ihr Testament nicht zurücknimmt; und dann soll die Frau wieder in ihrem Testamente sagen: ich setze meinen Mann ein, wenn er mich zum Erben einsetzt und sein Testament nicht zurücknimmt.

M. H., daß dadurch die Schwierigkeiten, die das gemeinschaftliche Testament bietet, nicht aufgehoben, sondern vermehrt würden, geht schon daraus hervor, daß vielleicht jeder das Testament des Andern nicht genau kennt, und nun Zweifel entstehen, bezüglich welcher Bestimmungen des ihm nicht genau bekannten Testamentes des anderen Ehegatten er die Correspectivität anordnen wollte. Aber auch aus verschiedenen anderen thatsächlichen Gründen — und darüber herrschte, glaube ich, nur eine Stimme — sind diese getrennten correspectiven Testamente überhaupt für Ehegatten gar nicht gangbar. Ich möchte den Ehemann sehen, der so testiren mag, selbst wenn es ihm sein Notar anrathen sollte, und möchte die Ehefrau sehen, die sich nicht davor scheut, ein derartiges Testament zu machen. Ich glaube also, daß dieser ganze Weg vollkommen ungangbar ist.

Kaum mehr gangbar aber dürfte sich der andere von den Motiven vorgeschlagene Weg empfehlen, nämlich Erbverträge zu machen mit Widerrufsclausel. Auch dadurch werden die Schwierigkeiten keineswegs vermindert. Außerdem aber tragen auch solche Bestimmungen das gegenseitige Mißtrauen auf der Stirn. Denken Sie, m. H., Ehegatten machen gemeinschaftlich einen Erbvertrag und setzen hinein: Jeder soll aber einseitig diesen Erbvertrag aufheben können. Wie häufig werden Ehegatten durch eine derartige Bestimmung — und wir haben es nicht mit Juristen, sondern mit Laien zu thun — stutzig werden, wie häufig werden sie auf die gemeinschaftliche Verfügung überhaupt verzichten. Sodann aber tritt als besonderer Nachtheil ein, daß bei solchen Erbverträgen mit Widerrufsclausel, wenn der Eine widerruft, immer auch der ganze Erbvertrag ungültig werden würde, während bei correspectiven Testamenten in der Regel nur einzelne Bestimmungen von einzelnen bestimmten anderen abhängen, also wenn gleichgültige Bestimmungen geändert werden sollten, keine Ungültigkeit eintreten würde.

Die Schwierigkeiten, welche unleugbar mit den gemeinschaftlichen Testamenten verbunden sind, lassen sich, wie der Referent ausführte, und wie auch von anderer Seite bestätigt wurde, sehr wohl durch eine zweckentsprechende Regulirung der Einzelbestimmungen des gemeinschaftlichen Testaments beseitigen. Auf die Art, wie diese Einzelbestimmungen zu fassen wären, kann ich hier nicht wohl zurückkommen, nur will ich bemerken, daß in Bezug auf einzelne Punkte allerdings Meinungsverschiedenheiten herrschten, und namentlich darüber gestritten wurde, ob der Ehegatte, der aus dem correspectiven Testamente des zuerst verstorbenen Ehegatten die Erbschaft angetreten hat, sein Testament noch revociren könne oder nicht, mit anderen Worten, ob ein bedingter Erbvertrag für diesen Fall in dem correspectiven Testamente liege. Schließlich wurde indessen von beiden Seiten anerkannt, daß, wenn selbst die Entscheidung in diesem Punkte anders fallen sollte, wie man sie sich vorstellte, man doch die Aufrechterhaltung des gemeinschaftlichen Testaments einer Beseitigung desselben unbedingt vorziehe. So war es angezeigt, da ja der Juristentag sich mit den Einzelheiten kaum beschäftigen kann, daß die von beiden Seiten in Beziehung auf diese Einzelheiten gestellten Anträge zurückgezogen wurden, und man sich darauf beschränkte, die Aufrechterhaltung der gemeinschaftlichen Testamente in dem Ihnen schon früher mitgetheilten Beschlusse auszusprechen, ein Ausspruch, der wie ebenfalls schon erwähnt, fast mit Einstimmigkeit erfolgte. Die dritte Abtheilung hat damit implicite ausgesprochen, daß es nicht die Aufgabe der Gesetzgebung ist, zum Zwecke der Erleichterung des Richters lebendige Rechtsentwickelungen abzuschneiden oder durchgreifend zu corrigiren, sondern daß sie dem Leben zu folgen und die in demselben hervorgetretenen Bedürfnisse zu befriedigen hat.

(Bravo!)

Präsident: Nun, m. H., kommen wir zum letzten Thema, zur Frage 15, welche zur Berathung im Plenum überwiesen ist. Dieses letzte Thema betrifft die Ehescheidungsgründe, über welche Herr Präsident v. Köstlin Bericht erstatten wird. Erlauben Sie mir, wegen der Bedeutung dieser Frage, daß ich Ihnen zunächst einmal den Beschluß der Abtheilung zur Frage 15 vorlese. Derselbe lautet:

Der Juristentag wolle beschließen:

1. eine clausula generalis in Bezug auf Gewährung der Ehescheidung im Sinne des § 1444 des Entwurfs soll nur gegeben werden für die Fälle unmittelbarer Feindseligkeit des Ehegatten gegen den andern (schwere Mißhandlungen, Beleidigungen und sonstige Verfolgungen), insoweit dadurch nach richterlichem Ermessen die Ehe unerträglich gemacht erscheint;
2. alle andern Ehescheidungsgründe sind nach Art der sog. absoluten Ehescheidungsgründe genau und bestimmt zu bezeichnen. Jedoch sind die Ehescheidungsgründe nicht auf die Fälle der Verschuldung eines Ehegatten zu beschränken. Jedenfalls ist unheilbare Geisteskrankheit als Ehescheidungsgrund anzuerkennen.

Es ist ein Antrag angemeldet, vorläufig dieses Thema heute nur zur Kenntnißnahme mitzutheilen, da die gefährliche Concurrenz unseres ungewöhnlich schönen Wetters die Versammlung so gelichtet hat, daß wir kaum so zahlreich in pleno sind, wie wir gestern in der Abtheilung waren. Es ist möglich, daß während der Mittheilungen unseres geehrten Herrn Referenten unsere Flüchtlinge sich zum Theil wieder einfinden. Ich werde nachher den Antrag zur Beschlußnahme stellen, ob wir, wenn die Betheiligung nicht stärker wird, uns nicht lieber auf die Mittheilung beschränken.

Ich bitte nunmehr den Herrn Referenten, seinen Vortrag zu halten.

Referent Oberlandesgerichts=Senatspräsident Staatsrath **v. Köstlin** (Stuttgart): Ich darf bemerken, daß gestern, nachdem wir über vier Stunden in der Abtheilung über diesen Gegenstand verhandelt hatten, der Antrag, unseren Beschluß im Plenum zur Berathung zu stellen, bloß per majora angenommen worden ist, daß die Minorität der Ansicht war, es werde genügen, ihn zur Kenntnißnahme mitzutheilen. Ich werde wohl heute nicht wieder im Falle sein, es wird von Ihnen auch nicht verlangt werden, daß ich versuche, eine kurze Darstellung des bezüglich des Ehescheidungsrechts und bezüglich der Ehescheidungsgründe dermalen in Deutschland geltenden Rechts zu geben. Ich habe gestern diesen Versuch gemacht. Ich werde mich heute darauf zu beschränken haben, daß ich nach den Worten unseres Herrn Präsidenten zunächst unseren gestrigen Abtheilungsbeschluß zur Kenntnißnahme mittheile. Ich werde dabei nur die Aufgabe haben, einmal die Grundzüge des Entwurfs über die uns vorliegende Frage kurz zu präcisiren, und zweitens die verschiedenen Ansichten, die theils in den Gutachten, theils in der gestrigen Verhandlung zu Tage traten, Ihnen mitzutheilen und darauf die Conclusion vorzutragen.

Es ist Ihnen, m. H., bekannt, daß unser Entwurf ein vom religiösen Bekenntniß unabhängiges staatliches Ehescheidungsrecht schafft, welches das Ehescheidungsrecht des Landesherrn, das ja in einzelnen Territorien noch besteht, ausschließt und nur eine Ehescheidung durch richterliches Urtheil aus den gesetzlichen Gründen zuläßt, daß er, wie das Personenstandsgesetz, eine beständige Trennung von Tisch und Bett nicht mehr zuläßt. Er geht nach seinen grundlegenden Motiven von dem Grundsatze aus, daß im Eherecht das Princip der individuellen Freiheit nicht herrschen dürfe, sondern daß die Ehe als eine vom Willen der Ehegatten unabhängige staatliche und sittliche Ordnung anzusehen sei. Es wird aber anerkannt, daß es Fälle geben könne, in welchen mit Rücksicht auf die Bedürfnisse des täglichen Lebens, auf die realen Verhältnisse und auf den Charakter der Ehe als eines Rechtsverhältnisses bei Zerstörung der sittlichen Grundlage der Staat die Aufhebung der Ehe gestatten müsse; der Staat habe die Pflicht, den einen Ehegatten gegen grobe Pflichtverletzungen des anderen zu schützen. Andererseits aber geht der Entwurf davon aus, daß die Scheidung als etwas Anomales zu behandeln und nicht zu begünstigen sei, und daß eine strengere Gestaltung des Scheidungsrechtes vom sittlichen Standpunkte aus, aus gewichtigen Gründen sich empfehle. Als Princip stellt dann der Entwurf auf, daß eine Ehescheidung nur aus solchen Gründen stattfinden soll, die auf einem Ver=

schulden des einen Ehegatten beruhen, wenn durch dieses Verschulden eine so tief gehende Zerrüttung des ganzen ehelichen Verhältnisses herbeigeführt wurde, daß dem anderen Theile die Fortsetzung der Ehe nicht mehr zugemuthet werden kann. Somit schließt der Entwurf aus die Scheidung in Folge gegenseitiger Einwilligung, die Scheidung auf Grund unüberwindlicher Abneigung, die Scheidung wegen körperlicher Gebrechen, wegen Geisteskrankheit und Religionsänderung, Scheidungsgründe, die ja in vielen Rechten bestehen. Er unterscheidet dann absolute Ehescheidungsgründe, unter welchen bloß begriffen sind der Ehebruch, die Bigamie, Lebensnachstellung gegenüber dem anderen Ehegatten und bösliche Verlassung. Hier wird bei dem Vorhandensein eines solchen Scheidungsgrundes ohne weitere Untersuchung unheilbare Zerrüttung des ehelichen Verhältnisses durch Handlungen angenommen. Demgegenüber stellt der Entwurf die relativen Scheidungsgründe, aber diese werden nicht im Einzelnen nach ihren objectiven Merkmalen aufgeführt, sondern sie werden nur durch ein allgemeines Princip bezeichnet, nämlich schwere Verletzung der ehelichen Pflichten, insbesondere schwere Mißhandlungen, bezw. ehrloses, unsittliches Verhalten, insbesondere nach Eingehung der Ehe, wodurch eine so tief gehende Zerrüttung des ehelichen Verhältnisses verschuldet ist, daß dem anderen Ehegatten die Fortsetzung der Ehe nicht mehr zugemuthet werden kann. In diesen Fällen des § 1444 ist alsbaldige Scheidung und Klage auf alsbaldige Scheidung nur möglich, wenn nach den Umständen des Falles die Aussicht auf Wiederherstellung des ehelichen Lebens als ausgeschlossen zu betrachten ist. In der Regel soll nur auf Trennung von Tisch und Bett erkannt werden, die Dauer ist längstens auf zwei Jahr zu bemessen, und auf Grund dieses bedingten Scheidungsurtheils soll dann erst die Klage auf Scheidung angestellt werden können, wenn die Trennung nicht zur Versöhnung geführt hat.

Dem einen unserer Gutachter, dem Herrn Professor Mayer, geht diese clausula generalis des § 1444 zu weit. Er fürchtet, daß, indem alles dem freien richterlichen Ermessen anheim gegeben sei, die Zahl der Scheidungen sich dadurch sehr vermehren, und die Heiligkeit und Unantastbarkeit der Ehe sehr zu Schaden kommen werde. Er ist deshalb nicht einverstanden mit dieser Abtheilung in absolute und relative Scheidungsgründe, sondern hat in seinem Gutachten erörtert, daß es sich darum handele, fest präcisirte Scheidungsgründe nach Gestalt der absoluten Scheidungsgründe aufzustellen, wobei dann die Bedürfnisse des Lebens und die Gestaltung der Verhältnisse beachtet werden können, so zwar, daß auch ohne den Fall eines Verschuldens, außerhalb des Verschuldens eine Scheidung noch statthaft gemacht werden könne. Er verlangt also eine Casuistik der Ehescheidungsgründe.

Unserem anderen Gutachter, Dr. Jacobi, dagegen sind die Bestimmungen des Entwurfs zu eng. Dr. Jacobi kommt schließlich darauf hinaus, im Wesentlichen die Grundsätze des A. Pr. L. R. mit geringen Modificationen beizubehalten.

In der Verhandlung wurden dementsprechend von den beiden Gutachtern die Anträge gestellt, die ich nachher zu Ihrer Kenntniß bringen werde. Die Debatte drehte sich hauptsächlich um das Princip, ob bloß wegen Verschuldens oder auch aus anderen Gründen Scheidung zuzulassen sei, und dann wurde namentlich die Frage des Scheidungsgrundes der Geisteskrankheit erörtert. Mir als Referenten, ausgehend von meiner Anschauung, von den Anschauungen und dem Recht meines Landes, wäre vielmehr die Frage angezeigt gewesen: Empfiehlt sich die im Entwurf vorgeschlagene Ausdehnung der Ehescheidungsgründe? Denn für uns in Württemberg schafft der Entwurf mehr Ehescheidungsgründe, als wir bis jetzt gehabt haben. Ich darf vielleicht anführen, daß bei den Berathungen der Commission in unserem Justizministerium der Entwurf in seinen Grundzügen nicht beanstandet wurde. Es sind in neuerer Zeit von dem Reichsjustizamt an die Regierungen Fragen gestellt über verschiedene Punkte des Civilgesetzbuchsentwurfs, darunter über die Frage, ob nicht zu den Ehescheidungsgründen, die der Entwurf aufstelle, auch noch die Ehescheidung aus dem Grunde der Geisteskrankheit und auf Grund gegenseitiger Einwilligung aufzunehmen sein werde. Bei uns in Württemberg war, wie erwähnt, in der Commission des Justizministeriums darüber Einverständniß, daß die Bestimmungen des Entwurfs bezüglich der Ehescheidungsgründe nicht beanstandet werden, und so habe ich auch den Antrag gestellt, auszusprechen, daß bei den Bestimmungen des Entwurfs nichts erinnert werde. Der Herr Mitberichterstatter Förtsch hat Aufnahme des Ehescheidungsgrundes der unheilbaren Geisteskrankheit beantragt, im Uebrigen aber hat auch er es bei den Bestimmungen des Entwurfs belassen. Dagegen wurde das Princip der Verschuldung — wenn ich es so kurz bezeichnen soll — von verschiedenen Seiten angegriffen. Bloß Herr Professor Zorn hat sich in seinem Antrag dafür erklärt, der Delictsstandpunkt des Entwurfs sei richtig. Das war die Ziffer 1 des Zorn-schen Antrags.

Der Gutachter, Herr Professor Mayer hat dann den Antrag gestellt: Der Juristentag wolle beschließen:

1. eine clausula generalis im Sinne des § 1444 des Entwurfs soll

nur gegeben werden für die Fälle unmittelbarer Feindseligkeit des Ehegatten gegen den andern (schwere Mißhandlungen, Beleidigungen und sonstige Verfolgungen), insoweit dadurch nach richterlichem Ermessen die Ehe als unerträglich gemacht erscheint;

2. alle andern Ehescheidungsgründe sind nach Art der sog. absoluten Ehescheidungsgründe genau und bestimmt zu bezeichnen.

Hierzu kam noch der Zusatzantrag von den Professoren Merkel und Gierke als Ziffer

3. Die Ehescheidungsgründe sind nicht auf die Fälle einer Verschuldung zu beschränken. Jedenfalls ist unheilbare Geisteskrankheit als Ehescheidungsgrund anzuerkennen.

Diese Anträge wurden von der Majorität der Abtheilung angenommen. Es sind noch weiter Anträge gestellt worden von Professor Zorn, als Ziffer 2 in § 1444 lebensgefährdende oder dauernde Mißhandlungen als absoluten Scheidungsgrund anzuerkennen; dieser Antrag wurde aber abgelehnt. Gegenüber dem Antrage Mayer stand dann der Antrag Jacobi, d. i. das Ergebniß des sehr umfassenden Gutachtens, welches Herr Dr. Jacobi erstattet hat; dieser Antrag Jacobi lautete:

1. Die Zulässigkeit der Ehescheidung ist nicht auf den Gesichtspunkt des Ehedelicts zu beschränken, vielmehr ist die Ehescheidung auch zuzulassen aus dem Gesichtspunkte der Zweckvereitelung und der in der Person des anderen Ehegatten eingetretenen Unmöglichkeit der Erfüllung.

Nachdem aber der Merkel-Gierke'sche Antrag und der Mayer'sche Antrag angenommen worden waren, hat Herr Dr. Jacobi auf der Abstimmung über diesen Punkt 1 nicht mehr beharrt.

2. Die Scheidungsklage wegen böslicher Verlassung ist nicht abhängig zu machen von vorheriger rechtskräftiger Verurtheilung zur Herstellung der häuslichen Gemeinschaft.

Diese Ziffer 2 wurde abgelehnt mit 30 gegen 30 Stimmen.

3. Soweit das Ehedelict nur als relativer Scheidungsgrund anerkannt wird, ist der Anspruch in der Regel, vorbehältlich der Aussetzung des Verfahrens, als begründet zu erachten, wenn nach richterlicher Ueberzeugung dem Kläger die Fortsetzung der Ehe nicht zugemuthet werden kann.

Der Construction des Processes, daß zwei Klagen erforderlich sind, zuerst die Trennungsklage und dann die Scheidungsklage, sollte hiermit vorgebeugt werden. Ich habe einen ähnlichen Antrag als Ziffer 2 gestellt gehabt, aber wieder zurückgezogen, weil er zu der Frage von den

Ehescheidungsgründen streng genommen nicht gehört, sondern mehr processualer Natur ist. Der Antrag Jacobi Ziffer 3, den ich eben verlesen habe, wurde auch abgelehnt. Es kam dann noch der gleichfalls abgelehnte Antrag des Herrn Professor Zorn, den Delictstandpunkt des Entwurfs als richtig anzuerkennen, aber bezüglich des Ehescheidungsgrundes der Geisteskrankheit noch sachverständige Erhebungen zu veranlassen. So ist der Beschluß der Abtheilung zu Stande gekommen, bei dem allerdings ausgesprochen ist die Negative, daß nicht bloß das Verschulden, sondern auch andere präcis abgefaßte Ehescheidungsgründe anzuerkennen seien; aber welche das sein sollen, das bleibt dahingestellt. (Bravo!)

Präsident: Ich stelle jetzt den dilatorischen Antrag zur Abstimmung und bitte diejenigen Herren, die sich heute begnügen wollen mit der Mittheilung der Beschlüsse der Abtheilung, die Hand zu erheben. (Geschieht.)

Ich bitte um die Gegenprobe; ich bitte diejenigen, welche die Plenarverhandlung weiter fortsetzen wollen, die Hand zu erheben.

(Geschieht.)

Das ist die Minorität; der Antrag ist angenommen.

Ich konnte den ersten Gegenstand der Tagesordnung nicht unterbrechen durch einen Antrag zur Geschäftsordnung, der nunmehr folgen muß. Es ist das eine Beschwerde gegen das Präsidium. Erlauben Sie, daß ich ihn vorlese, er ist gestellt von Herrn Rechtsanwalt A. Bacher (Stuttgart) und lautet:

An den 20. Deutschen Juristentag.

Beschwerde des A. Bacher.

1. Der Präsident hat unbefugter Weise meinen Antrag als „ungewöhnlich" bezeichnet: diese Kritik steht dem Präsidium nicht zu.
2. Mein Antrag war von mindestens 20 Mitgliedern unterstützt und sollte daher zur Verhandlung zugelassen werden.
3. Ich wollte zur Geschäftsordnung sprechen und zur Geltung bringen, daß der Präsident vor der Abstimmung meinen Antrag sammt kurzer Begründung zur Illustrirung desselben zur Verlesung bringe. Auch das hat der Herr Präsident unberechtigter Weise mir verweigert.

Ich bringe diese drei Beschwerden zur Entscheidung an die II. Plenarversammlung.

Straßburg i. E., 13. September 1889.

A. Bacher.

Ich bringe diese Beschwerde zur Entscheidung der II. Plenarversammlung.

M. H.! Ich habe, wenn ich dies bemerken darf, den Antrag keiner Kritik unterzogen, sondern ihn nur als „ungewöhnlich" bezeichnet, denn Sie werden wohl noch in keiner Versammlung einen solchen Antrag gehört haben, das ist wohl mild bezeichnet. Hätte ich kritisiren wollen, so wie mein Vorgänger im Präsidium, dann würde ich mir allerdings erlaubt haben zu sagen, daß der Antrag eine höhnende Kritik aller der Herren enthält, welche Anträge auf Modification des Entwurfs gestellt haben, daß er namentlich in dieser Fassung eine verhöhnende Kritik enthält. Denn zu sagen:

„daß über alle Anträge auf Abänderung des Entwurfs eines bürgerlichen Gesetzbuchs, sowie über deren Urheber

(Heiterkeit.)

zur Tagesordnung übergegangen werden soll", —

wenn das kein höhnender, dem Antragsteller gar nicht zukommender Antrag ist, dann weiß ich nicht, was man so bezeichnen soll.

(Zustimmung. Bravo!)

Es ist zur weiteren Verhöhnung hinzugefügt:

„daß zur Genugthuung dieser Urheber deren Namen in einem Anhange zu den Protokollen veröffentlicht werden sollen".

Ich bin verpflichtet, m. H., die sämmtlichen ehrenwerthen Antragsteller, die in unseren Abtheilungen gesprochen haben, gegen dergleichen Aeußerungen eines einzelnen Mitgliedes zu schützen

(Lebhaftes Bravo!)

und mein Recht als Präsident geltend zu machen, und ich bin sehr mild gewesen, indem ich den Herrn Antragsteller nicht zur Ordnung gerufen habe.

(Sehr gut!)

Das würde mein Vorgänger gethan haben.

(Bravo!)

Was dann die Behauptung betrifft, der Antrag hätte zur Beschlußfassung kommen müssen, weil er von mehr als 10 Mitgliedern unterstützt gewesen sei, so ist das ein Irrthum, denn § 6 der Statuten spricht nur von den Verhandlungen in den Abtheilungen nicht bloß im vorletzten Satze, sondern auch am Schlusse, wo es heißt, daß nur dem Referenten und einem Antragsteller das Wort ertheilt werden soll. Es kann also nur gemeint sein die Beschlußfassung über die Verhandlungsgegenstände der Abtheilungen. Für das Plenum haben wir keine Bestimmung. Nur so viel ist klar, daß, wenn in den Abtheilungen Anträge ausgeschlossen werden, die nicht wenigstens von 10 Mitgliedern unterstützt sind, in dem Plenum verhältnißmäßig mehr verlangt werden muß. Aber, m. H., da wir keine Bestimmung darüber haben, so konnten wir früher wohl annehmen, daß nach Analogie der Parlamente ungefähr ein Zehntel der Mitglieder einen im Plenum gestellten Antrag unterstützen müssen. Soviel ich auf den ersten Blick gesehen habe, hatten aber nur 9 Herren die Hand erhoben, und Sie wissen aus dem Reichstag, wenn der Präsident nicht mehr gesehen hat, so kann man ihm nicht mehr nachweisen. Aber ich muß weiter gehen. Wenn nicht 10, sondern 100 Mitglieder oder die Majorität den Antrag unterstützt hätte, so hätte ich ihn doch nicht zur Abstimmung bringen dürfen,

(Sehr gut!)

weil er gegen die klaren Bestimmungen der Statuten ist, von denen auch die Majorität keine Abänderung in dieser Form beschließen kann. Wir sind durch die Statuten verpflichtet, alle Verhandlungen der Abtheilungen und deren Beschlüsse in der zweiten Plenarversammlung vorzutragen und mindestens zur Kenntniß mitzutheilen oder Entschließung einzuholen, ob sie in der Plenarsitzung verhandelt werden sollen.

Nun frage ich, m. H.: wie ist es mit den Statuten vereinbar, wenn ein einzelnes Mitglied den Antrag stellt, wir sollen alle Verhandlungen der Abtheilungen in den Papierkorb werfen und sollen beschließen, über die Antragsteller zur Tagesordnung überzugehen? Wenn das nicht ein unzulässiger Antrag ist, der gegen die Statuten verstößt, dann weiß ich nicht, welcher es sein würde; ich habe die Verpflichtung, die Statuten zu bewahren.

Und wenn endlich die Herren verlangen, daß man sie zur Motivirung des Antrags zuließe, oder daß man die gedruckte Motivirung vorlese, so würde der Zweck jener Bestimmungen gänzlich verfehlt werden. Denn sie würden dann durch die gedruckte Motivirung ganz dasselbe erreichen können, die Versammlung zu zwingen zu einer unliebsamen Verhandlung.

Ich bitte also, mir das Zeugniß zu geben, daß ich keine willkürliche Kritik geübt, sondern strict die Statuten befolgt habe.

(Lebhaftes Bravo!)

Nun, m. H., damit ist der erste Gegenstand unserer Tagesordnung erledigt. Der zweite Gegenstand ist die Wahl der ständigen Deputation.

Rechtsanwalt **Bacher** (Stuttgart): Ich bitte um's Wort, um meine Beschwerde zu begründen.

(Widerspruch aus der Versammlung.)

Das ist die einseitigste . . . .; der Herr Präsident plaidirt für sich . . . .

Präsident: Ich bitte diejenigen Herren, welche **nicht** wünschen, daß Herr Bacher diese Debatte fortsetzt, sich zu erheben.

(Geschieht.)

Sie sehen wohl, Herr Bacher, daß die große Majorität sich gegen Sie erklärt hat.

(Rechtsanwalt Bacher ruft: Das ist die Guillotine!)

Sie haben nicht das Recht, gegen den Willen der Versammlung zu reden.

Unsere Statuten bestimmen, daß am Schlusse einer Sitzung die ständige Deputation gewählt wird für die Dauer des nächsten Jahres, und zwar gewählt wird durch 10 Vertrauensmänner, die von jeder Abtheilung gewählt werden. Diese 30 Vertrauensmänner sind von den Abtheilungen gewählt worden, und dazu treten die 4 Vicepräsidenten dieser Versammlung. Diese sämmtlichen Herren haben sich heute Morgen vor 9 Uhr versammelt und haben die Wahl vorgenommen.

Für diese Wahl haben wir vor einigen Jahren den Beschluß gefaßt, damit die ständige Deputation nicht allzu ständig wird, daß sie gezwungen wird, immer jüngeres Blut in sich aufzunehmen, daß dann zwangsweise mindestens 3 Mitglieder ausscheiden müssen, und daß es den Wählern freisteht, noch darüber hinaus eine beliebige Anzahl neuer Mitglieder zu wählen, wenn nur die Gesammtzahl 19 nicht überschritten wird.

Dieser Procedur sind wir auch diesmal gefolgt. Es sind vorweg ausgeschieden auf ihren dringenden Wunsch, also nicht wieder wählbar die Herren Oberlandesgerichtspräsident Bardeleben und Reichsgerichtsrath Stenglein. Da aber wegen des Ausscheidens des Dritten ein edler Wettstreit war, haben wir loosen müssen, und es ist Herr Geheimer Justizrath Professor Dr. Gierke durch den Zufall des Looses ausgeschieden.

Es waren also mindestens 3 neue Mitglieder zu wählen, und bei der Wahl mittelst Stimmzettel hat sich nun ergeben: die nicht ausgeschiedenen Mitglieder sind sämmtlich wesentlich einstimmig wiedergewählt worden, neugewählt aber sind

Herr Professor Merkel Magnificenz (Straßburg)

wesentlich einstimmig,

Herr Unterstaatssecretär a. D., Bürgermeister Back (Straßburg)

wesentlich einstimmig, und wegen der dritten Stellung fand eine Division statt mit beinahe gleicher Stimmenzahl. Es ist an dritter Stelle gewählt

Herr Präsident Kleiner

mit 19 gegen Herrn Geheimen Justizrath Professor Dr. Dernburg mit 17 Stimmen. Die absolute Majorität hatte also erhalten Herr Präsident

Kleiner. Außerdem hatten einzelne Stimmen erhalten Herr Justizrath Wilke und Herr Ministerialrath Förtsch.

Nun hat die geehrte Versammlung die Wahl: ob sie entweder durch Acclamation erklären will, die vorgetragene Liste anzunehmen oder durch Stimmzettelwahl Modificationen vornehmen will.

(Nein!)

Bisher war es allerdings üblich, die Sache durch Acclamation zu erledigen.

Wenn dies auch Ihre Meinung ist, so stelle ich anheim, durch Aufstehen am kürzesten zu erklären, ob Sie mit der Liste einverstanden sind.

(Geschieht.)

Es ist das, soviel ich sehe, Einstimmigkeit, und ich darf wohl annehmen, wenn sich kein Widerspruch erhebt, daß die Liste per acclamationem angenommen ist.

Nun bitte ich die geehrten Mitglieder der neugewählten Deputation, sich nach der Plenarsitzung im Senatssaale der Universität einzufinden, um die Wahl eines Vorsitzenden zu vollziehen und einige geschäftliche Angelegenheiten zu erledigen.

Sodann, m. H., liegt uns ob, Mittheilung zu machen über den derzeitigen Stand unserer Kasse. Diesen Bericht pflegt uns zu erstatten unser verehrter Herr College Justizrath Makower.

Justizrath **Makower** (Berlin): Meine Mittheilung kann sehr kurz sein. Wir besitzen noch 30 000 Mark, während wir im vorigen Jahre noch 10 000 Mark mehr hatten. Indessen der Druck der Gutachten, drei Bände, hat diesmal sehr viel absorbirt, auch einen großen Theil der Beiträge verschlungen. Aber rund haben wir noch 30 000 Mark, ein Capital, das für lange noch ausreicht.

(Heiterkeit. Bravo!)

Präsident: M. H.! Wenn auch unsere Kasse etwas abnimmt, so kann es wohl keinen edleren Zweck geben, als die Förderung des Zustandekommens unseres bürgerlichen Gesetzbuches. Wir brauchen aber noch lange, glaube ich, keine Liquidation zu befürchten.

Hierauf, m. H., habe ich noch einige geschäftliche Mittheilungen zu machen. Ich habe eine Anzahl Exemplare der Druckschrift: „Das Erbrecht im Lichte der Socialreform" vertheilen lassen und bitte, davon Kenntniß zu nehmen.

Sodann ist uns ein Antrag eingereicht worden von einem Herrn Zapp, anscheinend Grundbesitzer und Interessenten bei der Stettiner Eisenbahn. Ich werde den Eingang verlesen:

Nachdem ich von Wien aus dem Deutschen Juristentag von

1888 in Stettin schon von den an diesem l. Ort florirenden Verwaltungs- und gerichtlichen Zuständen Kenntniß gab, und diese Ausnahmezustände annoch in unverminderter Kraft blühen, erlaube ich mir, unter Bezugnahme auf umseitige Motive,

damit diese Ausnahmezustände wenigstens in einigermaßen berechtigte Eigenthümlichkeiten verwandelt werden,

dem hochverehrlichen Juristentage von 1889 ganz ehrerbietig den folgenden Gesetzesvorschlag mit der Bitte zu unterbreiten,

denselben noch auf die jetzige Tagesordnung zu setzen oder demselben doch die Aufnahme in die Tagesordnung von 1890 sicher stellen zu wollen.

Alle Anträge der Art, wenn sie verhandelt werden sollen, müssen vier Wochen vor der Generalversammlung angemeldet werden. Sollte sich der Antrag zur weiteren Verhandlung eignen, so überlassen Sie wohl das Nähere der ständigen Deputation.

Es folgt eine Mittheilung über den nächsttägigen Ausflug des Juristentages nach der Hohkönigsburg bei Schlettstadt.

Sind sonst noch Gegenstände in Anregung zu bringen?

(Geschieht nicht.)

Nun, m. H., bleibt uns die angenehmste Pflicht, nämlich unsere Danksagung. Wir haben ja im Leben die Erfahrung gemacht, Sympathie erweckt Sympathie, und Liebe erzeugt Gegenliebe. Wir sind mit voller Sympathie hierher gekommen, und ich kann wohl sagen, daß jeder von uns trotz aller hohen Erwartungen von Straßburg mit noch höheren Eindrücken von hier fortgeht.

(Bravo!)

Wir haben unseren herzlichen Dank zu sagen Sr. Durchlaucht, dem Fürsten Statthalter, der mit patriotischer Aufopferung unseren Verhandlungen und selbst unseren Vergnügungen Seine hohe Theilnahme gewidmet hat. Wir haben unseren herzlichen Dank zu sagen der Landesverwaltung von Elsaß-Lothringen, die uns in höchster Liberalität ein Fest bereitet hat, was jeder Versammlung zu ihrem besonderen Stolze gereichen muß. Wir haben der Stadtverwaltung zu danken und dem Localcomité für gar Vieles. Wir sind ja vom schönsten Wetter begünstigt worden. Es ist aber schwer zu sagen, ob der Glanz des Wetters den Glanz der Feste übertroffen hat. Jedenfalls haben wir uns hier befunden wie in Armidens Zaubergarten, nicht bloß umfangen von großer Gastfreundschaft, sondern auch von herzlicher Theilnahme, die jedem Vereine ja das Liebste ist. Lassen Sie uns daher unseren aufrichtigen Dank nach allen diesen Seiten hin aussprechen, und haben Sie die Güte, diesen

Dank durch Erheben von Ihren Sitzen zu erkennen zu geben. Ich bitte die Herren Vertreter der Stadt, die hochverehrte Landesverwaltung und vor allem das Localcomité und unseren Magnificus, unseren gastlichen Hausherrn an dieser Stelle, unseren Dank entgegen zu nehmen, unseren Magnificus besonders auch dafür, daß die Juristenfacultät durch ihren Spectabilis sich freundlich betheiligt hat an unseren Verhandlungen, was wir uns zur besonderen Ehre anrechnen.

(Die Versammlung erhebt sich.)

Damit darf ich wohl die Plenarversammlung schließen.

Vicepräsident Dr. **Drechsler:** M. H., ich habe schon einige Male Veranlassung gehabt, darauf hinzuweisen, wie unser allverehrter Herr Präsident, Dr. von Gneist, dem Juristentage sich aufopfernd gewidmet hat. Auch diesmal wieder haben wir es gesehen und haben erfahren, welch einen Präsidenten, welch einen Schatz wir an ihm haben, und ich bitte Sie, hier auszusprechen, daß wir unserem Präsidenten für die Leitung der Verhandlungen zu wärmstem Dank verpflichtet sind.

(Lebhaftes Bravo!)

Präsident von Gneist: M. H., ich bin sehr beschämt durch Ihre Danksagung, da ich das Gefühl habe, daß das Alter sich doch allmählich bemerklich macht. Ich kann Sie aber versichern: die Functionen eines Präsidenten sind seit der ersten Juristenversammlung im Verlaufe der Zeit durch die Disciplin unseres Berufsstandes so leicht geworden, daß ich aussprechen kann: es ist mir nirgends leichter und angenehmer gewesen, unter lieben Collegen an sachlichen Verhandlungen theilzunehmen, wie hier; und sodann haben Sie heute gesehen, daß von allen Präsidenten der des Plenums den leichtesten Dienst hat; die Präsidenten der Abtheilungen sind es, die eigentlich die Last der Geschäfte tragen und die Schwierigkeit der Fragestellung zu überwinden haben. Einen besonderen Dank möchte ich aber noch aussprechen unserem verehrten, treuen Schriftführer, Herrn Professor Dr. Eck,

(Bravo!)

der alle die vielen Bogen unserer Gutachten durchgelesen hat wie seine eigenen Drucksachen, und der, während er das Decanat der juristischen Facultät bei 1500 Studenten zu führen hat, sich abgemüht hat, mit der höchsten Geduld überzahlreiche Anfragen zu beantworten. Ich möchte Herrn Eck einen ganz besonderen Dank votiren, weil er viel mehr für die Sache gethan hat, als ich mit meinem Präsidialamt.

(Bravo!)

Schluß der Sitzung 12 Uhr 30 Minuten.

Druck von Leonhard Simion, Berlin SW.

FSC
www.fsc.org
MIX
Papier | Fördert gute Waldnutzung
FSC® C083411

Kolibri 360 GmbH
Ferdinand-Jühlke-Straße 7
99095 Erfurt, Deutschland
produktsicherheit@kolibri360.de